体育与训练心理学（第六版）

FOUNDATIONS OF SPORT AND EXERCISE PSYCHOLOGY (SIXTH EDITION)

【美】Robert S. Weinberg，Daniel Gould　著
谢军　梁自明　译

中国轻工业出版社

图书在版编目（CIP）数据

体育与训练心理学：第六版／（美）温伯格（Weinberg, R. S.），（美）古尔德（Gould, D.）著；谢军等译．—北京：中国轻工业出版社，2016.8

ISBN 978-7-5184-0875-7

Ⅰ．①体…　Ⅱ．①温…　②古…　③谢…　Ⅲ．①体育运动－运动训练－体育心理学　Ⅳ．①G804.86

中国版本图书馆CIP数据核字（2016）第059288号

版权声明

总 策 划：石　铁

策划编辑：高小菁　　　　责任终审：滕炎福

责任编辑：高小菁　　　　责任监印：刘志颖

出版发行：中国轻工业出版社（北京东长安街6号，邮编：100740）

印　　刷：三河市鑫金马印装有限公司

经　　销：各地新华书店

版　　次：2016年8月第1版第1次印刷

开　　本：850×1092　1/16　印张：42.00

字　　数：626千字

书　　号：ISBN 978-7-5184-0875-7　　定价：118.00元

著作权合同登记　图字：01-2015-2070

读者服务部邮购热线电话：400-698-1619　010-65125990　传真：010-65262933

发行电话：010-65128898　传真：010-85113293

网　　址：http://www.wqedu.com

电子信箱：1012305542@qq.com

如发现图书残缺请直接与我社读者服务部（邮购）联系调换

150292Y1X101ZYW

译者序

对于心理学在体育领域的重要性，运动员的体验绝对称得上是最有说服力的证据。特别是对于那些技术水平已经到达世界一流水准的运动员。在竞争冠军的最后对决中，选手之间的技术水准不相上下，彼此的差异只在毫厘之间，因此最终决定高手之间胜负的关键因素就是临场发挥。换句话说，谁能把自己的心理状态调控到一个最佳水准，谁就拥有更大的胜机。

做了很多年的棋手，生活在充满竞争胜负的世界中，我深知心理学对于运动员成长的重要性。都说“台上一分钟，台下十年功”。如果把比赛比作选手上台表演，那么平时训练就是运动员在台下的长期苦练。这种长期苦练不是简单重复，而是锲而不舍地朝着既定目标前行。这样的训练如同璞玉必须经历的一场艰辛打磨，其中不乏重复的练习和模拟实战，还有伤病困扰和外界五光十色的诱惑，诸多因素令运动员成长成才之旅充满了变数。日复一日、年复一年，在追逐冠军梦想的道路上，各种积极的和消极的状况在运动员身上交替出现。持之以恒地勉力前行去跨越难关，需要一颗坚强的“大”心脏，需要高水准的心理掌控能力。

曾经，说到体育二字，人们习惯于将其与职业运动员赛场拼搏联系起来；或是仅仅想到学校体育课如何发挥作用，再将其与青少年体质健康联系起来；又或者将目光限于在社区中晨练、晚练的退休老人身上，似乎体育只属于人生某个特定阶段或者某个特定人群，与我们的生活联系并不那么紧密。时至今日，体育已经与我们每一个人都息息相关。“体育拥有改变世界的力量”，在南非前总统曼德拉的眼里，体育的能量已经远远超出了赛事活动和身体锻炼。且不提在总统任上，他选择橄榄球作为和解武器，消除黑白肤色之间的隔阂；退休之后，他又帮助南非获得世界杯的主办权，以大型体育赛事为抓手，全面提升南非的基础设施建设。最令人对曼德拉肃然起敬的是他在长达 20 多年的牢狱生涯中，坚持自律的体育运动，以保持充沛的精力和完善的人格。体育的魅力在他身上得到淋漓尽致的体现。

早在 20 世纪 40 年代，世界卫生组织（World Health Organization，WHO）就将健康定义为“一种躯体上、心理上和社会上的完满状态，而不仅仅是没有疾病或虚弱。”这一阐释明确将心理健康提升到与身体健康同样的高度。随着社会的发展与进步，老百姓的经济水平不断提高，对高品质健康生活的需求不断提升，人们越来越强烈地意识到，身心健康是个人实现理想、获取成功人生的根本前提与保障。如今，体育运动已经成为无数人日常生活的一部分。体育，正在改变我们每一个人的心灵与生活。

作为一名有着多年职业体育生涯经历和心理学专业基础的教育工作者，当我第一次看到《体育与训练心理学》（第六版）这本书的英文原著时便被其深深吸引，读来更是满心欢喜爱不释手。这是一本综合介绍体育与训练心理学内容的经典著作。它不仅适用于体育与训练心理学课程的教学，可以让读者全面具备研究者、教练、运动员、体育医学、保健人员应具备的专业知识。更为可贵的是，书中每一章都将体育与训练心理学的最新理论研究和实践活动相结合，辅以原汁原味的参考文章、案例研究和趣闻轶事，并用每章结尾的回顾与提问启发读者进行深度的思考。通过本书翔实的介绍与分析，读者可以更好地理解和运用体育与训练心理学。

这是一本在全球体育心理学领域有着广泛的认可度和影响力的专业著作。在翻译过程中，我们力图保持原作者轻松的文风和严谨的表达方式，令其中文版本同样成为一本可读性强的学术作品，为训练提供参考。在此，我要感谢国家体育总局政策法规司对本项工作的重视，将本书的翻译引进列为 2016 年度国家体育总局体育哲学社会科学研究项目，感谢首都体育学院将本书的翻译工作列为学校科研支持项目，为教师科研工作提供支持保障，感谢首都体育学院科研处、心理学教研室同事们的集体智慧，感谢北京师范大学心理学院德高望重的张厚粲教授由始至终给予我们细心指点，感谢付全、徐守森、燕凌、张磊、刘沛几位老师兢兢业业地为本书的翻译和其他工作做出了贡献，感谢轻工业出版社编辑们的敬业。本书的翻译如有错漏之处，敬请广大读者指正。

身心健康离不开体育，体育训练也需要琢磨心理。希望《体育与训练心理学》一书，能够帮助广大读者更加专业地理解、使用好相关理论知识和技巧，活出自己精彩的体育人生！

谢军　梁自明

2016 年 3 月于北京

致 教 师

多年以来，体育与训练心理学已显著改变了我们的生活，也改变了很多运动员、教练以及从事体育与训练的其他专业人员的生活。对此一领域的研究使我们获益匪浅，故通过撰写这部体育与训练心理学综述性的图书给予回馈。在前五版中，我们的目标是为体育与训练心理学课程打造一部教材，能够在最新研究与实践应用之间架起一座桥梁，让大家了解我们从教练、学者、运动员、体育医学及保健人员那里所了解的重要信息。在第六版中，我们继续向着这个目标前进。

我们的前五版得到了广大教师和学生的大量反馈，说明我们成功达到了预期目标，对此我们非常高兴。与所有学术文件一样，我们的教材也需要不断改进和更新，因此我们决定撰写第六版。在此版中，为了使内容更加出色，我们秉承了前五版的基本目标，同时融入了我们收到的一些非常有见解的评论和建议。由于广大师生对于我们内容的基本定位和设计非常喜欢，我们决定不做大规模改动，只进行小的更新。

比如，我们在每一章都融入了体育与训练心理学的最新研究和实践。其中包括更新了参考文章，使其包含更多现代研究内容。部分章节的更改较大，因为最佳实践的研究和后续影响已经有了显著发展。有些章节的更改相对较小，因为一些特定领域在过去若干年未见显著发展和变化。我们还提供了很多当代实践示例、案例研究和趣闻轶事，以帮助学生更好地理解各种理论、概念和研究。在每章末尾，我们给学生提供了深度问题，让他们深入思考如何应用所学内容，如何指导其研究和实践。

讲授完该课程后，我们希望能了解您对本书的意见和建议。本教材是写给学生的，但教师的反馈能够帮助我们在以后更好地满足学生需求（之前的反馈在我们修订时给予了极大帮助）。我们希望您喜欢这本《体育与训练心理学》。

致 学 生

人类行为研究非常复杂且十分重要，同时也困扰了人类很多年。本书重点关注特定情形（即体育与训练环境）中的人类行为。本质上讲，它研究什么激励了人、什么激怒了人、什么让人感到害怕；人如何调节其思维、感觉和情绪；以及人的行为如何能变得更有成效。

或许您想成为一名体育教师、教练、健身教练、运动教练或运动医学专业人员，甚至是运动心理学家。或许您只是对人类在体育和训练环境中的行为感到好奇，想要了解他们为什么会有这些行为。不论哪种情况，体育与训练心理学都能够满足您对这些信息的需求。我们希望，本书能够让您对体育与训练心理学有一个大致了解，在研究与实践之间架起一座桥梁，传递专业实践的基本原则，同时让您领略体育与训练领域一些激动人心的精髓。

体育与训练心理学的理解路线图

绝大多数人都不会在毫无目的且毫无计划的情况下，贸然驾车开始旅行。大家都会选择一个具体地点，使用路线图或全球定位系统（Global Positioning System，GPS）设备找到最佳且有趣的路线。

然而有些讽刺的是，很多学生在阅读教材时却毫无计划和目标（除非为了按时完成作业）。没有计划和目标地使用本书进行学习和研究就好比不带路线图或 GPS 驾车旅行：您会茫然地浪费大量时间。

如果设定目标和计划后再阅读本书，您对体育与训练心理学的理解就会变得更容易、更轻松。我们的目标是为您提供体育与训练心理学领域的最新的相关知识。但我们想通过一种贴心的方式来传递这些知识，帮助您在个人日常生活或职业生涯中轻松运用这些知识。我们认为，直到您能够在日常生活中使用这些信息时，您的学习之旅才算完成。您可以将本介绍作为路线图来实现两个目标：①更好地理解体育与训练心理学；②理解如何使用或运用体育与训练心理学知识。

本书有七个部分：

1. 开始您的旅程
2. 了解参与者
3. 了解运动与训练环境
4. 关注团体历程
5. 提高表现

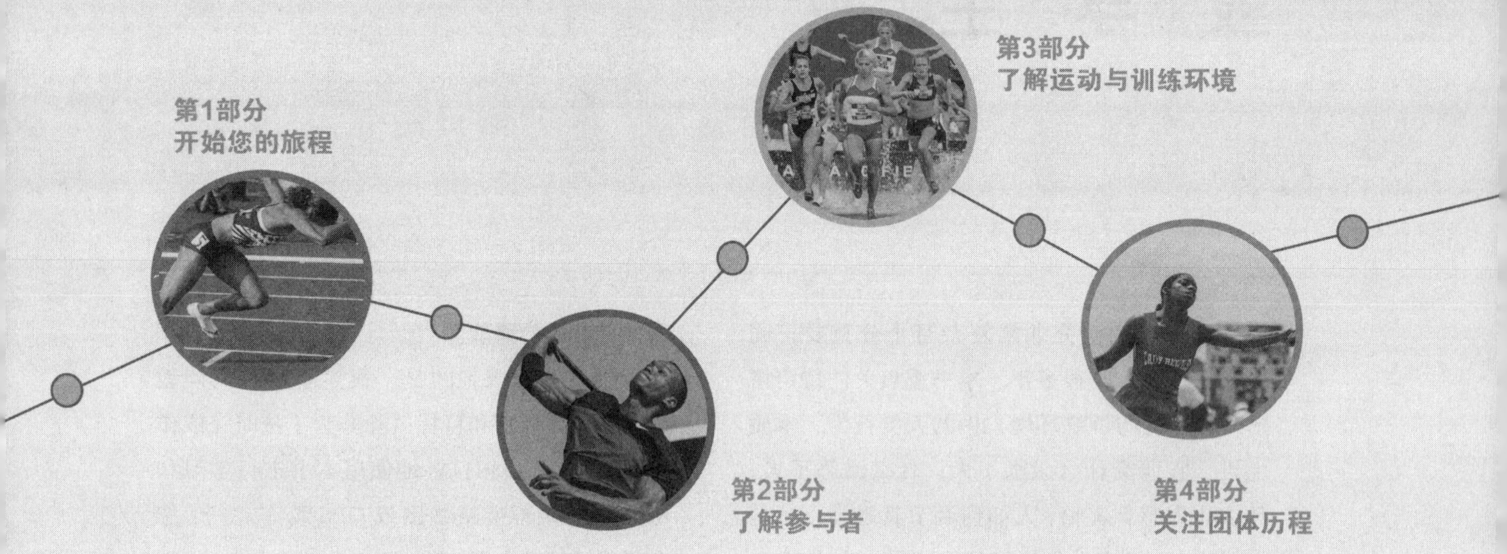

6. 促进身心健康
7. 促进心理成长和发展

尽管您可以按顺序学习和阅读这些部分及各章节，但您的老师也可以根据具体的课程需求改变这些顺序。这是毫无问题的，因为我们已在写作时将每章都设为独立章节，无须依赖先前章节的知识做基础。这条指导原则的唯一例外就是第 1 章。我们建议您务必先阅读第 1 章，尤其是刚刚开始了解该领域时更应如此。如果有用的话，请将每章作为完成此次旅程的一个驿站。每个驿站（章）都是您通往目的地的重要一步，但您可以选择跳过某些驿站或者只逗留很短时间，也可以选择从另一端开始旅行。要完成旅程，所有驿站都是必不可少且必须经过的。但如果直奔终点而去，您不必“到访”每一个驿站。

无论您的老师选择什么顺序授课，都可以帮助您很好地进行学习。本简介中所介绍的模式将有助于您将特定目标与总体目标有机地合为一体。在学习《体育与训练心理学》的旅程中，您将会看到八个“驿站”（即兴趣点）。第 1 部分用于开始您的旅程，准备学习之旅。在第 1 章，我们将介绍体育与训练心理学领域、历史、发展方向，以及未来可能的发展路径。您也将了解研究与实践之间的密切关系，

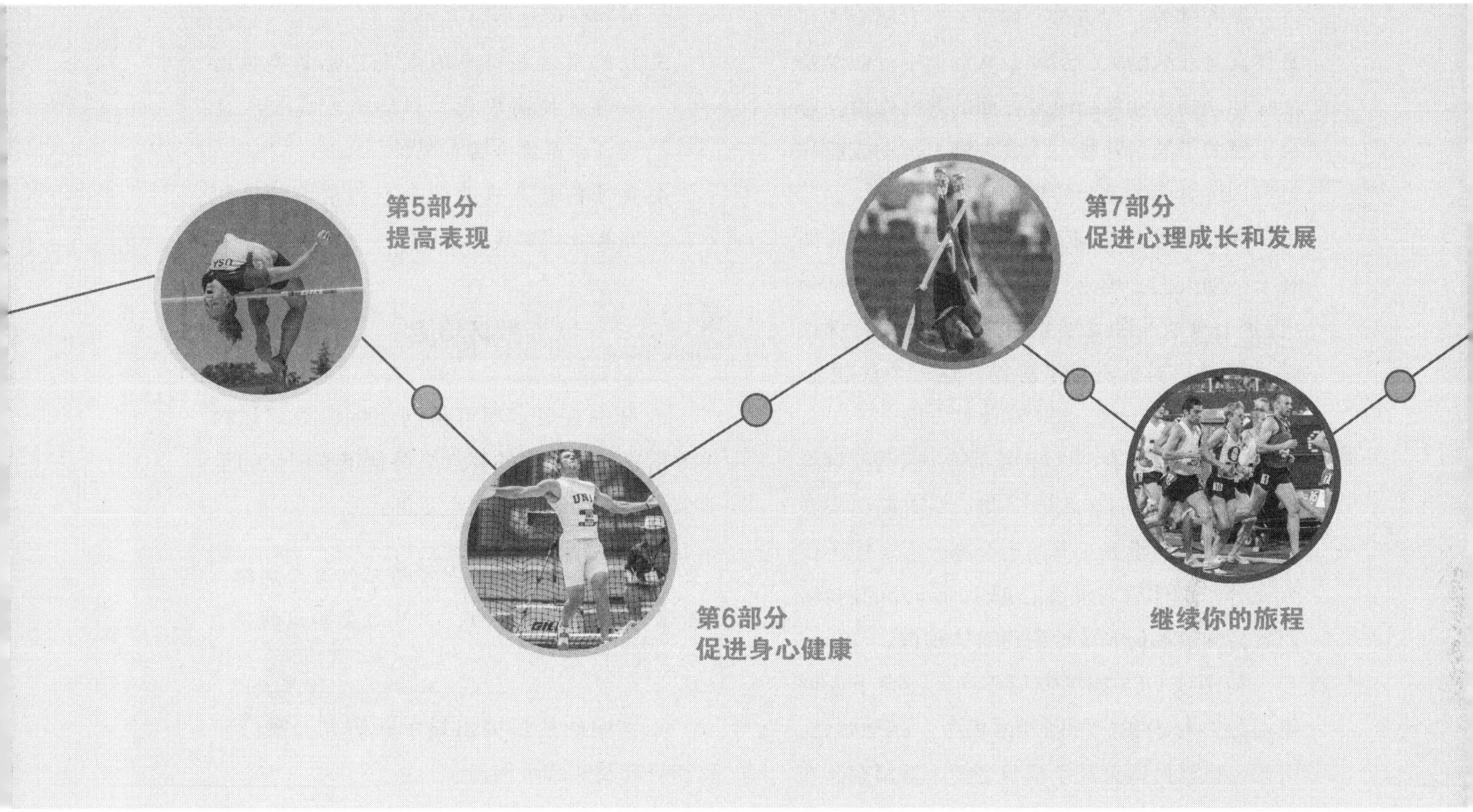

以及如何能让它们之间的关系更为紧密。

您旅程的下一站是第 2 部分（了解参与者）。如何进行有效的教学、教练和训练，取决于您如何理解与您工作的人的心理构成。而这正是其表现的背后原因！因此，本部分的三章主要关注个人，其中包括锻炼者、运动员、康复人员或体育教育专业的学生。此材料可帮助您从个性、动机倾向、成就动机、竞争和焦虑级别等几个方面理解参与者。

您还必须考虑人员所处的情况和环境。正因如此，第 3 部分（了解运动与训练环境）将关注影响体育和训练中的主要环境影响。您会了解竞争与合作，以及反馈与强化如何对人产生影响。

您旅程的第四站是第 4 部分（关注团队历程）。该部分主要讲述团队工作。绝大多数教师、教练和训练指导员都在团队中工作，因此了解团队动态、团队凝聚力、领导力和沟通非常重要。团队凝聚力、组织结构和领导风格等话题均包含在其中。

提高个人表现是体育与训练心理学的核心。因此，第 5 部分（提高表现）是我们旅程中规模最大的一站，它包含六章。在此部分，您将学习如何建立心理技能训练计划，来调控觉醒、用意象来提高表现、增强自信、设定有效的目标以及加强注意力。

第 6 部分（促进身心健康）将介绍心理和身体发育在激励人们运动、从运动中受益以及治疗运动损伤和帮助康复方面的共同作用。您会了解关于滥用药物、饮食失调、运动成瘾和过度训练方面的重要信息。

体育和训练专业人员的一个最重要功能在于帮助人们心理成长和性格发展。第 7 部分（促进心理成长和发展）通过针对三个特殊议题进行讨论对此进行了总结。这三个议题是：体育运动中的儿童、攻击和品格发展。

本书结尾还有一个简短部分，名为“继续您的旅程”。我们在此处强调了从研究到实践的学习过程。学完本书的七个部分后，您不仅会充分了解体育与训练心理学所涉及的内容，而且会知道如何有效地使用具体知识。

地图或 GPS 如果使用不当，不会予人丝毫益处。对于我们所创建的模型，亦是如此。因此，在开始阅读某个章节之前，请留意其在整个旅程中所处的位置。

在阅读每一章时，请问自己下面这些问题：

1. 作为一个专业人士，我能有效地使用这些信息来做什么？
2. 哪些个人和情境因素会影响我如何使用和修改这些信息？
3. 我使用这些信息的主要目标是要帮助参与者提高表现、帮助个人成长和发展，或是综合目标吗？
4. 我如何整合这些信息，并从中获得切实有效的实践策略？

教材功能

教材中有很多项可帮助您标识并记忆的关键信息。正文中的要点都概括了要记忆的重要信息。下面是一个要点示例：

> **要点** 体育与训练心理学研究体育与训练活动中的人及其行为，以及这类知识的实际应用。

正文中的栏目突出显示新研究、案例研究和研究及实践示例。

在每章结尾都有“学习助手”。这里有章节总结、复习题和思考题等。它可帮您了解自己是否已透彻理解章节内容，让您对重要问题进行深入分析。

目　录

第 1 部分　开始您的旅程

第 2 部分　了解参与者

第 3 部分　了解运动与训练环境

第 4 部分　关注团体历程

第 5 部分　提高表现

第 7 部分 促进心理成长和发展

继续你的旅程

第 1 部分

开始您的旅程

如何进入体育与训练心理学领域?

在这一部分，我们的重点是让您——未来的体育与训练科学从业者——开启了解体育与训练心理学的旅程。我们将介绍体育与训练心理学的性质，让您了解这个不断扩张的领域所涉及的内容。第 1 章介绍领域概况、发展历史及其现状。我们将介绍体育与训练心理学家的任务，讨论该领域的研究重点，并展示该领域未来的发展方向和机会。将科学与实践相结合是一个非常重要的概念。因此，第 1 章还介绍了在体育与训练心理学领域积累知识的主要方式，强调科学和实践知识的重要性，让您更好地在心理方面帮助学生、运动员和训练者。这些信息对您决定自己是否要从事体育与训练心理学行业非常重要。

第 1 章

欢迎学习体育与训练心理学

学习完本章后，您将能：

1. 讲述什么是体育与训练心理学；
2. 了解体育与训练心理学专家会做什么；
3. 明白要成为体育与训练心理学家需经过哪些训练；
4. 了解体育与训练心理学历史的主要发展阶段；
5. 区分科学与专业实践知识；
6. 融合经验与科学知识；
7. 比较并对比领域中的各个方向；
8. 描述该领域的就业机会和未来的方向。

杰夫是高中篮球队的控球后卫。他常对比赛感到过度紧张。情况越关键，他越紧张，发挥也越来越糟。作为教练，本赛季你最大的挑战就是帮助杰夫学会管理压力。

贝斯是圣彼得医院心脏康复中心的健身指导，她在执行一个有氧健身项目来帮助患者康复。然而让她有些担心的是，有些患者在感觉逐渐变好后不能把锻炼计划坚持下去。

丽莎主修人体运动学，她想要从事与健康相关的某种职业，比如考研究生，成为一名整形外科医生、医生助理或物理治疗师。她很喜欢生物科学，但她也想知道对于预防性药物，心理因素会起到什么样的作用，尤其是涉及全身心健康和将体育活动作为药物时的情况。

马里奥从小就一直想成为一名体育教师。但现在，他感到很沮丧，因为在他所任教的高中，学生对于学习终身健身技能兴趣并不大。

马里奥的目标是让那些惯于久坐的学生们能够主动参加健身活动。

帕蒂是坎贝尔大学的运动教练。该校的明星跑卫泰勒·皮特，已从膝盖手术中恢复了99%。然而帕蒂注意到，泰勒在训练中对受过伤的膝盖很是顾忌，尤其是在做突然转向时显得非常犹豫。帕蒂明白泰勒刚从手术中恢复，需要重新积累信心。

汤姆是一名运动心理学家和多年的棒球迷，他刚打听到一个让人梦寐以求的职位。芝加哥小熊队的老板们对球队缺乏凝聚力备感无奈。如果汤姆可以在接下来的一个星期里制订出一个强有力的心理技能训练计划，他将被聘为球队的体育心理咨询师。

如果你成为一名教练、训练指导员、医疗服务人员、体育教师、运动教练，甚至是体育心理学家，你也会遇到像杰夫、贝斯、丽莎、马里奥、帕蒂和汤姆这样的诸多情况。体育与训练心理学能给你提供资源，帮你解决这些问题和其他实际问题。在本章中，我们将向你介绍这一令人兴奋的研究领域，让你看到学习体育与训练心理学能够如何帮助你解决实际问题。

定义体育与训练心理学

体育与训练心理学科学地研究体育和训练环境中的人与行为，以及这类知识的实际应用（Gill & Williams，2008）。体育与训练心理学家确定了专业人士可帮助成人和孩子参加体育和训练活动并从中受益的原则和指南。

> **要点**　体育与训练心理学科学地研究体育和训练活动中的人与行为，以及这类知识的实际应用。

大多数人研究体育与训练心理学时有两个目标，即：①了解心理因素如何影响个人的体能表现；②了解参加体育和训练活动如何影响个人的心理发展、心理健康和幸福感。通过提出下列问题开展此项研究：

目标 A：了解心理因素对体能或运动表现的影响

- 焦虑如何影响篮球运动员的罚球命中率?
- 缺乏自信是否影响孩子学习游泳的能力?
- 教练的态度和惩罚如何影响团队凝聚力?
- 表象训练是否有助于受伤的运动员和受训者康复?
- 医护人员的沟通方式如何影响患者对家庭康复训练计划的坚持性和康复?

目标 B：了解参加体育活动对心理发展、心理健康和幸福感的影响

- 跑步是否会减少焦虑和抑郁?
- 青少年运动员在参加青少年运动时的攻击性是否过强?
- 每天参加体育课是否会增强孩子的自尊?
- 参加大学体育运动是否会增强人格发展?
- 物理疗法是否会影响受伤战士的身体健康并有助于其对未来保持更乐观的态度?

体育心理学适用于广大人群。尽管有些专业人士将体育心理学用于帮助优秀运动员实现最佳表现，但是，许多其他体育心理学家更关注儿童、残障人士或智障人士、老年人以及普通参与者。越来越多的体育心理学家专注锻炼与健康、制订有关鼓励久坐不动人士参加锻炼的策略、评估作为抑郁治疗方法的锻炼有效性中涉及的心理因素等议题。为反映这一兴趣的扩展，目前将该领域称之为体育与训练心理学。其中有些人仅关注该领域中与锻炼和健康相关的方面。

要点　体育与训练心理学家试图了解并帮助优秀运动员、儿童、残障人士或智障人士、老年人以及普通参与者尽可能参加运动、实现最佳表现、获得个人满足感并在参与过程中取得发展。

体育心理学专业研究

现代体育心理学家研究在专业活动中主要承担三项任务，即开展研究、教学和咨询（图 1.1）。在下文中我们将对此类任务进行简要介绍。

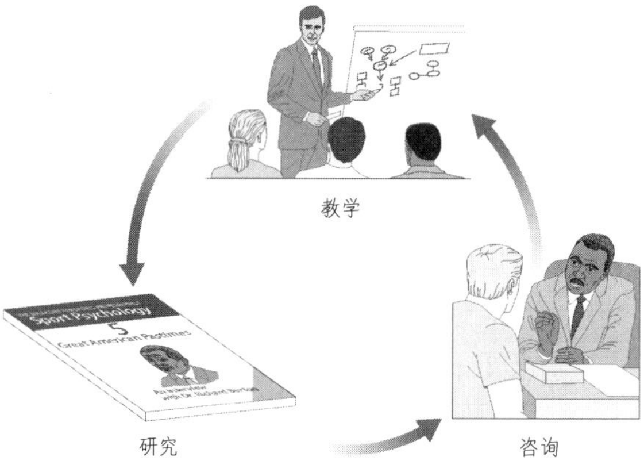

图 1.1　体育与训练心理学家的角色

研究任务

在任何学术领域中，参与者的主要职责是通过开展研究以增长其在该领域的知识。大多数体育与训练心理学家在大学内开展各种研究，例如：激励孩子参加青少年运动的因素、表象对高尔夫球推杆熟练程度的影响、每周进行 4 次持续 20 分钟的跑步对受训者焦虑程度的影响或在参加体育课的小学生中，动作教育与自我概念之间的关系。现今，体育与训练心理学家是研究诸如训练持久性、运动创伤心理学和训练在艾滋病治疗中所发挥的作用等课题的多学科研究团队成员。体育心理学家与同事和参与者共享其研究结果，且此次共享促使其在专业会议和学术期刊中取得进步、进行讨论并坦率真诚地交换意见（参见“主要的体育与训练心理学组织和学术期刊”）。

教学任务

许多体育与训练心理学专家担任大学课程教学任务，且此类课程包括锻炼与健康心理学、运动心理学和体育社会心理学。如果此类专家在心理学系任教，则其可能还担任人格心理学或发展心理学等课程的教学任务；或者如果其服务于体育学科计划，则可能还担任动作学习与控制或体育社会学等课程的教学任务。

咨询任务

第三项任务是咨询各运动员或运动队以提高增强竞技表现和训练所需的心理技能。奥委会和部分重点高校聘请了全职体育心理学顾问，而数以百计的其他团队和运动员则聘请了

主要的体育与训练心理学组织和学术期刊

组织

- 应用运动心理学学会（AASP）旨在推动应用体育与训练心理学研究与实践，特别关注各种主题，包括健康心理学、表现干预改善和社会心理学等。
- 美国心理学会（APA）部门47—训练与体育心理学作为APA（美国最大的专业心理学组织）的50个部门之一，侧重于体育与训练心理学研究与实践。
- 欧洲运动心理学联合会（FEPSAC）成立于1968年，推动了欧洲的体育心理科学、教育和专业成果的发展。本组织每四年召开一次会议，包括组织代表大会和课程，并公布财务状况。
- 国际体育与训练心理学协会（ISSP）成立于1965年，致力于在全世界范围内推动体育与训练心理学的研究、实践与发展。
- 北美体育运动心理学会（NASPSPA）作为关注体育运动心理学历史最悠久的组织之一，强调动作发展、动作学习与控制以及社会心理学和体育活动方面的研究。

学术期刊

- 《国际运动心理学杂志》创办于1970年，是国际运动心理学学会的官方期刊，旨在增强体育活动、训练和体育科学方面的理论和实践知识。
- 《国际体育与训练心理学评论》发表有关体育与训练心理学研究文献的评论。
- 《应用运动心理学杂志》创办于1989年，是AASP的官方期刊，发表有关应用运动心理学研究和专业实践方面的文章。
- 《运动心理学杂志》是推动将科学知识用于体育、训练和健康心理学实践的应用期刊。
- 《体育与训练心理学杂志》创办于1979年，是基本和应用运动与训练心理学领域内历史最悠久且最权威的研究杂志之一。
- 《体育、训练和表演心理学》创办于2012年，是体育、训练和表演心理学领域内最新的杂志之一，且是美国心理学会训练与体育心理学部门47的官方期刊。
- 《体育与训练心理学》创办于2000年，提供了一个与广义的体育与训练心理学有关的学术报告论坛。
- 《体育心理学家》创办于1987年，发表有助于为教练和运动员提供心理服务且与应用研究和专业实践有关的文章。
- 《体育与训练心理学评论》发表与体育心理学有关且重点论述体育心理学家培训以及体育与训练心理学实践的文章。

兼职顾问进行心理学技能训练。有些体育心理学家目前正在为美国军方效力以帮助军队做好最佳表现准备，而其他体育心理学家则与外科医生共事以帮助其完善外科技能。许多体育心理学顾问通过诊所和研讨会与教练合作。

有些体育与训练心理学家目前就职于健身行业，制订有助于充分参与和提升身心健康的训练计划。有些顾问担任助手以支援体育医学或物理治疗诊所，为受伤的运动员提供心理服务。

两种特质的区别

在现代体育心理学中，临床运动心理学和教育运动心理学这两种特质之间存在显著差异。在下文中我们将论述上述两种特质之间的区别以及针对每种特质需要开展的训练。

临床运动心理学

临床运动心理学家参加了大量有关心理

学的培训，因此，其可发现并治疗有严重情绪障碍（例如：严重抑郁、自杀倾向）的个人。经国家级委员会颁发执照，临床运动心理学家可治疗有严重情绪障碍的个人并已接受了更多有关体育与训练心理学和体育科学方面的培训。之所以需要临床运动心理学家，是因为亦如在普通人群中，有些运动员和受训者也会出现严重的情绪障碍且需要接受特殊治疗（Brewer 和 Petrie，2014；Proctor 和 Boan-Lenzo，2010）。临床运动心理学家可能需要在饮食障碍和药物滥用这两个方面经常为体育和训练参与者提供帮助。

> **要点**　临床运动心理学家对有严重情绪障碍的运动员和受训者进行治疗。

教育运动心理学

教育运动心理学专家参加了大量有关体育与训练科学、体育教育和人体运动学方面的培训，且其了解人体运动心理学，尤其是在人体运动心理学与体育和训练环境相关时。尽管教育运动心理学专家经常参加有关心理学和心理咨询方面的研究生训练，但是，其从未接受过有关治疗有严重情绪障碍的个人方面的培训，也并未获得临床执照。

教育运动心理学专家可视为通过分组会话和单独会话教导运动员和受训者相关心理技能及其发展的"心理教练"。焦虑管理、自信培养以及改善沟通是教育运动心理学专家论述的三个方面。教育运动心理学顾问在遇到有情绪障碍的运动员时，应将该名运动员交给临床心理学家或最好是交给临床运动心理学家进行治疗。

> **要点**　教育运动心理学专家是指教导运动员和受训者相关心理技能及其发展的"心理教练"。其从未接受过有关如何与有严重情绪障碍的个人共事的培训。

临床和教育体育与训练心理学专家都必须全面了解心理学以及体育与训练科学（图1.2）。应用运动心理学学会（AASP）于1991年启动了顾问认证计划。为通过认证取得体育与训练顾问资格，人们必须参加有关心理学和

体育与训练心理学

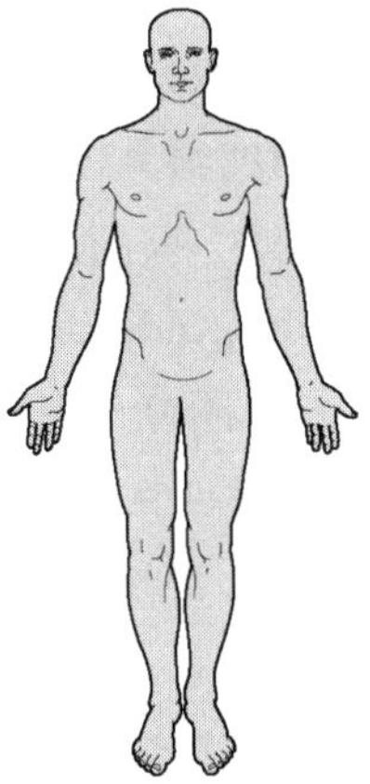

体育科学知识领域	心理学知识领域
生物力学	变态心理学
运动生理学	临床心理学
动作发展	咨询心理学
动作学习与控制	发展心理学
体育医学	实验心理学
体育教育学	人格生理学
体育社会学	生理心理学

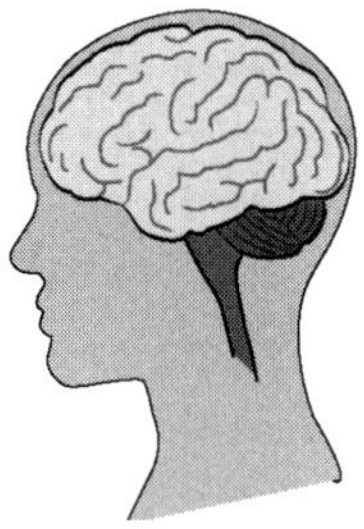

图 1.2　体育与训练心理学中的体育科学知识领域与心理学知识领域

体育科学方面的高级培训。这一要求可排除自称是体育与训练心理学家的不合资格人士，使其远离公众视线。

回顾体育与训练心理学的历史

现今，体育与训练心理学的应用比以往任何时候都更加普遍。但是，如果认为体育与训练心理学领域只是最近才发展起来的，那就错了。现代体育心理学可追溯至 19 世纪 80 年代（Kornspan，2012），而心理学在体育中的应用可追溯至古代奥运会（Kremer & Moran，2008）。体育心理学的历史反映了诸如心理学、体育教育和人体运动学等其他领域的历史。此外，体育与训练心理学领域一直受到更大规模社会文化发展的影响，例如：奥林匹克运动的发展、妇女解放运动成果和职业运动的普及（Gould & Oelker，2014）。

体育心理学的历史可划分为六个阶段。各个阶段各具特色又相互关联。这六个阶段推动了体育心理学领域的发展，促使其地位日益上升。

第一阶段：早期（1893—1920）

Norman Triplett

体育心理学于 19 世纪 90 年代开始形成于北美。来自印第安纳大学的心理学家兼自行车竞赛爱好者 Norman Triplett 想要了解自行车运动员以小组或两人一组的形式竞赛时的骑车速度是否比其单独骑车时的速度更快（Triplett，1898）。

Triplett 通过研究自行车竞赛记录证实其初步观察结果是正确的。为进一步验证，Triplett 进行了一项实验。在这项实验中，参与实验的孩童应尽快卷起钓鱼线。Triplett 发现，在与另一孩子比赛时，孩童在相同时间里卷起的钓鱼线更多。通过该项实验，Triplett 能够更可靠地预测自行车赛车手表现最佳的时间段。

另一先驱人物是耶鲁大学的心理学家 E.W. Scripture，其对采取基于数据的科学方法研究心理学感兴趣，因为早期的大部分心理学属于内省心理学和哲学心理学（Kornspan，2007a）。Scripture 将体育视为证明此“新”科学心理学价值的最佳方式，且与其学生就击剑运动员和跑步运动员的反应和肌肉运动时间以及体能训练的迁移开展了多项实验研究。Scripture 还调查了参与者如何通过运动培养性格。最有趣的是，Scripture 与耶鲁大学的 William Anderson（美国最早的体育教师之一）紧密合作。可见，体育教育和心理学领域的先驱人物共同努力，发展了体育心理学。

不仅 Triplett 和 Scripture 参与了注重运用实验室方法和测量结果获取知识的“新心理学”运动，从更哲学的角度看，其他人也对体育心理学感兴趣。最值得一提的是现代奥运会之父 Pierre de Coubertin（Kornspan，2007b）。Coubertin 撰写了大量有关体育心理学方面的文章，组织了两次早期奥林匹克代表大会，并在此类代表大会上集中讨论了当时与体育有关的心理学。

在早期，心理学家、体育教师和其他相关方开始探讨体育心理学方面与运动技能学习。

尽管他们测量了运动员的反应时间，研究了人们学习运动技能的方式，并讨论了运动在人格和性格发展方面发挥的作用，但他们几乎从未应用此类研究。此外，虽然人们涉足了体育心理学领域，但尚无人专门研究体育心理学。

第一阶段的重要事件

- 1893 年：E.W. Scripture 在耶鲁大学对运动员开展了基于数据的研究，研究了运动员的反应和运动时间以及体能训练迁移。
- 1897 年：Norman Triplett 开展了首次社会心理学和体育心理学实验，研究了其他人对自行车运动员表现的影响。
- 1897 年：Coubertin 在第二次奥林匹克代表大会上讨论了运动对青少年的心理影响。
- 1899 年：耶鲁大学的 E.W. Scripture 说明了其认为可通过运动培养的人格特质。
- 1903 年：Coubertin 在第三次奥林匹克代表大会上重点讨论研究了体育心理学。
- 1903 年：G.T.W. Patrick 论述了比赛心理学。
- 1914 年：R. Cummins 评估了与运动有关的运动反应、注意力和能力。
- 1918 年：作为一名学生，Coleman Griffith 针对伊利诺伊大学的足球运动员和篮球运动员开展了非正式研究。
- 1920 年：Robert Schulte 在德国体育教育高中开始管理心理学实验室。
- 1920 年：P.A. Rudik 在位于莫斯科的国家体育学院成立了首个体育心理学系。

第二阶段：发展实验室和心理测试（1921—1938）

体育与训练心理学历史中这一阶段的特征是体育心理学实验室在德国、日本、俄罗斯和美国的发展以及日益增加的心理测试（Kornspan，2012）。Coleman Griffith 是北美第一个在其职业生涯重要阶段致力于体育心理学研究的人。现今，Griffith 被誉为美国体育心理学之父（Kroll & Lewis，1970）。Griffith 是伊利诺伊大学的一名心理学家，其曾就职于体育福利署（负责体育教育和体育运动），成立了第一个体育心理学实验室，参与创办了美国第一批辅导学校，并撰写了两部经典书籍，分别是《教练心理学》和《体育运动心理学》。Griffith 还针对芝加哥小熊棒球队开展了一系列研究，并为 Dizzy Dean 等名将建立了心理档案。Griffith 就如何最好地让团队做好心理准备与圣母大学橄榄球队教练 Knute Rockne 保持通信，并向名人堂成员 Red Grange 提出有关其在橄榄球比赛中想法的问题。Griffith 走在时代前沿，致力于相对独立的研究，其高质量研究和改善实践的坚定承诺至今仍然是体育与训练心理学家的最佳模型。在此阶段，心理学家还开始测试运动员，并评估其反应时间、注意力集中度、人格和攻击行为。例如：棒球名将 Babe Ruth 在哥伦比亚大学心理学实验室接受了测试（Fuchs，2009）。

Coleman Griffith

第二阶段的重要事件

- 1921 年：Schulte 发表了《体育领域的身心健康》。

- ▶ 1921—1931年：Griffith发表了25篇有关体育心理学的学术论文。
- ▶ 1925年：Schulte发表了《运动能力与表现测试》。
- ▶ 1925年：伊利诺伊大学成立了体育运动研究实验室，且Griffith被任命为实验室负责人。
- ▶ 1926年：Griffith发表了《教练心理学》。
- ▶ 1928年：Griffith发表了《体育运动心理学》。
- ▶ 1938年：Franklin Henry在位于伯克利的加州大学体育教育系任教，并制订了体育运动心理学研究生课程。

第三阶段：为未来做准备（1939—1965）

Franklin Henry

Franklin Henry在位于伯克利的加州大学任教，主要负责体育心理学领域的科学发展。Henry在其职业生涯中致力于对体育心理学以及运动技能的习得进行学术研究。最重要的是，Henry培养了许多充满活力且在之后成为大学教授的体育教师，并启动了系统研究计划。有些学生则成为了重新制订课程并发展我们现今所熟知的体育与训练科学或人体运动学领域的决策者。

在1939年至1965年期间，其他研究人员（例如：Warren Johnson和Arthur Slatter-Hammel）做好了未来体育心理学的研究准备，并创立了训练与体育科学学科。尽管体育心理学的应用仍然受限，但是，在本阶段末期，这一情况开始有所改变。

在这一阶段从事体育心理学应用工作的人是Dorothy Hazeltine Yates，她是美国国内第一批开展体育心理学实践与研究的女性之一。Yates与大学拳击运动员协商教导其如何使用放松和积极肯定来管理情绪并增强表现（Kornspan & MacCracken，2001）。第二次世界大战期间，Yates在为成功的大学拳击队咨询时运用了被称之为“放松集合方法”的技能。Yates之后还专门教导运动员和飞行员心理学课程。和现今的许多体育心理学家一样，她对按科学方法确定其干预是否有效很感兴趣，并与拳击运动员合作对其技能进行了实验性检验（Yates，1943）。尽管Yates致力于相对独立的研究，但是其开展的实践导向研究令人惊叹。

这一阶段从事体育心理学应用工作的另一人是David Tracy，且Tracy曾受聘为职业棒球队（圣路易布朗队）效力（Kornspan & MacCracken，2001）。Tracy的事迹被广泛宣传，并被认为是体育心理学得到重视的表现（Kornspan，2009）。

第三阶段的重要事件

- ▶ 1943年：Dorothy Yates与大学拳击运动员合作研究了其放松训练干预的影响。
- ▶ 1949年：Warren Johnson评估了运动员比赛前的情绪。
- ▶ 1951年：John Lawther撰写了《教练心理学》。
- ▶ 1965年：第一次体育心理学世界大会在罗马召开。

第四阶段：建立理论体育心理学（1966—1977）

在20世纪60年代中期，体育教育已成为一门学科（目前称为人体运动学或训练与体育科学），且体育心理学已成为该学科内与动作学习不同的独立部分。动作学习专家关注人们获得动作技能（并不一定是运动技能）的方式以及实践条件、反馈和时机。相反，体育心理学家研究心理因素——焦虑、自尊和人格——对运动和动作技能表现的影响以及参与运动和体育教育对心理发展（例如：人格、抑郁等方面）的影响。

应用运动心理学顾问开始与运动员和团队合作。任教于圣何塞州立大学的Bruce Ogilvie是第一批开始与运动员和团队合作的顾问之一，被誉为北美应用运动心理学之父。随着越来越多的人对应用运动心理学领域感兴趣，在北美成立了第一批运动心理学协会。

Bruce Ogilvie

第四阶段的重要事件

- 1966年：临床心理学家Bruce Ogilvie和Thomas Tutko撰写了《运动员所面临的问题及其解决办法》，并开始为运动员和团队提供咨询。
- 1967年：加州大学洛杉矶分校的B. Cratty撰写了《体育运动心理学》。
- 1967年：首次召开NASPSPA年会。
- 1974年：首次发表NASPSPA会议会刊。

第五阶段：多学科科学以及体育与训练心理学实践（1978—2000）

从20世纪70年代中期至20世纪末，体育与训练心理学在北美乃至世界范围内迅速发展。公众越来越认可和重视体育与训练心理学领域。本阶段的特征是对应用问题感兴趣以及作为研究人员和实践人员专业领域的体育心理学的发展。此外，将体育与训练心理学从动作学习和控制及动作发展的相关训练和体育科学专业中分开。开展了更多、更好的研究，且此类研究逐渐获得相关领域（例如心理学）的重视。在本阶段末期，出现了定性研究和解释性研究，且这两种研究方式越来越受到认可。在该领域创办了专业期刊并召开了专业会议，且出版了大量相关书籍。越来越多了解普通心理学背景知识的学生和专业人士涉足该领域。随着学生选择更多与心理咨询和心理学相关的课程，在体育与训练心理学领域的培训逐渐采取多学科视角。在该领域中设法解决各种专业实践问题，例如：明确说明针对该领域人士的训练要求、制定伦理标准、颁发许可证，并为越来越多涉足该领域的人士提供全职岗位。

在本阶段，宾州州立大学的教授Dorothy Harris通过协助设立体育心理学研究生课程推动了妇女心理学和体育心理学的发展。Harris所取得的成就包括成为国际运动心理学学会的

Dorothy Harris

首位美国籍女性成员，体育心理学领域首位获得富布莱特奖学金的女性，以及北美体育运动心理学会的首位女主席。在几乎无女性担任体育心理学教授的时期，Harris 成为了女性的榜样。

第五阶段的重要事件

- 1979 年：创办了《运动心理学杂志》（目前更名为《体育与训练心理学杂志》）。
- 1980 年：美国奥委会成立了运动心理学咨询委员会。
- 1984 年：美国奥运会电视报道中强调了运动心理学。
- 1985 年：美国奥委会聘请了首位全职运动心理学家。
- 1986 年：创办了首份应用学术期刊《体育心理学家》。
- 1986 年：AASP 成立。
- 1987 年：APA 部门 47（体育心理学）成立。
- 1988 年：美国奥运代表队首次由一名官方认可的体育心理学家陪同。
- 1989 年：创办了《应用运动心理学杂志》。
- 1991 年：AASP 确定了"认证顾问"称号。
- 2000 年：在欧洲创立并出版了《体育与训练心理学》期刊。

第六阶段：现代体育与训练心理学（2001—）

现今，体育与训练心理学是一个充满活力、振奋人心、富有前途的领域。但是也必须解决某些问题。之后在本章中，你将详细了解现代体育与训练心理学，现在我们主要了解某些发展阶段重点。

第六阶段的重要事件

- 2003 年：APA 部门 47 将体育心理学作为专业能力领域进行重点研究。
- 2013 年：来自 70 个国家的 700 多名参与者参加了国际运动心理学会在中国召开的会议。
- 开始关注最佳准备方式和最佳教学方式。
- 在外部融资可能性及其在促进健康和缩减医疗保健费用方面的效用的推动下，体育心理学在大学中的发展达到新高度。
- 在世界各地开展各种大型长期的研究项目。
- 对应用运动心理学的兴趣日益浓厚。

关注全球体育与训练心理学

体育与训练心理学在世界各地蓬勃发展。体育心理学专家在 70 多个国家开展工作。大多数体育心理学专家居住在北美和欧洲，但在近十年里，主要在拉丁美洲、亚洲和非洲开展活动。

日本、俄罗斯和德国的体育心理学家大约在 Coleman Griffith 任教于伊利诺伊大学之始便开展了各自的工作。近年来，媒体开始向以英语为母语的观众介绍俄罗斯体育心理学家 Avksenty Puni 的创举及其 50 年的职业生涯（Ryba，Stambulova & Wrisberg，2005；Stambulova，Wrisberg & Ryba，2006）。Puni 所建立的重点研究现实目标、不妥协性、最佳情绪觉醒程度、对干扰和压力的高度耐受性以及自律的体育竞赛心理准备理论是

Avksenty Puni

一种开创性理论，远远领先于其北美同行当时的工作。Puni 的工作证明了开拓视野对体育心理学的重要性。

ISSP 成立于 1965 年，旨在向世界各地推广和宣传体育心理学知识。ISSP 一共召开了 12 次世界体育心理学大会，集中讨论了诸如人为表现、人格、动作学习、健康与锻炼以及教练心理学等主题。此类会议提高了人们对体育心理学领域的意识和兴趣。1970 年，ISSP 创办了《国际运动心理学杂志》。

意大利体育心理学家 Ferruccio Antonelli 因对体育心理学的国际发展做出重大贡献而享有盛誉。Antonelli 是 ISSP 的首任主席，同时还是《国际运动心理学杂志》的第一位编辑。体育与训练心理学目前在世界各地都被公认为是有关注意力集中的学术领域和专业。体育与训练心理学的持续发展前景十分乐观。

Ferruccio Antonelli

体育与训练心理学领域的女性

在检视体育与训练心理学历史时，女性心理学家的缺乏极其引人注目。这一点在其他科学历史中并不常见。多个因素导致了女性心理学家的缺乏。在历史上，女性并未获得与其男性同行同等的机会，且涉足该领域的女性通常需要克服偏见等职业发展障碍。此外，人们习惯性地低估了女性在科学史上做出的贡献。

研究（Kornspan & MacCracken，2001）确定了 Dorothy Hazeltine Yates 在 20 世纪 40 年代完成的重要研究、教学和干预工作，且 Dorothy Harris 开展的工作也已经获得认可。Vealey（2006）在编写体育与训练心理学发展史时还发现了之前被忽视的其他女性先驱人物做出的部分贡献。研究者（Krane & Whaley，2010; Whaley & Krane，2012）还针对在过去 30 年里对该领域发展产生重大影响的 8 位美国籍女性进行了研究，这 8 位女性分别是 Joan Duda、Deb Feltz、Diane Gill、Penny McCullagh、Carole Oglesby、Tara Scanlan、Maureen Weiss 和 Jean Williams。这些女性有一些共同的特征（例如：有压力感、谦逊、有能力、对该领域充满热情），并通过指导不计其数的男女学生、制订一流研究方案和提供强有力且关怀备至的领导繁荣了该领域（Krane & Whaley，2010）。她们在工作中还面临多项挑战，例如：克服部门党派之争和性别歧视（Krane & Whaley，2010）。但是，她们“不显眼的能力”最终获得胜利。此类杰出的女性为美国的体育与训练心理学历史做出了重大贡献。

女性为体育与训练心理学做出贡献并不限于美国。在过去的几十年里，世界各地的女性，以俄罗斯的 Natalia Stambulova、德国的 Dorothea Alfermann 和西班牙的 Gloria Balague 为例，都为该领域做出了重大贡献。最值得一提的是来自保加利亚的 Ema Geron，其不仅出版了有关该领域的书籍，还在欧洲运动心理学联合会的成立过程中发挥了重要的领导作用。Geron 是欧洲运动心理学联合会的首任主席，其任职时间为 1969 年至 1973 年。

有一点很明确，即尽管女性可能并未享有应有的荣誉，但她们为体育与训练心理学的发展做出了重大贡献，推动了该领域的重大发展。

科学与实践的桥梁

阅读体育与训练心理学教材和与受训者及运动员开展实际专业实践是迥然不同的两项活动。为了解这两项活动之间的关系，你必须能够结合科学衍生的课本知识与专业实践经验。我们将帮助你发展此类知识结合的技能，以便你能更好地运用该领域的体育与训练心理学知识。

科学衍生知识

首先，体育与训练心理学是一门科学。因此，了解科学知识如何产生是关键所在。换言之，你必须了解**科学方法**。科学是动态的，是指科学家们研究的内容（Kerlinger，1973）。科学不单是通过详细的观察得到的事实积累；而且还是对通过经验获得的知识进行系统、可控、以经验为依据且关键的筛选，以了解世界的一个过程或一种方法。我们将科学方法用于心理学时，旨在讲述、说明、预测和控制行为。

例如，琼斯是一名体育心理学研究人员，其想要研究运动教育对孩子自尊的影响。首先，琼斯博士定义了自尊和运动教育，并确定了其想要研究的特定年龄层儿童。然后，琼斯说明了其推测运动教育与自尊相关的原因（例如：孩子因学习新技能而得到认可和赞扬）。琼斯博士所开展的研究与预测及控制有关，其想要验证在类似条件下使用运动教育是否将始终以相同方式影响到孩子的自尊。为验证此类观点，应遵循某些通用研究指南：

- 科学方法中规定了研究问题的**系统方法**，包括使条件符合一定的标准。例如：一个人可通过精心设计的测量方法在相同条件下评估每个孩子的自尊。
- 科学方法包括对条件的**控制**。研究中的关键变量或要素（例如：运动教育或自尊的变化）是研究的重点，且其他变量是受控的（例如：由同一人开展教学工作），因此，此类变量不会影响基础关系。
- 科学方法**以经验为依据**，换言之，科学方法基于观察。必须有客观证据支持观点，且此类证据必须接受外界评估和观察。
- 科学方法带有**批判性**，换言之，科学方法包括研究人员和其他科学家开展的严格评估。对观点和工作进行批判性分析有助于确保结论的可靠性。

理论

科学家的终极目标是**理论**，即一组用来呈现针对某些现象的系统观点的相关事实，以讲述、说明和预测未来事件。借助理论，科学家可以用有助于他人了解的方式整理和说明大量事实。之后人们会将理论付诸实践。

以**社会助长理论**（Zajonc，1965）为例。在Norman Triplett针对孩子开展首次卷线实验后，心理学家研究了观众对表现的影响，但是，其研究结果相互矛盾。有时人们在观众面前表现更佳，而在其他时候人们在观众面前表现更糟。Zajonc从看似随机的研究结果中发现了一个模型，并阐述了一种理论。Zajonc注意到，在人们执行其熟知的简单任务或工作时，观众的存在对其表现产生积极影响。但是，在人们执行不熟悉或复杂的任务时，观众的存在对其表现产生不利影响。在这一社会助长理论中，Zajonc 认为观众可促使运动员觉醒，从而对其在从未了解过（或熟悉）且难度较大的任务中的表现产生不利影响，并对其在熟知的任务中的表现产生积极影响。

社会助长理论有助于我们了解在不同层面（例如：学生、专业人士）和不同情况下（例如：体育、训练）观众对表现的影响。Zajonc 将多个看似随机的实例与运动员、教练和教师牢记并在各种情况下应用的基本理论结合了起来。常言道，没有什么比一个好的理论更加实用！

当然，并非所有理论都同样有用。有些理论尚处于发展阶段初期，而有些理论则已经通过了时间的考验。有些理论的适用范围有限，而有些理论的适用范围则很广泛。有些理论并未涉及任何变量，而有些理论则涉及变量与行为的复合矩阵。

> **要点**　理论是指一组用来呈现针对某些现象的系统观点的相关事实，以讲述、说明和预测未来事件。

研究与实验

开展研究与实验是科学家创立、支持或推翻理论的一个重要途径。在一项**研究**中，研究人员在未以任何方式改变环境的情况下观察或评估各项因素。例如：一项比较目标设定、表象和自我对话在提高运动表现方面有效性的研究可能会在比赛即将开始之前给高中越野赛跑运动员发放一份书面调查问卷。研究人员可能将 20 名速度较快的跑步运动员所使用的技能与 20 名速度较慢的跑步运动员所使用的技能相比较。研究人员不会改变或控制任何因素，而是只观察速度较快的跑步运动员是否报告称其使用了特定心理技能（例如：表象）。因此，研究人员无法确定目标设定、表象和自我对话是否有助于某些跑步运动员跑得更快，或更快的跑步速度是否激励运动员设定更多目标。研究限制了确定各因素间因果（原因和结果）关系的能力。

因为研究人员在观察变量时控制变量，并在之后仔细观察某一变量所发生的改变对其他变量所发生的变化的影响，所以**实验**与研究之间存在区别。研究者可将跑步运动员分成两个人数相同的小组。其中，被称为**实验组**的小组将接受有关如何设定目标、如何使用表象及积极自我对话的训练。而被称为**对照组**的另一小组则不接受任何心理技能训练。如果实验组的表现优于对照组（其他可能影响因果关系的因素是受控的），则可以知晓导致这一结果的原因。也就是说，这一因果关系已经得到了证实。

> **要点**　确定因果关系是实验凌驾于研究之上的主要优势。

任何知识获取方法都有其优势和局限性。就这一点而言，各种科学方法并无二致。科学衍生知识的主要优势是可靠性，换言之，方法是系统可控的，而科研成果则是一致或可重复的。此外，科学家应接受尽可能客观的训练。科学家的目标之一是收集**客观数据**——即表达个人见解但不受个人情感影响的数据或事实。

从消极的方面看，因为可靠度必须由他人判断，所以，科学方法发展缓慢，且很保守。系统可控性的形成也需要时间，且所需

作为替补队员上场参赛：体育心理学心理咨询案例研究

杰瑞在大一时加入大学校篮球队，但在大一结束时被要求前往东南大学体育心理学顾问霍夫曼处就诊。杰瑞的高中生涯相当成功，在三届运动会上都赢得了校名缩写字母标志的荣誉，并参加了每一场篮球比赛。杰瑞是东南大学全额奖学金获得者，他比校篮球队中的任何其他人都更加勤奋，并努力提高自己的技能。但是，他仍然未能成为5名首发队员之一。在下半赛季的首场比赛中，教练乔森让杰瑞上场。在迈步走至记录台等待换人信号时，杰瑞发现自己比以往任何时候都要紧张。他心跳加速，无法停止脑海中纷乱的思绪。杰瑞上场后的表现极其糟糕。他数次传球出界，出现了两次不合常理的犯规，且在无人防守的情况下投篮失败。教练乔森让杰瑞下场。在比赛结束后，教练和队友告诉他，这只是紧张过度所致，并让他放松。但是，杰瑞无法做到放松，而且持续出现高度焦虑和表现下降。在经历多次失利后，杰瑞在该赛季的剩余时间都花在了板凳上。

杰瑞对前往体育心理学家处就诊感到犹豫不决。杰瑞并不认为自己患有精神疾病，而且对前往“精神病医生”处就诊的想法感到有点难为情。不过，令杰瑞感到惊讶的是，霍夫曼博士为人和善，像教练一样与他交谈甚欢。因此，杰瑞同意每隔两周就与霍夫曼博士会一次面。

与霍夫曼博士合作期间，杰瑞了解到，在高中至大学的过渡期间，焦虑体验十分常见。毕竟队员们在高中时击败的90%的运动员不会再与之竞争。霍夫曼还指出，在杰瑞体验了三年高中生活后，变得很难进行自我调整以作为替补队员上场或是贸然参赛，这是意料之中的。杰瑞正在承受一种新的压力，但他对压力的反应（即精神紧张）是可预测的。

霍夫曼博士教导杰瑞如何通过使用被称为归心的呼吸技巧进行放松。霍夫曼教导杰瑞通过使用想象停止消极思维和焦虑，并用更加积极的肯定进行取代以控制消极思维和焦虑。霍夫曼为杰瑞作为替补队员上场参赛制订了心理准备例行程序，包括伸展四肢以保持肌肉放松以及有助于其在记录台候场时集中注意力的方法。

杰瑞在赛季后停赛期间参加了大量心理技能训练，并在赛季初期训练和练习赛中改善了此类技能。在未丧失自信的情况下作为替补队员上场参赛后，杰瑞在无人防守的情况下坚持投篮并迅速发挥其最大潜能。

在这一赛季中，杰瑞实现了其作为替补队员上场参赛并以稳定表现协助团队的目标。杰瑞并非首发队员之一，但是，教练乔森通过在比分胶着的情况下让杰瑞上场表达了其对杰瑞的信任。杰瑞对自己能为团队做出贡献感到非常高兴。

时间比大多数实践人员能投入的时间更多。通常经过多年研究方可实现科学突破。为此，固执地认为科学能指导所有实践要素并不总是行得通。

有时，科学知识是**简化论**。换言之，因为同时研究同一情况下的所有变量过于复杂，所以，研究人员只选定其最感兴趣的孤立变量。但将某一问题简化得较小且较易处理后，我们可能难以了解整体情况。

科学的另一局限性是其过于强调**内在效度**。通常，我们根据科学家遵守科学原则的程度以及科学家在开展研究时的系统可控性判断研究质量。但过于强调内在效度可能导致科学家忽视了外在效度，即该问题在现实世界中是否真正有意义或实用。如果某一理论不具备**外在效度**，则其内在效度并不重要。最终，科学知识往往比较保守。

专业实践知识

专业实践知识是指通过经验获得的知识。例如，你可能会投入大量时间帮助受训者、运动员和体育教育专业的学生提高其表现和幸福感，而在提供帮助过程中，你会获得大量实践体会或信息。专业实践知识有多个来源和多种获得方式，包括：

- 科学方法
- 系统观察
- 个案研究
- 共享公共经验
- 内省（仔细观察你的想法或感受）
- 直觉（在缺乏意识和理性时及时理解知识）

训练导师、教练和已获得认证的运动教练通常不会使用科学方法，但他们运用理论衍生的体育与训练原则提供指导实践。

例如：排球教练赫博特与高中排球队合作。赫博特以各种方式发展自己的教练技能。在本赛季开始之前，她运用**内省**仔细考虑了如何在本年度开展教练工作。在校排球队选拔赛中，她对新球员的发球、击球和争球动作进行了**系统观察**。赫博特记得排球队队长——一名优秀的二传手——在上个赛季的比赛表现，因此，她想要进一步了解排球队队长以便在本年度为其提供更多帮助。为此，她与其他球员、教师以及该名二传手的父母进行交谈。实质上，赫博特开展了一项**案例研究**。她和助理教练对比了侦查下一对手的记录，即**共享公共经验**。她还经常使用**直觉**。例如：尽管萨拉和荣达这两位运动员的能力不相上下，但是她决定今天先从萨拉开始，因为她觉得萨拉更合适。当然，此类方法并非总是可靠，但是，将多种方法结合后可实现有效训练。与队员一样，教练有时也会犯错，但是，对她而言，此类错误或误判也是一种信息的来源。

通过专业实践知识指导试误学习。不论你是一名理疗师、教练、教师、训练导师还是已认证运动教练，你都应运用知识制订策略并在之后评估此类策略的有效性。经验丰富的体育与运动科学专业人士会更加熟悉和了解实践方式。

专业实践知识自有其优势。与科学衍生知识相比，专业实践知识通常更加全面，反映出心理、身体、技术、策略和社会等诸多因素之间复杂的相互作用。而且，与科学不同，专业实践知识倾向于吸引新颖或创新的实践。教练、教师、训练导师和培训师乐于运用新技能。另一好处是，专业人士无须等待对理论进行科学验证，可立即运用实践理论。

而其缺点在于，与科学相比，专业实践中产生的精确解释要少得多。专业实践比科学更易受偏见的影响，因此，专业实践不够客观。与科学基础知识相比，实践知识的可靠度和确定性往往更低。通常，教师知道该方法有效，但却不知道其为何有效。如果教师想要在新的情况下运用该方法或修改该方法以帮助特定学生，则可能会出现这一问题。表1.1总结了科学衍生知识与专业实践知识的优势和局限性。

表 1.1　科学衍生知识与专业实践知识的优势和局限性

知识来源	优势	局限性
科学衍生	•可靠度高 •系统且可控 •客观	•简化论、保守、通常发展缓慢 •忽视了外在效度（即实践性）
专业实践	•全面 •创新 •及时	•可靠度较低 •缺乏注释 •更容易产生偏见

结合科学知识与专业实践知识

你可能已经察觉到，阅读教材与从事专业活动之间的差距是这一学科的一部分。但是，因为两种知识的结合有助于开展有效应用实践，所以，缩小这一差距是关键所在。

这一差距产生的原因有很多（Gowan，Botterill，& Blimkie，1979）。长久以来，科学家们都未找到适当方式将研究结果介绍给专业人士，即体育教师、教练、训练导师、运动员、受训者和训练师。同时，有些体育与训练心理学家对通过研究彻底改革运动与体育活动技能教学实践过于乐观。尽管在 20 世纪 60 年代和 20 世纪 70 年代开展了大量基础实验研究，但是，此类研究与该领域的实际情况（即外在效度）关系不大。但是，我们必须缩小这一差距，让实践人员和研究人员相互交流、接轨。

采取积极方法运用体育与训练心理学

为有效运用体育与训练心理学，需要积极拓展知识。实践人员应当将有关体育与训练心理学的科学知识与专业实践知识相结合。仅仅阅读体育与训练心理学类的书籍，参加体育与训练心理学课程，或担任教师、教练或训练导师是远远不够的，你必须通过自己的洞察力和直觉积极结合科学知识与专业经验。

采取积极方法是指，将本书后续各章中确定的科学原则用于实践环境。将此类科学原则与你作为运动员、受训者和体育教育学生所积累的经验联系起来。也就是说，将健身房、游泳池或运动场作为你验证自身对体育与训练心理学原则的看法和理解的微型实验环境，来评估观点的有效性以及发挥最佳效果的情况，并进一步通过了解体育与训练心理学领域的最新科研成果不断修改和更新你的观点。

但是在运用此积极方法时，你应对体育与训练心理学研究成果抱有切实的期望。通常，我们基于概率判断大多数研究成果的重要性。因此，研究成果并非适用于所有情况。在大多数情况下，研究成果应适用或可正确解释行为。如果某一研究成果无法适当预测行为，则应分析形势以确定适用或不适用的可能原因；如果该研究成果以理论为基础，则应考虑支持最初预测的理论的关键部分。另外，应当看看是否需要考虑在实践环境中开展工作时最重要的个人或环境因素。

认为体育与训练心理学是一门艺术

心理学是一门社会科学，不同于物理学。人会随着时间改变，而静物并不会随时间发生太多变化。参加体育与训练活动的人还会考虑并控制其所处环境，从而导致行为预测的难度加大（但并非完全不可预测）。Counsilman“博士”（Kimiecik & Gould，1987）是一名带有传奇色彩的奥运游泳教练，同时也是科学教练方法的主要拥护者。他在指出教练应通过运用一般原则——即教练科学——开展教学活动时，还特别总结了考虑个性的必要性。在教练确认个别处理一般原则的时间和情况的过程中形成了教练艺术。更有趣的是，有些研究人员（Brown，Gould，& Foster，2005）已经开始研究情境智力（即个人理解和了解其工作环境的能力）及其发展，由此更加深入地了解专业实践艺术学习方式。

> **要点** 教练科学侧重于一般原则的运用。教练艺术则确认了个别处理一般原则的时机和方式。

从多种体育与训练心理学方向中选择

一些教练相信团队可通过出色的防守赢得比赛，另一些教练相信团队可通过完全开放的进攻体系赢得比赛，而其他人则相信可通过结构化的可控战术赢得比赛。与教练一样，运动心理学家对成功干预的看法也存在差异。现代体育与训练心理学家从多种体育与训练心理学方向中选择了三种最普遍的方向，分别是心理生理方向、社会心理方向和认知行为方向。

心理生理方向

心理生理方向的体育与训练心理学家相信，研究运动与训练行为的最佳方式是研究大脑的生理过程及其对体育活动的影响。此类心理学家通常评估心率、脑电波活动以及肌肉动作电位，从而确定心理生理措施与运动和训练行为之间的关系。以运用生理反馈技术训练优秀射手在两次心跳之间射击以提高精确度（Landers，1985）为例。Hatfield 和 Hillman（2001）综述了在该领域内开展的研究。大量研究人员开始运用脑电图和神经影像技术研究体育活动——尤其是有氧运动——对大脑功能的影响（Hillman，Erickson，& Kramer，2008）。研究结果表明体育活动对大脑功能产生积极影响，令人振奋不已。

> **要点** 心理生理方向的体育与训练心理学家通过大脑中潜在的心理生理过程研究行为。

社会心理方向

选择**社会心理方向**的体育与训练心理学家假设，行为取决于环境（尤其是社会环境）与运动员或受训者个人性格之间复杂的相互作

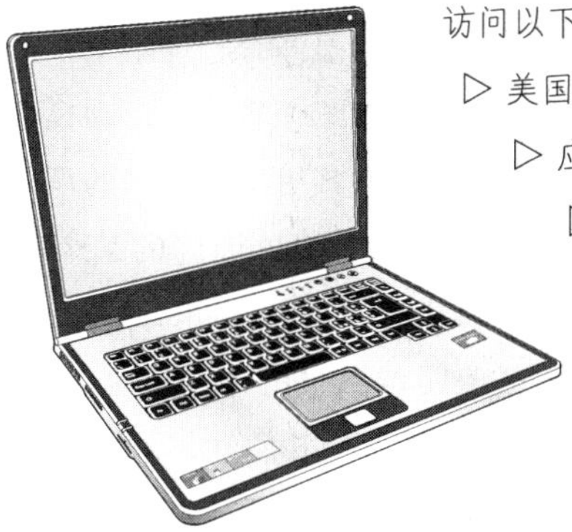

访问以下网站可以了解更多关于体育与训练心理学的信息：

▷ 美国健康、体育、娱乐和舞蹈协会

▷ 应用运动心理学学会

▷ 北美体育运动心理学学会

▷ 美国心理学会部门

▷ 欧洲运动心理学联合会

▷ 美国运动教育计划

▷ 加拿大教练员协会

用。选择社会心理方向的体育与训练心理学家经常研究个人所处社会环境对其行为的影响以及行为对社会心理环境的影响。例如：社会心理方向的运动心理学家可能研究教练的风格和策略如何提高团体凝聚力和影响个人参与训练计划（Carron 和 pink，1993）。

> **要点**　社会心理方向重点关注环境与个人性格之间复杂的相互作用如何决定行为。

认知行为方向

选择**认知行为方向**的心理学家侧重运动员或受训者的认知或思维与行为，并相信思维是决定行为的关键因素。认知行为方向的运动心理学家可能制订自我报告措施以评估自信、焦虑、目标取向、表象和内在动机。例如：通过一系列心理评估活动对感到筋疲力尽或未感到筋疲力尽的多个青少年网球运动员团体进行研究。研究发现，与未感到筋疲力尽的运动员相比，感到筋疲力尽的网球运动员缺乏动机。此外，感到筋疲力尽的网球运动员还显示出性格更加内向、更倾向于追求完美且采取各种不同策略以缓解压力（Gould、Tuffey、Udry 和 Loehr，1996a）等特征。这就是一项对运动员思维及行为与运动员倦怠状态之间的关系进行的研究。

> **要点**　认知行为方向假设行为取决于环境与认知，且思维与解释发挥尤为重要的作用。

理解当前与未来的趋势

你已经了解体育与训练心理学领域——包括体育与训练心理学的历史、科学基础和方向，接下来，你应该理解该领域内重要的当前和未来趋势。

1. **与以往相比，现今的咨询和服务机会更多，有越来越多体育心理学家帮助运动员和教练实现其目标**。体育心理学为帮助人们享受运动带来的好处提供了新的服务机会。为此，应用体育与训练心理学在未来几年内将持续发展（Cox，Qui，& Liu，1993；Murphy，2005a）。此外，以体育心理学为核心的表演心理学——将体育心理学原则用于诸如商业、表演艺术、医学和军事一类的其他高效能领域——开始成为一个令人感兴趣的领域。

2. **更加侧重于对运动心理学家开展咨询和临床训练**。随着咨询越来越受重视，需要开展更多有关咨询和临床心理学方面的训练（Peterson，Brown，McCann，& Murphy，2012）。想要从事体育与训练咨询工作的个人不仅需要了解体育与训练科学，还必须了解咨询和临床心理学各个方面。有关咨询和临床心理学方面的研究生课程已经制订完成，且课程重点即为体育与训练心理学。

3. **道德和能力问题越来越受重视**。随着体育与训练咨询的迅速发展，问题也随之产生（Murphy，1995；Silva，2001）。例如：未获认证的人可能自称是体育心理学家，且缺乏职业道德的人士可能给予教练、运动员和从事训练的专业人士超出其可实现范围的承诺。换言之，未接受过任何相关训练的某个人可能声称其是体育心理学家，并承诺购买其表象应用程序可使罚球队员的命中率从 80% 提高至 100%。这就是 AASP 启动体育与训练心理学顾问认证计划的原因以及 APA 在 2006 年将体育心理学公认为“精通”心理学的原因。其还针对体育心理学专家制定了道德标准（参见“体育与训练心理学家道德标准”）。体育教育、运动和训练导师应成为能够区分合法有效信息和奇思怪想或噱头的知情消费者，并且应熟悉该领域的道德标准。

4. **专业化和新的分科正处于发展阶段**。体育心理学知识已取得飞速发展。现今，体育心理学家不可能成为你将在本书中阅读得知的所有领域的专家。这就导致了体育心理学以及动作学习或动作控制（通过实践习得并控制技能动作）被划分为多个不同的体育科学领域。此外，体育与训练心理学正处于精细分科阶段（Rejeski & Brawley，1988；Singer，1996）。体育心理学是已取得最大发展的领域。备受关注的其他新型专业则包括青少年通过运动实现的生活技能发展（参见第 11 章）和卓越表现心理学（将体育心理学的表现增强原则应用于

体育与训练心理学家道德标准

体育心理学是一个新兴专业，相关组织（例如：应用运动心理学学会和加拿大心理运动学习与运动心理学学会）最近才制定道德准则。此类道德准则基于美国心理学学会（2002）更普遍的道德标准，且其核心部分是哲学层面的，即体育心理学顾问应重视个人尊严和价值，并对基本人权的保有与保护表示尊重。这一要求的本质是，运动员或受训者的福利必须是每个人心中的第一要务。

AASP 道德准则包括六个方面（一般原则）：

1. **能力**。体育心理学家努力在工作中维持最高能力标准，并承认其专业知识的局限性。例如：如果某位体育心理学家对团队建立和团体动态一无所知，却误导他人相信其具有相关知识或与团队开展合作的行为，是不道德的。

2. **完整性**。体育与训练心理学家应证明科学、教学和咨询的高度完整性：其并未向团队和组织进行虚假宣传，且其向团队和组织说明了其担任的角色（例如：通知运动员参与团队选拔）。

3. **专业和科学责任**。体育与训练心理学家总是将客户的利益放在第一位。例如：通过有目的地命令某一组研究对象与对方团队互殴以研究攻击行为是不道德的（即使可从中获益良多）。开展研究的心理学家还负责保护公众远离不道德的专业人士。如果某位体育心理学家目睹了另一专业人士做出虚假陈述（例如：某人可以享用其喜欢的所有食物并通过表象燃烧所有多余脂肪），则该体育心理学家在道德上有义务指出错误信息并专业地质疑对方或向专业组织举报。

4. **尊重人的权利和尊严**。体育心理学家尊重与其共事之人的基本权利（例如：隐私和保密）。除非获得许可，否则心理学家不得公开来访者的身份。同时，心理学家不得因诸如种族、性别和社会经济地位一类的因素而对来访者产生任何偏见。

5. **关注他人福利**。体育心理学家试图造福于与其共事之人。因此，运动员的身心健康往往比赢得比赛更加重要。

6. **社会责任**。体育与训练心理学家在保护参与者利益的同时，应为知识和人类福祉做出贡献。例如：在实验结束时，如未向对照组参与者提供为减少抑郁而制订的训练计划，则运动心理学家也不会向实验组参与者提供该份训练计划。仅为实验组提供治疗是一种不负社会责任且不道德的行为。

诸如音乐、艺术和商业等其他环境)。我们期望这一专业化趋势继续发展。

5. **理论心理学和应用运动心理学实践人员之间的关系处于紧张状态**。本书的编写基于一个基本原则，即给予研究和专业实践同等重视，体育心理学才能实现最大程度的发展。但是，理论(研究)心理学顾问和应用运动心理学顾问之间存在某种紧张关系，且双方都认为另一方的活动在该领域的发展过程中发挥的作用较小。这一紧张关系显然不可取，体育心理学家应当持续努力克服此类消极思维。

6. **目前，定性研究方法已获得认可**。20世纪90年代，体育与训练心理学家开展研究的方式发生了改变。尽管现在仍然在开展传统的定量研究，但是，许多研究人员已经通过运用定性(非数值)方法扩展了其开展研究的方式。运用定性方法需要通过观察或访谈收集资料。研究人员分析调查对象的言辞及其对趋势和格局的描述，而不是对数字或评分进行统计分析。这也是一个健康的发展方向。

7. **与以往任何时候相比，应用运动心理学家现今获得的工作机会更多，但是，全职岗位仍然有限**。一方面，应用运动心理学家有更多机会与团队合作和为运动员咨询。另一方面，尽管工作机会越来越多，但是，全职顾问岗位仍然有限。此外，为成为一名合格的体育心理学专家，一个人必须接受高级研究生训练。因此，读者不应期望仅凭借体育心理学学位即可快速获得知名度较高的团队和运动员提供的全职顾问岗位。

8. **体育与训练心理学已成为一门公认的、相当实用的运动科学，且在世界各地越来越受关注和认可**。目前，许多大学中已设立体育与训练心理学课程，有些研究生项目则包括多达五门或六门相关课程。学生可获取越来越多的研究和专业资源。体育老师、教练、健身教练和已认证运动教练可获得越来越多的体育与训练心理学相关信息。获得最新信息后，体育活动专业人士将朝着实现各种目标的方向大步迈进。

9. **普通心理学领域的领导者发起了积极心理学运动**(Seligman & Csikszentmihalyi，2002)。这一心理学运动让心理学家更加关注诸如乐观、希望和幸福感一类的积极属性的发展(而不是重点关注个人缺陷)。体育与训练心理学家为此提供了许多新机会。例如：Graham Jones、Jim Loehr、Austin Swain、Shane Murphy和Steve Bull等知名体育心理学家已经将自己从运动领域学到的知识用于工商界，以教导商业人士如何提高其心理技能和工作绩效。同样地，体育心理学家Kate Hays(Hays，2002，2009)已帮助诸如舞蹈家和音乐家等优秀艺术家发展实现其最佳表现所需的心理技能。

10. **理解体育与训练心理学全球化的重要性对该领域的当代学生而言至关重要，且在未来的几年内，这一重要性将日益显现**。在众多欧洲、亚洲和南美洲国家中，新知识与新实践都正处于迅速发展阶段。通过跨文化研究，我们可了解体育心理学中跨文化的原则以及受文化限制的原则。为了解现代体育与训练心理学，必须采取全球视角，且全球视角将越来越重要。

11. **跨学科研究蓬勃发展**。体育与训练心理学家将与来自人体运动学其他分支学科(例如：运动生理学和运动生物力学)的专家以及

体育心理学与商业之间的关系

大量体育心理学专家将其在运动领域学到的知识用于工商界。

- 著名的体育心理学家 Jim Loehr（Loehr & Schwartz，2001）对企业高管人员和世界级运动员进行了比较。Loehr 教导美国的部分企业高管人员通过学习，成为能更好地培养和管理自身身体能力、情感能力、心智能力和精神能力而达到理想表现的公司“运动员”，由此提高企业管理效率。
- Lane4 管理集团是体育心理学专家 Graham Jones 与奥运游泳冠军 Adrian Moorhouse 共同成立的一家全球咨询公司。运用从表现最佳的体育运动中汲取的经验，Lane4 联合公司通过互动研讨会、团队开发活动、组织绩效评估和高管人员辅导，帮助大型企业、业务团队和个别高管实现并维持高绩效。Lane4 联合公司通常探讨的主题包括领导力培养、压力管理、自信、注意力集中、团队建立、团队绩效提高、团队合作和一对一高管人员辅导和咨询（Jones，2002）。

来自其他学科（例如：工程学、社会服务和护理学）的专业人士合作以探讨社会面临的重大问题，例如：战胜肥胖流行症或促进青少年正面发展。研究人员发现，现实问题的产生往往有多个原因，因此并非从某一个领域出发便可解决此类问题。

12. **随着技术以前所未有的速度发展并改变了我们生活的方方面面，体育心理学家正在学习如何运用此类技术推动工作**。例如：运用虚拟现实技术对运动员进行训练，运用神经影像技术理解大脑的奥秘以及运动对大脑的影响，运用电脑游戏加强体育锻炼，或开展在线咨询等。

13. **随着世界看起来越来越小，而关联性却越来越大，现代体育心理学更加侧重于研究文化多样性**。体育心理学家在其领域内也要研究诸如男人和女人、“50后”和“80后”之类的群体或来自不同民族文化的群体的相似性和独特性。此外，也要更加侧重于增进了解、促进产生和接纳多样性。

学 习 助 手

总结

1. **讲述什么是体育与训练心理学。**

   体育与训练心理学科学地研究从事体育和训练活动的人与行为，以及这类知识的应用。体育与训练心理学领域的研究人员有两个主要目标：①了解心理因素如何影响个人的运动表现，②了解参加体育活动如何影响个人的心理发展。尽管体育心理学在最近几年中发展迅速，但是，体育心理学可追溯至20世纪初期，并分为六个不同的历史阶段。

2. **了解体育与训练心理学专家会做什么。**

   现代体育与训练心理学家从事不同任务，

包括开展研究、教学和为运动员和受训者咨询。

3. **明白要成为体育与训练心理学家要经过哪些训练。**

临床体育与训练心理学家接受专业的心理学训练以治疗患有严重情绪障碍（例如：药物滥用或厌食）的运动员和受训者。教育运动心理学专家接受有关运动科学和相关领域方面的训练，担任心理教练，教导运动员和受训者有关心理技能及其发展方面的知识。但其并不接受有关帮助严重情绪障碍患者方面的训练。

4. **了解体育与训练心理学历史的主要发展阶段。**

体育与训练心理学历史悠久，可追溯至 100 多年前。体育与训练心理学的历史可划分为六个阶段。第一阶段——早期（1893 年—1920 年）——的特征是独立研究。第二阶段（1921 年—1938 年），在世界各地成立了体育心理学实验室，并开展了心理测试。Coleman Griffith 是第一个专业研究体育与训练心理学的美国人。第三阶段——为未来做准备（1939 年—1965 年）——的特征是 Franklin Henry 的教育工作推动了该领域的科学发展。在第四阶段——学科设立期间（1966 年—1977 年），体育与训练心理学成为了体育教育学科的重要组成部分。第五阶段——多学科科学与实践（1978 年—2000 年）——的特征是，随着该领域越来越受公众认可和重视，体育与训练心理学发展迅速。对应用问题的兴趣以及体育心理学的发展都极其明显。人们从更多学科角度开展体育与训练心理学训练，并解决该领域中的各种专业实践问题。最后阶段——现代体育与训练心理学（2001 年至今）——的特征是在全球范围内持续发展、开展大量不同类型的研究以及对应用和咨询感兴趣。目前，体育心理学处于蓬勃发展阶段。

5. **区分科学与专业实践知识。**

体育与训练心理学是一门科学。因此，你必须了解基本的科学方法以及如何拓展科学知识。但是，仅科学知识并不足以指导专业实践。你还必须了解如何拓展专业实践知识。

6. **融合经验与科学知识。**

科学衍生知识必须与从专业实践中获得的知识相结合。结合科学知识和专业实践知识将让你在应用运动与训练环境中工作时受益匪浅。

7. **比较并对比领域中的各个方向。**

可采取多种方法研究体育与训练心理学，包括心理生理方向、社会心理方向和认知行为方向。心理生理方向的体育心理学家研究大脑的生理过程及其对体育活动的影响。社会心理方向的体育心理学家重点研究社会环境与运动员或受训者个人性格之间复杂的相互作用对行为的影响。认知行为方向的体育心理学家研究个人思维是如何决定行为的。

8. **描述该领域的就业机会和未来的方向。**

尽管与以往任何时候相比，现今的就业机会更多，但是，全职顾问岗位相当有限。体育与训练心理学处于蓬勃发展阶段，且可为对在运动与体育活动环境中工作感兴趣的相关人士提供大量帮助。随着对心理技能训练和应用工作兴趣的提高，为体育心理学家开展的咨询和临床训练的增加，道德与能力越来越受重视。专业性的提高、理论心理学家与应用运动心理学家之间紧张关系的存在、定性研究越来越多、以及拓展全球视野的需要，都为当下和未来的趋势指明了方向。

复习题

1. 什么是体育与训练心理学？体育与训练心理学有哪两个总体目标？
2. 讲述体育与训练心理学历史中六个阶段的主要成就。Coleman Griffith 和 Franklin Henry 对体育与训练心理学做出了哪些贡献？
3. 讲述体育与训练心理学专家的三项任务。
4. 区分临床运动心理学和教育运动心理学。为什么这一区别如此重要？
5. 定义科学并说明其四个主要目标。
6. 什么是理论？为什么在体育与训练心理学中理论如此重要？
7. 介绍科学衍生知识和专业实践知识的优势和局限性。如何拓展科学衍生知识和专业实践知识？
8. 讲述研究与实践之间的差距、差距产生的原因以及缩小差距的方法。
9. 为什么要进行体育与训练心理学认证？
10. 简要说明体育与训练心理学中的六项主要道德原则。
11. 为什么现代运动心理学家需要拓展全球视野？

深入思考

1. 讲述体育与训练心理学的积极运用方法。
2. 若你对研究自信与运动损伤康复之间的关系感兴趣，请描述你将如何开展研究与实验。
3. 思考你自己想要从事的职业（例如：体育与训练心理学家、教练、认证体育训练师、体育新闻记者）。说明体育心理学知识与实践对你的职业生涯的影响。

第 2 部分

了解参与者

心理特征如何影响个体在体育活动中的表现?

成功的运动员是否均具有一些重要的人格特征？人们参加体育活动的动力是什么？为什么有些人非常渴望参加比赛，而另外一些人一想到比赛就害怕？为实现最佳表现，一个人应如何保持积极心态、避免消极心态？

要理解运动与训练心理学，我们首先需要解答一些重要问题，如上述问题。本部分重点介绍了人格因素——个性特征、个人取向和情绪。这些因素会影响一个人在体育与训练领域中的表现和心理发展。执教人员应当了解这些因素，因为这些因素会使受训者、运动员和教练员的行为发生重大变化。

第 2 章介绍人格和运动。欲与学生、运动员、患者或受训者高效互动，你就需要了解促使每个人成为与众不同的个体的因素是什么，因此，你需要了解人格。本章内容将帮助你进一步了解你的互动对象的心理特征。

第 3 章介绍各种动机理论和动机基础。本章展示了人与情境相互作用的动机模型，以便您理解参与者在各种体育活动中的动机（本部分侧重参与者，下一部分侧重促成良好互动的环境）。本章还介绍了成就动机、目标取向和归因以及动机氛围的情境因素。本章还解答了下列问题：为什么有些人动机充足，而有些人动机不足。通过本章内容，你可以了解到：情境因素会以何种方式影响参与者动机。最重要的是，你可以学到一些有效策略，以提高动机水平。

第 4 章介绍觉醒和焦虑。本章还介绍了焦虑的定义和类型，以及与压力过程有关的因素。本章说明了学生与运动员感到紧张的原因，以及焦虑与觉醒会以何种方式影响运动员成绩——为什么运动员在面对大型比赛时心态积极，而在其他情况下心态消极？本章介绍了压力的主要根源，它们影响着运动员在训练中的表现。

第 2 章

人格和运动

学习完本章后，您将能：

1. 说明人格的构成要素以及人格之所以重要的原因；
2. 说明了解人格的主要方法；
3. 知道如何测量人格；
4. 评价人格测试与研究的实用性和效度；
5. 理解人格和运动及训练行为之间的关系；
6. 说明认知策略和运动员成功之间的关系；
7. 将学到的人格知识应用到运动与训练领域，以便深入理解人格。

已发表的运动人格相关文章有成千上万篇（Ruffer，1976a，1976b；Vealey，1989，2002），其中的大部分文章撰写于二十世纪六七十年代。大量研究表明，研究人员和执教人员均认为人格在运动与训练领域发挥着重要作用。例如，研究人员曾提出过这样一个问题：为什么有的学生一想到上体育课就会兴奋，而有的学生连准备上体育课穿的衣服都会感到不胜其烦。研究人员提出的问题还有：为什么有的受训者能够严格执行健身计划，而有的受训者会丧失动力、放弃健身计划？人格测试能否用于队员选拔？运动员的成功是否能够通过其人格类型预测出来？

定义人格

你是否描述过自己的人格？如是，你可能会发现你在用一些形容词来描述自己的人格，例如：有趣的、直率的、快乐的、稳重的。你也许会想起自己在各种场合中的反应。

除了上述形容词外，人格是否还具有其他特性？很多理论学家都曾尝试定义人格，而且他们均认同人格的特性：独特性。从本质上来讲，人格是令一个人与众不同的特性或特性组合。理解人格的最佳方式之一是了解人格结构。人格可以划分为三个独立但又相互关联的层次（图 2.1）：心理核心、典型反应和角色相关行为（Hollander，1967；Martens，1975）。

> **要点**　人格是使一个人与众不同的特性的总和。研究人格有助于改善我们与学生、运动员、患者或受训者的互动效果，提高我们与同事的协作效率。

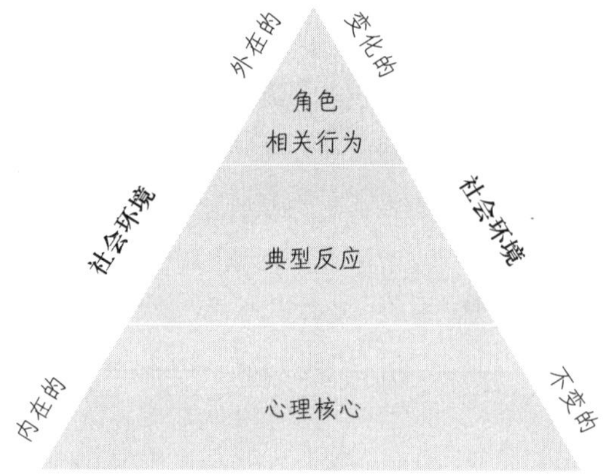

图 2.1　人格结构示意图

Adapted，by permission，from R. 经*R. Martens*许可改编自其在*1975*年发表的*Social psychology and physi- cal activity* (New York:Harper & Row)，146. Copyright 1975 by Rainer Martens。

心理核心

人格的最基本层次为心理核心。它是人格最深层的部分，包括态度、价值观、兴趣、动机、对自己的看法和自尊。从本质上来讲，心理核心代表你人格的中心部分，是“真你”，而不是你希望他人认为的你。例如，你的基本价值观可能与家人、朋友和人生信仰的重要性相关。

典型反应

典型反应是我们每个人学会的适应环境的方式，或者我们对周边世界的惯常响应方式。例如，你可能是乐观的、害羞的、随和的。典型反应通常能够说明心理核心。也就是说，如果你在社交场合通常是安静、害羞的，则你可能是内向型的人，而非外向型的人。但是，如果某人发现你在一次聚会上很安静，由此断定你是一个内向型的人，那么这个人很有可能错了，因为，造成你安静的原因可能是聚会中的某一特殊情境。安静未必是你长久以来的典型反应。

角色相关行为

根据自己所处的社会情境而行事被称为角色相关行为。角色相关行为是人格中最容易发生变化的部分：当你感知到周围环境发生了变化时，你的行为也会发生变化。在不同情境下，你需要扮演不同角色。你可能需要在同一天扮演多个角色，例如：大学生、少年联盟队的教练、雇员和朋友。你在上述各种情境中的行为可能会有所不同，例如，你在做教练时，可能会展示出比做学生或雇员时更强的领导能力。同一人的各个角色之间可能会存在冲突。例如，如果一位母亲执教自己小孩所在的足球队，那么她可能会感受到其教练角色与母亲角色之间的冲突。

了解人格结构

如图 2.1 所示，人格的三个层次包含一个由内驱行为向外驱行为变化的连续体。为便于大家理解人格层次，我们将其比作一个包裹了巧克力的樱桃。每个人都能看到外包装（角色相关的行为），那些不怕麻烦、去掉外包装的人，能够看到巧克力层（典型反应）；而只有那些有兴趣或非常渴望咬一口糖果的人，才能够看到最里边的樱桃（心理核心）。

心理核心不仅是人格最里面、最难以为人所知的层次，而且也是人格最稳定的部分。心理核心相当稳定，它不会随着时间的推移而发生什么变化。连续体的另一端是人格最外面的层次——角色相关行为，该层次最容易受到外部社会环境影响。例如，诚实是你的核心价值观，因此，你总是会说真话。但是，你的行为会因为场合的不同而有所不同，例如，作为健身教练，你可能是严肃的，而作为母亲，你可能是充满温情的。而你的反应通常介于二者之间，因为它是心理核心和角色相关行为相互作用的结果。

人格既需要稳定的一面，也需要变化的一面。人格核心的、稳定的一面能够保证我们有效地执行社会功能，而人格动态的、变化的一面有助于我们学习。

如果一位教练、体育老师、持证运动训练师、健康护理专家或训练导师，不仅了解与特定情境相关的角色行为，而且还了解人格的更深层次，那么他的工作效率将会大大提高。通过了解一个人最真实的一面（即心理核心）以及典型反应模式，可以洞察这个人的动机、举止和行为。实际上，我们需要了解能够帮助他人的最佳方式。当我们需要与他人长期（如：一个赛季或更长时间）共事时，深入了解他人的核心价值观（即心理核心）对我们尤其有帮助。

从五个角度了解人格

心理学家会从多个角度了解人格。研究运动与训练领域人格的五种主要方法是：心理动力法、特质法、情境法、交互作用法和现象法。

心理动力法

心理动力法的推广人物是弗洛伊德和新弗洛伊德学派，如荣格和埃里克森。研究人格所用的心理动力法有两个主要特点。第一，心理动力法强调行为的无意识决定因素，如弗洛伊德所说的本我或本能驱动，且强调这些无意识决定因素和人格的有意识因素［如：超我（道德心）或自我（有意识人格）］之间的冲突方式。第二，心理动力法重点研究整体，而非某些孤立的特质或性情。

心理动力法比较复杂，它将人格视为一组动态过程，该过程不断变化，且彼此之间经常会发生冲突（Vealey，2002）。例如，用心理动力法研究人格的学者可能会讨论如下问题：无意识的攻击本能会以何种方式与人格的其他方面（如：超我）发生冲突，进而决定人的行为。心理动力法特别关注成人的人格是如何通过其在孩童时期不断解决无意识动力、价值和超我意识之间的冲突而形成的。例如，Gaskin、Andersen 和 Morris（2010）曾使用心理动力法来研究一位年轻的脑瘫男性患者的体育活动经历。他们发现，运动能够帮助该男子克服其在孩童时代因脱离社会而造成的自卑感。但他在运动方面的成功并没有完全克服他的自卑感，而且会以某种方式纵容其逃避年轻人必须面对的某些挑战（如：发展恋爱关系）。因此，该男子目前的情形可以归因于尚未解决的孩童时期冲突，尽管运动在他的生活中扮演了一种积极角色，但是该角色却纵容他无意识地逃避其他重要问题。

尽管心理动力法在心理学领域产生了重要影响，尤其是在临床心理学方面，但是它对运动心理学的影响不大。瑞典运动心理学家 Erwin Apitzsch（1995）力劝北美学者多多关注此方法，同时，他指明了针对此方法在运动领域的价值而进行的非英语研究所获得的支持。Apitzsch 考量了运动员的防御机制，并利用此类信息帮助运动员妥善处理压力与焦虑问题。Apitzsch 特别指出，运动员经常会感到威胁，他们对威胁的反应是焦虑。为抵制焦虑，运动员会显现各种无意识的防御机制（如：在比赛期间呆住或出现麻痹症状）或者否认问题存在。如果运动员使用了不当防御机制，其成绩和满意度就会受到影响。但是，运动员可以通过心理疗法妥善处理上述问题。

Strean、Strean（1998）、Conroy 和 Benjamin（2001）注意到了 Apitzsch 的呼吁，对心理动力法给予了更多关注。Strean 和 Strean（1998）概要说明了心理动力法，还讨论了如下问题：应如何使用心理动力学概念（如：阻抗）来解释运动员行为——运动员的不适应性功能以及运动员的正常人格。Gaskin、Andersen 和 Morris（2009，2010）也发表了自己的研究案例，这些案例说明了在理解经常出现的深层无意识问题方面（如：自卑、认同无残疾者、可能会出现在肢体残疾者身上的依赖性），心理动力法可以提供何种帮助。Conroy 和 Benjamin（2001）则通过案例研究讨论并举例说明了社会行为结构分析法在心理动力构念测量方面的应用。这非常重要，因为心理动力法一直存在一项重大的缺陷：难以检验。

心理动力法还有一项缺陷：将重点几乎全放在了行为的内部决定因素上，而不太关注社会环境。因此，许多当代运动心理学家不采用心理动力法。不采用心理动力法的另一项原因是，大部分运动心理学家（尤其是受过运动教育心理学培训的人员）难以取得心理动力法使用资质。Giges（1998）指出，尽管将心理动力法用于治疗之前的确需要接受专业培训，但是，如果我们理解了它的主旨，也有助于我们了解运动员及其感情、思想和行为。

心理动力法的主要贡献在于：认识到并非受训者或运动员的所有行为都是受意识控制的，有时我们可能需要关注行为的无意识决定因素。例如，一位世界级高台滑雪运动员在比赛时曾发生意外碰撞，在他恢复之后，他无法解释自己为什么无法再执行令自己受伤的复杂技巧性动作。他说，在执行该技巧性动作时，他感觉自己好像一头被车前灯灯光罩住的鹿，顿时僵住了。而且，多种已在其他滑雪运动员身上奏效的认知行为心理学策略（本章稍后介绍）也未能帮到他。该运动员最后向临床心理动力学家寻求帮助，心理学家利用心理动力学方法来解决这一问题，最终取得了成效。

特质法

特质法认为人格的基本单位——特质，是相对稳定的。也就是说，在各种情境下，人格特质都是持久而稳定的。特质法心理学家认为，行为的原因一般是内在原因，情境或环境起的作用很小。一个人的特质会使其倾向于以特定方式行事，该行事方式与情境或环境无关。例如，如果一位运动员喜好竞争，他将倾向于竭尽全力比赛，不论情境或分数。但要注意，此种倾向并不意味着该运动员一直会以此种方式行事，只是意味着该运动员在运动情境下可能会有很强的竞争心。

> **要点**　在人格的早期研究中，特质法占支配地位，它不考虑可能会影响一个人行为的特定情境。

二十世纪六七十年代最著名的特质论者包括奥尔伯特、卡特尔和艾森克。卡特尔（1965）研制了一个人格量表，该量表包括16项独立的人格因素。卡特尔认为这16项因素足以说明一个人的人格。艾森克（1968）则认为特质是相对的，两个最重要的特质在连续体上由内向外、由稳定性向情绪化延伸。目前，被广泛接受的是大五人格模型（Allen，Greenless，& Jones，2013；Gill & Williams，2008；Vealey，2002）。大五人格理论认为，人格主要包括五个维度：神经质（紧张、焦虑、压抑、生气）对情绪稳定，外向性（热情、好交际、自信、活跃）对内向性，经验开放性（创造性、喜欢变化、好奇），宜人性（和气、利他、谦逊），尽责性（约束、勤奋、自律）。这五个维度是每个人都具有的最重要的一般人格特征，大部分更加具体的人格特征都可以纳入这五个维度（McRae & John，1992）。大五人格论者认为，个体具有上述特征的程度不同，因此他们的行为便有所不同。例如，尽责性程度高的人会更有序、自律和尽职，而神经质程度高的人通常较脆弱、自我意识强。大五人格模型有助于我们理解为什么人格特征不同，我们所采取的训练干预也应有所不同（Rhodes，Courneya，& Hayduk，2002）。针对35项独立研究进行的元分析（meta-analysis）或统计性综述也显示，外向性和尽责性人格特质对体育活动会产生积极影响，而神经质人格特质对体育活动会产生消极影响（Rhodes & Smith，2006）。研究人员已开始在运动领域测试人格的大五模型（Piedmont，Hill，& Blanco，1999；Wann，Dunham，Byrd，& Keenan，2004）。例如，Wann及其同事（2004）在一项对体育爱好者开展的研究中发现，认同本地团队（以及收到来自他人的社会支持）会对心理健康产生积极影响。这一点与大五模型的外向性、开放性和尽责性的分量表的测量结果一致。现今，已有众多体育与训练心理学研究者在考量大五人格特征（Demulier，Le Scanff，& Stephan，2013；Lochbaum et al.，2010；Merritt & Tharp，2013；Singley，Hale，& Russell，2012）及其他特征（如耐性）（Sheard & Golby，2010）对心理状态和行为的影响。Allen及其同事（2013）全面总结了众多相关文献，并得出结论：人格关乎运动员的长期成功。Allen及其同事指出，一些可靠证据显示，运动员的外向性程度要比非运动员高。此外，与进行危险程度低的运动以及个体运动的运动员相比，进行危险程度高的运动以及团体运动的运动员，其外向性得分要更高，尽责性得分则较低。

特质理论家认为理解人格的最佳方式是将其看作相对持久而稳定的特性，不会随时间的推移而发生变化。但是，仅了解个体的人格特质，我们无法预测其在特殊情境下的行为方式。例如：某些人在进行运动时容易生气，而另外一些人在进行运动时很少生气；但是，在运动情境下容易生气的人，在其他情境下可能不容易生气。仅仅了解个体的人格特质，未必能够帮助我们预测这个人是否会依特质行事。一个人的生气倾向无法告知我们会使这个人生气的具体情境。但是，请注意，Allen 及其同事（2013）指出了下列一点：运动人格的研究已经停滞不前，并未与普通心理学的发展保持同步。这表明，在预测各种情境下的行为时，特质法具有一定的实用性。

情境法

特质法对人格的理解，促使另一些研究者将重点放在了可能会触发行为的情境或环境（而非人格特质）上。情境法认为，一个人的行为在很大程度上取决于情境或环境。情境法来源于社会学习理论（Bandura，1977a），情境法用观察学习（榜样作用）和社会强化（反馈）来解释行为。情境论认为，环境的影响与强化会塑造一个人的行事方式。例如，在某种场合，你可能是自信的，而在另外一种场合，你可能是犹豫彷徨的；这与你特定的人格特质无关。而且，如果环境影响足够强大，则人格特质的影响会很小。例如，如果你是内向的、害羞的，在你目睹某人被抢劫时，你仍有可能是勇气逼人的，甚至是具有攻击性的。很多橄

特质论者认为，在各种情境下，人格特质都是持久而稳定的。运动员可能会以相同方式行事，与情境无关。

完美主义悖论

在过去十年里，完美主义一直是运动与训练心理学领域研究最广泛的人格特征。完美主义是一种人格风格，它的特点是：设定极高的成绩标准，力求完美无瑕，在评价一个人的成绩时容易过度苛刻（Flett & Hewitt，2005）。调查人员将完美主义分为自我导向型完美主义（一个人为自己设定了极高标准，并针对这些标准进行严格的自我评估）、社会期许型完美主义（一个人认为重要他人为自己设定了极高标准，自己需要达到他人设定的高标准）和他人导向型完美主义（一个人为他人设定了极高标准）（Appleton，Hall，& Hill，2010；Dunn，Dunn，& McDonald，2012）。调查人员还研制了运动相关的量表以评估以下四个方面：个人标准、在乎犯错、感知到的来自父母的压力、感知到的来自教练的压力（Dunn，Craft，& Dunn，2011）。

完美主义的多维本质促成了一些有趣的发现。不适应性完美主义（专注于高标准、在乎犯错和他人评价）与过度训练（Flett & Hewitt，2005；Flett，Pole-Langdon，& Hewitt，2003）、成绩差（Stoeber，Uphill，& Hotham，2009）和运动员疲劳（Appleton，Hall，& Hill，2009）相关。而适应性完美主义（专注于高标准，但是不过分担心犯错及他人对自己的评价）与更出色的学习和成绩（Stoeber et al.，2009）及更多适应性目标类型（Stoll，Lau，& Stoeber，2008）相关。因此，完美主义人格能够导致极好和极差两种结果，具体结果取决于完美主义人格的类型。调查人员还从完美主义运动心理相关的文献中获得下列有趣发现：

- 完美标准未必会对成绩造成不利影响，如果对目标的专注程度适宜，可能会取得最佳成绩。
- 如果达到完美目标关乎自我认可，则完美目标将有负面效应。
- 失败时，完美主义的负面效应会格外大。
- 如果极端完美主义者以自我为导向且低估自己的能力，将会有一些负面效应：压力很大、动机问题和疲劳。
- 如果完美主义者处理问题的技巧很差，则会面临很大风险。
- 特定类型的完美主义会促使人们具有特定的思想和行为过程，这些过程会影响其训练。
- 完美主义需求来源于自身或他人。
- 孩童的完美主义程度与其父母的完美主义程度相关。如果孩童的父母形成了完美主义人格，或者不容易认可孩童为取得成就所付出的努力，则此类孩童容易形成完美主义人格。
- 适应性完美主义与趋近动机相关，而不适应性完美主义与回避动机相关。

调查人员从实用角度建议运动领域的工作人员帮助运动员和受训者区分以下二者：①对高成绩标准的理性承诺；②与不适应性完美主义相关的不健康追求（如：对不完美的负面反应、害怕失败）。这就要求运动员不要将成绩与自我价值过分关联，勿过分看重成绩（Hill，Hall，& Appleton，2010）。最后，如果一个人属于极端完美主义者，则最好向运动心理学家求助。

橄球运动员在场外是温和而害羞的，但是比赛（即情境）需要他们展示出强势进攻的一面。因此，与特定人格特质相比，情境对人的行为所起的作用更大。

尽管情境法未能像特质法那样，被体育心理学家广泛接受，但是Martin和Lumsden（1987）认为，我们可以通过改变环境的强化作用来影响运动与体育活动行为。另外，情境法和特质法一样，无法帮助我们准确预测行为。情境的确能影响某些人的行为，也有一些人不会受到影响。

交互作用法

交互作用论者认为，情境和人格是行为的共同决定因素，也就是说，情境和人格作为变量，一起决定着人的行为。换句话说，既了解一个人的心理特质，又了解其所处的具体情境，有助于了解这个人的行为。行为不是由人格特质单独决定的，也不是由情境因素单独决定的，而是由二者共同决定的，人格特质和情境因素不时地以一种独特的方式交互作用并彼此融合，共同影响着一个人的行为。例如，一个具有很强敌意人格特质的人并非在所有场合都会狂躁（如：作为一位沮丧的橄榄球比赛观众在其母亲面前时）。但是，如果这个敌对意识很强的人恰好处在了一个潜在的暴躁情境中（如：作为一位沮丧的橄榄球比赛观众在其粗鲁的朋友们面前时），他的暴躁天性可能会触发。而在其他情境下，他可能会出现暴力行为（如：他会攻击向其喜爱的球员喝倒彩的对方球队的球迷）。

> **要点**　要准确预测一个人的行为，不仅要考虑这个人的人格特质，还要考虑这个人所处的情境。

研究人员根据交互作用法询问了以下几个问题：

- 外向型的人在团体情境下成绩会更好，而内向型的人在个体（非团体）情境下成绩会更好？
- 与动机弱的受训者相比，动机强的受训者坚持正式训练计划的时间会更长？
- 自信的孩童更喜欢竞技性体育活动，而不自信的孩童更喜欢非竞技性体育活动？

当代很多运动与训练心理学家喜欢用交互作用法研究行为。Bowers（1973）发现，用人格与情境交互作用法可以解释的人的行为数量，是单独用特质论或情境论可以解释的人的行为数量的两倍。

交互作用法需要调查一个人在特定运动与体育活动场所中的个体反应。例如，Fisher和Zwart（1982）曾研究过运动员在篮球比赛的各种情境（赛前、赛中和赛后，例如：观众的声音很大，你能听到观众的大部分评价；或你刚才的比赛表现很糟糕，你的教练在批评你）下所表现出的焦虑。运动员需要报告其在这些情境下的反应（如：感觉心神不安或享受挑战）。调查结果显示，因运动员的思想与情绪特征不同，他们在各种篮球比赛情境下的反应也各不相同。例如，杰夫是个容易紧张、焦虑的人，当他在比分持平的情况下进行罚球投篮时，他可能会因不良心理影响而发挥失常；而帕特是个心境平和的人，很少会焦虑，在进行罚球投篮时，他可能会享受挑战。那么，你的反应会是什么呢？

现象法

尽管当代大部分运动与训练心理学家采用交互作用法来研究人格，但是现今最流行的方法却是现象法。与交互作用论一样，现象论也认为，要准确确定一个人的行为必须同时考虑情境和人格特征两种因素。但是，现象论心

交互作用法：自尊水平低的案例

两位女子获准参加一项训练课程。莫瑞妮自尊水平高，雪儿自尊水平低。根据课程安排，每位学员都有几次教课机会。莫瑞妮在社交场合比较自信，对自己的形象也有信心，她真心期待自己上台讲课的那一刻。莫瑞妮十分喜欢站在人群前演讲，在讲完几次课之后，她甚至有了当讲师的想法。而雪儿站在人群前不太自信，对自己的形象也没有信心。雪儿与莫瑞妮的反应不同，教课引发了雪儿的焦虑。她满脑子都是：全体学员在看她时，自己肯定会有不好的反应。尽管她很喜欢训练，但是她不想再次进入站在人前讲课的情境。结果无疑是：雪儿对训练课失去了兴趣，最后退出了课程。

理学家不关注行为的主要决定因素——固定特质或倾向，而是研究一个人对其自身或周边环境的理解与解释。因此，现象论心理学家看重一个人的主观经验以及这个人对世界及其自身的看法。

运动心理学运用的很多当代著名理论都属于现象论范畴。例如，动机的自我决定理论（如：认知评价理论、成就目标理论）、社会认知理论（如：Bandura 的自我效能理论）和最近针对运动员成功的认知特征（本章稍后介绍）开展的很多研究均属于现象论范畴。

总之，五种人格理解方法或观点存在多项重要不同。首先，它们沿着行为决定因素的连续体变化（图 2.2），从行为由个人的内部特征决定的观点（如：心理动力论），变化到行为由情境或环境决定的观点（如：情境论）。其次，人类行为起因假设存在很大不同：行为由固定特质、意识因素还是潜意识因素决定？

个体对其自身及其周边环境的积极解释有多重要？尽管各种观点都有助于我们进一步理解运动与体育活动领域人格，但是，当今最重要的理论是交互作用论和现象论，这两种理论成为了本书大部分内容的基础。

测量人格

如果研究得当，对人格的测量将非常有助于我们理解人格对运动与训练领域行为的影响。心理学家研制了多种人格测量方法，这些方法能够帮助我们理解人格特质和人格状态。很多心理学家会将以下二者区分开来：个体的典型行事方式（特质）和情境对行为的影响（状态）。将心理特质与心理状态区分开来，对运动领域人格研究的发展非常重要。但是，尽管习得性心理特质会使个体倾向于特定行事方式，但是此种行事方式不会在所有情境下显现。因此，在理解、预测一个人的行为时，应当同时考虑人格特质和人格状态两种因素。

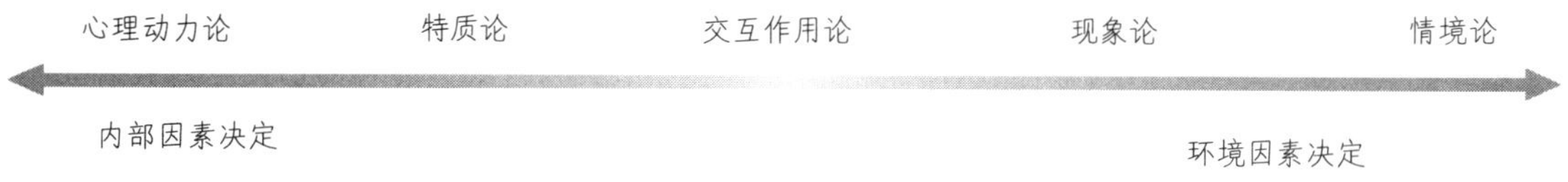

图 2.2　行为决定因素连续体

数据来源：Vealey 2002

> **要点**　在理解、预测一个人的行为时，应同时考虑特质和情境两种因素。

特质测量和状态测量

我们看一下特质自信测量和状态自信测量的问题范例（Vealey，1986），这些测量凸显了运动领域特质自信和状态自信的不同。运动领域特质自信量表需要你说明自己的常规感受或典型感受，而运动领域状态自信量表则需要你说明自己在特定时刻、特定场所的即时感受。

情境相关的测量方法

尽管普通量表能够提供有用的人格特质和人格状态信息。但是，在预测人在特定情境下的行为方面，情境相关的测量方法更加可靠，因为该测量方法会同时考虑参与者的人格和具体情境（交互作用法）。例如，Sarason 在 1975 年发现，有些学生在过度焦虑时，考试成绩会很差。而这些学生在其他情境下不会这么焦虑，只有考试会让他们感到脑子像僵住了似的。Sarason 发明了一个情境相关的测量量表，以测量一个人在考试之前通常会体验到的焦虑（即焦虑测试）。与普通的特质焦虑测试相比，此情境相关的量表测试能更准确地预测个体在考试前的焦虑情形（焦虑状态）。

> **要点**　详细了解特定情境以及个体在特定情境下的反应方式，有助于我们准确预测行为。

运动相关测量

现在，我们来看一下《注意方式与人际交往方式测试》（Test of Attentional and Interpersonal Style，Nideffer，1976b）以及《心境量表》（Profile of Mood States，McNair，Lorr，& Droppleman，1971）中的一些问题和反应方式。注意：这些问题与运动或体育活动没有直接关系。它们只是一般性问题，侧重于整体性的注意方式与心态。

到目前为止，在运动心理学领域，几乎所有人格特质和人格状态测量都采用的是普通心理学量表，而这些量表并不是针对运动或体育领域设计的。在测量运动与训练领域人格特质和人格状态方面，与运动相关的测量会更加可靠、有效。例如，一位教练可能会测试你在赛前的焦虑程度（尤其是当过度焦虑会对成绩造成不利影响时），而不会去测试你在演讲或约会时的紧张程度。与普通焦虑测试相比，运动相关的焦虑测试评估赛前焦虑的准确度会更高。专门为运动与体育活动研制的心理学量表包括：

- 运动比赛焦虑测试：测量比赛特质焦虑（Martens，1977）；
- 比赛状态焦虑量表 -2：测量赛前的焦虑状态（Martens，Burton，Vealey，Bump，& Smith，1982）；
- 特质自信—状态自信量表：测量运动领域的自信（Vealey，1986）。

有些测试量表专为特定运动而制。这些量表有助于我们理解一个人在特定运动或体育活动中的心理优势和心理劣势。收集结果之后，教练可以就如何强化心理优势、减小或消除心理劣势向参与者提出建议。运动相关的测试范例包括《网球运动注意方式与人际交往方式测试》（Tennis Test of Attentional and Interpersonal Style，Van Schoyck & Grasha，1981）。

> **要点**　与普通人格测试相比，运动相关的人格测量在预测个体在运动领域的行为方面更加准确。

赛前和赛中心理波动

赛前与赛中感受会发生变化。状态评估通常在比赛或体育活动开始前的不长时间内（30分钟内）展开。测量结果能够说明参与者在那一时刻的感受，但是，参与者的感受在比赛期间可能会发生变化。例如，在橄榄球锦标赛开始前的30分钟，马特的比赛焦虑程度可能会非常高。但是，在他打了几个好球、进入比赛状态之后，他的焦虑程度可能会下降到合理水平。而在比赛第4节，当比分持平时，马

运动领域特质自信量表

想一下你在进行运动比赛时的自信程度。根据你在运动比赛时通常会达到的自信程度回答以下三个问题。将你的自信和你了解的最自信的运动员相比。请回答（圈住数字）你的真实感受，而非你希望具有的感受。

	低度			中度					高度
1．将你一直以来对自己以下能力的信心：完成成功所需的技巧，和你了解的最自信的运动员相比。	1	2	3	4	5	6	7	8	9
2．将你一直以来对自己以下能力的信心：在压力下比赛，和你了解的最自信的运动员相比。	1	2	3	4	5	6	7	8	9
3．将你一直以来对自己以下能力的信心：集中成功所需的注意力，和你了解的最自信的运动员相比。	1	2	3	4	5	6	7	8	9

运动领域状态自信量表

	低度			中度					高度
1．将你此刻对自己以下能力的信心：完成成功所需的技巧，和你了解的最自信的运动员相比。	1	2	3	4	5	6	7	8	9
2．将你一直以来对自己以下能力的信心：在压力下比赛，和你了解的最自信的运动员相比。	1	2	3	4	5	6	7	8	9
3．将你此刻对自己以下能力的信心：集中成功所需的注意力，和你了解的最自信的运动员相比。	1	2	3	4	5	6	7	8	9

注意方式与人际交往方式测试

请利用下列量表，说明最适合你的那种情况。

0 = 从不　　1 = 很少　　2 = 有时　　3 = 经常　　4 = 总是

_____我专心致志，不容易受到外在环境的影响。
_____我难以清除大脑中的某一思想或想法。
_____我容易将注意力集中、专注于某事。
_____在商店面临很多选择时，我会犹豫不决。
_____我擅长在快速扫瞄一下人群之后找出特定的人或面孔。

心态量表

下列单词列表用以说明一个人的感受。请描述你在过去一周（包括今天）的感受。

0 = 从不　　1 = 很少　　2 = 有时　　3 = 经常　　4 = 总是

_____精力充沛的　　_____精神饱满的　　_____困惑的
_____疲乏的　　_____紧张的　　_____气恼的

网球运动注意方式与人际交往方式测试范例

请选中最符合你真实情况的答案。使用下列量表：

0 = 从不　　1 = 很少　　2 = 有时　　3 = 经常　　4 = 总是

_____打网球时，我会因所看到的、所听到的而分心。
_____在双打时，我清楚场内所有队员的动作和位置。
_____我擅长快速分析网球对手、评估其优势和劣势。
_____在商店面临很多选择时，我会犹豫不决。
_____打网球时，我会焦虑、忘掉一切。

特的焦虑程度可能会再次升高。在评估人格和比赛反应时，应当考虑上述心理波动。

使用心理测量方法

教练、教师、健康护理专家或训练导师对参与者人格的了解，关系着对方的成功。你可能会通过心理测试来收集参与者信息，以便为他们提供专业帮助。但是，请记住：仅靠心理量表无法准确预测运动员的成功，有时，这些心理量表会被不道德或者至少是不适当地使用，导致执行效果很差。的确，许多人并不清楚心理量表的正确使用方式。但是，专业人士应当了解测试的局限性、正常使用和滥用，从而知道什么应当做，什么不应当做，这一点很重要。

了解行为时需要考虑特质和情境

泰瑞平常是一个自信的人，而提姆平常是一个不自信的人。在很多情境下，泰瑞通常比提姆更自信。作为教练，你希望了解自信和成绩之间的关系，想了解提姆和泰瑞在游泳比赛即将开始之前的感受。尽管提姆平常不太自信，但是在高中时他曾是游泳队的一员，对自己的游泳能力很有信心。因此，他在比赛之前的自信程度是高的。而泰瑞平常很自信，但是他几乎没有什么游泳经验，他甚至怀疑自己能否完成比赛。因此，他在比赛之前的自信程度是低的。如果你仅测量了提姆和泰瑞的特质自信，那么你将无法预测他们在比赛开始之前的状态自信。此外，如果你测量提姆和泰瑞在其他运动（例如：棒球）中的状态自信，预测结果可能仍然不同。

此事例说明我们在了解人格时，需要同时考虑特质测量和状态测量。了解个体当前的状态水平和特质水平之间的差异，比单独了解个体长久以来的状态水平和特质水平更重要。

在考虑如何（或者是否应当）使用人格测试时，你会希望做出有信息依据的决定，或者成为有信息依据的使用者。进行心理测试时，应当考虑下列重要问题：

- 心理测试是否应当用于队员选拔？
- 进行心理测试应当具备什么资质？
- 教练是否应当对其运动员进行心理测试？
- 应对运动员进行哪类心理测试？
- 应如何对运动员进行心理测试？

1999 年，美国心理学会和国家教育测量委员会针对心理测试的使用提供了七项有益的指导原则。我们将在以下各节简要说明这些指导原则。

了解测量原则和测量误差

在执行、说明心理量表时，你应清楚测试原则，能够接受测量误差，并且掌握经过验证的精心设计的测量方法。并非所有心理测试都是经过系统化设计且可靠的。仅根据测试结果就预测或推断运动员或受训者的行为及人格结构，可能会误入歧途，是不道德的。测试结果并非完全正确或毋庸置疑的。

即使经过可靠设计的有效测试，也可能存在测量误差。假设你希望测量 13 岁至 15 岁体育学员的自尊。由于尚无专门为青少年设计的测试，因此，你选用了专门为成年人精心设计的测试。但是，如果学员无法准确理解问题，测试结果可能不可靠。同样地，如果你将主要为白人运动员设计的测试用于非裔和西班牙裔运动员，由于文化差异，测量结果的可靠性可能也会降低。鉴于上述情况，研究人员应当面向特定人群进行实验性测试，以确保测试工具的信度和效度。

人们通常希望向他人展示自己讨人喜欢的一面。有时，他们会给出合乎社会需求但不真实的答案。例如，一位运动员害怕教练知道她在赛前紧张，因此，在接受赛前焦虑测试时，她可能会装出平静、沉着、冷静的样子，以给出偏离事实的答案。

> **要点**　所有心理测试都有误差，在解释测量结果时应谨慎。

了解你的局限

美国心理学会认为，测试执行者应当明了培训与准备工作的局限性。但是，有些人不承认其知识的局限性，有些人会不道德地利用、解释测试结果，这会对运动员造成伤害。例如，用专门测量精神障碍（如：精神分裂症或双向障碍）的人格量表来测量焦虑增长是不当行为。此外，临床人格测试也不应用于体育专业学生。

> **要点**　解释人格测试结果的人员，需要接受心理评估方面的专业培训（例如：获取证书、修习课程等）。

勿将心理测试用于队员选拔

完全依靠心理测试来选拔队员，是滥用心理测试的行为，因为测试无法实现准确预测。例如，仅凭心理测试结果将一位心理学量表测试结果表现“好”的队员确定为一场橄榄球比赛的中线卫或一场篮球比赛的控球后卫是不公平的。某些心理测试的确有一些用处，但是它必须结合体能测量、教练评估和比赛实际水平来使用。

完全靠人格量表测试来选拔或淘汰队员，是一种我们不应容忍的测试滥用行为。在选拔队员时，若要将心理测试作为所用的一系列测量方法之一，则应当牢记以下三项重要条件(Singer，1988)。第一，该测试应当有效而可靠。第二，使用者应当了解对目标运动的成功至关重要的人格特征，以及这些特征应当达到的理想水平。第三，使用者应当了解运动员优势人格特征对劣势人格特征的补偿程度。

进行解释和反馈

在运动员、学员或受训者真正开始测试之前，应当告诉他们测试目的、测试内容和测试方法。且应当向运动员提供详细的结果反馈，以便他们通过测试深入了解自己。

向运动员保证测试结果将被保密

应当向运动员保证，无论他们接受何种测试，其答案都将被保密（且会一直保密），这一点很重要。得到保证之后，受试者更有可能提供真实答案。如果受试者害怕答案曝光，他们可能会编造假答案或者说谎，测试结果会不准确，结果解释也会失去意义。体育特长生可能会猜测测试是否会影响到他们的成绩，在此种情况下，他们可能会夸大自己的优势，将自己的劣势降至最低。如果未说明测试原因，受试者通常会起疑心，猜测教练是否会利用测试来选拔或者淘汰参赛者。

采用个体内部比较法

将运动员的心理测试结果与标准测试结果相比较，通常是一种错误做法，尽管此种比较在某些情况下可能有用。运动员或受训者的焦虑、自信或动机测试得分可能会高于或低于其他人，而我们需要了解的更为重要的一点是：与他们平常的感受相比，他们此刻的感受有何不同（个体内部比较法）。我们应当利用此心理信息帮助他们取得更好成绩（与其自身标准而非他人分数相比），享受比赛过程。

人格测试注意事项

应当

- 告知参与者人格测试的目的，并准确说明测试用途。
- 仅允许理解测试原则和测试误差、具备相应资质的人开展人格测试。
- 将人格测试结果与参与者其他信息结合使用。
- 尽量使用运动与训练相关的测试，并在咨询运动心理学家后给出结果。
- 使用人格状态与人格特质两种测量方法。
- 向参与者详细反馈测试结果。
- 将个体水平与其自身的背景水平（而非标准数据）相比。

不应

- 将异常心理临床人格测试用于研究普通运动与训练参与者。
- 用人格测试决定团队或项目的入选者或落选者。
- 在未获得美国心理协会或其他认证机构资质的情况下开展或解释人格测试。
- 在不考虑其他信息来源（如：观测数据和表现评价）的情况下，用人格测试来预测运动与训练领域行为。

举一个受训者动机评价的例子。以下二者并非同等重要：①了解一位受训者的训练动机强于还是弱于其他受训者；②了解特定受训者的比赛动机与其他动机（如：与家人在一起或者履行工作职责）的相对强弱。

了解、评价人格要素

明了人格要素有助于我们有效使用、理解心理测试。例如，在测量某人人格时，你肯定会对她的心理核心感兴趣。你会选择各种专门类型的测试，以准确理解其人格的各个方面。例如，为了测量更多、更深层次的潜意识人格，你可能会选用投射测试。投射测试通常使用图片或书面情境，受试者需要报告他们对这些材料的感受和想法。例如，受试者需要观看一张照片，并描述照片中正在发生的事情。在这张照片中，一位精疲力竭的赛跑者在竞争激烈的越野赛跑结束时穿过了终点线。成绩好、自信的人可能会强调赛跑者在拼尽全力之后终于达到了自己的目标；而成绩差的人可能会对赛跑者在一场难分高低的比赛中最终失败而惋惜。

投射测试很有趣，但是，它们的结果通常难以打分、难以解释。因此，运动心理学家通常会观察运动员被心理学家感兴趣的真实情境激发时的典型反应，以此来了解运动员的运动人格。比如，教练不仅希望了解运动员平时是否会焦虑，而且希望了解运动员是如何处理比赛焦虑的。对教练或运动心理学家来说，运动领域焦虑测试比普通领域焦虑测试更有效。同样，对于一位训练导师来说，训练动机测试比普通动机测试更有效。

关注人格研究

二十世纪六七十年代开展的研究针对人格与运动表现之间的关系得出的有用结论不多。从某种程度来讲，这种情形应归因于方法学、统计学和阐释性问题（我们稍后讨论）。人格研究人员分为两大阵营。Morgan（1980）

指出，一组研究人员对人格持相信观点，认为人格与运动员的成功密切相关。而另一组研究人员对人格持怀疑观点，认为人格与运动员的成功无关。

无论是相信人格的观点还是怀疑人格的观点，正确性似乎均未得到证实。另外，人格和运动表现及训练参与度还有着某种关系，但此种关系远未明朗。也就是说，尽管人格特质和人格状态有助于我们预测运动行为和运动成功，但是它们仅能说明部分行为，可能无法达到我们希望的准确度。例如，部分奥林匹克长跑运动员显示出了内向型人格，但这并不意味着成功的长跑运动员必须是内向型的人。同样地，尽管许多成功的橄榄球比赛中线卫具有进攻性人格，但是也有一些成功的中线卫不具备此种人格。

现在，我们来关注一下人格、运动表现和运动偏好相关的研究。应注意的一点是，人格无法独自说明运动与训练行为。在解释人格研究结果时应谨慎，因为在众多早期研究中，人格与表现之间因果关系的归因或假设都存在问题。

运动员和非运动员

请试着给运动员下一个定义。

定义运动员并不容易。运动员是大学运动代表队或校际运动队的队员？运动员是能够展示特定运动技术水平的人？运动员是每天慢跑以减轻体重的人？运动员是从事专业运动的人？还是从事校内运动的人？在审视运动员和非运动员的人格特质比较研究时，运动员的定义在你心里是模糊的。此种定义上的模糊降低了研究结果的说服力，而且也令解释模糊不清。

一项对运动员和非运动员进行比较的大型研究利用卡特尔的人格量表测量了大约2000名男性大学生，该项研究测量了16项人格因素或特质（Schurr，Ashley，& Joy，1977）。所有人格量表均未将运动员和非运动员区分开来（仅是为研究目的而将运动员定义为大学校际运动队的队员）。但是，如果将运动员按运动分类，则会看出多种差异。例如，与非运动员相比，团体运动员抽象推理更少、更加外向、更加信赖彼此、自我程度更低。此外，与非运动员相比，个体运动员更加客观、更加信赖彼此、焦虑程度更低、抽象思维更少。

因此，某些人格差异似乎能够区分运动员和非运动员，但是这些特定差异不是决定性的。Schurr及其同事（1977）发现，与个体运动员相比，团体运动员更加信赖彼此、更加外向、更加焦虑，但是想象力也更低。当然，一个人可能会因特定人格类型而被吸引至特定运动。上述差异的成因尚不明确。

> **要点** 目前，尚未发现任何一个人格量表坚持将运动员和非运动员分开测量。

女性运动员

由于参加运动比赛的女性运动员越来越多，因此，我们需要了解女性运动员的人格概况。Williams（1980）发现，成功的女性运动员与普通女性在人格方面存在显著不同。与非运动员女性相比，女性运动员的成就取向更强、更加独立、更进取、情绪更稳定、更自信。上述大部分特质都是运动所需的。显然，杰出的运动员具有相似的人格特征，不

无论是男性运动员还是女性运动员，均须具备运动所需的特质（例如：独立和自信）。

分男女。

> **要点**　男性运动员与女性运动员（尤其是优秀的男女运动员）之间的人格差异并不明显。

积极心理状态和冰山剖面图

Morgan在使用《心境量表》（Profile of Mood States，POMS）对成功率高的运动员和成功率低的运动员进行人格特质对比之后，研制出了一个心理状态模型。根据Morgan的报告，该模型能够有效预测运动员的成功（Morgan，1979b，1980；Morgan，Brown，Raglin，O'Connor，& Ellickson，1987）。该模型主要说明，积极的心理状态（由特定类型的POMS分数评出）与运动员的成功及优异成绩直接相关。

该模型预测，如果运动员在神经质、压抑、疲劳、慌乱和愤怒方面的分数高于POMS相应分量表的标准值，而在精力方面的分数低于POMS分量表的标准值，那么他们的成绩将会比神经质、压抑、疲劳、慌乱和愤怒分数低于POMS标准值，而精力分数又高于POMS标准值的运动员差。各类成功率高的优秀运动员（如：游泳、摔跤、赛艇、赛跑运动员）都具有Morgan所说的冰山剖面图特点，该剖面图反映了积极的心理状态。

该冰山剖面图显示，成功率高的优秀运动员，其精力分数值超出总均值，而紧张、压抑、生气、疲劳、慌乱分数值低于总均值（图2.3a）。该剖面图看上去像一座冰山，所有消极的人格特质均隐藏在了水平面（总均值）以下，而积极的人格特质（精力）出现在了水平面以上。相比之下，成功率低的运动员，其剖面图较平坦，几乎所有心理因素方面的分数值都处于或低于50%水平（图2.3b）。根据Morgan报告，该剖面图反映了消极的心理状态。

> **要点**　Morgan的心理状态模型显示，与成功率低（或不成功）的运动员相比，成功率高的运动员的心态更加积极。

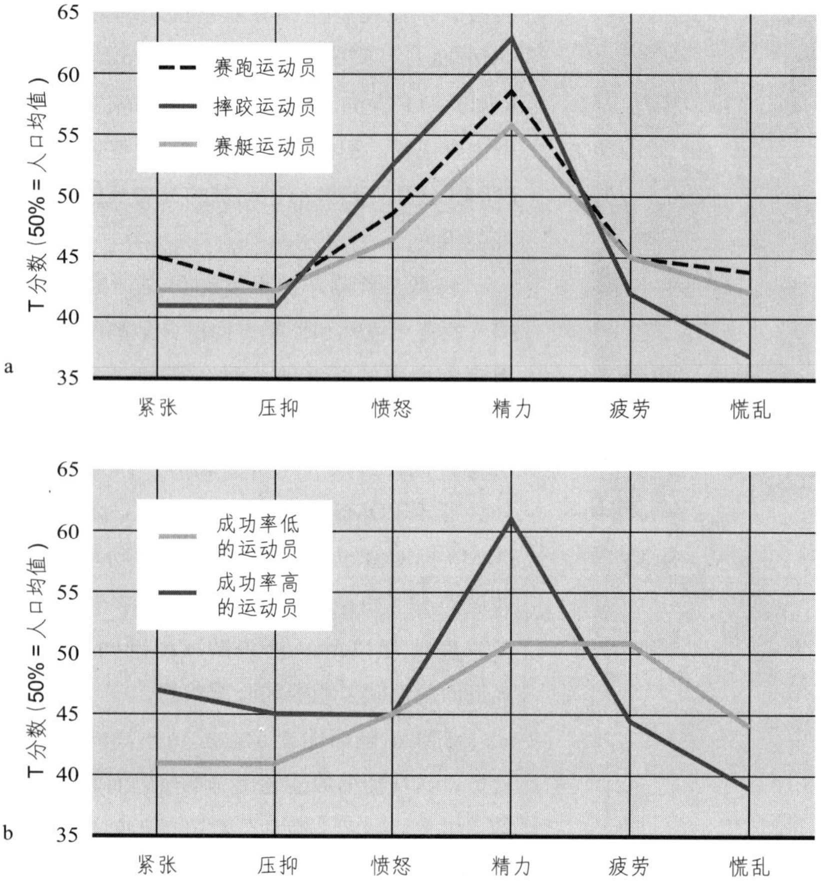

图 2.3　（a）优秀摔跤、赛跑和赛艇运动员的冰山剖面图（b）成功率高和成功率低的优秀运动员的心理剖面图

经 W. Morgan 许可改编自其在 1979 年发表的 *Coach, athlete and the sport psychologist*（Toronto: University of Toronto School of Physical and Health Education），185. 经 W. Morgan 许可。

表现预测

Morgan（1979b）利用 POMS 从心理学角度评估了 1974 年美国重量级赛艇比赛团队的 16 名参赛者，正确预测出了其中的 10 位决赛选手。根据这次成功预测及其他类似研究，Morgan 得出一个结论，成功率高的运动员具有冰山剖面图特征：与成功率低的运动员相比，心态更加积极。你可能会认为，既然统计结果如此显著，那么我们应当利用心理测试来选拔队员。但是，如本文稍后所述，大部分运动心理学家坚决反对用心理测试来选拔队员。实际上，Morgan 本人也认为，心理测试不应用于队员选拔。人格测试远不完美（在 16 名赛艇选手中，只有 10 位被成功预测出来），利用心理测试来选拔或淘汰队员是不公平的，会出现错误。

尽管相关文献（Raglin，2001b）仍然支持 Morgan 的心理状态（冰山剖面图）模型观点，但是近年来此观点受到了质疑（Prapavessis，2000；Renger，1993；Rowley，Landers，Kyllo，& Etnier，1995；Terry，1995）。例如，Renger（1993）认为，Morgan 的测试结果被曲解。Renger 认为，无充分证据说明 Morgan 剖面图能够区分不同能力的运动员，该剖面图仅区分出了运动员和非运动员。Rowley 及其同事（1995）也针对所有冰山剖面图研究进行了统计性综述（也称为元分析），他们发现，通过剖面图的确能够看出成功率高的运动员和成功率低的运动员之间的差别，但是两类运动员在表现方面的差异所占的比重很小（不到 1%）。Rowley 及其同事提请大家注意：现有证据不赞成将心理测量结果作为队员选拔依据，在使用心理测量工具时应当谨慎，且应避免社会需求影响（如：参与者可能会给教练以“假好”印象）。Terry（1995）则提请大家注意：正如 Morgan 最初在心理状态冰山剖面图模型中指出的，POMS 不是一项旨在“找出冠军”的测试。Terry 同时也表示，这并不意味着该项测试没有任何用处。他指出，最佳心态很可能与运动密切相关，因此，在比较运动员的心态变化时，应将运动员的当前心态值与之前的心态值（而非大部分人的心态标准值）相比较。Terry 根据自身研究及其与运动员的沟通经历，建议将 POMS 测试用于下列用途：

- 监测运动员心态
- 进行一对一谈话时加深讨论
- 逐步改善某个人的心态
- 尽早发现问题
- 监测团队管理人员和支持人员的心态
- 监测训练量（请参见第 21 章）
- 监测运动员的环境适应状况
- 确定训练过度的运动员（请参见第 21 章）
- 监测训练过度运动员的恢复状况（请参见第 21 章）
- 监测运动员受伤后的情绪反应（请参见第 19 章）
- 预测成绩（但是不用于运动员选拔）
- 根据个体特征进行心理培训

因此，冰山剖面图研究无疑具有专业实践意义。但是，最近对本项研究的质疑显示，仅凭人格测量，无法正确选拔队员或准确预测运动成绩的主要变化。但是，此类人格数据仍然有用。这些数据有助于运动心理学家发掘成功运动员相关的心理特质和心理状态，运动员在了解这些心理因素之后，能够在运动心理学家和教练的帮助下，培养心理技能，以提高成绩。例如，心理技能培训（请参见第 11 章 – 第 16 章）能够帮助受训者与运动员更加有效地处理愤怒与焦虑问题。

总体来说，人格测试是一个有用的工具，能够帮助我们进一步了解、监测运动员和受训者，并提高我们与运动员和受训者的互动效果。但人格测试不是魔法棒，无法帮助我们全面概括个体行为与成绩。

> **要点**　心理测试有助于我们了解运动员的心理优势和心理劣势，我们可以利用测试结果开展心理技巧方面的培训。

训练和人格

运动心理学家曾调研过训练与人格之间的关系。现在，我们简要了解一下训练与以下两种人格倾向之间的关系：A 型行为和自我概念。

A 型行为

A 型行为的特点是紧迫感强、竞争动力过大、容易出现敌意。A 型行为的反面是 B 型行为。心理学家最初发现，A 型行为会增加心血管疾病的发病率。心理学家后来推测，A 型人格结构中的愤怒和敌意特征最可能诱发疾病。尽管 A 型行为的起因尚未最终确定，但是大量证据显示 A 型行为与社会文化环境有关，如：父母对孩子优异成绩的期盼可能是 A 型行为的根源（Girdano，Everly，& Dusek，1990）。

研究人员早期通过训练介入修正 A 型行为的研究呈现多种结果。一项实证研究显示，一个为期 12 周的有氧运动计划不仅会减少参与者 A 型行为的出现，而且会大大降低其因心理压力而引起的心血管反应（Blu-menthal et al.，1988）。因此，通过训练来改变 A 型行为有益健康。

> **要点**　A 型行为可以通过训练来改变，此种改变可以降低心血管疾病发作的风险。

自我概念

训练似乎还会对自我概念产生积极影响（Biddle，1995；Marsh & Red-mayne，1994；Sonstroem，1984；Sonstroem，Harlow，& Josephs，1994）。Sonstroem（1984）认为，自我概念的变化可能与健康状况的改善感觉相关，而与身体健康状况的实际变化无关。到目前为止，尚无任何研究能够证明身体健康状况的变化会导致自我概念发生变化，但是训练能够大大增强一个人的自尊，尤其是对于自尊程度低的人。例如，Martin 等人（2009）发现，参与“Girls on the Run”（意为：热衷跑步的女孩）计划的女性在以下方面发生了积极变化：整体自尊、外貌、眼神、身体和自我概念管理。

> **要点**　训练与健康状况的改善似乎会增加一个人的自尊，尤其是原本低自尊者的自尊。

与运动人格研究一样，训练与自我概念研究也显示，我们不仅应将自我概念或自尊看作一项一般性特质（全局自尊），而且应将其看作包括多方面详细内容的特质，如：社会自我概念、学术自我概念和身体自我概念。如你可能猜到的，研究显示，参与训练会对身体方面的自我概念产生极大影响（Fox，1997；Marsh & Sonstroem，1995；Spence，McGannon，& Poon，2005）。我们将在第 17 章进一步讨论此种影响。

考查认知策略和成功之间的关系

尽管运动员和受训者的人格特质与倾向差异在某些方面是显著的，但是研究人员一直对相关信息的实用性不满意。因此，当代许多研究人员采用现象法来研究人格，从研究传统特质转而研究运动员比赛时会采用或展现的心理战略、技巧和行为及其与比赛成功之间的关系（Auweele，Cuyper，Van Mele，& Rzewnicki，1993；Gould & Maynard，2009；Vealey，2002）。

Mahoney 和 Avener（1977）对美国男子体操队员奥运资格赛进行的调研，是利用现象法开展的首批研究之一。他们发现，与未能有效应对焦虑的团队相比，能有效应对焦虑的团队应用了更多的内在想象，进行了更加积极的自我对话。

Smith、Schutz、Smoll 和 Ptacek（1995）研发并验证了一项运动相关的心理技能测量方法《运动员应对技能量表》（Athletic Coping Skills Inventory，ACSI）。ACSI 会列出运动员心理技能总分数和下列 7 个分量表的分数：

- 应对逆境

- ▶ 压力下的最佳表现
- ▶ 目标设置和心理准备
- ▶ 专注度
- ▶ 解除焦虑
- ▶ 自信心和成就动机
- ▶ 指导能力

Smith 及其同事通过两项研究考查了总分数、分量表分数和运动成绩之间的关系。在第一项研究中（Smith et al.，1995），762 名来自高中、代表不同运动类型的男女运动员完成了 ACSI 测试。这些运动员被分为表现低于预期者（教练对其能力的评分高于其实际表现得分），表现正常者（教练对其能力的评分等于其实际表现得分）和表现高于预期者（教练对其能力的评分低于其实际表现得分）。研究显示，表现高于预期的运动员的 7 个分量表（指导能力、专注度和应对逆境）得分以及总量表得分明显高于另外两组运动员。上述结果显示，心理技能能够帮助运动员充分发挥其身体能力。

第二项研究（Smith & Chris-tensen，1995）的研究对象与第一项研究完全不同，他们是来自小联盟队的 104 名专业棒球运动员。结果发现，ACSI 分数与击球手击球率和投球手防御率等表现有关。有趣的是，专家对运动员身体技能的评分与 ACSI 分数无关，这一点与第一项研究的研究结果相同。而心理技能对击球与投球成绩的影响很大，其影响力甚至超过身体能力。（注意：这不意味着身体能力不重要，只是因为这 104 名运动员都是技巧与能力很高的运动员。）最后，心理技能分数高的运动员更有可能在两三年后进入职业棒球队或者在职业棒球队的发展更好。由此可见，优秀运动员的成绩确与其心理技能相关。

使用 ACSI 进行的第三项研究与希腊运动员（篮球、马球和排球）相关，这些运动员分为优秀运动员和非优秀运动员（Kioumourtzoglou，Tzetzis，Derri，& Mihalopoulou，1997）。研究结果显示，优秀运动员和非优秀运动员之间的差异方面众多，最显著的差异是优秀运动员控制、应对逆境的能力均比非优秀运动员强。优秀运动员在目标设置、心理准备方面也要优于非优秀运动员。

尽管 Smith 及其同事（1995）认为，ACSI 是一项有用的研究与教育测量工具，但是他们反对将此工具用于队员选拔。他们认为，如果运动员知道 ACSI 用于队员选拔，他们可能会有意向教练员提供“装好”的答案，或者无意间按照自己期望实现的情境来提供答案。

深入面谈的技巧

研究人员曾试图使用定性方法（如第 1 章所述，此种方法正在被越来越多的业内人员使用）来调查成功率高的运动员和成功率低的运动员之间的差异。深入面谈能够探查运动员在赛前和赛中所用的应对策略。与纸笔测试方法相比，面谈方法能够帮助教练、运动员和运动心理学家更加深入地了解运动员的人格概况。例如，调研人员曾经与参加 1988 年奥运会的美国自由式与古典式摔跤队的所有 20 名队员进行过面谈。与未获得奥运奖牌的摔跤选手相比，获得奥运奖牌的摔跤选手进行了更加积极的自我对话，能够更加快速、高度地集中注意力，针对未能预见的不利情况所做的心理准备更加充分，心理实践更加广泛（Gould，

Eklund，& Jackson，1993）。

一位摔跤选手描述了其不利情况自动应对能力：

> 我一直在进行的练习是不要让其他任何事情干扰到我正在比赛中努力完成的事情。因此，我的做法是，如果有什么事情（可能）会干扰到我，……我会彻底排除杂念，将注意力高度集中在即将到来的比赛上。
>
> ……我的应对策略就是完全排除杂念干扰，我觉得自己很幸运——能够将干扰成功排除。

获得奖牌的运动员似乎能够保持相对稳定而积极的心理状态，因为他们经过训练已形成自动的应对机制，而未获得奖牌的运动员由于未能处理好心理问题，情绪波动较多。例如，一位未获得奥运奖牌的摔跤选手对自己的应对策略进行了下列描述：

> 我有一盘放松磁带，它能令我感到片刻放松。……到了关键时刻，你会尽量避免考虑摔跤相关的事情，而是将注意力转移到其他事情。但是，不可避免地，……你会感到束缚、紧张，你的脉搏跳动会加快，你的双腿、手脚会出汗。你会通过入睡来克服，而我会通过放松磁带来克服这些情况。我想，我的确没能妥善应对不利的情况。

要点 获得奥运奖牌的人会内化其策略，以致其能够对逆境做出自动反应，而未获得奥运奖牌的人未能做到这一点。

心理方案

心理方案是认知策略的重要部分。其他奥运会运动员的评述进一步说明了刚才的摔跤选手所说的心理策略的益处和运作方式（Orlick & Partington，1988）：

> 心理方案或计划已经印在了我的脑海里。在进行比赛时，我会自动执行该方案或计划，就像开启恒速操控装置上的程序、令其自动运行一样。我清楚自己正在执行的动作，也了解对手的位置，但是，我总是会将注意力集中在下一步我必须完成的任务上。
>
> 在开始之前，我会努力放松、平静地呼吸。我会感到身心活力迸发，但是

成功运动员采用的心理策略

- 为增强自信，针对比赛期间出现的不利情况制订详细的应对方案并进行演练。
- 定期练习处理异常情况和赛前、赛中注意力不集中的情况。
- 将注意力全部集中在即将到来的比赛上，排除无关事件和想法。
- 在赛前进行多种心理练习。
- 不会在赛前担心对手，而会将注意力集中在可控事物上。
- 制订详细的比赛方案。
- 学习管理觉醒和焦虑。

情境	策略
烦乱、注意力不集中	将激动和生气用作正面力量，避免受其不良影响。请教练或其他人员帮助纠正问题。
比赛开始时间延后	放松，想些令自己开心的事情。
比赛期间注意力再次不集中	想象课程的各个章节。将错误看作上一章节的错误，然后进入新的章节，注意力会重新集中。按照之前的练习，思考并完成剩余课程。
比赛期间出现失误	将失误当作注意力不集中时的情况处理。着眼未来，勿纠结于过去。
首轮比赛表现差	考虑第二场比赛，相信自己可以表现得更好。
决赛表现差	了解自己差在哪，以及差的原因。吸取教训并加强训练，从心理和生理两方面彻底解决问题。将表现差的问题作为一项挑战去征服。

图 2.4　奥运会高山滑雪选手的注意力重新集中方案

经 T. Orlick 许可改编自其在 1986 年出版的 *Coaches training manual to psyching for sport*（Champaign，IL:Human Kinetics），30。经 T. Orlick 许可。

仍在可控范围之内，因为我一直在思考我需要通过热身在比赛中完成哪些任务。我利用比赛开始前的间隙清除杂念，这样，在我真正开始比赛时，我就会非常清楚我下一步需要完成的任务。

在进行比赛时，我通常会想象下一步我可能会执行的动作。你知道，不同的摔跤选手会有不同的动作。而他们总是喜欢通过右臂旋转或类似方式摔倒一个人，我会想象自己压制了对方这一动作，或进行了类似防御。

奥运会运动员会学习一系列系统化的心理策略，以便在赛前和赛中使用。这些策略包括重新集中注意力方案等。这样，运动员不仅会从心理上做好表现准备，而且会妥善处理在赛前、赛中出现的注意力不集中的情况和意外情况（Gould & Maynard，2009；Orlick & Partington，1988）。这些心理方案尤其有助于控制感（人格特质）差的人，能够增强其控制能力，避免其受到不利情境的影响。图 2.4 是参加奥运会的加拿大高山滑雪运动员的详细注意力重新集中方案。

该方案符合情境需求，说明了运动员人格概况及其认知策略与方案研究的重要性。教练可以通过此种方式，不断构建符合情境的实践与培训环境，以便运动员的表现与个人成长达到最佳。

确定自己在人格了解过程中的角色

了解了运动与训练领域人格相关的研究之后，你会如何利用所学知识深入理解学员或

先天和后天、吸引和转变

由于人类在基因研究与测试方面取得了一定进展，因此，体育与训练专家开始密切关注下列问题：人格是由基因（先天）决定的还是由环境（后天）决定的。运动与训练心理学领域尚未针对这一问题开展研究，但是一般心理学研究显示，人格具有遗传基础，但是也会受到后天学习的影响。那么，极端的先天决定论和极端的后天决定论就都是错的。基因和环境共同决定着一个人的人格。此外，某些研究显示，尽管基因因素会令我们具有某种人格特征，但是人格特征显示与否以及人格特征的显示程度会受到环境的影响。因此，在运动与训练心理学领域，我们将重点关注学习与环境对人格的影响，因为运动与训练专家能够影响人格的发展，却无法决定基因在人格中的作用。

人格研究需要解答的第二个重要问题是：特定个体是否会因为其具有某些人格特征而受到特定运动的吸引（吸引假设）？个体的人格是否会因其参加运动与体育活动而改变（改变假设）？尽管上述两种假设都有证据支持，但是均未得到完全证实，这很可能是因为二者都有符合事实的一面。

队员？接下来的几章内容将从实践角度说明行为变化和心理技能培养。你需要利用下列指南，进一步了解目前的工作对象，并巩固自己的人格结构知识。

1. **同时考虑人格特质和情境**。在了解一个人的行为时，需要同时考虑人的因素和情境因素。在了解人格时，应考虑你的教学或训练情境。

2. **做一个有信息依据的使用者**。了解人格测试的宗旨和指导原则，以清楚自己应如何使用以及何时使用人格测试。本章介绍了一些指导原则。作为专业人士，你应当了解人格测试的注意事项。

3. **做一个高效的沟通者**。正规的人格测试会暴露一个人大量的内在特征，因此，在与被测试者沟通时，应真诚而坦率。询问问题后，做一个忠实的聆听者，这非常有助于我们与受试者建立和谐关系、了解受试者的人格和偏好。我们将在第 10 章进一步讨论沟通问题。

4. **做一个高效的观察者**。我们还可以通过另外一种有效方式来获取有价值的人格信息——观察一个人在各种情境下的行为。将观察和坦诚沟通相结合，有助于你全面而准确地了解一个人的人格。

5. **具有丰富的心理策略知识**。一系列心理策略有助于身体技能的学习和表现。应了解这些策略，并将其正确落实到自己的计划中，选用合适的心理策略为人格助力。

学　习　助　手

总结

1. **说明人格的构成要素以及人格之所以重要的原因。**

人格是令一个人与众不同的特性或特性组合。它包括3个独立但又相互关联的层次：心理核心（人格中最基本、最稳定的层次），典型反应（一个人学到的适应社会的调整方式），角色相关行为（一个人根据其所处情境来行事）。角色相关行为是人格中最容易发生变化的层次。了解人格有助于改善教学与训练效果。

2. **说明了解人格的主要方法。**

研究运动与训练领域人格的5种主要方法分别是心理动力法、特质法、情境法、交互作用法和现象法。心理动力论强调行为的无意识因素的重要性，将人作为一个整体来了解。它对运动心理学的影响不大。特质论认为，人格在各种情境下都是持久而稳定的，心理特质会促使一个人以一种稳定的方式行事，此种行事方式与情境无关。而情境论与特质论正好相反。情境论认为，一个人的行为在很大程度上由环境或情境决定。目前，大部分研究人员采用交互作用法来研究运动人格。他们认为，人格因素和情境因素共同决定一个人的行为。现象法则着重研究一个人对其自身及其周边环境的理解与主观解释，不研究固定的人格特质。现象论也获得广泛支持。

3. **知道如何测量人格。**

在使用交互作用法测量人格时，应当同时评价心理特质（个体典型的行事方式）和心理状态（情境对行为的影响）。在了解人格状态和人格特质方面，普通人格量表能够提供一些有用信息；但是在预测行为方面，情境相关的测量方法（如：运动相关的测量方法）更加可靠。

4. **评价人格测试与研究的实用性和效度。**

心理测试虽然有用，但是亦无法独自准确预测出运动员的成功。因此，在进行心理测试时，应恪守道德准则。人格测试的使用者应当了解测试原则和测量误差，了解自己在测试开展与解释方面的局限性，切勿完全依靠人格测试进行队员选拔，一定要向运动员解释测试并提供反馈结果，应向运动员保证测试保密，应采用个体内部比较法进行测试，应了解并评价人格要素。

5. **理解人格和运动及训练行为之间的关系。**

训练有助于改善自我概念，尤其是一个人对身体的自我概念。研究结果显示，A型行为作为一种人格因素会对健康造成重要影响。在比较运动员与非运动员以及将不同类型的运动员进行比较时，发现了一些人格差异。而在将成功率高的运动员和成功率低的运动员进行比较时，则发现了最为有趣而一致的差异。即在心理状态方面，成功率高的运动员比成功率低的运动员更加积极。但是，上述研究结果的用途有限。

6. 说明认知策略和运动员成功之间的关系。

最近几年，研究人员将研究重点从传统人格特质测量转向了运动员比赛时会采用或展现的认知或心理策略、技巧和行为的考查。与成功率低的运动员相比，成功率高的运动员具有更加丰富的心理技巧。这些心理技巧包括觉醒管理，更自信，更高的注意力集中度与专注度，控制能力强，没有强迫观念，更加积极的想象和思考，更加理性的承诺、决定和目标设置，完善的心理方案和完善的应对策略。

7. 将学到的人格知识应用到运动与训练领域，以便深入理解人格。

作为运动与训练领域专业人士，你需要收集自己的工作对象的人格信息。具体来说，在了解行为时，你需要同时考虑人格特质和情境，成为一个有信息依据的使用者，与运动员有效沟通，对运动员进行观察，具有丰富的心理策略知识。

复习题

1. 说明人格的三个层次，包括不同层次人格的稳定性。
2. 比较以下五种人格测量方法：心理动力法、情境法、特质法、交互作用法和现象法。现今运动心理学家最常使用的方法是哪种？原因是什么？
3. 比较人格的状态测量方法和特质测量方法。在了解运动人格时，为什么需要同时考虑人格状态和人格特质？
4. 在测量运动与训练领域人格时，为什么更需要使用运动相关的人格量表，而非普通心理学量表？举出运动相关人格测量和普通人格测量的例子。
5. 说明进行心理测试、测试结果反馈时，应当遵循的四项重要指导原则。
6. 介绍运动员与非运动员人格比较相关的研究，以及男性运动员与女性运动员人格比较相关的研究。运动员与非运动员相比，男性运动员与女性运动员相比，他们的人格是否有不同之处？
7. 说明 Morgan 的心理状态模型和冰山剖面图针对运动员能否成功进行预测。心理测试能否预测出运动员的成功？为什么？
8. 与训练行为相关的人格因素有哪些？
9. 比较成功率高的运动员和成功率低的运动员所用的认知策略。

深入思考

1. 能否依靠心理测试选拔队员？并说明原因。
2. 你在人格了解方面的角色是什么？你会在何时使用心理测试？

第 3 章

动 机

学习完本章后，您将能：

1. 定义动机及其各要素；
2. 说明主要动机观点以及这些观点是否有用；
3. 详细说明有效的动机培养原则；
4. 定义成就动机和竞争心，并说明它们之所以重要的原因；
5. 比较、对比几种成就动机理论；
6. 说明如何培养成就动机；
7. 用成就动机的基本原则指导实践。

丹是学校橄榄球队的队长和中锋。他所在橄榄球队没有能力出众的队员，但是如果大家都齐心协力、竭尽全力，他们也能迎来一个成功的赛季。但是，丹发现，其所在球队的队员在持续丢分时，便不会再像他一样尽力。丹对此感到很沮丧。尽管某些队友比丹更有天赋，但是他们在逆境出现时，不喜欢接受挑战、动机不足，经常会放弃。丹希望找到办法来增强部分队友的动机。

和丹一样，有些教师、教练、训练导师也经常会问这样的问题：为什么有些人动力十足，孜孜以求地追求成功，而有些人却动力不足，尽量避免评估和竞争？实际上，教练经常用一些鼓舞人心的口号来激励队员："获胜者从未放弃！进取或者回家！""付出 110% 的努力！"体育教师也想激励懒怠的孩子，他们对电脑游戏的兴趣往往比排球更大。训练导师和理疗专家也经常需要应对下列挑战：激励其客户坚持某一训练或康复计划。动机对上述所有人的成功都是非常重要的，但是很多人并不了解动机。要想成功，教师、教练或训练导师必须全面了解动机，包括影响动机的因素、增强某个人或某个团体动机的方法。将一位优秀的指导者和一位普通的指导者区分开来的因素通常是指导者激励他人的能力，而非指导者掌握的运动或体育技术知识。本章将主要介绍动机。

定义动机

动机可以被简单地定义为努力方向和努力程度（Sage，1977）。运动与训练心理学家可以从多个角度来考察动机，其中包括成就动机、竞争压力形式的动机（请参见第 4 章）、内在与外在动机（请参见第 6 章）。上述各种动机都是一般意义上的动机的一部分。因此，我们会从宏观、整体性的角度，而不会像一位橄榄球教练从大型比赛方案或攻防哲学角度去了解特定打法那样，来详细了解动机。但是，动机的两种要素——努力方向和努力程度，到底是什么含义呢？

努力方向是指一个人是否会找到、接近或被吸引到某一特定情境。例如，一位高中生可能想加入网球队，一位教练可能想听临床课，一位职业女性可能想上有氧健身课，而一位受伤的运动员可能想就医。**努力程度**是一个人在特定情境中付出努力的程度。例如，一位学生可能参加了体育课（接近某一情境），但是他上课不太认真。一位高尔夫球手可能迫切希望通过一次推球入洞赢得比赛，以至于他过分激动、紧张，最后表现很差。而一位举重者可能和她的朋友们一样，每周锻炼四天，但是她在每次锻炼时付出用心的程度可能跟她的朋友们不一样。

> **要点**　动机是努力方向和努力程度。

为了更加清楚地说明努力方向和努力强度，我们需要将二者分开来讲述。但是对于大部分人来说，努力方向和努力强度是密不可分的。例如，总是早到且很少缺课的学生或积极训练的运动员，通常在上课或训练时很认真。相反，总是姗姗来迟且缺课很多的学生或训练懈怠的运动员，通常在上课或训练时的不太用心。

了解三种激励方法

我们每个人对动机的运作方式都有自己独特的看法，这就是我们自己的动机模式。我们的动机观点可能形成于：①了解激励我们的因素；②观察他人被激励的方式。例如，如果某人很喜欢她的体育老师，并认为她的老师是成功的，那么她将来很有可能会使用或者效仿她的老师曾使用过的众多激励策略。

此外，人们通常会展示其动机观点，有时是有意识的，有时是潜意识的。例如，一位教练可能会通过积极反馈和鼓励有意激励他的学生。而另一位教练可能会认为一个人应当对自己的行为承担主要责任，因此该教练可能很少会创造能够增强他人动机的情境。

尽管动机相关的观点很多，但是大部分人会将动机纳入三种取向之一。这三种取向与我们在第 2 章介绍的人格了解方法相似，分别是特质激励、情境激励和交互作用激励。

特质激励观点

特质激励观点（也被称作参与者激励观点）认为，动机性行为主要是个体特征的作用。也就是说，学生、运动员或受训者的人格、需求和目标是动机性行为的主要决定因素。因此，我们经常会听到某位教练将一位运动员描述为“真正的获胜者”，这表示是该运动员所具有的个人特征使得其在运动中表现优异。同样地，也有一些消极的运动员会被描述为“失败者”。

某些人的个人特征会促使其孜孜不倦地追求成功、动机十足，而另外一些人具有的个人特征会造成其动机不足、缺乏个人目标和欲望。但是，大部分人也会同意，我们的动机在某种程度上也会受到所处情境的影响。例如，如果某位教师未能营造一个激励性的学习环境，那么其学生的动力也会相应减小。而如果一位优秀导师能够营造一个积极的环境，那么学员的动力也会大大增加。因此，忽略环境对动机的影响是不现实的，这也是运动与训练心理学家在指导专业实践时不支持特质激励观点的原因之一。

情境激励观点

情境激励观点与特质激励观点正好相反，**情境激励观点**认为，动机水平主要由情境决定。例如，布列塔尼在上有氧健身课时可能会动机十足，而在进行比赛时可能会动机不足。

你可能更同意情境决定动机的观点。但你是否能回想起下列情境：尽管环境不利，但是你仍然很有干劲？例如，你不喜欢你的教练，因为他经常对你吼叫、批评你，但是你仍未退出队伍或缺课。此时，情境显然不是决定你的动机水平的主要因素。因此，运动与训练心理专家也不建议用情境激励观点来指导实践。

交互作用激励观点

目前运动与训练心理学家广泛支持的动机观点是参与者与情境交互作用激励的观点。**交互作用激励观点**认为，动机结果不是完全由参与者因素（例如：人格、需求、兴趣和目标）决定的，也不是完全由情境因素（例如：教练或教师的执教风格或团队的以往成绩）决定的。因此，要想深入了解动机，应当考查参与者因素和情境因素的交互作用（图 3.1）。

> **要点** 了解动机的最佳方式是同时考虑参与者因素和情境因素，以及二者的交互作用。

Sorrentino 和 Sheppard（1978）研究了加拿大三所大学的 44 名男性游泳者和 33 名女性

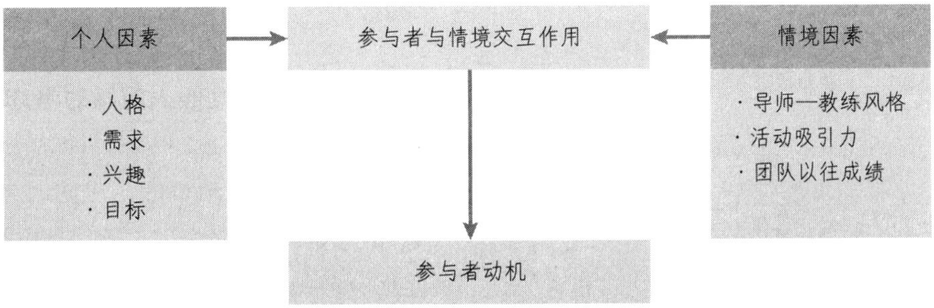

图 3.1 参与者与情境交互作用激励模式

游泳者，对他们进行了两次 200 米自由泳计时赛的测试。一次为个人单项比赛测试，另一次为接力赛测试。研究人员评估的情境因素包括：游泳者个人单项赛和游泳者接力赛。研究人员还评估了人格特征因素——社交动机，即一个人将群体交往视作一次社交认可机会或社交排斥机会的程度。研究目的：了解各位游泳者的社交认可（即将与他人比赛看作一件积极的事情）倾向大，还是社交排斥［即感到社交活动（社交排斥者可能会在接力赛中让他人成绩变差）威胁到了自己］倾向大，以及交往动机对他们成绩的影响。

如调查人员所预测的，具有社交认可倾向的游泳者在进行接力赛时比在进行个人单项赛时游得更快（图 3.2）。总之，他们在积极地寻求队友的认可。而具有社交受胁排斥倾向的游泳者与此正相反，他们迫切希望他人的成绩变差，因此，在进行个人单项比赛时比在进行接力赛时游得更快。

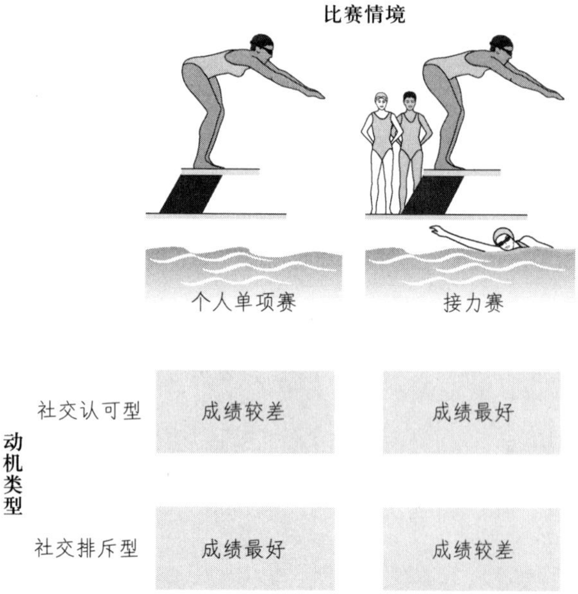

图 3.2　两种比赛情境（个人单项赛和接力赛）和游泳者社交倾向（认可型和排斥型）对游泳成绩的影响

这些发现揭示：4 位在个人单项赛中游得最快的游泳者未必能形成一个最快的接力赛团队。某些人在接力赛中的成绩会更好，而某些人在个人单项赛中的成绩会更好，这取决于运动员的动机取向。很多有经验的团体运动教练也都认为，几个最优秀的运动员未必能够形成一个最优秀的比赛团队。

该研究的结果清楚说明了动机交互作用模式的重要性。仅了解游泳者的个人特征（动机取向），无法准确预测游泳者的行为（分段成绩），因为游泳者的表现同时也取决于情境（进行个人单项赛还是接力赛）。同样地，将情境认为是动机的主要决定因素也是错误的，因为游泳者的最佳成绩也取决于游泳者是社交认可型的人还是社交排斥型的人。所以，重点是我们需要了解个人特征和情境对动机的交互作用。

通过五个指导原则增强动机

动机的交互作用模式对教师、教练、培训师、训练导师和计划管理者具有重要意义。此模式中有一些基本指导原则，可用于专业实践。

指导原则 1：激励他人应同时考虑情境和特质两种因素

在增强他人动机时，应同时考虑情境因素和个人因素。当学生、运动员或客户动机不足时，教师、培训师、教练或训练导师经常会立即归咎于参与者的个人特征。“这些学生不关心学习”、“这个团队进取心不强”或者“这些家伙没把训练当回事儿”等评论将原因归结于参与者个人身上，实际上是在对动机不足情况放任不管，或是逃避帮助参与者增强动机的责任。在另外一种情况下，指导者未考虑学生或客户的个人原因，而是将动力不足完全归咎于情境（如：这些材料令人乏味，或者我的执教方式出了问题——抑制了参与者的动机水平）。

实际上，参与者动机不强，通常是由个人因素和情境因素两种原因造成的。个人因素的确会造成一个人动机不足，但是环境因素也会造成此种结果。实际上，在过去10年里，动机研究者越来越关注运动员或受训者周边的动机环境。通常，对于指导者来说，改变情境或者营造特定环境，可能比改变参与者的需求或人格更加容易。但关键之处在于，我们在增强他人动机时，不应仅仅关注参与者的个人因素，也不应仅仅关注情境，而是应将二者同时考虑。

要点 在增强他人动机时，我们不仅要分析参与者的个人因素，而且要分析参与者所在情境以及二者的交互作用，并做出相应反应。随着时间的推移，动机可能会发生变化，我们应持续监测参与者的动机，即便几个月后，仍应如此。

指导原则2：了解他人的多项参与动机

我们应持续识别、了解参与者参与运动、训练或体育的动机。有多种了解方法。

了解参与者参与体育活动的原因

研究人员应知道大部分人参与运动和训练的原因。这非常重要，因为执教人员认为，动机对个人与团体成绩起着非常重要的作用（Theodorakis & Gargalianos，2003）。在参与训练和执行康复计划方面，动机也起着非常重要的作用（请参见第18章和第19章）。在考查相关文献之后，Gill和Williams（2008）发现，儿童参与运动的动机有多种，包括技能培养、能力展示、挑战、刺激和好玩。成年人参与运动的动机与年轻人相似，但是成年人的健康动机更强，而能力与技巧培养动机则不太强。例如，Wankel（1980）发现，成年人参与锻炼计划的动机包括健康、瘦身、健美、自我挑战和感觉更好。他们继续参与锻炼计划的动机包括愉悦、团队领导关系（如：指导者）、活动类型（如：跑步、有氧运动）和社交。Wankel（1980）还发现，不同年龄段的人会有不同动机，与年纪较大的成年人相比，年轻成年人的动机更加自我（Steinberg，Grieve，& Glass，2000）。另外，研究人员还发现，男性大学生的锻炼动机多来自内在因素，如：力量和竞争，而女性大学生的锻炼动机多来自外在因素，如：体重和外貌（Egli，Bland，Melton，& Czech，2011）。

通过更加理论化的方法，心理学家Edward Deci和Michael Ryan（1985，2000）发展了一项广义动机理论——**自我决定理论**。该理论认为，所有人的动机都是为了满足三项基本需求：胜任（如：我是一名优秀的赛跑者）、自主（如：一位投球手喜欢决定投球和掌控比赛结果的感觉）、社会吸引或关联（如：一位足球运动员喜欢成为团队的一分子)。但是，这些动机在落实时，会形成一个动机统一体。该统一体从无动机（没有动机）变化至外部动机乃至内在动机（第 6 章将深入讨论该动机统一体，尤其是内在动机和外在动机的区别，以及自我决定动机的益处)。现在我们应该明白的重点是：我们的工作对象——运动员、受训者或患者，有三项基本的动机需求——胜任、自主、社会吸引或关联。参与者的需求满足程度越高，其动机也就越强。

你参与运动或体育活动的动机是什么？在思考自己及他人动机时，应记住以下几点：

- 人们的参与原因有多种。大部分人有多项参与动机。例如，为了身材好，你可能希望进行举重锻炼。而举重又令你感觉良好，且你很珍惜与举重伙伴之间的情谊。因此，你参加举重锻炼的原因有多种。
- 人们的参与动机可能会相互竞争。有时，人们会有竞争性动机。例如，一个人在下班后，可能既想去俱乐部锻炼，又想回家同家人在一起。作为一名教练、教师或训练导师，你应该明白上述动机冲突，因为他们可能会影响参与者参与某项活动。
- 人们的动机有时会相同，有时会不同。虽然我们能够了解人们参与某项运动或训练的原因，但是人们的参与动机可能会大不相同。每个人都可能会有与众不同的参与动机。例如，Dwyer（1992）对大学生的参与动机进行了研究，发现大学生的参与动机与年轻运动员相似：他们最重要的参与动机是健美、有趣、刺激、挑战和提高技能。但是，大学生认为下列参与动机有着不同的重要性：友谊、成就状态和团队因素，这一点与年轻人相关运动文献的发现不同。因此，大部分人会将健美、有趣

众多因素都会影响一个人的运动参与动机。这些运动员的动机与你的动机有何不同？

和友谊作为主要的运动参与动机。但是，也有一些人的参与动机是与众不同的，例如：来自父母的压力或者自己需要做点事。还有一些人的参与动机更为独特，例如：需要从身体上控制他人、希望体验比赛赋予的内心安宁。因此，人们的动机有时会相同，有时会不同。

- 动机在性别方面的差异。参与动机在性别方面存在差异。例如，Sirard、Pfeiffer和Pate（2006）研究了1600多名中学生的运动参与动机。结果发现，所有学生都将寻找乐趣作为最重要的参与动机。比较动机在性别方面的差异时，研究发现，女孩依次将社交益处、竞争和健美作为主要动机，而男孩最常强调的动机依次是竞争、社交益处和健美。研究者们得出下列结论：中学男生更为关注运动的竞争方面，而中学女生更为关注运动的社交方面。本研究结论仅限于被抽样的年龄组。但是研究者强调，我们应认识到，尽管男性和女性参与运动与体育活动的众多常见动机是相同的，但是二者的参与动机可能仍有明显而重要的不同。
- 重点文化会影响动机。尽管在不同的文化背景下，人们参与运动与体育活动的众多动机都是相同的，但是重点文化差异仍然会造成动机的不同。例如，Kim、Williams和Gill（2003）发现了美国中学生和韩国中学生的动机差异：与韩国中学生相比，美国中学生的动机多来自内在。研究者还发现，亚洲国家参与者的互相依存倾向更强，而北美国家参与者的独立倾向更强。在另一项研究中，Yan和McCullagh（2004）还发现了美国青年、中国青年和在美华人青年在运动与体育活动参与动机方面的不同。具体来说，美国青年的主要动机是竞争和提高需求，中国青年的主要动机是社交和健康，而在美华人青年的主要动机是旅行、装备使用和寻找乐趣。由于当代大部分社会的文化多元化程度越来越高，教练、训练导师和体育老师应当认识到并熟悉参与者动机在文化方面的重要差异。

观察参与者并持续监测其动机

鉴于人们的运动与训练参与动机多种多样，你应当清楚你的学生、运动员和受训者的参与动机。遵循下列指南有助于你了解参与者动机：

1. 观察参与者，了解他们喜欢、不喜欢活动的哪些方面。
2. 与了解学生、运动员或受训者的人员（如：老师、朋友和家庭成员）进行正式谈话，请他们提供与参与者动机有关的信息。
3. 定期请参与者写出或说出他们的参与理由。

研究显示，动机会随着时间的推移而发生变化。例如，某些人参与锻炼计划的最初动机（如：健康和健美益处）可能会与其后来坚持参与计划的动机（如：社交氛围；Wankel，1980）不同。因此，一直强调健美益处，而忽略参与者在开始锻炼计划之后出现的社交动机，并不是一项有效的动机策略。

指导原则 3：改变环境以增强动机

了解参与者的运动与训练动机很重要，但是这些不足以增强参与者动机。你应当根据自己掌握的参与者的信息，营造一个能够满足其需求的运动与训练环境。

创建比赛兼消遣环境

参与者的需求是不同的，有的喜欢比赛，有的喜欢消遣。因此，应提供能够满足两种需求的环境。例如，很多公园运动区的主管人员发现，有些成年运动者喜欢比赛，而另外一些成年运动者不喜欢比赛。因此，主管人员将比赛性质的传统垒球联盟分成了两部分：比赛性质的联盟和消遣性质的联盟。由于满足了群众所需，公园运动区活动的参与率得到了提高。

> **要点**　为增强动机，应当营造能够满足所有参与者需求的教学与教练环境。

提供多种机会

满足参与者需求并不总是一件简单的事。创造一种能够增强动机的环境，可能意味着需要营造一种能够满足多种需求的环境，例如，优秀运动员需要接受严格的高强度训练，部分教练就错误地认为世界一流的运动员需要的只是严格的身体训练。但事实上优秀的运动员也经常希望寻找乐趣、体验与友情。如果教练在关注运动员最佳身体训练动机的同时，能够关注其乐趣和友情动机，那么运动员的动机就能够增强，其成绩也会提高。

努力营造个性化环境

在营造运动与训练环境时，一项重要而困难的工作是进行个性化的训练和教学。也就是说，每个受训者、运动员和学生都有与众不同的参与动机，一位成功的指导者营造的环境应该能够满足每个人的需求。富有经验的教练都深知这一点。例如，橄榄球传奇教练 Vince Lombardi（超级碗以其名命名）所营造的训练环境就能够满足不同运动员的需求（Kramer & Shaap，1968）。大家都知道 Lombardi 是一位严肃而暴躁的教练，他总是在不断地批评队员。例如，全美橄榄球赛的明星侧卫 Jerry Kramer 曾说过，Lombardi 教练总是对他吼叫。（但是 Lombardi 教练也是聪明的：在 Kramer 因为挨批而非常泄气以至于要退出队伍时，Lombardi 会对他进行极为必要的正面鼓励。）Kramer 平常是一位心宽之人，而四分卫 Bart Starr 与他正相反，对自己的要求非常严格。Lombardi 教练认识到了这一点，他给予 Starr 的积极鼓励就比 Kramer 要多。显然，Lombardi 知道，这两位队员具有不同的人格和需求，因此所需的教练环境也应有所不同，因此，Lombardi 营造了能够同时满足二者需求的环境。

个性化环境有时不容易营造。一位体育老师可能得教 6 个班，每个班 35 名学生，而一位有氧运动教练的学员可能多达 100 名。在没有助手的情况下，指导者无法像 Lombardi 那样营造个性化环境。这就意味着现今的指导者在营造个性化环境时，既要富有创意又要面对现实。

一位初中体育老师对其学生的了解，自

然无法像私人教练对其客户、篮球教练对其15名队员的了解那样深入。但是，体育老师可以让其学生将参与动机（如：你喜欢体育课的哪些方面？你参加体育课的原因是什么？）写在索引卡上，并了解各种动机被提及的次数，进而根据被提及次数最多的动机营造教学环境。如果大部分学生喜欢非比赛性质的活动，而不喜欢比赛性质的传统活动，则教师可以根据这一情况调整其教学环境。在同一节课上，教师可以为学生提供多种选择，例如，一部分学生可以在某一场地进行比赛性质的排球活动，而另一部分学生可以在另一场地进行非比赛性质的排球活动。

指导原则 4：影响动机

作为一位训练导师、体育老师或教练，你对参与者动机的影响很大。一项针对体育工作者（全部为教练）的调查显示，73%的被调查者认为自己的内在因素及行为会对运动员的动机产生重要影响（Theodorakis & Gargalianos，2003）。有时，你的影响可能是间接的，你甚至未意识到自己行为的重要性。例如，某位体育老师在人格方面是活泼而开朗的，总是能在课上对其学生产生非常积极的影响。一个学年过后，她的学生已经习惯了她乐观向上的授课方式。但是，可能有一天她因故心情低落，尽管她在课上并未表现出消极行为，但是她可能不似以往那样活泼。由于学生们对她心情不好的原因一无所知，他们可能会猜测，自己是不是做错了什么事，进而他们会变得很沮丧。由于不了解老师心情低落的原因，学生们受到了老师心情的影响（图3.3）。

图 3.3 “今天晚上她和我们在一起时不高兴。我们是不是做错了什么事？”

作为专业人员，你可能也会有心情不好的时候，你应当尽量改善自己的心境，达到最佳工作状态。你应记住的关键一点是，在你心情不好的时候，你的作为（以及不作为）都会影响到动机环境。有时，你行事的积极程度可能需要比你感觉到的积极程度高。如果你实在无法做到这一点，你应告知学生，今天你感觉不太好，这样，你的学生便不会误解你。

> **要点** 作为一位指导人员，你对动机环境起着至关重要的作用，你会以直接或间接的方式影响动机。

指导原则 5：通过行为矫正方法纠正参与者的不良动机

与控制个人动机相比，训练导师、培训师、教练或教师对环境的控制通常更加直接，因此，我们强调了营造动机环境、增强参与者动机的重要性。但是，这并不意味着更改参与者的动机是不对的。

例如，一位年轻的橄榄球运动员参与运动的动机可能主要是对他人施以伤害。这位队

养成体育活动参与习惯：长期动机效应

Karin Pfeiffer 等人 (2006) 曾通过一种完全不同的方式来了解体育活动动机。他们的调查重点为：了解一个人在青少年时代的体育活动参与度是否预示着其成年后的体育活动参与度。调查对象为三个年龄段的女性（8 年级、9 年级和 12 年级的女性），调查人员发现，这些女性在 8 年级、9 年级时的体育活动参与度预示着其在 12 年级时的体育活动参与度。调查结果表明，如果一个人在青少年时代就养成了积极参与体育活动的习惯，那么他在以后的人生中参与体育活动的积极性也会很高。尽管此重要发现还需要进一步研究验证，但是，鉴于目前很多国家面临的肥胖危机，此研究课题将成为未来研究的重点领域。

员的教练无疑希望通过行为矫正方法（请参见第 6 章）来更改这位队员的不良动机。也就是说，这位教练会鼓励动机善意的比赛，惩罚意在伤害他人的攻击性比赛，同时与这名动机不良的队员讨论其行为。同样地，一位起初根据医嘱进行康复训练的心脏病患者，也需要训练导师修正其行为，以增强内在训练动机。在某些情况下，利用行为矫正方法来更正参与者的不良动机无疑是正确的。

> *要点*　使用行为矫正方法纠正不良动机、增强薄弱动机。

从现实的角度了解动机

在运动与训练领域，动机是影响学习与表现的重要因素。但是，人们有时会忘记这一点：动机并不是唯一会对行为造成影响的变化因素。例如，体育新闻记者通常会将一个团队的表现归因于动机因素——队员异常努力、懈怠、缺乏百万美元的刺激、未删减的职业合同、队员紧要关头表现得力（或不得力）等。然而，一个团队的表现，在很多情况下也取决于非动机因素，例如：受伤、对手更强大、训练过度、未能学习新技能（Gould，Guinan，Greenleaf，Medbery，& Peterson，1999）等。除了我们在此重点关注的动机因素外，其他因素也会对运动与训练表现造成重要影响，例如：生物力学、生理学、社会学、医学和技术策略因素。我们在分析任何表现时，都应考虑这些因素。

有些动机因素容易受到影响，而有些动机不容易受到影响。例如，对于一位训练导师来说，更改训练设施的吸引力比较难，而更改自己的训练强化模式比较容易。（但是，这不意味着清洁训练设施太费时而不值当去做。如果我们考虑一下设施吸引力对于一个健身俱乐部来说多么重要，我们就能明白这一点。）专业人士应当思考自己可以影响的动机因素，以及改善这些动机因素需要多少时间（和金钱）。例如，Kilpartrick、Hebert 和 Bartholomew (2005) 所做的一项研究显示，在说明自己参与高强度运动的原因时，人们说的通常是内在原因（如：挑战和享受），而在说明自己参与锻炼的原因时，人们说的通常是外在原因（如：外貌、体重）。在预测一个人的长期行为方面，内在动机更加有效。因此，研究人员建议，如果训练导师渴望促进一种积极的生活方式，那么他应该将重点放在运动动机上，而不要仅仅放在增加锻炼时间上。

了解成就动机和竞争

上文强调了动机个体差异的重要性。接下来，我们需要了解：为什么有些人达到目标的动机十足（如本章开头所说的橄榄球队长丹），而有些人动机不足。我们先了解一下会影响运动成就表现与参与度的两种动机：成就动机和竞争。

什么是成就动机?

成就动机是指一个人完成任务、取得优异成绩、克服困难、超越他人、因展现才能而荣耀的动力（Murray，1938）。它是一个人力求成功、在失败面前坚持不懈、因成就而自豪的趋向。

毫无疑问，教练、训练导师和教师都对成就动机感兴趣，因为它在以下方面起着重要作用：运动员取得优异成绩、锻炼者体型更加健美、学生刻苦学习。

与动机及人格的一般观点一样，成就动机观点也从特质取向观点（个人的动机需求）一步步发展到了交互作用观点（强调多变的成就目标以及这些目标影响情境并受到情境影响的方式）。在运动领域，成就动机通常被称为竞争心。

什么是竞争心?

竞争心是指一个人在存在评价者的情况下将自己与优秀标准比较时力求满意的倾向（Martens，1976，p. 3）。Martens将竞争看作一种比赛环境下的成就行为，并且认为社会评价是竞争的一个重要部分。在我们了解成就趋向时，应考虑到情境：某些人在某种情境（如：竞技性运动）下的成就动机很强，而在另外一些情境（如：数学课）下成就动机则很弱。

Martens的竞争心定义仅限于一个人将被或者可能被博学多闻的他人评价时。但实际上，很多人会和自己竞争（如：力争超越自己昨天的表现），即便他人不会对自己的表现做出评价。成就动机水平会影响自我竞争，而竞争心强弱会影响社会评价情境下的行为。因此，我们在本章会将成就动机和竞争心放在一起讨论。

> **要点**　成就动机是力求成功、在失败面前坚持不懈、因成就而自豪的趋向。由于竞争心在社会评价情境下会影响行为，因此，运动与训练领域重点关注的成就动机是自我竞争。

动机影响

成就动机与竞争心不仅与最终结果及追求卓越相关，而且与实现目标过程中的心理历程相关。如果我们了解了人们动机不同的原因，我们便能进行积极干预。因此，我们希望了解竞争心和成就动机是如何影响众多行为、思想和感情的，其中包括：

- 活动选择（如：选择能力和我们相当的对手进行比赛，还是选择能力超过我们或不如我们的对手进行比赛）

为体育室注入新活力：一位体育老师增强学生动机的案例

金担任体育老师已经两年。她所在学校每况愈下，按照招生计划，这所学校会在 5 年后关闭，因此，地区主管部门不想再注入资金改善这所学校。金发现，她的学生参与体育活动的动机不强。

金想了解如何才能增强学生参与体育活动的动机，因此，她检查了自己的授课计划。她发现，授课计划是根据所需课程制订的，非常标准化。她希望打破常规，根据学生需求来授课。首先，她注意到，体育室很耐用，但是由于年久和使用关系，室内很昏暗。

金意识到，如果体育室翻修一新，学生的运动动力可能会增强。但是，她也知道翻修不太现实，因此，她决定自己动手进行改善。首先，金对体育室进行了清洁。在得到允许后，撤掉了体育室内的旧窗帘。然后，她将所有公示栏的背景刷成了彩色，而且在墙上悬挂了健身海报，以使体育室看起来更加明亮、更有活力。在感谢体育室看管人帮其撤除旧窗帘后，金询问看管人是否能够更改其清扫计划，请其在每天午饭后清扫体育室。

当然，金意识到，仅仅改善体育室环境还不足以增强学生动机。在增强学生动机方面，她自己也起着重要作用。她提醒自己以积极、鼓励他人的方式授课，使自己看上去更开心、乐观。她还询问学生喜欢体育课的哪些方面，不喜欢体育课的哪些方面。学生们告诉她，每次课堂开始时进行的健康测试和锻炼不太有趣。但是，健康测试和锻炼是本区主管部门要求开展的部分。（况且，她的很多学生都是电视迷，急需锻炼！）

经过努力，金使健康测试成为了目标设置计划的有趣部分，在每节课上学生们都可以因为进步而得分。金将分数结果记在了公示栏上，供学生们查看。“每周优秀运动学生”奖会颁发给在实现健身目标的过程中尽力最大、进步最快的学生。金还将锻炼时所用的背景音乐换成了学生们喜欢的现代音乐。

通过与学生交谈，金意外了解到，学生感兴趣的运动不是学校一直沿袭的运动，如排球、篮球。他们喜欢打网球、高尔夫球和游泳。遗憾的是，由于缺乏设施，游泳和高尔夫运动无法实现。但是金加入了美国网球协会的一项计划。在该计划中，休闲运动球手会将用过的网球用品捐献给公立学校。因此，金获得了一些网球和网球拍，进而将网球纳入到了她的课程中。

年终时，金很高兴地发现学生们的运动动机发生了变化。当然，仍有一些学生对运动不感兴趣，但是，大部分学生的运动动机都切实增强了。此外，与往年相比，学生们的健康分数也提高了。最后值得一提的是，金“每周优秀运动学生”计划的作用很大，尤其是对那些能力一般但非常努力的学生影响很大，他们因自身的努力和提高而得以脱颖而出。

- 达标动力（如：练习频率）
- 为达到目标所付出努力的程度（如：锻炼期间不懈努力的程度）
- 在面临失败或逆境时不懈坚持的程度（如：在碰到困难时，是更加努力还是开始懈怠？）

了解四种成就动机理论

动机理论说明了人们行事的动力来源，这四种理论已历经多年发展：成就需求理论、归因理论、成就目标理论、能力动机理论。我们将依次介绍这四种理论。第五种理论——自我决定理论也说明了强化因素对动机的影响，因此我们会在第 6 章讨论。

成就需求理论

成就需求理论（Atkinson，1974；McClelland，1961）是一种交互作用观点，即在预测一个人的行为时，既要考虑个人因素，也要考虑情境因素，认为二者同等重要。本理论共包括五个部分：人格因素或动机、情境因素、结果取向、情绪反应、成就行为（图 3.4）。

人格因素

根据成就需求理论，我们每个人都有两种潜在的成就动机：获得成功和避免失败（请参见图 3.4）。获得成功的动机被定义为"体验成功带来的自豪感的能力"，而避免失败的动机被定义为"体验失败带来的羞愧感的能力"（Gill，2000，p. 104）。成就需求理论认为，行为受这两种动机平衡作用的影响。具体来说，高成就者表现出的获得成功的动机强、避免失败的动机弱。他们喜欢评价自身能力、不会总想着失败。而低成就者与高成就者正好相反，他们表现出的获得成功的动机弱、避免失败的动机强。他们担心失败，满脑子都是失败。成就需求理论无法准确预测各种动机水平适中的参与者（Gill，2000）。

情境因素

如我们在第 2 章了解到的，仅凭特质信息无法准确预测行为。在预测行为时，还应考虑情境因素。你应考虑成就需求理论的以下两项要素：在某种情境下或某一任务中的**成功概率**和**成功的激励价值**。基本上，成功概率取决于你的竞争对手是谁以及任务难度。也就是说，在进行网球比赛时，你战胜 Venus Williams 的概率要比战胜一位新手的概率低。但是，战胜 Venus Williams 的成功价值要比战胜新手的成功价值高，因为战胜一位高水平的对手比战胜一位新手要更加令人满意。如果在某种情境下，成功与失败的概率各占 50%（如：一项困难但是有可能克服的挑战），高成

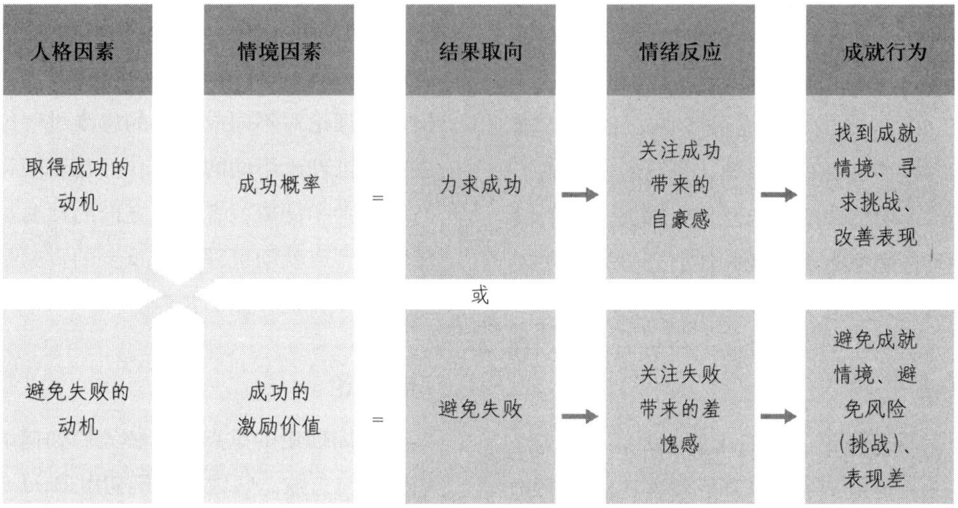

图 3.4 成就需求理论

就者会以极大的动力来追求成功。但是，低成就者却不会这么做，因为他们想的是，如果败在一位势均力敌的对手下，他们的羞愧感会无以复加。

结果取向

成就需求理论的第三个部分是结果取向或行为取向。通过情境因素（如：成功概率或成功的激励价值）相关的成就动机水平，可以了解一个人的**结果取向**或**行为取向**。成就需求理论在预测成功与失败的概率各占 50% 的情况时，结果准确率会达到最高。在此种情境下，高成就者会积极应对挑战，因为他们喜欢与势均力敌的对手进行比赛，或者执行不太容易或不太难的任务。

而低成就者会避免此类挑战，他们会选择容易的任务（成功有保障），或者选择难得不切实际的任务（失败几乎是注定了的）。低成就者有时喜欢完成极难的任务，因为没有人会对他们的成功报以期望。例如，在与 LeBron James 进行一对一的篮球比赛时，如果你输了，你不会感到羞愧或尴尬。低成就者不害怕失败，他们害怕与失败相关的负面评价。如果成功与失败的概率各占 50%，那么不确定性和焦虑感也会达到最大，自己的能力或资质不行被表现出来的可能性也会增加。如果低成就者无法避免上述情境，他们会心神不安且忧烦，因为他们避免失败的需求很强。

情绪反应

成就需求理论的第四个部分是情绪反应，具体来说，是指一个人自豪感和羞愧感达到的程度。高成就者和低成就者都想体验自豪感，避免羞愧感，但是由于他们的人格特质与情境交互作用的方式不同，因此，他们对自豪感和羞愧感的关注程度也不相同。高成就者对自豪感的关注度高，而低成就者对羞愧感和焦虑的关注度高。

成就行为

成就需求理论的第五个部分表示前四个部分交互作用后对行为的影响。高成就者会选择具有挑战性的任务，喜欢中度风险，在评价情境下表现会更好。低成就者会避免中度风险，在评价情境下表现会更差。为避免挑战性任务，他们会选择非常困难的任务或者非常容易的任务。

> **要点**　高成就者会选择具有挑战性的任务，喜欢中度风险，在被评价时表现会更好。低成就者会避免挑战性任务，避免中度风险，在被评价时表现会更差。

成就需求理论的意义

成就动机理论对表现的预测成为当代所有成就动机解说的框架。也就是说，尽管最近提出的理论对不同成就者的思维过程给出了与成就动机理论不同的解释，但是这两种理论对高成就者和低成就者行为方面的预测基本上是相同的。成就动机理论最重要的贡献是它对任务偏好和表现方面的预测。

归因理论

归因理论的重点是了解人们如何解释自己的成功与失败。归因理论最初由 Heider（1958）提出，由 Weiner（1985，1986）发展和推广。

此理论认为，对成功与失败进行的解释几乎有成千上万种，这些解释都可以归入以下几类（图 3.5）。这些最基本的归因类别是**稳定性**因素（成功或失败的原因是一项相当稳定或不稳定的因素）、**因果点**（一个人的外部因素或内部因素）和**控制点**（一个人可控的因素或不可控的因素）。

归因：归纳成功与失败的原因

一个人会将其成功与失败归纳为多种原因。这些感知的成功或失败原因被称为归因。例如，你在一次游泳比赛中获胜，你可能会将获胜原因归纳为：

- 一项稳定因素（如：你有天赋或能力强）或者不稳定因素（如：好运）；
- 一项内部原因（如：你在最后 50 米时全力拼搏）或外部原因（如：对手不够强大）；
- 一项可控因素（如：你的比赛计划）或不可控因素（如：你的对手缺乏体力训练）。

或者，你退出了某项训练计划，你可能会将原因归纳为：

- 一项稳定因素（如：缺乏天赋）或者不稳定因素（如：教练可怕）；
- 一项内部原因（如：后背疼痛）或外部原因（如：训练场地离家太远）；
- 一项可控因素（如：你不够努力）或不可控因素（如：训练计划的费用）。

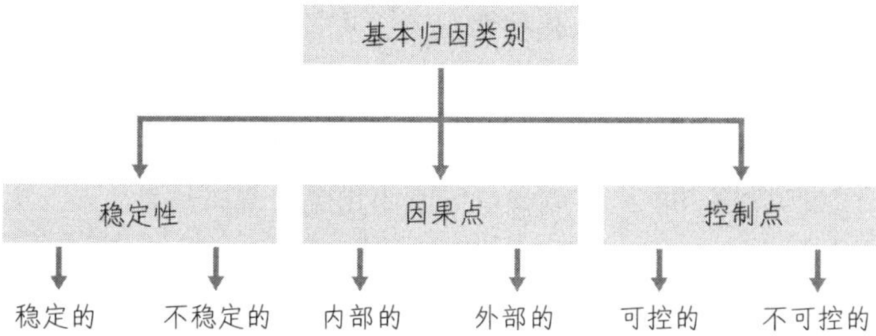

图 3.5 Weiner 的基本归因类别

归因理论一直被用来说明个体的运动或训练行为。但是，调研人员也已开始考查团队归因（即针对团队表现给出的原因或解释）(Allen，Coffee，& Greenlees，2012；Shapcott，Carron，Greenlees，& Hakim，2010)。这是一项重要发展，因为调查人员发现，团队归因会影响团队众多的重要认知（如：期望和选择）、情感（如：情绪）和行为（如：靠近或避免）响应。

归因的重要性

归因会影响一个人对未来成功或失败的预期以及情绪反应（Biddle，Hanrahan，& Sellars，2001；McAuley，1993b）。如果一个人将表现归因于特定稳定因素，那么他就会期待未来成功。例如，苏西在一所小学学习体育，她在一项体育比赛中获胜。她将获胜归因为一项稳定因素（如：她自身能力强），那么她会认为，未来她还可能会成功，她的动力和自信心也会增强。她甚至可能会问她的父母她是否可以报名参加课外体育辅导班。还有一种与上述归因相反的情况，例如，查克在一次摔跤比赛中获胜。他将获胜原因归纳为一项不稳定的因素（如：运气），那么他不会期待再次获胜，他的动力和自信心也不会增强。他可能不会期待去上课外体育辅导班。当然，失败也可以归因为一项稳定因素（如：能力不足），将会削弱自信心和动力，或归因为一项不稳定因素（如：运气），则不会削弱自信心和动力。

将成功或失败归因为内部因素和可控因素（如：能力、努力）时，情绪反应（如：自豪或羞愧）大，将成功或失败归因为外部因素或不可控因素（如：运气、任务难度），情绪反应小。例如，如果一位长曲棍球选手将其表现归因为内部因素，那么她（成功时）的自豪感或（失败时）的羞愧感会很强，而如果她将表现归因为运气或对手实力，那么她的自豪感或羞愧感就不会那么强。

表 3.1　归因和成就动机

归因	心理结果
稳定因素	**期待未来成功**
稳定的	对成功的期望增大
不稳定的	对成功的期望减小
因果因素	**情绪影响**
内部原因	自豪或羞愧感增强
外部原因	自豪或羞愧感减弱
控制因素	**动机影响**
可控的	动机增强
不可控的	动机减弱

要点　一个人对其表现所做的解释或归因会影响他的期望和情绪反应，从而会影响其未来的成就动机。归因理论的重点是了解个体如何解释其成功和失败。

成就目标理论

无论是一般心理学家还是运动与训练心理学家，都将成就目标作为理解动机差异的重要方式（Duda & Hall，2001；Dweck，1986；Maehr & Nicholls，1980；Nicholls，1984；Roberts，1993）。根据**成就目标理论**，以下三种因素的交互作用，决定着一个人的动机：成就目标、能力感和成就行为（图 3.6）。要了解一个人的动机，我们应首先了解成功与失败对这个人来说意味着什么。最佳了解方式为：了解一个人的成就目标以及该成就目标如何与这个人的资质、自我价值或能力认知交互作用。

结果取向和任务取向

荷莉要参加健美比赛，因为她想赢得奖杯，成为本地区体形最佳者。她的目标取向为**结果型目标取向**（也被称为**竞争型目标取向**或自我取向）。此种目标取向的特点是与他人比较并击败他人。如果荷莉赢了，她会自我感觉良好（自认能力很高），如果她输了，她会自我感觉很差（自认能力很低）。

萨拉也希望赢得比赛，但是她参加健身活动的主要目的是想了解自己可以从哪些方面改进体力和体形。萨拉的目标取向为**任务型目标取向**（也被称为**征服型目标取向**）。任务型目标取向的特点是与自己过去的成绩相比较、超越自己。萨拉对自己能力的认知未建立在与他人比较的结果上。

在某种情况下，有些人既是任务取向者，也是结果取向者。例如，一个人可能既想赢得本地的慢跑比赛，也希望取得个人最佳成绩。但是，成就目标取向相关的调研结果显示，大部分人只有一种目标取向：要么是任务型目标取向，要么是结果型目标取向。

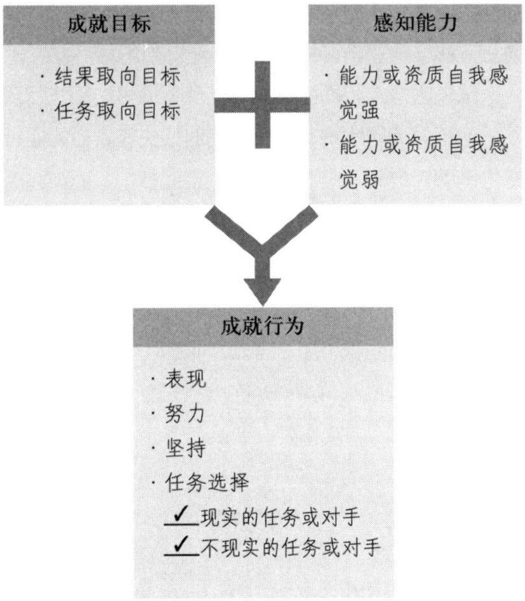

图 3.6　与实现成就目标相关的三项主要因素

结果取向的问题

与任务取向者相比，结果取向者对自身能力的认知难以保持在积极状态。他们判断成功的依据是与他人比较的结果，但是他们肯定无法控制他人的表现。至少一半的结果取向者会输掉比赛，这会进一步削弱他们已经不堪打击的能力感。自认能力差的结果取向者会展示差的或不适应的成就行为方式（Duda & Hall，2001）。也就是说，他们可能会减少努力、停止尝试或寻找借口。为保护自我价值，他们很可能会选择必定会成功的任务，或者选择极难完成以至于没有人认为他们会成功的任务。在评价情境下，他们的表现会变差（请参见“结果型目标的设置：一位滑雪选手的败落”）。

任务取向的价值

运动心理学家认为，与结果取向相比，任务取向更能增强一个人的职业道德、面对失败时坚韧不拔的毅力和最佳表现能力。如果一个人的取向是任务取向，那么他就能够在他人的表现超越自己（即不可控因素出现）时，避免出现失望、沮丧的情绪和动力减弱的情况。由于任务取向者关注的是个人表现，因此与结果取向者相比，任务取向者的控制能力更强、动力更大、面对失败时坚持的时间更久。

任务取向者通常会选择难度适中或者比较现实的任务与对手。他们不惧怕失败。因为他们对自身能力的认知建立在自己的标准或参考值上，与结果取向者相比，他们对自我感觉和自身能力的认知更加积极、更加持久。

> **要点**　结果型目标取向者专注于与他人比较、击败他人，而任务型目标取向者专注于与自己比较、超越自己。任务取向是最好的取向，此种取向强调的是与自己设定的标准进行比较，而非与他人比较。

社会目标取向

大部分目标取向研究着眼于任务或结果型目标取向。但是，当代研究人员认为，社会目标取向也是行为的决定因素（Allen，2003；Stuntz & Weiss，2003）。社会目标取向强的个体会根据群体关联度和他人认可度来判断自身能力。因此，在判断自身能力时，社会目标取向者不仅会考虑自己和他人表现，而且还会受到社会关联需求和群体从属需求的激励。社会目标取向很重要，因为该种取向与参与者喜好、内在动机和能力相关（Stuntz & Weiss，2009）。因此，依据社会关系来定义成功将会对动机产生积极影响。

结果型目标的设置：一位滑雪选手的败落

经过多年努力后，戴夫成为了美国滑雪队的一员。他总是为自己设置结果型目标：成为本地俱乐部的最快滑雪选手、赢得地区比赛、击败对手、成为国家级选手。遗憾的是，他在世界杯巡回赛的比赛一开始就不顺。他曾想成为美国最快的速降滑雪运动员，并进入各次世界杯赛的前三名，但是参加比赛的优秀选手太多了，击败他们已经是不可能了。更为糟糕的是，由于戴夫的世界排名降低，（在比赛路线被之前的选手瓜分后）他在小组赛中的排名落后很多，进入前三名已经完全不可能。

戴夫因为失败而变得更加沮丧，动机也因此减弱了。他不再期望比赛，他滑雪有时会失控，他的目标降为能够完成就可以了。在整个巡回赛中，他都抱着这个目标，以至于他在整个比赛中的名次落后很多。戴夫将表现差归咎于滑雪蜡和装备问题。戴夫未意识到，问题出在他的结果型目标取向上，结果型目标取向的确曾帮助他赢得了一些低水平的比赛（在这些比赛中他容易获胜），但是现在，结果型目标取向导致他自信心降低、自我怀疑、动机减弱。

能力不变型和能力增加型目标观点

Elliott 与 Dweck（1988）、Dweck（1999）以及 Elliott（1999）认为，与任务及结果型目标一样，成就行为方式也可以通过参与者对自身能力的看法来说明。上述研究发现，持**能力不变观点**的参与者的取向是结果型目标取向，他们认为自身能力是固定的，无法通过努力改变；而持**能力可增长观点**的参与者的取向是任务型目标取向，他们认为自身能力是可以通过勤奋和努力来改变的。研究显示，持能力不变观点的体育活动参与者会呈现不适应的动机方式（如：消极的自我思考和感觉；Li & Lee，2004）。Jowett 和 Spray（2013）还发现，尽管英国优秀的田径运动员均认为天赋对自己的出色表现起着很大作用，但是他们仍持能力增长的观点。他们认为，运动员的总能力是可以发展的，不是固定的，自身能力可以增强。对自身能力的看法受下列因素的影响：教育培养、从初级向高级运动的转变、受训和比赛时的动机环境、教练、在运动领域首次取得的成功。

接近型成就目标和避免型成就目标

成就目标理论的另一部分与目标的接近及避免相关（Elliott，1999）。研究人员认为，在竞争时，人们除了具有结果型目标取向或征服型目标取向外，还具有下列取向：接近型目标取向，运动员或受训者专注于争取优秀（如：努力锻炼的目的是渴望自己看上去很好或表现出色），或者避免型目标取向，运动员或受训者专注于避免不优秀（如：努力锻炼的目的是不想自己看上去很差或者表现糟糕）。因此，一个人可能是任务型、接近型目标取向者（如："我希望打破自己的最佳赛跑成绩"），任务型、避免型目标取向者（如："我不想比自己的最佳赛跑成绩差"），结果型、接近型目标取向者（如："我希望赢得比赛、击败她"）或结果型、避免型目标取向者（如："我不希望输给她"）。最近的研究显示，（任务型与结果型的）接近型目标取向与大学生的体育活动水平正向关联（Lochbaum，Podlog，Litchfield，Surles，& Hillard，2013）。其他研究也显示，接近型目标取向和避免型目标取向与体育活动动机相关（Moreno，Gonzales-Cutre，Scilica，& Spray，2010；Nien & Duda，2008；Wang，Liu，Lochbaum，& Stevenson，2009）。该研究建议运动与训练领域执教人员着眼于接近型目标取向，不要强调避免型目标取向。

动机氛围的重要性

最近几年，运动心理学家开展了下列研究：目标取向和能力感如何交互作用、影响体育活动参与者的动机，以及社会氛围如何影响一个人的目标取向和动机水平（Duda，2005；Ntoumanis & Biddle，1999）。例如，部分心理学家认为，成就背景下的社会氛围在多个方面大不相同。这些方面包括：学习者需要完成的任务、学生与教师之间的权威模式、认可体系、学生能力分组、评价程序、活动完成时限（Ames，1992）等。

研究发现，在任务型目标取向的动机氛围下，行为方式多是适应性的，如：态度积极、更加努力、有效的学习策略。而在结果型目标取向的动机氛围下，行为方式多是不适应性的，如：没有毅力、不够努力、将失败归因于能力（低）（Ntoumanis & Biddle，1999）。

研究人员最重要的发现是，动机氛围会影响成就目标参与者的类型：任务取向动机氛围与任务型目标相关，而结果取向动机氛围与结果型目标相关（Duda & Hall，2001）。因此，教练、教师和训练导师可以通过创建心理氛围来增强动机，并在此方面发挥重要作用。

能力动机理论

用来说明成就行为差异（尤其是孩童时期差异）的最后一项理论是**能力动机理论**（Weiss & Chaumeton，1992；Weiss & Ambrose，2008）。能力动机理论以发展心理学家Susan Harter（1988）的著作为基础。该理论认为，人们的动力来源于自我价值感或能力感，而价值感或能力感是动机的主要决定因素。能力动机理论还认为，运动员的控制感（感觉自己能否学习、展示技能）、自我价值和能力评价共同影响着运动员的动机。但是，这些感觉不会直接影响动机。它们会影响情感或情绪状态（如：喜好、焦虑、自豪、羞愧），而情感或情绪状态进而会影响动机。我们还应认识到，一个人在不同领域（如：学术领域、体育领域、社会领域）的能力是不同的。

例如，一位年轻的足球运动员自尊程度高，自认能力强（能够学习、展示足球技能），那么，他为比赛付出的努力会增加，或增强其乐趣、自豪感和快乐感。这些积极的情感状态进而会增强其动机。而与上述情况相反的例子是，一位受训者自尊程度低，自认能力差，且认为个人努力对健康的改善作用不大。那么该受训者会出现一些消极的情感反应，如：焦虑、羞愧和悲伤。这些情感反应进而会导致受训者的动机减弱。

大量研究显示了能力和动机之间的关系（Weiss，1993；Weiss & Ambrose，2008）。具体来说，来自他人的反馈与心理强化以及多种动机取向（如：目标取向、特质焦虑）会影响一个人的自尊、能力和控制感觉。Wong和Bridges（1995）通过对108位年轻足球运动

成就动机引导提示

- 思考个人与情境因素交互作用对成就行为的影响。
- 强调任务型或掌控型目标，忽视结果型目标。营造掌控型动机氛围。
- 监测、修改归因反馈。
- 评价、更正参与者的不当归因。
- 帮助参与者了解何时与他人比较、何时专注于自我提高。
- 增强能力感和控制感。

员及其教练的调查检验了上述观点。研究人员测量了能力感、控制感、特质焦虑、动机以及各种教练行为。如你可能猜到的，研究人员发现，特质焦虑和教练行为预示着运动员的能力感和控制感，进而会影响运动员的动机水平。因此，年轻运动员的能力感和控制感是其能否不懈追求成功的重要决定因素。因此，增强能力感和控制感应成为训练与运动领域专业人士的首要目标。

成就动机理论的提示

为比较这四项理论对成就动机的解释，表 3.2 总结了各项理论预测的主要内容，这些内容包括：高成就者和低成就者在动机取向和归因方面的差异，二者选择的目标，二者的能力感与控制感，二者选择的任务以及二者的表现。下一节，我们来了解一个人的成就动机与竞争心是如何形成的。

表 3.2　成就动机理论的提示

	高成就者	低成就者
动机取向	取得成功的动机强 避免失败的动机弱 关注成功带来的自豪感	取得成功的动机弱 避免失败的动机强 关注失败带来的羞愧感和焦虑感
归因	将成功归因于自己可以控制的稳定的内部因素 将失败归因于自己无法控制的不稳定的外部因素	将成功归因于自己无法控制的不稳定的外部因素 将失败归因于自己可以控制的稳定的内部因素
努力目标	通常为能力增长型或任务型目标 目标性质通常为接近型目标	通常为能力不变型或结果型目标 目标性质通常为避免型目标
能力感和控制感	能力感强，认为成就可控	能力感弱，认为成就不可控
任务选择	积极应对挑战、选择难度适中的竞争对手或任务	避免挑战、选择极难或极易的竞争对手或任务
表现	在评价情境下表现好	在评价情境下表现差

成就动机和竞争心的形成

成就动机是后天习得的吗？孩童的成就趋向是何时形成的？运动与训练专家能否影响、激励孩童取得特定成就？

一般认为，成就动机与竞争心的形成包括三个阶段（Scanlan，1988；Veroff，1969）。这三个阶段是连续的。也就是说，在进入下一个阶段之前，必须经历上一个阶段（图 3.7）。大家不会在同一年龄进入第三个阶段，每个人进入各个阶段时的年龄可能会大不相同。这三个阶段包括：

1. 自我比较阶段。此阶段一般发生在 4 岁以前，幼儿的主要目标是熟悉环境并自我检测。例如，布兰登是一位学龄前儿童，他学骑自行车的动力很强，但是他丝毫不在乎他的姐姐艾琳比他骑得好，他主要是和自己比较。
2. 社会比较阶段。社会比较阶段通常开始于 5 岁左右，儿童专注于将自己的表现与他人直接进行比较。他们似乎总是在问："谁更快、谁更大、谁更聪明、谁更强壮？"。
3. 综合比较阶段。综合比较阶段包括社会比较和自我成就策略两部分。完全掌控此阶段的人知道：何时应与他人竞争并进行比较、何时应与自身标准进行比较。此阶段综合了此前的两个阶段，是最理想的阶段。这一阶段没有典型进入年龄。

区分各阶段的重要性

认识成就动机与竞争心的发展阶段，有助于我们进一步了解我们的工作对象（尤其是孩童）的行为。这样一来，当一个学龄前儿童对竞争不感兴趣，或者当四五年级的学生每天想着竞争时，我们便不会感到奇怪。无论是学

图 3.7　成就动机形成的三个阶段

龄前儿童，还是四五年级的学生，最终都会形成综合的成就取向。因此，教师应当适时教导孩子们何时应与他人竞争并进行比较，何时不应与他人竞争并进行比较。

成就动机的影响阶段

一个人所处的社会环境对其成就动机与竞争心的形成有重要影响。在营造积极或消极动机氛围方面，重要他人起着重要作用。父母、教师和教练的影响尤其大。教师和教练直接或间接地营造着动机氛围。他们将任务或比赛定义为竞争性的或协作性的，按特定方式将孩子们分组（如：通过公开进行社会比较、公开招募的方式选拔队员），对任务或结果型目标给予不同程度的重视（Ames，1987；Roberts，1993）。

作为专业人士，我们在营造能够增强参与者成就动机的氛围方面，起着重要作用。例如，Treasure 和 Roberts（1995）曾对一个青少年足球体育班开展研究。他们创建了任务动机氛围和结果动机氛围，然后将这些青少年随机安排到任务动机氛围或结果动机氛围中。在这些青少年进入相应动机氛围 10 次后，他们发现，进入任务动机氛围的青少年，要比进入结果动机氛围的青少年更加努力、满意度更高、更喜欢挑战性任务。在另一项研究中，Gershgoren 等人（2011）随机抽取了 10 名青少年运动员，并将这些青少年及其父母安排到了不同的父母反馈环境中，以了解父母反馈对这些运动员在点球任务中的目标取向及表现的影响。结果显示，如果运动员从父母那里得到的反馈是任务取向型反馈，那么运动员感受到的动机氛围也是任务取向型氛围。因此，在进行比赛时，他们的动机取向是任务型取向，而非自我取向。Pensgaard 和 Roberts（2000）也进行了相关研究，他们考查了动机氛围和奥运会足球运动员压力之间的关系，并发现任务取向型动机氛围有助于减小压力。因此，父母、教师和教练营造的动机氛围会影响成就动机及其他重要心理状态（如：压力）。

将成就动机用于专业实践

我们已深入了解成就动机与竞争心的相关因素，以及成就动机与竞争心的形成和它们对心理状态的影响，现在我们可以将所学知识用于专业实践中。为进一步巩固所学知识，现在我们向大家提供几种方法，大家可以通过这几种方法来帮助自己的工作对象。

认识成就动机的交互作用因素

现在，我们已知道个人因素和情境因素的交互作用影响着学生、运动员或受训者的动机。我们应注意哪些可以指导实践的事项？从根本上讲，我们应该评估：

- 参与者成就动机的各个阶段
- 他们的目标取向
- 他们对自身表现给出的典型原因
- 他们努力接近或避免的情境

我们以下面两位运动员为例。乔斯在比赛时表现良好，他喜欢应对挑战，会设定任务型、接近型目标，他将成功归因于稳定的内部因素，如能力。他还持能力可增长观点，认为

教练必须了解其运动员的动机。用以激励该运动员的策略可能完全不同于激励其队友时所用的策略。

通过努力可以取得成就。上述行为对运动员来说都是有益的，因此，乔斯极有可能是高成就者。而菲力克会避免实力相当的对手，喜欢极端的竞争情境（即成功或失败几乎注定了的情境），重视结果型目标，比赛时会紧张，将失败归因于自己能力低（或者将成功归因于不稳定的外部因素，如：运气）。菲力克还持能力不变观点，认为人的能力是固定的，无论通过什么方法都无法发展。上述情况说明菲力克的行为是不适应性成就行为，需要你的指导。

菲力克的情形甚至有可能是**习得性无助**。在此种情形下，人们会认为自身所为不会影响自己渴望的任务结果或能力（Dweck，1980）。换句话说，具有习得性无助感的人认为失败是注定的，自己对失败结果无能为力。他们对失败进行的归因可能是无用的，且认为自己什么事都做不好（请参见“习得性无助案例”）。

强调任务型目标

我们可以通过多种方法来避免参与者的不适应性成就趋向，或者纠正其习得性无助状态。以下为最重要的策略之一：帮助参与者设置任务型目标、忽略结果型目标。全社会对运动员的结果和学生的成绩都非常重视，因此忽略结果型目标并非总是一件容易的事。幸运的是，运动与训练心理学家对目标设置已经有了详尽的了解（请参见第 15 章）。

强调接近型目标

应当向学生、运动员或受训者强调任务型、接近型目标。不要强调避免型目标，如果学生、运动员或受训者的目标趋向避免型，应尽量调整。

监测、修改归因反馈

除了需要忽略结果型目标，强调任务型目标外，在进行反馈时，还应谨慎进行归因。教师、教练或训练导师在进行反馈时，通常会在不知不觉间通过归因传递敏感而影响巨大的信息。与此类似，成人给予孩童的反馈会影响后者对表现成功的解释及其未来动机（Biddle et al.，2001；Horn，1987）。例如，一位体育老师在排球指导场合向一位孩童进行了下列反馈：

> 你击球的方式不正确。再弯一下膝盖，用你的前臂去触球。多试几下，多多练习，你就会了。

习得性无助案例

乔尼是一名五年级学生，目前在罗斯顿女士的第二期体育班学习。乔尼不是很有天赋，但是他可以通过努力来改善这一点。但是，在对乔尼进行观察和逐步了解之后，罗斯顿发现一个问题：乔尼有很多习得性无助行为特征。

- 乔尼很少尝试新技能，他通常会站在队伍的后面。
- 如果乔尼真的尝试了一项新技能，在他首次尝试失败后，他会问自己：既然不擅长运动，为什么还要试？
- 他对首次失败的反应是窘困、努力程度降低。
- 他认为自己的运动能力很差，以至于他想尽快逃离体育馆。

乔尼具有习得性行为的所有特征。对于习得性无助，罗斯顿并不陌生，因为她在大学体育心理学及教育学课上经常接触这一术语。罗斯顿知道习得性无助不是一种人格缺陷，它不是乔尼的过错。结果型目标取向，不适应性成就趋向，此前负面的体育活动体验，将表现归因于无法控制的稳定因素（尤其是能力差）都会导致习得性无助。还应注意的是，习得性无助的范围可能会有所不同：可能是在特定方面（如：学习接棒球）无助，也可能是整体方面（如：学习所有运动技能）无助。罗斯顿知道，她可以通过下列方式帮助乔尼克服习得性无助感：给予乔尼特别关注、反复强调任务型目标、忽略结果型目标。另外，还可以对乔尼进行归因培训，或者纠正乔尼的下列不当归因：将失败归因为自身能力差。克服乔尼的习得性无助感会花费罗斯顿的一些时间和精力，但是罗斯顿仍决定在本年度完成这一重要目标。

该教练不仅向年幼的运动员传递了指导信息，而且还向他传递了下列信息：他能够学会。该教练的结束语表达了下列含义：一直努力就会获得回报。试想，如果该教练向年幼的运动员进行了下列反馈，那么结果又会如何呢？

> 你击球的方式不正确。你没弯膝盖、没用前臂。不要紧，我知道你擅长的是垒球，不是排球。

尽管教练的心意是好的，但是他的信息传递了下列意思：该运动员打不好排球，因此，她不必再尝试了。当然，你也不应进行不现实的归因（例如，告知一位受训者继续努力其身材就会像模特一样，而实际情况是该受训者的身材不可能像模特一样）。相反，你应通过强调个人改善来强调任务型目标，然后将归因与个人目标相联系（例如，你可以表示，“坦率地讲，你的身材不可能像米兰达·可儿那样。但是经过不懈努力，你看上去会比现在好很多”）。

如果你的工作对象是孩子，仅在如下情况下将其失败归因于其努力程度不够是可行的：孩子们相信自己具备了最终完成任务所需的技能（Horn，1987）。例如，如果吉米自认自己完全不适合打篮球，而你告诉他：只是因为他没试，所以他没学会运球。这不会增强他的成就动机，最终只会增强其能力不足感。如果儿童不到 9 岁，那么不应将其失败归因于努力程度不够，除非你已令其相信：他们已经具备完成任务所需的技能。

执教人员归因反馈指南

应当

- 在学生或客户失败时，强调多努力练习的必要性。而且，将归因与个人目标及能力相关联。
- 在学生或客户成功时，将成功归因于个人能力。
- 在学生或客户成功时，将成功归因于不懈努力。

不应

- 在学生或客户失败时，将原因归结为能力低，表示不太可能实现个人改善。
- 在学生或客户成功时，将成功归因于运气。
- 在学生或客户成功时，将成功归因于任务容易。
- 进行虚假的或错误的归因，无论在何种情况下。

评价、更正不当归因

我们需要监测、更正参与者针对自身所做的不当归因或不适应性归因。很多失败的参与者（尤其是具有习得性无助情形的参与者）会将其失败归因为自身能力低，而且会说“我真是糟透了”、“我根本做不好，为什么还要试。”而且他们认为，自身能力是无法发展的。在课堂上为孩子们授课时，应当告诉他们，失败通常是因为努力程度不够，而非能力低，这样可在一定程度上避免孩童在真正失败后降低努力程度；此策略比获得真正的成功更有效（Dweck，1975）！归因训练着眼于营造成功后的积极情绪与期望、避免失败后的低能归因。事实证明，归因训练在运动与体育领域是有效的（Biddle et al.，2001）。如果你听到学生或客户对自身成功进行了不正确的归因，如：“那是因为运气好”，你应纠正他们，并指出：是坚持不懈的练习而非运气造就了成功。应特别注意的是，如果你听到参与者将失败归因为低能力，你应进行纠正。应当帮助参与者将心态从“我真是糟透了，我为什么还要试，我永远不会成功”改变为“如果我能够按照教练所说的不懈努力，我就会成功”。你应确保参与者的归因能够增强其成就动机与努力程度，这是你的重要责任。

> **要点** 在课堂上为孩子们授课时，应告诉他们失败通常是因为努力程度不够，而非能力低，这样可在一定程度上避免孩童在真正失败后降低努力程度。

确定应何时制订竞争性目标

你还应帮助参与者判定何时应进行竞争、何时应着眼于自身改善。社会竞争有时是必要的（如：为了成立运动团队或者获得进入优秀大学的资格）。但是，与他人竞争有时会产生不良后果。例如，如果一位篮球运动员非常擅长投篮，你不会鼓励其队友与该篮球运动员展开竞争——不要将球传给该篮球运动员。或者，在一位心脏病患者康复期间，你也不会鼓励其超负荷训练，以便成为康复队伍里最快的慢跑者。

因此，你需要培养参与者的判断力。通过讨论，您能够帮助学生、运动员或受训者形成此方面的良好判断能力。整个社会都很看重社会评价和竞争性结果，因此，你需要努力进行平衡——强调任务（而非结果）取向。若要平衡参与者的目标取向，仅与其进行一两次谈话是不够的。要想参与者在何时竞争方面形成良好判断力，执教人员与参与者需要坚持不懈的努力。

> **要点**　坚持使用成就动机策略。

增强能力感和控制感

增强能力感和控制感是培养体育活动参与者（尤其是儿童）成就动机的重要方式（Weiss，1993）。你可以通过下列方式来增强参与者能力感和控制感：使练习和比赛有趣、专注于成就、开展参与者技能比赛。通过对参与者进行正确反馈和心理强化以及帮助参与者制订个人挑战目标，执教人员可以增强参与者能力感（请参见第 6 章和第 15 章）。最大限度地提高所有参与者的参与度，可以大大增强参与者的能力感。另外，第 14 章还介绍了其他能力感增强方式。

学　习　助　手

总结

1. **定义动机及其各要素。**

   动机可以定义为努力方向和努力程度。努力方向是指一个人是否会找到、接近或被吸引到某一特定情境。努力程度是指一个人在某种情境下付出了多少努力。

2. **说明主要动机观点以及这些观点是否有用。**

   动机观点主要有以下三种：特质激励观点、情境激励观点和交互作用激励观点。在指导专业实践方面，参与者和情境交互作用激励的观点最有帮助。

3. **详细说明有效的动机培养原则。**

   动机的交互作用观点引申出了五项基本原则，这五项原则可以有效指导实践。第一，应明白，参与者由内在特质和情境共同激励。第二，应了解参与者的参与动机。第三，应营造能够满足参与者需求的情境。第四，教师、教练和训练导师应了解其在动机环境方面的重要作用。第五，应利用行为矫正方法来修正参与者的不良动机。你还应从现实的角度了解动机，应认识到，其他与动机无关的因素也会影响运动表现与行为，应学会评估动机因素是否会立即发生变化。

4. **定义成就动机和竞争心，并说明它们之所以重要的原因。**

   成就动机是指一个人完成任务、取得优异成绩、克服困难、超越他人、因展现才能而荣耀的动力。竞争心是指一个人在存在评价者的情况下将自己与优秀标准比较时力求满意的倾向。这些概念很重要，因为它们有助于我们理解下列问题：为什么有些人获得成功的动机很强，而有些人获得成功的动机很弱。

5. **比较、对比几种成就动机理论。**

   成就动机理论包括成就需求理论、归因理论、成就目标理论和能力动机理论。

这些理论均说明，高成就者和低成就者在以下方面存在不同：动机、所选希望获评的任务、比赛期间付出的努力、毅力和表现。高成就者通常会制订任务型、接近型目标，能力感和控制感强。他们将成功归因于稳定的内部因素，如能力强；将失败归因于不稳定的可控因素，如努力程度不够。他们认为个人能力是可以发展的。而低成就者能力感和控制感通常较弱，经常根据结果型目标来判断自身价值，注重避免型目标，将成功归因于运气或任务简单（不可控的外部因素）。他们通常会将失败归因于能力低（稳定的内部因素）。低成就者认为能力是不可发展的。

6. **说明如何培养成就动机。**

　　成就动机及其在运动领域的对应要素——竞争心的发展阶段包括：自我比较阶段（个体着眼于对环境的掌控）、社会比较阶段（个体与他人进行比较）和综合比较阶段（个体着眼于自我改善和社会比较）。个体的目标是进入自我比较阶段和综合比较阶段，应知道何时适合与他人进行竞争、比较，何时适合进行自我比较。

7. **用成就动机的基本原则指导实践。**

　　父母、教师和教练对儿童成就动机的影响很大，他们可以营造动机增强环境，可以避免参与者出现习得性无助感。为实现上述目标，父母、教师或教练应当：①认识到交互作用因素对成就动机的影响；②强调任务型目标、忽略结果型目标；③监测参与者的归因，并进行正确的归因反馈；④指导参与者进行正确归因；⑤与参与者讨论何时应与他人进行竞争、比较，何时应进行自我比较；⑥增强参与者的能力感和控制感。

复习题

1. 解释动机方向和动机程度。
2. 说明三种动机观点。应通过何种观点来指导实践？
3. 说明可以指导专业实践的五项动机原则。
4. 人们参与运动的主要动机是什么？人们参与训练活动的主要动机是什么？
5. 成就动机以何种方式影响参与者行为？
6. 说明并区别四种成就动机理论。
7. 什么是归因？为什么归因对理解运动与训练领域的成就动机非常重要？
8. 区分结果型（竞争型）和任务型（掌控型）目标取向。在运动、体育和训练领域，最应重视何种取向？为什么？
9. 说明成就动机和竞争心的三个发展阶段。为什么这三个阶段非常重要？
10. 说明教师或教练的归因反馈会对参与者的成就动机造成何种影响。什么是习得性无助？为什么应关注习得性无助？

深入思考

1. 列出至少三种有助于进一步理解运动与体育活动参与动机的方式。
2. 制订一项能够消除参与者习得性无助感的方案。说明你会如何培养合适的动机氛围。

第 4 章

觉醒、压力和焦虑

学习完本章后，您将能：

1. 说明压力和焦虑的性质（它们的定义以及如何测量它们）；
2. 确定焦虑和压力的主要来源；
3. 说明觉醒、焦虑相关的情绪为什么会影响表现，以及这些情绪如何影响表现；
4. 比较、对比觉醒、压力与焦虑管理方式。

在棒球比赛最后一局的下半场中，杰森需要在两人出局、两人在垒上的情况下击球。如果击中此球，他的团队将会赢得本地区冠军，如果未能击中此球，他的团队将会输掉本赛季这场规模最大的棒球比赛。杰森进入了击球区，他心脏砰砰直跳，无法集中注意力。他在想，如果赢了，对他的团队意味着什么；如果输了，别人会怎么看他。杰森将鞋钉使劲蹬入泥土中，紧紧握着球棒，祈祷了一下，等待着首发球。

如果你参加过体育运动，你可能也曾和杰森一样，体验过不断攀升的觉醒和焦虑。针对竞技比赛的输赢意义，利物浦足球俱乐部的前经理 Bill Shankly 曾说过：

> 有人认为足球比赛的输赢关乎生死，我不这么看。我认为，足球比赛的内涵远超过上述含义。

在军事和应急服务领域，压力是非常真实的。在这些领域，生死可能的确取决于一个人的决定、应对能力和最终表现（Janelle & Hatfield，2008）。而竞技运动（尤其是高水平的竞技运动）的成败还可能导致另一种极端情绪——焦虑。历史上很多运动员在压力下表现非常出色（请参见第 11 章），也有一些运动员在压力下表现很差（请参见第 16 章）。在运动心理学领域，比赛焦虑与表现之间的关系无疑是最常见的讨论主题之一（Hanton，Nei，& Mellalieu，2008，2011）。运动与训练心理学家一直在研究与体育比赛相关的觉醒、压力和焦虑及其影响。众多健康护理专家也在研究定期训练对生理和心理的益处。定期训练会减轻压力吗？严重焦虑患者是否可以通过高强度有氧训练来治疗，从而减少药物使用？一个恐惧下水的人在学习游泳时会感受到哪些压力？教师应如何减轻此种焦虑？

定义觉醒和焦虑

很多人认为，觉醒、压力和焦虑这三个术语可以通用，但是运动与训练心理学家认为应将其区分开来使用，这很重要。心理学家在进行研究时，会确保用语准确，以便减少混淆，降低通过大量文字澄清术语的需求。

觉醒

觉醒是一个人的生理活动与心理活动组合，是指一个人在特定时刻的激励强度。觉醒强度是一个变化的连续体（图 4.1），从完全未觉醒（如：深度睡眠）发展为完全觉醒（如：极度激动；Gould，Greenleaf，& Krane，2002）。一个人在高度觉醒时，心理和生理均会处于激活状态，他们的心跳加快、呼吸加快、出汗增多。觉醒有时候和高兴的事情相关，有时候和不高兴的事情相关。在听到自己中了 1000 万时，你可能会高度觉醒；在听到爱人去世时，你也可能会高度觉醒。

> **要点**　觉醒是生理和心理的综合激活，是一个变化的连续体，从深度睡眠变化为极度激动。

焦虑

一般说来，**焦虑**是一种紧张、忧虑、不安的负面情绪状态，通常伴随着身体激活或觉醒。（尽管焦虑被认为是一种负面的或不愉快的情绪状态，但是它不一定会对表现造成负面影响，这一点本章将会在稍后讨论。）在运动领域，焦虑是指“在压力下完成任务时的

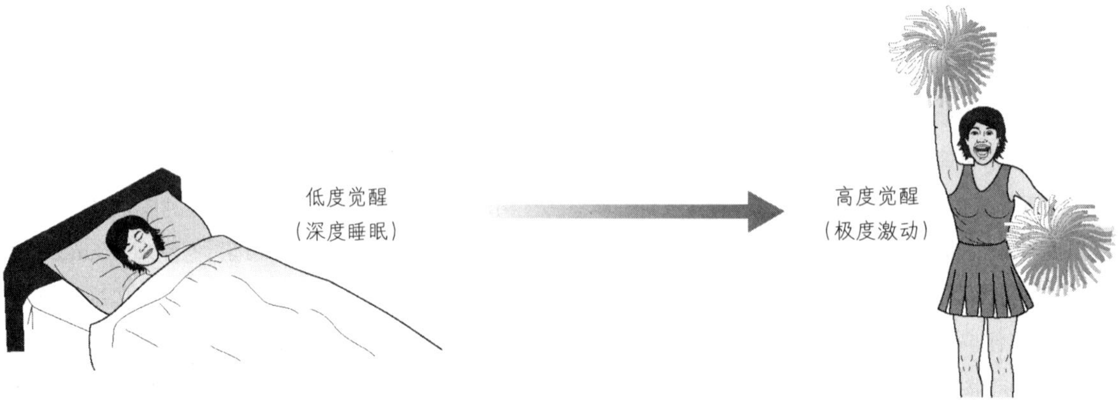

图 4.1　觉醒连续体

表现引发的压力感导致的不愉快的心理状态”（Cheng，Hardy，& Markland，2009，p. 271）。焦虑有思想层面的焦虑——认知焦虑（如：忧虑、不安），也有生理方面的焦虑——身体焦虑（感受到的身体激活程度）。我们除了需要区分认知焦虑和身体焦虑外，还需要区分状态焦虑和特质焦虑。

> **要点**　焦虑是一种紧张、忧虑和不安的负面情绪状态，伴随着身体的激活或觉醒。

状态焦虑

有时，我们将焦虑当作一种稳定的人格特征，而有时，我们会用其来描述一种变化的心态。**状态焦虑**是指不断变化的心态。它的标准定义为“一种与自主神经系统的激活或觉醒相随或相关的主观有意识的不安和紧张”的情绪状态（Spielberger，1966，p. 17）。例如，在进行篮球比赛时，一位运动员的焦虑程度可能会不断变化。在跳球开始之前，她的紧张程度可能会稍微增大（感觉有点紧张、注意到自己的心跳），在进入比赛状态时，她的紧张程度可能会减小，而当比分接近且临近终场时，她的紧张程度可能会非常大（感到非常紧张、感觉到心跳加速）。

认知状态焦虑与一个人的忧虑程度或思维负面程度相关，而**身体状态焦虑**与一个人感知到的生理活性的瞬息变化相关。身体状态焦虑不是指生理活性的真正变化，而是指感知到的生理活性变化。最近的研究表明，**感知控制**（一个人利用资源和能力应对挑战的自信程度）是状态焦虑的一个重要组成部分（Cheng，Hardy，& Markland，2009）。

> **要点**　状态焦虑是一种暂时且不断变化、与自主神经系统的激活相关的主观有意识的不安与紧张情绪状态。

特质焦虑

与状态焦虑不同，**特质焦虑**是人格的一部分，是影响一个人行为的习得性趋向或倾向。具体来说，特质焦虑会促使一个人将众多客观上不会真正带来生理或心理威胁的情境感知为威胁情境。在上述情境下，具有特质焦虑的人会表现出与客观危险不相匹配的焦虑反应或水平（Spielberger，1966，p. 17）。

例如，两个体育技能相当的前锋在相同压力下（例如，在比赛接近尾声时需要一脚踢进制胜球），可能会因为人格（特质焦虑程度）不同，展现出完全不同的状态焦虑。里克是一个心态平和（特质焦虑程度低）的人，没有将一脚踢进制胜球看作一件非常具有威胁性的事情。因此，在上述情境下，他的状态焦虑程度可能不会高于大家的预期。而泰德的特质焦虑程度高，因此，他将一脚踢进（或错失——以他的观点）制胜球看作一件非常具有威胁性的事情。他的状态焦虑程度很高，大大超出了大家的预期。

特质焦虑和状态焦虑一样，包括多个部分。例如，业内广泛应用的一种测量方法——最初由 Smith、Smoll 和 Schutz（1990）设计的《运动焦虑量表》（后又更新、扩展应用至青少年运动员，即运动焦虑量表 2，SAS-2；Smith，Smoll，Cum-ming，& Grossbard，2006）就详细列出了特质焦虑的三个部分及其总分数。这三个部分包括身体特质焦虑［一个人通常对突出生理征兆（如：肌肉紧张）的感知程度]、认知特质焦虑（一个人通常的忧虑或自我怀疑程度）和分心程度（一个人在比赛期间注意力通常不集中的程度）。请参见图4.2，概要了解觉醒、特质焦虑和状态焦虑之间的相互关系。

> **要点**　特质焦虑是一种将客观上可能不具威胁性的情境看作威胁性情境，并表现出过高程度的状态焦虑的行为倾向。在竞争高度激烈的评价性情境下，特质焦虑程度高的人通常会比特质焦虑程度低的人更焦虑。

测量觉醒和焦虑

运动与训练心理学家通过各种生理方式以及心理方法来测量觉醒、状态焦虑和特质焦虑。在测量觉醒时，他们会观察下列生理指征的变化：心率、呼吸、皮肤电传导（通过电压表记录）和生物化学（评估儿茶酚胺等物质的变化）。心理学家还通过一系列陈述语句（如："我能感觉到心跳"、"我感觉精力充沛"）和数值量表来了解人们对自己觉醒水平的评价。这些量表被称为觉醒与焦虑**自陈式测量方法**。

在测量状态焦虑时，心理学家会同时使用全局自陈式测量方法和多维自陈式测量方法。使用全局自陈式测量方法时，受试者需要使用**自陈式量表**（由低到高）来评价自己的焦虑程度。然后，测量人员会将各单项的分数加在一起，得出一个总分数。多维自陈式测量方法的使用方式和全局自陈式测量方法差不多，但是，受试者需要再次使用自陈式量表（由低到高）来评价自己的忧虑程度（认知状态焦虑）和自己感觉到的生理激活程度（身体状态焦虑）。将代表各类状态焦虑的各项分数加在一起，便可算出认知状态焦虑分量表和身体状态焦虑分量表的分数。为

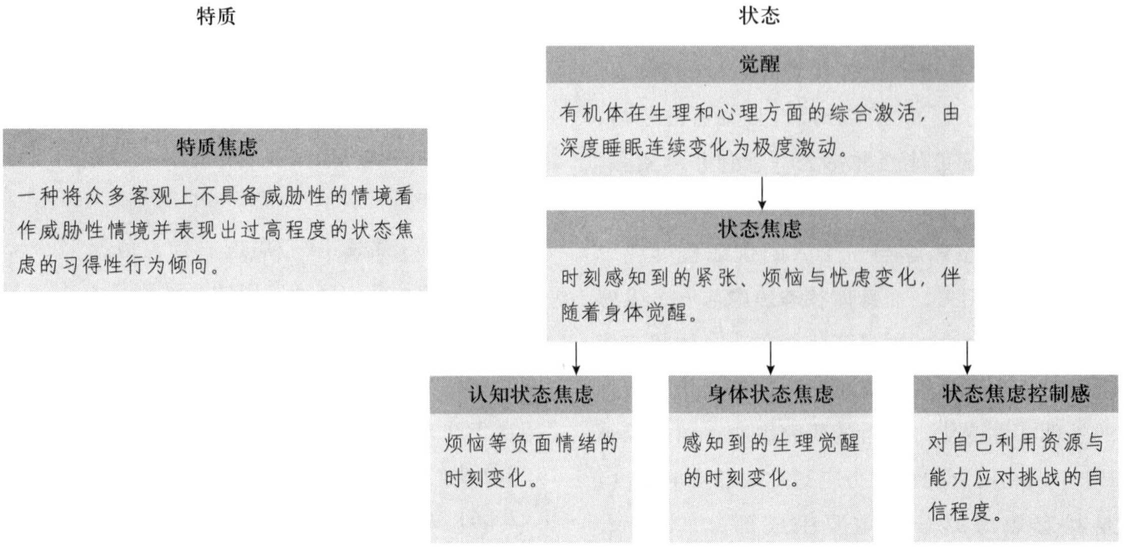

图 4.2　觉醒、特质焦虑和状态焦虑之间的相互关系

情绪和运动及训练心理状态

尽管本章的重点内容是觉醒和焦虑，但应注意的是，很多运动与训练心理学家已着手研究运动员和受训者的各种情绪。例如，第 17 章将说明参加体育活动对众多参与者情绪（如：沮丧、焦虑和愉快）的影响。而本章稍后将会讨论觉醒与焦虑情绪对运动员表现的影响。想象一下下列情境：在参与自己喜爱的运动时，如果出现失误，你会感到很沮丧，而如果表现出色，你会感到很开心；在进行训练之后，你的焦虑感会减轻，在面对挑战时，你不会再像以前那么恐惧。在运动与训练领域，情绪无处不在。在研究情绪时，运动心理学家面临的挑战之一是如何定义它们以及如何将它们与相关现象（如：心境）区分开来。Gill 和 Williams（2008）指出，情绪是综合现象，是一个人“在面对特定事件时出现的短暂的情感状态”。情绪既包括生理方面的，也包括心理方面的，展现为一个过程，而非静态的、不连贯的事件。

对于心境，Jones（2012）认为，心境是一种更为持久的状态，没有激烈的情绪表现；情绪出现时，一个人并不了解其情感根源。

尽管心境和情绪存在上述差别，但是二者的界限通常是模糊的，尤其是在一个人分不清因特定事件而触发的情感和已成为潜在心境的一部分而表现出来的情感时。

本领域的重要研究人员，心理学家 Richard Lazarus（2000）将情绪定义为“一个人因其与环境的当前关系（通常是但并非总是人际关系或社会关系）而出现的系统性的心理生理反应”，它通常与主观经验、显著行为或冲动行事、生理变化相关。最后应注意的是，情绪可能是积极的（如：愉快），也可能是消极的（如：羞愧）。常见情绪包括生气、焦虑、害怕、内疚、羞愧、悲伤、嫉妒、羡慕、愉快、自豪、安心、希望、爱慕、感激和同情（Lazarus，2000）。本书后文将说明上述哪些情绪会影响运动与体育活动参与度，以及运动与体育活动参与度会对这些情绪产生哪些影响。

有效预测运动比赛领域的状态焦虑，研究人员还制订出了用以测量运动领域状态焦虑的量表。如《比赛状态焦虑量表 -2》（CSAI-2）（Martens，Vealey，& Burton，1990）就已被广泛使用。

心理学家还利用全局自陈式测量方法和多维自陈式测量方法来测量特质焦虑。特质焦虑测量方式与状态焦虑测量方式相同；但是，进行特质焦虑测量时，受试者需要评价其日常焦虑感受，而非此时此刻的焦虑感受。研究人员还制订出了运动领域的特质焦虑量表，例如前文提到的 SAS-2（Smith et al.，2006）。为深入了解运动领域感知状态焦虑、身体状态焦虑和特质焦虑之间的差别，读者可以自行完成 CSAI-2 和 SAS-2 自陈式量表中的问题范例。

一个人的特质焦虑程度与其状态焦虑程度有着直接关系。研究结果不断显示，在竞争激烈的评价情境中，特质焦虑测量结果分数高的人，其状态焦虑程度也高。但是，这种关系并不是绝对的。一个特质焦虑程度高的运动员可能对某种情境有着非常丰富的经验，因此，他不会将该情境看作威胁性情境，也未出现高程度的状态焦虑。同样地，某些特质焦虑程度高的人会学习一些应对技巧来帮助自己降低评价情境下的状态焦虑程度。一般来讲，了解一个人的特质焦虑程度通常仍会有助于预测其在比赛、评估和威胁性情境中的反应。

比赛状态焦虑量表 -2

运动员曾通过下列陈述语句来描述其比赛之前的感受。为完成本练习，请想一下你之前曾参加过的某一场比赛。阅读各项语句，然后圈中语句右侧最符合你当时感受的描述所对应的数字。答案不分对错。不要花太长时间琢磨某一句话，只需选中最能说明你当时感受的答案。

陈述语句	根本不	稍微有点	适度	非常
1. 我担心本次比赛。	1	2	3	4
2. 我感到焦虑。	1	2	3	4
3. 我感觉轻松。	1	2	3	4
4. 我自我怀疑。	1	2	3	4
5. 我紧张不安。	1	2	3	4
6. 我感觉舒适。	1	2	3	4
7. 我担心自己不能正常发挥。	1	2	3	4
8. 我的身体感到紧张。	1	2	3	4
9. 我自信。	1	2	3	4

运动焦虑量表 -2：特质焦虑测量

运动员曾通过下列陈述语句来描述其在比赛期间的想法和感受。阅读各项语句，然后圈出语句右侧最符合你在赛前或赛中通常感受的描述所对应的数字。某些运动员认为不应该承认自己的紧张或忧虑，但实际上，这些反应是非常正常的，即便对于专业运动员亦是如此。为了我们能够进一步了解比赛反应，请你提供真实答案。答案不分对错。不要花太长时间琢磨某一句话。

陈述语句	根本不	稍微有点	适度	非常
1. 我的身体感到紧张。	1	2	3	4
2. 我担心自己表现很糟糕。	1	2	3	4
3. 比赛期间我无法清晰地思考。	1	2	3	4
4. 我心烦意乱。	1	2	3	4
5. 我难以将注意力集中在比赛上。	1	2	3	4
6. 我担心自己让大家失望。	1	2	3	4

关于焦虑的更为复杂的情况是，坊间数据和研究结果（Butt，Weinberg，& Horn，2003）显示，焦虑在比赛期间会发生波动。例如，我们经常会听到橄榄球运动员反映，他们在比赛开始之前会非常焦虑。但是，在开出第一球之后，他们会平静下来。（有趣的是，在比赛开

始之后，身体焦虑程度会迅速下降，但是认知焦虑程度在整个比赛期间会不断变化。）一些足球运动员也反映，他们在整个比赛期间都未感到焦虑，但是当比赛接近尾声或他们需要执行点球时，他们的焦虑程度会突然增到极高。未来研究者要评估焦虑的上述变化，尽管比赛期间进行此种测量较难。通过回顾来测量焦虑变化是一种可行的办法。研究显示，运动员能够有效评价其赛后状态焦虑程度（Hanin & Syrja，1996）。例如，在比赛结束后的一个小时内，运动员可以答出其在比赛期间各个时段的感受。

定义压力、了解压力过程

压力是指“在（生理和 / 或心理）需求未获满足会导致严重后果的情况下，需求与响应能力之间的重大失衡”（McGrath，1970，p. 20）。压力是会导致特定结果的过程或一系列事件。根据 McGrath 提出的简易模型，压力包括 4 个相互关联的阶段：环境需求、需求感、压力响应和行为后果。在此我们简要说明这 4 个阶段。

> **要点** 如果生理与心理需求未获满足会导致严重后果，且需求与响应能力之间存在重大失衡，压力就会产生。

第一阶段：环境需求

在压力过程的第一阶段，某种需求会施加给个体。这种需求可能是生理的（如：一位体育生需要在全班同学面前展示其新学的排球技能），也可能是心理的（如：父母向年轻的运动员施压、希望其赢得比赛）。

第二阶段：需求感

压力过程的第二阶段是个体对生理或心理需求的感受。人们对需求的感受可能完全不同。例如，对于需要在全班同学面前展示新学的排球技能，两位八年级学生的感受会完全不同。玛雅喜欢站在全班同学面前，得到全班同学的关注，而伊莎可能会感到威胁。也就是说，伊莎感觉（在全班同学面前展示技能的）需求和她满足该需求的能力之间存在失衡。而玛雅未感到此种失衡，或者，不认为展示技能是一件具有威胁性的事情。

一个人的特质焦虑程度会大大影响其对这个世界的认知。与特质焦虑程度低的人相比，特质焦虑程度高的人会将更多情境（尤其是评价性、竞争性情境）看作威胁性情境。因此，特质焦虑会对压力过程的第二阶段产生重要影响。

第三阶段：压力响应

压力过程的第三阶段是个体对感知情境的生理与心理响应。如果需求与自身响应能力之间的失衡感令一个人感到了威胁，则此人的状态焦虑程度会升高，忧虑（认知状态焦虑）和 / 或生理活性（身体状态焦虑）也会相应增强。状态焦虑增强还会引发其他反应，如：专注度降低、肌肉紧张度增大。

第四阶段：行为后果

压力过程的第四阶段是个体在压力下的实际行为。如果一位排球专业的学生感到其能力与需求之间存在失衡，并由此感到状态焦虑程度升高，那么他在比赛时的表现是否会变差？或是在状态焦虑程度升高之后，该学生的努力程度会增强，因此，他在比赛中的表现反而会变好？

压力过程的最后一个阶段会回馈至第一个阶段。例如，一位学生感受到过大威胁，他在全班同学面前的表现很差，其他孩子嘲笑他，就会形成负面社会评价；这一负面社会评价会增强环境施予这位学生的需求（第1阶段）。然后，压力过程将会形成一个永不停息的循环（图4.3）。

实践意义

压力过程与实践的关系重大。例如，根据某企业人事经理的要求，一位健康专家需要制订一份员工压力管理计划。该专家可以在第一阶段了解员工需要解决的需求问题（例如：增加的工作量、不切实际的工作进度安排、忙乱的出差时间表）。在第二阶段，专家可以通过分析了解谁体验或感受到的压力最大（例如：某一部门的员工、某个岗位的员工或者具有特定人格倾向的员工）。在第三阶段，专家可以了解员工在压力增大时的反应：身体状态焦虑、认知状态焦虑或注意力（专注度）问题。在第四阶段，健康专家可以了解员工压力增大的行为后果，如：旷工率升高、生产力下降、工作满意度下降。在摸清这一压力循环之后，健康专家可以将努力目标设定为减轻压力。她可能会向人事经理建议体育活动（适合在第三阶段开展）或者其他压力管理方式（如：时间管理研讨会、重新安排工作进度）。由于健康专家深入了解了压力的产生原因和压力后果，因此她能够制订出更加有效的压力管理计划。

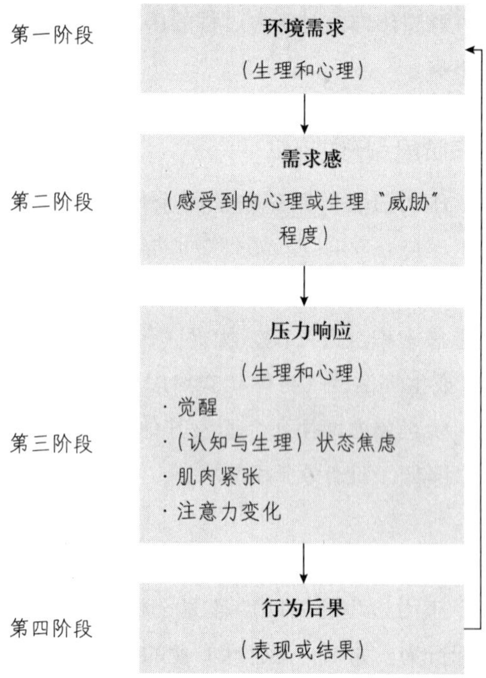

图4.3　四个阶段的压力过程

确定压力和焦虑来源

压力的来源有成千上万种。训练心理学家发现，无论是重大人生事件（如：工作变动或亲人离世）还是日常琐事（如：汽车故障或同事关系恶化）都会造成压力，影响身体与心理健康（Berger，Pargman，& Weinberg，2007）。对于运动员来说，压力来源包括表现问题（如：担心自己不能正常发挥、怀疑自己的能力、队员选拔）、环境问题（如：费用、出差和培训所需时间）、组织问题（如：教练的领导与沟通）、人身危险、团队的不良人际关系、与运动无关的关系或创伤性体验（如：亲人离世或不良人际关系）（Dunn & Syrotuik，2003；Noblet & Gifford，2002；Woodman &

Hardy，2001a）。McKay 等人（2008）最近指出，运动员的核心压力或紧张来源包括担心比赛、表现压力、生活方式需求和不良人际关系。Gould 等人（1997a）还发现，受伤的优秀运动员还有下列压力来源：心理（如：担忧、希望和梦想破灭）、身体、医疗或康复、费用、职业、失去运动场外的机会（如：无法与队友一起访问其他国家）。

研究人员还考查了教练的压力来源，其中包括：与运动员的沟通、招募新成员、角色众多、无法控制运动员的表现（Frey，2007）。裁判员的压力来源包括：有争议的裁决、与教练的对抗、与其他裁判员共事困难、人身侮辱（Dorsch & Paskevich，2007；Voight，2009）等。来自父母的压力（尤其是对于年轻运动员来说）是一种传统的压力来源，尽管最近的研究显示，产生感知压力的氛围可以改变其影响（O'Rourke，Smith，Smoll，& Cumming，2011）。具体来说，在强烈的自我动机氛围（即：专注于结果的氛围）中，如果压力增大，焦虑感也会增大，而在强烈的任务型动机氛围（即：专注于自我改善的氛围）中，如果压力增大，焦虑感会减小。运动与体育活动参与者的众多压力来源均可以归入情境与人格共同决定的大类。

压力的情境来源

压力的常见情境来源有两种，分别是事件或比赛的重要性和事件结果的不确定性（Martens，1987b）。

事件重要性

一般来说，事件越重要，压力越大。因此，冠军赛的压力要比常规赛大，如同高考压力比模拟考试大一样。例如，研究人员观察了少年棒球联盟队队员在整个赛季期间每次击球时的表现（Lowe，1971）。研究人员记录了击球手在上场击球时的心率，观察了他们在击球预备区时的焦虑模式，以评价上场击球情境在整个比赛中的重要性（如：满垒、两人出局、最后一局、比分接近）和比赛对于赛季排名的重要性。结果发现，情境越重要，年轻运动员表现出的压力和焦虑越大。

但是，事件的重要性并非总是显而易见的。一个对大部分人来说都不重要的事件，对某个人来说可能非常重要。例如，对于一个经常获得冠军的足球队中的大部分队员来说，常规足球季赛可能不是很重要。但是，对于一个正在被大学评审员考查的队员来说，该比赛可能非常重要。因此，你需要连续评估一项活动对于参与者的重要性。

不确定性

不确定性是压力的一个重要情境来源，不确定性越大，压力越大。对于不确定性，我们通常无能为力。例如，两个势均力敌的团队在一起比赛时，不确定性极大，但是我们几乎不能也不应对此做些什么。毕竟，运动的实质就是将两个势均力敌的队员或团队放在一起进行较量。但是，有时候，教师、教练或运动医疗专家会增加一些不必要的不确定性，原因是未告知参与者相关事项，例如：首发阵容、如何在学习高风险身体技能（如：体操跳马）时避免伤害、严重运动创伤康复时的期望等。培训师、教师和教练应了解自己可能会通过哪些方式在不知不觉间增加参与者的心理不确定性感受，并注意避免。

不确定性不限于运动场或运动馆。运动员或受训者的压力也可能来源于生活中的不确定性。例如，一项针对澳大利亚橄榄球队员展开的研究显示，运动员的压力主要来源于下列不确定性：职业生涯、职业生涯结束后的未来、再定位、工作还是不工作（Noblet & Gifford，2002）。因此，教师、教练和培训师应当明白，客户或运动员的压力中的不确定性可能来源于多个方面。

> **要点**　事件越重要，压力越大。一个人对结果的不确定性越大，或者对他人的感受与评价越重视，这个人的状态焦虑与压力也越大。

压力的个人来源

某些人会认为，特定情境很重要、不确定性很高，他们的焦虑程度就会比其他人高。以下两种人格倾向与状态焦虑增强有很大关系：高特质焦虑和低自尊（Scanlan，1986）。在训练领域，还有第三种焦虑：社会性体形焦虑。

特质焦虑

如前文所述，特质焦虑是促使一个人将比赛与社会评价的威胁性看重或看轻的人格因素。与特质焦虑程度低的人相比，特质焦虑程度高的人感受到的比赛威胁性更高，因此，他的状态焦虑程度也就越高。研究显示，实际上，特质焦虑程度高的个体存在认知偏见。在相同情境下，特质焦虑程度高的人捕获的威胁性信息要比特质焦虑程度低的人多。

自尊

自尊也与威胁感和状态焦虑的相应变化相关。例如，与自尊高的运动员相比，自尊低的运动员的自信程度低、状态焦虑程度高。增强自信是降低一个人状态焦虑程度的重要方式。

> **要点**　特质焦虑程度高、自尊低会增强运动员的状态焦虑程度。

社会性体形焦虑

社会性体形焦虑是一种人格倾向，即“一个人在他人关注自己体形时的焦虑程度”（Hart，Leary，& Rejeski，1989）。它反映了一个人在他人评价自己体形时的焦虑与不安倾向（Eklund，Kelley，& Wilson，1997）。与没有社会性体形焦虑的人相比，有社会性体形焦虑的人在他人评价体形时的压力更大、与之相关的负面思想更多。研究还发现，社会性体形焦虑与训练行为、体能感（Hausenblas，Brewer，& Van Raalte，2004）之间存在着负向关系。社会性体形焦虑与需求满意度、体育活动动机和行为相关（Brunet & Sabiston，2009）。因此，社会性体形焦虑程度高的人可能会避免健美场所、抑制自己的参与动机，因为他们担心他人对自己体形的评价。女性比男性更容易产生社会性体形焦虑，因为当今文化非常看重身材与女性吸引力（Roper，2012）。一项鼓舞人心的研究结果发现，体育活动介入可以减缓参与者的社会性体形焦虑（Hausenblas et al.，2004）。例如，你可以通过下列方式来减缓参与者的社会性体形焦虑：请他们在训练时穿着暴露程度低的短裤和T恤，不

运动领域流行的统一着装是否会降低一个人参与体育活动的热情？是否会导致焦虑？

要穿紧身衣裤，以此来提高他们的体育活动参与意愿（Crawford & Eklund，1994）。

觉醒和焦虑与表现相关

运动与训练心理学家最热衷研究的关系之一是觉醒、焦虑以及情绪与表现之间的（正向或负向）关系。当我们的神经感到要受伤或失控时，我们会立即认可这一点。但是，生理觉醒和心理觉醒究竟是通过何种方式来令某些人受益而令另外一些人受损呢？这与我们在某一下午的表现有何关系呢？我们能否注意到焦虑程度的变化及其影响？

运动与训练心理学家研究焦虑与表现之间的关系已有几十年。虽然尚未得出决定性的结论，但是他们确定了一些有益的理论。这些理论有助于参与者保持积极心态，表现更好。大约60年前，研究人员开始关注驱动理论，这一理论后来在20世纪60年代和70年代被用于解释社会促进理论。在过去25年间，心理学家发现倒U假设更有说服力；而且在最近，他们还提出了一些变化理论和新假设，例如：最佳功能区概念、多维焦虑理论、溃败现象、逆转理论、焦虑方向与程度观点。下文将简要介绍上述各种观点和理论。

驱动理论

心理学家认为，觉醒和表现之间是直接的线性关系（Spence & Spence，1966）。此观点被称为**驱动理论**。此观点认为，当一个人的觉醒程度或状态焦虑程度增强时，他的表现也会变好，即运动员越积极，他的表现就越好。

当然，大部分运动员也记得自己的下列情境：觉醒过度、焦虑过度，最后表现糟糕。支持驱动理论观点的人不多（Mellalieu，Hanton，& Fletcher，2006）。

你可能还记得社会促进理论——我们在第 1 章例举的理论。Zajonc（1965）通过随机方式观察到，参与者有时在观众面前表现好，有时在观众面前表现差。在参与者执行熟悉或简单任务时，观众在场对参与者的表现有积极作用，但是，当参与者执行不熟悉或复杂任务时，观众在场对参与者的表现有消极作用。Zajonc 的**社会促进理论**认为，观众增强了参与者的觉醒程度。但是观众在参与者执行不熟悉的困难任务时，不利于参与者的表现；而在参与者执行熟悉任务时，有利于参与者的表现。

> **要点**　社会促进理论认为，他人在场在参与者执行熟悉或简单的任务时，有利于参与者的表现；而在参与者执行不熟悉或复杂的任务时，会抑制或不利于参与者的表现。

观众无须为了社会促进作用而在场。从广义上讲，社会促进理论是指他人在场对参与者表现（包括协作，即两人同时表现）的影响。Zajonc（1965）通过这一理论说明，他人在场会增强参与者的觉醒程度，而觉醒增强会增强或引发参与者的主要反应（最可能的表现方式）。当参与者执行熟悉或简单的技能时，主要反应是正确的（表现良好），也就是说，觉醒增强有利于表现。当参与者执行复杂或不熟悉的技能（如：高尔夫初学者学打高尔夫球）时，他人在场会增强参与者的觉醒程度，引发的主要反应通常不正确（表现差）。

也就是说，在参与者处于学习情境下时，你需要尽可能地减少观众和评价者。例如，在你教授一套体操动作时，你可能不希望年轻的运动员太早暴露在观众面前。在学习环境下，你应消除或降低观众与协作者的影响，尽量使参与者自由觉醒。但是，当参与者执行熟悉或简单的任务时，你可能希望观众前来观看。尽管驱动理论和社会促进理论说明了观众在参与者学习新技能时，对参与者表现的不利影响，但是这两种理论未详细说明在参与者表现熟悉技能时，观众对参与者表现的影响。这两种理论认为，随着觉醒程度的增强，参与者的表现会呈直线上升。如果这是事实，那么技能精湛的运动员无论在何种高压情境下都应该表现良好。而实际情况并非如此，在紧要关头，运动员会表现出焦虑、不良心理阻滞情况，对于优秀运动员来说也是如此。因此，我们只能得出下列结论：在运动员表现熟练技能时，在场观众有时会改善运动员的表现，有时会抑制运动员的表现。通过下一项观点（即将介绍），你会进一步理解觉醒或焦虑增强对运动员熟练技能表现的影响。可参见“主场优势：虚构还是事实”说明了运动心理研究人员对主场优势的研究结果，阐述了观众影响以及焦虑与表现之间的关系。

倒 U 假设

由于对驱动理论不满意，大部分运动心理学家转而投向倒 U 假设，通过倒 U 假设来解释觉醒状态和表现之间的关系（Landers & Arent，2010）。**倒 U 假设**认为，受训者或运动员在觉醒程度较低时，表现低于一般水平（图 4.4）。此时，他们的状态不够积极、活跃。随着觉醒程度的增强，他们的表现会越来越好，

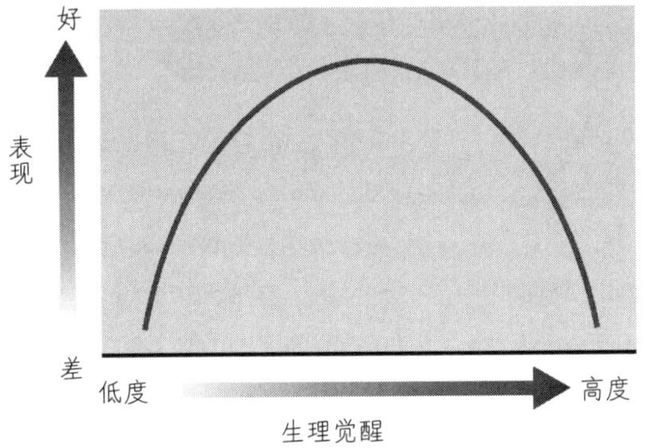

图 4.4　倒 U 说明了觉醒和表现之间的关系

当觉醒程度达到最佳点时，他们的表现最好。但是，随着觉醒程度的进一步增强，他们的表现会越来越差。此观点可以通过倒 U 来表示，说明受训者或运动员在觉醒程度达到最佳点时，表现也会达到最佳；在觉醒程度高于或低于最佳点时，表现会变差。

大部分运动员与教练都接受了倒 U 假设的一般概念。毕竟，大部分人都曾经历过低度觉醒、最佳觉醒和高度觉醒。但是，最近的研究结果却显示，倒 U 假设仅适用于相对简单的任务（Landers & Arent，2010）。倒 U 假设受到了质疑（Gould & Udry，1994；Mellalieu et al.，2006）。针对觉醒曲线的形状，质疑者提出了下列问题：最佳觉醒时刻是否总是出现在觉醒曲线的中点处？而且还提出了下列问题：觉醒自身的性质是什么？实际上，倒 U 假设已经给了我们很多启示，但是现在，我们需要更加清楚的解释。因此，运动心理学家开始探索其他观点，以便更加清楚地了解觉醒与表现之间的关系。

个性化的最佳功能区

俄罗斯著名运动心理学家 Yuri Hanin 提出了其他观点：**个性化最佳功能区**。Hanin（1980，1986，1997）发现，顶级运动员有最佳状态焦虑区，在此区域内，他们的表现最好；在此区域外，他们的表现会差。

Hanin 的个性化最佳功能区观点与倒 U 假设存在两点重要不同。第一，个性化最佳功能区观点认为，状态焦虑的最佳水平并非总是出现在连续体的中点，而是因人而异。也就是说，有些运动员的最佳功能区出现在连续体的下段，有些出现在连续体的中段，而有些人出现在连续体的上段（图 4.5）。第二，个性化最佳功能区观点认为，状态焦虑的最佳水平不是一个点，而是一个范围。因此，教练和教师应当帮助参与者找到并达到其特定的状态焦虑最佳功能区。有些人支持个性化最佳功能区的观点，但是也有些人提出了质疑，认为此观点未能说明焦虑的个性化程度为什么会有利于或不利于表现（Woodman & Hardy，2001b）。

个性化最佳功能区模型得到了研究文献的有力支持（如：Gould & Tuffey，1996；Hanin，2007）。此外，Hanin（1997，2000，2007）还扩展了个性化最佳功能区概念（不再限于焦虑），说明了最佳功能区是如何利用各种情绪及其他心理生物状态（如：果断、愉悦、怠惰）的。他认为，运动员要想达到最佳表现，不仅状态焦虑需要达到个性化最佳水平，其他情绪也需要达到个性化最佳水平。个性化最佳功能区观点还认为，有利于表现的情绪有积极的（如：自信、兴奋）、消极的（如：害怕、焦虑），不利于表现的情绪也有积极的（如：平静、舒适）、消极的（如：紧张、恼怒）。这一观点发展很重要，因为它认识到了特定情绪（如：生气）对一个人的表现可能起到积极作用，而对

主场优势：虚构还是事实

观众影响运动员表现的方式之一是支持、鼓励主队。实际上，在很多比赛中，各个团队在整个赛季力争最佳，以便取得决赛时的主场优势。主场获胜的概率的确比客场大吗？

研究显示，主场获胜的概率的确大。在橄榄球与棒球比赛中的主场优势相对较小，但是在篮球和曲棍球比赛中的相当大。与开放式室外场馆相比，室内场馆更具私密性，因此篮球和曲棍球比赛的队员离球迷更近，这种封闭式场馆内球迷的行为和声音能够增强主队队员的表现。此外，篮球和曲棍球比赛的连续性更容易带动观众情绪，转而在一定程度上激励、鼓舞主队队员。观众的喧哗与情绪迸发（如：向裁判员或对方教练喝倒彩）程度说明了观众参与度。

尽管有证据显示主场在常规赛中有优势，但另外一些研究发现，这一优势可能会在决赛或冠军赛中消失，甚至可能会变成主场劣势。例如，Baumeister和Steinhilber（1984）在一项针对1924年至1982年间世界棒球系列赛的研究中发现，至少有5场比赛的系列赛，有60%的主队在前两场比赛中获胜，而在后两场比赛中获胜的主队只占40%。在26场系列赛中，只有38%的主队在第七场决赛中获胜。为了检测上述结果的普遍性，研究人员对职业篮球赛进行了类似分析。结果发现，在前四场比赛中获胜的主队占70%。但是，在第五场和第六场比赛中获胜的主队下降到了46%，而在第七场决赛中获胜的主队只有38%。

由此可见，在比赛越来越重要、压力程度越来越大时，主场优势就变成了主场劣势。研究人员将比赛的统计数据汇集到了一起，以了解上述情况的产生过程和原因。在棒球和篮球比赛中，客队在整个系列赛中的表现都相当稳定。但是，当比赛越来越重要时，主队的表现急剧下降，在棒球比赛中，出现更多错误；在篮球比赛中，罚球命中率降低。实际上，主队队员从其球迷身上汲取的已不再是激励，而是压力。此种压力造成了队员不良心理阻滞。研究人员认为，支持的观众有成功的期盼，而此种期盼会增强运动员的自我意识，致使运动员考虑太多，而不再将注意力放在顺畅地比赛和表现上，即便是对于技能精湛的运动员来讲也是如此。

但是，近年来，篮球比赛主队的成功率发生了变化。具体来说，在1984年至1994年间的NBA决赛中，主队连续18次在第七场决赛中获胜。此外，在NBA总决赛的第七场比赛中，主队有15场获胜，仅3场失败。这可能是因为教练和运动员已经意识到关键比赛中的巨大压力，因此，他们降低了自我意识，将球迷压力转化为动力，最终获得成功。

因此，通过上述研究结果，我们可以得出如下结论：

- 在常规赛中，无论是职业团队运动还是业余团队运动，主场优势都是明确的。近100年来的实例证明如此。
- 主场优势不分团队运动还是个人运动，也不分男性运动员还是女性运动员。
- 研究人员认为决赛时存在主场劣势，但是运动领域对此看法不一。团体动力学的重要研究人员Carron、Hausenblas和Eys（2005）认为，冠军赛主场劣势尚无定论。但是，他们注意到，非运动领域的研究人员也支持参与者在冠军赛中会因自我意识而出现不良心理阻滞的观点。
- 进入决赛的运动员应当制订并落实完善的焦虑应对策略，以防负面关注影响比赛表现。

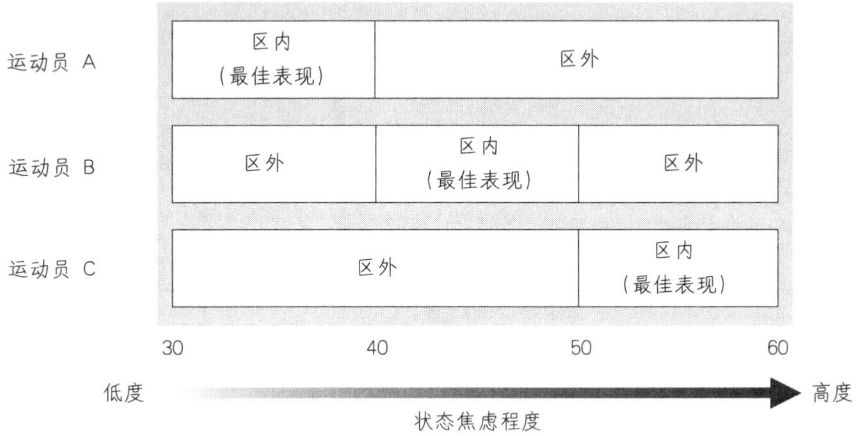

图 4.5　个性化最佳功能区（IZOF）

另外一个人的表现可能起到消极作用。个性化最佳功能区模型的重要指导意义在于，教练应当帮助每一位运动员找到其达到最佳表现所需的积极与消极情绪“配方”。

> **要点**　一个人的最佳功能区可能位于状态焦虑连续体的下段、中段或上段。

多维焦虑理论

Hanin 的个性化最佳功能区假设未能解答下列问题：状态焦虑的各部分（身体焦虑和认知焦虑）是否以相同方式影响着运动员表现？一般认为，状态焦虑的各部分以不同方式影响着运动员的表现，也就是说，生理觉醒（身体状态焦虑）和忧虑（认知状态焦虑）对运动员的表现有着不同影响。例如，你的心率（心跳）以及不断出现的负面心理预期可能会以不同方式影响你的表现。

多维焦虑理论认为，认知状态焦虑（忧虑）不利于表现，也就是说，认知状态焦虑增强时，表现会变差。但是，该理论认为，身体状态焦虑（生理表现）与运动员的表现之间存在倒 U 关系，也就是说，当身体状态焦虑达到最佳水平时，运动员的表现会达到最佳水平，而当身体状态焦虑超过最佳水平时，运动员的表现会变差。研究显示，两种焦虑的确以不同方式影响着运动员的表现，但是多维焦虑理论仍未获得广泛支持（Arent & Landers，2003；Gould，Greenleaf，& Krane，2002；Mellalieu，Hanton，& Fletcher，2006）。该理论缺少支持的原因之一在于它的下列观点：认知焦虑对表现的不利影响是绝对的。如本章开始部分所说，认知焦虑（以及身体焦虑）对表现的影响似乎是由参与者对焦虑的解释，而非焦虑程度与类型决定的（Jones & Swain，1992）。正因如此，支持多维焦虑理论的人很少，该理论也很少用于实践指导。

溃败现象

Hardy 的溃败观点解答了另一个令人困惑的问题。根据 Hardy 的模型，表现取决于觉醒和认知焦虑之间的复杂互动（Hardy，1990，

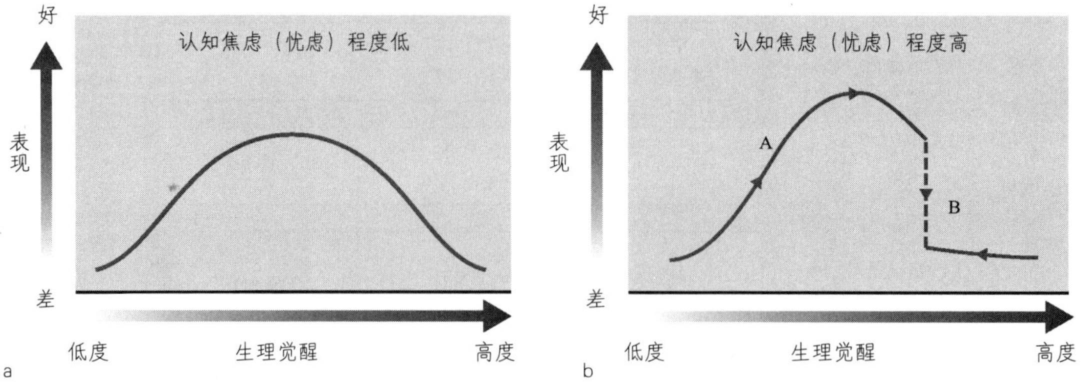

图 4.6　溃败理论预测：（a）在认知状态焦虑程度低时觉醒与表现之间的关系；（b）在认知状态焦虑程度高时觉醒与表现之间的关系

1996）。**溃败模型**显示，生理觉醒与表现之间的关系呈倒 U 形，但是此倒 U 形关系仅适用于运动员未焦虑或者其认知状态焦虑程度很低的情况下（图 4.6a）。但是，如果认知焦虑（如：运动员的忧虑）程度很高，那么觉醒程度在某一时刻增强到最佳觉醒点之后的最近阈值时，表现会快速下降，然后会发生溃败（图 4.6b）。因此，生理觉醒（如：身体焦虑）对表现的影响可能会明显不同，具体取决于认知焦虑程度。此外，如果运动员高度忧虑，在觉醒过度之后，表现会急剧下降，然后就会发生溃败。这一预测与倒 U 假设的（稳定下降）预测不同，预测的恢复时间也比倒 U 假设长。

溃败模型显示：运动员的忧虑程度很低时，觉醒或身体焦虑的增强与运动员表现之间的关系呈倒 U 形；当运动员的忧虑程度很高时，觉醒增强会促使运动员表现达到最佳点，但是，当觉醒进一步增强时，表现会突然或陡然下降。当运动员的忧虑程度很低时，觉醒与运动员的表现之间呈传统的倒 U 形。但是，整体表现不会像忧虑程度很高时那样显著提升。最后应注意的是，如果运动员的忧虑程度很高，而他的自信程度也很高，那么运动员能够在到达表现突然变差的那一点之前，化解进一步觉醒造成的不利影响。

图 4.6b 显示，当运动员认知焦虑程度很高时，随着生理觉醒的增强，其表现也会越来越出色，直到觉醒程度达到最佳点为止（曲线中被标为 A 的部分）。在超过最佳点之后，运动员表现会骤降，跌落至低水准（曲线中被标为 B 的部分）。一旦运动员进入曲线的 B 部分，他应当大幅度降低其生理觉醒程度，之后才有可能恢复到此前的表现水平。据此，溃败模型指出，表现突降之后，运动员必须：①完全放松身体；②通过控制或消除忧虑、重获自信感与控制感来重建认知；③以可控方式重新激活或唤醒自己，以便再次达到最佳功能区。完成以上各项并非易事。因此可以说，从表现剧降的情况中快速恢复是非常困难的。

最后应说明的是，图 4.6 显示，运动员在认知焦虑程度很高的情况下的绝对表现水准实际上是高于其在认知焦虑程度很低情况下的表现水准的。这表明，认知焦虑或忧虑对表现来说并非总是不利或有害。事实上，此模型显示，如果生理觉醒程度不高，适当焦虑会有利于表现（适当压力会促使运动员更加努力、集中注意力，从而促使运动员占有一定优势）。仅在忧虑程度很高，而且生理觉醒程度也很高时，运动员表现才会变差。

尽管部分学者支持溃败理论，但是，从科学角度验证这一理论是非常困难的（Hardy，1996；Woodman & Hardy，2001b），因此它缺乏有力的证据支持（Mellalieu，Hanton，& Fletcher，2006）。尽管如此，你仍然能够从这一理论获得重要启示并将之用于实践。也就是说：运动员要想实现最佳表现，仅生理觉醒达到最佳程度是不够的，运动员还应管理或控制认知状态焦虑（忧虑）。

逆转理论

逆转理论（Kerr，1985，1997）认为，觉醒对表现的影响主要取决于一个人对其觉醒程度的理解。琼可能会将高度觉醒理解为令人愉悦的兴奋，而简可能会将高度觉醒理解为令人讨厌的焦虑。简可能会将低度觉醒视作放松；而琼可能会将低度觉醒视作倦怠。运动员对觉醒的理解会发生快速转换。运动员在某一刻可能将觉醒看作积极的，而在下一刻又将觉醒看作消极的。逆转理论认为，运动员要想实现最佳表现，应当将其觉醒视作令人愉悦的兴奋，而非令人讨厌的焦虑。

逆转理论对我们理解觉醒与表现之间的关系有两方面重要贡献。首先，逆转理论强调，在考虑觉醒与表现之间的关系时，不仅要考虑一个人对觉醒的感受程度，而且要考虑一个人对觉醒的理解。其次，该理论认为，运动员对觉醒的积极理解和消极理解会时刻转换（逆转）。逆转理论是针对觉醒与表现之间的关系提出的又一项引人注目的观点。但是，此理论基本上未获检验，因此，目前不能对此理论的科学性下定论。

> *要点* 逆转理论认为，参与者如何理解觉醒对其表现有影响。

焦虑方向与程度

多年来，大部分心理学家都认为焦虑对表现只有负面作用。但是，英国运动心理学家Jones及其同事（Jones，1995；Jones，Hanton，& Swain，1994）认为，在理解焦虑与表现之间的关系时，应当考虑个体对焦虑征状的解释，这一点很重要。人们有时会将焦虑征状视作积极的、有利于表现的因素（促进因素），有时会将焦虑征状视作消极的、不利于表现的因素（削弱因素）。为充分理解焦虑与表现之间的关系，你应当考量个体的焦虑程度（个体对焦虑的感受程度）和焦虑方向（个体将焦虑理解为表现的积极因素还是消极因素）。Jones及其同事认为，将焦虑视作促进因素，会促使表现变好，而将焦虑视作削弱因素，会促使表现变差。

Jones（1995）还提出了一个模型，用以说明**促进型焦虑**和**削弱型焦虑**的来源（图4.7）。具体来说，某些焦虑来源于环境，如：在一场国家级田径运动会决赛中赛跑。赛跑者的压力程度取决于个体因素，如：特质焦虑和自尊。但最重要的是，随压力产生的状态焦虑被视为促进因素还是削弱因素，取决于赛跑者的控制感。如果赛跑者感到可控（如：她能够应对焦虑、认为能够取得某项赛跑成绩），那

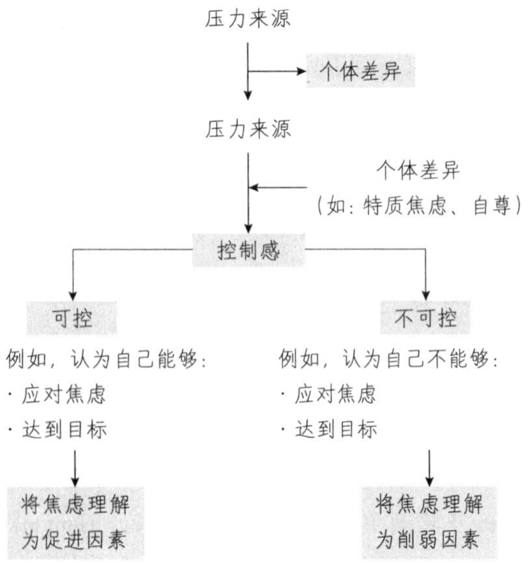

图 4.7　Jones 的促进型焦虑和削弱型焦虑模型

改编自 G. Jones，1995，"More than just a game: Research developments and issues in competitive anxiety in sport," *British Journal of Psychology* 86: 449-478. Adapted with permission from the British Psychological Society. © The British Psychological Society.

么她会将焦虑视为促进因素。但是，如果她认为自己无法取得某项赛跑成绩、无法应对压力，那么她会将焦虑视为削弱因素。

由此可见，在了解运动员将状态焦虑视作促进因素还是削弱因素时，应当考虑运动员在应对焦虑和达到目标方面的控制感，这一点很重要。

运动心理学家已发现一些证据，这些证据支持了上述焦虑理解方式和表现水准之间的关系。例如，有些体操运动员在平衡木上的优秀表现与其将认知焦虑理解为促进因素相关（Jones，Swain，& Hardy，1993）。同样地，将认知焦虑和身体焦虑视作促进因素，而非削弱因素的优秀游泳运动员也多于非优秀游泳运动员（Jones & Swain，1992）。此外，研究人员（Hanton & Jones，1999a，b；Wadey & Hanton，2008）还发现，优秀的游泳运动员能够一直将焦虑理解为促进因素，尤其会通过心理技巧（如：目标设置、表象和自我对话）来保持这种理解。实际上，参与者可以通过接受培训来有效利用焦虑征状，理性评价其在比赛期间的体验（Hanton，Thomas，& Mellalieu，2009）。

上述结果表明通过放松技巧（请参见第12章）来减轻焦虑程度并非总是可行的，但是，运动员可以通过学习一系列心理技巧来帮助自己将焦虑征状理解为促进因素。此外，Nicholls 及其同事（2012）认为，将焦虑理解为促进因素本身可能无法从根本上改进表现；能够从根本上改进表现的因素可能是积极的激励情绪。尽管此前的大部分研究仅测量了焦虑结构，但是也有一些研究同时测量了焦虑和激励。研究人员需要开展进一步研究，以评估与焦虑相伴的积极情绪（如：激励、愉快、希望、自豪）和消极情绪（如：羞愧、悲伤、内疚、生气），以确定对表现影响最大的因素。

还应注意的是，一系列个人与情境因素会影响指向性响应（Hanton，Neil，& Mellalieu，2008）。个人因素包括特质焦虑、神经质、外向性、成就动机、耐性、自信、性别、应对策略和心理技巧等。下列情境因素会影响一个人对焦虑的理解：竞赛经验、技能水平、达标情况、期望、运动类型和表现等。人们在了解运动员将焦虑理解为促进因素还是削弱因素时，考虑得最多的个体差异因素一直是技能水平。具体来说，与非优秀运动员相比，优秀运动员将焦虑征状理解为促进因素的情况多，也更自信。研究显示，这些运动员在比赛开始之前，会通过综合使用心理技巧（如：自我对话、想象和目标设置）来使思想与情感理性化，从而保持焦虑促进观和高度自信（Hanton，Neil，& Mellalieu，2011）。

总而言之，运动员对焦虑方向（促进型还是削弱型）的理解对表现有重大影响。运动员可以通过学习一些心理技巧帮助自己将焦虑理解为促进因素。之后，教练应当帮助运动员将增强的觉醒与焦虑视作振奋而非恐惧。教练还应通过增强自信和心理技巧培训帮助运动员培养控制感。

焦虑频次

与焦虑方向不同，与焦虑频次有关的运动心理学文献很少。运动员焦虑征状（尤其是被理解为削弱因素的焦虑征状）频次是焦虑响应的重要部分，对运动员表现起着重要作用，这似乎很容易理解。根据上述逻辑，Thomas、Hanton 和 Maynard（2007）证实，随着比赛临近，运动员认知焦虑和身体焦虑的出现频次会增多。上述人员在另一项研究中获得更加详细的发现：与将焦虑视作削弱因素的运动员相比，将焦虑视作促进因素的运动员在赛前出现认知焦虑的频次少，出现自信的频次多（Thomas，Maynard，& Hanton，2004）。对教练来讲，他可能不仅希望了解运动员的焦虑程度及其对焦虑的理解，可能还希望了解运动员感受焦虑的频次。例如，一位足球运动员可能很少焦虑，但是在被选择执行罚球点球任务时，他可能会焦虑。了解运动员的焦虑频次及其出现削弱型焦虑的情境，有助于教练安排运动员的比赛角色。

觉醒与表现关系的意义

有关觉醒与表现关系的观点无疑有很多，容易混淆的地方也很多。因此，我们总结一下这些观点在实践指导方面的意义，包括个性化最佳功能区观点、多维焦虑观点、溃败观点、逆转观点和焦虑方向与程度观点的指导原则（Hanton，Neil，& Mellalieu，2011；Hardy，Jones，& Gould，1996；Mellalieu，Hanton，& Fletcher，2006；Woodman & Hardy，2001b）：

1. 觉醒是多方面的，它包括生理激活和运动员对激活（如：状态焦虑、自信和促进型焦虑）的理解。要想取得最佳表现，必须帮助运动员确定上述情绪的最佳组合。此外，这些觉醒相关的情绪最佳组合极富个性化，且与具体任务相关。参加同一赛事的两位运动员的最佳情绪觉醒程度可能会不同，一个人在进行平衡木表演时的最佳情绪觉醒程度可能与其进行最大数量力量型仰卧举时的最佳情绪觉醒程度也有很大不同。
2. 觉醒和状态焦虑对表现的影响不一定是负面的。影响可能是积极的、促进型的，也可能是消极的、削弱型的，这在很大程度上取决于参与者对觉醒与焦虑变化的理解。此外，自信和控制感增强非常有助于觉醒增强为积极因素（心态良好），反之，觉醒将会成为消极因素（心态失常）。
3. 某些觉醒与情绪的最佳程度能够导致最佳表现，但是生理激活与觉醒相关的思维（忧虑）的最佳程度不一定能够导致最佳表现。

4. 溃败理论和逆转理论均认为，生理激活程度与觉醒相关思维程度之间的交互作用，似乎比单独的生理激活绝对程度或单独的觉醒相关思维绝对程度更加重要。有些人在觉醒与状态焦虑程度较低时表现最好，而有些人在觉醒与状态焦虑程度较高时表现最好。
5. 研究人员认为，最佳表现与觉醒最佳程度相关，但是质疑觉醒最佳程度位于觉醒曲线的中点处这一观点。觉醒过度可能不会引起表现缓慢、逐渐地变差；而是会导致溃败，溃败通常难以逆转。
6. 应谨慎使用振奋策略，因为运动员一旦出现溃败，很难恢复到正常表现水平。
7. 运动员应能够熟练使用自我对话、表象和目标设置技能，以便应对焦虑。运动员应相信自己可以达到表现目标。

觉醒为什么能够影响表现

了解觉醒为什么能够影响表现，有助于我们管理自己与他人的觉醒。例如，对于高尔夫球手尼克来说，如果觉醒与状态焦虑增强会增加其肌肉紧张度，那么，他可以通过逐步放松肌肉的方法来减轻其状态焦虑，从而改善表现。而对于另一位高尔夫球手沙恩来说，思维控制策略可能会更有效，因为他需要控制过度的认知状态焦虑。

至少有两种情况可以说明觉醒增强对运

觉醒与焦虑最佳程度会促成最佳表现。

动表现的影响：①肌肉紧张度增加、疲劳和协调困难；②注意力、专注度和视觉搜索模式变化。

肌肉紧张、疲劳和协调困难

很多压力大的人都反映过肌肉发酸、疼痛和不适症状。在非常重要的情境下，状态焦虑程度高的运动员可能会说："我感觉不太好"、"我的身体不听大脑使唤"、"我紧张"。上述反应都是正常的：觉醒与状态焦虑增强会增加肌肉紧张度，进而会影响一个人的协调能力。

例如，研究人员曾密切关注特质焦虑程度高的大学生和特质焦虑程度低的大学生在将网球掷向某一目标时的表现。如你可能预料的，与特质焦虑程度低的大学生相比，特质焦虑程度高的大学生的状态焦虑程度要高得多（Weinberg & Hunt，1976）。此外，监测大学生肌肉电活动的脑电图也显示，状态焦虑程度增强，会促使焦虑程度高的大学生在投掷前、投掷中和投掷后使用更多的肌肉能量。研究人员还考查了攀岩初学者在高处和低处分别横切攀登同一线路时的情况。结果发现，焦虑程度高的攀岩者在高处进行横切攀登时，其肌肉疲劳度和血乳酸浓度会增加（Pijpers，Oudejans，Holsheimer，& Bakker，2003）。上述研究显示，在压力很大的情况下，肌肉紧张度增加、疲劳和协调困难会导致学生和运动员表现变差。

要点 觉醒与状态焦虑增强会增加肌肉紧张度和疲劳度，进而会影响一个人的协调能力。

注意力、专注度和视觉搜索变化

觉醒和状态焦虑增强时，还会造成注意力、专注度和视觉搜索模式发生变化，从而影响运动表现（Janelle，2002；Williams & Elliott，1999；Wilson，2010）。首先，觉醒程度增强会缩小运动员的关注范围（Landers，Wang，& Courtet，1985）。例如，乔是一位冰球守门员，在三位对手闯入自己冰上领地时，他的关注范围既要大又要有重点。如果他的注意力完全被控球的提姆占据，未注意对方其他外围队友，那么提姆只需将冰球传给其前锋队友，便可轻松得分。在正常情况下，乔能保持最佳关注范围（图4.8a），但是，当乔觉醒程度过低时，他的关注范围会过大（图4.8b），会关注与任务相关的因素（如：对方选手）和与任务无关的因素（如：观众）。而当其觉醒与状态焦虑程度过高时，他的关注范围又会太窄，因而不会注意到整个比赛场面（图4.8c）。对此，一位焦虑问题严重的运动员曾有过下列描述："当压力增大时，我感觉自己好像在用厕纸卷内的纸轴看赛场。"从心理学角度讲，觉醒程度增强会造成关注范围变窄，对需要关注广阔外部范围的任务表现造成不利影响。

当觉醒程度增强时，选手扫视比赛环境的频率也会减少。例如，托尼是一位摔跤选手，他的觉醒与状态焦虑程度很高。他的注意力完全集中在向对手施展某一动作上，未能从视觉或动力学角度扫视对手整个身体姿势以获取潜在机会。因此，托尼因扫描频次过少而未能察觉到潜在的得分机会，从而表现变差。

觉醒与状态焦虑还会影响关注方式，进而引起注意与专注程度的变化（Nideffer，

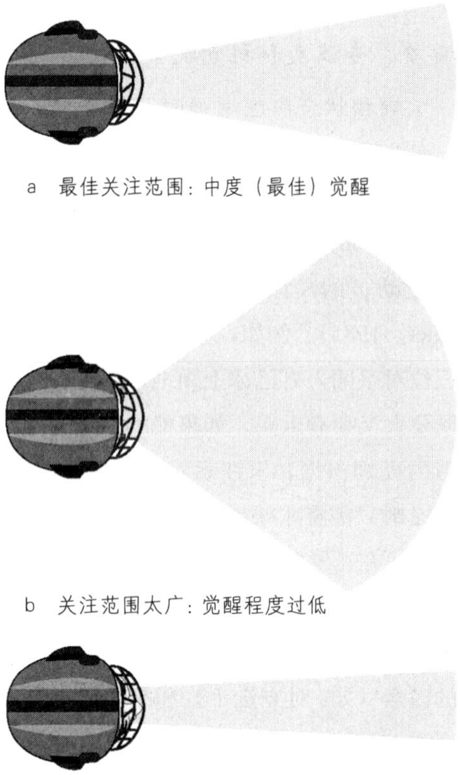

a 最佳关注范围：中度（最佳）觉醒

b 关注范围太广：觉醒程度过低

c 关注范围太窄：觉醒程度过高

图 4.8 觉醒程度增高时关注范围会变窄

1976a)。运动员必须学会将注意力转移到正确的任务因素上（请参见第 16 章）。例如，橄榄球比赛的四分卫在扫视全场以确定接球者时，他的关注范围是广阔的外部关注，但是，当他需要将球传给接球者时，他的关注范围应从广泛的外部关注转移到狭窄的外部关注。每个人都有一种主要关注方式。觉醒程度增强会促使选手的关注方式转换至主要关注方式，而这种主要关注方式可能不适合当前技能。

觉醒与状态焦虑增强还会促使运动员关注无关因素。例如，大部分运动员在展示熟练技能时，会在注意力完全集中在任务上时表现最好。他们不关注注意力集中度，而是根据自动指示表现或在“流畅区”内表现（请参见第 6 章）。遗憾的是，认知状态焦虑过度有时会促使选手“因忧虑而忧虑”、自我意识过度，从而会使选手将注意力集中在不正确的任务因素上（Beilock & Gray，2007）。这会进而影响选手的最佳专注度。此外，Hatzigeorgiadis 和 Biddle（2001）还发现，三种思维与运动员的认知干扰相关：表现忧虑、与任务无关的思维、逃避思维。

> **要点** 觉醒与状态焦虑会使一个人的关注范围变窄、环境扫视频次减少、关注方式转为主要关注方式、注意力转移到不正确的任务因素。

研究人员还发现，当选手焦虑时，他们会以不同方式识别、处理视觉因素。例如，Williams 和 Elliott（1999）在对空手道选手的研究中发现，焦虑程度增强会改变视觉搜索模式，进而影响注意力。Janelle（2002）也发现，焦虑程度增强与注视趋向和注视度的改变相关。Wilson、Vine 和 Wood（2009）开展了一项与篮球自由投篮相关的有趣研究。研究人员评估了投篮者在高度威胁性评价情境和低度威胁性评价情境下的表现，以及他们的注视（在身体活动开始之前对目标的最终注视）能力。如大家所预测的，在压力很大的情况下，投篮者的表现不好，在投篮开始前不久的“目光平和”期大大缩短。（注视时间越长越好。）这表明，焦虑会破坏投篮者的视觉注意力，进而影响其表现。但是，研究发现，目光平和培训有助于改善表现（Wilson，2010）。

最后应注意的是，处理效能理论说明了焦虑对运动表现影响的复杂性（Hill，Porter，

& Quilliam, 2013；Wilson, 2008, 2010；Woodman & Hardy, 2001b)。此理论认为，增强的焦虑会干扰工作记忆资源。从短期来看，焦虑不会对表现造成负面影响，因为运动员通过努力程度的增大弥补了焦虑造成的不足。但是，随着焦虑程度进一步增强，努力程度增强带来的益处通常无法弥补注意力变弱（处理能效低下，因焦虑增强而引起）带来的不足。由此可见，焦虑在最初会因努力程度增强而改善表现，但是，当焦虑程度过高时，努力程度的增强将不足以弥补注意能力的不足。

上述所有研究表明，焦虑增强和注意力或思维控制之间的关系，是理解觉醒与表现之间关系的关键所在。

将所学知识应用于专业实践

你可以通过理解觉醒、压力与焦虑的专业实践意义，来融合自己所学的相关知识。在用所学知识指导实践时，应注意下列五项重要原则：

1. 确定觉醒相关情绪的最佳组合，以实现最佳表现；
2. 了解个人因素与情境因素之间的互动是如何影响觉醒、焦虑和表现的；
3. 了解运动与训练参与者的觉醒与焦虑增强迹象；
4. 制订个性化的训练与指导策略；
5. 培养参与者的自信，以帮助其应对增强的压力与焦虑。

确定觉醒相关的最佳情绪

帮助运动员取得最佳表现的最有效方式之一，就是使其深刻了解觉醒相关情绪对最佳表现的影响方式（请参见第 12 章）之后，教导运动员各种心理策略（如：进行想象、制订赛前例行程序），以便其管理觉醒。

运动员可以将觉醒当作情绪温度，将觉醒管理技能当作自动调温器。运动员的目标是确定最佳表现所需的最佳情绪温度，然后学习如何通过增加（振奋）或降低（冷却）情绪温度，使自动调温器达到目标温度。例如，Rathschiag 和 Memmert（2013）在一项研究中发现，运动员可以诱导情绪；生气和愉快等情绪可以改善表现，而悲伤和焦虑等情绪会降低表现水准。

了解个人因素和情境因素之间的互动

与其他行为一样，压力与焦虑也可以通过了解个人因素和情境因素之间的互动来理

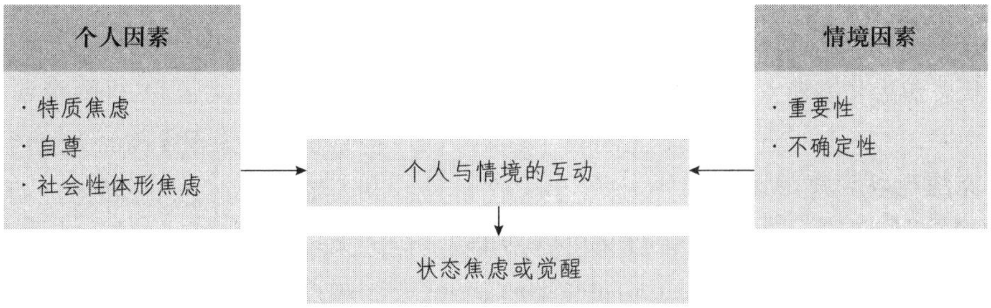

图 4.9　焦虑的因素互动模型

解、预测（图 4.9）。例如，很多人会错误地认为，特质焦虑程度低的运动员表现肯定最佳，因为他们能够达到比赛所需的最佳状态焦虑与觉醒程度，而特质焦虑程度高的运动员肯定会出现不良心理阻滞。但是，事实并非总是如此。

如果比赛不重要，且结果存在某种不确定性，如你所预测的，一位特质焦虑程度高的游泳选手的觉醒与状态焦虑可能会有某种程度的增强，并接近最佳觉醒与状态焦虑水平。而一位特质焦虑程度低的游泳选手可能会认为比赛不重要，因为她未感受到威胁性。因此，她的觉醒与状态焦虑程度会一直保持在较低水平，因而难以实现最佳表现。

如果比赛非常重要，而且结果不确定性极高，在压力极大的情况下，上述两位游泳选手的反应可能会有很大不同。特质焦虑程度高的游泳选手可能会将比赛看得过于重要，因此，他的觉醒与状态焦虑程度会极高，超过了最佳觉醒与状态焦虑程度。而特质焦虑程度低的游泳选手的状态焦虑程度也会增强，但是，由于她认为比赛和社会评价的威胁性不大，因此，她的状态焦虑与觉醒程度可能会处于最佳范围。与单独的某一组个人因素或情境因素相比，个人因素（如：自尊、社会性体形焦虑、特质焦虑）和情境因素（如：事件重要性与不确定性）之间的互动能够更加有效地预测觉醒、状态焦虑与表现。

了解觉醒与状态焦虑迹象

互动具有多项含义，这些含义可以帮助训练与运动参与者管理压力。其中最重要的含义是我们需要找到压力与焦虑正在增强的人。这并不是一件容易的事。例如，有一些教练曾错误预测了其运动员的焦虑程度。Hanson 和 Gould（1988）也发现，在四位大学越野赛教练中，只有一位教练正确理解了其运动员的状态焦虑和特质焦虑程度。即使是能够正确理解运动员焦虑程度的教练，也认为这并不是一件容易的事。教练需要不断努力，以便进一步了解运动员。

如果你熟知压力与焦虑增强时的迹象与症状，你便能够更加准确地探知一个人的焦虑程度，这些迹象与症状包括：

- 手冷、手湿
- 小便频繁
- 汗多
- 自我对话消极
- 眼神茫然
- 肌肉紧张度增加
- 心中忐忑不安
- 感觉身体不适
- 头疼
- 嘴唇起皮（干燥）
- 经常生病
- 难以入睡
- 无法集中注意力
- 总是在非比赛情境下表现好

尽管压力征状的数量或模式尚不明确，但是状态焦虑程度高的人通常会有上述几种征状。最重要的是，应留意运动员上述征状在压力大环境与压力小环境之间的变化（如：平常很积极的运动员突然变得消极）。

了解运动员感受的最佳方式之一是询问

他们，但此种方式经常被忽视！你应鼓励运动员将其感受无所顾虑地讲出来。尽量从他们的角度考虑问题，具有同理心（例如：设想一下如果你处在他们的情境、具有他们的那些经验，你将会有何感受）。这样，你便可以将特定行为模式与各种程度的压力和焦虑相关联，从而进一步理解运动员的焦虑程度。

> **要点** 要准确探查一个人的焦虑程度，需要了解压力与焦虑增强时的各种迹象与症状。

制订个性化训练策略

教师、训练导师和教练应当制订个性化的教学、锻炼与训练策略。觉醒与状态焦虑程度有时需要减弱，有时需要保持不变，而有时需要增强（请参见第 12 章）。教师或教练应当知晓需要在何时增强、减弱或维持哪一位参与者的觉醒与状态焦虑程度。

例如，如果一位学生或运动员的特质焦虑程度高、自尊低，且他需要在高度评价性环境下进行表现，那么，教师或教练最好不要再强调情境的重要性，而是应将重点放在参与者的准备工作上。一场旨在强调情境与优秀表现重要性的鼓舞士气的谈话只会增加参与者的压力，进而促使其觉醒与状态焦虑程度超过最佳程度。如果参与者的特质焦虑程度和自尊程度均属于中等，那么在相同的高度评价性情境下，最好使其保持现状。该参与者的觉醒与状态焦虑可能会增加，但不会过度。而如果参与者的特质焦虑程度很低，自尊程度又很高，那么在其进入不具威胁性的环境中进行表现之前，应当与其进行鼓舞士气的谈话，以增强其觉醒程度。

> **要点** 觉醒与状态焦虑程度有时需要减弱，有时需要保持不变，而有时需要增强。

如果学生或客户具有高度社会性体形焦虑，指导者应当鼓励这些受训者穿着不那么暴露的衣服。指导者还可以通过营造能够避免他人观察的环境，来将社会性体形评价氛围减弱至最低。

培养参与者的自信

有助于参与者控制自身压力与焦虑的最有效方法之一，即帮助参与者培养自信和控制感。高度自信者相信自己的表现能力和压力应对能力，因此，他们的状态焦虑程度也低。而即使他们感到焦虑时，他们通常会将增强的焦虑理解为促进因素，而不是削弱因素。增强自信的两项重要策略是：营造积极环境、积极看待错误和失败。（其他有效策略，请参见第 14 章。）

压力的主要来源之一是不确定性，当运动员或学生在消极环境中参加活动时，通常会产生不确定性。例如，有些教练在运动员犯错时会喋喋不休，在训练时一直大喊大叫。而在比赛时，这些教练会说，他们对运动员的能力非常有信心。在平常听了教练那么多负面反馈之后，运动员可能不会相信教练在比赛时说的话。增强自信的有效方法是营造积极的活动环境，经常真诚地鼓励运动员。这样，当运动员进入压力大的环境时，他们便能够相信自己有能力满足情境需求。

应积极、有效地面对失误，甚至是失败。一个人在犯错时，通常会沮丧，会觉醒和焦虑过度。这会导致注意力发生无意义的变化，肌肉紧张度增加，进而削弱表现。应教导参与者从有所得的角度看待错误，这对参与者会有帮助。优秀的运动心理学家会教导参与者：不要将错误看作糟糕的、有害的，而应将其看作成功的基石，如同 UCLA 传奇篮球教练 John Wooden 对其队员所教导的那样。没有哪一个参与者会对犯错感到高兴，但是犯错之后只是难过就会使错误彻底成为错误。正确的做法是保持冷静，从错误中学习，这样你至少会取得局部的胜利。将错误当作通往成功的基石——掌握此策略可减少焦虑，营造出更加富有成效的学习与表现环境。（培养自信的其他策略，请参见第 14 章。）

学　习　助　手

总结

1. **说明压力和焦虑的性质（它们的定义以及如何测量它们）。**

   压力、觉醒和焦虑的含义各不相同。压力是人们感知自身承受的生理与心理需求和自身响应能力之间存在失衡的过程。觉醒是从深度睡眠连续变化为极度激动的生理活动和心理活动的组合。焦虑是身体激活或觉醒相关的紧张、忧虑和不安的负面情绪状态。它包括认知焦虑、身体焦虑、特质焦虑和状态焦虑。

2. **确定焦虑和压力的主要来源。**

   某些情境引发的状态焦虑与觉醒比其他情境要强，如：重要且结果不确定的事件。压力也受人格倾向的影响（如：特质焦虑和自尊）。特质焦虑、自尊和社会性体形焦虑程度高的人，状态焦虑会比其他人强。

3. **说明觉醒、焦虑相关的情绪为什么会影响表现，以及这些情绪如何影响表现。**

   觉醒相关情绪（如：认知状态焦虑和身体状态焦虑）与表现相关。觉醒和焦虑会导致注意与专注发生变化、肌肉紧张度增加，进而会影响表现。在指导实践时，应当采用个性化最佳功能区、溃败模型、逆转理论和焦虑方向和焦虑程度等观念。最佳表现与最佳情绪组合相关，如果参与者未进入最佳情绪组合范围，表现不会优秀。最佳表现所需的最佳情绪组合不一定产生在觉醒与状态焦虑连续体的中点处，觉醒和表现之间的关系取决于参与者表现出的认知状态焦虑（忧虑）程度。

4. **比较、对比觉醒、压力与焦虑管理方式。**

   教师和教练在帮助学生与运动员管理觉醒与状态焦虑时，应当借助动机交互作用模型。管理压力的有效方式包括：营造积极环境、以有所得的心态面对错误和失败。此外，在管理压力时，还应遵循以下五项原则：①确定觉醒相关情绪的最佳组合，以实现最佳表现；②了解个人因素与情境因素之间的互动是如何影响觉醒、焦虑和表现的；③了解运动与训练参与者的觉醒与焦虑增强迹象；④制订个性化的训练与指导策略；⑤培养参与者的自信，以帮助其应对增强的压力与焦虑。

复习题

1. 说明觉醒、状态焦虑、特质焦虑、认知状态焦虑和身体状态焦虑的不同。
2. 说出压力的定义，并说明压力过程的四个阶段。为什么这些阶段很重要？如何利用这四个阶段来指导实践？
3. 说明两个或三个主要的情境压力与个人压力来源。
4. 什么是社会促进理论？它有何实践意义？
5. 说明下列理论对觉醒与表现之间关系的看法：
   · 驱动理论
   · 倒U假设
   · 个性化最佳功能区
   · 多维焦虑理论
   · 溃败模型
   · 逆转理论
   · 焦虑方向和焦虑程度
6. 介绍运动员状态焦虑增强的主要迹象。
7. 举出觉醒同表现之间相关关系的研究与理论中的三个实例。
8. 说明运动员能力和运动员对促进型焦虑或削弱型焦虑的理解之间的关系。
9. 运动比赛是否存在主场优势？介绍针对这一问题展开的研究。

深入思考

1. 对于需要处理压力与焦虑问题的参与者，你会制订何种个性化策略？请举例说明。
2. 说明本章理论及科研数据对专业实践的三种影响。
3. 本章以即将在压力下击球的杰森的故事开头。学完本章内容后，你觉得杰森可以从哪些方面来管理焦虑、争取表现优异？你会通过何种方式帮助他将焦虑视为促进型焦虑而非削弱型焦虑？

第 3 部分

了解运动与训练环境

竞争及合作对行为有何影响？ 反馈及强化对学习与表现有何影响？

在第2部分，我们已了解了一个人的心理特征对其体育、运动与训练领域行为的影响。 但是，我们并未生活在真空中，如你所知，人与情境交互作用的模式是我们从心理学角度理解行为的最佳方式。 如果我们的工作对象是运动员或受训者，我们应当同时关注其动机及其所处情境；这样，我们便能制订出最佳方案。最佳方案既能改善参与者表现，又能增强参与者愉悦程度。

第3部分说明了影响行为的两项重要情境因素。 第 5 章考查了竞争和合作在环境方面对行为的重要影响。 作为运动、教育与训练领域的专业人士，我们所做的每一件事情其实或多或少都与竞争或合作有关。 本章主要涉及以下内容：①竞争与合作是后天行为；②竞争与合作对表现的影响方式；③竞争情境和合作情境的积极与消极影响；④实现竞争与合作之间的平衡以最大限度地健康发展。

第 6 章主要介绍了反馈及强化，并说明了它们对学习与表现的影响。 第 6 章还说明了运动与训练领域的反馈与强化原则，包括在行为矫正方案中对强化方法的系统应用。 本章还论述了奖励对参与者自然性内在动机的增强与削弱作用，并介绍了内在动机的增强策略。第 6 章最后介绍了沉浸状态——内在动机的终极形式，并且说明了进入沉浸状态的方法。

第 5 章

竞争与合作

学习完本章后，您将能：

1. 了解竞争与合作之间的差异；
2. 说明竞争过程；
3. 详细说明有关竞争与合作的心理研究；
4. 论述影响竞争与合作的社会因素；
5. 说明竞争有益及有害的原因；
6. 了解如何平衡竞争与合作。

根据已退役运动员所述，竞技运动对参与者的个人成长与发展的影响明显有很大不同。例如，已列入橄榄球名人堂的四分卫 Roger Staubach 曾说过："我处理工作与生活事宜的能力，因为体育运动经历而得以增长。"而美国职业棒球大联盟的前投球手 Tom House 却说："职业运动员步入社会后的应对能力其实是不足的……。运动员的职业运动生涯越长，其理解、应对真实世界需求的能力就越低。"而许多竞技运动参与者认为，竞技运动不仅会使队员在面对共同目标时相互合作（例如，波士顿凯尔特人队的 Kevin Garnett、Ray Allen 和 Paul Pierce 为了夺冠降低其各自的影响力），而且会帮助他们做好人生准备。但是，也有人认为，竞技运动会造就以自我为中心的运动员，这些运动员会逃避生活中的实际问题（例如，Manny Ramirez 无疑是一位出色的棒球运动员；但是，除了棒球，他还会什么呢？）这些批评家们还以不断攀升的运动员不良事迹来佐证自己的观点，这些不良事迹包括：身体虐待、性侵犯、药物滥用（吸毒）、杀人、抢劫、丧失运动家风度的行为（如：向裁判吐

痰，令自己的教练感到窒息）。

哪一种观点是正确的呢？回答是：这两种观点都可能是正确的，因为所有的运动与体育活动实际上都会涉及竞争与合作。队员会与队友合作，但是会与对手竞争；有时队友之间也存在竞争（例如，为了获得参赛资格或站在队首位置）。因此，竞争与合作之间的相互作用及其对参与者的影响是复杂的。让我们先来了解一下竞争与合作的定义。

定义竞争与合作

竞争通常用于说明多种情境。例如，我们与他人竞争、与自己竞争、与时间赛跑、为打破世界纪录而竞争、为战胜某一物体或元素而竞争（例如：攀岩、白水漂流）。但是在定义竞争时，大部分研究人员会将重点放在人们在有序身体活动中的竞争情境上。例如，Coakley（1994）曾将**竞争**定义为“根据参加同一任务或同一活动的参与者的表现比较结果进行奖励的社会过程”（p.78）。这一定义表明，竞争奖励仅会颁发给胜出者。因此，竞争不仅是一个过程，还包含奖励机制。这表明一个参与者或团队的成功自然意味着另一个参与者或团队的失败。

合作过程也会对成功进行考量、对表现进行奖励。**合作**的定义是“对表现进行评估、对为特定目标而齐心协力取得集体成就的团队进行奖励的社会过程。”（Coakley，1994，p. 79）。这一定义意味着合作奖励机制同时涉及

我们有很多不同的竞争对象——他人、自己甚至是自然。

多位参与者。因此，奖励会被团队中的各位参与者平分，团队成功是各位参与者共同取得的成就。赢得冠军的团队会共享荣耀，即便有的队员贡献大，有的队员贡献小。勤勉而成功的成就取向者不一定喜好竞争。他们可能只是有很强的成就取向兼合作取向或个人取向。实际上，合作型参与者获得成功的可能性和竞争型参与者一样大。研究显示，竞争奖励机制对相对简单的短期身体任务有用；但是在面对需要解决难题的复杂任务时，其成效不如合作奖励机制（Kohn，1992）。

尽管同竞争相关的研究可以回溯到一个多世纪以前（Triplett，1898），但是，同竞争相关的共同研究是由 Morton Deutsch 在 1949 年发起的。Deutsch 发现，完全属于合作性质或竞争性质的日常情境很少。他认为，大部分社会互动行为都是奖励达标者且需要各位参与者相互合作的目标导向型行为。以篮球为例，同一团队的各位队员需要相互协作，以赢得比赛；但是同一团队的各位队员之间也可能存在竞争，以获得比赛资格或者站在队首位置。

尽管研究人员曾在二十世纪五六十年代对竞争与合作进行过单独研究，但是这些研究并未形成可以指导相关研究的框架性概念。幸运的是，Rainer Martens（1975）制订了一个清晰的模型，这一模型形成的框架有助于我们进一步开展运动与训练领域中同竞争相关的研究。Martens 对竞争的定义与 Coakley 后来提出的定义相似，二者均认为竞争是一个过程。但是，Martens 的竞争定义与观点注重社会评价。Martens 认为，为帮助参与者最大限度地实现个人成长，我们应当了解有助于构建活动环境的社会影响因素。Martens 从社会评价角度来定义竞争，这有助于我们了解运动领域的竞争过程。

将竞争视为一个过程

Martens 认为，竞争不仅是一个事件，还是一个过程，这一过程包括四个截然不同的事件或阶段（如图 5.1 所示）。这和第 4 章列出的压力模型有些类似，有助于我们了解竞争过程。应注意的是，尽管图中的四个阶段各不相同，但它们彼此之间又存在着联系。

每个人经历的竞争过程各不相同。因此，个体处在竞争过程中的焦点位置，影响着各个阶段之间的关系。个人属性（如：之前的经验、能力、动机和态度）仅是可能影响其竞争反应的部分因素。与其他社会过程一样，竞争过程的每一阶段均会受到其他阶段以及外部环

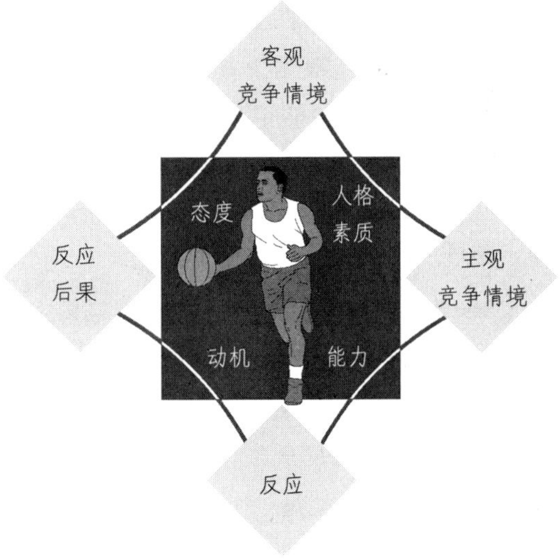

图 5.1　竞争过程

经R. Martens 许可改编自其在 1975 年发表的 *Social psychology and physical activity*（New York: Harper & Row），69。Copyright 1975 by Rainer Martens.

积极竞争和消极竞争

多年来，“竞争”的口碑一直都很差。人们看到的通常都是竞争的消极方面；但认为合作与竞争正好相反，是积极因素。然而，Shields 和 Bredemeier（2009）认为，应将过去人们所说的竞争好坏分别看作积极竞争和消极竞争。也就是说以一种新观点来看待竞争。他们依靠科研证据，认为积极竞争的本质是伙伴关系。虽然积极竞争可能是高度激烈的争夺，但是，每一位积极竞争者都是对手的促进者或推动者。真正的竞争者会希望势均力敌的对手来挑战他们。此外，积极竞争者会认可、遵从规则理念，即便这会对其竞争造成不利影响。为了对手能被公平对待，积极竞争者会严格遵守规则。上述因素会促使积极竞争者更加优秀，性格更加积极，体验到竞争乐趣，达到非竞争情境下无法达到的高度。在真正的竞争中，竞争者的目的是争取更加出色。

而消极竞争与积极竞争正好相反；在消极竞争中，竞争者将对手视为敌人，他们竞争的目的就是赢。消极竞争者迫切希望击败或消灭对手，他们不会将对手看作合作者或伙伴。规则对他们来说只是一项约束，为了获胜而触犯规则的消极竞争者并不少见。他们通常会认为，触犯规则时未被抓住、能够侥幸逃脱处罚，对对手来说是公平的。赢是消极竞争者的终极目标。为了获胜，他们会不择手段不惜一切代价，包括欺骗、激烈争论、玩心理战。实际上，消极竞争是积极竞争的对立面。

境因素（如：反馈和外在奖励）的影响。另外，在确定竞争水平和竞争取向时，应当考虑竞争过程中社会化过程和社会背景的影响。Eccles 和 Harold（1991）根据上述原则制订了一个模型，此模型着重说明了早期运动态度和性别差异认知可能应归因于性别社会化而非本能。

第一阶段：客观竞争情境

Martens 提出了**客观竞争情境**的定义。此定义起源于社会评价理论（Festinger，1954），包括一项比较标准和至少一位他人。比较标准可能是一个人过去的成绩（如：用 4′10″跑完了 1600 米），也可能是一个人期望达到的成绩（如：用 4′跑完 1600 米），亦可能是其他人的成绩（如：主要对手用 4′5″跑完了 1600 米）。将竞争情境与其他比较情境区分开来的重要标准是：至少一位比赛评价者了解比较标准。

我们可以通过下列事例来理解 Martens 的定义。你独自一人在外面慢跑 5 千米，并设定了在 21 分钟之内跑完的目标。（你之前的最佳成绩是 22 分钟。）此情境不应被称为竞争，因为只有你知道自己希望达到的目标。然而，如果你和朋友一起慢跑，并告诉她你的目标是在 21 分钟之内跑完 5 千米，则此情况可以被称为竞争；因为你的朋友知道评价标准、可以评价你的成绩。

有些人会认为，第一个例子也属于竞争，因为你在和自己竞争。Martens 对此未持否定态度，但是他认为，为了从科学的角度研究竞争，我们需要为竞争划定界限。如果没有另外一个人评价比较过程，那么几乎所有的事情都可以被称为竞争。其他人怎么知道你的目标是在 21 分钟、20 分钟或 19 分钟之内跑完 5 千米呢？Martens 认为，他的定义实际上包含了人们通常认定的大部分竞争性活动，因此，将竞争的定义限定为包括他人其实不会有什么不利影响。

> **要点** 竞争的四个阶段分别是：客观竞争情境、主观竞争情境、反应、反应后果。客观竞争情境会将一个人的表现与某项优秀标准比较，且存在至少一位了解比较标准的他人（Martens，1975）。

第二阶段：主观竞争情境

一个人可能是因主观原因积极进入客观竞争情境的，也可能是因客观原因而被动进入客观竞争情境的。无论基于哪一种原因，这个人必然会通过某种方式对客观竞争情境进行评价。这就涉及竞争过程的第二个阶段——主观竞争情境。**主观竞争情境**是指一个人如何感知、接受和评价客观竞争情境。在主观竞争情境阶段，一个人独特的背景和属性变得很重要。感知能力、动机、竞争情境的重要性和对手均会有力影响一个人对竞争情境的主观评价。

例如，一位体操运动员可能会期望参加冠军赛以获得经验，而面对相同客观情境的另一位体操运动员可能会恐惧即将到来的冠军赛。同样地，在成人健身课上，一位赛跑者可能希望将每一次跑步都变成比赛，而另一位赛跑者可能会尽力避免与课上其他赛跑者进行比较。

与竞争心弱的人相比，竞争心强的人寻找竞争情境时会更积极、在竞争情境下的成就动机更强。但是，特质竞争心无法单独、准确地预测出一个人在特殊竞争情境下的反应。其他情境变量（如：运动类型、教练、父母和队友）也会对一个人的行为造成很大影响。

竞争心是竞争过程中的一项重要个人因素，因此，我们应在此详细了解一下竞争心。Gill 和 Deeter（1988）曾尝试更加准确地定义竞争心，并制订了一个**《运动取向调查问卷》**，以可靠、有效地测量竞争心。Gill 和 Deeter（1988）通过该问卷发现了三种竞争取向，这三种竞争取向代表了面对竞争情境的不同主观结果：

- **竞争心取向：**享受竞争、为了在竞技运动中获胜而不懈努力。有竞争心的人非常喜欢竞争，会积极寻找竞争情境。
- **获胜取向：**注重与他人比较或比赛获胜。击败其他竞争者比提高自身水平更重要。
- **目标取向：**注重自身表现水平的提高。目标是改进自己的表现，而非赢得比赛。

一个人的竞争取向会影响其对竞争情境的认知（Gill，2000）。运动员在《运动取向调查问卷》三个分量表中的得分普遍高于非运动员，尤其是在竞争相关分量表中的得分（Gill，1993）。运动员之间的竞争取向也大不相同，但是 Gill 的研究发现，大部分运动员的取向是改进自身表现（目标取向）而非赢得比赛。很多人可能会对这一结果感到意外，但这一结果实际上与相关目标设定研究结果（Weinberg，Burton，Yukelson，& Weigand，2000）一致。该目标设定研究结果显示，大部分人将改进自身表现作为了首要目标，而将比赛获胜作为了次要目标。此外，研究还发现，一个人很强的取向可能不只一项。例如，针对优秀运动员开展的研究显示，他们的获胜取向和目标取向都很强（Hardy et al.，1996）。研究人员（Sambolec，Kerr，& Messe，2007）还发现，与竞争心弱的人相比，竞争心强的人更加努力，在强制性任务中的表现更好。当一个人因为社会比较程度增大而需要与他人直接进行竞争时，其竞争心会增强。因此，教练可以根据运动员的竞争目标和竞争取向来增强或减弱运动员的竞争心。

要点　竞争心是一项人格特征，最能预测一个人对客观竞争情境的评价。

运动取向调查问卷（SOQ）

下列语句说明了运动情境下的反应。我们希望了解你通常情况下的运动与比赛感受。阅读完每句话之后，请选中该句话右侧最能说明你赞同或反对程度的数字。答案不分对错，你只需要回答你的真实感受。不要花太多时间琢磨某一句话。记住：请选中能够说明你通常情况下的赞同或反对程度的数字。

	强烈赞同	稍微赞同	既不赞同也不反对	稍微反对	强烈反对
竞争心取向问题示例					
我竞争心强。	1	2	3	4	5
我喜欢和他人竞争。	1	2	3	4	5
获胜取向问题示例					
获胜很重要。	1	2	3	4	5
我憎恨失败。	1	2	3	4	5
目标取向问题示例					
比赛时，我会设定自己的目标。	1	2	3	4	5
发挥出自己的最佳水平对我来说很重要。	1	2	3	4	5

第三阶段：反应

根据 Martens 的竞争过程模型，一个人在对竞争情境进行评价之后，会决定接近该竞争情境还是避开该竞争情境。所做的反应决定会开启竞争过程模型的第三阶段。如果参与者的决定是不竞争，则反应会在此处停止。但是，竞争**反应**可以发生在行为、生理或 / 和心理层面。例如，在行为层面，你可能会决定自己喜欢的竞争对手：①比你强，你能够提高自己；②比你弱，你能保证自己赢；③和你相当，你能进行一场势均力敌的比赛。在生理层面，你的反应可能是心跳加快、双手发冷出汗。心理因素（包括内在的和外在的）也能影响一个人的反应。动机、自信和认知能力仅是一小部分能够影响反应的内在因素。设施、天气、时间和对手能力是一部分能够影响反应的外在因素。

第四阶段：反应后果

将运动员的反应与比较标准进行比较之后，将会进入竞争过程的最后一个阶段。**后果**通常被视为积极后果或消极后果。很多人认为，积极后果等同于成功，消极后果等同于失败。但是，如我们之前所述，与客观结果相比，运动员对后果的感知更加重要。例如，尽管你在比赛中失败了，但是如果你表现良好、达到了自己设定的优秀标准，你便会认为结果是积极的。

成功感和失败感并非单独存在：它们会重回竞争流程，并影响以后的竞争活动。变更规则（如：不再记分，允许队员一直上场击球直到其将球击入界内场地）或设施器材（如：降低篮球筐，使用更小的篮球、排球或橄榄球）会影响一个人的成功感或失败感。“竞争模型应用实例”栏目中的初中体育教师对年轻的参与者进行了合适而有益的修正，说明了初中体育教师对 Martens 模型的应用。

在主观竞争情境中，教练可以操控情境，操控方式为：向运动员强调比赛和第一名的重要性。父母和朋友在场时，运动员会进一步认为，表现好很重要，这可能会增强运动员的压力感和焦虑感。教练操控情境的另一种方式为：强调团队合作，鼓励运动员在情感上互相支持。教练可以对运动员说：“加油！做最好的自己——享受比赛”。教练通过何种方式来操控情境会影响运动员对竞争情境的主观感受。

管理人员、教练和父母应知晓如何增强运动员在运动过程中的成功感。例如，以参与者为中心，变更规则、设施和器械，从而增加动作、分数、比赛亲密度和个人参与度，这样

竞争模型应用实例

戴维斯先生是一位初中体育老师。在过去几周中，他一直在教授排球技能，最近他在班级开展了一些排球比赛。马克性格外向、喜好运动、渴望比赛。他喜欢挑战，迫切希望在全班同学面前展示其所学技能。而约翰比较害羞，不喜欢运动。一想到比赛他就紧张，因为他对自己的能力没有信心。他怕自己在全班同学面前出丑。戴维斯先生明白，马克对比赛很积极，而约翰则无论如何要避免比赛（主观竞争情境）。马克喜欢与实力相当或实力高于自己的人进行比赛，因为他喜欢挑战；而约翰喜欢和实力不如自己的人进行比赛，这样他看起来便不会太糟糕（反应）。

在比赛时，马克能够正确看待输赢，因为当他表现不好或者他的团队输了的时候，他不会感到自尊受到了威胁。而约翰失败过多次，经常受到批评，甚至有人还嘲笑过他在运动方面的努力。约翰自然会感受到威胁，担心输掉比赛或者表现不好（后果）。

由于戴维斯先生了解竞争过程和学生的不同之处，因此，他编排的体育课能够同时满足约翰和马克的需求。他构建了不同的学习情境，让学生根据自己的需要进行选择。例如，他在一个场地组建了几个团队，这些团队可以进行比赛。这一场地适合那些渴望挑战、喜欢比赛带来的激动人心感觉的学生。而在另一个场地，他将上课重点放在了学习和提高技能（而非比赛）方面。在这一场地，不自信的学生可以在没有压力的情况下学习。戴维斯努力营造能够满足多种需求的体育课环境，以便他的学生能够玩的开心、习得技能、正确看待运动与体育活动。

参与者的运动体验会更加积极。

实际上，竞争是一种习得性（而非天生的）社会过程，它受社会环境（例如：教练、父母、朋友和运动心理学家）影响。竞争本身无所谓好坏，只是一个过程。参与者对运动的体验是积极的还是消极的，在很大程度上取决于领导者的能力。很多因素都会影响竞争过程中客观竞争情境、主观竞争情境、反应和反应后果之间的关系，作为教练，你应当考虑到这些因素。

> **要点** 竞争本身无所谓好坏。它既不是创造性策略，也不是毁灭性策略，它只是一个过程。

竞争与合作研究回顾

人类在运动领域的竞争历史已有几百年，但是，运动心理学家对运动领域竞争与合作行为的系统研究是最近几年才开始的。部分研究十分具有典型性和开创性。现在，我们就来了解一下这些典型性、开创性研究。

Triplett 针对自行车手开展的研究

Norman Triplett（我们曾在第 1 章简要介绍过 Triplett 的影响力）在 1898 年记录了心理学家就竞争对表现的影响进行的首次研究。Triplett 指出，车手在下列情况下的表现（时间成绩）各不相同：独自赛车、与测速者一起赛车、与另一车手赛车。Triplett 查阅了美国车手联盟比赛委员会的资料，他发现，自行车手在与另一自行车手进行比赛时，其速度要高于其独自一人进行比赛时的速度。因此，研究首次发现，与对手面对面竞争有可能改善表现。

Deutsch 开展的与难题相关的研究

Morton Deutsch 开展过一项典型研究（1949）：要求大学生在 5 周时间内，分别通过竞争和合作的方式解决一些难题。研究人员告诉竞争情境下的学生：组里解决难题平均数量最多（班内优秀成绩）的学生将会获得一项奖励。研究人员告诉合作情境下的学生：他们的成绩将按组评估，其成绩将会与（同样地也在解决难题的）另外四组进行比较，奖励将按组发放。研究结果显示，竞争情境下的学生以自我为中心、致力于击败他人、不沟通、容易与他人冲突、不信任他人。合作情境下的学生能够坦诚沟通、共享信息、发展友谊，而且其解决问题的数量要比竞争情境下的学生多。多年来，这一结果已得到反复验证。

通过 Deutsch 的研究，我们可以推断，当团队内各参与者的目标相同且达标时各参与者获得的奖励也相同时，团队协作的成效会提高。例如，在一个篮球队里，如果一位篮球队员的最大兴趣是成为得分王，而其他队员的兴趣是赢得比赛，那么这个篮球团队就会出现不利的目标冲突。因此，教练应当确保每位球员都明白自己的角色、为共同目标而努力。教练可以通过下列方法实现上述目标：强调每一位队员的独特角色及其对团队的独特贡献。Deutsch 认为，竞争的潜在不利影响造成的破坏性很大。因此，他在 1982 年呼吁全社会有计划地减少竞争情境，因为这些竞争情境经常会引发冲突。Deutsch（2000）发现，竞争者可能会对对手产生不良看法、焦虑增强、资源利用率低、生产效率低、以敌对或侵犯方式对待对手、破坏有效沟通。Deutsch 通过数十年的研究得出下列结论：竞争冲突可以通过沟通、协调、共享目标和减轻威胁感来解决。

合作与侵犯

在比赛时，如果比赛团队将重点完全放在取得胜利、击败对手上，比赛团队之间就会产生敌意和侵犯行为，这并不是什么新鲜事。无论是在职业运动中还是在大学运动中（如：橄榄球、曲棍球和篮球），争斗经常会突然发生，这种争斗会诱发双方队员之间的肢体接触与冲突。竞争本身不会产生侵犯行为和敌意。不惜一切代价（即便这种代价意味着比赛不公或对手受伤）获胜的心态，是敌意和侵犯行为产生的根源。前职业橄榄球队员 Jack Tatum(1980) 在他的《他们称我为刺客》一书中，描述了有预谋地故意伤害对方队员令其出局这一情况。近年有人指出，美国国家橄榄球联盟（NFL）的某些教练会奖励将对方四分卫撞出局的本队防守队员。值得一提的是，新奥尔良圣徒队自 2012 年开始，禁止本队教练向将对手撞出局的队员进行奖励，也禁止队员接受此种奖励。如果敌对与冒犯情绪产生于青少年运动中，此种情绪还会波及其父母。在青少年曲棍球比赛中，就曾经发生过此种令人遗憾的事，一位球手的父亲在赛后的一场争吵中将另一位球手的父亲打死。

一个人对获胜和个人荣耀的过分关注将会诱发其不良比赛行为，下列事例就说明了这一点。第一个事例：两个队友在对首位的争夺中，可能会产生敌意、暗中破坏对方表现。第二个事例：为参加 1994 年在美国底特律举办的全美花样滑冰锦标赛，花样滑冰选手 Tonya Harding 参与了对 Nancy Kerrigan 的袭击。对同一荣耀的争夺，可能会导致竞争者故意伤害对方。更为离奇的是，一位母亲为了她的女儿能够当选上高中啦啦队队长，策划了对其女儿竞争对手的谋杀。

当然，因运动比赛而诱发上述侵犯行为的事例很少。实际上，竞争型运动有助于运动员学习相互协作、为共同目标而奋斗；也有助于运动员缓解对获胜的过分重视以及获胜压力。这将形成积极的社会环境、改善运动员表现（Sherif & Sherif，1969）。例如，队员之间可以相互协作、帮助彼此成为最好的自己，因为这有助于团队这一整体的长远发展。为促进整个团队的成长，美国国家橄榄球联盟内富有经验的老队员通常会对年轻的四分卫队员进行有益的指导，以便年轻队员最终能够完成任务。而两位竞争对手的目标可能只是击败彼此，他们丝毫不关心获胜之后的表现。但是，在下列情况下，他们能够将彼此视为盟友：一个人因对手表现优秀会更加优秀。一方的优秀表现会促使对方达到新的表现高度。因此，竞争的影响是积极的还是消极的，取决于竞争者对竞争的看法。“合作精神屹立未倒，必将弘扬”栏目举出了多项合作事例。

竞争与合作对表现的影响

在了解竞争与表现之间的关系时，我们会发现竞争潜在的不利影响。Johnson 和 Johnson（1985）仔细分析了研究人员在 1924 年至 1981 年间针对竞争与合作态度对表现的影响所开展的 122 项研究。其中的 65 项研究显示：通过合作方式取得的成就与表现，要优

合作精神屹立未倒，必将弘扬

虽然全社会都在强调竞争，但令人欣慰的是，我们仍能从一些运动员身上看到自发的合作和运动家精神。近年来发生的下列具有教育意义的事迹就很能说明这一点。

第一个事例是 2008 年在美国华盛顿州举办的高中田径锦标赛。Nicole Cochran 以为自己赢得了 3200 米女子田径赛的金牌，但是实际上，她因在某处拐弯时步出其所在跑道而被取消了获奖资格。几乎所有人（包括其竞争对手）都认为判决有误（后来比赛视频证明的确如此）。但是，她的金牌仍被颁发给了亚军 Andrea Nelson。举行颁奖仪式时，领奖台上站有前八名完赛者。Nelson 步下奖台，将金牌挂在了真正的获胜者 Cochran 的脖子上："这枚奖牌应属于你。"在看到 Nelson 所做的之后，Sarah Lord 将自己的亚军奖牌挂到了 Nelson 的脖子上。其他获奖者亦是如此，依次将自己的奖牌挂到了前一位获奖者的脖子上。有趣的是，Cochran 在女子 800 米田径赛上正好获得了第 8 名，于是她将自己的这枚奖牌给予了 Lyndy Davis——在女子 3200 米田径赛中，Davis 获得了第 8 名。但是她将自己第 8 名奖牌交予第七位获奖者后空手而归。

第二个事例是一场女子垒球赛。在赛场上，一位球员完成了本垒打后绕垒时，意识到自己错过了第一垒。于是，她转而回到第一垒以便触垒，但此时她的膝盖突然受伤。由于伤得厉害，她只能爬着触垒。如果有队员碰触她，她将不得不出局。但是，对方球队的两位女孩最终扶起了她，并扶着她绕垒，在经过每一垒时触垒，最终完成了本垒打。对此，这两位女孩表示："她完成了本垒打，她的分数应该记在记分板上，这是她应得的。"

于通过竞争方式取得的成就与表现；仅 8 项研究得出了相反结论。另有 108 研究显示：通过合作方式取得的成就，要优于独立或一人方式取得的成就；仅 6 项研究得出了相反结论。研究中的优势合作涉及多种任务，其中包括记忆、质量、准确度和表现速度等任务。通过审阅相关资料，Johnson 和 Johnson 得出下列结论：在所有类型的任务中，通过合作方式完成任务的效率均高于通过竞争或个人方式完成任务的效率；在大部分任务中，合作方式提高成就的效果更大。

总之，通过实验性任务得出的大部分研究结论均建议参与者采用合作策略而非竞争策略。也就是说，参与者合作心态下的表现要优于竞争心态下的表现。Stuntz 和 Garwood（2012）开展的一项研究有力说明了竞争型目标和合作型目标对表现（进行特定表现时，竞争方式下的表现未必会比合作方式或个人方式下的表现差）的影响。具体来说，研究人员为参与者设定了三种任务完成方式：①合作方式，研究人员为每组（共两组）设定了目标：成为得分最多组；②竞争方式，研究人员为每个人设定了目标：成为得分最多者；③个人方式，研究人员为每个人设定了目标：超越自己在一系列实验中的表现。研究结果显示，通过合作方式完成任务时的表现最佳。这一发现很有趣，因为有些教练和运动员认为，实现最佳表现的途径就是集中精力去击败对手。但是，研究不断证明：运动员在合作心态下的表现，要优于其在竞争心态下的表现和进行个人改善时的表现（Roseth，Johnson，& Johnson，2008）。

尽管在一个人需要与他人合作以达到特定目标时，合作方式下的表现要优于竞争方式下的表现；但是当比赛只需要单独完成某项任务时，独自完成任务时的表现可能会优于合作方式下的表现。例如，Cooke、Kvussanu、McIntyre和Ring（2011）曾开展过一项实验。在该实验中，参与者需要完成握力计任务（比较肌肉耐力）。完成方式包括以下两种：①独自完成（需要达到最佳）；②与另外六名参与者比赛完成。结果显示，参与者在竞争方式下的表现最佳。为了了解参与者为何在竞争方式下表现最佳，研究人员对参与者进行了一系列心理与生理测量。测量结果显示，与非竞争情境相比，参与者在竞争情境下的努力程度更高、更投入、肌肉活力更强、心率变化更小。

Cooke等人（2013）在之后开展的一项研究中，研究了参与者在个人比赛（一对一）和团体比赛（二对二、四对四）中的表现。结果显示，参与者在团体赛中的表现要大大优于其在个人赛中的表现。原因在于下列重要因素：投入度、努力度和焦虑度，这一点与之前的研究结果一致。在团体赛中，参与者会认为，队友倚赖着自己，因此自己需要加倍努力。这一增强的焦虑对参与者在比赛中的表现产生了积极影响。

需要牢记的一点是，竞争本身不会产生不良后果，不良后果的产生原因是参与者对获胜的过度追求。Johnson和Johnson（1999，2005）指出，如果对竞争心进行适当约束，竞争其实也能够产生一些有限的益处。得到适当约束的竞争应当具有下列特征：自愿竞争；勿过分强调获胜的重要性，容易导致无能压力；每个人都有合理的获胜机会；规则透明而公平；相关进展得到监控。

当然，竞争取向通常也会促成个人和团体在运动中的卓越表现。例如，在帮助芝加哥公牛队夺得1990年度NBA总冠军时，迈克尔・乔丹需要与队友合作，以形成一个坚实的联盟。但是，促使其达到成功与表现至高点的真正动力是其极强的竞争天性；这一点是大家公认的。实际上，运动与体育领域中的众多情境均既需要合作策略（取向），也需要竞争策略（取向）。我们面临的真正挑战是为特定情境找到合作与竞争的最佳组合。例如，很多运动员发现，与真正优秀的对手比赛，能够提高自身水平——我们可以将其看作某种形式的合作。因此，当Roger Federer与Rafael Nadal对决、LeBron James与Kobe Bryant对决、Greg Maddux与Randy Johnson对决时，他们均会享受此种形式的比赛。因为他们坚信，此种形式的比赛能够提高自己的实力和水平，这是其他比赛无法实现的。实际上，对于这些超级明星来讲，竞争是一种积极的动力，推动着他们不断提高、升华自己的技能。

我们知道，合作有助于运动表现；但是还应知道，运动同样有助于合作能力的提高。例如，Fraser-Thomas和Cote（2006）指出："青少年运动计划对青少年的心理发展一直都很重要，通过这些计划，青少年能够学到重要的人生技能，例如：合作、自律、领导能力和自控"（p.12）。这一观点也得到了Findlay和Coplan（2008）的支持。Findlay和Coplan发现，与不喜好体育活动的儿童相比，喜好体育活动的儿童参加合作活动的可能性更大。

Botterill（2005）强调，竞争与合作之间应该是互补关系。打个比方，一些小孩在游乐场或校园偶遇，于是他们凑在一起玩游戏。在选拔好双方队员之后，开始游戏。当一个小孩对其竞争对手的钦佩和欣赏消失之后，过不了多久，游戏就会结束——没有了竞争对手。遗憾地是，我们通常无从了解竞争与合作之间的动态互补关系。竞争与合作之间不是两极化的对立关系，而是在技能与价值方面的互补关系。认识到这种关系，将有助于我们正确看待运动与人生。

Pat Summitt（可以说是全美最成功的大学篮球女教练）的《成功者的十二箴言》深入说明了竞争与合作之间的关系。

- 尊敬自己及他人。敬人者，人恒敬之。
- 尽责。有责任心——成功无捷径。
- 培养并证明你的忠诚。忠诚不是单方面的。以诚待人者，人亦以诚待之。
- 成为一个出色的沟通者。既能做忠实的听众，又能做出色的发言人。
- 自律——不劳他人管教自己。齐心协力源于团队纪律和自律。
- 为梦想而奋斗。不以娱乐为先。
- 工作不仅需要努力，还需要智慧。充分发挥自己及周边环境的优势，避开自己及周边环境的劣势。
- 个人服从集体。齐心协力成就凡人的非凡成就。
- 以积极心态看待输赢。心态是可以选择的。
- 成为竞争者。意味着成就最好的自己。
- 改变是必须的。改变促成自我提高。
- 以平常心看待输赢。你无法控制势态，但是你可以控制自己的反应。

Kelley 和 Stahelski（1970）开展了一项典

通过合作减少竞争

Sherif 和 Sherif（1969）在独立营地对 11 岁至 12 岁的男孩开展了三项野外试验。Sherif 和 Sherif（1969）将男孩分为两组，并为每组提供了相应机会，以便每组都能够形成强烈的小组集体意识。小组活动的主要内容是运动和比赛，Sherif 和 Sherif（1969）强调了协作和小组集体意识。在研究的第二阶段，Sherif 和 Sherif（1969）故意挑起两组之间的冲突，主要是通过两组之间的运动比赛、强调获胜的优越性和失败的糟糕透顶。此外，Sherif 和 Sherif（1969）还举办了一次聚会，将一些餐点放到了营地的桌子上，先邀请第一组前来。第一组几乎吃光了所有食物，为第二组留下的食物很少，第二组自然感到愤恨。

在研究的第三个阶段，Sherif 和 Sherif（1969）希望男孩们减轻或消除研究人员此前故意引发的敌意，但是，两组男孩仍不喜欢彼此、相互憎恶。最后，研究人员设计了一些情境，如：需要维修营地水管的漏洞、修复损坏的食物供应车，迫使两组男孩相互合作，以实现研究人员所说的高级目标。如果没有另外一组的协助，任何一组都无法实现期望的结果。藉由合作，两组男孩之间的敌意和冲突减轻了，他们发展了彼此之间的友谊，增强了彼此之间的沟通。上述研究强调了社会环境的重要性，以及竞争在决定自身益处和成效方面所起的重要作用。从本质上来讲，竞争不分好坏。

型研究，该研究借助囚犯进退维谷的窘境了解了竞争型反应对合作型反应的影响。在此次研究中，竞争型队员和合作型队员组成了一对。经过一系列比赛之后，合作型队员受其竞争型队友的影响，开始以竞争方式比赛。实际上，合作型队员在一开始的时候，是以合作方式进行比赛的；但是后来，在其对手的逼迫下，开始出现竞争型反应。合作型队员知道，他们正在被迫改变自身的比赛方式，而竞争型队员亦忘记了开始时的合作氛围，只能体验到比赛冲突。

我们再举一个现实生活中的例子。你在路上偶遇他人，于是你和大家一起进行篮球比赛。你的兴趣只是锻炼身体、玩得高兴（即你是一个合作型队员）。在你要带球投篮时，另一名队员将你推倒在地。你非常生气，并与其对峙，但是他说："我们都这么玩。如果你不喜欢，你可以离开"（即他是一个竞争型队员）。现在，你不得不决定去留。如果留下，你极有可能需要适应他们的比赛方式。如果离开，你想锻炼身体的愿望便无法实现。在上述两项事例中，合作型队员的行事与行为方式均受到竞争型队员的支配。

确定竞争的优劣

就目前的形势来看，竞争是运动领域的主流观念。你可能会听到别人说："竞争能让优秀者脱颖而出"、"没有竞争，就没有了效率"、"竞争就是为了达到目标、获得成功"。很多美国人将成功等同于荣耀，将表现出色等同于击败他人。他们认同绿湾包装工队（Green Bay Packers）教练 Vince Lombardi 的观点——赢不意味着全部，但却是我们的唯一目标。你可以将上述情况称为竞争冲动、竞争精神或竞争理念。总之，很多人都会认为，竞争就是美国人的生活方式。例如，中距离赛跑运动员 Mary Decker Slaney 一度是多项世界纪录的保持者，曾这样描述过自己的竞争态度：

> 从开始跑步起，我就要得第一……我的想法是，要得就得第一名。我不像有些人，他们得第二名之后，可能会说："我取得了好成绩。"我可不会这么容易满足。我只想得第一名。为了得第一名，我什么都愿意做。我必须得第一名。

一位成功的高中篮球教练也表达了类似的竞争与获胜观点：

> 通过多年努力，我形成了自己的高中篮球训练理念。赢是最重要的事情。我不关心你在多少场比赛中成功。我关心的是你赢得了多少次冠军。

奥运会体操教练 Bela Karolyi 对于成功和乐趣也表达了自己的观点：

> 训练有时是非常艰苦的。……有人会哭，有人会喊叫。……我们在体育馆里的目的不是为了玩乐。开心的时刻最终会到来——在你获胜并且奖牌加身的那一刻。

对获胜的过分重视，也体现在了国家橄榄球联盟比赛的记分程序中。具体来说，在经

运动竞争是否会影响生活技能和成就？

多年来，人们不断提出下列问题：人们对竞争型运动的参与度达到何种程度时，才能为其人生助力？下文总结了研究人员针对此问题进行的各种研究的结果（Coakley，1997）：

● 运动参与和学术成就。研究显示，一般来说，参加大学运动代表队的运动员与未参加大学运动代表队的运动员相比，平均成绩更高、教育抱负更大。如果运动参与从某种程度上修正了年轻人的重要人生关系，则运动参与还极有可能为其学术成就助力。具体来说，如果在年轻人参与运动的过程中，其父母、朋友、教练、指导者或教师能够指导其正确看待人生与学业，给予其更多学术支持与鼓励，则运动参与将会为年轻人的学术成就助力。但是，如果年轻人参与的运动不是由学校举办的，则运动参与不会对学术成就造成影响。在下列情况下，运动参与也不会对学术成就造成影响：①运动员参与的是小型运动；②运动员在大型运动中是地位低的替补队员且是非裔美国人；③运动员所在学校非常重视学术研究且对优异者奖励丰厚。

● 运动参与和社会或职业灵活性。研究显示，与背景相近的其他群体相比，已退役运动员群体的成功率未见有多高，但也未见有多低。此外，在面对同一工种时，与同辈人相比，已退役运动员似乎不具备系统的灵活性优势。也就是说，各行各业都有成功的已退役运动员，也有失败的已退役运动员。职业成功似乎更多地取决于个人动机或人格，而非运动经历。

● 运动参与和越轨行为。参与竞争型运动是否会促使年轻人遵守规矩、远离麻烦，是近年来人们一直热烈讨论的话题。相关研究未发现运动员的越轨行为概率比非运动员高。这一结果已在运动、社会、性别、社会经济地位方面得到反复验证（Hanrahan & Gallois，1993）。但是，相关研究也未能一致发现：参与竞争型运动能够切实减少越轨行为的发生。运动参与对越轨行为的影响可能取决于以下三种因素的交互作用：运动经历的性质、个体差异、竞技环境。

Coakley（1997）认为，在下列情况下，运动参与能够减少越轨行为的产生：指导人员在运动员参与运动时，明确表示出了对下列观念与行为的重视：非暴力观念、尊敬自己和他人、适度和自控的重要性、对自身技能有信心、责任感。但教导运动员在参与运动时遵规守矩，并不足以减少越轨行为的产生。如果我们重视下列理念与行为：与他人敌对、将侵犯作为一种策略、将身体作为一项工具、统治他人、不惜一切代价获胜，那么我们期望越轨行为减少的愿望便会落空。

过15分钟的加时赛之后，常规赛的比赛双方可能会战成平局。但是，双方仍然需要继续进行比赛，直到决出最终的获胜者。超级碗的奖杯只会颁发给最终的获胜者。试想，没有人会赞同超级碗争夺赛以双方战平而告终。我们希望知道谁是最终的获胜者。同样地，一位教练的输赢记录通常会凌驾于其成功标准之上。尽管某些大学校长对现状不满，认为教育比运动更重要。但是，当他的教练把队员教育得很好却没有获胜记录的时候，他很少会让该教练留任，更别提奖励了。在家里，有些父母会让上学的孩子留一级，这样他们的孩子变得强大的时间便多出一年，在橄榄球比赛中获胜的概率会更大。

对获胜的过分重视有时会导致欺骗。全美肥皂盒车比赛的一位获胜者被取消了获胜资格，其获得的7500美元奖金也被没收，因为监管人员发现该获胜者通过电磁石赋予其赛车不公平的启动优势。同样地，2001年少年棒球联盟世界大赛的参赛选手的实际年龄也受到了质疑（有人认为部分参赛选手的年龄实际上小于13岁）。为提高成绩而滥用类固醇是另一种形式的欺骗。尽管参加奥运会的众多优秀专业运动员已经找到了规避标准药物测试的方法，但仍有很多运动员被取消了资格。Kohn（1992）曾在他的《不要竞争：反驳竞争的案例》一书中有力驳斥了下列不实观点：竞争有助于性格的培养（如：自信、自尊），竞争能使我们做到最好，竞争是最佳的娱乐方式，竞争是天性的一部分。Kohn认为，竞争的消极后果众多，其中包括：造成压力干扰最佳表现；促使运动员将注意力集中在击败他人而非改进自身上；增强不安全感，破坏自尊；增加人际交往中的敌意、偏见和侵犯；造成不当的嫉妒、羞辱和羞愧。

很多小学体育老师抱怨其学生竞争过度，部分成年受训者也存在类似问题。他们不能根据自己的步调来训练，而是想要赶超那些疯狂训练的朋友。越来越多的专家开始关注参与者过于重视成功这一问题；与此同时，他们也成为合作型运动和协作理念的支持者。实际上，现在已经出现了一些强调合作而非竞争的新型比赛（Coakley，1994）。已故网球名将Arthur Ashe（1981）表达了自己对合作理念的渴望：

> 我具有杀手的本能，又具有激昂的情绪状态；但我并不想因此而出名……我喜欢和谐的事物。我期望在观众、裁判员甚至球童身上看到和谐。

但是，竞争的潜在不利影响并不意味着竞争或竞争型运动肯定是不好的，或者肯定会造成不良后果。很多例子都说明，竞争的结果亦可能是积极而健康的。例如，作家James Michener（1976）曾说道：

> 我一直都是健康竞争的支持者。我喜欢竞争。我渴望竞争。我在竞争的激励下成长壮大。我所处的环境，竞争一直都很激烈，但我从未退缩。我现在仍处在竞争激烈的环境中，如果没有了挑战，我会觉得生活很乏味。

此外，我们对待竞争对手的方式会影响我们对竞争的看法。具体来说，如果我们对竞争对手的态度是尊敬而欣赏的，那么我们便会将对手视作现成的机会。Mariah Burton Nelson（1998）曾在《拥抱荣耀》一书中写到：

> 竞争对手为我们提供了一次了解自己、了解自己所需的机会。他们会提高我们应对困境的能力。运动员应该向竞争对手学习，竞争对手令我们更敏捷、更聪明、更高效。我们欢迎竞争对手。

Nelson进一步指出，上述竞争对手相关的观点不只限于运动领域。例如，圣雄甘地曾将政治对手视为自己的老师，因为对手会迫使自己变得更加出色。甘地通过竞争对手了解到自己的弱点，并通过克服弱点使自己成长。实际上，在运动领域，失败通常能够带来有益的启示；与成功相比，能让我们更加清楚地了解

竞争存在性别差异吗？

由于参与（有组织或无组织）竞争型运动的女性越来越多，研究人员开始关注男性与女性参与者在竞争型运动中的经历。Coakley（1997）指出，男性与女性参与者在竞争型运动及比赛中的经历通常有很大不同，这些不同包括：

- 男性的竞赛频次要高于女性。
- 女性加入男性占绝大多数群体的概率，要高于男性加入女性占绝大多数群体的概率。
- 男性与朋友们在一起时，比赛队伍的规模通常会超过女性。
- 与男性比赛相比，女性比赛自发性更强、想象力更丰富、人员构成更随意。
- 与女性相比，男性对身体技能更自信，尽管男性和女性的实际技能水平差异很小或者说不存在。
- 与女性比赛相比，男性比赛的进攻性更强、危险性更大、个人成就的奖励更丰厚。
- 与女性比赛相比，男性比赛更复杂：规则更多、位置（角色）更多、相互倚赖性（团队协作性）更强。

自己的表现。真正的竞争者会希望对手展示出最强实力，因为这会促使自己不断努力，以达到最佳水准。

对于青少年运动员来说尤其如此。父母、教练等成人的领导能力很重要，他们的领导能力决定了竞争对青少年的影响是积极的还是消极的。参加过运动比赛的人都知道，竞争有可能是有趣的、激动人心的、富有挑战性的、积极的。教练和教师应当指导青少年运动员何时竞争、何时合作。实际上，在大部分团体运动中，运动员既会竞争，亦会合作。此种综合参与方式非常有助于运动员的个人成长和满意度提升。最后，建议通过先进技术（比赛视频方式）详细了解竞争与合作过程，这样我们便能够有效研究各种情境下的个体（Murphy，2009）。

增强合作

合作产生的积极结果与其对商业、教育与机构单位的影响一样。但是，大部分运动与比赛仍然强调竞争，大部分运动心理学著作仍在强调能够增强竞争情境下运动员表现的各种心理因素。当然，竞争型运动能够产生积极影响，例如：在性格培养、自律和协作方面的影响。但是，鉴于多个领域的众多研究均证实了合作的积极影响。我们应当了解一下合作型比赛可以通过何种方式来弥补传统竞争型运动与体育的不足。

比赛参与方式的构成

加拿大运动心理学家 Terry Orlick（1978）首先提出了下列观点：比赛参与方式的构成在很大程度上会影响主要行为反应：竞争型反应、个人反应、合作型反应或这些反应的组合。竞争与合作之间是互补关系，通过此种关系，人们可以了解自己在运动与体育活动中的独特潜能。竞争与合作之间的互动方式可能会有所不同，或许从完全合作发展到完全竞争。教练和训练导师应当了解这一点，以使体育活动或比赛参与方式的组合达到最佳水准。大部分体育活动均可以归入 Orlick 所定义的类别：

未经组织的运动：增强合作、促进发展的机会

目前，大部分青少年参与的运动都是经过组织的和筹备的；这种运动包括教练、裁判员、明确的团队、时间表、严格的规则，父母也会参与其中。但是，还有一些青少年在参与另一种类型的运动或比赛，我们将此种运动或比赛称为未经组织、未经筹备或非正式的运动或比赛。观察性研究（包括与青少年的面谈）发现，上述两种运动比赛的理念和开展方式有很大不同。具体来说，当青少年凑在一起、按照自己的方式开展比赛时，他们主要关注以下四点（Coakley，1997）：

1. 赛程，尤其是得分的赛程。青少年会通过多种方式来改进赛程，如：减少比赛队员的人数、去除篮球比赛中的罚球部分、去除中场休息和暂停部分。

2. 亲自参与赛程。青少年通常会最大程度地参与赛程，聪明地修改比赛规则和缺陷制度，避免能力超高的队员一直控制着整个赛程。例如，删除棒球比赛中的三击未中出局的规定（击球手可以一直击球，直到其击中了某一界内球）；在橄榄球比赛中，确保每个人都有机会成为接球手并接到球；通过重做和吹罚来弥补失误；要求能力超高的击球手击中场内特定区域。

3. 不相上下的团队。每个团队都有获胜机会。队员通常由队长来选拔，每位队长一次可以选拔一名队员。但是，队员选拔是灵活的。例如，如果某位队员实力超强，在某一队长将其选走之后，另一位队长可以再得到两到三次的队员选拔机会，以抵消对方队员的超强实力。

4. 比赛中增强友谊的机会。比赛期间进行短暂休息时，队员有机会自由沟通、闲聊。

总之，这些非正式、未经筹备的运动和比赛通常以赛程为中心，而有组织的运动和比赛通常以规则为中心。在未经筹备的运动中，青少年通常可以获得下列经历：通过决策和管理队员之间的友谊来确保赛程的正常开展。而在经过筹备的运动中，青少年通常可以获得下列经历：学习并遵守规则，服从制订规则并确保规则落实的成人。但是，很多父母担心孩子的安全，对孩子在未经监管的环境中进行运动或比赛有所顾虑。因此，教练和父母可以通过另一种方式来取得未经组织的运动的积极效果：教练和父母提供有组织的运动环境，此种运动以孩子为中心，专注于技能培养、乐趣和个人发展。

- 竞争意向—竞争型结果。目标自始至终是击败他人或所有人。例如，在100米比赛或“高山之王”比赛中，你可能会有此目标。
- 合作意向—竞争型结果。参与者在组内合作，但是在组外竞争。例如，在足球、篮球、橄榄球或曲棍球比赛中，团队成员相互协作，尽量协调各自的动作，以击败对手。但是，并非所有队员都肯定会进行队内合作（不受控合作）。例如，一位篮球队员可能会霸占篮球，不将篮球传给队友。为了确保青少年运动员实现不受控合作，可以制订下列规则：只有在所有队员均接受过一次传球之后，才能进行投篮。
- 个人意向—个人结果。一位或多位队员在不进行合作互动或竞争互动的情况下实现个人目标。例如，在越野滑雪、体操和游泳运动中。
- 合作意向—个人结果。个体之间相互合

作，帮助彼此实现各自目标。例如，两位运动员关注彼此，相互提供反馈与线索，以便二者均能提高技能。

- 合作意向—合作型结果。队员自始至终相互合作。二者的奋斗目标相同，参与方式和结果也相同。修正后的排球规则便体现了上述参与方式。两队的目标均是尽可能地延长排球离地时间。每队在排球过网之前只能击球三次，但是此种方式不是为了避免对方能够击起排球，而是为了确保对方能够击起排球。

合作型比赛的宗旨

目前既强调合作型参与方式又强调合作型结果的比赛很少，但是，研究人员已开始研究竞争型比赛与运动的改进方法，且已取得重大进展（Orlick，1978；Orlick，McNally，& O'Hara，1978）。Orlick 认为，目前的竞争型运动与比赛趋于死板，评判性过强，组织程度高，目标取向过强。参与者无法摆脱评价压力和否定造成的心理困扰。众多青少年竞争型运动的设计理念是淘汰参与者。在很多运动中，只有一位获胜者，其他人都是失败者。此失败感是大部分青少年退出竞争型运动的原因之一（请参见第 22 章）。更为糟糕的是，很多青少年运动员会因他人失败而开心，因为这增加了自己获胜的机会。孩子们已认识到赢的重要性，因此，他们难以完全为了乐趣而参与运动，而乐趣是大部分孩子参与运动的初衷。他们未学会帮助彼此、理解他人感受，也未学会以友好而充满乐趣的方式进行比赛。

合作型比赛的部分魅力在于其易变性和通融性。大部分合作型比赛不需要或只需要很少的设备和资金。此种比赛没有人员限制，规则可以更改，不受比赛环境限制。此外，通过合作，孩子们可以学会分享、理解他人感受、与他人相处得越来越好。比赛队员必须帮助彼此，例如通过下列方式：将自己视为整体一员相互协作，解除他人困境，仅等待一次参与机会。队员可以无所顾虑地从失误中汲取教训，不会隐藏失误。（上述特点与本章最初所述的未经组织的运动的特点相似。）这并不是说合作型比赛本身就比竞争型比赛好；但是，由于两种比赛的组织、目标和结果不同，我们应为参与者提供在两种比赛中进行选择或者同时选择两种比赛的机会。

将合作与竞争相结合的益处

体育领域专业人士在青少年运动员和运动参与者运动态度的培养方面，起着至关重要的作用。例如，有的教练会传达不惜一切代价去赢的理念，这会助长侵略性过强的行为；而有的教练则会强调并奖励公平比赛和技能的提高。一位初中篮球教练希望向青少年运动员传达下列理念：良好运动行为比获胜更重要，于是他对良好运动行为进行了奖励，例如，在年终颁奖晚会上，他将最重要的奖杯颁发给了运动行为最优秀者。于是，良好运动行为奖便成了青少年运动员最希望获得的奖励，整个赛季他们都在为此而奋斗。

合作有助于参与者享受比赛乐趣、坦诚沟通和共享信息。与竞争情境相比，合作情境下的表现通常会更出色。因此，在运动与体育活动中，我们应在强调合作的同时鼓励健康竞争，这会产生众多积极效果。

通过团队建设活动，可以同时改善竞争

合作型比赛告诉孩子们：比赛中有些东西比获胜更重要。

与合作。（详细信息，请参见第 8 章。）在团队建设活动中，有一项很特别的活动。在这一活动中，每位队员都需要回答下列问题：“你希望团队为你的年度成就提供哪些帮助？”“你可以为团队做出哪些贡献？”这一练习可以快速展现每位队员的弱点和需求、确定每位队员的重要角色。此类活动有助于提高运动员的合作与竞争技能，且有助于运动员了解竞争与合作之间的关联及互补关系。实际上，我们需要自己及他人优秀，这样我们的比赛水平便能达到最高。

Veach 和 May（2005）曾举例说明了竞争与合作之间互相促进的关系，Veach 和 May 推广了合作型竞争理念。在合作型竞争中，运动员与队友及竞争对手一起训练，并分享彼此的观点，以便技能熟练程度和合作水平均达到最高。以下为具体事例：美国两个帆船队（船级相同）在两年的时间里，一起训练并相互竞争，他们分享彼此的观点和技能，并相互鼓励。在奥运会选拔赛中，只有一队能够入选。他们知道，入选者将成为奥运会金牌的争夺者。在奥运会选拔赛中，他们分别夺得了第一名和第二名。夺得第二名的船队队员自然有些失望，但是他们又重拾信心，因为这同样意味着他们有能力和世界一流的选手进行比赛。后来，在夺得第二名的船队队员中，有一位队员最终成功通过了下一届奥运会帆船选拔赛的选拔。

但是，合作无须取代竞争。我们提倡的是，在运动与体育活动中，将竞争与合作相结合。不惜一切代价获胜的理念是一种失衡理念，尽管遗憾的是此种理念是美国社会大部分人的价值观。但是，在运动领域，我们应强调竞争与合作的有效结合。根据上述原则，我们制订了一些准则，在运动和比赛中，教师和教练可以根据这些准则将竞争与合作有效结合。

- 进行个性化指导，以便满足每个人的需求。
- 为孩子们组织的比赛应同时包括竞争元素和合作元素。
- 如果竞争造成势不两立的敌对状态，应通过高级目标将两个团队重新团结在一起。
- 无论竞争结果如何，均应向学生或运动员提供积极反馈，并对其进行鼓励。
- 强调合作，以便两队之间能够相互信任并坦诚沟通。
- 为队员提供学习运动技能和在比赛中应用技能的机会。

特殊奥运会是将竞争与合作相结合、营造最佳学习环境的典型例子。特殊奥运会谨慎控制竞争，它不仅关注结果，还注重友谊和自身成就自豪感的培养。参与者将从观众、教练、同类人和对手那里获得无条件的支持。比赛结果对运动员来说很重要，但是与亲身参与运动带来的快乐和友谊相比，比赛结果处于次要位置。参与者的父母在评价孩子的表现时，不会根据输赢、奖牌、奖杯或冠军称号，而是根据孩子的努力程度和个人进步程度来进行评价。实际上，对运动员来说，社会与心理能力的整体发展是最重要的。

在体育馆内或运动场上开展的合作型比赛

我们已了解了在青少年运动中将合作与竞争相结合的益处。现在，我们来了解一下在体育课上或运动队中推动合作型学习的必要性。我们在下文提供了一些具体方法，这些方法有助于落实计划中的合作型比赛或活动。首先，教练和教师应当了解自己希望在课堂或运动场上实现的目的。如果目的是享受乐趣、学习技能、减轻压力、提高参与度、促进社会关系，那么教练和教师应当将合作型比赛纳入自己的计划或课程中。这并不是说我们应将合作型比赛作为主要类型或唯一类型的比赛；我们纳入合作型比赛，是为了弥补其他活动或赛事的不足。开展合作型比赛很简单，通常只需要修改现有的运动与比赛规则。在落实合作型学习方式时，可以遵循下列基本原则：

- 充分参与。
- 充分提供运动与活动技能学习机会。
- 比赛时不记分。
- 进行积极反馈。
- 为青少年提供承担不同比赛职责的机会。

通过修改规则可以促进合作，例如：

- 排球：两队目标为避免排球落地，每队在排球过网之前只能击球三次。
- 足球：在射门之前，应将足球传给至少五人。
- 垒球：三击未中不出局、不可保送，每位击球手在下场之前，必须将球击入界内区域。

在一项针对合作型比赛开展的观察性研究中（Orlick，McNally，& O’Hara，1978），一些 4 岁儿童需要参加为期 14 周的合作型比赛，他们每周需要比赛两次，参加的比赛类型共有 12 种。研究人员要求这些孩子齐心协力实现共同目标，而不要与其他团队或个人进行竞争。比赛的各项赛事是连续的。研究人员比较了以下两组孩子的反应：参加合作型比赛和参加常规体育课的孩子们。他们发现，参加合作型比赛的孩子们在体育馆进行自由比赛时表现出的合作行为，是参加常规体育课的孩子们的 3 倍。参加合作型比赛的孩子们的反应通常是分享、关心他人、帮助他人及合作。参加常规体育课的孩子们的反应通常是专注于自己的需求、集中精力得到自己想得到的。参加合作型比赛的孩子们的上述积极变化，在计划的最后

6 周才显现出来，在计划的前 8 周，上述两组孩子的反应没有什么不同。这说明了系统地开展上述计划的重要性。

为了鼓励学习正常的学生接纳有学习障碍的学生，有些学校已于近期将合作型比赛和合作型学习引入了体育课中（Andre，Deneuve，& Louvet，2011）。在推动合作型学习时，教师应关注以下五个重要方面：

1. 应将学生分为多个团队（每队都有一位学习障碍者）。
2. 应营造具有正面意义的互相依赖氛围（团队成绩由每位队员的分数构成）。
3. 每位队员都有各自的职责和义务。
4. 完成任务需要具备社交技能（要想成功完成任务，学生们需要帮助彼此）。
5. 完成任务后，学生们需要评估本组在完成任务期间的表现。

研究结果显示，合作型学习有助于班级内的学习正常者接纳学习障碍者。但是，在更加传统的独自开展的体育课上，学习正常者对学习障碍者的接纳程度没有什么变化。因此，只是将学习障碍者和学习正常者混合在一起，并不能推动学习正常者接纳学习障碍者。要推动学习正常者对学习障碍者的接纳并促进二者之间的融合，需要借助某种方式，例如：以集体为中心的合作型比赛。

下列研究（Goudas & Magotsiou，2009）强调了体育计划中的合作对提高学生社会技能的重要性。在该项研究中，一些六年级学生被分入了实验组或控制组。实验组的学生需要参加 13 个单元的合作型学习计划，该计划强调在实现目标的过程中与同学互动、共同解决问题、帮助他人并获得他人帮助、齐心协力实现目标、跟随或领导团队（取决于具体环境）。控制组学生的学习材料与主题和实验组学生相同，但是在上课时，老师会以典型的命令方式

商业和军事领域的合作

在商业领域，合作被认为是一种协作行为，与协调和信息交换等行为相关（Rousseau，Aubé，&Savoie，2006）。在运动领域，合作与竞争似乎是非此即彼的关系。但是，在商业领域，合作主要是一种开展自身难以独立完成的任务的方式（Carron，Martin，& Loughead，2012）。Jones 和 George（1998）注意到，一些组织会努力营造合作氛围很浓的环境，方法为：确保各团队的地位完全平等，使其具有权力感。相关研究支持下列观点：个体的责任越多，环境的合作氛围越浓。

在军事领域，合作的意义远不止于改善表现、提高生产率。它会影响个人和团体的安全，因为不合作行为可能会导致受伤或死亡。甚至军事医疗系统也强调合作的重要性，例如：建立了“手术协作观察性评估”体系，以评估合作、沟通和协调情况（Healey，Undre，& Vincent，2004）。

不仅团队内需要合作，团队之间也需要合作。Mendel 和 Bradford（1995）曾指出“跨部门之间的熟练合作是军事行动成功的基础”。此外，他们还认为，在执行某些任务（如：维和、反恐、平定叛乱和救灾）时，军事部门还需要进行跨国合作，因为一个国家的力量是有限的。

授课，而且大部分时间都是老师在讲话。与控制组学生相比，实验组学生沟通能力增强了，这进而提高了其合作能力、增强了同情心、减轻了焦躁脾气和破坏倾向。

学 习 助 手

总结

1. **了解竞争与合作之间的差异。**

   竞争是一种社会过程，通常源于对参与者的表现进行比较并对优胜者进行奖励。竞争的社会评估部分是竞争的重要组成部分，因为竞争通常会涉及比较判断和对参与者的表现进行评估。合作也是一个社会过程，该过程对表现的评估和奖励通常与一个团体为共同目标所取得的成就相关。

2. **说明竞争过程。**

   竞争包括以下四个阶段：客观竞争阶段、主观竞争阶段、反应和后果。了解这四个阶段，有助于我们判定竞争心和竞争行为的决定因素与结果。

3. **详细说明有关竞争与合作的心理研究。**

   大量心理研究表明，与竞争型活动相比，合作型活动更有助于坦诚沟通、分享、信任、友谊甚至是表现的改善。无论是实验室研究、实际比赛还是各种实验性比赛都得出了上述结论。人们有时会进行不理性的竞争，竞争一旦开始，很难中止。未来需要研究下列课题：人们选择竞争的方式和竞争原因，运动员对竞争的评价，竞争引发的各种潜在反应，竞争对运动员心理的影响。

4. **论述影响竞争与合作的社会因素。**

   社会环境会对竞争行为和合作行为造成很大影响。例如，跨文化的研究工作表明，儿童的竞争行为和合作行为受到以下两种因素的影响：①成人的强化模式；②特定文化与社会对儿童的期望。实际上，青少年在运动中的竞争行为和合作行为，通常会受到其教练、教师和父母的以下影响：对运动中竞争行为或合作行为的强调程度。

5. **说明竞争有益及有害的原因。**

   竞争本身不分好坏。它的结果可能是积极的（如：增强自尊、自信和乐趣），也可能是消极的（如：欺骗、执着于获胜、侵略性过强）。尤其是在青少年运动中，成人的指导质量在很大程度上决定了竞争对青少年的影响是正面的还是负面的。

6. **了解如何平衡竞争与合作。**

   相关研究调查了竞争和合作在运动与体育活动中的作用。合作型比赛确实可以弥补美国文化中占主导地位的更加传统的竞争型比赛。此外，参加未经组织的运动可以为青少年提供下列机会：个人成长、决策、承担责任和社交互动。参加竞争型运动会令我们受益颇丰；但是，过度强调竞争会降低竞争型运动的价值。教练、教师和父母应使运动员参与的运动富有乐趣、意义和教育性。

复习题

1. 论述竞争与合作相关的心理研究得出的共同结论，以及这些结论对运动与体育领域的指导意义。
2. 说明 Sherif 和 Sherif 对参加夏令营的男孩开展的典型野外试验。竞争心和敌意因何而起，最终是如何消除的？这对运动领域的竞争有何启示？
3. 说明 Martens 竞争模型的四个阶段，并举出每个阶段的例子。
4. 论述 Orlick 对合作型比赛的基本主张。编写三个“合作意向—合作型结果”比赛事例，并说明他们的合作情况。
5. 论述竞争对越轨行为、学术成就和社交或职业灵活性的影响。
6. 男性和女性对竞争的看法有何不同？看法不同的原因有哪些？
7. 论述 Shields 和 Bredemeier 提出的消极竞争和积极竞争观点。
8. 与竞争相比，Johnson 和 Johnson 更加赞成合作。但他们认为，在特定情况下，竞争也有益处。请说明这些情况和你赞成或反对的理由。
9. 如何通过合作型比赛促进我们对学习障碍者的包容？
10. 说明合作在商业领域和军事领域的价值。

深入思考

1. “赢不意味着全部，却是我们的唯一目标。”你赞同此种观点吗？用研究以及自己或他人事例来证明你的观点。
2. 如果你刚被聘为一所初中的体育老师，且你认为，为促进此年龄段的学生的个人成长与发展，应在学生们参与的运动或比赛中纳入竞争与合作元素。那么，为实现此目标，你会设计哪些比赛、活动或运动？请详细说明。
3. 假设你的孩子 7 岁了，你希望他参加一些运动，但是不知道应该让他参加一些经过组织的运动还是参加未经组织的运动。请说明经过组织的和未经组织的运动比赛的优缺点。你更希望孩子参加哪种类型的比赛，为什么？

第 6 章

反馈、强化和内在动机

学习完本章后，您将能：

1. 说明积极反馈和消极反馈对行为的影响；
2. 知道如何落实行为矫正方案；
3. 论述各种内在动机和外在动机；
4. 说明内在动机和外在奖励（控制和信息方面）之间的关系；
5. 详述参与者内在动机的不同增强方法；
6. 说明奖学金、教练行为、竞争和反馈等因素对内在动机的影响；
7. 说明沉浸状态以及如何进入沉浸状态。

人们渴望获得反馈。一位不太机敏的受训者可能会希望获得鼓励和有效的指导，希望摄像机能够录下自己最终胜利的那一刻。同样地，一位青少年在学习棒球击球时，会经历一系列失败，在他最终击中球的那一刻，他会感觉很棒。专业人士在营造充满乐趣、能够促进个人成长与技能提高的环境时，会采用基于强化理论的动机方法。**强化**是指通过奖惩方式来提高或降低类似反应在未来出现的可能性。强化理论是心理学家广泛研究与接受的理论。这些理论根植于行为矫正理论和操作性条件反射理论。已逝的B.F. 斯金纳是最著名的行为理论家之一，亦因坦率而著称。他认为，教学完全依赖于强化理论。

斯金纳认为，教学是一系列强化因素构成的学习环境。“没有教师时，学生会在自然环境下学习，有了教师之后，学生会藉由教师专门的强化方式，加快在其他方式下较慢的学习行为，或者确保出现在其他方式下不会出现的行为。”要想为学生、运动员或受训者提供建设性反馈，我们需要了解强化理论。

强化理论

尽管众多理论都与行为改变相关，但是，有效强化应当具备以下两项基本条件：①如果做某件事的结果良好（如：会被奖励），人们会重复这一行为，以便获得更多好的结果；②如果做某件事的结果不好（如：会被惩罚），人们会避免重复这一行为，以免不好的结果再次出现。

例如，在学习足球技能的体育课上，一位队员将足球传给了自己的队友，这位队友最终成功射门。教师会说："很好！将球传给无人防守的队友，继续努力！"那么队员可能会重复这一传球方式，以便再次获得教师的表扬。再比如，在一场排球比赛中，一位队员大胆进行了一次跳发球，结果将球拍到了网上。教练冲他吼叫："动动脑子！以后别再用这种发球！"那么该队员极有可能不再尝试此种发球方式，以免被教练再次批评。

而在现实世界中，强化理论远比我们想象的要复杂。同一强化因素对不同的人可能会有不同影响。例如，对于同一位教练在训练课上进行的训诫，一位队员可能会认为自己受到了批评，而另一位队员可能会认为自己受到了关注和认可。而且人们无法一直重复强化行为。例如，一位控球后卫在一场篮球比赛中得了30分，而他以往每场的平均得分为10分。他因很高的得分表现而得到了球迷与媒体的赞扬和认可，他自然希望重塑辉煌。但是，与做射门员相比，他更善于做传球员。如果该球员为了得到更多分数，不停进行命中率很低的射门，他实际上会伤害球队。你还应了解个体适用的所有强化因素，以及他们对这些强化因素的重视程度。例如，在一项训练计划中，一个人在保持体形与外貌方面，受到了积极而有效的强化。但是，因为参加训练计划，她与家长在一起的时间变少了。她认为这一不良后果的权重要高于那些积极的强化因素，因此她退出了训练计划。遗憾的是，教练、教师和训练导师通常不了解这些竞争动机和强化因素。

> **要点**　强化理论比较复杂：不同的人对同一种强化因素的反应可能会有所不同；渴望的行为可能无法一直重复；而且在不同情境下接收的强化因素可能会有所不同。

影响行为的方式

授课和训练方式包括积极方式和消极方式。积极方式着眼于奖励正确行为（如：吸引人们做正确的事）、增加良性反应在未来发生的可能性。而消极方式着眼于惩罚不良行为，减少不正确行为发生的可能性。积极方式旨在促进良性行为，方法为：①激励参与者表现出良性行为；②在参与者出现良性行为时进行奖励。而消极方式关注的是错误行为，会通过惩罚与批评的方式消除令人讨厌的行为。例如，有位受训者上课迟到了，训练导师可能会批评他，以消除迟到行为。

大部分教练在激励、指导其运动员时，既会使用积极方式，也会使用消极方式。但是，运动心理学家认为，对运动与体育活动参与者采取的主要方式应该是积极的（Smith, 2006）。路易斯维尔篮球教练Rick Pitino对此曾发表过如下见解：

> 你可以逐渐使自己成为一个积极的人。成为一个积极的人是一种训练。……逆境越强，你越要积极。成为一个积极的人，有助于培养自信和自尊，这对成功来说很重要。

曾率队赢得11次NBA冠军的教练Phil Jackson对队员进行积极反馈和消极反馈的比例为2:1，而积极训练联盟在培训青少年教练时，建议教练积极反馈和消极反馈的比例为5:1。Jackson认为，很难以专业的水准实现5:1的积极反馈和消极反馈比例，但是他也认为，如果完全通过批评来“敲打”运动员，运动员也不会服从，或者反应不积极。他坚信，如果在伤害队员的自尊之前，先增强一下队员的自尊，那么传达的信息将会更有成效（Jackson，2004）。

> **要点**　某些教练激励运动员的主要方式仍然是威胁或处罚方式，但是我们建议教练人员更多地采用积极方式。

积极强化应用指南

将处罚作为主要激励方式时，可能会出现不良后果。为避免此种不良后果，运动心理学家强烈建议教练通过积极方式来激励运动员。研究显示，如果教练将积极方式作为主要激励方式，那么运动员会更喜欢其队友，运动体验更快乐，同时更喜欢其教练，团队凝聚力也会更强（Smith & Smoll，1997）。迈阿密海豚队和达拉斯小牛队的前教练Jimmy Johnson

教练可以通过积极方式和消极方式来影响运动员的行为。

在总结自己对积极方式的重视时曾说：

> 我不会种植消极的种子。我会尽力使每一句评价都具有积极意义。众多证据表明，对团队进行积极管理是很有必要的。

强化方式有多种，例如：口头赞扬、暗含赞许的微笑等非语言行为、权益增大、奖励等。现在，我们来看一下积极强化的有效执行原则。

选择有效的强化因素

奖励应当能够满足接收者的需求。最好了解工作对象喜欢的事物和不喜欢的事物，以便选择相应的强化因素。强化因素包括：

- 社会强化因素：赞许、微笑、鼓励、宣传。
- 物质强化因素：奖杯、奖牌、绶带、T恤。
- 活动强化因素：参加比赛而非演练、让运动员担任不同角色、去外地比赛、休假。
- 特殊活动：参加职业比赛、参加团队聚会、听职业运动员的讲座。

体育老师可以让学生完成一份调查问卷，以了解学生最喜爱的奖励（如：社会性奖励、物质性奖励、活动性奖励）。此信息可以帮助教师准确了解每位学生适用的强化因素。同样地，运动训练师可以制订一份运动员从严重伤害中康复之后最喜欢的强化因素清单。有时，你也可能希望奖励整个团队或整个班级而非某个人，或者希望改变奖励类型（如果参与者一直收到同一种奖励，他们可能会感到无趣）。

参与者从他人那里收到的奖励被称为**外在奖励**，因为它来源于外部（个体之外），例如：来自教练或教师。参与者从自身收到的奖励被称为**内在奖励**。内在奖励包括因自身成就而产生的自豪感和能力感等。尽管教练、教师或训练导师无法对参与者进行内在奖励，但是他们可以通过营造相应环境来增强其内在动机。研究发现，如果营造的环境强调学习、努力和提高，而非竞争、结果和社会比较，则参与者受到内在激励的程度会更强（请参见“营造积极的动机氛围”）。稍后我们会进一步讨论外在奖励和内在动机之间的关系。

进行有效强化

合理安排强化时间与频次，有助于提高奖励效果。在培训或技能培养的初始阶段，应经常强化良性反应，有时甚至需要进行连续强化。进行连续强化时，应当奖励参与者的每一次正确反应；而进行不连续强化时，应当断断续续地奖励参与者的正确反应。

> **要点**　在学习的早期阶段，需要进行连续强化和间隔强化；而在学习的后期阶段，间隔强化将更有效。

研究指出，连续反馈不仅会激励学习者，还会使学习者知晓自己的表现。但是，如果参与者已经精通某一技能或行为，或者能够按照所需频次表现某一技能或行为，则连续强化可以渐渐变为间隔强化。为了凸显连续强化和间隔强化的影响，我们需要了解学习和表现之间的差异，这一点很重要。Schmidt 和 Wrisberg（2004）开展的一项研究显示，对于参与者在练习期间的表现，在参与者每次尝试之后都进

营造积极的动机氛围

最初在学校开展（Epstein，1989）、后又应用于体育与运动领域（Treasure & Roberts，1995）的相关研究显示，任务取向型氛围能够增强参与者的内在动机和自信。我们可以通过按以下几步控制环境状况来营造掌握取向型环境。

1. 任务。主要为学习和参加任务（降低竞争和社会比较的重要性，仅关注新技能的学习）。

2. 权力。允许学生参与决策过程（如：请运动员为新的演练活动提供建议）。

3. 奖励。为进步而非社会比较结果进行奖励（如：只要运动员做仰卧起坐的次数打破了其以往记录就进行奖励，不考虑该运动员与他人的比较结果）。

4. 分组。在各组内营造合作型学习氛围（促使运动员齐心协力解决问题、而不是相互竞争）。

5. 评估。主要评估个人进步（评估进步和学习情况，不只评估谁任务完成得最好）。

6. 掌握时机。正确掌握所有状况的时机（在运动员执行任务之后尽快进行反馈）。

运动领域的研究重点为教练营造的动机氛围（Duda & Balague，2007；Smoll & Smith，2009）、父母营造的动机氛围（White，2007）和同伴营造的动机氛围（Ntoumanis，Vazou，& Duda，2007）。尽管上述三种动机氛围的重点均为营造任务取向型氛围，但是各组营造动机氛围的细节可能会有所不同。但是，上述三种动机氛围具有下列共同特点：能够促进平等相待、合作、自主、掌握技能、社会支持和努力。

行反馈（连续强化—100%强化）的效果，要远远大于在参与者每两次尝试之后进行反馈（间隔强化—50%强化）的效果。但是，在第二天不进行任何反馈的选拔测试中，受到50%强化的参与者的表现，要优于受到100%强化的参与者的表现。实际上，在参与者每次尝试之后对其表现进行的反馈，形成了参与者的精神支撑，一旦取消此种支撑，参与者的表现就会变差。因此，教练不仅会减少对运动员进行反馈的次数，还会要求运动员进行自我反馈。例如，在一位网球队员几次将球击到网上之后，教练可能会问：“你认为为什么球会击到网上？”教练的提问会促使队员评估自己的内在反馈和结果，而不再过度倚赖教练的反馈。

对参与者反应进行强化的速度越快，强化对参与者行为的影响就越大。在下列情况下尤其会如此：参与者在学习新技能，如果未能正确展示新技能，参与者容易失去信心。一旦参与者掌握了新技能，立即进行强化的重要性将会降低，尽管有时对正确行为进行强化仍然重要。

奖励重点行为

我们应有选择地进行奖励，这一点也很重要。显然，我们无法在参与者每次做对时都进行奖励。我们需要找出参与者最正确和最重要的行为，以便对这些行为进行奖励。很多教练和教师会完全根据表现结果（如：获胜）进行奖励。但是，我们可以并且应当奖励其他某些行为。下面我们就来讨论这些行为。

奖励接近成功的行为

参与者在学习新技能，尤其是复杂的新

技能时，不可避免地会犯错误。掌握一项新技能可能需要几天甚至几周的时间，参与者在此期间可能会感到失望或沮丧。因此，在参与者学习新技能时，对其小小的进步进行奖励会很有成效。此方法被称为**塑造**，有助于参与者在越来越接近所需结果时继续改进自己的表现（Martin & Thompson，2011）。具体来说，就是在参与者接近所需表现时，对其进行奖励。这会增强参与者动机，为其指明以后的努力方向。例如，一位队员在学习排球上手发球时，你可以先奖励其正确的抛球动作，然后再依次奖励其正确手势、触球动作，最后奖励其将所有动作一气呵成的表现。同样地，有氧运动教练在参与者学习一整套动作时，可以针对参与者掌握部分动作进行奖励，直到其掌握一整套动作；一位理疗师的客户在手术后坚持伸展计划，因此肩部运动范围增大了一些，该理疗师可以针对此情况对客户进行奖励，尽管该客户肩部的运动范围仍可进一步增大。

> **要点**　在参与者学习困难技能的过程中，应当在参与者接近所需行为时进行奖励，以塑造参与者行为。

奖励表现，不只奖励结果

重视比赛获胜的教练通常会根据结果来奖励队员。一位垒球队员迅猛一击，打出了平直球，将球出色地击到了第三垒线，但是三垒手进行了完美的飞扑防守。再次轮到其击球时，同一击球手努力检查其挥击动作，完成了漂亮一击：球正中球棒末端，刚好越过二垒手伸出的手臂，从而实现了安打。如果只奖励安打队员，不奖励出局队员，这会向队员传达错误信息。如果一位队员正确施展了自己的技能，说明他已经尽了全力。队员有时无法控制结果，因此，教练应当关注运动员的表现，而非表现的结果。

在判断参与者是否成功时，应当依据其现有水平和之前水平的比较结果，这一点非常重要。例如，一位年轻的体操运动员以往在自由体操动作方面的最高分数为7.5，但是经过近期的努力，她的分数达到了7.8。因此，在确定该运动员是否成功时，应当关注并奖励她在此方面的进步。

奖励努力的参与者

教练和教师*必须*将努力视作表现的一部分。并非每个人都能在运动领域飞黄腾达。当运动与训练参与者（尤其是青少年参与者）认识到，他们不仅会因为表现失误而挨批，还会因为尝试新的复杂技能而受到表扬，那么他们将不再害怕尝试。加州大学洛杉矶分校（UCLA）篮球队的教练对队员努力的重视程度胜过其对获胜的重视程度，对此，他曾发表过如下观点：

> 你会发现，在我曾执教的UCLA球队的球员中，没有一位球员说我曾要求他们赢得比赛。他可能会说，我偶尔会暗示一下，但是我从未提到过赢得赛事。在进行开球跳球之前，我告诉队员们的最后一句话是：在比赛结束后，离开赛场之前，我希望你们的头能够抬起来。我知道能令你们抬起头的唯一方式是——你知道，你已经尽力了……这意味着，你需要竭尽全力去比赛。你在赛场上的

表现已是你的最佳表现，没有人会做得比你更好……你已经尽了最大努力。

有趣的是，一项针对青少年开展的研究（Mueller & Dweck，1998）显示，收到努力取向型反馈（“你很努力”）的参与者，表现要好于收到能力取向型反馈（“你能力出色”）的参与者，尤其是在失败之后。具体来说，在失败之后，与因能力强而获得表扬的孩子相比，因努力而获得表扬的孩子，在完成任务时坚持的时间更长、更开心、表现也更好。因此，（可控）努力是成就耐心的重要因素，而耐心是运动与训练领域最受重视的品质之一。

奖励情感与社交技能

在存在获胜压力时，人们很容易忘记公平比赛和运动精神的重要性。我们应当认可和鼓励表现出良好运动行为、责任心、辨别力、自控力和合作精神的运动员。遗憾的是，某些出名的运动员和教练员未能在此方面给大家做出表率，因为他们被指控或判定具有下列行为：对裁判员或教练员进行肢体或语言上的侮辱、药物滥用（吸毒）、身体或性虐待、谋杀等。篮球比赛管理人员对底特律活塞队和印地安纳步行者队以及球迷间在2005年的冲突（多名队员因此受到停赛的严重处罚）深感失望的原因之一是，他们向青少年运动员传递了负面信息。表现出自控能力（即使在受到球迷怂恿时）是运动员应学会的重要社交技能之一，因为这一技能与我们众多的人生情境相关。作为运动与体育活动的领导者，我们有很多机会、也有很大责任去鼓励积极的情绪调控与社交技能。我们不应错失任何奖励积极行为的机会，尤其是奖励青少年参与者积极行为的机会。

对表现进行反馈

我们帮助参与者的方式之一为：向参与者提供相关信息，并就参与者动作的准确性和成功性进行**反馈**。此反馈通常是在参与者完成动作之后进行的。例如，如果一位运动训练师在帮助一位膝盖受伤、正在进行康复的运动员增强膝盖灵活性，要求运动员尽可能地弯曲膝盖。训练师可以告诉运动员，与上周相比，他膝盖的灵活度从50º增大到了55º。同样地，一位健身教练可以在参与者举重时，详细告知参与者正确的姿势和方法。

> **要点**　针对参与者的正确反应或错误反应进行详细反馈，有助于参与者改进表现、增强动机。

在向运动员、学生或受训者进行反馈时，应当真诚地进行反馈，确保反馈与特定行为相关。无论是表扬还是批评，反馈都应与某一项或某一组特定行为相关。例如，一位体育生在学习新的体操技能，在他碰到困难时，你不应说：“就这么做，继续努力”。你应进行针对性的反馈，反馈应与具体表现相关。你应告诉运动员如何正确施展技能，你可以说：“在翻筋斗时，应确保收拢的胸部紧贴肢体。”此种真诚反馈说明你在关注参与者，并且乐于帮助他们。

在商业、工业和运动（Huberman & O’Brien，1999；Stokes，Luselli，& Reed，2010；Stokes，Luselli，Reed，& Fleming，2010）领域，人们对表现进行反馈的兴趣激增，将其作为改进表

现的一种方法。有证据表明，此类反馈能够有效改进表现：参与者在收到反馈之后，表现能平均提高 53%，反馈预示着表现改进的开始。

根据上述原则，Mouratidis、Lens 和 Vansteenkiste（2010）开展了一项研究，该研究显示，不同方式的正确反馈对参与者动机、情绪管理和表现有不同影响。在训练和比赛中，出错是不可避免的，正确的反馈也有可能向参与者传达下列信息：参与者的能力低。但是，针对参与者的错误和较差表现，我们以自主支持的方式进行正确反馈（如："你可以通过改变习惯或者顺随投篮动作的方式来改进罚篮命中率"），要比以控制方式进行正确反馈（如："除非你努力得到三分球，否则你不会被选入球队"）的效果好。参与者的内在动机会更强、所受影响会更积极、表现会更好。

反馈的益处

对表现进行反馈可在多个方面令参与者受益。反馈的两个主要作用是激励参与者和指导参与者。**动机型反馈**可以在以下方面改进参与者的表现：增强自信、增加努力程度、激发能量、促进积极情绪。例如"坚持住"、"你能行"、"坚强一些"等。反馈激励参与者的第二种方式是进行重要强化，这会进而激发参与者的积极情感或消极情感。例如，如果参与者收到的反馈说明其表现很差，参与者可能会对其现有表现水平不满。该反馈会激励参与者改进表现。但是，如果后续反馈表明参与者改进了表现，参与者会有满意感，这是一种积极情绪。反馈激励参与者的第三种方式是帮助参与者设定目标。参与者在设定富有成效的目标（请参见第 15 章）时，对结果清晰而客观的认知很重要，因为富有成效的目标是具体、可衡量的。因此，对参与者进行反馈有助于参与者设定目标。

指导型反馈会向参与者提供下列信息：参与者需要执行的具体行为、参与者需要达到的技能或活动熟练程度、参与者目前的技能或活动熟练程度。如果技能非常复杂，了解结果就变得很重要。将复杂技能分解成多个部分有助于营造更有效的学习环境，详细指导参与者如何执行各阶段技能。

反馈研究的最新典型进展是错误放大法。错误放大法基于下列假设：参与者能够藉由错误更正其动作。实际上，参与者在进行特定表现时，需要放大主要错误。这样，参与者便能够深入理解自己该如何做，能够在以后的努力中更有效地调整整套动作。与其他指导方法相比，相关研究（Milanese，Facci，Cesari，& Zancanzro，2008）更加支持错误放大法的效果。

反馈类型

在强化令人满意的行为时，可以使用口头表扬、面部表情和鼓励这些简便而有效的形式。"做得好！""就这么做！""不错，要保持！""好多了！"等语句能够有力强化令人满意的行为。但是，如果能够针对我们所满意的具体行为进行奖励，奖励效果会更好。例如，一位田径教练可以对短跑运动员说："破除障碍的方法正确。你的双腿在起跑时的确非常有力。"或者，一位有氧运动教练可以对努力锻炼的参与者说："我喜欢你在原地踏步时手臂上下运动的方式。"这两位教练都发现了参与者表现的出色之处，并进行了鼓励。

惩罚原则

改进行为的主要方式应是积极强化；实际上，大部分研究人员认为，积极强化方式应占80%～90%。尽管运动心理学家已就运动员动机的增强达成了上述共识，但是，部分教练仍将惩罚作为主要激励方式（Smith，2006）。例如，运动员害怕自己因分数低而被取消某种资格。Seifried（2008）根据实证研究说明了惩罚的利弊。下面我们来总结一下Seifried的论证。

赞成惩罚

尽管众多教育工作者反对教练人员使用惩罚方式，但是仍有一些人（例如：Benatar，1998）认为，鉴于运动员和教练之间的亲近关系，惩罚方式有助于教育（例如：保持稳定、秩序和掌控性）。惩罚肯定能够控制和改变负面行为（Smith，2006），部分人鼓励教练和教师通过惩罚来改进学习和表现。很多人赞成在运动领域使用惩罚方式，理由如下：

- 人们对合作怀有强烈期望、对犯罪者怀有强烈敌意，因此，赞成通过惩罚来威慑未来可能出现的欺骗行为或不当行为（Goodman，2006）。
- 未分享、未帮助他人、未合作的欺骗者应当受到惩罚（Walsh，2000）。
- 欺骗者尽管会在短期内受益，但是他们在未来获得的奖励会因不当行为而大大减少（如：违反职业棒球大联盟药物滥用规定的人永远不会入选名人堂）。
- 对不当行为者进行惩罚，可以警示他人（如：队友）：所有的人都必须对自己的行为以及自己对他人的影响负责（Radzik，2003）。
- 教练人员认同下列做法：通过严重而及时的惩罚来威慑不当或不受欢迎的行为，因为这一做法可以向潜在违反者传递一个信号：如果他们不遵守团队规则，他们需要承担后果。
- 157例研究结果显示，体罚造成情绪与行为问题的风险可以忽略不计（Paolucci & Violato，2004）。

反对惩罚

多项论据表明，惩罚严重缺乏支持依据，实际上与（无成效的）负面行为相关。相关批判观点主要包括：

- 惩罚会令一个人感到丢脸或羞愧，尤其是当一个人感到自己在他人心目中的形象或地位变差之后。羞愧和内疚与一个人在实现某一标准、期望、信仰或价值时的失败或弱点密切相关（Hareli & Weiner，2002）。
- 惩罚通常会造成失败恐惧。恐惧失败的运动员不会受到激励，体会不到胜利果实，他们只会一心一意地避免失败造成的痛苦。研究显示，高度恐惧失败的运动员在比赛中的表现通常较差、容易受伤、难以体会运动乐趣、容易退出（Smith & Smoll，1990）。
- 惩罚会吸引大家对不受欢迎行为的注意力，因而会在不经意间强化这种不受欢迎的行为。将在课堂上捣乱的学生揪出来，可能正好遂了捣乱学生的心意，因为他恰好希望得到大家的关注。惩罚会巩固和加强我们希望避免的行为。

- 惩罚会造成不愉快、令人讨厌的学习环境，导致教练和运动员之间出现敌意和怨恨。长此以往，学生或运动员会因不断受到批评而感到沮丧，导致动力缺失。此外，不受欢迎的行为可能不会被消除，只是在参与者感受到惩罚威胁时，被暂时抑制住了。例如，在有氧健身课上，受训者可能只会在教练看向她时努力，在教练未看向她时偷懒。

> **要点**　惩罚和批评的潜在不良影响包括：害怕失败、强化不受欢迎的行为、感到羞愧、妨碍技能学习。

进行有效惩罚

部分教练认为，惩罚犯错的运动员可以消除运动员的错误行为。这些教练认为，如果队员害怕犯错，那么他们就会尽量避免错误行为。但是，成功的教练在进行惩罚时，通常会熟练结合策略、教学或技术分析。这些教练人员的成功通常归因于积极方式而非消极方式。我们不建议将惩罚作为主要激励方式，但是在消除不受欢迎的行为时，惩罚偶尔也是必要的。下列指南有助于增强惩罚效果（Martens，Christina，Harvey，& Sharkey，1981）：

- 惩罚不应厚此薄彼：如果参与者违反的规定相同，那么受到的惩罚也应相同。
- 惩罚应对事不对人。应让受罚者明白，需要改变的是他们的行为。
- 允许运动员参与惩罚规则的制订。
- 勿将体力活动或身体训练作为惩罚方式。但是，Bandealy 和 Kerr（2013）开展的研究显示，不同的人对受到身体训练惩罚的感受也大不相同：大部分人会出现负面情绪，感到尴尬或丢脸，小部分人会认为这是一种积极方式，有助于增强动机和团队凝聚力。
- 不应让受罚者认为惩罚是一种关注。
- 进行惩罚时应冷静。勿严厉斥责受罚者或者对其吼叫，仅告知他们应受的惩罚。
- 勿惩罚运动员表现错误。
- 勿令受罚者在队友或同学面前难堪。
- 实施惩罚时应谨慎，应增强其效果。
- 惩罚不应殃及无辜。
- 惩罚内容应与受罚者的年龄相适应。
- 确保受罚者明白受罚原因。

教练人员在实施惩罚时，还应考虑文化差异。Hagiwara 和 Wolfson（2013）在一项研究中发现，日本足球运动员和英国足球运动员在面对特定类型的惩罚时，反应不同。具体来说，英国足球运动员在受到口头惩罚时，对其教练的评价较高，在受到身体惩罚时，对其教练的评价较低。但是，日本足球运动员在受到口头惩罚时和身体惩罚时，对教练员的看法没有什么变化。

在英国文化中，内疚扮演着重要角色，而在日本文化中，羞愧扮演着重要角色，这可能是上述差异的原因。日本运动员在失败后的羞愧感更强。他们认为无论何种形式的惩罚都是他们应受的。

运动领域的行为矫正方法

为鼓励受欢迎的行为、消除不受欢迎的行为，我们会系统地应用积极强化原则和消极强化原则，这一做法在运动心理学文献中有多种说法：**突变管理**（Siedentop，1980）、**行为训练**（Martin & Lumsden，1987）和**行为矫正**（Donahue，Gillis，& King，1980）。上述所有说法都是指通过系统强化（尤其是在训练期间）来营造环境。运动与体育领域的行为矫正方法，通常是为了帮助参与者在整个训练期内保持任务型取向与动机。下面我们来重点了解一下行为矫正方法在运动领域的应用研究，以及行为矫正方案的设计原则。

评价行为矫正方案

迄今为止的证据表明，系统强化方法能够有效地修正各种行为（例如：特定技能表现、训练与教学行为），还能够减少错误发生、增大努力程度（Cushing & Steele，2011; Luiselli，Woods，& Reed，2011）。行为矫正方法能够有效提高训练出勤率（Young，Medic，& Starkes，2009），增大游泳运动员的训练成果（Koop & Martin，1983），增强健身活动的效果（Leith & Taylor，1992），改进体操运动员的表现（Wolko，Hrycaiko，& Martin，1993），减少网球、橄榄球和体操运动员出现的错误（Allison & Ayllon，1980；Stokes et al.，2010a，2010b），改进高尔夫球手的表现（Simek，O'Brien，& Figlerski，1994）。其他有效使用了行为矫正方法的方案能够减少花样滑冰运动员的“开小差”行为（Hume，Martin，Gonzalez，Cracklen，& Genthon，1985），促进青少年的健康发展（Camire，Forneris，Trudel，& Berhard，2011），培养健康的体育行为与团队支持态度（Galvan & Ward，1998）。下面我们详细了解几个成功的行为矫正方案应用案例。

足球领域的反馈和强化

Komaki 和 Barnett（1977）在一项典型研究中，通过反馈和赞扬来改善橄榄球队员的技能表现。Barnett 本人就是橄榄球队的教练，他希望了解其队员能否改进在基础进攻阵形中的表现。Barnett 和 Komaki 计划开展三场比赛（A 场比赛、B 场比赛和 C 场比赛），比赛阵形为 Y 型阵（此阵形需要跑卫和四分卫寻找较好的防守位置），5 名队员（一名中卫、一名四分卫和三名跑卫）负责任务的正确完成。为便于研究，Barnett 和 Komaki 将每场比赛分解为五个阶段。例如，一场比赛包括下列内容：四分卫—中卫换位；四分卫—右前卫佯攻；边后卫挡住边锋；四分卫决定抛球还是保球；四分卫行动。

在收集了初始基准期（10 场训练或比赛）的数据之后，教练针对 A 场比赛、B 场比赛和 C 场比赛进行了系统强化和反馈。这些反馈包括：

- 演示各阶段的正确行为
- 提供成功完成的各部分任务检查清单
- 赞扬和认可各阶段的正确表现

为检测行为矫正方案的有效性，研究人员比较了以下两个时期每场比赛各阶段的正确率：基准期和强化期（约 2 周）。2 周之后正确表现的提高率为：A 场比赛—从基准期的 62% 提高到了 82%，B 场比赛—从基准期的 54% 提高到了 82%，C 场比赛—从基准期的 66% 提高到了 80%。

高尔夫领域的行为矫正训练

研究人员通过另一项行为矫正方案研究了高尔夫初学者的表现（O'Brien & Simek，1983）。此项研究采用了名为**反向链**的行为矫正方案。在这一方案中，需要先设定行为链的最后一步。然后将最后一步和倒数第二步组成一组，依次类推直到最终反向推进到行为链的开端。在高尔夫运动中，行为链的最后一步是在草坪上推球入洞。高尔夫运动的目标是以最少杆数推球入洞。在下一步中，球手需要在草坪上切球，推球入洞需要强化。之后，需要依次在平坦球道上击球、成功切球、成功推球。在最后一步中，球手需要将球击离开球台，然后需要依次成功完成之前的三步。

研究人员比较了以下两种用以训练高尔夫初学者的方法：采用反向链的行为变更方法和传统方法。比较结果显示，与接受传统方法训练的球队相比，接受反向链方法训练的球队的成绩更好：少 17 杆。实际上，与接受传统方法训练的球队相比，接受反向链方法训练的球队的杆数每洞大约少 1 杆（共 18 洞），这是一项惊人的进步。

篮球领域的行为记录与矫正

研究人员还通过另一项行为矫正方案研究了正面行为和负面行为（Siedentop，1980）。一位初中篮球教练发现，他的队员们经常在训练期间苛责彼此，不用心提高投篮技术。他为此而忧虑。最后该教练决定对下列行为进行分数奖励：每日上篮训练、每日跳投训练、每日罚篮演练和合作行为（也即是说，队员需要在比赛或训练期间鼓励队友）。此奖励制度规定，队员每出现一次恶劣态度，教练都会扣分。教练在通往体育馆的大厅的显著位置上张贴了“鹰之队努力程度公示”，表现出色的学生将会在赛季后的晚会上获得“鹰之队努力”奖。

此方案带来了引人注目的变化：仅几周之后，该球队的跳投命中率就从 37% 提高到了 51%，上篮命中率从 68% 提高到了 80%，罚球命中率从 59% 提高到了 67%。但最引人注目的改进还是队员素质的改进。在落实行为矫正方案之前，教练在每个训练期都能发现 4 至 6 起苛责行为，10 至 12 起鼓励队友的行为。但仅几个训练期之后，他就在一个训练期中记录了 80 多起鼓励队友的行为。在赛季结束后，该教练感慨到：“队员的凝聚力超乎了我的想像。”“行为矫正方法提高出勤率”栏目则说明了行为矫正方案提高年龄组游泳计划的出勤率和参与率。

网球领域的不当行为

Galvan 和 Ward（1998）希望通过一项案例研究减少大学网球运动员在球场上的不当行为，这些不当行为包括虐拍、虐球、言语侮辱和自我身体虐待等。各位球员的不当行为数量会被公布在队员更衣室内的公告栏上。为了解队员不当行为的数量，研究人员观察了训练期间的所有挑战赛（队员之间的竞技比赛），并记录下了不当行为。在首次会议上，所有队员均被告知了自己的不当行为和

行为矫正方法提高出勤率

一游泳队在训练时，队员的出勤率很低，且经常迟到。为解决这一问题，运动心理学家建议教练使用出勤公示板，在公示板上列出每位队员的名字。教练将公示板挂在了游泳池旁墙上的显著位置，每个人都能看到这一公示板。在方案的第一阶段，如果队员前来参加训练，教练会在其公示板上的名字旁边打一个钩。在方案的第二阶段，队员们为了自己的名字旁边能够打上勾，不得不按时到达训练场。在方案的第三阶段，队员们为了自己的名字旁边能够打上钩，不得不按时到达训练场，且在整个训练期坚持出勤。研究结果显示，在研究的各个阶段，出勤率都有了显著提升：在第一阶段出勤率达到了45%，在第二阶段出勤率达到了63%，而在第三阶段出勤率达到了100%（McKenzie & Rushall，1974）。

之后，运动心理学家又制订了计划执行情况公示板，队员在游完一个来回之后，可以做个标记，直到完成训练计划。结果，游泳队完成的训练量提升了27%，这相当于每位队员在整个训练期内的游泳距离增加了619米。出勤和计划执行情况公示板因内容被公开而明显起到了激励作用，队员可以看到谁出勤了、谁迟到了、谁在整个训练期末曾缺勤一次、每位队员共游了多少个来回等。教练和游泳队员认为，促使行为矫正方案成功的因素包括：来自同辈的压力，公众认同，教练的关注、赞扬和认可。

Young、Medic和Starkes（2009）在一项研究中发现，自我监控记录能够提高跨院校游泳队员的出勤率和守时率，但是这一良好效果仅能持续2到3周。因此，要想让运动员坚持良好习惯，可能需要采取其他方式（例如：公开行为的方式）。

减少不当行为的方法。研究人员在整个网球赛季跟踪了五位队员的表现，发现这些队员的不当行为大大减少，尤其是最初出现的最频繁的不当行为。例如，在基准期，一位队员的言语侮辱行为平均为11起/场比赛，而在赛季结束后，该队员的言语侮辱行为降到了2起/场比赛。行为矫正方案对上述大学队员有效。

制订有效的行为矫正方案

尽管实例证明，行为矫正方案可以修正行为，但是修正运动与训练领域行为是一件复杂的事情。有效的行为矫正方案应具有下列重要特征：

- 需要经常对表现与行为进行具体而详细的考量，并根据考量结果来评估方案的有效性。
- 能够发现以下两种目标之间的差别：培养新行为和保持可接受的现有行为，且能够通过有效规程实现这两种目标。
- 鼓励参与者提高自己此前的表现水准。因此，受伤后进行康复的运动员，可能不会将自己的表现与专业运动员相比较，而是会将自己的表现与理疗师针对特殊情况为自己设定的最佳目标相比较。
- 强调经实验证明有效的行为规程。（与其说这是一门艺术，不如说这是一门科学。）
- 需要教练、教师或导师系统而仔细地监测行为（如：通过录像或行为检查清单），以便消除无效行为。

▶ 鼓励领导者就行为介入方案各方面的有效性向参与者征求意见。

行为矫正方法无疑能够积极改进各种行为。在使用行为矫正方法时，应遵守下列原则，这些原则能够提高行为介入方案的有效性。

▶ 确定需要改进的行为。在开始执行改进方案时，确定的需要改进的行为不宜过多，一两种即可。如果参与者发现自己需要在短时间内快速改掉多种行为，他们可能会失去信心。此外，教练人员亦难以同时观察到所有参与者的众多行为。您可以将参与者需要改进的行为设定为一种或两种，以便能够清晰记录目标行为，并进行有效强化。行为矫正方案不仅可以改进典型的表现行为，还可以改进社交行为和情绪调控行为。在确定需要改进的行为之前，需要仔细评估各参与者在方案中的独特需求。关于如何确定合适的目标行为，可参见“选择并监测目标行为”。

▶ 确定目标行为。确定的目标行为应容易观察和记录。下列行为都比较客观而具体：罚球命中率、跑步圈数、技能的正确完成情况，可以将其作为目标行为。而有些行为则难以定位和考量，如：忙碌行为和努力行为。应详细告知参与者他们需要达到的行为目标，以便他们进行相应改进。

▶ 记录行为。可将观察到的行为记录在检查清单上，以便向参与者反馈。检查清单应简洁而直观，以提高工作效率和效果。主教练、教师、训练导师通常比较忙，因此无法记录行为，但是，他们可以在助理教

选择并监测目标行为

Tkachuk、Leslie-Toogood 和 Martin（2003）针对下列事项提供了一些指南和建议：①选择需要改进的行为；②观察和记录这些行为。这些指南和建议包括：

● 直接观察单个行为。单个行为应由受训者观察，以确保结果高度可靠。此前的研究（相关评述，请参见 Martin & Pear，2003）已观察部分行为，这些行为包括：游泳动作错误、排球发球的准确性、橄榄球运动员的防御技能、速滑运动员的滑冰速度、体操训练中技能的正确施展等。

● 通过行为检查清单来记录多种行为。研究人员和顾问可以制订检查清单，以便观察人员监测多种行为。检查清单包括：训练行为评估体系、自我谈话与手势评价量表、专业篮球教练的教学行为、田径短跑运动正确方式构成要素检查清单、自由泳和仰泳技术评估检查清单等。

● 运动员自我监测。有时，自我监测会促使参与者改进其行为。可以进行自我监测的技能包括：训练技能、游泳训练时游完的圈数、高尔夫运动中的出色击球等。

● 拍摄训练、赛前和赛中情况。通过拍摄行为，可以永久保留行为记录，以便进行观察分析。拍摄资料可用于评估对手的长处和短处，以及赛前或表现之前例行程序的有效或无效部分。

● 表现之后通过视频再现言语行为。在比赛期间录制的比赛视频可以帮助参与者回忆比赛期间的言语行为和情绪。

练、管理者、培训师或教师助理的帮助下完成这一工作。如请他人帮助记录，则应告知帮忙者如何记录行为，以确保记录的可靠性。

- 提供有意义的反馈。详细反馈能够增强动机。易于理解的图表中一组简洁的对钩能够清楚地说明参与者的进步情况，能够促进参与者的自我表扬、教练或教师对参与者的表扬、对进步情况的认知。所有这些都能够增强参与者动机。将反馈结果公之于众能够促进队友之间的互动，这会强化改进成果。但是，也有人会认为将反馈结果公之于众令人尴尬、反感。行为矫正方案的重点应一直是自我改进，应避免造成队友之间的不健康竞争。比较好的方法是召开团队会议，在会上明确将反馈结果公之于众这种做法的准确定位和性质。
- 清楚地说明结果。运动员和学生应清楚自己应具有的行为，以及具有这些行为和不具有这些行为的结果。如果特定训练行为的奖励是下一场比赛的参赛资格，那么，教练应当清楚地说明此结果以及运动员应具备的行为。
- 制订个性化奖励制度。很多运动员和学生的动机已经很强，但是他们需要一套系统化的方案来指导自己的动机。运动员或学生的动机越弱，他们最初对外在奖励的依赖性就越强。但是，从长远来看，最强大的动机仍然是内在动机，因此，我们应持续增强内在动机。重要的一点是，在执行行为矫正方案时，我们应考虑参与者之间的需求差异。

行为矫正方法和认知行为疗法

为了提升行为矫正效果，可以将行为矫正方法和认知行为疗法（结合自我对话等认知性行为矫正方法）配合使用。Luiselli（2012）举了一位花样滑冰运动员在训练期内，将认知行为疗法和行为矫正方法结合在一起的例子：

- 运动员在开始滑冰之前，先看一下训练内容检查清单，该清单列出了运动员需要在训练期内达到的练习目标。
- 之后，运动员想象自己已达到目标：在滑冰时练习特定移动和跳跃动作。
- 在开始滑冰之前，运动员和教练一起复查训练内容检查清单。
- 在整个训练期内，教练都会向运动员进行积极反馈，并提醒运动员需要达到的目标。
- 运动员反复练习有难度的特定移动与跳跃动作，以便教练能够有针对性地进行反馈。
- 在训练期结束后，教练和运动员会完成相同的评价表，以评价运动员在训练期内的各种表现，这样教练和运动员便可以将二者的评价结果相比较，以便为下一期训练做准备。

认知行为疗法和行为矫正方法可以通过多种方式来施行，下列清单仅列出了其中的几种：目标设定、自我监测、行为演练、鼓励、积极强化和提示。图 6.1 是一份教练检查清单，该检测清单将认知行为疗法和行为矫正方法有效结合。该检查清单增强了教练与青少年

赛前	赛中	赛后
确保所有队员已签到，在赛前留出 30 分钟时间。 · 指示队员换装。 · 留出 10 分钟换装时间。 · 提示队员安静并看向教练。 · 通过白板，指定队员位置、安排阵容。 · 回顾策略和目标。 控球　传球　防御阵容　射门 · 指示队员检查装备、准备入场。	临场教练员安排进攻队员和防守队员位置。 · 赞扬在阵容变换时换下来的队员：精力旺盛地比赛 明白自己的位置 与队友配合默契 · 在合适的情形下纠正队员，提醒队员应注意的几点。 · 中场休息时： 回顾之前的比赛 使用白板重点说明策略要点 提醒队员喝水	队员进入更衣室之后，为队员留出 5 分钟的休息、冷静时间。 · 拿到比赛成绩单。 · 提示队员安静并看向教练。 · 评述比赛的成功。 · 评述需要改进的地方。 · 请一位队员积极评价团队的默契，在哪些方面表现得比较好。 · 提醒队员下一次训练或比赛（日期和时间）。

图 6.1　教练检查清单

转印于 "Behavioral sport psychology consulting: A review of some practice concerns and recommendations." J. Luiselli, *Journal of Sport Psychology in Action* 3（1）: 41-51， 2012， Taylor and Francis Ltd，转印已获出版人许可（Taylor & Francis Ltd，http：//www.tandf.co.uk/journals）。

曲棍球队员之间的协作。（请参见 Gawande，2010，深入讨论了检查清单的益处）。

内在动机和外在奖励

运动与训练领域经常会进行**外在奖励**。大部分联盟在赛季后会举行宴会，并在宴会上向参与者颁发奖牌、奖杯、绶带、奖金或夹克衫等。初中体育老师也经常会向表现好的学生发放贴纸和玩具等奖励。健身教练亦经常会向坚持上课、参加锻炼的学员发放 T 恤衫等奖励。外在奖励倡导者认为，外在奖励能够增强动机，提高学习效果，促使参与者继续参加运动。如本章所述，系统地使用奖励的确能够改进运动、体育与训练行为。但是，如果奖励不当，可能会引发不良后果。

我们都知道，动机有以下两种来源：内在和外在。外在奖励动机源于他人的积极强化和消极强化。但是参与者也会因内在原因而参加运动或体育活动。具有**内在动机**的参与者追求的是内在目标：能够自主完成即将到来的任务。他们喜欢比赛，喜欢运动和激动人心的时刻，看重开心，希望尽己所能学好新技能。爱好运动与训练的参与者的动机主要来自内在，例如：因自豪感而比赛。例如，英国优秀的中距离赛跑运动员被问及参加赛跑的原因时曾说：

> 我这么做只是因为，我希望……发挥出自己最大的潜力，做最好的自己。

同样地，著名的高尔夫球手 Tiger Woods 针对自己参与运动的原因时，也曾说过：

> 我喜欢在努力打破个人记录时体会

> 到的那种沉静感和挑战性。

一项针对受到长久激励的优秀运动员开展的调查（Mallett & Hanrahan，2004）显示，这些运动员主要是受个人目标和成就（而非金钱）激励。但是，与对手竞争、击败对手仍是某些运动员的重要目标，如世界划船锦标赛的冠军 Sam Lynch 所述：

> 你不会为了世界纪录而参加此种比赛。世界纪录可能是你的目标之一，但是你的首要目标会是赢得冠军。

图 6.2 说明了目前的内在动机观点和外在动机观点，而“内在动机和外在动机的类型”栏目则说明了不同的动机类型。现在，我们来看一下，将外在奖励和内在动机结合在一起会有何效果。

影响内在动机和外在动机的因素

社会因素和**心理因素**均能影响一个人在运动与训练领域的内在动机和外在动机。比较突出的社会因素包括：①成功与失败（能够影响一个人能力感的经历）；②竞争目的（与自己或某些优秀标准竞争，其目的是为了提高自己，而不是与对手竞争，其目的是为了获胜；③教练行为（积极行为或消极行为）。**自我决定理论**者认为：能力、自主和归属是人类的三种基本需求；人们对这三种需求的满意度，会在很大程度上决定一个人的内在动机。因此，影响动机的心理因素包括：能力的需求（自信感和效能感），自主的需求（可以对决定发表意见或者通过某种方式“拥有”它们）和归属的需求（关心他人、他人关心自己）。理解上述因素并尽可能地进行修正，可以增强一个人的内在动机。

外在奖励是否会削弱内在动机？

直观上来看，将外在动机与内在动机结合，似乎会增强动机。例如，参与者参与某项活动（如：校内排球）的动机本来是内在动机，但是，此活动后来又增加了一些外在奖励（例如：奖杯），那么参与者的动机会增强。但是，在进一步了解外在奖励对内在动机的影响之后，你会发现外在奖励会削弱内在动机。

在大部分早期研究人员和实践人员看来，内在动机和外在动机是助推因素，越多越好。但是，相关人员发现，外在奖励可能会削弱内

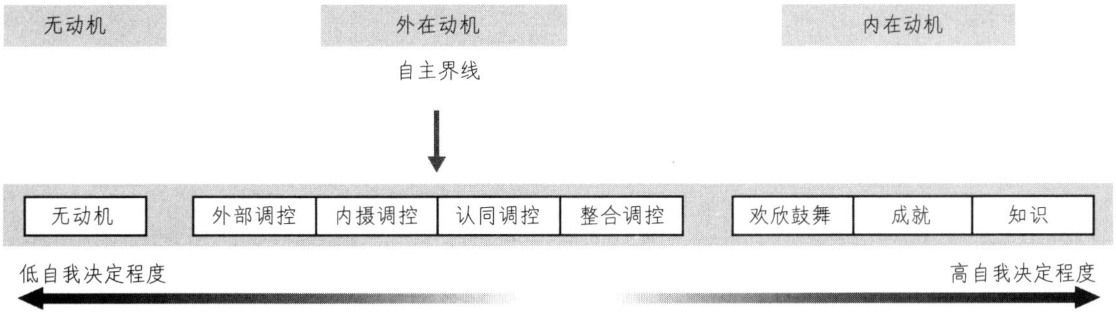

图 6.2　内在动机和外在动机连续体。这些概念可以通过 Pelletier 及其同事制订的运动动机量表来测量（1995）。

内在动机和外在动机的类型

目前，心理学家普遍将内在动机和外在动机视为一个连续体，且将内在动机和外在动机细分为多种类型（即将这些动机概念视为多维概念）。

内在动机

- 知识：个人参与活动的目的是为了体验到学习、探索和理解新事物（如：学习新的防御阵容）带来的愉悦感和满足感。
- 成就：个人参与活动的目的是为了体验到创造事物或掌握困难技能（例如：掌握一直在学习的跳水技能）带来的愉悦感和满足感。
- 欢欣鼓舞：个人参与活动的目的是为了体验到开心、激动、审美愉悦等快乐感觉（例如：爬山的快乐体验）。

外在动机

- **整合调控**：是外在动机最高级的发展形式。因活动结果有价值（并非完全是因为活动有趣）而参与活动，活动对个人来说很重要。例如，一位体育老师努力训练的目的是为了一个有价值的结果：参加马拉松比赛。虽然参与者是为了外在奖励而参与活动，但是参与者仍能感到一些自主性（按自己的自由意志行事）（Standage，2012）。
- **认同调控**：参与行为非常有价值，参与者高度接受且可以相当自主地决定参与行为，因此参与者乐于参与活动，虽然活动本身没什么乐趣。例如，一位运动员参与了一项运动，是因为她认为参与该运动有助于个人成长与发展。三种内在动机、整合调控和认同调控都反映了参与者“想要”，而不是觉得自己“应该”参与活动，因此，对情感、认知和行为结果的影响是积极的（Vallerand，1997；Vallerand & Rousseau，2001）。这也是图6.2中的“自主界线”（抉择多来自内在、遵从本能）为什么正好被放在“认同调控”（会受一些内部影响，但是所受外部影响更大）旁边的原因。
- **内摄调控**：参与者因内在动力与压力而受到激励，但是，参与者的行为不属于自我决定行为，因为参与者的行为受到外部偶发事件的调控。例如，一位健身者保持良好身材的目的是为了吸引异性，这种动机就属于内摄调控。
- 外部调控：参与者的行为完全受外部因素（如：奖励和限制）控制。例如，一位运动教练长时间在训练室训练的目的只是为了提高薪水，该教练的动机即来自外部因素。

无动机

- 在此种情况下，参与者既不会受到内部因素的激励，也不会受到外部因素的激励，因此经常感觉自己能力不够或控制力不够。例如，一位体育老师所做的只是完成动作，因为他不关心其他内容的教授，此种情况就属于无动机。

在动机。例如，爱因斯坦针对考试问题曾说道：“考试的强迫性具有抑制作用。在我通过终考之后，在整整一年的时间里，一想到科学问题，我就反感”（Bernstein，1973，p. 88）。如果人们将自身视为行为原因，他们会认为动机来自内部。当人们将外部因素视为行为原因时，他们会认为动机来自外部。一般来讲，一个人受到的外部激励越强，其内部激励就越弱（deCharms，1968）。

相关研究结果

在20世纪60年代末期，研究人员和理论家开始系统地检测外在奖励和内在动机之间的关系。Edward Deci（1971，1972）发现，

激情：持久动机的关键

尽管哲学家非常关注激情概念，但是直到最近几年，运动与训练心理学文献才开始通过实验关注激情。激情是一个人对自己喜欢的运动的强烈意愿与渴望，且认为该运动很重要，乐于投入时间与精力参与（Vallerand，2010）。自我决定理论（Ryan & Deci，2002）认为，如果一个人喜欢并定期参与某项运动，该运动将成为此人身份的重要组成部分（Vallerand et al.，2006）。例如，一个对篮球运动有激情的人，并不意味着他只是打打篮球，而是意味着他是一名篮球爱好者。

Vallerand 及其同事（2011）将激情分为以下两种：

- **和谐激情**（HP）：某项运动已经成为一个人身份的组成部分，因此，此人强烈渴望参与该项运动。该项运动对此人来说非常重要，但是运动身份不会遮盖此人的其他身份。例如，对运动有着和谐激情的大学运动员会自主决定何时参与运动、何时开展其他活动（如：学习、会见朋友）。
- **强迫性激情**（OP）：一个人参与某项运动的不受控的渴望，该运动不会成为此人身份的组成部分。此人受活动控制（例如：我不得不参与它），因此，此活动会与其他人生活动（如：工作、家庭活动）冲突。例如：如果一位大学运动员对体育活动的激情是强迫性激情，那么他可能会经常中止体育活动，转而去开展其他活动，如：学习。

在激情与运动之间的关系方面，研究人员有下列重要发现（Donahue，Rip，& Vallerand，2009；Lafreniere，Jowett，Vallerand，Donahue，& Lorimer，2008；Vallerand et al.，2006，2011）：

- 和谐激情与积极影响、积极情感及沉浸状态相关。
- 和谐激情有助于教练和运动员之间的和谐关系。
- 和谐激情可以提高生活满意度。
- 和谐激情可以减少长期慢性伤害。
- 强迫性激情与负面情感（尤其是害羞）相关。
- 强迫性激情无益于和谐的教练员与运动员关系。
- 强迫性激情会促使一个人执着于不明智的活动（如：赌博）。
- 强迫性激情会增强反应性攻击行为。
- 强迫性激情会增大一个人参与危险、不健康行为的风险。
- 和谐激情有助于自主型人格，而强迫性激情会导致控制型人格。

一些参与者在参与自己感兴趣的活动并获得奖金之后，他们后来参与该项活动的时间，会少于未曾获得奖金的参与者参与该项活动的时间。Deci 曾开展过一项原创性研究——现在已是一项非常典型的研究。在此项研究中，参与者需要参加一项名为 SOMA 的机械类益智游戏。该游戏包括很多不同形状的木块，这些木块可以组合成不同图案，而参与者将会获得报酬。实验性测试显示，人们参与此项游戏的动机是内在动机。在后期开展的研究中，研究人员发现，曾获得报酬的 SOMA 游戏参与者，后来花费在该游戏中的时间（106 秒）大大少于未曾因参与此项游戏而获得报酬的参与者（206 秒）。

> **要点** 因参与自己原本感兴趣的活动而获得报酬，会削弱一个人以后参与该项活动的内在动机。

另一项早期的典型研究是Lepper和Greene（1975）开展的“游戏工作化”研究。此项研究的参与者是幼儿园的孩子，参与的活动是孩子们原本就感兴趣的活动：用水彩笔画画。奖励情况共有以下三种，孩子们需要在以下某一种情况下画画：意料之内的奖励——为了得到“优秀参与者”证书，孩子们同意画画；意料之外的奖励——在孩子们完成任务后，奖励会颁发给受到信任的孩子；没有任何奖励——孩子们不会期望奖励，也不会获得奖励。一周之后，在允许孩子们自由选择的情况下，研究人员仔细观察孩子们对同一活动的兴趣。曾因用水彩笔画画而获得意料之内的奖励的孩子们，画画的内在动机减弱；而另外两组用水彩笔画画的孩子们的内在动机与实验前一样强。在得知不会再获得期望的奖励之后，第一组孩子用水彩笔画画的首要原因消失了，尽管他们在实验开始之前画画的动机是内在动机（Lepper，Greene，& Nis-bett，1973）。此研究说明了外在奖励潜在的长期影响，以及奖励施予方式相关研究的重要性。

并非所有的研究均显示外在奖励会削弱内在动机。例如，针对外在奖励与内在动机之间的关系而开展的一般心理学研究得出了下列结论：仅在特定条件下，外在奖励会削弱内在动机，例如：因参与者参加活动而赞许参与者，不因表现质量而赞许参与者（Cameron & Pierce，1994；Eisenberger & Cameron，1996）。但是，Ryan和Deci（2000）质疑了上述结论，以令人信服的证据说明，外在奖励对内在动机的削弱影响非常广泛。针对运动与训练领域开展的专门研究显示，众多实例说明，外在奖励及其他激励方式的确能够削弱和降低内在动机（Vallerand，Deci，& Ryan，1987；Vallerand & Losier，1999）。因此，我们需要了解：在何种情况下，外在奖励会对内在动机造成不利影响。

认知评价理论

为说明外在奖励对内在动机的不同潜在影响，Deci及其同事（Deci，1975；Deci & Ryan，1985）创立了**认知评价理论**（CET）。实际上，认知评价理论是更加广泛的自我决定理论的亚理论（Ryan & Deci，2000）。自我决定理论（SDT）关注以下三项基本心理需求：效能感、归属感和自主感。Deci和Ryan（1994）认为：

> 人们天生渴望自己在社交圈里与他人有关联（归属感），渴望在社交圈里发挥有效作用（效能感），渴望能够自主行事（自主感）。

因此，在社会背景下，最大程度的内在动机、表现和认知发展，能够为人们提供满足上述基本需求的机会。

尽管自我决定理论的重点内容是内在动机，但是该理论并未详细说明内在动机的起因。因此，Deci及其同事创立了认知评价理论（图6.3），以说明内在动机的变化性。认知评价理论的重点内容就是可能会促进或破坏内在动机发展的因素。根据自我决定理论的主张，认知评价理论假定：任何会影响一个人能力感与自我决定感的事件，最终都会影响此人的内在动机水平。这些事件（如：奖励的分配，反

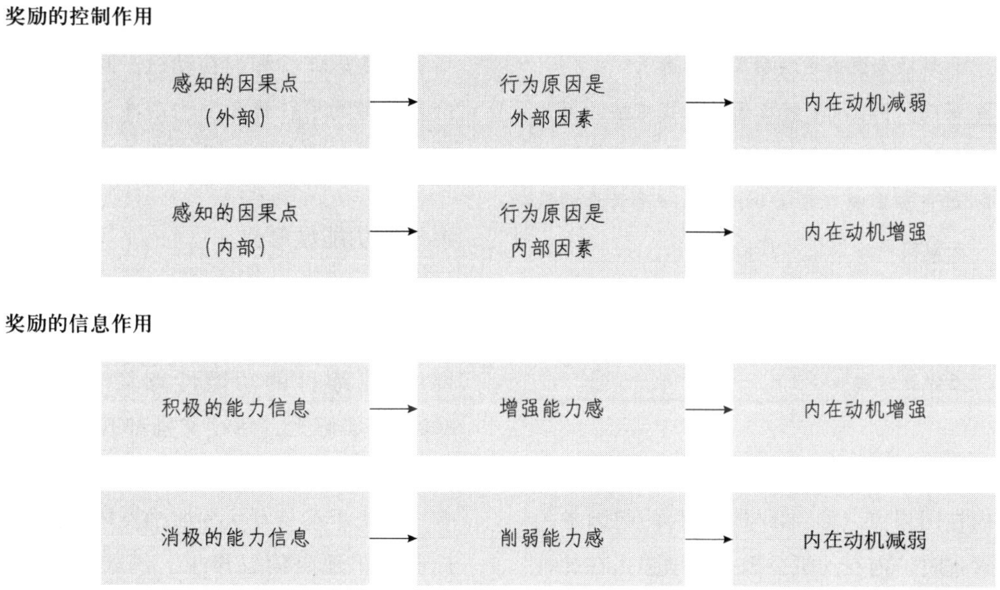

图 6.3　认知评价理论

馈与强化数量及质量，情境的营造方式）有以下两种作用：控制作用和信息作用。控制作用和信息作用均会增强或减弱内在动机，具体取决于它们对能力感和自我决定感的影响方式。

奖励的控制作用

奖励的控制作用关系着一个人对情境**因果点**（即一个人行为的起因）的感知。如果参与者认为，奖励控制着自己的行为，那么参与者会认为其行为的起因是外部因素（外部因果点），他的内在动机会因而减弱。

参与者经常会感受到以下二者之间的直接冲突：①他人用奖励控制自己的行为；②自己有自我决定的需求。也就是说，因内在动机而参与活动的人会认为，自己参与活动是因为自己想要参加，而不是因为外在奖励而参加。如果一个人感到自己受到了外在奖励的控制（如：我完全是为了奖金而参加），那么他行为的起因就是外部因素。例如，很多大学运动员感到自己受到获胜压力的控制，他们为了奖学金而比赛，为了满足教练的需求与期望而比赛。在众多专业运动中，很多运动员的自由意志发生了变化，因此，他们感到自己受到大笔金钱收入的控制。这进而导致运动员难以体验到运动中的乐趣。相关研究显示，教练们通常会使用 6 种策略来控制运动员的行为，但这些策略会削弱运动员的内在动机（Bartholomew，Ntoumanis，& Thogersen-Ntoumanis，2009）：

- 有形奖励（如：教练员承诺，如果运动员参与特定培训活动，会对运动员进行奖励）
- 控制型反馈（如：教练员向运动员反馈的全是运动员的负面行为，未反馈任何正面行为，且未针对未来改进给予任何建议）
- 过度个人控制（如：教练以命令方式与运

动员互动，通过命令、指令、控制性问题和最后期限命令运动员做某事）

- 恫吓行为（如：教练通过惩罚威胁，促使运动员努力训练或者在训练中遵规守序）
- 进一步影响自尊（如：在某一运动员的队友面前评价该运动员的表现）
- 条件性关注（如：教练员的评述令运动员感到内疚，如："你让我感到失望"或"如果你表现差……"）

与上述情况相反的是，参与者将奖励归因于内在因果点（如：参与者行为的起因是内部因素）时，内在动机会因此而增强。在此种情况下，参与者的自我决定感很强，他们会认为，自己的行为是由自己的内在动机决定的。例如，对于运动与训练计划，如果运动员能够针对活动选择、个人表现目标、团队或班级目标发表意见，运动员的个人控制感将会增强，这会进而增强运动员的内在动机（Vallerand et al.，1987）。

奖励的信息作用

奖励的信息作用主要是通过改变参与者对自身能力的感知来影响参与者的内在动机。如果参与者因成就而获奖，如："最有价值队员"奖，此奖励对于参与者的能力反馈了积极信息，那么参与者的内在动机会增强。实际上，若要为增强内在动机而进行奖励，则应针对特定表现水平或行为水平进行奖励。

此外，如果奖励或事件针对参与者的能力反馈了负面信息，那么参与者的能力感和内在动机会减弱。例如，如果一位教练的主要训练风格是苛责，那么部分参与者会将苛责默默视为与自己价值相关的负面信息。这会减弱参与者的快乐体验和内在动机。同样地，如果一位参与者为了获奖而努力奋斗，但他最终未获奖，这也会削弱参与者的能力感和内在动机。

事件的功能性意义

认知评价理论的两点重要内容是奖励的控制作用和信息作用，该理论还有第三点重要内容：事件的功能性意义（Ryan & Deci，2002）。实际上，每项奖励都既可能有控制作用，又可能有信息作用。奖励对内在动机的影响，取决于参与者认为奖励发挥的主要作用是控制作用还是信息作用。例如，从表面上来看，通过奖杯来认可个人或团队能力是一种积极行为。然而，尽管奖杯是对参与者能力的认可，但参与者可能会认为，教练试图通过奖励来控制自己的行为（例如：确保参与者不会在来年加入其他团队）。因此，教练必须令参与者明白：奖励是为了向其反馈与能力相关的积极信息，而不是为了控制其行为。一般来说，选择感、能力感、自主感（自我决定感）让参与者体验到的是信息作用；而报酬、最后期限和监督让参与者体验到的是控制作用。

我们来看一下 Weiss 和 Chaumeton（1992）提供的一位高中摔跤选手的例子。根据教练人员的描述，该摔跤选手具有很强的天资和潜力，赢得了大部分比赛；教练、队友和社区都对其评价很高。此外，该摔跤选手作为队长，还参与了团队规则和训练制度的制订。尽管众多积极信息表明该摔跤选手的能力很强，但是，令教练困惑的是：该摔跤选手缺乏积极的情感、努力程度不够、耐性不足、缺乏需求。直到最后，教练人员才发现真实原因：该选手的父亲向其施加了很大压力，迫使其加入了摔跤队，他通过儿子的成功实现了自己未曾实现的梦想。但是，当父亲认为该选手的表现未达到理想水平时，仍会对其进行苛责。因此，该选手感受到的专横父亲的控制作用，强于自己通过优秀表现获得的积极反馈和奖励。该摔跤选手将因果点视为外部因素，其内在动机因而降低。

要点　奖励能够增强或削弱参与者的内在动机，具体影响取决于参与者对奖励的认知。如果参与者认为，奖励控制着他们的行为，或者奖励表明他们的能力不足，那么奖励会削弱参与者的内在动机。如果奖励主要发挥信息作用，且向参与者提供了能力相关的积极反馈，那么奖励会增强参与者的内在动机。

外在奖励如何影响内在动机

被称为“魔术师”的杰克逊有一次被问及在其受聘于各大学篮球队期间，是否曾收到过令人不舒服的邀请。对此，他谈道：“我收到的是轿车和金钱。这立刻让我不快。好像他们要买我似的。我不喜欢被任何人买。”注意，杰克逊在此处谈到的实际上是奖励的控制作用。他不喜欢任何人通过收买或其他外在激励方式来控制自己。目前，大量专业运动员会收到令人瞠目的数百万美元的长期合同，这自然会带来一项疑问：运动员是否会丧失以最高水准进行表现的动机和动力？我们来看一下研究结果。

奖学金和内在动机

针对外在奖励对运动领域内在动机的影响开展的首批研究包括：Dean Ryan（1977，1980）针对有奖学金和无奖学金的大学橄榄球运动员开展的研究。有奖学金的橄榄球队员反映，他们从橄榄球中体验到的快乐没有无奖学金的橄榄球队员多。此外，有奖学金的橄榄球队员在获得奖学金的年份的内在动机不强，在大学四年级时体验到的橄榄球乐趣最少。Ryan后来还调查过不同大学、不同运动中的男性和女性运动员（1980）。他再次发现，有奖学金的橄榄球队员的内在动机不如无奖学金的橄榄球队员强。但是对男性摔跤运动员和其他六项运动的女性运动员开展的研究显示，他们在有奖学金时的内在动机要比无奖学金时的内在动机强。

上述结果可以解释为：奖励的控制作用和奖励的信息作用的差异。奖学金可以发挥信息作用，告知运动员他们表现很好。与其他运动员相比，摔跤运动员和女性运动员收到的奖学金很少，因此，奖学金对于上述摔跤运动员与女性运动员而言，主要发挥的是信息作用。回想一下20世纪80年代，很少有奖学金会发放给摔跤运动员和女性运动员。而与此相反的是，橄榄球运动员收到的奖学金一直很多，在20世纪80年代，大约有80种奖学金发放给了一级橄榄球队员。因此，收到橄榄球奖学金的队员，通常不会认为奖学金仅仅是对自己出色表现的认可。

> **要点**　运动奖学金能够削弱或增强运动员的内在动机，具体影响取决于运动员体验到的是奖学金的控制作用还是信息作用。

橄榄球是大部分院校创造收益的主要运动项目。我们应该考虑一下，应如何使用橄榄球奖学金及其他创造收益的运动项目奖学金。部分教练会将奖学金作为一种工具，用以控制运动员的行为。队员通常会认为，他们必须表现出色，不然会失去奖学金。在队员的表现水准未达到教练期望时会被迫参加令人生厌的训练，或者受到教练的离队或不允许参赛威胁。教练以奖学金为诱饵，时常将本来属于玩乐性质的活动工作化。在上述情况下，运动员体验到的通常是奖学金的控制作用而非信息作用。这显然会削弱获得奖学金的运动员的内在动机。

20 世纪 80 年代至 90 年代，大学运动中男性运动员和女性运动员的情形均发生了变化，因此，Amorose、Horn 和 Miller（1994）针对奖学金对内在动机的影响开展了相关研究。研究显示，440 名获得奖学金的一级男性运动员和女性运动员的内在动机、愉快程度和选择感，均不如未获得奖学金的同类运动员强。上述情况既存在于男性运动员也存在于女性运动员中。这表明，随着女性大学运动的发展，女性运动员面临的获胜压力已经上升到与男性大学运动员同等的水平。随着女性运动员获得的奖学金越来越多，奖学金的信息作用正在减弱。而随奖学金而来的获胜压力增强了奖学金的控制作用，因此削弱了运动员的内在动机。

鉴于上述情况，Amorose 和 Horn（2000）试图了解造成内在动机发生变化的是奖学金本身，还是教练员的实际行为。在评价大学运动员对其教练行为的感知时，研究人员发现，造成运动员内在动机发生变化的主要原因是教练行为，而非奖学金本身。具体来说，如果运动员感受到的教练行为主要是积极而有指导意义的反馈、开明及社会支持行为，那么他们与主要感受到的是教练员的专制行为的运动员相比，内在动机会更强。Hollembeak 和 Amorose（2005）也发现，开明的教练行为会增强参与者的内在动机，而专制的教练行为会削弱参与者的内在动机。因此，与奖学金相比，教练的训练方式似乎对内在动机的影响更大。

比赛和内在动机

比赛成败也会影响内在动机。赛事能起到控制作用，也能起到信息作用；因此，既会影响参与者对因果的感知，也会影响参与者对能力的感知。研究人员开展了多项研究。在这些研究中，参与者需要完成运动任务，研究人员会控制参与者的成功感和失败感。结果显示，成功能够增强内在动机，失败会削弱内在动机（Vallerand，Gauvin，& Hal-liwell，1986a；Weinberg & Jackson，1979；Weinberg & Ragan，1979）。研究人员还开展了进一步研究（Vansteenkiste & Deci，2003），以了解基于表现的积极反馈对成功与失败的影响。研究结果显示，尽管失败会削弱内在动机，但是<u>达到特定标准的积极反馈</u>（表现相关的反馈）能够大大减轻失败对内在动机的削弱影响。因此，与重视结果（如：输赢）相比，重视表现目标（如：改进）更有利于参与者保持动机。

外在奖励的有效使用原则

● 最出色的外在奖励应该是新奇的、有创意的、真诚的。当今时代，专业运动员的薪水很高，我们经常会忘记：外在奖励的魅力来自于其意义，而非其货币价值。奖励的真正力量通常源于其代表的含义。例如，在一部名为《美丽心灵》（根据真实故事改编）的电影中，虽然约翰·纳什受到了精神类疾病的困扰，但是他终因在经济理论方面的杰出贡献而获得了诺贝尔奖。虽然伴随诺贝尔奖而来的有金钱和声望，但是，令约翰·纳什最满意的一项奖励是他在影片结尾时收到的：在普林斯顿大学的餐厅里，他的同事纷纷来到他的餐桌旁，将一支支钢笔放在了餐桌上，以示对其辉煌成就的认可。钢笔的金钱价值很小，但是象征意义却很大。

● 我们应用外在奖励来激励运动员，而不是控制运动员。在向运动员授予个人荣耀时，应确保运动员知道：该奖励是对其能力的认可，不是为了控制他。例如，运动员应将奖学金视为一种能力认可办法，而非诱因。

● 当参与者不想参加某项体育或训练活动时，可以采用外在奖励。例如，某人不喜欢用自行车健身，但是外在奖励会促使他坚持下去。因为他知道，自行车健身会帮助他减掉体重、使其肌肉更结实。

● 外在奖励应与特定行为相关。赢得奖励有助于增强参与者动机。例如，仅仅因为参与（如：加入某些青少年运动联盟）而得奖没什么意义，但是，如果因为参与活动，且在整个训练期很努力而获奖，将会增强参与者的动机。

● 应谨慎使用外在奖励。教练人员或训练导师更需要做的是营造能够增强内在动机的氛围。运动员或受训者在此氛围中，能够在追求卓越的过程中激励彼此。教练人员或训练导师的外在奖励越少，参与者越容易将外在奖励视为激励因素而非控制因素，参与者的自我决定感将会因此增强。

> **要点** 比赛获胜通常会增强内在动机，比赛失败会削弱内在动机。

我们关注的重点通常是谁赢了比赛、谁输了比赛，也就是说，我们关注的重点通常是客观结果。但是，比赛有时会存在下列情况：运动员表现很好，但他仍然失败了，因为竞争对手很强；运动员表现很差，但是他仍然获胜了，因为竞争对手很弱。这些主观结果似乎也能决定运动员的内在动机。如果参与者认为自己表现很好，那么他的内在动机通常会强于成功感弱的参与者（McAuley & Tammen, 1989）。在决定内在动机方面，参与者对自己表现的（主观）感知比输赢的影响更大。在确定表现对内在动机的影响时，有句老话很适合："输赢不重要，重要的是你在比赛中的表现。"

实际上，关注参与者的表现似乎比关注实际结果更重要。例如，Vallerand、Gauvin和Halliwell（1986b）发现，青少年在完成一项运动任务时，如果需要与他人比赛（与他人竞争），那么他们的动机会弱于只与自己比赛时（任务取向型竞争）的动机。其他研究（Kavussanu & Roberts, 1996；Koka & Hein, 2003）也发现，如果参与者将班级的动机氛围视为任务取向型氛围，那么他们的内在动机要强于将动机氛围视为自我取向型氛围时的动机。

反馈和内在动机

反馈和内在动机考查的是重要他人的积极与消极反馈对参与者能力感及相关内在动机的影响。Vallerand（1983）在其进行的首次研究中，考查了不同数量的积极反馈对模拟情境下青少年曲棍球运动员的影响。在展示各种曲棍球技能时，运动员会收到教练的0、6、12、18或24句积极反馈。收到积极反馈的小组，在能力感和内在动机方面的得分要高于未收到任何反馈的小组，但收到不同积极反馈的各组之间的得分没有差别。因此，与绝对数量的积极反馈相比，至少具有某类积极反馈似乎更重要。

Vallerand在其开展的第二项研究中，要求参与者完成平衡任务。研究结果发现，获得积极反馈的参与者的内在动机，要强于获得消极反馈或未获得任何反馈的参与者的内在动机（Vallerand & Reid，1984）。Mouratidis等人（2008）开展的一项研究显示，获得非常积极的反馈（“你是班上最优秀的学生之一”）的参与者，在内在动机与未来参与同一活动的意愿方面，要大大强于获得积极程度一般的反馈（“你的水平大约为中等”）的参与者。这些结果强调了积极反馈的质量的重要性，说明重要的不仅仅是反馈数量。

内在动机的其他决定因素

研究人员发现，内在动机除了与上文所述的因素相关外，还与其他众多因素相关（相关评述，请参见Vallerand & Rousseau，2001）。有助于增强内在动机的因素包括：

- 教练的训练风格为自主（开明）型而非专制型
- 参加娱乐型而非竞争型联盟
- 能力感强
- 控制感强

增强内在动机的策略

奖励本身不会削弱内在动机。教练、体育老师和训练导师可以通过规划、使用奖励及其他策略来增强参与者的成功感和能力感，进而增强参与者的内在动机。请阅读下列内在动机增强建议，并分析如何通过奖励向参与者提供积极信息，以增强参与者的内在动机和能力感。

- 提供成功体验。成功感能够增强个人能力感。例如，在青少年打篮球时，可以降低篮筐的高度，营造个性化训练环境，以增加青少年的成功体验，进而增强其能力感。如果参与者做得正确，对参与者进行积极反馈。
- 偶尔对表现进行奖励。偶尔对特定行为的表现进行奖励，可以增加奖励的信息价值。对参与者的下列行为进行奖励：正确动作、良好运动行为、帮助队友、掌握一项新技术，这些奖励可以向参与者反馈其能力相关的积极信息。应使参与者明白：奖励只是对其良好表现的认可，你不会以任何方式控制参与者。强调奖励的信息作用。
- 使用口头或非口头赞许。很多人忘记了赞许的力量有多强大。赞许能够提供积极反馈，使运动员不断努力提高自己。赞许对

增强动机的策略有多种，其中包括：根据个人能力设定切合实际的表现目标。

下列参与者来讲尤其重要：候补队员、很少得到认可的运动员、特别不擅长运动与体育活动的学生。例如，在健身课上，体重超标的参与者需要大量积极反馈，这样他们便会保持健身动机、不会自惭形秽。一个简单的鼓励或一句简单的赞扬“做得好”，便能够认可每个个体对团队的贡献和一个人目标的达成。

- 改变训练内容与顺序。运动与训练领域的训练可能会比较枯燥。打破单调、保持参与者动机的方式之一是改变训练种类与顺序。改变训练种类与顺序，还能为青少年运动员提供尝试新职位、新任务的机会。青少年运动员将会从活动中获得更多乐趣，并能够了解和领悟不同职位的需求以及自身应具备的能力。同样地，健身教练也需要努力改变健身课的内容和模式，以使参与者一直保持很强的训练动机。（健身计划的退出率超过50%是很平常的事。）
- 参与者可以参与决策。允许参与者承担更多的决策责任和规则制订责任。这会增强参与者的控制感和个人成就感。例如，参与者可以就下列事项发表建议：安排训练课、制订团队与课堂规则、制订着装标准，如果参与者的能力足够，还可以参与比赛策略的制订。他们可能会拿出一份新的或有创意的训练方案。当参与者主动学习时，他们的能力感通常会很强。
- 设定切合实际的表现目标。在比赛中，并非所有的参与者能力都很强、容易成为冠军。但是，参与者可以根据自身能力来设定现实的目标。目标不一定是客观的表现结果，可以是特定分钟数的参与、情绪控制的保持或者仅仅是对自身以往成绩的超越。成绩目标应基于个人表现水准（如：将1600米赛跑的时间从7′33″缩短为7′25″），这样参与者便可以自行控制表现（即不根据对手的表现来评价参与者的表现），获得更多的成功体验。达到表现目标意味着参与者能力的增强，这会进而增强参与者动机。（第15章详细说明了目标的设定。）

沉浸状态——内在动机的特殊形式

在内在动机的增强方面，Mihaly Csikszentmihalyi（1990）从全新的角度进行了研究。很多研究人员试图了解可能会削弱内在动机的因素，而Csikszentmihalyi研究的是一项任务能够增强参与者内在动机的因素。Csikszentmihalyi调查过攀岩、舞蹈、国际象棋、音乐和业余运动等活动。参与者怀着极大的热情参与这些活动，但是他们通常不会获得什么奖励或者获得的奖励极少。在运动领域，Sue Jackson主要研究各类运动员的沉浸体验。Jackson和Csikszentmihalyi还合著了一本书：《运动领域的沉浸状态：最佳体验与表现的秘诀》（Jackson & Csikszentmihalyi，1999）。Jackson和Csikszentmihalyi通过研究发现，本身能够吸引参与者的运动有很多共性，它们也是参与者能够进入沉浸状态的要素。这些要素在很多领域都存在，例如：军事、表演艺术和商业领域（Harmison & Casto，2012；Jackson，2011）。以消遣为目的的参与者能够和优秀参与者一样，出色地进入沉浸状态。进入沉浸状态的要素包括：

- 挑战和技能之间的平衡。在Csikszentmihalyi为沉浸状态所下的定义中，最重要的一部分是：一个人的能力感和其面临的挑战之间的平衡。如果参与者能够轻松获胜，参与者将无法进入沉浸状态，如果参与者可能会因相差悬殊而失败，参与者也无法进入沉浸状态。一位曲棍球运动员曾说过："当竞争对手促使我发挥出最大潜能、使我面对真正的挑战时，我会进入最佳表现状态。"运动员要进入沉浸状态，就必须深信：自己有能力成功应对面临的身体、技术和心理方面的挑战。
- 完全投入活动中。参与者对活动非常投入，没有什么事情能够干扰到他。一位篮球运动员曾说过："比赛时，赛场是我唯一会关注的地方……偶尔，我会想到其他问题，例如：与女友吵架，但是，没什么能与比赛相提并论。你可以整天思考同一问题，但是，当比赛开始时，你必须全身心投入它……在比赛时，你不能考虑其他事情。"
- 目标清晰。运动员设定了非常清晰的目标，因此非常清楚如何实现目标。目标明确有助于集中注意力。一位游泳运动员曾谈到过他的沉浸体验："我非常清楚如何游完比赛。"
- 行动和知觉合而为一。运动员清楚其动作，但是不会费心思去思考清楚的原因。一位排球运动员曾描述过此种思想状态：

“我唯一在想的事情就是好好比赛。但是，比赛时，其实不需要我刻意去想什么。(排球)比赛开始后，我便沉浸其中。那种感觉很好。当你进入沉浸状态时，你根本就无须考虑什么。在比赛时，如果你去反思：我为什么会这么顺呢？情势反而会变得糟糕。”

- 全神贯注于手边任务。有参与者曾报告称，他们感到自己好像是一束集中的能量。嘈杂的人群、对手的反应和其他分散注意力的事物都无法干扰自己。注意力完全集中在了手边任务上。一位网球选手曾描述过此种状态：“眼里、心里只有网球场和网球。这样我便进入了最佳表现状态，将注意力完全集中在网球上，网球给我的感觉就好像是一个西瓜一样。”
- 失去自我意识。有参与者曾报告说，在活动中会完全丧失自我意识。一位攀岩者对此有过深切体验：“一个人在攀岩时，通常会沉浸在其周围的岩石上、后续动作上……寻找把手点上……身体的正确姿势上——在如此投入的情况下，他们通常会忘记自身，与岩石融为一体。”
- 控制感。此要素是指运动员不会积极注意控制问题，而只是确保自己不会因为失控而担忧。一位墙上网球运动员曾描述过此种控制感：“有时，我的注意力会高度集中在墙上网球比赛中，忘记了其他一切，脑子里只有挥拍击球的动作。肯定还有其他队员在比赛，但我并不关心这些。那时，我未想着与人竞争。我想的只是实现完美的击球，我不关心输赢。”
- 参与者没有目标，活动没有外在奖励。运动员不是为了奖励而参与活动，完全是因为活动本身而参与活动。一位国际象棋选手曾就此说到：“下棋最大的奖励就是博弈，与他人进行脑力战术比赛带来的满足感……我曾获得过奖杯和奖金，但是考虑到报名费、协会等方面的支出，我在财务方面通常是入不敷出的。”
- 时间的变换。进入过沉浸状态的运动员经常反映时间好像变快了，但也有一些运动员反映时间好像变慢了。但是，大部分进入过沉浸状态的运动员都曾感受过上述时间的变换。如一位运动员所述：“在我意识到时间之前，它已经结束了。”
- 毫不费力的运动。此要素是指运动员表现状态良好，无须真正去思考表现，表现不费力。一位花样滑冰选手对此曾有过下列描述：“那种感觉就好像点击了某个程序一样。你的表现处在巅峰状态，你感觉这种状态会一直持续下去。你不想停下来，因为一切都如此顺利。你似乎不需要思考，一切都会自动执行。你好像在跟着一个自动引导仪，无须思考任何事情。”

上述要素是最佳表现的重要特征，运动员将其称为“巅峰状态”、“契合状态”、“势如破竹状态”或“最佳表现状态”，在此种特殊状态下，一切都会进展得很顺利。Csikszentmihalyi将其称为“整体沉浸感”。体验到整体沉浸感时，参与者会感觉自己完全被自动引导。Csikszentmihalyi认为，当参与者的能力和其面临的挑战势均力敌时，会体验到此种**沉浸感**。参与者的内在动机此时会处于最高水平，并实现最佳表现。

图 6.4 说明了沉浸状态出现在下列时刻：参与者能力（技能）和其面临的挑战均处于高水平时。例如，如果运动员的能力很强，其对手能力也很强（挑战性强），在此种情况下，运动员会进入沉浸状态。但是，如果运动员的能力很差，其对手能力很强（挑战性强），运动员会感到焦虑。如果运动员能力很差，其面临的挑战难度也很低，运动员会漠然或懈怠；而如果运动员能力很强，其面临的挑战难度却很低，运动员会感到无聊。Stavrou 等人（2007）检测了上述四个象限的概念和最佳体验的获得情况。检测结果显示：处于沉浸象限中的参与者，其情感状态和表现最佳；而处于漠然象限中的参与者，其情感状态和表现最差；处于无聊象限中的参与者，其情感状态和表现处于漠然参与者和沉浸参与者之间。若要改善参与者的表现、丰富参与者的体验、增加参与者参与活动的时间，需要营造富有挑战性和创意性的训练课、体育课或竞技运动。

如何进入沉浸状态

教练和教师希望帮助运动员和学生进入难得的沉浸状态。问题是，如何进入沉浸状态？针对不同类型的运动员开展的研究（Jackson，1992，1995）显示，若要进入沉浸状态，应当考虑以下重要因素：

- 表现动机。具有表现和表现好的动机，这对于进入沉浸状态来说非常重要。如果参与者缺乏此类动机，将很难进入沉浸状态。若要参与者动机达到最佳状态，应努力实现参与者面临的挑战和其自身能力之间的平衡。
- 在表现之前达到最佳觉醒程度。参与者应

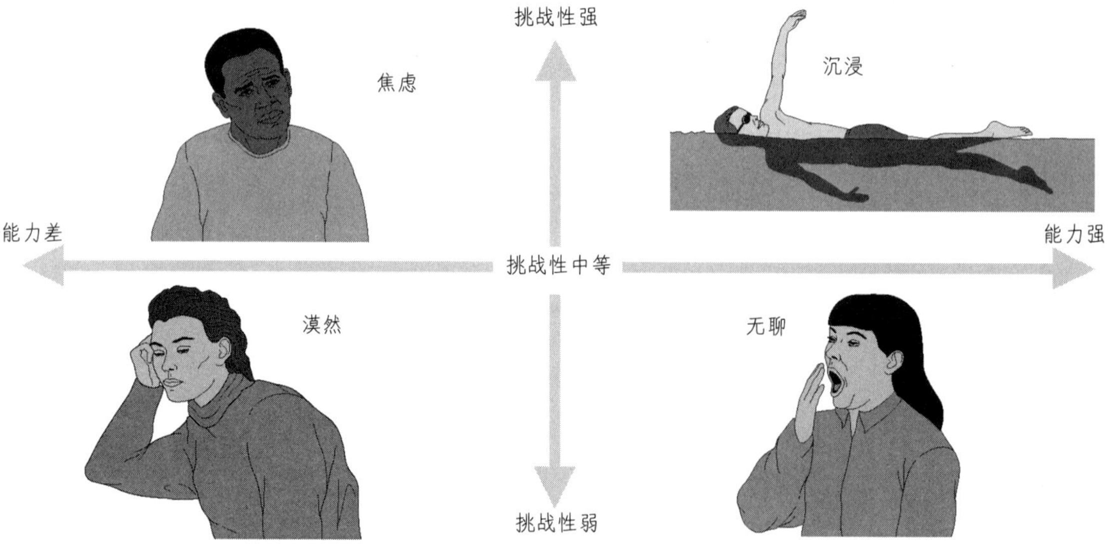

图 6.4　沉浸状态模型

转印于 “Examining the flow experiences in sport contents: Conceptual issues and methodological concerns,” J.S. Kimiecik and G. Stein，*Journal of Applied Sport Psychology* 4（2）: 147，1992，Taylor & Francis Ltd，转印已获出版人许可（Taylor & Francis Ltd http://www.informaworld.com）。

放松，控制焦虑并享受有助于进入沉浸状态的活动。Jackson 发现，有些参与者明显希望更加放松，而有些参与者希望更有活力。有几位运动员曾谈到，他们找到了平静与觉醒之间的平衡。如一位滑冰运动员所述："应放松而自信，但是还应心系某事，不应太放松。你应关注某事"（Jackson，1992，p. 171）。

- 关注范围合适。若要保持正确关注，应当保持较窄的关注范围，关注当下，在表现之前开始关注，关注一个人活动的要点。Csikszentmihalyi（1990）指出，参与者在谈及沉浸状态体验时，提及次数最多的是全神贯注于手边任务。一位滑冰运动员坚信，全神贯注于即将开始的表现会产生积极效果："如果你真正体验过全神贯注的状态，那么你集中注意力便会变得很容易"（Jackson，1992，p. 172）。此外，正念（一个人不做任何判断地将注意力集中在当前体验上）相关的研究显示，正念程度得分高的运动员，在能力与挑战的平衡性、行动与知觉的合一性、注意力集中度、丧失自我意识方面的得分，要高于正念程度得分低的运动员（Kee & Wang，2008）。
- 赛前、赛中计划与准备。在说明哪些因素会影响运动员进入沉浸状态时，运动员提及最多的因素是自信和积极态度，此外还有计划。执行赛前规程、确保一切准备就绪、制订比赛计划、预测可能发生的异常情况，这些无疑都是准备工作的重要组成部分。例如，一位标枪运动员曾谈道："在思想和身体方面做好准备会令我感到自信。我需要做好各方面的准备……这会令我安心。这样，我就可以放松下来，静待比赛开始"（Jackson，1995，p. 144）。
- 做好身体准备、保持最佳身体状况。以下方面对进入和保持沉浸状态都非常重要：事先进行必要培训和准备，努力训练，赛前对自己的身体状况和训练期充满信心。除了休息和训练之外，还应注意营养，营养对进入沉浸状态所需的最佳身体状况很重要。此外，运动员还报告说，应相信自己已做好身体准备，这能够增强运动员的信心和能力，延长运动员处于沉浸状态的时间。
- 理想的环境与情境状况。调整自身状况能为运动员进入沉浸状态打下良好基础，但是，运动员还认为，环境与情境状况也会对运动员进入沉浸状态产生影响。这些状况包括：良好氛围、教练的积极反馈、无外在压力、理想的比赛状况。这些状况均能够提高运动员进入沉浸状态的概率。
- 信心和心态。信心非常有助于参与者进入沉浸状态，而自我怀疑和自我施压会破坏沉浸状态。相信自己能赢、积极思考、排除消极思想、享受当下，这些都有助于增强参与者的信心。但是，最重要的一点是—你要相信自己能战胜面临的挑战。如一位运动员所说，"我认为，对我来说最重要的一点是，相信自己具备应对当前情境所需的能力"（Jackson，1995，p. 144）。
- 团队协作和互动。在团体运动中，运动员能否进入沉浸状态有时取决于其队友（或至少会受到队友影响）。积极的团队互动（如：积极传球、齐心协力比赛、坦诚沟

沉浸状态的关联因素

Jackson（2011）总结了与沉浸状态相关的个人与情境因素，如下：

- 参与运动的时间。运动员参与运动的时间越长，其报告的沉浸状态体验就越多。
- 性别。沉浸状态的性别差异不明显。
- 自我概念。自我概念越强，进入沉浸状态的次数就越多。
- 自有目的型人格。具有自有目的型人格（即因活动本身而喜欢活动的倾向）的参与者，更容易进入沉浸状态。
- 催眠感受度。催眠感受度越强，进入沉浸状态的次数就越多。
- 表现。尽管 Csikszentmi-halyi 认为，沉浸状态更多的是一种独立现象，但是相关研究显示，沉浸状态与高水准的表现相关。
- 运动类型。在沉浸状态的频次和质量方面，个体运动和团体运动没有明显差别。

通）有助于运动员进入沉浸状态。此外，信任队友、共同的使命感能够促成紧密团结的互动。

- 表现感觉良好。运动员在谈及有助于进入沉浸状态的因素时，曾多次提及对自己表现与运动的良好感觉。实际上，如果运动员能够收到运动反馈，感到自己身体可控，那么运动员在运动时，会感到很轻松。参与过运动的人都知道，有时候我们在运动时会感觉很好、顺畅、不费劲，身心合一。这些感觉通常有助于参与者进入沉浸状态。

沉浸状态的可控性

一个人能否控制沉浸状态相关的想法和感受？Jackson（1992，1995）采访的运动员对上述沉浸状态可控性相关问题的回答各不相同。总体来说，79% 的运动员认为沉浸状态可控，而 21% 的运动员认为沉浸状态不可控。认为沉浸状态可控的运动员发表了如下看法：

> 是的，我认为，我们可以改善沉浸状态。但是，沉浸状态不是通过有意识的努力就可以进入的。如果你刻意进入沉浸状态，结果可能是事与愿违。沉浸状态的可控性，不像开灯、关灯那么简单。

一位三项全能运动员曾说过：

> 我认为我们可以控制沉浸状态。我们可以准备好沉浸状态所需的内容，这可能意味着万全的准备。我们可以与自我沟通、协调，并最终进入沉浸状态，当然，这需要培训和训练。

部分运动员虽然认为沉浸状态可控，但是仍认为，要真正进入沉浸状态必须具备一些前提条件。对此，一位标枪运动员曾发表过如下看法：

> 是的，沉浸状态是可控的，但是，它是意识和无意识之间的一场斗争。你需要让自己的意识丧失，让无意识占据

> 主导地位。无意识最终会占据主导地位，因为它的力量非常强大。

一位橄榄球运动员认为，在团体运动中，沉浸状态是不可控的：

> 沉浸状态取决于团队中的每一个人，所有人都需要拧成一股绳，但是这种拧成一股绳的状态可能只能持续5分钟、10分钟或者是半个小时，最终有人会走神、松懈……，你刚才进入的沉浸状态便会失控，而对此你将无能为力。

Jackson的研究表明，即便运动员无法控制沉浸状态，但是他们仍然可以提高沉浸状态出现的概率，只要遵循本文所述的指导原则，将注意力集中在可控事物上，如：思想准备。在对236名运动员开展的研究中，Jackson等人（2001）还发现，沉浸状态不仅与表现相关，还与运动员平常所用的心理技能相关。下列心理技能尤其与沉浸状态相关①确保思想和情绪可控；②保持合适的动机与放松水平。最近，Aherne、Moran和Lonsdale（2011）还发现，为期6周的正念训练能够帮助运动员实现更高水平的沉浸状态，尤其能改进以下方面：①目标的明确性；②思想、情绪和动作的可控性。

妨碍和破坏沉浸状态的因素

我们已经知道如何提高沉浸状态的出现概率，我们也同样需要了解可能会妨碍和破坏沉浸状态的因素（Jackson，1995）。关于这些因素，请参见“妨碍和破坏沉浸状态的因素”。尽管部分因素既能妨碍沉浸状态，又能破坏沉浸状态，但是妨碍因素和破坏因素对沉浸状态的影响还是有差别的。对于妨碍沉浸状态的因素，运动员提及次数最多的是：①身体状况未处于最佳状态；②环境或情境未处于理想状态。对于破坏沉浸状态的因素，运动员提及次数最多的是：环境和情境的不利影响。

专业人员可以通过营造环境和提供反馈来增大运动员进入和保持沉浸状态的概率。但是，参与者自己也应了解可能会影响沉浸状态的因素，以便从心理和身体方面为比赛或身体活动做好准备。参与者应当区别可控、可改变的因素（如：身体或心理准备，注意力的集中、自我对话的方式）和不可控的因素（如：观众反应、教练反馈、天气与场地状况、对手行为）。例如，运动员无法控制怀有敌意的观众，但是运动员可以从心理和情绪两方面来控制自己对观众的反应。同样地，一位理疗师也无法控制患者的态度或者诊所的拥挤程度，但是在与患者的互动中，他可以努力保持一种积极的心态。最后应指出的是，提高心理技能（如：觉醒管理、情绪管理、思想控制）有助于提高参与者体验沉浸状态的概率。

到目前为止，沉浸状态呈现的是一种非常积极的心理与情绪状态，与表现改进和积极情感状态有关。但是，最近的研究（Partington，Partington，& Oliver，2009）发现，沉浸状态的体验后果并非总是积极的。研究人员认为，潜在的不利后果之一是，在体验过某种活动的沉浸感觉后，参与者可能会对此种活动产生依赖性。在访问冲浪运动员时，研究人员从冲浪运动员身上发现了他们对冲浪活动的依赖性，就好像惯用毒品者需要不断增大

妨碍和破坏沉浸状态的因素

妨碍因素

- 身体状况未处于最佳状态：
  受伤
  疲劳
  感觉身体不适
- 环境或情境不理想：
  外部压力
  不喜欢的观众反应
  活动的不可控影响
- 缺乏自信或心态消极：
  消极思考
  自我怀疑
  心态不受控
- 不当关注：
  思虑太多
  因对手表现而焦虑
  因队友表现而灰心
- 赛前准备问题：
  赛前准备不足
  赛前注意力不集中
  赛前准备受到干扰
- 缺乏表现动机：
  没有目标
  缺乏挑战性
  觉醒程度或动机水平太低
- 赛前觉醒程度未处在最佳状态：
  未放松
  放松过度
- 消极的团队协作与互动：
  团队表现不好
  集体感不强
  团队内消极对话
- 表现差：
  未受压情况下失误
  技能差
  未执行计划

破坏因素

- 环境和情境的不利影响：
  比赛中止
  对手表现
  不利的裁判判定
  不当、消极反馈或无反馈
- 身体准备不足或身体状况不佳：
  身体准备不足
  比赛期间受伤
  疲劳
- 团队表现或互动问题：
  场上消极对话
  团队表现不好
  团队缺乏互动
- 不当关注：
  为对手能力而焦虑
  做白日梦
  不投入
- 怀疑或为自己施压：
  自我怀疑
  为自己施压

剂量来体验曾经的舒适感觉一样（冲浪运动员需要不断增大所冲波浪的尺寸和速度，以再次体验曾经的感觉）。冲浪运动员谈到，自己对那种愉悦的体验上瘾，为了重新体验曾经的感觉，他们会不断冲浪，不考虑家庭责任、受伤甚至是死亡危险。部分冲浪运动员坦诚自己因沉溺于冲浪活动而无法融入社会。此项研究凸显了沉浸状态的负面影响；但是，大部分实例证明，沉浸状态是一种非常积极的、有助于改进表现的感觉状态。

学 习 助 手

总结

1. **说明积极反馈和消极反馈对行为的影响。**

强化方式主要有两种：积极强化和消极强化。我们建议使用积极强化方式，尽管我们有时需要通过惩罚来修正某些行为。多种因素会增加强化结果的有效性，这些因素包括：选择有效的强化因素，合理安排强化时间与频次，强化合适的行为（如：表现和社交及情绪调控技能）。惩罚可能会产生不良后果，如：参与者恐惧失败，讨厌学习环境。

2. **知道如何落实行为矫正方案。**

在我们系统地利用强化原则来营造运动与训练环境时，我们应知道，我们的主要目标是：帮助参与者在整个训练期内保持任务型取向与动机。

3. **论述各种内在动机和外在动机。**

当前观点将内在动机和外在动机视为一个连续体，该连续体从无动机发展为各种类型的外在动机（内摄调控、认同调控和整合调控），进而发展为各种类型的内在动机（知识、欢欣鼓舞和成就）。内在动机和外在动机均具有多维性。

4. **说明内在动机和外在奖励（控制和信息方面）之间的关系。**

外在奖励可能会削弱内在动机。认知评价理论说明，外在奖励可以增强内在动机，也可以削弱内在动机，具体取决于外在奖励发挥的主要作用是信息作用还是控制作用。运动领域的两种外在激励实例：奖学金和输赢。增强参与者内在动机的主要方法：确保奖励发挥的主要作用是信息作用。

5. **详述参与者内在动机的不同增强方法。**

教练、教师和训练导师可以通过多种方式来增强参与者内在动机，这些方式包括：口头或非口头赞许，允许参与者参与决策，设定切合实际的目标，偶尔对表现进行奖励，改变训练内容与顺序。

6. **说明奖学金、教练行为、竞争和反馈等因素对内在动机的影响。**

研究显示，多种因素与内在动机相关。例如，无奖学金的运动员的内在动机要强于有奖学金的运动员的内在动机；开明型教练训练的运动员的内在动机要强于专制型教练训练的运动员的内在动机；娱乐环境下运动员的内在动机要强于竞争环境下运动员的内在动机；获得积极反馈的运动员的内在动机要强于获得消极反馈的运动员的内在动机。

7. **说明沉浸状态以及如何进入沉浸状态。**

沉浸状态这一特殊形式是内在动机的集中体现。沉浸状态包括很多共同的内在动机因素，但是最主要的因素是参与者感知到的自身能力和面临的任务挑战性之间的平衡。自信、最佳觉醒程度和注意力集中等因素都有助于进入沉浸状态，而自惭、注意力不集中和准备不足等因素都会妨碍或破坏沉浸状态。研究还显示，心理技能培训有助于进入沉浸状态。

复习题

1. 论述两种强化理论，并说明为什么这两种理论比我们想象的要复杂。
2. 论述积极教学与训练方式和消极教学与训练方式的不同。研究结果证明哪一种方式更有益？为什么？
3. 论述不同类型的强化因素以及连续强化和间隔强化的效果。
4. 从下列角度说明认知评价理论：介绍外在奖励和内在动机之间的关系；并比较奖励的信息作用和控制作用。
5. 说明 Ryan 针对奖学金和内在动机开展的研究的结果。研究结果说明了什么？
6. 说明和谐激情和强迫性激情的不同。同时介绍激情与动机相关的三项研究结果。
7. 从下列角度说明动机概念：在连续体上从无动机变化为外在动机乃至内在动机。论述各种内在动机和外在动机。
8. 介绍沉浸状态的概念。沉浸状态有哪些主要特征？参与者在参与何种活动时，最容易进入沉浸状态？
9. 举出有助于参与者进入沉浸状态的三种因素，以及会抑制参与者进入沉浸状态的三种障碍因素。

深入思考

1. 你接手了某一团队的教练工作。该团队有失败历史，上一任教练很专制。因此，团队成员的内在动机很弱。你会通过哪些方式来增强该团队的内在动机？你会通过何种奖励与训练行为来增强该团队的内在动机？说明你的方法所依据的相关研究结果与理论。
2. 你知道，通过积极强化和惩罚可以修正行为。那么，你将如何通过这两种激励方式来增强该团队的动机和信心。

第 4 部分

关注团体历程

团体互动、领导力和沟通如何影响体育活动环境中的表现?

旅程的这一站分为四章,它们都关注团体互动。由于在团体中度过的时间或者与团体在一起(无论是运动团体还是训练团体)度过的时间很长,对于体育与训练心理学领域的专业人士而言,团体问题尤为重要。在第 7 章中,你将学习团体如何形成以及它们如何发挥作用。此外,你将学习个人与团体表现之间的关系,包括为什么有些人在团体中磨洋工以及如何在运动和锻炼环境中减少这种现象。第 8 章总结了对于最佳表现,紧密联系(凝聚力)团体是否是必要的,并阐述了培养凝聚力的方法。

这一部分的最后两章阐述了领导力(第 9 章)和沟通(第 10 章)。除非团体中有人表现出领导力,否则团体不会茁壮成长。而有效的领导力需要有效的沟通。你会了解不同领导风格,从多重角度观察领导力的重要性,以及如何成为一个变革型领导者。在第 10 章中,你将学习良好沟通的基本要素和培养他人具备这些技能的方法,以及处理冲突的最有效方法。时刻牢记这些技能,教练和训练导师就不仅可以帮助参与者达到自己的目标,还可以同时实现参与者所属的较大团体的目标。

第 7 章

团体和团队动态

学习完本章后，您将能：

1. 讨论团体如何成为一个团队；
2. 理解团体是如何构造的；
3. 阐述如何创建有效的团队氛围；
4. 描述如何最大限度提升团队运动中的个人表现；
5. 理解磨洋工这一概念；
6. 讨论可能发生磨洋工现象的条件。

人们常说，天才未必会造就伟大的球队，天才融入球队的方式才会造就伟大的球队。迈克尔·乔丹也表达过这一观点，他指出：

> 天才只能赢得比赛，而团队精神才能获得冠军。

我们经常看到有天赋的团队表现不佳，无法充分利用其各个成员的资源，而其他天才和资源较少的团队却获得了成功。当然，团队会利用其成员的各种能力、背景和兴趣，但建立有效的团队精神需要相当多的工作。NBA 成功教练之一帕特·莱利着重阐述了这种观点：

> 团队精神是生活的本质。如果我可以在某件事上称得上权威，那就是如何将个人的天赋和优势结合为一种大于各部分的总和的力量。我秉持的信念是：伟大的团队精神是抵达我们终极时刻、创建定义我们的事业的突破、满足我们的生活的永恒意义的唯一方式……不过，团队精神并不简单。事实上，它是一种

> 令人沮丧、难以捉摸的东西。之所以会有这么多糟糕的球队困在原地或走下坡路，原因就在于此。团队精神不会因为有人动动嘴就奇迹般出现。它不会因为团体拥有天才或者雄心壮志就茁壮成长。它也不会因为团队尝到成功的滋味就日益壮大。

莱利对团队精神的看法很明确：球员—教练互动和团体动态在团队和团体的成功中扮演着重要角色。团队成员必须互动，朝着共同的目标迈进，适应环境要求，并在个人需求与团队其他成员的需求之间达成平衡（Carron，Eys，& Burke，2007）。事实上，大多数体育活动（甚至所谓的个人运动）都需要团体或团队，而且比赛几乎总是涉及多个人。团体活动包括多人讨论会（如训练团体、健身俱乐部和体育教育课）。此外，运动医学和运动训练团队也通过共同努力，帮助运动员为比赛做准备并从伤病中恢复。总之，在体育和运动领域的几乎任何位置都需要理解团体的过程和动态。在 2010 年共识会议上，来自五个国家，曾与团体、团队和各个组织合作，具有实践和科学专业知识的个人着重阐述了运动和体育活动团体的重要性。在第 7 章和第 8 章中阐述了这次会议中的大多数重大发现。

认识团体与团队的差异

在经典文章《团体动态：研究和理论》中，Cartwright 和 Zander（1968 年）写道：

> 无论是希望了解还是改进人的行为，都有必要知道大量关于团体本质的知识。如果对于团体的运作、个人与团体之间的关系以及团体与更大的社会之间的关系的很多问题没有可靠的答案，那么人们不可能达成一致的观点，也不可能获得先进的交往技巧。

虽然大多数研究人员都强调团体的积极方面和后续表现或生产力，但团体中也存在一些消极方面。Christian Buys（1978）在其《人类没有团体会过得更好》的经典文章中指出，团体会产生以下不利影响：磨洋工（将在本章后面讨论）、自欺欺人（“我们对他们”）、一致、趋同思维（批判性思维暂停和过度依赖群体意见）以及去个体化（个体丧失自身身份感）。当然，团体有许多积极的作用，但我们应牢记这些潜在的缺点。正如许多研究人员所指出的，要理解运动和体育活动中的行为，我们必须了解运动和训练团体的性质。我们首先定义术语：团体和团队。

你可能认为要定义团体或团队是很容易的，但关于它们的定义，人们可能会有各种分歧。例如，社会心理学家将团体定义为进行互动并彼此产生影响的两个人或更多的人（Aronson，Wilson，& Akert，2002）。一种为共同目的而存在的双向交互或互相依赖将**团体**与那种只不过是个人的集合的群体区分开来。由此可见，一支在每天上课之前的清晨一起训练的排球队真正共享同样的目标（训练）并彼此互动（为比赛热身），因此可将其视为一个团体。相反，一些人可能会决定星期四晚上一起去看排球比赛。严格来说，这并不是一个团体，因为他们并没有以有组织的方式来互动。从本质上看，个体的集合不一定是团体，而团体也未必是团队。那么团体和团队的类似程度如何？它们之间的区别又在哪里？

团体和团队的成员可能喜欢并且被其他成员所吸引。团体的成员可能具有一些共同的目标（例如，健身课上的所有人都希望减肥和增强肌肉）。团体成员和团队成员有一些共同特征。但运动**团队**确实是一种特殊类型的团体。除了具有交互和任务相互依赖这些典型特性之外，团队还有四个关键特征：

- 集体身份意识——“我们”而不是“我”
- 鲜明的角色——所有成员都知道他们的具体工作
- 有组织化的沟通模式——沟通路线
- 规范——指导成员应该做什么、不应该做什么的社交规则

确定团体发展的三个理论

如上所述，虽然所有的团队都是团体，但并非所有的团体都应该被视为团队。团队是由彼此互动以完成共同目标的人所组成的团体（Carron & Hausenblas，1998）。不过，成为团队确实是一个演化过程。团队不断发展并改变，以响应内部和外部因素。现在让我们仔细看一下团体如何成为团队。

为了研究团队的发展，人们提出过各种理论。这些理论可分为三类：**线性理论**，认为团体的发展分为多个阶段或以线性方式进行；**周期理论**，认为团体遵循一个周期性模式；以及**摆动理论**，认为团体以钟摆方式发展。

线性观点

线性观点认为团体经过不同的阶段逐步发展。每个阶段都会出现关键问题，并且在成功处理问题之后，团体继续前行。Bruce Tuckman（1965）提出的例子是线性模型中最常见的例子。Tuckman 认为所有团体在发展和准备实施任务时都经过四个阶段：形成、震荡、规范化和执行。虽然大多数团体会经历全

团队合作对于从事运动的个人和团队成功非常重要

以下引用内容为成功团体中团队精神的重要性提供了证词：

- 在我看来，卓越就是团队的成功。在高中，它关系到我们这支来自小镇学校的小球队能否击败来自城市的更大球队。在俱乐部，它关系到一支没有统治力球星的球队能否成为联盟的最佳球队。在参议院，我最终意识到立法的通过（类似于团队精神）需要让具有不同背景、不同利益、不同个人议程的人为共同目标达成一致意见并为此而努力。——Bill Bradley，前职业篮球运动员、美国参议员

- 凯尔特人的成功基于一种完全反对个人主义的哲学。我的戒律是，要赢得胜利，个人必须融入集体，必须将个人欲望和技能置于球队的欲望和技能之下。他必须在球场上为球队的运转奉献自己的力量。——“红衣主教”Auerbach，波士顿凯尔特人队前教练、总经理

- 我希望我的球员采用共享视角，而不是个人视角。球队的期望、态度和动机必须成为个人的期望、态度和动机。——Frank Selke，蒙特利尔加拿大人队总经理

部四个阶段，但在团队发展的过程中，每个阶段的持续时间和各个阶段所遵循的顺序不尽相同。例如，教练对团队形成的理解或者首席运动伤害防护师对学员训练师的了解可能导致他们使用不同的策略，以促进各个团队成员之间的和谐。

在团队发展的第一阶段——**形成**期，团队成员逐渐熟悉其他团队成员。团队成员参与社交比较，评估彼此的长处和弱点。例如，运动员可能会将他们获得的上场时间与队友的上场时间进行比较。个人也会尝试确定自己是否属于团体；如果属于，自己在团体中的角色如何。

球队形成的第二阶段——**震荡**期的特点是对导师、团体控制的抵制态度以及人际冲突。运动员出现极大的情绪抵触，在个人和导师确立其在团体中的角色和地位时可能发生矛盾。在这个阶段，运动或训练导师需要与参与者进行客观、坦率的沟通。

在第三阶段**规范**期，团结和合作取代了敌意。冲突得到解决，一体感产生。运动员不再关注他们的个人福祉，而是为实现共同目标而一起努力。球员不再为地位或认可而竞争，而是努力达到工作效率，实现任务效能。

在最后的阶段——**执行**期，团队成员携手为团队的成功奉献自己的力量。团队侧重于解决问题，使用团体流程和关系来完成任务并测试新的想法。结构性问题得到解决，人际关系稳定，角色得到明确的定义。

周期性（生命周期）观点

生命周期模型假定团体的发展方式与个人的生命周期类似——经历出生、生长和死亡。生命周期模型与线性模型的区别在于，其重点是团体解散之前的终止阶段。团体发展的周期方法中的要点是：假定随着团体的发展，团体已经在心理上为自身解体做好了准备。此模型对于从事体育活动的团体非常重要，因为训练团体的寿命期通常是 10 至 15 周。同样，娱乐团队通常玩一个演出季，然后散伙。

摆动观点

大多数线性观点和生命周期模型都基于同一个大假设：团体采用固有静态发展模式，不对环境要求作出响应（Gersick，1988）。摆动模型强调在团体发展期间发生的人际交往的转变。其假设是，团体从形成之刻起不会以线性方式逐步经历各个阶段。在表 7.1 中是运转中的摆动模型的一个良好例子，来自《疯狂赛季》一书。此书讲述了印第安纳大学男子篮球队一个赛季的历程（Feinstein，1987）。尽管 Feinstein 的项目并非是作为一项科学工作来开展的，但《疯狂赛季》一书仍然是关于完整运动团体的高质量现场研究的一个出色示例。

理解团体结构

每个小组发展其自身结构，此结构早在团体的首次会议上就已经开始出现。团体结构在很大程度上取决于其成员的互动：他们如何看待彼此以及他们对自己和对方的期望。对于要成为高效团队的一组个人，必须发展某种结构特性。两个最重要的特性是团体角色和团体规范。

团体角色

角色包括对在团体中占据某个位置的人员要求或期望的一组行为。例如，教师、家长、

表 7.1　摆动模型

阶段	定义	印第安纳大学山地人队
阶段 1	定位：凝聚力和团结感都很高；运动员们分享很多共同的情感、焦虑和渴望。	实践开始："在大学篮球的世界里，10 月 15 日之后昼夜不分。在那一天，全国各地的篮球团队开始正式备战即将到来的赛季。"
阶段 2	分化和冲突：团体从物理或心理角度上细分成更小的单位；在运动员争夺球队的位置时，经常会出现冲突。	季前赛行为仍在继续："11 月是任何大学篮球队最难的一个月。开始练习令人兴奋。……已经逐渐疲惫，练习成为苦差事。……只有日复一日的练习——同样的面孔、同一位教练、同样的演练、同样的队友。"
阶段 3	决心和凝聚力：在团队成员为面临共同的威胁分担共同的关切和感受时，凝聚力也随之提升。	第一场比赛："更衣室的紧张气氛很真实。所有关于迈阿密队的提醒，所有关于上个赛季的回忆，更不用提关于四十八项训练的记忆构成的今天下午。所有这些汇聚起来，让球员产生了一种恐惧感。"
阶段 4	分化和冲突：随着各种人员获得奖励或受到惩罚，与团体其他成员有了待遇上的差别，团队的团结被削弱。	在赛季期间："即使肯特州立大学赢得了比赛，更衣室里也不会比现在更安静。……教练已经决定用 Hillman 和 Smith 来代替 Robinson 和 Brooks。后两者感到自己受到了冷遇……他曾在（球队）淋浴之后多次训斥他俩。只有三名球员能让他满意。"
阶段 5	终止：如果本赛季球队获得了成功，则凝聚力感很强。如果本赛季没有获得成功，则凝聚力感很差。	终止："他们兴奋地冲向对方，彼此用拳头击打、大声吼叫庆祝。……最后，他们回到更衣室。安静下来之后，教练发表了简短的谈话。他告诉他们，'你们所做的就是拒绝失败。你们整整一年一直都是这样出色的球队。'"

运动教练、公司高管和保健专业人士都在其职业和社会中有特定的角色。比如人们认为教练应从事教学、组织练习，与学校其他教员互动并成为很好的榜样。同样地，人们认为首席运动教练应分配和评估助理教练并针对严重受伤提供临床评估。

正式与非正式角色

在任何团体或团队中都存在两种类型的角色：正式角色和非正式角色。正式角色是由组织的结构与性质决定的。体育指导主任、教练、队长、练习指导员等类似职位都是运动或练习组织中特定正式角色的例子。篮球组织后卫、排球二传手、曲棍球守门员以及其他正式角色在球队中都是特定的履行角色。每个角色具有特定的关联期望。通常情况下，团队通过培训或者招聘来填补特定角色。

非正式角色会因团队成员之间的互动而演化。例如，权力和帮派的社会结构通过非正式手段演变（参见 William Whyte 1943 年关于

教练员、运动员和官员在他们各自的团体承担不同的角色。知道个体在群体中的角色以及如何履行角色可以让团体变得更加强大。

街头帮派社会结构的经典著作）。结合对《体育画报》文章的内容分析和团体动态领域的运动心理学专家的意见，Cope 等人（2011）确定了 12 种非正式角色：

- 喜剧演员：通过滑稽场合、幽默对话和恶作剧来为大家带来欢乐的运动员。
- 火花塞：点燃、激励团体或者让团体朝着一个共同目标前进的运动员。
- 害群之马：表达的负面情绪蔓延到全队的运动员。
- 干扰者：转移、削弱其他队友注意力的运动员。
- 执行者：身体具有威慑力或者好战的运动员，当对方球队采用粗野策略时依靠这样的运动员实施报复。
- 导师：充当球队其他运动员的可信赖顾问或者教师的运动员。
- 非正式领导者（非言语类）：通过以身作则、努力工作和献身精神来领导球队的运动员。
- 非正式领导者（言语类）：在场上和场下通过口头命令来领导球队的运动员。通过社交互动来承担此角色。
- 团队球员：付出极大努力，愿意为了团队牺牲自身利益的运动员。
- 明星球员：因个性、表现或者表演技巧而给人深刻印象或者受到爱戴的运动员。
- 装病逃差者：有拖延心理或者身体受伤症

状以获取某种外部收益（如同情、关注）的运动员。

- 社交召集人：参与球队的社交召集的规划和组织的运动员，可提高团体的和谐度和凝聚力。

害群之马、干扰者和装病逃差者会对球队运转造成有害影响，而其他角色则会产生积极影响。这些角色在球队中的鲜明程度因球队类型、球队的胜负记录以及其他情境因素而异。

角色清晰

你可以确保球员了解（角色清晰）并接受（角色接受）他们的角色，从而提高球队效率。例如，人们已经发现**角色模糊**会对教练—运动员关系产生影响。对自己的进攻或防御角色感到越模糊，球员就会越挑剔教练领导球队在比赛中取胜的能力（Bosselut 等人，2012 年）。此外，研究表明，一个人了解自身角色是其在该角色上有效发挥作用的关键因素（Beauchamp，Bray，Fielding，& Eys，2005）。研究揭示，角色清晰能调解角色模糊与运动员满意度之间的关系。具体来说，只有当运动员很需要角色清晰时，角色模糊才会导致满意度下降（Bray，Beauchamp，Eys，& Carron，2005）。由此可见，芝加哥公牛队在 20 世纪 90 年代的长期保持出色成功的可能原因之一是，球员都接受他们的特定角色。迈克尔·乔丹和皮蓬不仅是领袖和最有天赋的球员，他们还具备出色的能力（与教练菲尔·杰克逊一样）让其他球员相信并履行其角色，如篮板球员（丹尼斯·罗德曼）、防御专家（罗恩·哈珀）和射手（斯蒂夫·科尔）。同样，波士顿凯尔特人队拥有“三巨头”（保罗·皮尔斯、凯文·加内特和雷·阿伦），但其余球员们也知道自己在团队的角色，因此球队摘取了 2008 年的 NBA 总冠军。最后，迈阿密热队拥有勒布朗·詹姆斯和韦德，但是角色球员（例如巴蒂尔、雷·阿伦、克里斯·安德森和麦克·米勒）也为球队成功作出了关键性贡献。

特定角色的成员对角色的要求通常不同于团体中的其他成员。角色不清晰会影响球队的表现。如果同一支篮球队的两名球员都认为自己的角色是引导球队的进攻，那么他们很可能会为由谁把球带到前场发生冲突。同样，运动教练和球队医生必须就他们的角色达成一致意见，使得运动员和主教练知道应由谁检查球员以完成损伤评价，就球员是否可以上场作出决定。有时个人的表现会导致他们在球队中的角色模糊。全美曲棍球联盟教练观察到球队发生的最糟糕的情况就是主力击球手在连续几场比赛中只有几个进球。主力击球手会想，作为一名得分手，他损害了球队这个整体。

有效的目标设置程序（请参阅第 15 章）可以阐明角色。帮助球员设定在特定领域的目标为球员提供了方向和重点。如果橄榄球教练希望防守型前锋阻止四分卫奔跑而不是擒杀对方，那么设立具体的目标将会使得前锋的角色清晰化。关于更多信息，请参阅“球队中的角色清晰和模糊”。

角色接受

角色接受也对改进团体结构非常重要。Benson 等人（2013）开展的一项研究表明，角色接受是校级运动员的一项显著认知，它与其他相关角色概念（如角色满意度）之间存在区别。虽然角色接受通常与角色表现有关，但并非总是如此。例如，运动员可能会接受某个角色，即使分配的职责可能超出他们的能力，进而导致表现欠佳。因此，教练需要及早确定运动员是否能够接受其角色职责或者是否有能力执行其角色职责。

没有获得上场机会或没有得到很多上场时间的球员很容易感觉受到冷落，并对自己为球队作出的贡献感到迷惑。教练可以帮助球员接受角色：尽可能减小不同角色之间的地位差别并强调球队的成功来源于每个人的贡献。角色接受取决于四个条件：使用专门技能或能力的机会、反馈和角色识别、角色意义以及自治（独立工作的机会）。

例如，球员觉察到他们的职责是为球队成功贡献力量后，都更愿意接受并履行自己的角色。许多年来，Dean Smith（北卡罗莱纳大学前篮球教练）通过让替补球员在实际比赛中短时间担任第二阵容来培养他们的角色接受度。替补球员知道他们将在比赛中上场（即使只有很短的时间），他们在尝试保持或扩大领先优势或者减少差距（同时让主力休息）时会产生自豪感。Mark Messier 恰如其分地总结了接受一个人在球队中角色这一概念：

> 我从未感到自己在 Wayne Gretzky 的阴影下打球……我对球队负有责任，我的责任与 Wayne 的责任不同。每个人都有自己的角色，我对自己的角色深感自豪。其他人对自己的角色也是如此。如果我们赢了，并且经常赢，我们知道每个人都将得到尊重。

球队中的角色清晰和模糊

研究人员调查了角色清晰和模糊的运动队（Beauchamp，Bray，Eys，& Carron，2003；Eys，Carron，Beauchamp，& Bray，2003；Eys，Carron，Bray，& Beauchamp，2005；Hølgaard，Fuglestad，Peters，De Cuyper，De Backer，& Boen，2010）。一些关键的调查结果包括以下内容。

- 角色清晰和模糊组成一个多维的概念，包括几个方面：
  - 职责范围，关于个人职责范围的信息；
  - 行为职责，关于哪些行为是履行个人角色职责所必需的信息；
  - 表现评价，关于如何针对角色职责对个人表现进行评价的信息；
  - 不履行职责的后果，关于不履行必要的角色职责的后果的信息；
- 在赛季的开始，老球员表现出的角色模糊性程度要比新球员低。
- 随着赛季的推移，角色模糊性会日渐降低。
- 进攻端（责任范围）角色模糊与认知状态焦虑有关。
- 进攻端角色模糊（不履行职责的后果）与躯体状态焦虑有关。
- 防守端角色模糊并不涉及认知或躯体焦虑。
- 具有较高角色模糊度的球员不太可能（较低意愿）在下一年回到球队中。不过，角色模糊性并不影响他们打算从事这项运动的意愿。

总之，角色定义越清晰，球员对自己的角色就会越满意，他们磨洋工的可能性就越低，本章的后面将讨论这个问题。

角色冲突

如果尽管就期望的目标或结果达成共识，但角色占有者没有足够的能力、动机、时间或理解力来实现目标，则会出现角色冲突。角色冲突有许多类型，其中典型的一种是“戴的帽子过多”，即不同的人对你产生了不同的期待（角色）。下面是一位36岁的非典型大学运动员（同时是两个孩子的母亲）针对这种类型的角色冲突作出的说明：

> 我儿子病了整整一个星期。我几乎没有训练……我必须等待，直至丈夫下班回到家。但有时他会连着工作两班，这样我就没办法配合训练了。我不仅训练受影响，还错过了几堂课。因为我必须与儿子一起呆在家里。

团体规范

规范是指表现、行为模式或信念的等级。规范可以由团体以正式或者非正式方式拟定。个人通常会受到要求遵守团体规范的压力，无论规范被视为相关还是无关的。例如，团队可能会要求新秀（尤其是专业球队的新秀）帮老手拿行李。对于足球和曲棍球等运动的男性球员，强硬、咄咄逼人、富有竞争心是一项强大的社交规范，如果球员不接受这些规范，则会产生不良后果（例如被球队开除或遭到排斥）（Steinfeldt & Steinfeldt，2012）。尽管这种粗野的行为可能没有显示效力，但通常这是教导新球员融入球队的一部分。“社交规范的压力”栏目提供了一项著名的研究介绍。

在运动团队，规范可能涉及练习行为、服装和发型、新秀与老手之间的交互以及由谁在关键时刻掌控。偏离期望的行为可能会导致非正式或正式处罚。例如，在电影《烈火战车》中，英国选手Harold Abrahams因雇用专业教练受到了他的剑桥同事的指责，因为这意味着他对于跑步过于认真，不再是真正的业余爱好者。从本质上说，他没有遵守他所处年代的社会规范。由于在体育运动中符合社交规范对运动员的压力可能非常大，人们开设社交规范讲习班，以帮助运动员有效应对这类压力（Waldron，2012）。

生产力规范

球队所接受的努力和表现标准被称为生产力规范。例如，在公司的健身项目中，健身俱乐部的成员可能都会在午餐时间锻炼30分钟；于是，这成为对新成员的一项期望。在运动领域，球队的队长或绝对主力通常会以身作则，确立生产力规范。例如，当奥运金牌得主Dan Gable在大学练习摔跤期间，他的训练时间之长令人难以置信。由于Gable被视为国内他所在体重级别的最佳运动员，他的队友也采用了他的标准。教练也可以为生产力创建规范，例如Tara VanDerveer。她在1996年接手美国女子奥运篮球队。此前几年这支球队多次在国际比赛中失利，她认为有必要重新建立一个强有力的生产力标准。她创建成功预期（模拟真实庆典的颁奖仪式）——每位球员都在Georgia Dome（举办比赛的场地）收到一枚金牌。此外，她要求球员展现出明星中锋Lisa Leslie所说的艰苦努力。Lisa Leslie说：“Tara对我们进行高强度训练，我们不得不彼此打气。队员的关系变得很亲密。”

社交规范的压力

规范会对团体中的各个成员产生巨大的影响，这一点已经由Solomon Asch实施的经典实验所证实（1956）。Asch要求七名学生判断哪三条线段像标准线段（图7.1）。标准线段长度为12.5厘米，而比较线段长度为12.5厘米、10厘米和15.625厘米。除了一名参与者（不知情）之外的所有参与者都被实验者告知提供不正确的答复。受试人员每次一人高声回答，不知情参与者的回答次序是倒数第二。虽然很明显长度为12.5厘米的比较线段是正确答案，但33%的不知情参与者选择服从团体规范。因此，即使当人们知道正确答案，他们也会因符合团体规范的压力而选择他们明知错误的答案。

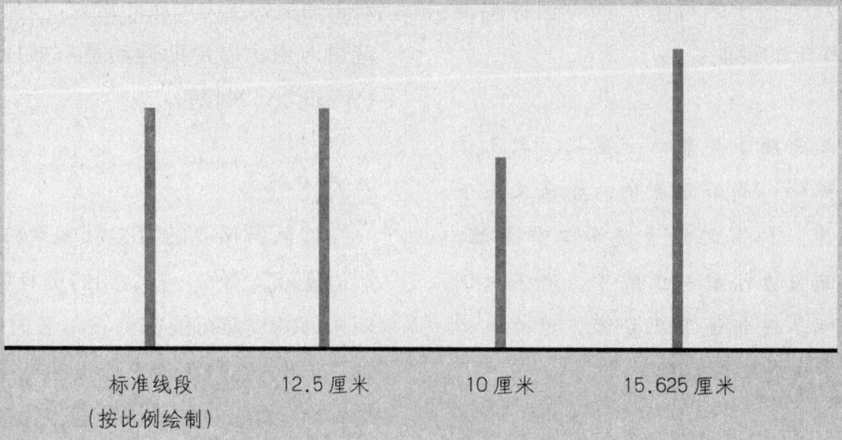

图7.1　在Asch关于团体对个人判断的影响的研究中使用的典型比较线段

这个生产力规范有时与身为特定球队的一部分存在关系，正如北卡罗来纳州女足运动员Angela Kelly所说，当她身穿北卡罗来纳州球衣时，“没有人敢不集中100%的注意力”（Dorrance & Smoll，2002）。Munroe等人（1999）的一项研究显示，生产力规范是比赛、训练和休战期最常引用的规范。实际上，许多其他频繁引用的规范也间接反映了生产力，如守时、出勤以及为训练和比赛做好准备等。

积极规范

因为规范可能会对行为产生极大影响，教练、教师或训练导师必须建立积极团体规范或标准。创建积极规范的一个好方法是谋求团队正式和非正式领导者的帮助，以树立积极的榜样。例如，Dan Gable采取主动行动并亲自确立规范。但教练或教师通常需要鼓励领导者确立高标准的成就。只要有可能，在就团队规范作出决策时应将所有团队成员包含进来。

团队规范的修改

当团队规范需要修改时，有两个主要的事情需要考虑：用来更改规范的沟通来源和沟通性质。团体中拥有最大劝导力的人是那些更值得信赖、更受喜爱、与团体中其他成员相似、富有魅力、地位较高或者被视为强有力的人物（Penrod，1986）。同时，个人使用的谈话风格很重要，运用反问、设问和疑问，并以较快方式谈话，可提高令人信服的论据的效果。沟通的本质也很重要。当持有相反观点的两方都出席，开辟多个沟通渠道，沟通方式新颖并且明确阐述结论时，更改团体规范的过程会更具效率。

创建有效的团队氛围

团队氛围源自球员如何看待团体成员之间的相互关系。球员的看法和评价决定了团队的氛围。教练仍然对确立团队氛围具有最终的决定权（尽管球员未必对教练的方式买账）。团队氛围中的某些因素比其他因素更容易改变，但所有因素都会影响团体的有效运作（Zander，1982）。

社交支持

社交支持是指“提供者或接收者感知到的旨在提高接收者幸福感的至少两个人之间的资源交换”（Shumaker & Brownell，1984，p. 13）。研究表明，社交支持会对各种行为和情感产生积极的影响，如伤害恢复、应对压力、职业倦怠、青少年体育活动和表现（Duncan，Duncan，& Strycker，2005；Freeman，Rees，& Hardy，2009；Gould，Tuffey，Udry，& Loehr，1996；Rees，2007）。此外，人们已经将社交支持与改善团队凝聚力和团队氛围关联起来。杜克大学男子篮球队教练 Mike Krzyzewski 称，他在赛季开始时做的第一件事就是确保所有球员融入到团队概念之中并相

通过社交支持建立有效的团队氛围

社交支持是一个多维的概念，研究人员（Rees，2007；Rosenfeld & Richman，1997）列出了七种类型的社交支持。下面是社交支持的类型以及提高每个人的能力以改进团队建设的建议。

1. 倾听支持

倾听支持是指纯粹的倾听，不提供意见或判断。改进倾听支持的准则有：

- 为工作人员、运动员和助理教练提供团体社交活动，使他们脱离其典型角色。
- 强调运动员、教练、训练员和其他支持人员之间的定期、非正式接触的价值。

2. 情感支持

情感支持是指一个人向支持接收者提供安慰和关怀，并表明自己站在接收者的一边。加强情感支持的准则有：

- 强调情感支持对“浮现”领导者和指定领导者的重要性。
- 鼓励球员通过探访受伤球员来提供情感支持。

3. 情感挑战支持

情感挑战支持是指由其他人挑战支持接收者，以评估其态度、价值观和感受。加强情感挑战支持的准则有：

- 鼓励球员在练习和比赛中进行口头情感交流（例如，“过去几周你一直在练习这种技术；放松一下，顺其自然”）。
- 向团队成员发起挑战，使其在关注实现团队和个人目标的个人

和团队会议上尽最大努力。

4. 现实确认支持

现实确认支持是指这样的一个概念：一个人，其角色类似于支持接收者并且以相同角度看待事物，正帮助确认支持接收者的观点。增强现实确认支持的准则有：

- 安排小型团体会议，在会议期间，运动员讨论如何应对压力、为比赛做准备、调整适应大学生活以及其他此类问题。
- 在有经验与没有经验的运动教练（如让年长和年轻学生训练员配对的伙伴或导师系统）之间创造分享机会。
- 使用价值观澄清练习来促进分享，其方法是要求各个运动员分享重要的价值观并阐明原因。

5. 任务欣赏支持

任务欣赏支持是指有人确认支持接收者的工作并表达对其工作的欣赏。改进任务欣赏支持的准则包括以下内容：

- 认可季前赛和每日要实现的目标是具体技能的提高。
- 为运动和学业表现举行颁奖仪式。

6. 任务挑战支持

任务挑战支持是指由他人挑战支持接收人关于任务或活动的思考方式，以拓展、激励并引导支持接收人，使其更具创造力、更加兴奋、更具参与精神。加强任务挑战支持的准则有：

- 鼓励团队成员将任务挑战支持作为团队职责和规范而为彼此提供。例如询问一些问题，如为何在休战期努力训练而不仅仅是休息如此重要等。
- 为健身参与者录制录像带，使他们可以回顾自己的活动水平并从健身工作人员那里获得积极的反馈。

7. 个人援助支持

个人援助支持是指由他人提供服务或帮助，如跑腿或者推动支持接收者达到某个层次。个人援助支持的准则包括以下内容：

- 鼓励队友在非运动相关需求方面相互帮助。
- 鼓励每个团队成员在个人层次上了解尽可能多的其他团队成员，并展现出对队友的兴趣和关心。

互支持。“通过社交支持建立有效的团队氛围”栏目中列出了不同类型的社交支持以及加强社交支持的方式。

> **要点**　社交支持提供评估、信息、保证和陪伴；减少承受压力期间的不确定性；为心理和体能恢复提供帮助；并改进沟通技能。

接近度

当人们彼此接近时更容易团结。虽然物理接近本身通常不会发展出团队概念，但与队友紧密联系可以促进互动，而这反过来又可以加速团队发展。更衣室、球队培训表和集体旅行可确保队员亲密度。一些大学教练员通过让运动员在学生宿舍一起居住来促进球队团结。在青少年体育中，小轿车或大巴旅行以及资金筹集活动（如洗车）通常会为球员提供更好地了解彼此的机会，可以建立积极的团队氛围。这些互动，以及态度看法的类似性，有助于确立团队身份。

独特性

当团体感觉到独特性时，它的团结和统一感会增加。从传统上来看，在运动中，独特性是通过球队服装和格言，特别是入队仪式或特别权限来实现的。一些男子球队，如波士顿凯尔特人队、纽约扬基队、圣母大学橄榄球队、加州大学洛杉矶分校篮球队和艾奥瓦州摔跤队，以及一些女子球队，如田纳西大学篮球队和北卡罗来纳州足球队，都公开表现其独特性（例如凯尔特人队因其鲜绿色的队服而闻名，他们的队服与所有其他球队的队服存在明显差别）。通过使团队成员感到独特并且有别于其他球队，教练帮助发展和塑造了团队概念。在训练课上，Carron 和 Spink（1993）通过提供球队 T 恤并为参与者创建特别口号来加强团体的独特性。类似地，私人教练可以为在同一个训练设施参加训练的人员定制特别的服装。

公平

团队氛围的一个重要组成部分是信任，而信任的核心是运动员感到他们得到了公平的待遇。运动员需要相信他们的表现、努力和对球队的贡献得到了客观、公正的评价。教练对待运动员的公平性会影响球员投入性、积极性和满意程度。运动员把公平解释为三个核心问题（Anshel，2003）：

- 教练与球员对球员技术以及对球队贡献的评估的相似程度
- 教练如何向运动员传达自己的意见
- 运动员认为教练尝试帮助他们改进并感到快乐

公平会使球队紧密合作，反之，球队则会四分五裂。教练员应本着诚实、公开、公平的原则对待运动员。运动员需要相信自己得到了公平对待，即使他们对某些决定并不完全满意。一些教练对运动员的公平感受不太关注。这些感受会转换为负面行动，如破坏行为，甚至导致球员退出球队；这一点令人很遗憾。

相似性

团队成员在投入性、态度、愿望和目标上的相似性是发展积极团队氛围的重要一环。团队成员通常在民族、种族、社会经济背景、个性和能力方面存在差别。但研究表明，社会经济背景和比赛经验这些因素对于构建团队概念而言并不重要（Widmeyer & Williams，1991）。不过，教练应负责将各种运动员团结起来，为共同的目标而奋斗。具体来说，教练在各类事情上必须表现出类似的态度，如共享团队绩效目标，对个体行为的期望，以及关于各种团队角色的澄清。团体成员越意识到彼此的相似性，他们建立强有力团队概念的可能性就越大。

相互依赖性

结果相互依赖性是改进团队氛围和绩效的最终方式（Cunningham & Waltmeyer，2007）。从本质上说，结果相互依赖性是指团体的所有成员都会因团体绩效而受益（或受损）。正如教练指出的，团队一起胜利，一起失败。研究已经证实，相互依赖性是一种有助于管理团队冲突的方式。任务冲突会带来积极的结果，但前提是"以建设性的方式管理冲突并且团队在开放性、心理安全和团队信任方面的水平很高"（DeDreu & Weingart，2003，p.748）。提供团队级评估以加强团队成员之间的共同命运感是促进任务相互依赖性的一种方法。这会促进一种相互依赖的感觉：因为所有的队友都对彼此负责，大家共享成功和失败。

评估团队氛围

教练们发现知道运动员的感受非常有用。《团队氛围调查问卷》展示了几个示例问题。该检查表用于衡量运动员对身为团队一员的感受以及他们对教练行为和态度的看法。

运动员的回复为教练提供了关于团队氛围和提高凝聚力的可能方式的宝贵信息。因为关注在整个赛季中发生的变化很有价值，运动员应该在赛季开始之前就对检查表作出回复，而教练应在整个赛季定期监测变化。应该告诉球员，这并非一个测试，答案也没有对错之分。回复应匿名提交，这样运动员更有可能做出诚实的回应。

团队氛围调查问卷

阅读每个陈述，并使用下面的数字指明它的发生频率：

1= 从不发生　2= 有时发生　3= 经常发生　4= 总是发生

_____1. 我可以作出很多影响我打球方式的决定。
_____2. 我可以信任教练对我所说的事情保密。
_____3. 教练组成员愿意互相帮忙。
_____4. 我有足够的时间去做教练要求我学习和完成的事情。
_____5. 在需要时，我可以依靠教练的帮助。

在团队中最大限度提升个人表现

教练负责让各个球员组队上场，因此他们必须了解球队成员之间的交互如何影响运动场上的表现。大多数教练和运动心理学家同意这样的观点：一个由最佳个人组成的团体通常不会是最佳球队。以 1997 年全美大学生体育协会男子篮球锦标赛的冠军为例。两支进入决赛的队伍——肯塔基队和犹他队都失去了他们的顶级球员（两人在 NBA 选秀第一轮的位次都很高）。然而，尽管缺少天才，这两支球队却抵达了大学篮球水平的顶峰，这完全是团队精神和归队球员的个人牺牲的结果。简单地说，一个好的团队大于其各个队员之和。团队协作如何是等式中的一个关键因素。

实际生产力模型

Ivan Steiner（1972）就团队人员如何交互以及个人能力或资源之间的关系开发了一个模型。Steiner 的模型由这个等式表示：

实际的生产力 =
潜在生产力 − 因故障团体过程产生的损失

潜在生产力是指一支团队的可能最佳表现，考虑到每个球员的能力、知识和技能（心理和身体方面）以及任务要求。根据 Steiner 的模型，个人能力是运动团队最为重要的资源。因此，由最佳个人组成的团队通常会最为成功。

> **要点**　团队各个成员的能力并不总是团队表现的风向标。

不过，Steiner 的模型意味着球队的实际生产力与它的潜力通常不匹配。只有当团队能有效利用其全部可用资源来匹配任务要求时，其实际生产力或表现才会接近其潜力表现。Eccles（2010）阐述了团体通常如何协调这些资源。不过，团体的实际表现通常因有缺点的团体过程而达不到其潜在生产力。

根据 Steiner 的模型，在以下条件下团队 A 的表现将超出团队 B：

- 尽管存在相同的过程损失，但团队 A 比团队 B 拥有更多的能力（资源）。
- 团队 A 拥有的能力等于团队 B，但因有缺点的团队过程而产生的损失较少。
- 与 B 团队相比，A 团队拥有更多的能力和更少的过程损失。

这一推理表明，任何教练的作用都是增加相关资源（通过培训、指导和招聘），同时减少过程损失（通过增强凝聚力和强调个人对团队概念的贡献）。

两种损失可归因于有缺点的团队过程：动机损失和配合损失。当团队成员没有付出 100% 努力时发生的是**动机损失**。也许球员相信一两个明星球员就足以承担重负；因此，其他球员放松努力。当队友之间没有配合时机或者采用无效战术时发生**配合损失**。例如，在网球双打比赛中，如果球正好击向场地的中间，两位球员都以为对方会去击球而没有挥拍，这就是配合损失。

与需要较少互动和较少合作的运动（如游泳或者田径）相比，需要复杂互动或合作的项目（如篮球、足球、橄榄球或排球）更容易发生配合损失。篮球、足球和排球教练通常要在调整配合、时机和球队移动模式上面耗费很多时间和精力。相比之下，游泳教练将一天的大部分时间花在开发个人游泳技术上面，他们为综合技能（如在接力队员之间的换接）分配的时间较少。

专业人员已制订不同的术语，以对需要团队成员配合的任务与不需要团队配合的任务进行区分。执行某项任务所需的知识被称为任务知识，而执行需要协作的任务所需的知识被称为团队合作知识（Eccles & Tenenbaum, 2004）。例如，在橄榄球运动中，四分卫必须掌握任务知识，才能将球准确传给接球员。不过，成功完成传球还依赖于四分卫和接球员的团队合作知识：他们都必须以同样的方式解读防御并预测另一个人将会怎么做。当 Peyton Manning 在 2012 年被交易到丹佛时，没人知道他在丹佛会如此迅速地掌握团队合作知识。当然，他在印第安纳波利斯也具备这方面的知识——因为他当时被扔给了一组全新的接球手。不过，毫不意外，他很快就掌握了团队合作知识。

个人技能对团体表现的影响

Comrey 和 Deskin（1954 年）是调查个人与团队表现之间的关系，以了解有缺点的团体过程如何削弱生产力的首批研究人员。这些研究人员发现，不管个人在任务中展现了何等级别的动作技能，当两个或更多人试图精确互动时，他们预测对方移动并据此调整自身动作时间的能力至少与他们自身的表现水平同样重要。其他研究人员也已经使用实验室任务发现，个人技能只能说是团体表现的中度预测指标。

实验室的研究人员已经研究过个人与团体表现之间的关系，但研究成果在现实体育中的应用情况又是如何呢？Jones（1974）研究了专业球队与球员（网球、篮球、足球和棒球），尤其是各个球员的统计数据。如他们在棒球比赛中的击球跑垒得分、安打率；在篮球比赛中的得分、助攻、篮板和抢断；在网球比赛中的单打排名；以及在橄榄球比赛中获得的码数。Jones希望找出在一个赛季中这些统计数据与球队成功的关系。他发现，在以上四项运动当中，球队效能与个人表现成功之间都存在着正相关。这种关系在棒球运动中表现得最明显，在篮球运动中表现得最不明显，因为棒球运动的互动性最弱，而篮球运动的互动性最强。

因此，看起来在需要更多合作和互动的运动中，个人能力的重要性会降低，团体过程的重要性会增加。当团队仅由两个人组成时，如果他们的能力接近，显然配合会更好。一项调查显示，两名球员的平均能力是成功的最佳预测指标；合作者之间的能力存在巨大差别会对表现产生负面影响（Gill，1979）。各个队友的能力越接近，则他们充分利用组合能力的可能性就越大（Gill，2000）。在网球运动中，当一位优秀球员与一名较弱球员配对时，优秀球员通常试图尽量多击球。同样，经验丰富的对手组合会迅速识别并针对较弱的球员，将大多数球击向该队员。简而言之，所有类型的团队的实际水平都取决于他们最弱的运动员。通常情况下，顶级双打选手由两名水平非常高、能够互为补充的球员组成（例如美国的Bob和Mike Bryan），而不是由一位明星、一位水平还可以但是无法有效实现技术组合的球员组成。

最后，由Cooke和同事开展的一项有趣研究（2013）对个人比赛与团体比赛（二对二和四对四）进行了比较。耐力任务的结果显示，个人竞争者展示出的表现水准、努力和享受感要高于作为团队来竞争的运动员。这些发现支持基于享受感和焦虑感的机制。这两个机制解释了不同类型的竞争对表现的影响。具体而言，支持基于享受感机制的个人认为，表现的改变是因为享受感增加所致，而享受感的增加是通过努力和内在动机的增加而发生的。而支持基于焦虑感机制的个人认为，尽管改进的表现是因提高努力程度所致，但焦虑感的增加会导致个人投入更多的努力。

林格曼效应

显然，个人能力的总和并不等于团体或团队的表现，因为故障团体过程会导致潜在生产力下降。但是，是什么原因导致了这些损失？潜在生产力丧失了多少？通过将近100年前林格曼（Ringelmann）开展的关于拉绳任务的个人和团体表现的未发表研究（即**林格曼效应**）可以找出这些问题的答案。Ringelmann观察单人以及由两个人、三人和八人组成的团体拉绳子这几种情况。如果没有因故障团体过程发生损失，并且我们假定每个人施加的拉力可以拉动50千克。因此，由两个人、三个人和八个人组成的团体将分别能够拉动100、150和400千克。然而，随着团体中人数的增加，每个个体的相对表现变差了。也就是说，两人组中的每个人可发挥个人潜力的93%，三人组为85%，而对于八人组，这个数字只有49%。

由于Ringelmann研究中的一些早期方法

和说明还不完整，Ingham 和他的同事（1974）试图在拓展工作的同时复现其研究结果。Ingham 和他的同事让单人以及二人、三人、四人、五人和六人组执行拉绳任务。结果与 Ringelmann 研究中的发现类似：两人组发挥的潜力为 91%，三人组发挥的潜力为 82%。不过，与 Ringelmann 的发现相反，增加组的大小并不导致效率的相应降低。事实上，发生的只是总体等级下降：六人组的拉力为其潜力的 78%。表 7.2 对 Ringelmann 和 Ingham 的研究进行了比较。

> **要点** 个人表现随着团队中人数增加而降低的现象被称为林格曼效应。

在另一项研究中，Ingham 和他的同事想要确定增加团队大小而产生的损失是因配合不力还是因动机减弱所致。为尝试区分这两个因素，研究人员一次只测试一名参与者，蒙住参与者的眼睛并且让受训辅助人员假装拉绳子，以减少配合损失（参与者认为小组的其他成员正在拉绳子，尽管其他成员没有这样做）。这样，任何表现变差都只能是动机损失（仍会发生无法控制的少量配合损失）而不是配合损失所致，因为只有真正的参与者才会拉绳子。结果与第一次研究几乎相同：在三人组中，平均表现下降至 85%，并且随着小组人数的增加，个人表现并没有进一步变差（参见表 7.2）。作者的结论是，实际和潜在表现的差异一部分是动机损失所致。尽管配合损失对于表现变差也难逃其咎，但从本质上说，随着小组变大，一部分表现变差纯粹是动机所致。

两个其他实验使用喊叫和拍手作为小组任务。结果发现，每个人产生的平均声音从单人的 100% 降低到两人小组的 71%、四人小组的 51% 以及六人小组的 40%。当科研人员进行配合控制后，他们发现，两人小组的表现变为其潜力的 82%，六人小组的表现变为其潜力的 74%（Hardy & Latane，1988；Latane，Williams，& Smoll，1979）。

磨洋工和减少这种现象的方法

磨洋工是心理学家讲述一种现象使用的术语，它是指在小组或者团体中个人因动机损失而没有付出 100% 的努力。研究人员已经在游泳、田径和拉拉队以及各种实验室任务中发现了磨洋工效应（Hanrahan & Gallois，1993）。众多条件似乎增加了发生磨洋工的概率。研究表明，当各个团体成员的贡献没有确定，并非必需或者与团体其他成员的贡献不成比例时，因磨洋工产生的个人生产力损失是最大的。例如，如果跑阵方向与进攻前锋正在阻拦的方向相反，那么进攻前锋的阻拦可能就不会这么艰

表 7.2 个人拉绳表现逐步变差（以个人表现的百分比来表示）

	组的大小							
研究	1	2	3	4	5	6	7	8
Ringelmann	100%	93%	85%	不适用	不适用	不适用	不适用	49%
Ingham（1）	100%	91%	82%	78%	78%	78%	不适用	不适用
Ingham（2）	100%	90%	85%	86%	84%	85%	不适用	不适用

运动心理学家如何改进团队表现

第 7 章、第 8 章重点阐述了运动和体育活动中团体和团队的各种变化因素并说明这些因素对团体高效运作的影响。体育心理学家可以通过以下工作来改进团体表现（Klinert，2012）：

- 讲授基本社会心理技巧。Harwood 提出的“5C“（2008 年）——承诺、沟通、专注、控制和自信（commitment，communication，concentration，control，confidence）——是对于年轻运动员尤为重要的心理技能的良好示例。
- 基于运动员需求推动最佳训练环境。这可以通过采访运动员、管理用于评估运动员对某些教练行为的偏好的心理测试（例如《体育领导力量表》）和观察行为来完成。
- 发展教练和运动员之间的关系。确保教练员和运动员了解另一方如何看待关系以及对成功关系起到关键作用的因素。
- 加强角色观念。让教练员和运动员列出团队成员的正式和非正式角色，以找到教练与运动员之间的一致之处。
- 增强团队凝聚力。使用《团体环境调查问卷》（Carron，Widmeyer，& Brawley，1985）来评估任务和社会凝聚力，然后为改进团队的特定凝聚力需求制订策略。
- 应对组织和环境压力。教授运动员应对环境或组织压力的技能，包括：运动固有的因素（如旅行、培训日程表）、运动组织中的角色（如角色模糊性、缺乏角色认同）、运动关系和人际交往要求（如与队友沟通、社交小圈子）、运动生涯和绩效发展问题（如退休、薪金）以及运动的组织结构和环境［如自主水平、结果（获胜）与发展（改进）焦点］。

难。不过，如果他们知道教练将在星期一上午观看训练比赛视频，他们不尽力的现象可能因而被发现，那么他们可能就会在每次上场时更加努力地阻断，无论方向如何。因此，如果直接监视个人对团体结果的贡献，磨洋工现象就会减少。此外，当个人察觉他们对团体生产力的贡献之后，磨洋工现象就会减少。

文献综述（Heuze & Brunel，2003；Karau & Williams，1993）揭示了在各种任务中都会发生磨洋工现象，包括体育运动（例如拉绳子、游泳）、认知活动（例如产生想法）、感知活动（如迷宫表现）和评价活动（例如贡献的质量）。此外，磨洋工现象在许多人群、文化中都存在，并且与性别无关。最后，在以下条件下磨洋工现象会增加：

- ▶ 个人的贡献不能得到独立评估。
- ▶ 认为任务的意义不大。
- ▶ 任务中的个人参与度很低。
- ▶ 无法根据团体标准进行比较。
- ▶ 对集体作出贡献的个人都是陌生人。
- ▶ 个人的队友或工友的能力很强。
- ▶ 个人认为自己对团体成果的贡献是多余的。
- ▶ 个人正在与其认为较弱的对手竞争。

如果运动员认为团队中正在发生磨洋工现象，即使实际上并非如此，他们自己是否也会因而磨洋工（Mulvey & Klein，1998）。Hølgaard、Safvenboom 和 Tonnessen（2006）发现，当足球运动员察觉到队友中有人在磨洋工时（即他们认为队友表现不佳是因为不努力），他们也可能不再努力。加强队友之间的社交支持可以建

承认每个球员的独特贡献对于减少磨洋工非常重要。

立信任感，而信任感有助于减少磨洋工现象（Anshel，2012）。让我们看看运动和训练负责人可以做哪些工作来减少磨洋工现象。

强调个人自豪感和独特贡献的重要性

当教练强调团队概念时，一些球员可能没有意识到自身对团队的贡献。应该询问所有运动员，以澄清他们对团队的职责以及他们可以为了球队的利益在哪些方面作出改进。只要可能，就应该传达和强调每个人对团队成功的独特贡献。此外，所有运动员均应为其自身工作承担责任，不要幻想由队友负责解决问题。例如，一名篮球运动员可能提供出色防守并为队友投篮设置良好的掩护屏障。如果教练对球员强调队员的贡献对于团队的成功是何等重要，队员就可能持之以恒地努力并更多参与团队活动，因为他看到了自身贡献的重要性，即使他得分很少。

提高个人表现的可识别性

在这方面的研究中，人们最一致的发现是，关于磨洋工现象，可识别性是最有说服力的解释。因此，在团队成员认为大家可以识别其个人表现时（即对他人而言其个人表现是已知的），就可以消除磨洋工现象，因为球员不再感到自己是默默无闻的（Evert，Smith，& Williams，1992；Williams，Harkins，& Latane，1981）。关于游泳队员的研究表明，仅在会宣布接力比赛中各位游泳运动员的游泳时间时（即可识别性很高），运动员的速度才

同伴关系

当运动员追忆他们的运动生涯时，他们与队友之间的关系（以及与其他竞争对手的关系，在某种程度上）通常会显得尤为重要和有意义。不过，运动心理学家只是在最近才系统研究了运动中的这些关系。Weiss 和 Stuntz（2004 年）以及 Smith（2007）提供了关于改善同伴关系的建议：

- 在运动环境中产生合作目标。
- 鼓励青少年运动员参与自己问题的解决，而不是期望成年人为他们解决问题。
- 让运动员参与共同决策。
- 为小团体活动和最大限度的参与设计运动环境。
- 基于运动能力以外的标准（例如领导技能）来选择同伴领导者。

会比参加个人比赛时快。而在不宣布接力比赛中的个人时间时（即可识别性较低），接力比赛中的运动员的速度就会比在个人比赛中慢。通过评估参与者作为个人的努力程度，教练、教师和训练导师让参与者知道自己的关注点并向他们保证，他们不会默默无闻。例如，健身导师可能会喊正在做某项锻炼或者运动的个人的名字。

在运动训练或比赛过程中拍摄或者使用观察检查表也可以增加可识别性。例如，在俄亥俄州立大学，Woody Hayes 通过以下方式来提高橄榄球前锋的可识别性：拍摄每位球员每次比赛的情况并专门打分、提供“每周前锋”荣誉，并将荣誉授予展现出个人努力和良好表现的球员。在评估中包含训练和比赛，因为很多球员的实际比赛时间并不多。

确定可能发生磨洋工现象的特定情况

通过拍摄或其他观察方法，教练可以确定哪些情况可能诱发磨洋工现象。不过，有时磨洋工是对的！例如，一名篮球中锋获得篮板球并将球立即传给后卫而没有自己运球。她正在进攻端休息，实际上是为了确保在防守端做好准备，如果她累了，这种做法并无不当。比尔·拉塞尔，波士顿凯尔特人队的 MVP 中锋推广了这个策略，他专注于防守端的工作，让队友在进攻端快速突破。这种类型的磨洋工可能被视为社交工程，因为它涉及管理一个人的动机和行为以匹配任务要求。

为了更好地理解磨洋工是否适当，教练应该仔细分析其从事的运动涉及的动力和策略。如果需要作出更改，教练应将训练课程和比赛结构化，使得每位球员可以有效使用自己的精力和体力同时不影响球队表现。例如，在赛季尤为艰难的时期，教练可能会在日程表中采用低强度训练或者组织有趣的活动来作为高强度训练的补充。这将有助于保持球员的锐气并尽量减少磨洋工现象。

进行个人会晤以讨论磨洋工现象

教练应与每位球员单独讨论磨洋工现象。关于动机损失，球员方面的原因可能比感觉默默无闻或者认为其他人将完成工作更为复杂。例如，运动员可能会有一些其他义务，这些义务使他们处于压力之下并需要时间和精力。因此，运动员可能会节省精力，以撑过一天的体力和精神要求。请注意，只是警告球员并不足以防止磨洋工现象的发生（Huddleston, Doody, & Ruder, 1985）。相反，教练必须制订具体策略，以减少发生磨洋工现象的概率。

将球员分配到其他位置

运动员不仅应该知道自身在球队中的角色，还应该知道队友在球队中的角色。球员获得队友欣赏并了解自身表现如何影响球队中的其他成员的最佳方法之一，就是了解队友的位置。讨论其他位置的独特挑战有助于每个球员更好地了解自己磨洋工对其他位置的影响。教练可以要求运动员花少量时间轮换到其他位置，以更好地了解队友的贡献并体验这些贡献对其他位置的潜在影响。

将团队分成更小的单位

在一个团队中形成子团体，可以增强人们对团队中其他人的责任意识，并有助于发展凝聚力。教练应仔细监测这些子团体并不断加强团队自豪感这一整体概念。形成子团体（例如防守后卫、进攻前锋和接球手）可以增进团体凝聚力，而团体凝聚力又可以增进球员的努力和敬业精神。不过要小心，以牺牲较大团体为代价，将重点放在子团体上，可能导致破坏性社交小圈子的形成。

将失败归因于内部的不稳定因素

在失败后——尤其是持续失败之后——球队往往倾向于放弃并磨洋工，因为他们开始将自己的失败归咎于缺乏能力；而缺乏能力是内部原因，并且很难改变。如果球队认为他们不如另一支球队，他们就不肯付出100%的努力。他们会问："如果另一支球队更好，我们注定失败，那么努力又有何意义？"基于元分析，Martin和Carron（2012）建议球队将失败归因于内部但可控的不稳定因素（如努力和战术不佳），因为这些是可以改变的。这将鼓励球队付出100%的努力，不再磨洋工。

学　习　助　手

总结

1. 讨论团体如何成为一个团队。

有三种主要理论解释了团队发展：线性理论、周期理论和摆动理论。目前摆动理论最为流行。摆动理论认为，在一个赛季，团体过程会因人际关系的变化而存在起伏。领导者的知识可以帮助领导者将环境结构化，以支持团体中的个人经历每个阶段。

2. 理解团体是如何构造的。

团体结构在很大程度上取决于其成员的交互。团体有两个非常重要的结构特征，即团体角色和团体规范。角色指对在团体中占据一定位置的人员的要求或期望的一组行为。规范是指团体的表现级别、行为模式或者信念特征。

3. **阐述如何创建有效的团队氛围。**

团队氛围源自球员如何看待团体成员之间的相互关系。一些影响团队氛围的关键因素包括社交支持、亲近程度、独特性、公正、公平和相似性。

4. **描述如何最大限度提升团队运动中的个人表现。**

个人技能只与团队的最终成功存在一定的关系。因此，让每个运动员作出更大的贡献是团队实现高水平表现的关键。通过拍摄队员表现、帮助队员了解自己的角色并增加可识别性，你可以最大限度地提升个人对团队工作的贡献意识。

5. **理解磨洋工这一概念。**

磨洋工是指团队中的个人因动机丧失没有付出100%的努力。从本质上说，这是一种责任分散：个人认为团体中的其他人将收拾残局。

6. **讨论可能发生磨洋工现象的条件。**

以下几种情况下似乎更容易发生磨洋工现象：无法对个人贡献作出独立评估，人们认为任务的意义不大，个人的任务参与度很低，无法根据团体标准进行比较，对集体工作作出贡献的其他人是陌生人，个人的队友被视为能力很强以及个人认为他们的贡献无足轻重。

复习题

1. 讨论为何大多数关于团体的定义同意这个观点：个体的集合并非一定是团体。
2. 描述团队发展的四个阶段以及区分每个阶段的关键事件。
3. 当角色已经清晰定义但只有部分球员愿意接受他们的角色时，可能会发生什么？
4. 讨论你自己的经验——适用Steiner生产力模型并且实际生产力低于潜在生产力。损失是因缺乏配合还是动机所致？
5. 描述林格曼效应。Ringelmann的研究结果对于教练、体育教师或训练导师有什么影响？
6. 讨论磨洋工的三个可能解释。
7. 比较团体发展的线性模型、周期模型和摆动模型。
8. 已经证明，角色模糊是一个多维概念。讨论并提供角色的四个方面的示例。
9. 讨论团体成功愿望这一概念，并提出在团队中宣传这一概念的至少三种方式。
10. 讨论将工作团队的原则应用到运动团队的三种方式。

深入思考

1. 作为训练导师，你希望你的课堂或团体更加团结，因为你认为这将提高人们上课和参与的愿望。你会做哪些事情来帮助建立团结意识？并说明理由。
2. 你是一支运动队的教练。你发现并非每个人在每次比赛时都非常投入。你打算对球员怎么说，以指明他们正在磨洋工而球队需要他们停止磨洋工？你应该怎么做来尽可能减少或防止磨洋工？

第 8 章

团体凝聚力

学习完本章后，您将能：

1. 定义任务凝聚力和社交凝聚力；
2. 描述凝聚力的概念模型；
3. 讨论如何衡量凝聚力；
4. 了解凝聚力与表现之间的关系；
5. 理解与凝聚力相关的因素；
6. 确定培养团队凝聚力的准则。

在团队运动中，确实已有这样的实例：有凝聚力的团体更容易在赛场上取得成功。传奇棒球运动员 Babe Ruth 曾经就凝聚力讲过这样一段话：

> 球队作为一个整体的打球方式决定了它的成功。你可能有全球最出色的一些个人明星，但如果他们不一起配合，那么俱乐部就会分文不值。

当匹兹堡海盗队 1979 年赢得世界大赛冠军时，球队的座右铭是“我们是一家人”，这表明球员将他们的成功归功于他们相处和协同配合朝着一个共同目标前进的能力。1994 年，冰球超级巨星 Mark Messier 专注于球队的目标——为纽约游骑兵队赢得胜利，而不是他个人的统计数据。2004 年，在教练拉里 · 布朗的率领下，底特律活塞队在球队没有超级巨星的情况下赢得 NBA 总冠军，他们获胜的原因就是为了球队的成功而团结一致。他们在 2005 年也进入了总决赛，但输给圣安东尼奥马刺队——同样是一支组织严密的球队。作为一个富有凝聚力的团体，波士顿红袜队的全体球员齐心协力在2004年结束了“诅咒”并赢得世界系列赛。在2008年赢得欧洲足球协会联盟杯冠军、欧洲足球锦标赛冠军之后，西班牙足球教练 Vicente Del Bosque 称：

> 我们正享受着西班牙足球有史以来最美好的时刻。……我想要保持一种风格，使得这支球队的成绩可以与历史最佳成绩媲美并提升球队的凝聚力。

凝聚力这一概念不只是球队运动所独有。例如，2004年获胜的欧洲莱德杯高尔夫球队的 Darren Clarke 指出：

> 我们以球队的身份比赛，我们以球队的身份用餐，我们以球队的身份谈话，最终我们以球队的身份获胜。……在赢得我的第三个莱德杯的这一周，我体会到的团队精神是最强烈的。

尽管其他运动和训练专业人员，如训练或有氧运动导师，较少受到媒体的关注，但他们也在尝试在课堂上培养凝聚力。培养这种精神的目的是强化球员在训练上的坚持性，因为这些运动项目的主要目标是促进对训练计划的坚持和推动终身健康生活方式。

不过，我们不能总是将成功归功于团队凝聚力。一些球队尽管明显缺乏凝聚力也会赢得胜利。20世纪70年代早期的奥克兰运动家队以及20世纪70年代晚期的纽约扬基队的球队俱乐部缺乏和谐气氛，球员之间以及球员和教练之间经常发生争斗（例如 Billy Martin 和 Reggie Jackson）。同样，芝加哥公牛队的丹尼斯·罗德曼经常因为自己非同寻常、带有挑衅性质的滑稽动作同队友发生争执，但在球场上他的目标只有胜利，这使得他能够根据球队理念来比赛。每当在球场上罗德曼表现出对球队的破坏性时，教练菲尔·杰克逊就会让他坐板凳，因为他不是在帮助球队实现目标。

凝聚力的定义

Festinger、Schacter 和 Back（1950）将凝聚力定义为使得成员保留在团体中的“力场总和”。这些作者认为有两种不同类型的力作用于团体的成员。第一级力量，**团体的吸引力**，是指个人与团体其他成员进行人际互动的愿望以及参与团体活动的愿望。第二级力量，**控制方法**，是指成员通过与团体关联可以获得的好处。例如，为排名靠前的大学橄榄球队比赛可以提高球员的知名度和身价。

1950年以来，人们又提出了多个关于团队凝聚力的定义，其中由 Carron、Brawley 和 Widmeyer（1998）提出并由 Carron 和 Eys（2012）提炼的定义似乎是最全面的。具体而言，Carron 和同事将**凝聚力**定义为“一个动态过程，团队凝聚到一起，并在追求目标和/或满足团队成员的情感需求中保持团结的趋势中反映了这一过程”。这凸显出凝聚力的多个特点：多层面（团队成员产生凝聚力涉及许多因素）、动态（团体中的凝聚力可以随时间而变化）、有用（为某个目的而创建团体）、与情感相关（成员的社交互动会让团体成员之间产生感情）。凝聚力的多维定义暗示了凝聚力是任务和社交的组合。**任务凝聚力**反映了团体成员在何种程度上齐心协力以实现共同目标。在运动领域，一个共同的目标就是赢得冠军，这取决于团队一致的努力或团队精神。另一方面，**社交凝聚力**反映了团队成员彼此喜欢并享受彼此陪伴的程度。社交凝聚力通常等同于人际吸引。例如，在健身班，大家共同的目标是改善形体。事实已经证明，随着团体社交凝聚力的提升，坚持健身计划的人会增多（Spink & Carron，1992）。

> **要点**　任务凝聚力是指团体成员为实现共同目标而一起紧密工作的程度，而社交凝聚力是指团体成员之间的人际吸引程度。

健身教练需要培养团体凝聚力，以令客户获得动力，愿意继续执行锻炼计划。

任务凝聚力和社会凝聚力的区别有助于解释团队如何克服冲突以获得成功。例如，20世纪70年代的纽约扬基队、20世纪80年代的奥克兰运动家队以及21世纪初的洛杉矶湖人队，都是社交凝聚力看起来很低的球队（队员争斗、拉帮结派、相互争吵）。不过，这些球队显然有很强的任务凝聚力：他们想要赢得世界系列赛或NBA总冠军。即使Reggie Jackson和经理Billy Martin的关系不好，科比・布莱恩特和沙奎・奥尼尔处不来，也没有关系，因为他们还有共同的目标，都是取胜。为了在一起高效工作，前两支队伍在棒球场上时凝聚力很强，与其他球队相比，可以同样或者更好地完成双杀、击中截球队员、协助跑垒员向前推进。同样，湖人队球员在球场上顺利携手（例如切换防御、设置掩护、准确传球），尽管球员的个性上存在差异。

凝聚力的概念模型

Carron等人（1998）对团队凝聚力的定义要比Festinger等人（1950）的定义更有用，因为它涉及凝聚力的任务方面和社交方面。Carron（1982）又为系统地研究运动和训练中的凝聚力提出了一个概念系统（图8.1）。Carron的模型列出了影响运动和训练环境中的凝聚力的发展的四大因素：环境、个人、领导力和团队。

环境因素

环境因素，这是最普遍和最轻微的，是指将团体组织到一起的规范性力量。下列情况中存在环境因素：球员与管理层存在合同

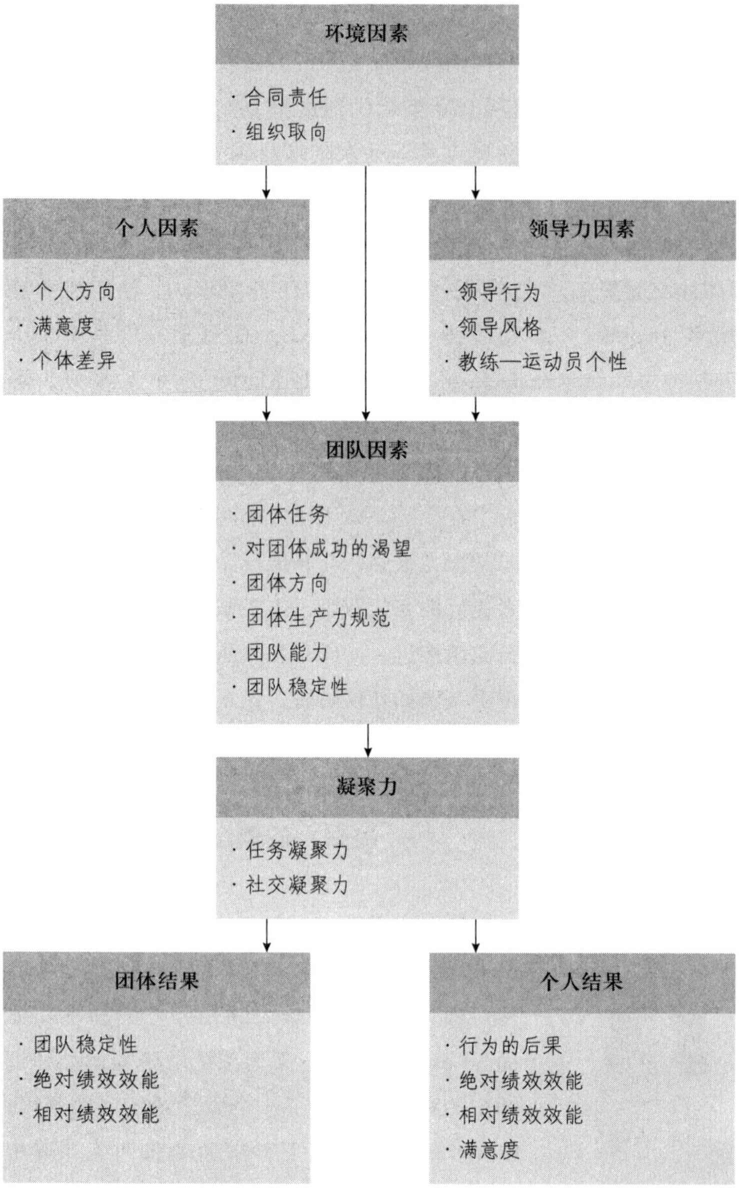

图 8.1　Carron 的凝聚力概念模型

经许可改编，摘自 A. Carron，1982，"Cohesiveness in sports groups: Interpretations and considerations," *Journal of Sport Psychology* 4(2): 131

关系、运动员获得奖学金、家人对运动员抱有期望、存在地域限制（例如，由于居住地点的关系，学生必须为某个高中打球）、在青年运动计划中存在指定最低上场时间的要求，以及受训者需为其课程支付额外费用时。这些影响因素可能会让团体团结起来，不过其他因素，如年龄、接近度或资格要求等也会发挥重要作用。例如，让居住地点接近的个人有机会互动和沟通可促进团体发展。此外，团体大小会影响凝聚力：较小的群体比较大的群体更有凝聚力（Carron & Spink，1995；Mullen & Cooper，1994）。还有，竞争水平也影响凝聚力：高中球队比大学球队更有凝聚力（Granito & Rainey，1988）。

个人因素

个人因素是指团体成员的个性。环境因素往往都相当稳定并且通常适用于某个联盟中的所有球队，而个人因素会产生很大变数。为了调查方便，Carron 和 Hausenblas（1998）将这些个人因素分为三类：人口属性（例如，成员相似性、性别）、认知和动机（例如责任归因，焦虑）以及行为（例如坚持、磨洋工）。

Carron 和 Dennis（2001）认为，与运动团队的任务和社交凝聚力关联的最重要因素是个人的满足感。例如，Widmeyer 和 Williams（1991）发现成员满意度是高尔夫运动中社交凝聚力和任务凝聚力的最佳预测指标。人们常说的另一个与凝聚力关联的因素就是相似性（人口统计学属性）——在态度、愿望、承诺和期望上的相似性。Jackie Robinson（黑人运动员）打破美国棒球运动中的种族障碍时所说的话和其队友 Pee Wee Reese 帮助完成这一突破时所采用的方式，凸显出相似性的重要意义：

> 起初那段时间对 Jackie 而言非常艰难。我记得在火车上时没有人与他同坐或跟他说话。Pee Wee Reese 似乎总是第一个打破僵局的。他当着其他人的面与 Jackie 开玩笑。……他对 Jackie 表现得友好。开始的时候，Jackie 一个人在餐桌用餐。到了那年年中，餐桌上座无虚席。
>
> ——Bobby Bragen
>
> （引自 Allen，1987）

凝聚力的好处还包括激情、自我效能感、高回报率（回报团队）以及焦虑和沮丧水平的下降（Paradis，Martin，& Carron，2012）。人们已经在年轻运动员中发现很多这类个人和团体获益（Martin，Paradis，Eys，& Evans，2013）。

领导力因素

领导力因素包括专业人士展示的领导风格以及他们与团体建立的关系。（第 9 章中更为详细地讨论了这些因素）。研究表明，领导者的角色对于团队凝聚力至关重要。具体而言，教练和队长就团队目标、团队任务以及团队成员角色进行清晰、一致的传达会对凝聚力产生重大影响（Brawley，Carron，Widmeyer，1993；Westre & Weiss，1991）。此外，领导者与团体成员之间的和谐性——与教练—运动员关系（承诺、亲近、互补）一样对于增进凝聚力非常重要（Jowett & Smoll，2004）。沿着这些思路，Turman（2003）发现，某些教练行为或做法（如不平等、令人尴尬和加以嘲笑）会降低情感凝聚力。

团队因素

团队因素是指团体任务特征（个人与团队运动）、团体生产力规范、对团队成功的渴望、团体角色、团体位置和团队稳定性。例如，Carron、Shapcott 和 Burke（2011）认为，在一起度过的时间很长并对团队成功有强烈渴望的团队会展现出高度的团队凝聚力。此外，共享经验，如一系列成功或失败经验，对于发展和维护凝聚力也很重要。因为经验会让团队团结起来，以应对对方团队的威胁（Brawley，1990）。最后，一些人认为，集体效能的相对近期因素与团队凝聚力概念存在正相关（Carron & Brawley，2008；Paskevich，Estabrooks，Brawley，& Smoll，2001）。迈克尔·乔丹所说的一段话（1994）阐述了集体效能与凝聚力之间的关系：

> 表现有起伏是很自然的一件事，尤其是当多个人要去实现较高水平的目标时。但如果我们仔细思考这句话的真正含义，我们就知道我们所能做的事情：我们共同作为一个有机的整体承担压力。我们之所以能频繁复苏，赢得很多非常惊险的比赛，战胜更有才华的球队，原

利用较高任务凝聚力来克服较低社交凝聚力

21 世纪初的洛杉矶湖人队是一个典型的例子：两位最顶级的球员，大鲨鱼奥尼尔和科比·布莱恩特一直闹不和，但球队赢得了 NBA 三连冠。这两位超级巨星在场下从不一起出去活动，并且公开指责对方。然而，他们都有一个共同的目标：赢得 NBA 总冠军。因此，当他们在场上时，他们并肩作战、给对方传球，并尊重彼此的能力。他们在场上互为补充（高任务凝聚力），即使他们非常不喜欢对方（社交凝聚力）。双方的矛盾非常大，最终大鲨鱼奥尼尔转投迈阿密热火队。

因就在于此。

凝聚力的测量工具

若要确定凝聚力与绩效之间的关系，我们必须能够衡量凝聚力。研究者已开发出两种类型的措施：调查问卷和社会关系网图。

调查问卷

关于凝聚力的大多数早期研究使用由 Martens、Landers 和 Loy（1972）开发的《运动凝聚力调查问卷》。这份问卷中有 7 个问题，用于衡量人际吸引力或者直接评价团体的亲密度或吸引力。遗憾的是，该问卷没有建立可靠性或有效性指标（信度及效度），并且大多数题目只阐述了社交凝聚力。考虑到凝聚力的多维性质，Yukelson、Weinberg 和 Jackson（1984）开发了一种名为《多维运动凝聚力》的 22 题问卷。它包括四个广义维度的团队凝聚力：团体吸引力、目标一致性、团队精神质量以及有价值的角色。

第一个因素——团体吸引力，反映了社交凝聚力。其他三个因素则与任务凝聚力有关，因为它们都涉及作为团队为共同目标而努力工作。尽管该问卷原本是为篮球队而设计的，但良好的功能性使其可以用于其他团体运动。

后来，Widmeyer、Brawley 和 Carron（1985）开发了《团体环境调查问卷》（GEQ），此问卷对个人和团体以及任务问题和社交问题进行了区分。它基于与团体过程相关的理论并经过系统发展，以确保可靠性和有效性（Brawley，Carron，& Widmeyer，1987；Carron et al.，1998）。

GEQ 现已成功应用于运动团体凝聚力和健身环境团体凝聚力的众多研究之中（Carron，1998）。例如，研究人员通过使用 GEQ 已经证明，凝聚力程度与团队表现、遵守规定、团体规模、为表现结果承担责任、减少缺勤、成员满意度以及团队内部沟通相关。

GEQ 所采用的模型基于两个主要类别：成员对作为一个整体的团体的感知（团体完整性）以及团体对于个人的吸引力。成员对作为整体的团体的感知和他们对团体吸引力的感知可能包含任务和社交两方面。因此，在模型中有四个子概念（如图 8.2）：团体完整性—任务（例如，我们的球队团结到一起以实现绩效目标）、团体完整性—社交（例如，我们的球队成员在训练和比赛之外不会粘在一起）、团体吸引力—任务（例如，我不喜欢这支球队的打球风格）以及团体吸引力—社交（例如，我有一些最好的朋友在这支球队中）。

团体环境调查问卷

	强烈反对								强烈同意
团体吸引力—任务分量表									
我喜欢这支球队的比赛风格。	1	2	3	4	5	6	7	8	9
团体吸引力—社交分量表									
我的一些最好的朋友在这支球队效力。	1	2	3	4	5	6	7	8	9
团体完整性—任务分量表									
我们都要为我们团队的所有失利或糟糕表现负责。	1	2	3	4	5	6	7	8	9
团体完整性—社交分量表									
我们的球队想要在休战期一起消磨时光。	1	2	3	4	5	6	7	8	9

注意：要得出 GEQ 分数，请将每个分量表的答案得分加起来。分数越高，那么个人对团体凝聚力的感受就越强烈。（对于负面措辞题目，分数呈负相关）。例如，在类别团体—任务吸引力类别中，分数范围可能在 4 到 36 之间。可在个体或者团体之间进行比较。

要点　团体环境调查问卷（GEQ）侧重于团队对各个成员的吸引力如何以及成员如何看待团体。人们已经将 GEQ 视为团体凝聚力评估的一种手段。

人们认为这些看法和观点共同营建了团体和团体的各个成员的凝聚力意识。从本质上讲，团体这个整体以及团体中的各个成员都存在社交和任务两方面的关注。近年来，为青少年运动开发的团体凝聚力方法（《青少年运动环境调查问卷》）揭示，与成年运动员相比，在任务—社交凝聚力方面，年轻运动员受到的歧视较多，而在个人—团队方面，年轻人受到的歧视较少（Eys，Loughead，Bray，& Carron，2009）。

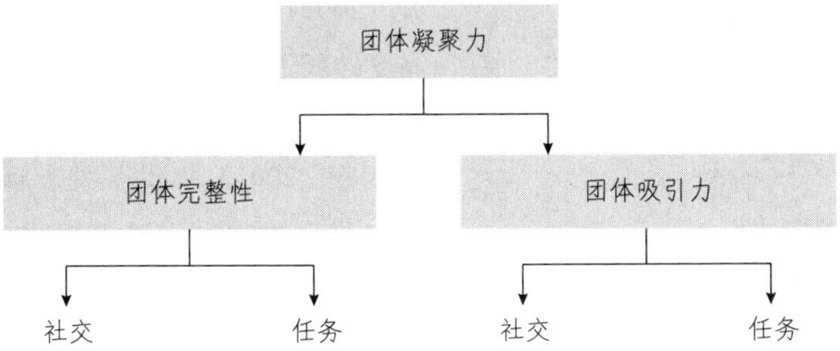

图 8.2　GEQ 的团体凝聚力概念模型

Adapted，by permission，from A. Carron，W. Widmeyer，and L. Brawley，1985，"The development of an instrument to assess cohesion in sports teams: The environment questionnaire," *Journal of Sport Psychology* 7(3): 244-267.

社交关系网图

调查问卷是衡量团体凝聚力的最常见方式。但是调查问卷无法展示特定个人彼此的相关性，是否有小圈子正在发展以及某些团体成员是否受到社交孤立等。**社交关系网图**是衡量社会凝聚力的一种工具。它揭示了团体成员之间的从属关系和吸引力，包括：

- 是否存在小圈子
- 团体成员对团体亲密度的感受
- 团体中的友谊选择
- 运动员感受到的人际情感的相似性
- 各个团体成员的社交孤立程度

▶ 团体吸引力程度

要生成社交关系网图信息，你应该询问团体的各个成员一些具体问题，如“举出团体中你最愿意邀请参加派对的三个人，以及最不愿意邀请参加派对的三个人”“举出你最希望旅途中在一个房间居住的三个人，以及最不希望在一个房间居住的三个人”，或者“举出你最希望在休赛期间一起训练的三个人，以及最不希望一起训练的三个人”。你必须向队员确保保密，并应鼓励诚实作答。

基于对问题的答复，我们可以创建一个社交关系网图（见图 8.3），此图能揭示出团体中的人际交往模式。在创建社交关系网图时，应将最频繁被选中的个人放在中心，将选中频率较低的个人放在外面。请注意图 8.3 中的箭头指示选择的方向。在图中描述的棒球队中，你可以看到几乎每个人都喜欢 Tom。Larry 在球队中受到孤立，好几名球员都不喜欢他，因此显然存在教练应加以解决的问题。Jay 和 Bob 形成一个封闭小圈子，缺乏同球队的其他成员交往。了解这些关系有助于教练在人际交往问题对团队产生破坏性影响之前解决它们。

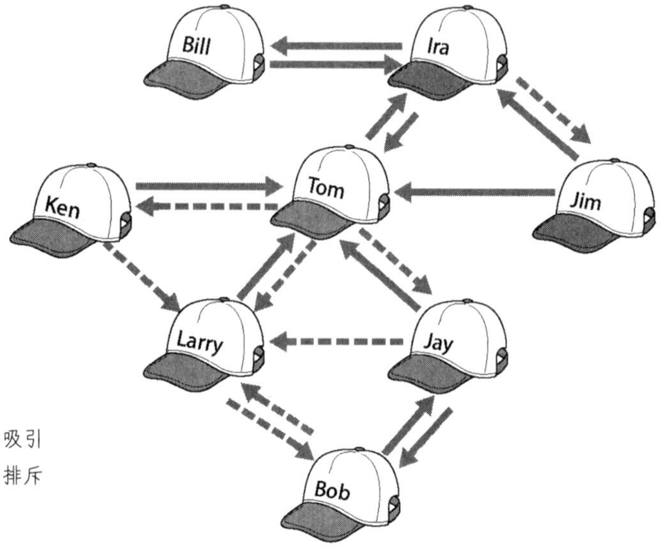

图 8.3　衡量棒球队凝聚力的示例社交关系网图

凝聚力与表现的关系

球迷、教练和运动心理学家对团队凝聚力与出色表现之间的关系一直很着迷（Paskevich，2001）。直观上讲，你可能会认为团队凝聚力越高，则团队取得的成功就越大；不然人们为何花这么多时间来培养团队凝聚力？根据对 30 项研究的综述，Widmeyer、Carron 和 Brawley（1993）发现，83% 的研究显示，在凝聚力与表现之间存在正相关：团队凝聚力越强，团队就越成功。根据对各种环境中凝聚力—表现关系的 66 项实证研究的回顾，92% 的研究表明二者之间存在正相关，并且在运动团队中二者之间的关系最紧密（Mullen & Cooper，1994）。在只考虑运动团队的情况下（含 46 项研究，包括近 10000 名运动员和超过 1000 支团队），Carron 等人（2002）发现，存在中等至高度的凝聚力—表现效应。

一项研究（Bray & Whaley，2001）提供了关于凝聚力改进表现的方式的线索。此研究显示，更高水平的凝聚力通过产生更高程度的努力来改进表现。然而，也有一些研究显示，在凝聚力和表现之间存在负相关。事实上，经过对研究文献的几次回顾，人们已经注意到，关于凝聚力和表现存在一些自相矛盾的结果（例如Carron，Spink，& Smoll，1997）。理解二者之间不一致的最佳方式是考虑凝聚力的测量、任务的特点以及因果方向（Carron，Colman，Wheeler，& Stevens，2002）。

指标类型

在回顾文献时，Carron和同事（2002）发现，任务和社交凝聚力的提升均与表现的提升相关联。而之前的文献回顾曾表明，任务凝聚力比社交凝聚力更重要（作为表现的预测指标），但显然事实并非如此。这些结果对于将运动心理学和干预措施应用于运动员和团队以增强团队凝聚力具有重要意义。具体来说，这些结果表明，任务凝聚力干预和社交凝聚力干预都会对增强凝聚力和改进表现产生效果。以社交为导向的技巧包括团队外出露营（Cogan & Petrie，1995）、绳索和挑战课程（Meyer，2000）、运动背景环境下的集体出行社交（Yukelson，1997）以及个人发展体验（McClure & Foster，1991）。而任务导向的干预措施包括团队目标设置（Widmeyer & DuCharme，1997）、团队沟通（Yukelson，1997）以及理解并遵照团队角色和规范（Prapavessis，Carron，& Spink，1997）。

任务要求

对令人困惑的凝聚力—表现关系的又一个解读涉及运动团队面临的任务的多样性。Landers和Lueschen（1974）指出，人们在评估凝聚力—表现关系时需要考虑任务结构和要求。具体来说，他们将团队成员的互动性质分为多个层次，从交互到合作。**交互运动**都需要团队成员共同努力并配合彼此的行动。以足球队员为例，他们必须不断传球、保持一定位置、协调进攻并拟订防御战略以防止对手得分。关于目标实现，**合作运动**对团队互动和协作的要求则要少得多。例如，高尔夫球队或保龄球队在协调活动方面对队员的互动几乎没有要求。棒球是同时需要交互运动和合作运动的一个很好的例子：击球或接住飞球是合作运动，而完成双杀或击中截球球员（即外野手击中内野手，内野手又将球扔给本垒）则是交互运动。

先前的研究认为，凝聚力—表现关系在交互运动中比在合作运动中体现得更明显。然而，最近Carron和同事（2002年）发现，任务类型并非凝聚力—表现关系的调节因素。具体来说，在合作和交互运动中，更强的凝聚力都意味着更好的表现。不过，交互运动中凝聚力的绝对水平通常要比合作运动高。考虑到有些运动（如篮球、足球和冰球）需要密切的场上活动，这一点很有意义。因此，在交互运动中，教练不可避免地会明确引入很多与增强凝聚力有关的**团队建设**策略，如确保角色清晰和接受、确立团队绩效目标，以及改进运动员—运动员和教练—运动员之间的沟通。相反，合作运动的本质意味着发展团体凝聚力的自然或者说必然机会较少。因此，在这样的背景条件下，团队建设干预可能会对团队凝聚力和团队表现产生更大的影响。

要点 凝聚力会改进交互式运动（如篮球）和合作式运动（例如高尔夫）中的球员表现。

因果方向

因果方向是指是凝聚力导致表现出色还是表现出色导致凝聚力增强这一问题。换句话说，是在场上和场下并肩奋斗的球队会获得成功，还是说因为球队成功队员们才彼此喜欢并且紧密配合？研究人员已经从两个角度调查了这些问题：

- 凝聚力导致表现出色：凝聚力指标优于表现。
- 表现出色导致凝聚力增强：表现指标优于凝聚力。

过去的研究表明，因果关系的方向很难确定，因为存在很多难以控制的因素，如之前的团队成功、教练或者天才队员等。在针对大学女子曲棍球球员的一项研究（Williams & Hacker，1982）中，人们发现了赛场表现对凝聚力的更强烈的影响。此外，其他研究工作（Grieve，Whelan，& Meyers，2000）也支持这一想法：赛场表现对凝聚力的影响高于凝聚力对赛场表现的影响。这与 Mullen 和 Cooper（1994）研究不同类型的球队后得出的观点一致：

> 虽然凝聚力可能真的会使得团体表现得更好，但在赛场上有出色表现之后，团体往往会体验到更强的凝聚力。

不过，最近的文献（只使用运动团队）发现，凝聚力—表现关系与表现—凝聚力关系没有差别。表现会影响凝聚力，而凝聚力的变化又会影响之后的表现（Landers，Wilkinson，Hatfield，& Barber，1982）。

总之，凝聚力和表现之间的关系很复杂。考虑到证据优势，我们目前认为：凝聚力提升会改进场上表现，而更好的场上表现会使团队团结并进一步提升凝聚力。因此，二者之间关系是循环的。在此循环关系中，对于团队而言，场上表现对凝聚力的影响似乎比凝聚力对场上表现的影响要更大一些（但对于运动团队而言并非如此）。

> **要点**　凝聚力与表现之间是循环关系：表现出色会提升凝聚力，而凝聚力又会提升场上表现。

凝聚力的其他相关因素

虽然研究人员主要着重于凝聚力与表现之间的关系，但还有其他潜在重要因素也与凝聚力关联。

满意度

满意度和凝聚力高度相似，只是凝聚力与团体有关，而满意度是个人概念。尽管研究人员已经发现凝聚力和满意度之间一直存在紧密关系（例如，Widmeyer & Williams，1991；Paradis & Loughead，2012）。

模型 A 认为：团队凝聚力会使得团队在场上有出色表现，场上的出色表现会带来满足感，而满足感又会加强和强化团队凝聚力。模型 B 认为：场上表现出色会提升凝聚力，而凝聚力会带来更高的满意度。也就是说，模型 A 认为凝聚力可直接提升场上表现，而模型 B 认为场上表现可提升凝聚力。无论是哪种情况，领导者都应该做好团体凝聚力的构建工作，因为在富有凝聚力的团体中，队员们才会感到满意，这会间接或直接提升场上表现。

合规

心理研究表明，团体凝聚力越强，则团体对其各个成员的影响就越大。在一个极具凝聚力的团体中，成员可能会因服装风格、发型、训练习惯或者比赛行为感到压力。例如，当底特律活塞队 1989 年和 1990 年连续赢得 NBA 冠军时，他们被称为“坏小子”，其篮球比赛准则是粗野、好斗、胁迫。新秀和新球员不得不适应这种篮球规则和风格，以融入到该球队中。同样，加入健身俱乐部的人也会感到必须购买名牌运动服装，以避免看起来与周围环境不相称。

与凝聚力较弱的团体相比，具有较强凝聚力的团体对团体生产力规范的遵循程度会更高。例如，当团体生产力规范很合理、团体凝聚力很强时，会带来最佳场上表现；而当团体生产力规范不合理，但团体凝聚力很强时，只会导致糟糕的场上表现。芝加哥公牛队在 20 世纪 90 年代之所以如此成功，一个原因就是迈克尔·乔丹和皮蓬确立了合理的团体生产力规范，这有助于提升他们的队友对球队的贡献。

坚持

大量的调查研究已经阐述了在各种训练团体中凝聚力与坚持之间的关系。这些调查（Paskev-ich et al.，2001；Burke、Carron，& Shapcott，2008）的结论是，在训练课上体验到更高凝聚力的个人会参加更多训练课，更可能按时到达，不太可能退出，对团体的瓦解更有抵抗力，更容易体验到与训练有关的积极影响，并且具有与训练有关的较强效能信念。此外，凝聚力与坚持之间的这种积极关系似乎一直是恒定的，无论训练导师与参与者的比例如何。从本质上说，凝聚力对大型健身中心（训练导师与参与者比例较大）和较小、基于大学班级（训练导师与参与者比例较小）的健身出勤率都会产生积极影响。

社交支持

对社交支持的研究表明，个人获得的社交支持与其对团体凝聚力的评价之间存在正相关（Rees & Smoll，2000）。例如，教练提供的社交支持与高中橄榄球队中运动员对团队凝聚力的感知（Westre & Weiss，1991）、大学篮球队的凝聚力与满意度（Weiss & Friedrichs，1986）以及大学橄榄球队中队员的出色场上表现（Garland & Barry，1990）都存在积极关系。

虽然对很多人而言，社交支持只是意味着某种情感上的支持，但研究人员已经发现社交支持的 7 种形式（Rosenfeld & Richman，1997）（请参阅第 7 章）。教练和领导者应该了解社交支持的重要性以及如何使用各种类型的社交支持来增强团队凝聚力。

> **要点**　团体凝聚力越强，则团体对其各个成员遵守团体规范的影响力就越大。与凝聚力较弱的团队相比，凝聚力较强的团队可以更好地抵御团队瓦解。在一起较长时间的团队往往更有凝聚力，这会提升团队成员的场上表现。与凝聚力较弱的课堂相比，凝聚力较强的训练课堂的退学率和迟到率更低。训练导师可以通过社交支持帮助提高团体凝聚力。

更多凝聚力相关因素

在本节中我们已经着重阐述了凝聚力的一些传统相关因素。研究表明，以下因素也与凝聚力有关：

- 团体状态。运动员的团体凝聚力观念越强烈，运动员对报酬和获得地位就看得越淡。
- 角色清晰和接受。角色清晰和接受与任务凝聚力之间存在一种循环关系。
- 集体效能。高集体效能感与高水平的任务凝聚力有关，而高水平的任务凝聚力与高水平的凝聚力有关。
- 团体规范。当对某些行为的规范性期望很高时，凝聚力也会很强。
- 决策风格。较强的凝聚力观念与较强的参与决策风格有关。
- 自我表现。随着团体凝聚力的提升，自我表现问题开始减少（Divine，Munroe-Chandler，& Loughead，2013）。
- 牺牲。当凝聚力较强时，球员会愿意为球队在更大程度上牺牲个人的利益。
- 自我设限。当任务凝聚力很强时，运动员将有较多的自我设限行为（用来保护自尊，如将失败归结于外界因素，将成功归结为内部因素）。
- 技能级别。在各种技能和经验级别（从高中到职业体育）上，凝聚力都与表现存在关系。
- 磨洋工。凝聚力较强的团队的运动员不大可能认为队友可能磨洋工，自己也不大可能磨洋工。
- 责任的归因。成功、有凝聚力的团队用团队概念改进归因策略，如分享成功的功劳，分担失败的职责。
- 竞赛状态焦虑。认为认知或躯体焦虑可起到促进作用的运动员具有较高的任务凝聚力（Eys，Hardy，Carron，& Beauchamp，2003）。
- 意象。凝聚力较高的团队更可能适用某些类型的意象，如认知具体意象（侧重某一特定的任务或技能）和一般支配动机（建立信任）。
- 激励的结果。团体凝聚力已被证明与自适应动机结果有关，如更多努力、对成功的预期以及更加坚持不懈（Gu，Solomon，Zhang，& Xiang，2011）。
- 激情。激情随着凝聚力的增加而提升。

稳定性

稳定性是指团体成员的流失率以及团体成员在一起的时间。在一定时间内维持相对恒定的团队似乎会更稳定、更有凝聚力，并最终取得成功；这一点看来符合逻辑。Carron和Hausenblas（1998）认为，团队凝聚力和稳定性之间是循环相关的。也就是说，团队在一起的时间越长，则团队越可能发展凝聚力；团队的凝聚力越强，团队成员选择离开的可能性就越小。让我们看一下关于这个问题的一些研究。

针对足球和棒球团队跨越一个赛季的研究表明，阵容变化较少的球队比那些阵容变化频繁的更容易成功（Essing，1970；Loy，1970）。另一项研究试图确定是否存在球员在一起度过的最佳时间，此时间可最大限度地提升凝聚力并确保后续成功。该研究表明，在美国职业棒球大联盟，“半衰期”为5年（定义为初始注册人员减少到一半所花的时间）的球队最为成功（Donnelly，Carron，& Chelladurai，1978）。

更多最近的研究关注在竞技体育运动员、娱乐体育运动员和健身班中的凝聚力与运动团体对瓦解（例如，人员变动或内部冲突）的抵御能力之间的关系。Brawley、Carron和Widmeyer（1988）对高凝聚力或低凝聚力的团队在察觉团体瓦解时的情况进行了比较。在团体凝聚力与团体对瓦解的抵御能力之间存在可靠的正相关：与凝聚力较弱的团体相比，凝聚力较强的团体对瓦解展现出较高的抵御能力。建立积极的团体生产力规范则是一种使众多个人作为整体来工作的有效方法。

团体目标

大多数人认为个人分别确立自己的目标。但在团体情况下，如运动队或训练团体，经常以团体为单位来确立目标。团体目标并不只是团体成员的个人目标的总和；团体成员共享同样的理念，希望团体达到期待中的状态。问题是团体目标、凝聚力与场上表现之间存在什么关系？排球、曲棍球、篮球和游泳队的一项研究（Brawley et al.，1993）揭示了以下内容：

- 感知到其团队为比赛确立团体目标的团队成员具有较高水平的凝聚力。
- 对团队目标的满意度越高，团队凝聚力水平就越高。
- 虽然各个团体成员对凝聚力的感知在一个赛季中会发生变化，但在整个赛季，凝聚力都与团队满意度和团体目标有关。

其他的研究（Widmeyer，Silva，& Hardy，1992；Widmeyer & Williams，1991）表明，公开的团队目标及其接受度是任务凝聚力最重要的贡献因素，是社交凝聚力的第二重要贡献因素。此外，团体凝聚力随着球员对目标的投入、清晰程度以及重要性的提升而增强。让个人参与团队或团体目标的制订也有助于提升团体凝聚力。

实践表明，认为团队目标鼓励他们提升敬业度的运动员以及经过旨在实现目标的演习训练（例如在排球运动中迅速从防守套路转向进攻套路）的运动员更可能对团队的训练目标感到满意。因为团队成员接收到反馈：已经正确完成训练（即已达到目标）并且团队努力程度很高，大家的注意力很集中。通过这种方式，团队目标可以提升它的一体感和凝聚力。

Widmeyer和DuCharme（1997）建议在建立团队目标计划时遵循以下准则：

- 首先建立具体的、具有挑战性的长期目标。
- 通过使用短期目标来规划实现长期目标的清晰路径。
- 让所有团队成员参与目标的确立。
- 仔细监测实现团队目标的进展情况。
- 为团队目标的进展奖励团队。
- 培养关于团队目标实现的集体效能。

提高凝聚力的策略

现在，体育心理学家对团体凝聚力的本质以及帮助提升凝聚力和后续表现的因素有了更深入的了解，一些研究人员已经开始把重点放在提高运动和训练团体的凝聚力的具体干预措施上面。

了解团队建设：专家教练的看法

Bloom、Stevens和Wickwire（2003）调查了专家教练对团队建设的看法。结果揭示：

● 团队建设的基本要素：教练认为团队建设会将一群人组织到一起、建立共同目标，并将个人凝聚为一个整体，以实现这些目标。

● 团队环境：教练强调组织和规划为运动员提供了一致性和稳定性，这有助于打造有利于团队建设的更加积极的环境。

● 教练的作用和特点：教练认为，他们的工作是促进、管理和监督团队，使其朝着正确的方向前进。教练认为，其领导风格是团队建设的核心，尽管他们也强调了球员参与的重要性。

● 团队建设活动：这些活动可分为社交活动（例如团队聚餐）、体育活动（如 10 公里跑、绳索课程）和心理活动（例如确定和讨论实现成功、了解队友所需的各种因素）。不过，关于现有的团队团结建设，不存在简单的公式，因为它取决于教练的信念以及教练衡量团队氛围的能力。

● 人才、凝聚力和场上表现之间的关系：教练认为凝聚力和人才对场上表现作出了重要贡献，但是他们不同意这两个因素对场上表现的影响最大。

训练环境

一些正式健身计划的退出率为 50% 左右，研究人员一直在寻找如何降低这个令人沮丧的统计数字的方法。人们使用了一种创新方法专注于借助凝聚力来提升出勤率（参见 Paskevich，2001）。人们已经发现，健身计划的退出者对其锻炼班级的任务凝聚力和社交凝聚力的注意程度不如那些留在计划中的人（Carron & Spink，1993；Spink & Carron，1992，1993）。此外，与凝聚力感较弱的锻炼者相比，凝聚力感较强的锻炼者参加训练课的频率更高，也更守时。

在另一项创新研究中，运动心理学家试图通过团队方法在训练课中培养凝聚力（Spink & Carron，1993）。他们用团队构建策略对讲师进行培训，以通过加强团体凝聚力来提升坚持率。由于独特性有助于培养团体身份感、一体感和凝聚力，一些讲师通过为团体取名、制作团体 T 恤或者发放鲜艳的头带来强调独特性。与不进行团队建设的班级相比，这些班级表现出更高水平的凝聚力，并显著降低了退出率和迟到率。这表明，凝聚力是锻炼环境以及传统运动环境中的一个重要组成部分。表 8.1 列出了增强凝聚力的策略。

为了进一步测试团队建设对凝聚力的影响，Carron 和 Spink（1995）为小型和大型训练课设计了一种干预措施。团队建设计划能够补偿班级规模增大对凝聚力感知产生的负面影响。具体来说，小型训练团体（参与者少于 20 名）和接受团队建设干预后的大型训练团体（参与者超过 40 名）的参与者在凝聚力感知上面没有差别。从本质上说，通过实施合适的团队建设计划甚至可以在更大的团体中维持凝聚力。

运动环境

其他研究关注运动环境中的团队建设

表 8.1　健身课讲师提出的用于增强团体凝聚力的具体策略

因素	干预策略示例
独特性	为团体取名；制作团体 T 恤；分发彩色头带或鞋带；为班级制作海报和标语。
个人专用位置	根据健身水平将游泳池划分为多个区域。 用特定位置来标明低、中、高影响力受训者。 让参与者挑选自己的位置，并鼓励他们在整年里保住这个位置。
团体规范	让团体成员相互介绍，鼓励团体成员成为健身好友。 确立一个共同减肥的目标。 宣传一种合理的健身理念作为团体特征。
个人牺牲	要求两人或三人在一天时间里为某个目标而努力。 要求老学员帮助新人。 要求不担心减肥问题的人在某些日子为团体作出牺牲（更多有氧运动），让担心减肥问题的人在其他日子作出牺牲（更多垫上练习）。
互动和沟通	合作练习，让伙伴做自我介绍；介绍你左侧和右侧的人。 五人一组，轮流做一个动作。

Adapted，by permission，from A. Carron and K. Spink，1993，"Team building in an exercise setting，" *The Sport Psychologist* 7(1):13.

（Prapavessis，Carron，& Spink，1997）。在本例中，研究者为在休赛期参加研讨会的优秀男子足球教练员提供了具体的团队建设干预措施。之后，各位教练员都积极参与制订在团队建设计划中使用的实用策略。具体而言，在表 8.2 概述的原则的基础上要求教练员制订在赛季开始之前 6 周内可以用于其球队的团队建设的适用技术和步骤。遗憾的是，结果没有展示团队建设与控制条件之间的巨大差别，但作者认为，处于控制条件之下的教练可能使用来自凝聚力干预原则的很多其他自有策略来提升自身球队的凝聚力。因此，未来的研究应继续探讨团队建设干预措施如何为教练员采用的提升凝聚力的手段提供补充。

根据上述原则，Carron 和 Eys（2012）以及 Loughead 和 Bloom（2012）为旨在实现团队建设的实际练习提供了建议（见表 8.2）。这些指南和建议包括：

- 团体规范。让团队成员以小型团体的形式一起工作，描述理想的队友如何对假设中的现实情况作出反应。之后，团队作为一个整体就无法接受（例如，朝队友大喊大叫、训练迟到）和可接受的行为进行讨论和达成一致。通过召开会议并就可接受的团队规范作出共同决定，球员将更好地了解团体对他们在场上和场下的期望。
- 个人角色。让球队的每个运动员匿名写出“我希望（球员名字）在我的球队，因为_____”。之后教练收集并将回复分发给相应的运动员。这有助于每位运动员了解其在球队的特定角色的重要性。
- 独特性。让队服与球队座右铭匹配，这可以轻松提高球队团结性并创建独特性。一

表 8.2　运动环境中团队建设计划所依据的原则

类别	原则
团队结构	
角色清晰和接受	当团体成员清楚了解其在团体中的角色时，凝聚力会增强。 当小组成员感到满意并接受他们在小组中的角色时，凝聚力会增强。
领导力	团队领导的行为会影响团体中的任务凝聚力和社交凝聚力。 参与性的教练领导风格有助于增强凝聚力。
对标准的遵循	遵循团体社交规范和任务规范有助于增强凝聚力；团体规范是很难改变的。
团队环境	
接近性	在多次将团体成员放在彼此临近的区域中时，团体的凝聚力会增强。
独特性	团体独特性的存在有助于增强团体凝聚力。
团队过程	
牺牲	当具有较高地位的成员为团体作出牺牲时，凝聚力会增强。
目标	与个人目标相比，团体目标与团队成功的关系更为密切。 团体成员参与目标设定有助于增强凝聚力。
合作	对于个人和团体表现，合作行为要优于个人主义行为和竞争行为，有助于增强凝聚力。

Adapted，by permission，from H. Prapavessis，A. Carron，and K. Spink，1997，"Team building in sport groups," *International Journal of Sport Psychology* 27: 251-268.

起旅行参加比赛也会提升运动员之间的互动、增进亲密度并使得他们更有别于其他团体。

- 个人的牺牲。让进攻球员担当防御性较强的角色，或要求队长或老球员为指导年轻或新的球队成员尽力。
- 沟通和互动。布置一个小型障碍训练场。将运动员分成几个小组，并将每个小组一名成员之外的所有人蒙上眼睛。不戴眼罩的运动员仅使用口头指示指导队友通过障碍训练场。

英国足球队制订并实施了一种改善竞赛团队场上表现的独特方法（Pain & Harwood，2008，2009；Pain，Harwood，& Mullen，2012）。他们拓展了凝聚力的定义以包括团队运作所在的整个环境。定义包括教练—运动员互动、组织问题、团队氛围、沟通、目标设定和团队社交化。尤其重要的是，让教练和球员以思考的方式参与，使得他们能考虑赛场表现，而这会催生关于团队运作的宝贵想法。在赛季期间，在仔细考虑团队中的实际潜在变化的同时，运动员和教练开展的这种类型的研究使得运动心理学家与参赛队伍的合作极具前景。Rovio 等人（2012）为冰球队的团队建设使用了一个行动研究模型。他们在这项团队构建工作中使用表现曲线、个人和团队目标设定、角色说明以及团队规范。这些研究表明，团队建设需要各种方法，它们彼此交互并且互为补充。

在观察研究工作中，Holt 和 Sparkes（2001）研究了一个赛季内与足球队中的凝聚力建设有关的因素。深入访谈和参与者的意见（一位研究人员常驻团队）揭示了与赛季中期和赛季末期的凝聚力发展相关的因素。在赛季中期，明确和有意义的角色、团队目标、沟通以及自私（或个人牺牲）与凝聚力的关系最为密切。在赛季末期，这四个因素仍然起作用，虽然程度上有所变化。这表明了凝聚力的不稳定本质以及凝聚力在赛季期间可能发生重大变化。例如，在赛季中期，足球队存在相当多的自私现象，但是到了赛季末期，球员经常会为了球队的排名牺牲自己的利益。使用大学足球队作为研究对象的一个最近研究发现，开放的团队讨论，分享信息，开放的沟通渠道以及诚实，会提升凝聚力并提高球队成员的自信心，从而改善整体的场上表现（Pain & Smoll，2009）。

Veach 和 May（2005）根据上述部分研究成果开发了一个模型（MAPS）以帮助指导各个运动队的建设。

- 使命感：使命感可帮助引导团队的各个成员朝着更高的团队目标迈进。从本质上说，是经管理念在驱动这些目标。经管理念可能关注场上表现提升、胜利、职业道德发展、内在动机或享受。
- 评估：确定团队优势和改进领域可以帮助教练发展可提高团队潜力以实现目标的资源、改变措施和过程。
- 计划：每个人的行动计划以及作为整体的团队的行动计划可以提升敬业度和投入度。这些步骤应该就具体行为、针对性行动以及具体时间表达成共识。
- 系统评价：定期检查整个“路线图”并了解计划如何实施、目标如何实现，可为思考、回顾和修订提供时间。

共享的团队价值观：团队建设的先决条件

团队建设已成为体育、商业和军事领域的一种常见技术。团队建设通常涉及确定团队目标和团队使命。在确定团队建设活动和目标之前，需要发展并理解团队价值观，因为价值观会指明实现目标的路径，价值观也是在球员和教练之间构建信任的关键组成部分。常见的团队价值观可能包括道德、团队精神、诚信、合作、沟通、胜利、公平和责任。了解其他团队成员并分享共同的价值观将使得团队成员在场上和场下根据这些价值观行动（Kramer & Lewicki，2010）。

Shoenfelt（2010）概述了明确目标的五步过程：

- 确定团队目标。丰富的实际证据表明，目标设定有助于团队实现目标。教练员在确定和发展团队目标时应征求运动员的意见，因为这可以提升球员在实现这些目标过程中的敬业度（Weinberg，2010a）。
- 各个团队成员确定团队的潜在价值观。要求运动员定义术语“价值观”并列出他们的团队价值观。之后运动员要讨论为什么他们觉得每种价值观对于团队来说是重要的。教练员应最后做陈述。这样，运动员能够向团队分享他们真正的价值观而不会受到教练价值观的影响。
- 讨论价值观如何支持团队目标。团队作为一个整体讨论了这些价值观之后对每种价值观的提及次数求和。可将类似的价值观归为一类。例如，问责制和责任可以归为一种价值观。

- 就位列前五或者前七的价值观达成共识。通过继续讨论着重阐述各种价值观的重要性，并选择五到七种最重要的价值观达成共识。应客观考虑意见分歧，使得人们能为关于每种价值观的重要性作出解释。
- 优先考虑团队价值观。之后，每位运动员给每种价值观打分，每个人的打分总和为100。将只得到很少分数的价值观从列表中删除，列表中剩余的价值观则为核心价值观。团队应讨论如何使用这些价值观来帮助引导行为。最后，教练应要求每个运动员对这些价值观作出口头承诺；对于团队价值观的公开承诺能够提升守诺水平。完成后，可将这些核心价值观张贴在更衣室中作为提示。

培养团队凝聚力的准则

凝聚力并不会始终改进团体表现，但它必定能够创造一个积极的环境来促进团体成员之间的积极互动。培养团队凝聚力意味着了解团队的各个运动员的体验，揭示使他们愿意对团队投入，为自己所作的贡献感到满意，并对团队的凝聚力和成功承担起责任的方式（Schmidt，McGuire，Humphrey，Williams & Grawer，2005）。运动心理学家（如，Anshel，2012；Carron，1997；Klinert，2012；Yukelson，1997）已经为培养团体凝聚力创建了指导准则。这些准则广泛适用于竞技体育项目、教学和训练环境。

教练或领导者可以做的工作

只要沟通是有效和开放的，教练和领导者就可以通过多种方式来培养团体凝聚力。我们在这里讨论领导者可以做哪些工作来帮助培养凝聚力以及参与者可以做哪些工作。

有效沟通

高效的团体或团队领导需要创建一个宽松的环境，使得每个人都可以自由地表达想法和感受（关于沟通的更多讨论，请参见第10章）。开放的沟通方式可以缓解许多潜在问题。Terry Orlick（2000）描述了团体凝聚力中沟通的关键作用：

> 当你真正倾听别人的想法，别人也会倾听你的想法；当你体谅他们的感受，他们也会体谅你的感受；当你接受他们的不同点，他们也会接受你的不同点；当你帮助他们，他们也会帮助你。此时，和谐的环境就产生了。

团队建设需要开放的环境，在开放的环境中，不仅可以而且鼓励提出问题和顾虑。Yukelson（1997）建议采用一项名为“DESC准则”的技术来帮助个人积极、果断地沟通和表达自己的感受。该技术包括描述（情况）、表达（感情）、指定（你想要发生的改变）并注意后果（如果没有达成一致将会发生什么）。

领导者应确保每个人都到场并致力于团体目标，其中包括改善人际关系。此项改进很重要，因为增加沟通与提升团体凝聚力之间也存在着循环关系。随着关于任务和社交问题的沟通增多，凝聚力也会增强。这样，团体成员彼此之间更为坦诚，工作更为主动，交谈更多，并且倾听效果会更好。在将团体整合为一个单位，使得成员能够坦诚沟通，并在执行任务时带着自豪感、卓越感和集体意识的过程中，团体领导者扮演着重要角色（Yukelson，1993，1997）。

阐述个人在团队成功中的角色

教练应向团队成员清楚阐明其角色，强调每个运动员的角色对于球队成功的重要性。认为自己的角色不重要的团队成员的数量越多，整个团队就会变得越冷漠。教练需要向这些球员仔细解释他们在团队中的角色并为他们提供机会来为团队贡献力量。球员了解对队友的要求后，他们还可以开始提供支持和共鸣。通过让球员观察并记录队友在不同位置的工作，教练可为这个过程提供帮助。而且在实践中，教练可以指定一名球员担任他通常位置以外的其他位置。例如，排球中的主攻手对二传手的糟糕传球感到不满，教练就可以让主攻手在训练中担当二传手。采用这种方式，主攻手就会明白为二传手要为自己提供合适击球位置的难度有多大。

在子团体中培养自豪感

在天然存在着子团体的运动（例如橄榄

团队建设是否有效？

《体育画报》的一篇文章（McCallum，2001）提到，高效橄榄球计划中的球员认为团队建设造就了冠军。旨在将球员吸引到一起的各项活动使得众人像一支团队那样思考，有助于球员发现他们的领导者并奠定了一个使得球员在赛季期间可以继续构建团队的基础。例如，路易斯安那州立大学的球员都参与了松涛（一种空手道形式）锻炼来帮助建立团队一体感并增强身体敏捷性。伊利诺伊大学橄榄球运动员创建了一个只面向橄榄球运动员的垒球联盟，以在夏季帮助提高球队的团结性。俄勒冈大学的前锋们挤进大救生圈并沿威拉米特河漂流，以提高球队的团结性。所有这些示例的要点是，教练和球员使用团队建设活动打造一个更加紧密的集体，以在竞技场上获得更大的成功。但这种类型的团队建设是否真的有效？

Martin，Carron，& Burke（2009）针对调查团队建设活动效果的17项研究进行了元分析（一种统计分析）。结果表明，团队建设干预措施对整体团队表现产生了积极影响。令人鼓舞的是，教练和运动心理学顾问都发现团队建设干预措施是有效的。这些干预措施的持续时间显得很重要：持续时间不到两周的干预措施的影响很小，而那些持续时间长于两周的干预措施具有中等效果。结果还显示，干预措施往往侧重于（按照最成功到最不成功的顺序）团队目标设置、人际关系、冒险经历和一组广泛的任务变量——可能包含团体结构的开发（例如角色）、环境（例如发展独特性）或过程（例如合作）。与流行观念相悖的是，团队建设干预措施对交互运动球队（如篮球、足球）的影响较小，对个体运动团队（如摔跤、游泳）的影响更大。最后，团队建设干预不会影响任务凝聚力，对社交凝聚力有很小的积极影响，对表现和个体满意度感知有较大的积极影响。

球、曲棍球、田径）中，教练员应在这些团体中培养自豪感。运动员需要队友的支持，尤其是打相同位置的队友的支持。20 世纪 80 年代的华盛顿红人队的进攻前锋自称为“猪”，因为他们包揽了所有脏活儿。前锋团体为这个绰号感到自豪，因为他们为球队的整体成功做出了贡献。跑卫和四分卫由衷地欣赏前锋的工作——毕竟，他们的成功取决于这些“猪”的阻拦工作做得如何。

确立具有挑战性的团体目标

设置具体、富有挑战性的目标对于个人和团体表现都有积极影响（参见第 15 章）。目标意味着高生产力规范并使得团队关注它需要实现的东西。当运动员达到目标后，应该鼓励他们为所取得的成就而自豪并激励他们朝着新的目标迈进。必须为他们清楚定义这些目标，以在他们追求目标的过程中培养团体凝聚力。目标应当是基于表现（与球员的能力有关）而不是基于结果的（与获胜有关）。

鼓励团体认同感

例如，教练或领导者可以通过订购队服和安排社交活动来鼓励团队认同感，但是这些队服和活动不得干预队员子团体身份的发展。二者应该携手合作。团体应使得团体成员感到特别，并在某种意义上有别于其他团体。

避免形成社交小圈子

相比子团体（位置或者任务类似的运动

团队建设模型

为尝试给教练员、教师和讲师提供指导，Carron 和同事（1993）研制了一个团队建设模型，此模型已经在运动和训练环境中成功实施。这个四阶段过程模型在前三个阶段以研讨会的形式发挥运动心理学家的作用；然后在第四阶段，教练或领导者将研讨会策略应用于其团体成员。这项工作已由 Paradis 和 Martin 改编并拓展（2012）。

1. 入门阶段。简要概述团体凝聚力的好处、强调凝聚力与坚持训练之间的关系（训练团体）以及对凝聚力和增强团队动力的看法（运动团队）。

2. 概念阶段。提出概念模型，将团体凝聚力作为三类条件的产物：团体环境、团体结构和团体过程。每个类别中的特定因素可能因具体情况而异，因为不同团体的团体基本过程的重要性存在差别。例如，角色接受和角色清晰是团队运动中的重要因素，但在训练团体中并非如此。表 8.2 着重阐述了在概念阶段期间团队建设的一些关键方面。最后，向教练或领导者展示基于研究并用于加强团队建设干预的一般性方法。

3. 实用阶段。教练或领导者以交互式集体讨论会方式提出尽可能多的战略，以用于其团体的团队建设。表 8.1 列出了健身教练提出的一些策略的实例。最好让教练或领导者提出具体干预策略，因为这些人具有不同的性格和爱好，并且各个团体的性质也存在差别（Loughead & Bloom，2012）。对某个团体可能有效的一组干预策略也许对另一个团体无效。

4. 干预阶段。教练向各自的团队或运动团体介绍具体的团队建设策略。培训助理应监督每周举办的团队建设会议，以确保这些策略正在实施。

员所构成的团体），社交小圈子通常只会使几位运动员受益，并且这是以牺牲大多数团队成员为代价的。当团队正在走向失败，当团队的需求不再得到满足，或者当教练区别对待运动员并使得运动员彼此疏离时，运动员容易形成小圈子。小圈子往往会破坏团队，教练应该迅速确定小圈子形成的原因，并采取步骤来消除小圈子。在旅途中改变室友分配并鼓励团队运作都是预防小圈子形成的方式。

避免过度的人员流动

过度的人员流动会降低凝聚力，导致团队成员很难建立密切融洽的关系。当然，高中和大学球队每年都会因毕业失去队员。在这种情况下，应要求老队员帮助新队员融入到球队中。老队员可以通过热情、真诚、开放的方式分享球队期望，使新队员在新球队和与队友相处时感到轻松愉快。类似地，训练团体也经常会有人退出造成人员流失，此时很重要的一点是要使新人感觉到自己在群体里受欢迎，是群体的一部分。

定期召开团队会议

在整个赛季，教练都应该定期召开团队会议，使得团队成员诚实、公开和有建设性地表达积极的和消极的感受。只有通过挖掘自身

团队建设练习

现在，你已经知道团队建设模型以及教练对团队建设的观点，以下是几个实际练习（Vealey，2005）：

- 希望和恐惧。在赛季初，向球员（也可能是教练）分发索引卡片，让他们在卡片的一面写下对这个赛季的希望，在另一面写下对这个赛季的恐惧。随机收集并重新分发卡片，让球员阅读他们卡片上的希望和恐惧，以引起讨论。
- 团队精神食粮。队长和其他团队领导提出的问题应激发围绕着团队文化、凝聚力和价值观的讨论。比如这样的问题，“如果你能改变我们训练中的某个方面，它会是什么？”“如果教练您本人在年末晚会上发言，您会希望讲什么？”“其他运动员的哪些行为或态度令你印象最为深刻？”以及“我希望自己因……球员类型而为人所知。”
- 你真的了解我吗？该练习目的是帮助球员们了解彼此。球员写出关于自身不寻常（或未知）的东西或者对自身做出某些补充。每位球员阅读其关于自身的声明。球队各个成员就声明是真是假进行投票。如果他们是正确的，就得到一分，如果他们错了，就丢掉一分。
- 承诺蛋接力比赛。将团队成员配对。告诉每对成员中的一位，此活动是一项比赛，目标是打败其他配对成员。告诉每对中的另一名成员，他们要以最小程度的努力完成任务，不要尽力，并最好经常犯错误，但是不得让同伴知道他们正在故意求败。为每个合作伙伴提供一把勺子。第一个合作伙伴用后背托住勺子盛住鸡蛋跑上坡，将鸡蛋传给第二名合作伙伴，然后第二个合作伙伴跑向终点线。在此项任务完成后，问“尽力”的合作伙伴当看到他们的伙伴在活动中没有非常尽力的感受，然后问“不尽力”的合作伙伴当他们知道自己让伙伴失望时的感受。之后询问所有团队成员在活动中的同伴沟通情况和他们可以防止球队中的队友不尽力的方式，以及如果队友确实表现出很差的敬业精神时他们可以采取的干预办法。

经验具备评估这些工作有效性的手段之后，团队成员才能解决其内部冲突，调动其资源并采取明智的操作。团队可以借助讨论从错误中学习、重新界定目标和维持良好的运动行为。

如果没有特定的问题存在并且目标只是增进凝聚力，那么也许可以采用一种名为团体披露的技术（Yukelson，1997）。与会者讨论他们最钦佩的个人和团队以及自己可以为这些个人和团队的成功做出贡献的特点。然后要求参与者分享他们彼此欣赏对方哪些地方，以及他们从对方身上学到了什么。

增强团队效能

最近的研究（Heuze，Bosselut，& Thomas，2007）表明，在赛季初期重点开发团队效能可能对赛季后期的凝聚力产生积极影响（团体吸引力—任务）。从本质上说，集体能力的发展（特别是在需要团结和配合的团队中，如足球、排球、篮球）可以提升球员关于其个人参与对球队生产力和目标的影响的感受。例如，应鼓励培养或维护运动员关于其团队效能的信念。关于这些，可以采用团队训练和指导的方式，同时强调球员对团队的贡献，或者帮助球员在涉及任务的氛围下彼此帮助和合作，关注自我提升而不仅仅是取得胜利。

了解团队氛围

在任何正式的组织中都存在非正式的人际网络，这类网络可能会对组织的运作产生极大影响。教练或领导者应识别团体中具有较高

在赛季初培养团队的一体感可以在赛季后续阶段为团队提供更强的凝聚力。

人际声望和地位的团体成员。这些人可以作为教练和队员之间的沟通联系人，并为教练和运动员提供关于团队中发生的事情的想法、意见和感受的渠道。例如，宾夕法尼亚州大学的球员理事会（Yukelson，1997）定期举办有球队领导和来自每个班级代表（例如，大一新生、大三球员）或子团体（例如进攻球员、防守球员）的代表参与的早餐或午餐会议，使教练能够了解团体成员的主流态度、愿望和感受。

了解其他人：加强个人披露

了解更多参与者的方法之一是调查他们的个人价值观（例如成就、健康和活动、创造力、家庭、对他人的关注、独立性），因为价值观是行为的核心决定因素。Crace 和 Hardy（1997）提出了一个模型来帮助领导者调查和了解其团体中各个成员的价值观。此评估使用《生活价值观问卷》（Crace & Brown，1996），它使得教练和领导者能从价值观角度提升对个体特征的意识，了解团体的主要价值观；从价值观角度确定会促进和妨碍团体凝聚力的因素，并制订干预措施和策略，以增进相互尊重，从而提升凝聚力。

开始了解和理解其他团队成员的角色、意见、动机和需求是团队建设过程的基石。Dunn 和 Holt（2004）研究了曲棍球运动员对个人披露、相互分享的团队建设活动的主观反应。在全国锦标赛之前，球员集体开会并被要求披露一些有助于确定其个性、动机和愿望的个人信息。与会者称，这些会议给情感造成了强烈冲击，有时甚至称得上是一种重大的人生体验。与会者在会议期间获得的益处包括：增强了对自己和他人的了解，提升了凝聚力，对自己和队友的信心都更强了。因此，个人披露和相互分享为建立信任、凝聚力和队友信心提供了很多帮助。

团队成员可以做什么

到目前为止，我们的指导准则一直针对教练和领导者。但团队的团结不仅是教练的责任，成员也应该为提升团队凝聚力负责。团队成员可以使用下面这些方法来改进沟通并建立一个强大而有凝聚力的集体。

- 了解团体成员。团队成员彼此越了解，就越容易接受个体差异。每个团体成员都应该花时间去了解他们的队友，尤其是团体中的新成员。
- 尽可能帮助团体成员。作为一名团队成员，意味着个人是相互依赖的。互相帮助

团体凝聚力的障碍

妨害团体凝聚力的因素包括：

- 团体中的个性冲突
- 团体成员之间的任务角色或者社交角色冲突
- 团体成员之间或团体领导者与成员之间的沟通问题
- 一名或多名团体成员为权力而争斗
- 团体成员频繁更替
- 没有就团体目标达成共识

能培养团队精神，使得队友之间的关系更为亲密。例如，如果一名篮球队队友的罚球水平不高，那么你可以主动陪她练习，尤其是当你精通罚球技术时。

- 为团体成员提供积极的强化。为队友提供支持，而不是持消极和挑剔态度，这对建立信任和支持大有帮助。在队友经历逆境时，团队成员应尤为敏感，积极帮助并展现建设性态度。帮助和支持队友的同时也是在帮助团队。
- 负责。团体成员不应该养成指责他人糟糕表现的习惯。指责毫无用处。当事情不顺利时，球员应该尽量作出积极、建设性的改变，使自己回到正轨。
- 与教练或领导者坦诚沟通。团队成员应确保教练收到关于团队中正在发生的事情的准确信息。每个人对其他人的理解越深入，则团队取得成功并保持和谐关系的概率就越大。
- 立即解决冲突。如果团队成员与教练或队友发生不快或冲突，应主动解决这种情况并消除误会。球员不应该只是抱怨和发泄自己的情绪。球员和教练应该就问题作出快速响应，使得负面情绪不会积累并在将来爆发。
- 在任何时候都尽 100% 努力。努力，尤其是在训练中努力，有助于团队成员团结起来。专注和投入是会传染的。树立一个好榜样会对球队团结产生积极影响。

学 习 助 手

总结

1. **定义任务凝聚力和社交凝聚力。**

   凝聚力是一个多维概念，它包括任务凝聚力和社交凝聚力。团队凝聚力是一个动态过程，当团队追求目标时团队成员齐心协力的倾向性反映了这一过程。任务凝聚力是指成员一起作为一支团队实现目标，而社交凝聚力是指团队成员之间的人际吸引力。

2. **描述凝聚力的概念模型。**

   Carron 的凝聚力模型指明了影响凝聚力发展的四个领域：环境因素（团队规模、奖学金）、个人因素（动机、社会背景）、团队因素（团队规范、团队稳定性）和领导力因素（领导风格、领导目标）。这些因素并非孤立存在而是相互作用的，而且会影响任务凝聚力和社交凝聚力。

3. **讨论如何衡量凝聚力。**

   传统上，人们通过简单的调查问卷来衡量凝聚力。而较新的方法（如《团体环境调查问卷》）考虑了凝聚力的多维性质。除了调查问卷，还可以使用社交关系网图来特别关注团队或者团体中的社交方面。

4. **理解凝聚力与表现之间的关系。**

   30 多年来，研究人员一直在关注运动领域凝聚力与表现之间的关系。不过，这种关系很复杂，研究这种关系涉及三个因素：对凝聚力的测量、任务类型以及因果方向。任务凝聚力和社交凝聚力以及交互运动和合作运动都会对表现产生积极影响。此外，凝聚力和表现之间似乎是循环关系：团队的成功增强了凝聚力，而凝聚力的增强又会转化为成功。

5. **理解与凝聚力相关的因素。**

凝聚力与其他重要的概念，如满意度、合规性、社交支持、团体目标以及稳定性存在正相关关系。此外，研究表明，凝聚力一直与角色接受、团体状态、决策风格、性别、集体效能、团体规范、能力和经验、意象以及自我设限有关。当教练、教师和训练导师希望提升其团队或团体的凝聚力时，上述内容都是重要的考虑因素。

6. **确定培养团队凝聚力的准则。**

研究人员最近列出了一些干预措施，用于在运动和训练环境中增强任务凝聚力和社交凝聚力。团队成员以及教练或领导者都应当为发展团队领导力承担起责任。

复习题

1. 说明凝聚力的定义，包括任务凝聚力与社交凝聚力之间的差别。
2. 陈述如何通过调查问卷来测量凝聚力。
3. 目前，关于凝聚力—表现关系的研究文献中的结果并不一致。解释各种类型的方法如何衡量这两个因素，以及任务要求如何影响这种关系。
4. 是凝聚力带来胜利还是胜利提升凝聚力？根据研究文献介绍这一问题以及这对教练意味着什么。
5. 虽然研究人员更关注凝聚力—表现关系，但凝聚力还与几种其他潜在的重要因素相关。陈述凝聚力与表现以外的四个因素之间的关系。
6. 说明凝聚力如何与社交支持相关。陈述三种类型的社交支持以及你会如何发展这些支持来增强团队凝聚力。
7. 如果你是一名运动员，你所在的团队缺乏凝聚力，那么你可能会做哪些工作来增强你所在团队的团结？
8. 描述用于在运动和训练环境中设置团队建设干预措施的概念模型，并为四个阶段提供具体示例。
9. 你如何加强健身课堂中参与者的团体凝聚力？
10. 团队建设活动是否有效？哪些因素会影响这些活动的效果？

深入思考

1. 你是一位接手了一支高中球队的新教练，这支球队在上个赛季出现了很多争吵和内斗。利用这一章提供的准则，说说你在赛季之前和赛季期间将怎么培养任务凝聚力和社交凝聚力，并在团队中确定团队价值观。
2. 你是一名新上任的体育教师，你希望更好地了解你的学生之间的私人关系，以最大限度地提升教学策略的效果。你将如何运用解释社交关系网图帮助你了解班级中的人际吸引力和凝聚力状况。绘制你的班级的假想社交关系网图（15人以内）并解释这为你提供了关于发展凝聚力的哪些信息。

第 9 章

领导力

学习完本章后，您将能：

1. 定义领导并描述领导者和管理者之间的差别；
2. 理解用于研究领导力的特质方法、行为方法、情境方法和交互方法；
3. 解释领导力的认知—中介模型；
4. 解释体育领导力多维模型；
5. 讨论调查运动环境中的领导力研究；
6. 讨论有效领导力的四个组成部分。

谁能忘记以乔丹为首的芝加哥公牛队多次在第四节反扑带来的六次 NBA 冠军？谁又能忘记 1994 年斯坦利杯曲棍球最终系列赛中，Mark Messier 率领纽约游骑兵队 54 年来首次夺冠？在全球体坛，像 John Wooden、Tara VanDerveer、Pat Summitt、Bill Parcells、Mike Krzyzewski 和 Joe Torre 这样的教练和 Rebecca Lobo、Kevin Garnett、Peyton Manning 和 Lisa Fernandez 这样的球员都已经展现出杰出的领导才华。尽管知名度不是很高，但在体育课、健身和运动训练环境中也有许多出色的领导者，他们总能实现专业训练目标并提升所有参与者的效率。人们很容易想起哪些人是出色的领导者，但确定是哪些因素造就了这些领导者就会难很多。人们已经发表了数千项关于领导力的研究成果，研究人员仍在调查与有效领导力有关的因素。让我们首先讨论什么是领导力，以及领导者实际做什么。

领导力的定义

领导力是指“一个过程，个人通过这个过程影响一群人，以实现一个共同目标”(Northouse，2010)。影响过程通常涉及强化其他人的动机，而领导者关注的是让多个人在追求共同目标的过程中合作（Vroom & Smoll，2007)。管理和组织学教授 Warren Bennis（2007）认为，作为典范的现代领导者为团体创建愿景或使命；在完成使命的过程中激励他人；为追随者经营创建社交结果；在追随者当中创建乐观和信任；在团体中培养其他领导者；实现结果。今天，人们还研究领导者、追随者、领导者与追随者双重身份之间的互动，以及发生领导行为的背景环境，以便更好地理解领导行为这个复杂的社会过程（Eberly，Johnson，Hernandez，& Avolio，2013)。在运动和锻炼中，领导力还包括决策、激励参与者、提供反馈、建立人际关系以及自信地指导团体或团队。

领导者知道团体或团队的前进方向，并提供指导和资源，以帮助团体或团队抵达目的地。身为优秀领导者的教练会提供奋斗愿景以及日常结构、动机和支持，以将愿景转变为现实。教练、教师和训练专家都是致力于向每位参与者提供最大成功机会的领导者。成功的领导者还试图确保个人成功有助于团队成功的实现。

领导者和管理者之间的差异

管理者通常关注计划、组织、安排、预算编制、人员配备和招聘。虽然领导者经常行使这些职能（或把它们委派给他人)，但领导者还有一些其他关键职能。例如，领导者提供有助于确定组织或团队追求方向的愿景，包括目的和目标。领导者尽量提供完成工作所需的资源和支持。很多教练在处理可保持一切顺利运行的运营工作的过程中成为优秀的管理者，但这不同于提供球员和球队成长和成熟所需的领导力。Martens（1987a）指出，“很多球队存在管理过度和领导力不足的问题”。

> **要点**　经理负责诸如计划、预算编制和组织这类工作，而领导者更关心组织的方向问题，包括其目的和目标。

选择领导者的两种方法

通常由某个权威人士任命领导者和教练。在这种情况下，他们被称为**指定的领导者**。例如，在健身俱乐部，所有者选择经理；在学校，校长选择教师。同样，在大学体育中，体育部主任通常选择教练。不过有时领导者会从团体中浮现并与队长和教练一起管理校内球队或俱乐部球队。这些人被称为**浮现的领导者**。很多浮现领导者比指定领导者的领导效率更高，因为他们获得了团体或者团队成员的尊重和支持。他们可能在特定运动或训练方面拥有特殊的领导能力、丰富的经验、过硬的技能。在任何情况下，领导者通常都有两项职能：确保在达到组织要求的同时团体的目的和目标得到满足，并确保团体成员的需求得到满足。

研究人员一直努力确定领导技能，希望能够预测和选择有可能成为领导者的那些人。研究人员还研究在某种情况下某些因素是否会引发有效领导力，以及是否可以营造环境来更好地培养领导力。在下一节我们将回顾对组织领导力的早期研究以及它在运动环境中激发的研究工作。我们还将讨论运动心理学家如何研究领导力效能，包括特质方法、行为方法、情境方法和交互方法。

领导力研究方法

多年以来，研究人员一直采取不同的方法来研究领导力。特质方法关注个人的一致性，它是第一个在研究文献中占主导地位的方法。之后是行为方法，行为方法关注的是行为。第三种方法认为，领导力取决于情境的特点而不是领导者本身。最后，交互观点将这三种方法结合起来，成为当今领导力研究中的主要观点。

运动领域的同伴领导力

大量的研究人员已经研究过运动领域的同伴领导力，有时关注浮现的领导者，有时则关注指定的领导者，如球队队长。目前研究人员已确定同伴领导力的前身、球队队长的角色和责任以及同伴领导力的影响。这项研究的主要结果包括以下内容：

- 人们发现，当与自己的队友相比时，同伴领导者具有较高的感知能力、更可能得到队友的喜爱、展现出积极的社交行为，并且从内心深处受到驱动（Price & Weiss，2011）。他们的特点包括：积极的态度、控制自身情绪的能力、职业道德以及较强的沟通能力（Dupuis，Bloom，& Loughead，2006）。
- 同伴领导力与团队的很多重要结果（如任务凝聚力和社交凝聚力增强以及集体效能提升）存在正相关关系（Price & Weiss，2011，2013）。
- 当观察同类团队时，人们发现同伴领导力和教练领导力与类似和不同的结果都存在关联。例如，人们已经发现，教练领导力是运动员各种结果（例如享受乐趣、感知的能力）的强预测因子，而同伴领导力则与团队凝聚力的关系更为密切（Price & Weiss，2013）。
- 教练感到同伴领导不仅仅是球队队长的职责。球队的所有成员都应该偶尔担任领导角色（Bucci、Bloom，Loughead，& Caron，2012）。
- 当同伴领导者“频繁鼓舞、激励、提升创造性、解决问题并偶尔使用奖励时”，队友会报告他们喜欢比赛、有兴趣学习新的技能，并积极寻求有挑战性的任务（Price & Weiss，2013）。
- 虽然教练渴望让队长领导球队，但他们很少就此提供培训（Voelker，Gould，& Crawford，2011）。
- 队长的职责通常包括组织活动、树立榜样、激励和鼓舞队友、提高士气、改善关系、为队友提供支持和指导、提供反馈、发表看法、执行团队规则并质询不遵守规则的队友，以及帮助队友从精神上做好准备（Voelker，2011）。
- 作为队长，最困难的方面包括承担责任、与其他人相处、肩负队长头衔带来的期望、在处理队友问题时保持中立、保持镇定、不越界、感觉孤单，以及平衡各种角色（Voelker，2011）。
- 能有效培养队长的领导技能的教练会主动采用各种方法，并且会完成各种工作，如开展正式的领导力培训（例如会议、研讨会和课程），帮助队长发展良好的沟通技能、向队长提供关于其领导力的反馈，并提供关于领导力的阅读材料（Gould，Voelker，& Griffes，2013）。
- 教练在培养队长时常犯的错误包括：给予的职责过多或者过少；为选择队长使用不好的实践；与队长的沟通不足；未能重视和培训队长；与队长之间没有建立起有效关系；以及假定队长已经了解关于领导力的知识（Gould，2013）。

特质方法

20 世纪 20 年代，研究人员试图确定在商业和工业领域中优秀领导者的共同特点或者个性特质。他们认为**领导力特质**是相对稳定的人格特点，如理解力、魄力、独立性和自信。特质理论的支持者认为，成功领导者有一定的个性特质，这使得他们无论身处何种境地都可能成为领导者。这就意味着勒布朗·詹姆斯不仅在篮球场，在其他运动领域以及生活领域（如商业和社会事务）也会成为优秀的领导者。温斯顿·丘吉尔、甘地或马丁·路德等人也都具备成为高效领导者的类似人格特征。

在第二次世界大战之后，特质方法渐渐失宠，当时 Stogdill（1948）回顾了超过 100 种关于领导力的特质理论研究，并发现只有少数始终如一的人格特质。虽然某些特质可能对领导者确实有帮助，但它们未必是成为成功领导者的必备因素。因为人们尚未发现在教练、训练导师和执行者身上的共同领导力特质，所以如今很少在运动研究中使用特质方法来解释领导力理论。不过，这并不意味着在确定领导者效能时，领导特质和特性不重要。最新研究表明，长期稳定的特质很重要（尤其是在彼此组合起来时），但这一点并非普遍适用，必须根据具体情况来考虑（Zaccaro，2007）。

要点 领导者有各种各样的人格特质。并不存在使得所有领导者取得成功的特质。

行为方法

研究人员接下来试图发现高效领导者的普遍行为（即领导者在做什么）。这些行为主义者认为，任何人都可以通过学习其他高效领导者的行为成为一名领导者。因此，与特质理论不同的是，行为主义认为领导者是可以造就而不是天生的。

非体育环境中的领导行为

为了解非体育（商业、军队、教育和政府）组织中的领导者如何完成工作，俄亥俄州大学的研究人员设计了一份《领导者行为描述

通过以身作则来领导

1997 年，芝加哥公牛队和犹他爵士队举行 NBA 总决赛的第五场比赛。前四场比赛的结果为 2：2。犹他爵士队赢得了前两个主场比赛，这次又回到主场，在总决赛中犹他爵士队一直保持主场不败。此时，被很多人视为有史以来最伟大球员的迈克尔·乔丹因为肠道病毒病倒了。因为身体实在虚弱，他在床上躺了一整天。他在球场上看起来状态不佳，每一个动作都显得很紧张。但他设法保存自己的体力，专注于他为了取胜而必须去做的一切。神奇的是，他不仅拿下了 38 分，还投中了赢得比赛的关键 3 分球。接下来的总决赛第六场，芝加哥公牛队在主场获胜并夺冠。乔丹被评为总决赛最有价值球员。队友斯科特·皮蓬这样评价乔丹的表现：“你们今晚在这里看到了令人难以置信的勇气和领导力的展示。迈克尔是球队的领导者，他让每个人都和他一起奋战。他以身作则，他赢得胜利和成为最优秀球员的渴望感染了我们所有人。”

问卷》。研究人员通过这份问卷发现，大部分领导者确实属于以下两类：体贴和制订结构。**体贴**是指领导者和下属之间具备友谊、信任、尊重和温暖。**制订结构**是指建立规章制度、沟通渠道、程序方法，并定义清晰的组织模式，以实现目标。这两个类别截然不同但又相互兼容。例如，成功的领导者往往在体贴和制订结构（Blake & Moulton，1994）这两个方面的得分都很高。一些研究人员认为一个人很难同时展示出对人和生产力的强烈关注。我们可以看到在体育界解决这一问题的例子，如制订结构能力很强的教练聘用一名很体贴的助理教练（通常是一位较年轻的教练，可以与球员更好地建立关系）。

> **要点**　成功的领导者往往在制订结构和体贴两方面都得到高分。

体育运动中的领导行为

研究运动和训练环境中领导力的一种方法是关注这些情况下的具体行为。加州大学洛杉矶分校前教练 John Wooden 是篮球界的一名传奇教练，他赢得了 10 次美国全美高校体育协会（NCAA）篮球锦标赛冠军，这是一项空前的纪录。他教授过贾巴尔和比尔·沃尔顿等篮球巨星。那么，John Wooden 的秘密是什么？

Tharp 和 Gallimore（1976）用事件记录技术来观察 Wooden 的领导力。在事件记录中，研究人员先列出若干典型的教练行为，然后记录这些行为的发生时间和频率。使用这项技术进行 30 个小时的观察后，Tharp 和 Gallimore 确定了 Wooden 展现的 10 种行为。他的行为大多数涉及提供指示（做什么和如何去做），鼓励高强度和付出努力。例如，在沟通方面，他花了大约 50% 的时间用于口头指示，12.7% 的时间用于催促球员以强化指示，8% 的时间用于责骂并利用组合陈述重新发出指示，6.9% 的时间用于赞美和鼓励，6.6% 的时间用于表达不满。Wooden 对指示和传达信息的关注超出了对赞美良好表现和指责错误的关注，这与当代教练研究的成果是一致的（Gilbert，2002；Gilbert & Trudel，2004）。

在研究 Wooden 时，研究人员指出，他的示范时间很少超过 5 秒钟。但他的示范非常清晰，会在球员的头脑中留下影像，就像教科书的素描。最后，尽管非常成功，Wooden 还是更多强调努力而不是取胜，并向队员指出最重要的事情就是尽力，因为你能做的只有这些。

> **要点**　Wooden 的教练工作重点是告诉球员做什么和如何去做。他通过模拟正确行为的简短演示完成这项工作。

在人们思考这个经典研究时，Gallimore 和 Tharp（2004）重新分析他们的数据并且又进行了一些采访。他们的关键发现和解释如下：

- 在大量信息负荷、简洁的谈话和训练组织工作的背后是精细、勤奋的规划。
- Wooden 曾考虑将通过信息提供指示作为一种积极的执教方法。
- 替补球员获得的表扬比先发球员多。
- Wooden 认为，七项学习法则是讲解、示范、模仿、重复、重复、重复、重复。
- 起到模范作用是 Wooden 的教学目标。

Bloom、Crumpton 和 Anderson（1999）通过观察篮球教练 Jerry Tarkanian 的行为重复了这个经典研究工作。Jerry Tarkanian 也是一名非常成功的教练，只是名气没有 John Wooden 那么大。研究人员发现了类似的结果。指令（被细分为战术指示、技术指示、一般指示）大约占教练行为的 55%。其他几种最经常展现的教练行为是赞美和鼓励（13%）以及敦促（16%）。这表明重点放在了积极教练行为上面。

Côté、Salmela 和 Russell（1995）采用不同的方法，通过定性采访研究了 17 位精英级体操教练。结果发现，这些精英教练最经常展现的行为是：①通过积极反馈提供一个支持性环境；②提供关于体操运动员进度的技术指导；③教授心理技能，例如应对压力；④提供模拟比赛的心理和技术要求的机会；⑤提供手控训练以确保安全；⑥强调健身训练以确保身体准备就绪。

对 John Wooden 和 Jerry Tarkanian 的观察性研究以及对精英级体操教练的采访都一致表明，对积极、支持性反馈和技术、纠正性反馈的依赖有助于改进运动员表现。从行为角度来看，提供有效的体育领导力的关键是要专注于积极的一面，同时提供明确的反馈意见和技术指导。

最后，Loughead 和 Hardy（2005）对教练的领导力行为和同伴领导力（如正式的队长、非正式领导者）行为进行了对比。对 15 支球队的运动员的广泛评估表明，教练和同伴领导者往往展现出不同类型的领导行为。作为研究对象的运动员认为，教练比同伴领导者展示更多的培训、指导和专制行为，而同伴领导者比教练展示出更多的社交支持、积极反馈和民主行为。运动员认为大约有 25% 的队友担任同伴领导者。因此，除了队长之外，我们还会看到其他人担任领导角色。

情境方法

20 世纪 70 年代，第三种领导方法开始演化发展。作为对特质方法和行为方法的回应，Perrow（1970）认为，领导者的特性并不像人们通常认为的那么重要。有效的领导力更多取决于情境的特点以及这些情境下的领导者行为。这一论点基于的证据是，组织的领导者拥有的权力通常比人们想象的要少。将成为领导者的候选人之间的差别已经通过选择而减少，领导者之间的差别也已经因情境要求而被否定（Vroom & Jago，2007）。

虽然当代的领导力研究人员很少赞同情境方法，但它在促进我们对领导力的理解方面发挥了重要作用。它提示人们，情境特征对领导者的成功具有很大的影响。人们经常陷入领导力的“英雄式冠军”这一概念之中，认为领导力完全由领导特质和行为所驱动；没有认识到情境对领导力的影响是一个严重错误。

交互方法

特质方法和行为方法强调个人因素，但是以考虑人与其情境约束之间的相互作用为代价。因此，行业和普通心理学的许多研究人员提出了领导力的交互作用模型（Horn 1993，2002；Hackman & Wageman，2007）。在回顾领导力研究之后，Vroom 和 Jago（2007）得出了结论，“对领导力最感兴趣的社会科学家现在已经放弃了人和情境的地位之争，而是采用了一组能够应对情境差别和领导者差别的概念。”交互作用理论对于运动和训练环境中的有效领导具有重要意义。

- 没有一组特性能够确保成功领导。研究人员曾认为，卓越的领导者具有适用于领导者角色的共同人格特质，这些人格特质与非领导角色的人格特质存在显著差别。不过，仅仅通过人格特质无法对领导者进行预测。最新的研究还表明，有些特质可能发生改变，并且以复杂的方式与情境因素交互作用着（Zaccaro，2007）。
- 有效的领导风格或行为适应具体情境以及涉及该情境的运动员。例如，Horn 等人（2011）发现，具有高躯体特质焦虑和高自主决定动机的大学运动员喜欢这样的教练员：领导风格更为民主并且提供大量培训、社交支持以及积极反馈和信息反馈。与此相反的是，动机不强烈的运动员更喜欢领导风格专制并且提供大量惩罚性反馈的教练。显然，不同的运动员需要教练提供不同类型的领导。
- 领导风格是可以改变的。如果你听到有人说，“有些人就是天生具备领导才华”，不要相信这样的话。教练和其他领导者可以改变自己的风格和行为以匹配情境的要求。例如，**关系取向的领导者**发展人际关系、保持沟通渠道畅通、保持积极的社交互动，并确保每个人都参与而且感觉很好。他们的风格类似于前面所述的体贴职能。而**任务取向的领导者**主要致力于完成任务并实现目标。他们的风格类似于之前描述的制订结构职能。

> **要点** 关系取向的领导者关注发展和维护良好的人际关系；任务取向的领导者关注确立目标并完成任务。

人们可以从关系取向的领导风格转变为任务取向的领导风格，反之亦然，这取决于具体情境。根据 Fiedler（1967）有关**权变模式**的研究成果，领导力的有效性取决于领导者的

体育领导力的发展

很多人认为体育可以培养领导者，但还没有人研究这是如何发生的。Wright 和 Côté（2003）撰写的一篇有趣的文章关注了运动员领导者的各种活动以及其他因素对其领导力发展产生的影响。他们假设，四个基本要素是体育的领导力发展的基石：

- 高超技能的发展
- 很强的职业道德感
- 与人关系融洽
- 丰富的战术知识

这些信条主要是通过反馈和与家长、教练和同伴的互动而发展的。其中的重要影响包括：

- 新球员通过日益增强的竞争与老球员的交往越来越多。
- 家长就复杂的认知问题和决策为球员提供指导。
- 教练指定运动员担任领导职位（部分是因为较高的技术水平）。
- 队员与伙伴保持良好的关系并获得他们的信任。
- 家长支持队员参与体育运动和活动（金钱支持、鼓励和精神支持）。
- 教练提供优良的训练环境，以帮助发展技能。

领导风格与团体的交互以及情境的有利性。具体来说，Fiedler 认为，任务导向领导者在非常有利或者非常不利的情境下效率更高；而关系导向领导者在中等有利的情境下效率更高。在市中心贫民区（缺乏设施、领导和社区支持）的学校任教的体育教师可能不得不采用任务导向领导风格，因为其所处情境可能非常不利，完成任务并确立目标的重要性要远高于培养积极的人际关系。相比之下，在下中阶层中学任教的体育教师（设施糟糕但是社区支持良好——中等有利情境）可能采用关系导向领导风格时的效率会更高。因此，运动和训练专业人士需要在领导力风格上更为灵活，应根据情境的需要来对自己的领导风格进行调整。如果教练感觉自己更适合某种领导风格而不是其他领导风格，则其应寻求有助于充分发挥该领导风格的优势的情境。

技术高超的球员通常为任务导向型，偏于关系导向型领导风格的教练似乎在执教这些球员时效率更高。相反，技术偏弱的球员需要更多的连续指示和反馈，任务导向型领导风格教练会更适合这类球员。但这并不是说，技术不太好的球员不需要一位关怀体贴、善解人意的教练，或者技术高超的球员不需要具体的反馈和指导；只是教练各有侧重而已。

要点　个人领导风格的效能取决于领导风格与具体情境的匹配性。

Zuma Press/Icon SMI

是什么特质让大卫·斯特恩成功领导 NBA 长达三十年（1984—2014）？

在成为圣母大学的主教练之前，Gerry Faust 是美国最成功的高中橄榄球队教练之一。但 Faust 无法达到圣母大学的胜率标准，几个赛季之后，他被解雇了。在不再担任高中球员教练之后，他可能没有改变自己的执教行为以适应大学运动员的成熟性。具体而言，作为高中学生的教练，他可能需要关系导向的执教风格，以充分提升球员场上表现、个人成长和发展。不过，传统体育的做法强调当教练抵达大学之后应侧重专断行为，这可能是 Faust 教练失败的原因。

一项评估制订了成功的大学运动队计划的专家教练的研究发现，在这些教练制订成功计划时，个人因素和情境因素都很关键（Vallee & Bloom，2005）。在此期间，出现的常见主题包括教练的特征（例如，致力于学习、知识）、个人成长（例如建立一个安全和积极的环境以向运动员传授生活技能并为其授权）、组织技能（如计划、行政任务）和愿景（例如，计划的目标和方向）。此外，研究还强调教练必须考虑具体情境，以确定哪种行为或领导风格可能是最有效的。

面向体育的领导力交互方法

从前文可以看出，在制订领导力模型时要考虑人员和环境或者情境因素。根据这一原则，研究者开发了两个专用于运动领域的模型，以为体育界的领导力研究提供指导和方向。

领导力的认知—中介模型

Smoll 和 Smith（1989）提出了一个领导力行为的理论模型，该模型强调情境、认知、行为和个体的差异因素之间的关系。他们将情境方法集成到领导力行为中，认为在运动背景环境下，教练行为作为情境因素（例如，竞争水平、运动类型）的一个函数会发生变化。不过，这些作者也认为，“一种真正全面的领导力模型不仅要考虑情境因素和外显行为，还要考虑认知过程和个体（个性）差异。这些差异调解了前因、领导者行为和结果之间的关系”（Smoll & Smith，1989）。按照这一模型，教练的行为是教练个人特征的一个函数，情境因素以及运动员为这些教练行为赋予的含义是中介变量。从本质上说，球员对教练的态度和运动经验受球员对教练行为的感受和回想的影响。图 9.1 显示了这个中介作用模型在此模型中，球员对教练行为的感知会调节教练行为对球员的效果。不过，这个完整过程还受情境因素以及教练和球员的个体差异的影响。为客观评估教练在天然场地环境中的实际行为，人们开发了一个教练行为评估系统。通过这个系统，几位训练有素的观察员记录教练的行为，并注明发生行为时的情境。人们发现，这些行为是反应式或者自发式的（参见“教练行为评估系统提供的教练行为类别”）。**反应式行为**是发生错误后教练指示的针对特定球员的行为，而**自发式行为**都是由教练发起的。例如，教练可能在球员上场后大声喊叫鼓励他的球员。

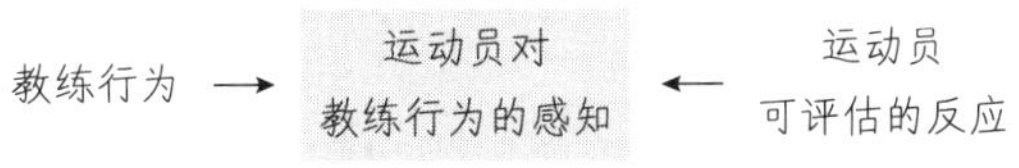

图 9.1　领导力的认知—中介模型

其他研究也已经使用教练行为评估系统来评估特定行为以及这些行为影响年轻运动员

教练行为评估系统提供的教练行为类别

类别一　反应式行为

对期望表现的反应

- 强化：对良好表现或者努力的一种积极、有益的反应（口头或非口头）
- 非强化：未对良好表现作出反应

对错误的反应

- 错误：偶尔鼓励；在出错后鼓励
- 错误：偶尔技术指导；关于如何纠正球员犯下的错误的指导或演示
- 惩罚：在发生错误后的一种消极反应（口头或非口头）
- 惩罚性技术指导：在发生错误后以惩罚或者有敌意的方式提供技术指导
- 忽略错误：未对球员错误作出反应

对行为不端的响应

- 保持控制：反应旨在恢复或维持球队成员中的秩序

类别二　自发式行为

与比赛有关

- 一般性技术指导：关于运动的技术和策略的自发式指导，并非在出错后提供
- 一般鼓励：自发式鼓励，并非在出错后提供
- 组织：通过分配职责或责任确立比赛的各个阶段的管理行为

与比赛无关

- 一般沟通：同球员之间的与比赛无关的互动

Adapted from F. Smoll and R. Smith，1980，Psychologically-oriented coach training programs. Design，implementation and assessment. In *Psychology of motor behavior and sport—1979*，edited by C. Nadeau et al. (Champaign，IL: Human Kinetics)，115. By permission of R. Smith.

的方式。这些行为总体上与强调积极执教方法的领导风格有关。人们发现，在观察到的所有教练行为中，大约有2/3是积极的并且属于以下类别：

- ▶ 积极强化：“你刚才对那个地滚球尽力了。继续保持。”
- ▶ 一般技术指导：“在完成高尔夫挥杆时把头低下来。”
- ▶ 一般性鼓励：“继续保持！”

此外，当教练频繁指出错误，偶尔鼓励和强化时，到赛季末，运动员会表现出更强的自尊。当教练提供大量总体技术指导时，运动员对队友和他们从事的运动的评价会更为积极。在一项研究中，拥有愿意提供支持和指导的教练（情境因素）的低自尊（个人因素）球员对教练展现出最高程度的吸引力；而教练所提供的支持和指导相对较少的低自尊球员对教练的吸引力较低。相反，高自尊球员受到教练支持和指导水平变化的影响要小一些。从本质上说，教练应为低自尊的年轻人提供较多支持，以最大限度提升其在竞技体育领域的潜在积极体验，这一点非常重要（Barnett，Smoll，& Smoll，1992）。

一些教练参加了如何与年轻运动员积极沟通的讲习班，以学习指导年轻运动员的这种积极方法（Smith，Smoll & Curtis，1979）。讲习班的目的是向教练传授知识，以将他们的积极行为增加25%，消极行为减少25%。在赛

教练员行为准则

根据25年的潜心研究，Smoll和Smith（2001）为青少年运动员的教练提供了一些指导原则：

- 在运动员的积极行为后立即提供强化，并且对运动员努力的强化程度应与对结果的强化程度一样。
- 在运动员犯错之后立即提供鼓励和纠正指示。强调运动员哪里做得好，哪里做得差。
- 在运动员犯错之后不要惩罚他们。如果你工作是为了降低对惩罚的恐惧感，则运动员对失败的恐惧感会降低。
- 切勿以敌对、有损人格或苛刻的方式提供纠正性反馈，因为这很可能会导致运动员的沮丧和怨恨。
- 通过建立明确的期望来维持秩序。使用积极强化来加强正确行为，而不是惩罚不正确的行为。
- 别对运动员唠叨或威胁运动员，以防止混乱。
- 有选择地使用鼓励，这样鼓励才有意义。
- 鼓励努力但不要求结果。
- 在可能的情况下，以清晰、简明的方式提供技术指导，并演示如何完成技巧。

季结束时的结果表明，跟随这些教练打球的青少年更喜欢自己的队友，认为他们教练的知识更为丰富，对作为教师的教练的评价更高，更愿意在下一年继续打球，并且享受到的乐趣更多（与那些其教练没有参加讲习班的青少年球员相比）。也就是说，这项研究建立了教练行为与运动员可评估反应之间的直接关系。Smith和他的同事得出结论："旨在协助教练、教师和其他担任领导角色的成年人创建积极、支持性环境的培训计划，可以通过积极的方式影响青少年的人格发展。"

另一项研究的结果显示（Barnett，1992），其教练参加旨在促进积极的教练—运动员互动关系的讲习班的小联盟运动员，在下一个赛季的退出率为5%，而对照组球员的退出率高达29%。毫不奇怪，促进教练和年轻运动员之间的积极互动关系可确保运动员更加享受体验和发展自尊，并使得运动员一直愿意参与和参加运动。通过广泛的研究工作，Smith和Smoll（1996，1997）为指导青少年运动的教练制订了领导力准则（参见"教练员行为准则"）。

体育领导力的多维模型

体育领导力的多维模型是又一种为运动或体育活动而专门开发的互动模式（Chelladurai，1978，1990，2007）。类似于前面讨论过的Smith和Smoll模型，多维模型设想体育运动中的领导力效能取决于运动员的特点和情境限制因素（图9.2）。

根据Chelladurai的观点，运动员的满意度和表现（图中的框7）取决于三种类型的领导者行为：需要的行为（框4）、实际的行为（框5）和偏好的行为（框6）。情境（框1）、领导者（框2）和成员（框3）导致这三种行为，所以人们称之为前因。

如果我们用交互作用术语表达这种模型，则领导者特征（例如年龄、经历、执教风格、个性）是个人因素，而情境特点和成员特点（如年龄、能力、性别）是情境因素。Horn（2002）提出，社会文化背景（例如团体规范）

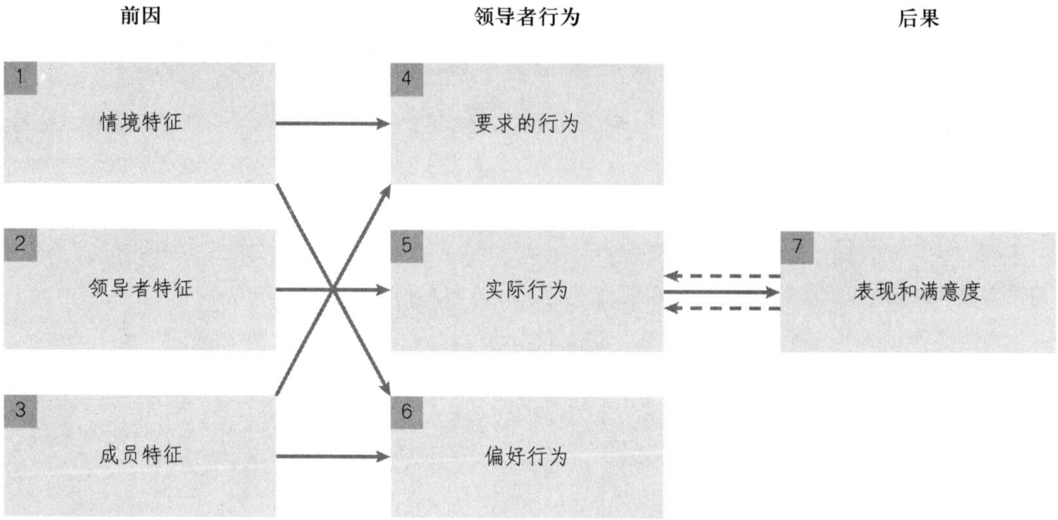

图 9.2　体育领导力的多维模型

Adapted，by permission，from P. Chelladurai，1980，"Leadership in sport organization，" *Canadian Journal of Applied Sport Sciences* 5:266. © P. Chelladurai.

和组织氛围（如竞争水平、过程和结果导向）是影响领导者期望和价值观的两大关键情境因素，而领导者的期望和价值观又会影响领导者的行为。Chelladurai 认为，在这些先行条件和领导力行为之间存在着直接联系，Horn 则认为这些先行条件影响领导者的期望和价值观，进而才影响领导者的行为。

Chelladurai 认为，如果领导力行为的三个方面达成一致，则最可能产生积极的结果。如果领导者针对特定情境的行为得当，并且这些行为与团体成员的偏好匹配，则团体成员将有最佳表现并感到满意。不过，如果要求和实际行为与偏好行为不同，则预计会实现最佳表现，但团队成员不会有最佳满意度。相反，如果实际和偏好行为与要求的行为不同，则预计团队成员会有最佳满意度但不会有最佳表现。例如，运动员可能更喜欢关系导向的教练风格，但是情境决定了必须采取任务导向的教练风格。如果教练坚持任务导向风格（实际行为），则预计团队成员会有最佳表现，但不会有最佳满意度。我们现在来仔细看一下三种类型的领导力行为以及影响这些行为的先行条件。

期待的领导者行为

在许多情境下，组织系统本身要求某些行为，并且期望人们遵守既定的规范。例如，人们期望体育教师在学生、同事和家长面前的行为符合一定的规范（例如高中体育教师不得与学生一起参加派对）。同样，人们希望教练在与记者、其他教练和观众打交道时以特定的方式行事。

实际的领导者行为

实际的领导者行为是指领导者表现出来的行为，例如制订结构或体贴行为。根据

Chelladurai的观点（1993），领导者的特征，如个性、能力和经验（图9.2的框2）会直接影响这些行为。人们认为，实际行为受团体偏好以及情境要求的间接影响。例如，专业运动队通常以胜利为目标，教练可能会采用以表现为导向的行为。尽管获胜是高中球队的目标之一，但球队体验本身也很受重视，因此教练可能会采用以体贴为导向的行为。

偏好的领导者行为

团体成员偏好特定的领导者行为。人格因素，以及年龄、性别和经验都会影响成员对教练和指导、社交支持以及反馈的偏好。例如，与青少年运动员相比，膝关节重建手术后处于康复期的成年人，可能期望接收更多康复方案规划。情境特征也会影响成员的偏好。如果组织或学校的期望是教练以某种形式带领球队，则教练和球员通常会分享这种期望。

追求卓越过程中的领导力

领导力经常与追求卓越有关，无论这种卓越属于体育、商业、艺术还是政府领域。Chelladurai（2007）试图确定最适合促进运动领域中对卓越的追求的领导力因素。他的建议不仅源自其关于体育领导力的多维模型，还来自解决了常见商业议题的变革领导力模型。当领导者身处一个需要提供愿景的位置，激励人们追随该愿景，并支持彼此的工作以实现卓越时，就会产生**变革领导力**。它需要具备这样的能力：激励和鼓舞追随者去达到新的高度，并完成他们原本不相信自己可以完成的任务。这些都是Chelladurai（2007）关于追求卓越的领导力准则：

- 为追随者创建一个吸引人的愿景
- 鼓舞人心的沟通（灌输自豪感、提高士气）
- 智力上的激励（追随者理解他们所做的事情背后的蓝图）
- 个性化的关注和支持行为
- 个人认可
- 命令行为和指导行为
- 提升自我效能感和自尊

领导力风格与情境匹配

NBA教练Doug Collins的职业生涯堪称起伏跌宕。在作为球员度过美妙的职业生涯之后，Collins被聘为芝加哥公牛队的教练。作为一名火爆、情绪化的领导者，他倾向于专制，这对于一支相对年轻的球队而言正好是正确的方法。事实上，他多变的性格有助于激励有点不成熟和不可预测的团体。不过，随着公牛队作为一支球队的逐渐成熟，他的这些个性特征以及专制做法成为一项不利因素；球员与他之间的关系开始变差（McCallum，1991）。几年后，Collins成为底特律活塞队的教练，活塞队也是一支年轻的球队，需要方向指引和强有力的领导。Collins提供了这样的方向和目标感，当然还有他的情绪易变性。同样，这是正确的做法。它帮助活塞队在几个赛季的失利纪录之后卷土重来，开始为联赛冠军而奋斗。不过，在几个成功的赛季之后，Collins的火爆风格逐渐与一支成熟球队的风格不匹配，他被解雇了。当对领导者要求的行为、偏好的行为和实际的行为都一致时，才可同时实现最佳表现和最佳满意度。

- 强调胜利的重要性，但不是不惜任何代价去赢得胜利
- 在团队中培养竞争心
- 灌输任务和自我取向以及氛围（平衡关于任务目标的重点，同时以适当的方式整合自我目标）
- 提供认知、情感和技术培训
- 促进沉浸状态

总之，Chelladurai（2007）认为，帮助个人和团队追求卓越的领导者通过促进各种特质（如自我效能和竞争心）来“转变”人员，并同时创建一种情境或环境来支持愿景、关键目标和建设性动机氛围。带领一个追求卓越的过程涉及关键个人和情境因素的相互作用。

Schroeder（2010）采访过10位全国大学体育协会的优秀教练，这些人曾经扭转失败的计划，并引导球队赢得了冠军。结果表明，计划转折点是由教练所推动的球队文化的变化。教练通过以下方式改变球队文化：讲授核心价

高绩效体育行政或管理领导力的心理学

从历史上看，对体育领导力感兴趣的研究人员将他们的主要精力放在了教练身上，并且在近期放在了同伴领导者身上。不过，研究人员很少关注体育管理者，尽管体育管理领域已经有了巨大的发展。这一点令人惊讶，因为在赢得冠军时听到成功运动员和教练感谢他们的组织提供支持，或者在事情不顺利时听到运动员和教练痛惜缺乏组织的支持是很常见的。此外，在商业界中，近几年高管培训领域的发展势头迅猛。由于体育管理者的位置与商业界中的高管类似，高管培训变得在体育界很有用。大型公司精力充沛的首席运营官现在通过私人教练提升自己的心理素质，难道体育管理者不会通过同样的支持获益吗？

体育心理学研究人员David Fletcher和Rachel Arnold（2011）研究了奥林匹克运动会中的13名国家级主管，从而在高水平运动的研究中取得了新的突破。这群主管群体代表的是大获成功的体育组织——这些组织的运动员在伦敦奥运会上一共赢得了24枚奖牌。Fletcher和Arnold完成了一系列采访，结果显示，四个主要的主题表现了这些领导者和管理者的绩效领导力和最佳做法。第一，这些领导者为其组织确立了引人注目的愿景。他们确保这个成功愿景会随着时间的推移不断由大家分享并演化；与此同时，他们还监督影响愿景的因素。第二，他们广泛讨论了后勤管理（如财务），与工作人员合作以从战略上为球队计划和安排比赛和训练项目，制订运动员选择流程，并维护为出色表现提供基石的规则和条例。第三，这些人的共同特点是采用出色的人员管理实践做法（如有效管理其工作人员，建立和维护有效的沟通渠道，确保关于效能的外部评估的反馈机制就位）。最后，这些人通过建立角色意识以及创建有效的组织和团队氛围来发展组织的文化。

为了有效地领导和管理精英体育组织，体育高管必须了解如何为组织创建和传播总体愿景、优化资源、与员工沟通并管理员工：方法是在各种支持行为之间达成一个平衡，同时推进他们的直接下属（那些向领导者报告的个人）追求更高的挑战、促进团体凝聚力的发展以及影响向他们报告的那些人的态度。总之，组织应当更多关注精英体育绩效领导层的心理。

值观、招募拥护核心价值观的运动员、实施惩罚并为符合核心价值观的行为提供奖励，以及考虑他们的计划所处的独有环境。对于球队文化的改变，资源的增加并非总是必要的。通过其变革型领导，教练帮助运动员学会接受可引导球队文化发生期望改变的核心价值观。

体育领导力的多维模型研究

研究人员已经测试过Chelladurai的多维模型的准确性和实用性，并以多种有趣的方式使用该模型。我们简要讨论这些应用的几个方面。

有时团体成员变得习惯于某些行为，并且越来越喜欢这些行为。例如，洛杉矶突袭者橄榄球队的老板Al Davis历来主张一种松散的领导风格，只要球员在场上的表现很好，他就允许球员在场上表现出个人主义。因此球员已经开始倾向于这种风格的领导。相反，帕特·莱利这名获得极大成功的专业篮球教练非常严格、激烈，但球员倾向于适应他的风格，因为他已经证明这种执教风格是成功的。

体育领导力量表

开发《**体育领导力量表**》(LSS）的目的是衡量领导行为，包括运动员对特定行为的偏好、运动员对教练行为的看法以及教练对自身行为的看法（Chelladurai & Riemer，1998；Chelladurai & Saleh，1978，1980）。该量表已经翻译为多种语言，近年来获得了广泛的测试和心理测量学支持。LSS有五个维度：

- 培训（教学行为）。一位面向培训和指导的教练在尝试改进运动员表现时获得了高分，他的方法是提供关于技巧的技术指导、技术和战术，强调和推进严格的训练，以及协调球队成员的活动。Sullivan和Kent（2003）发现，教练的动机和教学效率会培训和指导领导行为。
- 民主行为（决策风格）。采用民主风格的教练允许运动员参与关于球队目标、训练方法以及比赛战术和战略的决策。
- 专制行为（决策风格）。采用专制风格的教练独立作出决策并在执行决策时强调个人的权威；通常不会邀请运动员发表意见。
- 社交支持（动机倾向）。在社交支持方面获得高分的教练关注运动员的幸福感并尝试与运动员建立良好的关系。与强调在场上表现期间提供积极反馈的教练不同，社交支持导向型教练独立于（不依赖于）运动员的表现，并且他们提供的支持往往超出竞技舞台。
- 积极反馈（激励趋势）。在积极反馈方面获得高分的教练总会为运动员的良好表现提供表扬或奖励。积极的反馈取决于表现并且仅限于竞技环境。

Zhang、Jensen和Mann（1997）为包括两个额外维度的运动（团体维护行为和情境考虑行为）设计了一个修订版的领导力量表。不过，Chelladurai（2007）建议在修订版本收集到更多数据之前使用原始领导量表。

领导力的前因

一些研究集中在影响领导力行为的条件或前因上面，而其他研究则关注领导者行为的后果，也就是说，领导者的行为如何影响成员的表现（Chelladurai，1993，Horn，2002）。研究涉及的因素包括：

- 年龄和成熟度。随着年龄增长和在运动方面的成熟（达到大学入学年龄），运动员越来越倾向于更为专制并提供社交支持的教练。更成熟的运动员通常对自己从事的运动更加认真，将团体视为一家专制的企业。他们想要的是做实事、高度组织化并且还可以为球员提供支持的教练。其他研究表明，较小（年龄在10～13岁）和稍大（14～17岁）的青少年更喜欢这样的教练：不那么专制、让运动员参与决策、给予积极反馈，并提供很多战术和技术指导（Martin，Jackson，Richardson，& Weiller，1999）。
- 性别。男性比女性更喜欢培训和指导行为以及专制的执教风格。因此，这类教练应该更多指导男性并提供充足的教学反馈。女性倾向于更民主的教练行为和允许她们帮助作出决策的参与性执教风格。教练和其他团体领导者应为女性提供发表意见的机会。不过，关于特定教练行为，男性和女性偏好的相似性要多于不同，因为他们都希望教练提供频繁的训练和指导行为以及反馈（Horn，2002）。
- 国籍。文化背景可能影响领导者的偏好。来自美国、英国和加拿大的运动员喜欢的执教风格没有明显的不同。不过，与加拿大运动员相比，日本的大学生运动员喜欢更多的社交支持和专制行为并且认为他们的教练更为专制。加拿大运动员比日本运动员更喜欢更多的训练和指导行为。
- 运动类型。从事高度交互的团队运动（如篮球、排球和足球）的运动员比从事合作运动（如保龄球、游泳或网球）的运动员更喜欢专制的执教风格。也就是说，排球队通常比田径队更喜欢专制的教练。此外，Riemer和Chelladurai（1995）发现，在运动中执行不同任务的运动员喜欢不同的教练行为。防守球员比进攻球员更喜欢教练有较多的民主、专制和社交支持行为。
- 心理特征。运动员对教练行为的偏好也与运动员的个性有关（Chelladurai，1990，1993）。例如，人们已经发现，内控型运动员对训练和指导行为表现出强烈的偏好，而外控型运动员则青睐专制的执教行为。此外，与具有低特质焦虑的队友相比，具有高特质焦虑的女性偏好更为积极和社交性的支持行为。

领导力的后果

根据Chelladurai（1990，1993）的观点，当教练的执教风格与团队成员的偏好匹配时，可以实现最佳表现和最佳满意度。在使用Chelladurai的模型来研究体育领导者的行为方式的后果之后，研究人员提出了几项准则：

- 满意度。如果教练已经发展出了他们的运动员所偏好的决策风格，则执教效果将得到高度评价。当运动员没有获得他们偏好的执教风格时，显然他们的满意度会受到影响。差异越大，满意度越低，尤其是在与培训和指导、社交支持以及积极反馈相关的方面。慷慨的社交支持、对行为的奖励以及民主决策通常与运动员的高满意度关联。研究还显示，有些教练特征（如年纪较轻、之前较高的胜负百分比以及较少的上场经验）会使得运动员的满意度打分较高。教练的行为与满意度之间的关系也受运动类型的影响：团队运动的运动员比个人运动的运动员更重视积极的执教行为（Baker，Yardley，& Côté，2003）。

▶ 凝聚力。各种研究（Gardner，Shields，Bredemeier，& Bostrom，1996；Pease & Kozub，1994；Westre & Weiss，1991）表明，在训练和指导、积极反馈行为和民主社交支持方面得分较高，在专制行为方面得分较低的教练的球队通常具有较强的凝聚力。这些结果是从不同年龄、运动类型和性别的运动员那里获得的，因此它们可以推广到各种情境和群体。此外，展现出更多任务相关行为并提供特定于任务的强化的训练导师与更具凝聚力的训练团体有关（Loughead & Carron，2004）。

▶ 表现。大多数研究都支持这一概念，即特定的执教行为可提升表现，尤其在实际执教行为与偏好执教行为一致时。一项研究表明，频繁的社交支持行为与球队成绩糟糕有关。社交支持的增加并不会导致球队输球率提升，因此更可能的是，输球的球队需要领导者提供更多社交支持以保持动力（Weiss & Friedrichs，1986）。

教练员的预期、价值观、信念和行为的前因

我们知道教练的期望可以影响他们针对运动员的行为。那么哪些因素影响了教练的期望、价值观、信念和行为？人们研究了三个潜在因素：

● 社会文化背景。研究已发现成就目标中的跨文化差异以及对教练行为的期望差异。此外，研究还揭示了对女性和男性的观念会影响教练的期望。事实上，一些社会学家认为，团队可能会通过其自身的规范性期望、信仰和价值观形成一种亚文化。因此，我们需要了解教练工作所在的社会文化背景，以更好地了解对他们的哪些期望使他们展现出某些执教行为。

● 组织的氛围。组织氛围可能在很多方面存在差别，研究人员将其作为竞争水平的一个函数来进行研究。例如，研究表明，对胜利的期望和关注更强烈的大学运动员认为，他们的教练展现出更为专制、较少社交支持的领导风格，并且很少使用积极和基于信息的反馈。在这些教练中，那些获得奖学金较多的球队（也许表明竞技水平较高）的队员认为自己的教练更为专制、社交支持较少，使用以惩罚为导向的反馈的频率也较高。因此，组织的氛围（在本例中是竞争水平）似乎与教练期望和后续行为有关。

● 教练或教师的个人特征。人们研究了大量的个人特质对教练的期望和行为的影响。例如，Strean等人（1997）认为，个人差异，如自我反思、批判性思维能力、决策能力和知识范围方面的差别会对教练的期望和行为产生影响。研究还发现，具有高内在动机的教练的决策风格往往更加自主。其他研究表明，“执教效能”较高的教练（教练相信他们有能力影响运动员的学习和表现的程度）会提供更为积极的反馈；与自信心较差的教师相比，自信心较强的教师在失败面前展现出更多的坚持并且更为敬业。

- 内在动机。将各种执教行为或风格与内在动机变化关联到一起的文献数量正在日益增多（Horn,2002）。例如，一项研究（Vallerand & Losier，1999）表明，与展现出较为民主的领导风格的教练相比，展现出较强专制风格的教练的运动员的内在动力水平和表现出的能力较低。研究还表明，执教风格对内在动机和能力的影响反过来又会影响运动员在运动中的坚持程度。

领导力训练干预

有些专家已经开始研究可增强参与运动和训练环境中的人员的领导力的干预措施。Gould（2011）为美国的全国摔跤教练协会制订了一项领导力训练计划。这个计划包括一系列在线课程模块，主题包括领导力、沟通、培养学生运动员；筹款，执教职业道德，营销和宣传活动；360°反馈调查——使得教练可以从上司、同事和运动员那里收到关于其领导力的宝贵信息；亲自出席的领导力研讨会；以及由经验丰富的教练提供的同行指导。Gould认为，大学教练的角色已经从主要负责运动员的技巧、战术和技术发生转变，需要包括各种管理技能，例如筹款、社区关系，帮助运动员在场下发展以及与各种外部人员沟通等。

Voight（2012）报告过一个关于两支精英高校排球队队长的领导力发展干预的案例研究。干预措施关注四个目标：帮助球队回到他们各自看重的全国冠军总决赛、改进沟通和球队运作、协助球队的日常组织和沟通以及加强队长的个人领导力发展。人们基于商业和组织心理学文献建立了一个15级领导力发展计划。该计划包括：作为队长的角色和职责、领导者的长处和短处、评估球队需求、为队长提供的球队反馈、履行职责的最佳方法以及处理出现的问题。基于对队长的采访，并且两支球队实现了绩效目标——回到冠军宝座，研究者认定此项计划是有效的。

最后，Gould和Voelker（2010）描述了为高中运动队队长提供的一项领导力训练计划，该计划源自密歇根州立大学青年体育研究所与密歇根州高中运动协会的一项合作。该计划包括一系列领导力训练营：100～200名已成为或者可能成为高中运动队队长的学生参加各种体验活动，以提高和增进他们的认识、知识和领导技能。讨论的专题包括队长需要知道什么、队长面临的常见问题、如何处理这些问题以及学生运动员作为队长可能会体验到的特定问题。学生运动员也会收到队长自学指南（Gould，2007）。基于他们完成这些计划的经验，作者强调要积极主动地培养学生运动员的领导力、重视体验性学习，以及教练应允许承担领导角色的学生运动员担负有意义的责任。

高效领导的四个组成部分

我们一直强调个人特质本身不会提供高效的领导，尽管人们已经确定了高效领导者的一些常见特征。研究还确定了在体育教育、运动和训练环境中发展高效领导力的一般策略，包括操纵情境因素和发扬某些团体成员的特点。我们在这一节中将讨论四个通用组成部分：领导者的素质、领导风格、情境因素和追随者的素质。

有效领导力的四个组成部分（图9.3）实

际上是领导力研究的许多不同方法的组合体。没有哪种方法是最佳的；每种方法都为了解哪些因素使得领导力有效提供了一些帮助。与交互方法一致的是，四个组成部分共同揭示了这一点：最好将行为理解为个人和情境因素之间的相互作用。

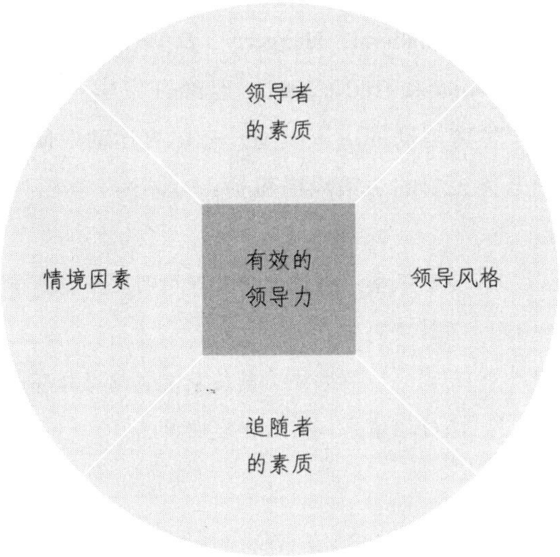

图 9.3 有效领导力的四个组成部分

Reprinted, by permission, from R. Martens, 1987, *Coaches guide to sport psychology* (Champaign, IL: Human Kinetics), 35.

领导者的素质

虽然并不存在一组独特的个性特质可确保某个人成为领导者，但成功的领导者看起来有很多共同之处。在《寻找胜利之路》一书中，Bill Parcells（一名成功的橄榄球教练和两次超级碗得主）讨论了他所认为的成功领导力的关键要素：

- 诚信。领导者的人生观必须有一个坚固的结构、根植于领导者的基本价值观、在整个组织中传达并且为大家所接受、能抵抗外界压力，并保持足够长的时间，以取得成功。
- 灵活性。传统是用来打破的。如果你只是因为某件事的一贯完成方式就采用同样的方式去做这件事，那么你可能就错过了做得更好的机会。
- 忠诚。领导力的第一要务是宣传和强化集体忠诚度，也即团队精神。
- 信心。如果你想让你的球员树立信心，应为他们提供职责和决策能力并在他们尝试的过程中支持他们。
- 负责。问责始于顶层，如果没有肯承担全部责任的领导者，就无法建立负责任的组织。
- 坦率。在发出讯息时，仅仅诚实和准确是不够的。讯息的效果将取决于接收者以及接收者当时愿意接受哪些东西。
- 准备。善于准备的领导者会为所有突发事件做好计划，包括他们认为不太可能发生的事件或者讨厌的事件。
- 智慧。在最基本的层面，智慧就是韧性，一种甚至在所有人都看不到希望时仍然拒绝退出或者屈服的精神。
- 自律。总会有赢得比赛的方法，即使在面对超级对手时也是如此，但是必须严格遵照制订的计划。
- 耐心。当组织的表现不佳时，耐心是一种最稀有和最宝贵的品质。仅仅知道必须完成哪些改变是不够的，决定在何时完成改变同样重要。

研究人员还确定了成功领导者的几种其他特征，包括智力、乐观、内在动机和共情。这些都是成为领导者所必需的素质，但只有这些是不够的；也就是说，拥有这些素质并不能保证一个人成为领导者。对这些素质的要求或多或少，取决于团体成员的偏好和具体情况。

领导风格

我们已经谈过民主型和专制型执教风格。正如你可能预计的那样，采用民主风格的教练通常以运动员为中心，有合作精神，并且以关系为导向。相反，采用专制风格的教练通常以取胜为中心，严谨，并且以任务为导向。教练在执教时不需要完全采用民主风格或专制风格。教练可以有效整合并融合民主型和专制型领导风格（Blake & Moulton，1969）。正如你通过体育领导力多维模型所看到的，不同的领导行为适用于不同的情况。挑战在于，确定哪种风格最适合所面临的情况以及个人是否足够灵活，从而针对特定的领导情境来修改自己的主导风格。合适的执教风格最依赖于情境因素和成员特征。

教练如何做出决策是领导风格的一个方面。执教方法的有效性在很大程度上取决于做出合理的决策以及运动员对这些决策的接受程度。Chelladurai 等人（Chelladurai & Haggerty，1978；Chelladurai，Haggerty，& Baxter，1989；Chelladurai & Trail，2001）已经开发出一种适用于体育运动的决策模型。在体育运动中使用的五种主要的决策风格包括：

- 专制风格。教练使用当时的可用信息靠自己解决问题。
- 专制—协商风格。教练从有关球员处获得必要的信息，然后作出决策。

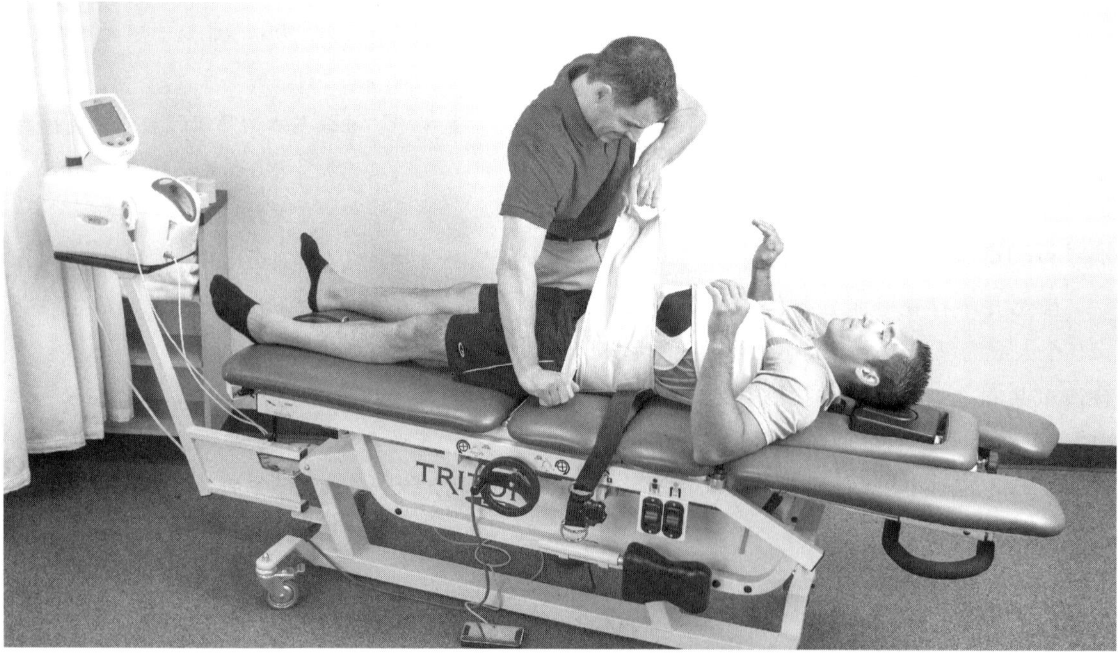

领导一支运动医学团队与担任教练没有什么差别——两个职业都需要有效的领导者素质和风格以及对情境影响（例如医务人员向卫生保健系统中的哪个人报告）和追随者特征（例如，团队的凝聚力水平）的考虑。

▶ 协商—个人风格。教练分别与各位球员协商，然后作出决策。这个决策可能会也可能不会反映球员的意见。

▶ 协商—团体风格。教练咨询球员团体，然后作出决策。这个决策可能会也可能不会反映球员的意见。

▶ 团体风格。教练与球员分享问题；然后球员在不受教练影响的情况下共同作出决策。

虽然大多数教练喜欢用专制和协商—团体决策风格，但最有效的决策风格的选择取决于教练和具体情境。

情境因素

领导者应该对具体情境和环境保持敏感性。领导者需要考虑的几个情境因素（Martens，2004）如下：

▶ 运动是一项团队运动还是个人运动？团队运动的运动员一般比个人运动的运动员更倾向于专制的领导者。

▶ 运动是交互运动（如篮球）还是合作运动（例如保龄球）？交互团队的运动员比合作团队的运动员更喜欢以任务为导向的领导者。

▶ 团队的规模有多大？随着团体规模的增加，有效采用民主型领导风格变得越来越困难。

▶ 有多少可用时间？当可用时间很少时，任务导向型领导者更受欢迎。

▶ 团体是否有特定的领导传统？具有某种领导风格传统的团体通常很难转而采用其他领导风格。

追随者的素质

在确定领导者的效能时，追随者（运动环境中的运动员）的特征也是一个重要因素。领导者和追随者的特征和风格应相互匹配。这一要求表明了互动过程对于有效领导是多么重要。例如，年龄大一些以及更有经验的运动员通常更喜欢专制执教风格，而女运动员则更喜欢民主执教风格。可见，追随者的具体特征（即性别、年龄或成熟度、国籍、能力和个性）影响着运动和训练领域的领导力效能。

领导艺术

本书的很多读者正在为各种职业做准备：如认证运动教练、教练、健身专家、体育管理者、力量教练、体育教师或运动科学学者。你们中的大多数将会领导他人。为此，你们需要努力了解自己的长处和短处。

在回顾这个领域的文献之后，Hackman和Wageman（2007）指出，“领导力训练必须首先将受训者自身偏好的领导策略找出来，之后方可研究这些策略在哪些条件下不适用。”你是否正在这样做？在对休养领域（例如教练、休养领导、健身专家）的一项有趣的研究中，Little和Watkins（2004）发现，有些因素（如年龄和资历）不足以成为领导绩效的预测指标。绩效是由领导者体验更为复杂的领导方式的能力所决定的。成为一位高效领导者需要艰苦的工作、持续努力提升自我，以及从领导经验中学习的能力。

最后，高效领导不仅是一门科学，顶级研究人员（Bennis，2007）还指出，高效领导

领导者的能量管理原则

Jim Loehr（2005）曾在各种高绩效情境（如运动、执法、医学和商业）与领导者一起工作。他基于身体、心理、情感和精神能量的管理开发了一种高效领导模式。他认为能量是实现任何团队目标的最重要的资源。在调动和集中自身以及团队成员能量资源并朝着团队目标前进这方面，高效的领导者都是专家。从根本上说，领导是对能量的管理。以下是能量管理的12条原则：

- 在投入能量之后开始发展。优秀的领导者帮助团队成员在正确的时间做出正确的能量投资。
- 在能量投资停止时，增长就会停止。优秀的领导者确保充足的能量供应用于对于任务成功至关重要的行动、信念和情感上面。
- 最佳能量可带来最大的发展。推动团队成功的决定因素并非团队成员投入的时间的多少，而是他们为他们拥有的时间投入的能量。高效的领导者帮助团队成员充分参与对团队具有重要意义的任何东西。
- 无论怎样接收能量都会获得力量。正如对积极情绪的投入会激发正能量的增长，对消极或负面情感的投入会刺激防卫情绪的增长。
- 能量有四种来源。充分参与的力量是指已经正确调整并且得到巧妙管理的人类能量（身体、情感、心理和精神）。
- 能量投入必须与能量储备平衡。过度训练（能量支出与恢复之比过高）和训练不足（恢复与能量支出之比过高）都会威胁到任务的成功。在竞赛中，恢复能量的机会的例子包括网球比赛中的两次得分之间的时间、曲棍球比赛中的轮次变化、棒球比赛中的局数变化以及篮球比赛的暂停。深呼吸、肌肉放松、积极的自我对话和意象都有助于恢复能量并为下一次压力做好准备。
- 人必须超越舒适区。提示身体不适的任何形式的能量开支都可能会提升能力。出色的领导者知道，不适是成长的先决条件，如果管理得当，每一次危机都可以用来提升团队和个人的能力。
- 应通过积极的仪式来管理能量。最好不是通过意志力和自律，而是通过习惯来实现能量管理。积极仪式的示例包括赛前、上场前、睡眠等例行程序。
- 能量具有高度的传染性。出色的领导者会很快识别出有可能携带并向团队传播负能量或正能量的个人，并相应地劝阻或鼓励这种类型的行为。
- 应从舒适区中排除负能量。出色的领导者帮助团队创建边界（例如，团队规则），以遏制他们的负能量，使其不会污染团队。
- 缺乏自尊心的人需要能量。出色的领导者认识到，那些低自尊的人会给团队带来极大的消耗，他们努力确保在这些人身上的能量投资不会损害团队的任务。
- 重复的能量投入会带来不同。当正能量和负能量发生碰撞时，作用力更大的能量会占据上风。出色的领导者了解这一点：积极的个人可能会被过多的负能量所污染，因此必须遏制这类负能量。

也是一门艺术，它会受各种因素，如智慧、智力（理性的和实际的）和创造力（Sternberg，2007）的影响。因此，应努力阅读关于高效领导者的资料并在实践中观察高效领导者。不仅要关注造就高效领导者的特质和特征，还要关注这些特质如何共同作用，并与情境因素进行交互来影响领导力绩效。

学习助手

总结

1. **定义领导力并描述领导者和管理者之间的差别。**

领导者会影响朝着既定目标前进的个人和群体。领导者通过以下方式影响参与者：建立人际关系、提供反馈、影响决策过程以及提供动机。领导者知道团体的前进方向，并提供指导和资源，以帮助团体抵达目的地。管理者更关心规划、组织、安排、预算编制、人员配备和招聘活动。

2. **理解关于领导力研究的特质、行为、情境和交互方法。**

特质方法认为出色的领导者具备一套普遍的、对于高效领导非常重要的人格特质。行为方法认为一套相对普遍的行为描绘了成功领导者的特征。情境方法认为，有效领导力更依赖于情境而不是这些情境下的领导者的特质和行为。交互方法认为情境与领导者行为的相互作用决定了有效领导。这种方法主张，不存在某种类型的最佳领导者，领导风格和效能取决于是否适合情境以及团体成员的素质。

3. **解释领导力的认知—中介模型。**

根据这一模型，运动员对教练行为的感知决定了运动员的反应以及运动员对这些行为的响应。不过，在传统的交互模型中，球员和教练的行为受情境因素以及教练员和运动员的个体差异特征的影响。

4. **解释体育领导力多维模型。**

根据体育领导力的多维模式，团队绩效和成员满意度取决于这三种类型的领导者行为（要求的、偏好的和实际的）如何与情境、领导者以及团体成员的前因特征匹配。如果三种类型的领导行为是一致的，则会发生积极的成果、更好的表现和团体满意度。也就是说，如果教练或其他领导者为特定情境使用的行为与团体成员的偏好行为一致，则会达到最优表现和成员满意度。

5. **讨论调查运动环境中的领导力研究。**

研究发现，有多种个人和情境因素会影响运动和训练环境下的领导者行为。这些前因包括年龄、成熟度、性别、国籍以及运动类型等具体因素。可根据团体的满意度、表现和凝聚力来观察领导者行为的后果。例如，当运动员偏好的执教风格与教练的实际执教风格匹配时，运动员的满意度很高。

6. **讨论有效领导力的四个组成部分。**

在体育运动中有效的领导力取决于领导者的素质、领导风格、情境因素以及追随者的特征。这四个组成部分如何互动才是决定有效领导者的真正因素。

复习题

1. 比较领导力研究的特质方法、行为方法、情境方法和交互方法。
2. 讨论可以从关于领导力的心理学文献中汲取的三种实践启示和原则。
3. 介绍将事件记录作为一项研究体育界中的领导力行为的技术，以及关于教练 Coach John 的研究结果。
4. 介绍 Chelladurai 的体育领导力多维模型的主要信条，包括领导者行为的三个前因和三种类型。
5. 陈述有效领导力的四个组成部分。对于执教、教学或者训练环境中的领导者，这些成果的影响是什么？
6. 陈述教练使用的五种决策风格和影响教练效能的三个因素。
7. 组织的氛围、社会文化背景以及领导者的人格如何影响教练的期望、价值观和行为？
8. 描述贯穿于运动的领导力发展的关键组成部分。这些组成部分对家长、教练和同行有何影响？
9. 在追求卓越的过程中的五个领导准则是什么？

深入思考

1. 你在当地一所高中首次担任教练和教学岗位。描述你会如何将体育领导力的两种模型应用到你的执教和教学工作中。请具体阐述你如何在班级、训练和比赛中改变你对待运动员的方式。
2. 你受聘成为你所在城市的一个小联赛计划的主管。你希望确保你的志愿者教练对于青少年运动员而言是有效的领导者。你决定举办一个教练训练营。你将在训练营中讲授哪些知识，以帮助这些新手教练成为有效的领导者？

第 10 章

沟 通

学习完本章后，您将能：

1. 描述沟通过程；
2. 描述如何更有效地发出讯息；
3. 描述如何更有效地接收讯息；
4. 找出是什么原因导致沟通故障；
5. 阐述使用对抗的过程；
6. 理解如何提供建设性批评。

你可以在不激励的情况下进行沟通，但无法在不沟通的情况下提供激励。

——乔治敦大学男子篮球队教练

John Thompson

人们通过沟通学习如何思考。所以在我们的计划中，我们不仅采用进攻体系和防守体系，我们还采用了一种沟通体系。

——杜克大学男子篮球队教练

Mike Krzyzewski

沟通是我们日常生活不可或缺的一部分，也是运动和体育活动环境中的一大关键因素。训练导师必须说服久坐不动的人参与锻炼；无论教练在规划战术和比赛的技术方面多么辉煌，成功仍然取决于能够进行有效的沟通；不仅与运动员，还要与家长、官员、助理教练、媒体和其他教练进行有效的沟通；体育教师和认证的运动教练也必须在各个领域沟通。从本质上说，你知道什么并不重要，重要的是你向他人传达信息的能力。

良好的沟通技巧是改进运动和训练参

与者的表现以及个人成长的极为重要的因素。研究表明，奥林匹克游泳运动员甚至更看重教练与沟通有关的社交能力而不是技术能力（Phillippe & Seiler，2006）；运动员喜欢教练在赛前闲聊中传达的各种信息和情感（Vargas-Tonsing & Guan，2007）；在成功和不太成功的双打网球团队中存在着沟通模式的差别（Lausic，Tennebaum，Eccles，Jeong，& Johnson，2009）。研究还表明，运动员的非言语行为和所穿的衣服都会影响我们对他们的期望以及对他们表现能力的评价（Buscombe，Greenless，Holder，Thelwell，& Rimmer，2006）。要成为一名成功的运动和训练专业人士，你必须发展强大的沟通技巧。

虽然人们已经写过很多关于沟通的文章（Beebe，Beebe，& Redmond，1996；Infante，Rancer，& Womack，1997；von Gunten，Ferris，& Emanuel，2000），但只是在近十年运动心理学家才开始研究沟通。因此，我们经常不得不将一般的沟通研究结果直接用于体育和训练环境。但不管环境如何，沟通最大的问题之一就是我们经常期待他人是“读心者”。通常情况下，教练员、运动员、教师和家长以“速记”方式沟通，认为一个简单的手势就足以传达自己的感觉和独特的观点。

毫不奇怪，沟通障碍经常是教练与运动员谈话或者教师与学生谈话时的问题的根源。无效的沟通可能导致谈话的双方彼此讨厌，失去信任，拒绝倾听对方，无法达成一致，并可能引发很多其他人际关系问题（Whetten & Smoll，1991）。这可能会导致这样的评价，如“我就是没法和他谈”“告诉她多少次也记不住”，或者“他总是左耳进右耳出”。另一方面，运动员和学生在谈到教练和教师时经常会说这样的话：“她从来没有解释过她这样做的原因”“他很难接近”以及“她总是大喊大叫”。显然，双方的沟通都存在问题。在学习和训练环境中弥补这些沟通差距非常重要。下面是一位奥林匹克足球运动员关于教练和运动员之间的沟通障碍发表的一段话：

> 前段时间，教练决定在几场比赛中不将我放在首发名单里。我从来没有经历过这样的事情，感到很难面对。我当时是国家队的一名主力成员，我的表现并不存在任何下滑现象。如果他与我交谈并告诉我原因，那么就可以立即解决问题，而且我也不至于产生那么大的挫折感。教练和球员之间的定期交谈可以改变这样的情况，这项工作应位列教练优先事项列表的前面。

理解沟通过程

所有的单向沟通遵循相同的基本过程。一个人决定向另一个人发出讯息；然后发出者将想法转化（**编码**）为一条讯息。此讯息通过某个渠道（通常是通过言语，但有时也会通过非言语手段，例如手语）发送给接收者；接下来，接收者解释（**解码**）讯息；最后，接收者思考并作出内部响应（例如开始产生兴趣、有点生气，或感觉松了一口气）。图 10.1 概述了此过程。

沟通的目的

虽然所有沟通中都会发生上述过程，但

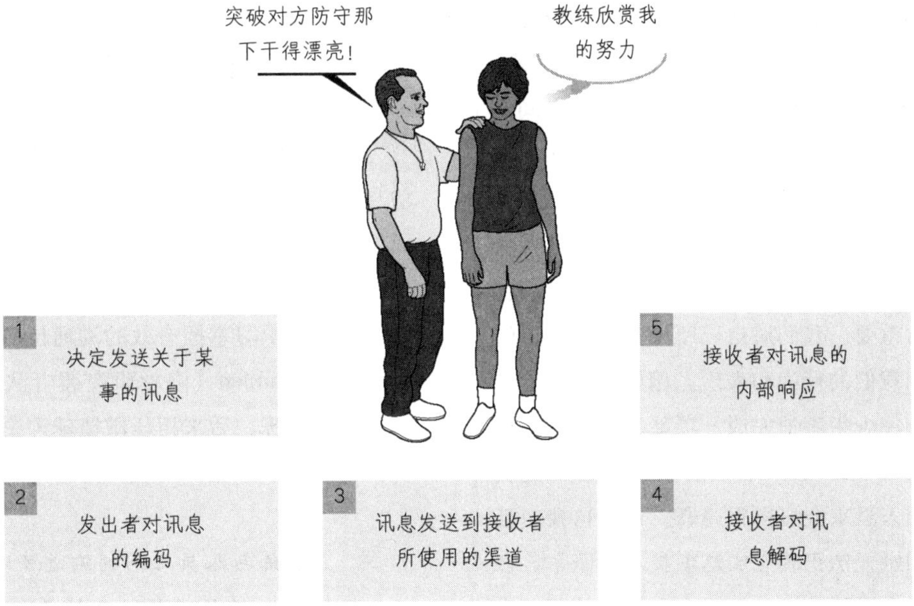

图 10.1 沟通过程

Reprinted, by permission, from R. Martens, 1987, *Coaches guide to sport psychology* (Champaign, IL: Human Kinetics), 48.

沟通的目的可能会有所不同。你可能会通过沟通来说服健美操班的某个人他可以通过定期锻炼来减肥；评估体操运动员在平衡木上完成一套动作时的质量；告诉学生如何完成一项新的排球技巧；让你的球队兴奋起来以对付强悍的对手；或者处理你的球队中两名球员之间的冲突。不过，所有沟通都包含了一些内容和关系（我们对某人的感受）讯息。

沟通可能会同时包含多个目的。比如说，有氧舞蹈教练想要在课堂计划中包含更难、更有力的动作。他会激励和劝说（说服）学生有关这个增加的训练活动的好处，然后告诉学生如何完成这项新技巧。

反馈类型

沟通有两种基本方式：人际沟通和自我沟通。通常，当我们谈到沟通时，我们指的是人**际沟通**，其中涉及至少两个人以及有意义的交流。发出者打算影响特定某人或多人的反应。讯息或内容可能由意向接收者或非意向接收者接收，也可能由这两类人接收。有时讯息会被歪曲，因此发出者预想的讯息没有正确传递。

人际沟通的重要组成部分涉及**非言语沟通**或非言语线索。研究表明，这种类型的沟通对于传授和接收讯息也非常重要。在一项研究中，观看网球比赛的参与者只看得分点之间球员的场上表现，看不到任何球员是否击中球或者得分的时刻。尽管如此，在大约 75% 的时间里，他们仍可以分辨谁赢谁输。因为球员在得分点之间的非言语线索已经足以传达谁领先或者落后的信息。在另一项研究中，研究人员发现对手的赛前非言语行为和服装会影响观察者对其表现的评价和对结果的预期（Buscombe，2006）。Jowett 和 Frost（2007）

发现，黑人足球运动员认为自己教练的族裔背景是影响他们之间关系的一个有意义的因素。即使教练并没有说任何会影响其与球员之间的关系的话，球员也会基于教练的表情（而不是所讲的内容）作出某些假定。

自我沟通（自我对话）是我们与自身的沟通。我们和自己之间的谈话很多，这种内在对话非常重要。我们对自己所说的话有助于塑造和预测我们的行为和表现。例如，也许体育课中的一位少年害怕完成一项新技术——网球发球，并告诉自己，她无法做到，如果她尝试，在别人看来会显得很愚蠢。这种自我对话只会增加她无法正确完成这项技术的概率。自我对话也会影响动机。如果有人想要减肥并告诉自己，他现在看起来比较苗条并且感觉很好，那么他就是在通过自我对话来提升自己的动机。（关于自我对话的更多信息，请参见第16章）。

> **要点**　内部对话或自我沟通会影响动机和行为。

认识到训练导师、教师和教练的沟通会影响其运动员的自我对话，这一点也很重要。研究人员（Zourbanos，Hatzigeorgiadis，& Theodorakis，2007；Zourbanos，Hatzigeor-giadis，Tsiakaras，Chroni，& Theodorakis，2010）发现，教练的积极和消极发言都会影响运动员的自我对话。特别要指出的是，教练提供的积极和消极反馈会使得运动员产生更为积极和消极的自我对话。因此，人际沟通会影响自我沟通。

有效发送信息

有效沟通是教师、教练和训练导师的成功与失败的分水岭。因此，这些人需要了解如何发送有效的信息（言语和非言语）。幸运的是，研究表明，运动和训练导师、教师以及教练可以通过学习掌握有效的沟通技巧。

John Madden（洛杉矶突袭者队的一名长期成功的教练，后来担任橄榄球评论员）总结了在运动背景环境下的成功沟通的经验：

> 教练与队员之间的沟通可以讲好事、坏事和一般的事情。反过来，也可以倾听好事、坏事和一般事情。……我试着与每位球员交谈。有时只是一句“你好吗？”有时会是一场谈话。由于我每天都与他们交谈，当我特地停下来开始与他们交谈时，他们也不会感到意外。

根据上述内容，Hardy、Burke和Crace（2005）指出，个人（特别是教练）需要对自己的沟通风格感觉良好。关于沟通，你的优点和改进领域是什么？为了提升你对自身沟通风格的自我意识，我们改编并提供了一份自我评估量表（请参阅《沟通自我评价测验》），此量表最初是由沟通专家Lawrence Rosenfeld（Rosenfeld & Wilder，1990）制订的。由Millar、Oldhan和Donovan（2011）开展的一项研究探索了教练员对自身与运动员的口头沟通的意识，结果表明自我意识是极其重要的。研究人员监测赛艇教练向赛艇运动员提供的口头指示，然后让教练填写一份关于其感知到的自己

沟通自我评价测验

想一下你与他人之间的沟通情况。你发现自己以下行为的频率如何？在空白处指明你的答案。

1= 几乎总是　2= 经常　3= 有时　4= 很少　5= 几乎从来没有

____ 1. 我主要关注对方说什么，很少关注对方在做什么。
____ 2. 我任由缺乏组织观念的习惯妨碍我的倾听。
____ 3. 如果我想讲事情，就会打断别人。
____ 4. 在听懂报告人的想法之后，无论报告人的发言是否完毕，我都不会继续听下去！
____ 5. 如果没有反应过来，我就无法重复别人讲过的话。
____ 6. 作为倾听者，我很少向讲话的人提供言语或非言语反馈。
____ 7. 我更关注话语本身而不是语气和语调。
____ 8. 充满情绪的话会让我很生气。
____ 9. 如果我认为谈话主题令人厌烦，我会停止关注。
____ 10. 我发现自己无法克制对某个朋友的表现的指责。
____ 11. 我发现，与沟通者面对面能让我更为清晰地表达自己的观点。
____ 12. 我任由干扰因素影响我的注意力。
____ 13. 在我太沮丧或太累以至于无法说话或倾听时，我意识不到这一点。
____ 14. 在需要别人关注我的讲话内容时，我会提高声音。
____ 15. 在有人告诉我他（她）的问题时，我尝试提供建议。

将你对15个题目的回答的得分加起来。你的得分越高（最高分是75)，你的沟通技巧越有效。但你的总分没有你对特定题目的回答重要。得分为1和2通常意味着你可以提高沟通的相应方面。要求你常与之沟通的那些人提供反馈，以确认这份调查问卷提供的信息。

的言语行为的调查问卷。结果显示，教练无法准确回忆自己对运动员所讲的内容。研究人员观察到，教练员主要提供即时性（即在运动员划艇时）和说明性（如何去做）指示，但是很少提供评价性（好不好？）或情感性（感觉如何？）反馈。教练的这些不准确的看法可能会带来问题。尽管教练可能认为自己已经通过口头方式向运动员传达了指示或信息（如提供评价反馈)，但实际上这类沟通并未真正发生。这表明有必要提升教练关于沟通的自我意识。

以下我们将简要讨论人际沟通和自我沟通，但我们的重点是自我沟通——这是一个微妙的过程，对于传授和接收信息非常关键。

口头信息

口头信息应该清楚地发送和接收并正确解释。Bill Parcells（作为橄榄球教练在纽约巨人队、新英格兰爱国者队和纽约喷气机队获得成功并且担任过迈阿密海豚队的总经理）十分了解有效发送和接收讯息的重要性：

在发送讯息时，仅仅诚实和准确是

不够的。讯息的影响取决于谁正在接收讯息以及他们当时愿意接受什么。

从本质上说，我们要挑选合适的时间和地点来完成沟通。遗憾的是，教练和家长经常挑最不恰当的时间（例如，刚好在比赛之后或者整个球队面前）进行沟通。

用无效方式发送讯息、讯息没有被接收或者讯息遭到误解时会发生沟通故障。有时问题仅仅是因为教练与运动员之间或者教师与学生之间缺乏信任（Burke，1997）。更多时候，问题在于讯息的传输。有些人说得过多，一直谈令他人厌烦或者分心的事情；而有些人则谈得太少，没有传达足够的信息。

非言语信息

人们往往意识不到他们在沟通中使用的很多非言语线索。事实上，各种研究人员的判断表明，在沟通传达的信息中，50%～70%是非言语信息（Burke，2005）。针对田径教练员和运动员的一项研究发现：在练习和训练时，教练员和运动员在沟通信息中言语和非言语信息大约各占50%；在比赛时，教练的非言语沟通的比例增加到75%，运动员的非言语沟通的比例则为66%（Rata，Rata，Rata，Mares，& Melinte，2012）。因此，教练、运动员和训练导师应该对作为丰富信息来源的自身非言语线索（以及其他人的非言语线索）尤为关注，这一点非常重要。了解各种类型的非言语沟通可改善讯息的发送和接收。

要点　人类高达70%的沟通是非言语沟通。

非言语讯息不太可能受到有意识的控制，

改进沟通的技巧

下面有一些方法可以用来改善教练—运动员以及教师—学生之间的沟通：

- 传达理由。解释为什么你期望（或不期望）参与者的某些行为。
- 表达共情，而不是同情。同情意味着教练向球员显示了他的担忧。而共情指的是对另一个人的感受很敏感，并在情感上将自己与另一个人联系起来。其重点是理解运动员的情感体验，然后以传达理解的方式作出回应。
- 使用适合你的沟通风格。不要仅仅因为其他教练或教师的沟通风格对其而言是成功的就试图复制。相反，应根据你自己的个性和教学风格以一致的风格进行沟通。
- 通过设身处地的方式变得对运动员更富共情。向他们展示真正的关心，并与他们一起找到适当的解决方案。
- 采用积极的态度沟通。这包括经常使用表扬、鼓励、支持和积极强化。
- 始终答谢他人的问候。问候和微笑都可以方便地传达积极情感。
- 如果你对学生和运动员采取了“敞开办公室大门”政策，应表明你对此是有诚意的。
- 在管理纪律上保持始终如一。

From “Principles of effective team building interventions in sport: A direct services approach at Penn State University,” D. Yukelson，*Journal of Applied Sport Psychology*，73-96，Taylor & Francis Ltd，adapted by permission of publisher (Taylor & Francis Ltd，http://www.tandf.co.uk/journals).

因此比言语讯息难隐藏。它们可能泄露我们的无意识情感和态度。例如，在即将开始有氧运动课之前，一位训练导师问一名年轻女子感觉怎么样。年轻女子耸耸肩、低头、皱起眉头，然后咕哝着：“噢，很好。”虽然嘴上说一切都好，但训练导师还是从她传达的非言语讯息知道事实并非如此。不过，虽然非言语讯息可能是强有力的，但通常很难准确解释这类讯息。因此，我们必须谨慎地为其赋予含义，并且我们要尽量正确地判断背景环境。

外表

我们对人的第一印象往往来自外表。我们可能会想起某人的样子：胖、瘦、英俊、邋遢、有魅力或者不好看。一个细节可以提供很多信息。例如，在20年前，如果男运动员带着耳环走进教练的办公室，那么他很可能会被赶出去。现在人们对男性戴耳环这种行为的接受度提高了很多，这种行为所传达的信息也不同于过去了。衣着可以传达丰富的信息。例如，Greenlees，Bradley，Holder，& Thelwell（2005）开展的一项研究发现，运动员称，在看到对手身穿某项运动的特定运动服（而不是一般运动服）时，自己的信心会降低。运动员对于通过衣着传达信息应特别谨慎，无论是积极信息还是消极信息。

姿势

我们的身形——步态和姿势——也会发出讯息。拖着脚、低头、手放在口袋里走路的人在传达忧伤，而富有弹性的步伐则表明了控制感和信心。运动员经常通过对手的移动方式来判断对手是否泄气或沮丧。当他们看到对方

非言语沟通传达的一个人真正的所思所感至少与言语沟通一样多（或许更多）。

球员垂下头，他们就知道“过去屠杀”的时候到了。网球名将桑普拉斯和格拉夫都深知姿势的重要性，并且决不会让对手知道自己的感受：无论打出一个漂亮的球还是打飞了一个难度很小的球，他们的表情和行动都看不出差别。这一点使得桑普拉斯和格拉夫很难被击败，因为对手无法分辨他们的情绪。与此相关的是，Furley，Dicks，& Memmert（2012）研究了罚点球时非言语行为的影响。他们发现，守门员和球员认为采用主导型身体语言（直立姿势、抬头、下巴与地面平行）的罚球队员更为积极，并且认为他们的表现会好于那些展示顺从型身体语言（姿势懒散、头和下巴朝下、肩膀朝前）的球员。身体语言必然会影响运动员对他们的竞争对手的感知。不过，这种感知

如何影响场上表现还有待进一步调查研究。

手势

人们的手势往往会传达信息，不论他们是否希望这样。例如，双臂交叉放在胸前通常表示，你对他人没有保持开放态度，而将双手放到头后面锁定则意味着优越感。教练经常通过手势表达自己的想法——有时如果他们用言语向裁判表达自己的想法，有可能会被赶出赛场!

身体位置

身体位置是指你和他人之间的空间以及你的身体相对于他人身体的位置。身体位置确实是人际距离学的一个方面；**人际距离学**是一门研究人们如何通过使用空间的方式来进行沟通的学科。教练让先发球员而不是替补球员围住自己就是身体位置语言的一个例子。很多教练都会站在先发球员旁边，表达自己的偏爱。而乔治敦大学前篮球教练 John Thompson 则习惯坐在替补队员当中，以让这些球员感觉自己是球队中的宝贵一员。

触摸

触摸是一种强有力的非言语沟通形式，它可以用来使人平静，或者表达喜爱及其他感情，具体取决于情境。近些年，我们在体育运动中对触摸的使用变得更为自由，包括男性之间的拥抱变多了，现已超出前些年社会所能接受的程度。不过，随着对性骚扰问题的敏感性日益提高，教练和教师在使用触摸作为沟通方式时必须要特别小心。你必须确保触摸是适当的，受到运动员或学生的欢迎。触摸应仅限于公共场所，以尽量减少触摸含义被误解的概率。

面部表情

脸是身体最具表现力的部分。眼神接触在情感沟通中尤为重要。目光接触通常意味着你的倾听者对你的讯息感兴趣。当人们感到不舒服或尴尬时，他们往往避免目光接触并把目光移开。微笑是跨越语言障碍的万能钥匙，也是最有效的沟通方式之一。微笑和其他的面部表情既可以邀请对方进行口头沟通，又可以征求对方关于你的沟通效果的反馈意见。

声音特征

声音可以有力地加强或削弱言语沟通的效果。正如人们常说的，“重点不在于你所说的内容，而在于你说话的方式。声音的性质经常会透露真实的情感、情绪和态度，揭示我们可能永远无法用文字表达的东西。声音特征包括音调（高低）、节奏（速度）、音量、韵律（节奏）和清晰度。

发送讯息的准则

下面是发送有效言语和非言语讯息的准则（Martens，1987a）：

- 直接。避免直接沟通的人一厢情愿地认为其他人知道他们的想法或感受。这些人不是直接传达讯息，而是暗示对方自己的想法，或者告诉第三人自己的想法，希望将讯息间接传达给预期的接收者。这只会增加麻烦。
- 承认你与你的讯息之间的关系。在提到你的讯息时，使用“我”和“我的”而不是“我们”或“团队”。当你说，“团队认为……”或者“大多数人认为你……时”，你就是在否认你和你的讯息之间的关系。你所讲的应当是你相信的；使用其他方式来为你必须说的话提供支持则意味着你传达讯息时心怀怯懦。

▶ 讯息应完整和具体。应为正在和你交谈的人提供他要充分理解你的讯息所需的所有信息。

▶ 清晰和一致。不要“打太极”。“我真的很想让你上场，玛丽，但我认为这场比赛你不适合上场。我认为你是一名很好的运动员，但你必须要有耐心。”这是一个“打太极”的例子——接受又拒绝——它可能会让玛丽感到困惑和受伤。通常发出这类讯息的人不敢直接表达自己的想法。

▶ 阐明你的需要和感受。由于有些社会（例如美国）对情感外露的人持否定态度，我们往往不会向他人透露我们的情感和需求。不过，要发展密切的关系就必须分享自己的感受。

▶ 将事实与看法分离开来。说出所看到、听到和知道的事实，然后清楚地阐述你对这些事实的任何意见或结论。你在儿子某个晚上晚归后说，“我看到你和威利家的孩子在一起。”考虑到你说这句话时的背景环境，你的儿子接收到你的讯息，但无法肯定你所担心的是什么。发出此讯息的更好方式是这样说，“那是威利家的孩子，对吧？”（确认事实），然后说，“我对你和他在一起感到担心。我怕他会给你带来麻烦”（陈述你的观点）。虽然儿子可能不同意你的意见，但至少他不会误解你的想法。

▶ 一次专注一件事。许多人都有过这样的经历：开始时讨论如何完成某项技巧，突然却转而开始抱怨为何团队一直训练状况不佳。请在讲话之前组织好你的想法。

▶ 立即传递讯息。当你注意到某件让你烦恼或者需要改变的事情后，在发送讯息时切勿拖延。有时拖延会导致你在随后因为别的一点儿小事就爆发。与延迟反应相比，立即作出反应也会使得你的反馈更为有效。

▶ 确保你的讯息不包含幕后动机。幕后动机意味着该讯息的声明目的与其真实目的不一致。若要确定你的讯息是否包含幕后动机，自问这两个问题：我为何要对这个人传达这则讯息？我是真正希望这个人接收这则讯息还是有其他期待？

▶ 表现出支持态度。如果你希望其他人倾听你的讯息，不要在提供讯息时附带威胁、讽刺、负面比较或判断。如果这样做，对方最终会避免与你沟通，或干脆在你说话时充耳不闻。

▶ 与你的非言语信息保持一致。也许你告诉球员犯错误没关系，但你的肢体语言和面部表情与你的话不符。相互矛盾的信息会令人困惑并妨碍未来的沟通。

▶ 利用重复来强化。重复要点，以强化你所讲的内容。但也不要过多重复，因为这会导致其他人停止倾听。你也可以通过使用额外的沟通渠道来强化讯息。例如，在阐述一项技术时展示图片或视频。

▶ 使你的讯息适合接收者的参考框架。如果你根据你正在沟通的人的经历来定制讯息，则对方对你传达的讯息的理解程度将会高很多。例如，在同青少年运动员讲话时使用复杂的单词就不合适，他们没有足够的词汇量来理解你讲的东西。

- 寻求反馈，以确认你的讯息已经得到准确解读。注意捕捉你的谈话对象正在接收讯息的言语和非言语信号。如果你的谈话对象没有提供任何信号，则通过询问来征求反馈意见："苏珊，你是否明白我对你讲的话？"或者"你是否清楚你该怎么办？"

要记住沟通过程中的多个要点，一个快速方法是采用Glory、Kirubakar和Kumutha（2010年）提出的"六C原则"：

- 明确（Clear）
- 简洁（Concise）
- 礼貌（Courteous）
- 正确（Correct）
- 完整（Complete）
- 建设性（Constructive）

电子沟通

传统观点一直认为沟通是两个人或更多人之间的言语对话。但在过去几年，科技的发展已取得了长足的进步。现在教练和运动员（包括教练—运动员、教练—教练和运动员—运动员）经常通过电子渠道沟通，如电子邮件、即时文字短信、手机、Facebook、Twitter和博客。社交媒体是一种正在崛起的营销力量，并似乎已经被体育产业完全接纳。球队、联赛、教练、运动员和经理都已经建立了社交媒体——主要是在推特上（一个微博客网站，允许用户以不超过140个字符发布他们的个人想法）。要特别指出的是，使用推特的运动员的数量正在快速增长，那么，"他们在说什么？" Pegoraro（2010）观察了运动员的推特7天，他发现运动员在推特上主要分享他们的个人生活并回答粉丝的问题。因此，推特似乎是增加粉丝—运动员互动的一种强有力的工具。不过，Browning和Sanderson（2012）在采访了全国大学体育协会的20名学生运动员后发现，考虑到粉丝可能写一些关于运动员的负面内容，推特也带来了一些挑战。因此，体育部门必须主动帮助学生运动员以有策略的方式使用推特，特别是在回应批评者方面。运动员在社交媒体上发帖或者发送文字、电子邮件或照片时必须小心行事，因为这些内容会通过互联网很快变为众所周知的信息。

体育心理学顾问也正在越来越多地通过电子工具与他们的运动员客户沟通。当今的"Y一代"是第一代与所有这些电子通信手段一起成长的群体（Burke，2013）。这些年轻运动员感觉采用这种时尚方式进行沟通更轻松自如，因为他们很熟悉电子通信设备。因此，教练和运动心理学顾问必须熟悉电子形式的沟通方式，以促进与运动员之间的互动。

有效接收信息

重要的不是你告诉他们什么——重要的是他们听到的是什么。

——波士顿凯尔特人队前冠军教练，红衣主教奥尔巴赫到目前为止，我们一直关注沟通的发出者这一方。而事实上，人们有40%的沟通时间用于倾听（Sathre，Olson，& Whitney，1973）。此外，对88家组织的研究工作表明，倾听一直被视为最重要的沟通技巧之一（Crocker，1978）。虽然每个学生都会学习写作和谈话技能，但他们很少接收关于倾听的任何正式培训。在阅读关于如何提高倾听技巧之前，请首先完成一个简短的《倾听技能测试》，然后了解你需要提升的具体技能。

倾听技能测试

题目	评价量表			
	绝不会	很少	有时	经常
1. 你认为倾听他人的讲话是一件乏味的事情。	1	2	3	4
2. 你倾向于关注说话人的讲话方式或外表，而不是讯息本身。	1	2	3	4
3. 你更多倾听事实和细节，往往会错过为事实赋予含义的要点。	1	2	3	4
4. 你很容易因为他人的这类行为分心：说话、嚼口香糖、把纸弄得哗哗作响。	1	2	3	4
5. 你假装在认真倾听，注视讲话者，实际却在想其他事情。	1	2	3	4
6. 你只倾听容易理解的内容。	1	2	3	4
7. 某些充满情绪的话语会干扰你的倾听。	1	2	3	4
8. 你听到对方关于其问题的几句话，立即开始思考你所能提供的建议。	1	2	3	4
10. 你很擅长找到自己不同意的地方，因此在你准备自己的论点时你就停止倾听。	1	2	3	4
11. 你试着通过点头和表示同意来安抚谈话人，但你实际上并没有真正在倾听。	1	2	3	4
12. 在你感到厌烦或不舒服之后你会更换话题。	1	2	3	4
13. 一旦有人说了你认为对你不利的事情，你就开始为自己辩护。	1	2	3	4
14. 你猜测谈话人的话，试图找出他或她的讲话的真实含义。	1	2	3	4

将你的分数加起来。下面的主观量表将有助于你确定你的倾听水平。

14～24 优秀　　25～34 良好　　35～44 一般　　45～56 较差

Adapted，by permission，from R. Martens，1987，*Coaches guide to sport psychology* (Champaign，IL: Human Kinetics)，56.

积极的倾听

提升倾听效果的最佳方法就是积极认真地倾听。**积极倾听**涉及关注主要观点和次要观点，确认和回应，给予适当的反馈，并注意说话人的总体沟通。积极的倾听还涉及非言语沟通方式，例如直接的目光接触以及点头确认你理解了说话人。从本质上说，就是倾听者展示对讯息的内容以及发出者的感受和意图的关注。

在可以让个人感到被接纳、重要和有价值的所有事情中，没有什么比知道对方正在倾听自己的话更为重要。如果你希望人们向你吐露心声，你就应该努力倾听。有时人们认为自己正在向他人表明“我愿意提供帮助”，而实际情况并非如此。教练可能会这样表达自己的沟通政策，“当然，我的运动员随时可以在想见我的时候来见我。我始终敞开办公室大门”，但她的运动员可能会想，“教练根本没有真正倾听我们的想法。她唯一感兴趣的就是告诉我们应该做什么”。只有投入的倾听行为才会展现出高度的敏感性，并鼓励对方坦诚交流思想和感情。

积极的倾听者经常复述谈话人的所说的内容。下面是一些典型的复述导语：

- 我听到你说……
- 让我看一下我的理解是否正确。你说……
- 你正在告诉我的是……

同复述一样，问一些具体的问题让对方能表达自己的感受，这也是积极倾听的一部分。下面是一些例子：

- 陈述：“我想将我的锻炼时间从每周3天增加每周5天，但我不确定这是不是眼下能采取的最佳办法”。
- 问题：“增加锻炼时间让你有何得失？”
- 复述：“听起来似乎你正尽力在保持体形与生活的其他需求之间寻求平衡。”

通过复述谈话人的想法和感受，你让讲话人知道你在倾听、在关注。通常这会带来更加开放的沟通和交流，因为谈话人意识到你对他的谈话有兴趣。当你问问题时，避免使用疑问词“为什么”，这个词往往带有判断的意味。Rosenfeld和Wilder（1990）提供了更多关于积极倾听技巧的信息：

- 听不等于倾听。
- 听只是接收声音，而倾听是一个主动的过程。
- 听某人说话与正在倾听对方发出的谈话讯息的含义是不同的。
- 当接收者在听而不是倾听时，谈话人会感到很沮丧。
- 发现自己没有在倾听的人应练习将注意力集中到谈话人身上。

倾听有时需要精神上的准备。例如，在与你的教练进行重要讨论之前，应先在你的脑海中演习你如何精心关注教练传达的讯息的含义。

> **要点** 积极倾听可改进沟通，因为讲述者感到对方在倾听、确认并向自己提供相应的反馈。

支持性倾听

做一个支持性的倾听者传达的内容是，你与谈话人“在一起”并重视讲话人发出的讯息。当你在倾听时，请使用支持性行为。这些行为传达的讯息是，对方正得到认可、理解和接受。当你的行为符合下面的陈述时，你就是在使用**支持性倾听**行为：

- 描述而不是试图评价或攻击对方的行为
- 专注于当下的想法和感受
- 不算计或者操纵
- 询问开放式问题，以鼓励对方分享自己的感受
- 共情，不冷漠
- 对新的想法、观点及改变的可能性持开放态度

除这些行为之外，还要使用积极的专注行为，如点头和明确、直接的目光接触。

- 在倾听时应使用确认行为。让对方知道你在关注他的谈话内容并且你理解了他传递的信息，是有效沟通的一部分，即使你不同意对方所讲的内容。使用确认行为（如复述对方所讲的内容）以及支持性行为，可表明你正在关注、接受和理解对方的讲话。对于教练和教师以及其他运动和训练导师，这一点尤为重要。参与者通常会仰望领导者；领导者不将注意力放在参与者身上会使参与者非常失望。
- 使用言语和非言语倾听行为。可传达兴趣和关注的非言语行为包括在与谈话人不超过1米的位置站立；保持目光接触；面部表情适当；面对谈话人；保持开放的身体姿态等。总之，言语行为应该传达对讲话

可加强沟通的教师和教练行为

研究表明，很多教师和教练的行为能够促进沟通；确认行为尤其如此。**确认行为**是指这样的沟通行为：表明个人得到赞许、认可、承认，被他人视为有价值和重要的，从而提升动机和促进情感学习（Ellis，2000）。清晰的行为也很重要。**清晰的行为**是指个人对教师或者教练作为个人的感知的清晰度，因为清晰会促进认知学习和情感学习（Simonds，1997）。这些行为包括：

确认行为

- 通过沟通指明对学生或球员提出的问题或意见的欣赏。
- 通过沟通指明教练或教师认为学生或球员可以做得很好。
- 教师或教练在转到下一个要点前检查学生或球员的理解情况。
- 通过沟通指明学生或球员是否对学习感兴趣。
- 就学生或球员的表现提供反馈意见。

清晰的行为

- 教师或教练使用清晰、关系紧密的例子。
- 教师或教练将例子重新与概念或规则关联。
- 教师或教练使用具体（而不是抽象）的语言。
- 教师或教练一直关注任务，不会偏离要点。
- 教师或教练清楚地为每个任务或训练工作阐明目标。

人所说和感受的理解和确认。

留意倾听

要注意，人们对你的沟通方式会作出不同的反应。下面是**留意倾听**的一些技巧：

- 保持灵活性。不存在某个最佳倾听策略；不同的情境需要不同的策略。对于某种类型（而不是其他类型）的倾听风格，有的人可能更喜欢或者感觉更舒适。有些人只是喜欢说话，他们似乎不关心你的理解；但另一些人会给你时间去思考他们说过的内容并且将会提供反馈机会。
- 警惕沟通中的障碍和故障。障碍包括噪声，如在你正努力倾听某个人的谈话时旁边有其他人在说话。例如，教练员和运动员经常不得不在观众吼叫这样的喧嚣环境下倾听对方的话。可以制订策略来应对噪声，如使用非言语信号。讯息被误解或误导时会发生沟通故障。通常情况下，我们直到出现可以追溯到沟通故障的问题时才会知道它已经发生。我们稍后详细讨论沟通故障。

共情和关怀的重要性

共情是指一个人能够察觉、认识和理解其他人的感情、行为和态度的能力（Losoya & Eisenberg，2003），人们一直将共情视为有效沟通的一个重要前提。Jowett和同事（Jowett & Clark-Carter，2006；Lorimer 和 Jowett，2009a，2009b）已经揭示了共情如何在教练—运动员关系中发挥作用。他们发现，在推断亲密感方面，运动员们比教练的能力更强（Jowett & Clark-Carter，2006）。通过只关注教练，他们发现，个人项目的教练在预测运动员对于关系的感受上要比团队运动的教练更为准确（Lorimer & Jowett，2009a）。最可能的解释是单人运动教练与每个运动员在一起的时间更多，并且更多地与运动员一起发展了共同关注点。最令人鼓舞的是，他们发现，教练员的共情准确度在以下情况会提升：教练与每位运动员持续接触；教练收到关于运动员的想法和感受的反馈时（Lorimer & Jowett，2009b）。

在一项类似的研究中，Lorimer 和 Jowett（2011）发现，分享类似的想法（例如确定比赛战术）有助于运动员和教练员互相了解并对对方的想法和感受产生共情。他们建议，教练员和运动员应关注正在讨论的主题或正在承担的任务，并且通过经常检查来确保对方已经理解正在进行的一切，而不是单方面做出假设。这些讨论不应局限于运动的技术方面，还应该鼓励运动员讨论他（或她）关于正在发生的事件的想法和感受。

这些结果表明，运动员和教练员并非始终关注相似的议题，并且教练解读运动员的感受和情绪的能力可能并不像他们自以为的那样强。因此，教练、教师、认证的运动教练和健身教练必须通力合作，以了解他们的运动员，在社交场合观察运动员，并从运动员那里获取关于其想法和感受的反馈。

Lorimer（2013）提出了四种方法来改进教练的共情准确度：

- 收集信息。此信息可以是关于运动员或运动的一般信息（“我知道，当运动员提高声音时，他们通常处于愤怒状态”）、关于特定类型运动员的知识（“我知道运动员在训练后留下来通常表明他们对提升自己的技术有兴趣”），或关于特定情境或运动员的知识（“我知道当约翰在训练中提高声音时，他通常是正在心烦或担心”）。

- 避免偏见。注意可能存在的偏见和成见，并在对运动员作出假定之前寻求更多反馈。
- 保持适当水平的共情。请确保你意识到你自己的情感和情绪，并且在情感上与你的运动员保持分离。例如，虽然对一名父亲刚刚去世的运动员展现共情可能是合适的，但对犯下几个错误的运动员展示共情则不太合适。
- 保持反思。不断反思你与运动员之间的互动，以更好地了解你和你的运动员为什么在某些情境下以某些方式行事。

关怀与共情有关。现在普遍认为，运动员、受训者或学生越感到给他们提供教学或者指导的人关怀他们，沟通效果就会越好。Newton 和同事（2007）将关怀定义为个体感受到的一种氛围——“在人际方面具有吸引力、安全感和支持感，并且能够提供受重视和尊重的体验”。构建关怀氛围的领导者尊重参与者，以尊重的方式对待他们；倾听他们的想法；并让他们感到安全、舒适和受欢迎。Gano-Overway 和同事（2009）使用最近开发的《关怀氛围调查问卷》（Newton，2007）发现，未得到充分照顾的青少年在运动夏令营中对关怀氛围的感知与他们亲社会行为的增多和反社会行为的减少之间存在显著相关。这表明，创建关怀氛围可改善教练—运动员关系并在青少年中带来所期望的结果。正如一句老话所说的：人们不关心你知道多少，除非他们知道你真的在意。

找出沟通中的故障

有效沟通需要参与沟通的双方的技巧和努力。这个过程可能很复杂，经常发生故障。虽然科技（例如社交媒体）提高了某些类型的沟通的效率和速度，但是在沟通的人际交往方面并没有实现相应程度的进步（Burke，2001）。有时沟通发生问题的一个主要原因是，很多人认为是他人而不是自己的沟通效率低下，因此他们看不到自己提升沟通能力的必要性。另一个导致沟通故障的一般问题是人与人之间缺乏信任（例如队友、教练、训练导师和受训者）。首先要在人与人之间建立融洽和诚信的关系，之后才会发生有效的沟通。沟通故障通常是发出者或者接收者的问题导致的。

发出者的问题

发出者可能没有以有效方式发出讯息。例如模糊不清的讯息会导致沟通无效。例如，教练告诉一名运动员，如果他继续在训练中表现良好，那么他就能在本赛季开始时进入首发阵容。在接下来的几个星期，教练经常表扬这位运动员，对他会不会进入首发名单只字未提。在赛季开始之前两天，运动员得知自己位列替补名单，感到很吃惊。在这个例子中，教练本应该对首发提出更为具体的标准，并且应该为运动员提供持续反馈。

不一致的讯息也会引起沟通故障。没有什么比今天听到一个消息，明天又听到相反的

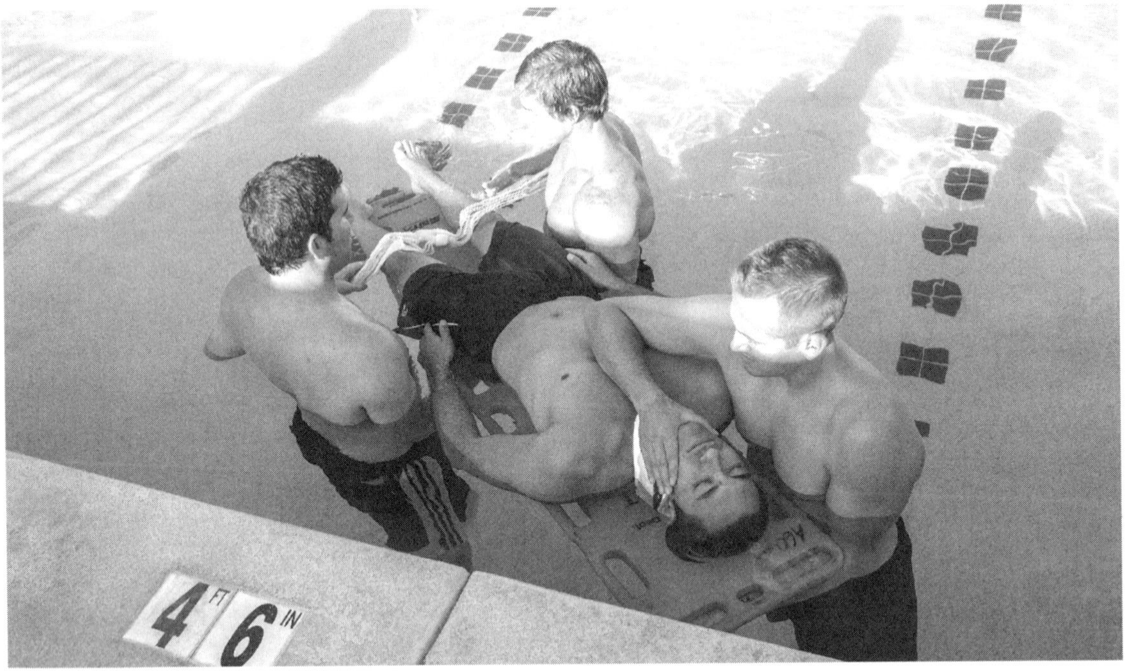

如果在场下已经建立了融洽的关系，那么在发生意外时，运动教练就可以更好地让运动员平静下来。

消息更让人沮丧的了。例如，如果教练总是在训练中表现出支持的态度，但是在比赛中表现得非常严厉和苛刻，那么在比赛期间，运动员就会感到困惑甚至崩溃。言语和非言语渠道的信息发生冲突经常会导致故障。体育教师可能向学生讲一些鼓励的话让学生尝试新技巧，而她的肢体语言和面部表情却在传达失望和不耐烦。如果想要在彼此的沟通中建立信任，那么一致性则是朝着这个目标前进的良好途径。你不仅要对每位参与者保持一致，而且在不同的参与者之间也要保持一致。例如，教练通知球队，任何训练迟到的人将不得在下一场比赛中上场。如果随后教练在几位替补队员发生训练迟到时执行这项政策，那么在明星球员训练迟到时，教练必须也执行这项政策。

接收者的问题

无效的沟通是双方面的。接收者和发出者都可能会引发错误沟通。我们以一名训练导师玛丽为例。玛丽正在与辛蒂谈话，辛蒂是她的有氧运动班的一名学生，已经多次缺课。玛丽说："辛蒂，过去几周你一直没来上课。如果你不坚持按时训练，你就会再次发胖。今天我已经看到你身上的那些赘肉了。"玛丽的目的是激励辛蒂停止缺课行为，但辛蒂听到的只有"发胖"和"赘肉"。辛蒂已有很多年的超重历史，她对关于自己的体重的评价非常敏感。当听到玛丽说她在变胖，她觉得十分沮丧，因为她已经为减肥付出了很多努力。玛丽也一直很清楚辛蒂的敏感，她本可以只是告诉辛蒂自己很高兴看到她又来上课和锻炼。因此，在本例中，沟通的发出者和接收者都存在问题。

除了曲解讯息之外，接收者未能认真倾听也会引发沟通问题。例如，教师可能很好地传达了信息，但如果她的学生都在看着窗外或想着即将到来的派对，那沟通将会失败。接收者与发出者分担责任，并应尽力倾听。

Rosenfeld 和 Wilder（1990）确定了三个层次的倾听。第一层是积极倾听（前面讨论过），这是倾听的理想方式。第二层是指在倾听时只听到了讯息的内容。这种类型的倾听通常让谈话人感到倾听者不感兴趣或者心事重重。第三层是指倾听者只听到讯息的部分内容，因此无法真正理解对方要表达的东西。在当今这个匆忙的社会中，人们往往思考自己想说的，而不是在作出响应之前关注发出者的谈话内容。在沟通中，不认真倾听可能经常导致人际冲突和对抗（我们后面会讨论）以及挫折和故障。

改进沟通

虽然存在明确的障碍，但我们可以通过积极的练习和集中注意力来改进沟通。DiBerardinis 等人（1983）发现，旨在改进团队运动中人际关系的练习可以改进沟通，并且绩效本身也随之改进。在更为全面的一项研究中（Sullivan，1993），人们为交互运动团队开发了一个沟通能力培训计划，其中包含七个人际沟通练习。运动员表示，沟通练习可提升关于沟通技巧和能力的意识水平，并为练习沟通技巧提供宝贵的机会（参见“人际交往培训的影响”）。因此，精心设计的人际交往训练可以提升团队士气和凝聚力，并打开一系列沟通渠道。

改进沟通的另一种方式（尤其是团体或团队中的沟通）是召开团队会议。应定期召开这类会议（不要在问题出现后才召开会议），会议应专注于团队的困难，并提供关于当前情境的建设性评估。如果教练或领导者没有为会议设置好规则，团队会议可能会发生问题。相关规则包括以下内容：

- 团队的每个人都必须对别人的意见持开放态度（即不是防卫或抵御状态）。
- 要具有建设性而不是破坏性（例如，批评要对事不对人）。
- 在会议中讨论的任何内容都只能由与会者知道（即信息是保密的）。
- 每个人都有机会发言。
- 关于团队的其他成员，每个团队成员应该至少讲出一件积极的事情。

Beauchamp、Maclachlan 和 Lothian（2005）用荣格提出的一种方法来帮助改进沟通。最重要的一点是，运动员需要从对方的角度来看待交互。为了实现此共情效果，几位作者建议在练习时采用角色扮演方法，要求运动员在不同的场景中扮演各种角色，并使用与自身偏好有很大差别的方法来努力与团队其他成员建立联系。例如，将球员放在其表现至关重要的情境下（如他们不想让队友失望）或者他感受到来自教练的压力的情境下（如一旦他们表现不好，就可能会下场）可以帮助运动员更好地领会其他队友正在经历的东西。这有利于更好的沟通和了解其他人正在经历什么，并且可以提升共情水平。

沟通以改进团队协调

通常情况下，教练制订的比赛计划会强调球队的所有球员的配合，使得每个人都在“同一个频率”上。例如，在足球运动中，所有球员必须在合适的位置，并且知道自己在球队中的角色，这样才能打好比赛。Eccles 和 Tran（2012）就教练如何与运动员沟通这些计划提供了一些建议：

- 使用多种感官模式。应运用不同的感受来展示计划，例如讨论比赛计划、在白板上绘制计划、用视频来展示计划，或者提供书面的训练说明等。
- 使用冗余。“最优冗余”的概念强调，有必要适当重复信息使得他人能够理解和牢记。不断的提醒、讨论比赛计划，并为球员提供训练说明都可以增加冗余度。
- 使用具有持久性的陈述形式。当只是告诉运动员去做某件事情时（例如，如何在篮球比赛中全场紧逼移动），在教练完成解释之后，信息就流失了。应通过有形物品（如讲义、录音或视频）为口头指示提供补

人际交往培训的影响

Sullivan（1993）评估了其人际沟通练习的有效性。运动员提升了沟通意识并学到很多东西。下面这些关于沟通练习的评论就是运动员受益匪浅的证据：

- 我在对所讲内容作出反应之前应该倾听更多的信息。
- 我看待自己的方式与其他人看待我的方式是不同的。我很难保持开放的态度，但这个练习使得这一点变得容易了。
- 它有助于了解别人对我的期望。
- 它有助于知道我的队友的目标。
- 我对我的个人目标和沟通技巧有着很强的意识。
- 大笑和分享重要的情感可以缓和紧张。

运动员也表示，他们将认真练习以下沟通技巧：

- 其他人讲话时我不会打断。
- 我将立即直面问题——问题只会随着时间的推移变得更糟。
- 我不会试图猜测别人在想什么。
- 我应该求助于我的队友。
- 我将更多地向我感到害怕的人提供意见。
- 我将与讲话的人进行更多的目光接触。

在另一种改进沟通技巧的方法中，Jones、Lavallee 和 Tod（2011）使用反思练习实施了为期 8 周的领导力人际团队协作改进和卓越干预，以提升人们关于沟通技巧（口头表达和倾听）的自我意识。使用案例研究方法，要求五名运动员：

- 描述他们在最近一次训练课中使用的沟通技巧；
- 描述某次沟通有助于他们场上表现的比赛；
- 思考在未来比赛以及运动领域之外如何使用沟通技巧；
- 练习他们已经与队友讨论过的这些技巧。

运动员也参加了使用沟通技巧的互动游戏和活动。沟通调查问卷的结果表明，参与卓越干预的运动员在整个干预期提升了沟通技巧，并且这些沟通技巧有助于他们提升运动表现。

充，使得球员可以随时查看讲授的信息。

▶ 解释原因。与只是学习如何执行战术的球员相比，理解某项战术背后的理念的球员在比赛中更可能灵活执行并且能够更好地应对不断变化的情况。如果某个球员出现问题，则对战术理解更为深入的球员可以凭借自己的能力思考并找到替代战术。

除了加强与团队成员沟通计划的能力之外，教练还需要提升球员实际倾听并理解计划的可能性。这里有几个建议：

▶ 提升团队成员的倾听技能。鼓励团队成员遵循“HEAR 原则”：抬头（head up）、目视前方（eyes front）、专注（attend fully）和保持沉默（remain silent）。

▶ 鼓励提问题。运动员往往不愿意提问题，因为他们不想显得“太傻”。除了在会议中鼓励提问题，还应该提供时间让运动员可以私下提问，以避免在团队面前提问可能显得愚蠢这类社交压力。

▶ 检查确保计划已经被接收。请通过要求球员口头描述计划或者在场上演示来确保球员了解比赛计划。

改进沟通技巧的主要动力之一就是让运动员和教练可以保持更好的人际关系。Rhind 和 Jowett（2010）针对教练—运动员关系的维

运用新科技加强教练、运动员和家长之间的沟通

在当今世界的任何国家，与他人进行即时沟通的能力和愿望都在迅猛提升。凭借新技术带来的优势，心理培训公司（其中心任务是到 2016 年奥运会时帮助 100 万名运动员培养心理韧性）开发一个名为 MentalApp 的应用程序。

MentalApp 的目标是帮助运动员学习和练习 15 个关键心理技巧并跟踪绩效改进。短视频讲授每个心理技巧，以及如何和何时练习。之后，运动员使用创新监测图表可以轻松设置目标并跟踪自身对训练的投入程度。因为 MentalApp 兼容所有智能手机、平板电脑和电脑设备，在任何地点、从事任何运动的运动员都可以使用这个应用程序。

此程序还能增强教练、家长和运动员之间的沟通。成为一名有效的教练或支持型家长的最具挑战性的部分之一就是监督运动员的进度。教练和家长可能希望知道运动员的睡眠、营养和水合作用状况，或者当家长和教练不在场时运动员是否正在彻底完成他们的承诺。程序会显示所有运动员的实时状况摘要以及关于特定运动员的更为详细的视图。家长可以通过自己的设备看到孩子是如何准备和执行的。

屏幕截图显示了一位特定运动员的监测表（名为 mChart），此表由已经完成（绿点）和没有完成（红点）的目标组成。教练可以快速查看每位运动员是否正在彻底完成他们的承诺（例如合理饮食、保持水分）以及哪位运动员在理解或跟踪指示上面存在困难，因而为其提供额外的推动或说明。

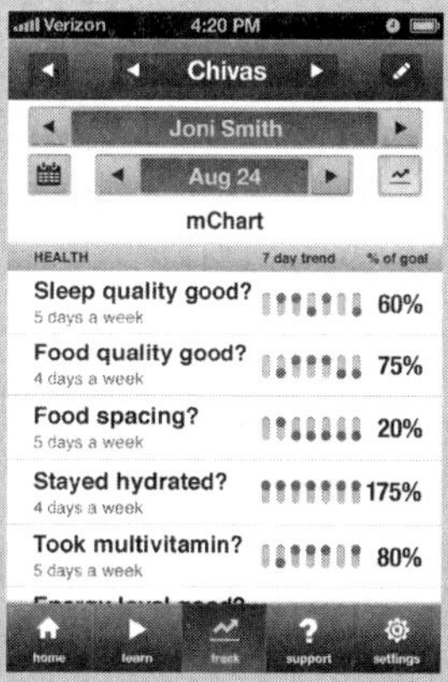

护开展了一项研究。在采访六名运动员和六位教练之后，研究人员发现人们常用以下策略（被称为指南针法）来维持教练—运动员关系：

- 冲突管理。这包括主动式策略（例如采取措施来阐明期望并避免冲突）和反应式策略（例如在就分歧进行讨论期间合作）。
- 开放。这涉及讨论非运动问题和个人问题以及分享感受。
- 动机。这涉及教练和运动员展示努力、彼此激励、展示能力，以及令彼此之间的互动愉快。
- 积极性。这指的是教练的适应性（例如，改变自身的行为以适应教练/运动员的偏好）、公平（例如展示良好的体育精神），以及外部压力（例如，积极应对教练/运动员的运动生活之外的事件）。
- 建议。这包括以积极、开放的方式提供和接收反馈以及在适当的时候赞美对方。
- 支持。这涉及展现一个人致力于维护教练—运动员关系并且可以在运动相关问题和个人问题上为另一个人提供帮助。
- 社交网络。这涉及为对方花时间，特别是在远离田径场地或球场时。

应对对抗

很多时候，沟通的本质是内在的困难。例如，当教练因以下情况不得不通知球员时，运动员可能会感到愤怒、沮丧并且表现出较强的防卫心理：球队正在将其从球队名单中排除、从首发阵容中去掉，或者他们违反规则或犯下关键的场上错误。可能导致对抗的人际冲突包括内容冲突和情感冲突（LaVoi，2007）。如果运动员与教练发生了中等程度的内容冲突（如没能就如何以最佳方式进行无氧和有氧训练达成一致），可能会引发一个积极的互动——前提是他们都不带情绪地表达自己的观点。但情感冲突（教练和球员都很愤怒）可能会对运动员表现和人际关系产生不利影响。无法将沟通的内容和情感区分开来会导致大多数人际冲突和最终对抗（Mallett，2013）。

沿着这些思路，一项关注女性运动员中的人际冲突的研究指出，人际冲突（可以演变成对抗）在队友当中很普遍，其破坏性要高于内容冲突（Holt，Knight，& Smoll，2012）。运动员感到有助于缓解（或者至少有助于管理）人际冲突的策略包括：

- 在赛季初进行团队建设
- 尽早处理冲突
- 让调解员参与冲突的解决
- 召开有组织（而不是无组织）的团队会议

研究者还指出，需要向运动员讲授解决冲突的技巧，因为解决冲突对团队的效能至关重要。这些技巧包括使团队成员能够确定冲突的类型和来源、识别可取的冲突以及使用合作（双赢）而不是竞争（赢—输）策略来实施合适的冲突解决方案（Deutsch，2006）。

如果这些类型的冲突和沟通处理不当，则可能发生沟通故障，而沟通故障往往会导致对抗。**对抗**通常是发生冲突的人之间的面对面辩论。尽管对抗这个词隐含负面意义，但如果使用得当，它有助于双方更准确地了解问题而不会感到过度的紧张、内疚或者不当。对抗不仅在重大冲突中很有用，还有助于在小冲突中消除误会。

何时避免对抗以及何时使用对抗

在你生气时避免使用对抗。人在生气时说的话往往会成为他追悔莫及的话。对于对抗，很多人感到不舒服，因为他们预计会有消极、紧张的遭遇。而当运动员和教练或者学生和教师存在对抗时，双方还存在着权力上的差别；这是一个大问题。因此，参与者经常倾向于避免会面并任由事情恶化；其他人则跳出来发表某个观点却导致敌对情绪升级。这两种方式都无法解决问题。

在什么情况下你应该使用对抗？通过考虑对抗可能提供的作用来作出决定。对抗不意味着将其他人放在“各自的位置”，而是仔细研究行为及其后果。例如，如果一位健身教练认为，上司不应该仅仅因为他使用了与平时不同的上举技术就当着一位客户的面指责他，那么这名教练应与上司会面，以解决他们之间的分歧，而不应任由局面恶化并转变成全面冲突事件。

个人沟通风格和管理冲突

通常人们认为冲突很难解决，因此为应对这些情况发展了各种处理风格。Thomas（2003）用Thomas-Kilmann的模型阐述了这些风格，Mallett（2010，2013）则详细阐述了关于体育比赛的模型。五种风格如下所示：

- 竞争（主宰）涉及两方之间的专断、不合作的行为，每一方都关心自己和自己的目标而不是对方和对方的目标。当决定性行动是必要的并且要为做出决定的人寻求最好的结果，最好使用这种风格。例如，当需要为接力比赛选择最后一棒的跑步选手时，教练会选择速度最快的人，即使他更喜欢另外一位跑步选手。

- 合作（整合）涉及自身和对方都存在高度关注事项的各方之间的专断和合作行为。当双方都对解决问题作出积极贡献时，合作尤为有效。例如，关于针对个人未能满足团队期望的行为如何规定惩罚后果，教练和运动员都可以提供意见。

- 妥协涉及在自身和他人都存在中等关注问题时，非独断行为和独断行为之间的平衡，或者合作行为和非合作行为之间的平衡。当时间很短并且人们需要快速解决方案或者一个解决更复杂问题的方向的临时步骤时，妥协的效果很好。例如，教练可能会允许球员训练迟到，因为教练知道他们正在准备期中考试。

- 通融（体贴）涉及合作、不专断的行为，一方对问题不太在意，而另一方对问题非常在意。在这种冲突解决方法中，人们认为与他人之间的关系比满足自身需求更为重要。例如，虽然教练感觉明星球员缺席训练应该导致他下一场比赛（正好还是争夺联赛冠军头衔的比赛）无法上场，但球队的其他球员鼓励教练为此找一个其他惩罚措施，因为球队需要这名明星球员。因此，为了团队的和谐与凝聚力，教练可满足他们的愿望。

- 回避涉及不合作和非专断行为，其中自身和其他人对问题都不太关注。可以使用回避来忽略冲突并希望冲突自行消失，或者将回避作为一种控制局势的有意策略。虽然应该谨慎使用回避，但在有些场合使用回避可能是合适的，例如教练故意回避球员的问题以使得球员冷静下来，然后再解决问题。

关于采用对抗方式的假定

一旦你认为对抗可能有用并且合适，就需要知道如何对抗。Gerstein & Reagan（1986）讨论过关于解决冲突的合作假定：

- 所有要求都是合理和重要的，必须予以关注。当人们认为所有要求具有同等重要性时，焦点就变成了满足这些要求而不是满足你自己的要求。例如，当教练认为运动员不够努力时，应该同时考虑运动员和教练的要求（尤其是每个观点背后的理由）。
- 有足够的资源来满足所有要求。人类创造新的想法和资源的潜力是无穷的。我们所有人的知识总和比我们当中任何一个人都多。
- 每个人身上都有尚待挖掘的力量和能力，身处冲突中的人知道自己需要什么。教练和训练导师不应只基于自身对运动员或参与者的问题的看法来实施解决方案。在没有意识到个人要求的情况下就实施解决方案将会导致运动员和参与者不满。因此，应该鼓励参与者提供问题的解决方案。
- 过程和内容同样重要，因为它提供了方向和重点。过程是感受、想法和事件的流动状态。很多时候倾听者会陷入内容的细节（通常会因此在头脑中假想发动反击）而错失重要线索以及对方要传达的信息。
- 改善局面不同于解决问题。应对局面有助于人们关注根本原因而不只是消除问题或症状。例如，因经常迟到惩罚某人可能会减轻这一问题，但迟到的原因仍然存在。
- 每个人从自身的角度来看都是正确的，重要的是从对方的角度看待情况。在对抗中，如果人们花费大量时间捍卫自己的观点，只会巩固自己是正确的这一观念。每件事都有两种说法，我们必须愿意倾听另一面说法。
- 解决方案和决议只是临时的平衡状态，不

启动对抗时的注意事项

应当

- 表达出你珍惜你和对方的关系。
- 慢下来，思考你要沟通的东西。
- 试着了解对方的立场。
- 仔细倾听对方试图沟通的信息。

不应

- 不要传达解决方案。先关注问题。我们往往过分急切地告诉别人他们必须做什么，而不是让他们自己思考解决办法。
- 不要停止沟通。即使对抗没有按照你计划的那样进行，仍然要以建设性方式就问题进行沟通。
- 不要奚落对方。挖苦和攻击通常会使人们疏远。对抗不是竞争，你的理念不是赢得你和对方之间的胜利。重点在于一起解决问题。
- 不要依赖于非言语暗示来传达你的想法。你在沟通中需要直接和坦率；现在可不是使用微妙的非言语暗示的时候。

Adapted, by permission, from R. Martens, 1987, *Coaches guide to sport psychology* (Champaign, IL: Human Kinetics), 56.

是绝对或永恒的。情境可能发生变化，因此可能需要改变和重新协商解决方案，以跟上时代的变迁。很多时候关系是一种平衡，我们必须保持灵活并根据需要作出改变。

提供建设性批评

虽然我们通常希望保持积极的态度，但有时批评还是必要的。遗憾的是，很多人将批评视为对自尊的一种威胁。他们把注意力放在捍卫自己而不是倾听讯息上面。一些经典研究及其应用表明，**三明治方法**是提供批评的最有效方法（Smith & Smoll，1996）。三明治方法是一种以敏感而有效的方式提供建设性反馈的技巧，由三个连续的要素组成：

1. 积极的陈述
2. 面向未来的说明
3. 赞美

让我们仔细看一下。犯下错误的参与者通常预计教练或教师会提供负面评价。此时人们往往会关闭对预期的不愉快讯息的接收通道，根本听不进去。要确保一个人注意到第一个评价，那么这个评价必须是积极的。适当的积极措辞可以是“做得不错，珍妮特”“好好努力，马蒂”或“打中那个球可真不容易！”一旦接收者已通过倾听开放（正面）评价变为可接纳意见的状态，他就能关注到第二部分——指导性反馈。不过，要使得三明治方法有效，沟通的接收者必须感到积极措辞是真诚的，而不是只是为了哄他。当采用这个技巧时，注意不要表达违心的赞美。

三明治方法的关键部分是以未来为导向的指示。在获得接收者的关注之后，提供关键的教学反馈，即接收者下一次执行技能时应使用的行为或策略。让指示以未来为导向，这使得人们不会立即思考错误（思考错误往往会导致重复错误）。讯息应该是下一次怎么做，而不是任何嘲笑、令人尴尬的话或者批评。下面就是以未来为导向的一些例子：

- 在地滚球穿过球员的两腿之间时说：“下一次面对难对付的地滚球时，只需要单膝跪下，用身体去挡住球”。
- 当一个学生在平衡木上尝试一项新技能后掉下去时说：“一定要目视前方，这有助于你保持平衡”。

三明治的最后一部分是赞美。在提供教学反馈后，请确保接收者仍然对自己的表现感觉良好。以积极的评价结束互动会使得接收者更容易记住指示。这还有助于建立信任和融洽的关系。接收者会意识到，犯错误并不是世界末日，人可以从错误中学习。图 10.2 展示了一个完整三明治方法的示例，在这个例子中，指导者对健美操舞蹈课上一名步伐不一致的学生提供指导。

图 10.2　提供建设性批评的三明治方法

教练—运动员关系

教练—运动员关系是体育运动中最重要的关系之一，因为事实证明，它很可能决定了运动员的满意度、自尊和表现成就。由于之前的模型被证明存在不足，Jowett 和他的同事（Jowett，2003；Jowett & Cockerill，2003）又提出了一种教练—运动员关系模型。他们选择了三个人际概念，以组成教练—运动员关系的新模型的基础。

- 亲密反映了教练和运动员在描述他们的关系时体验和表达的情感基调。喜欢、信任和尊重这类术语表示亲密程度。
- 当关系成员已经建立了共同的基准框架（即共同的目标、价值观和期望）时，共同定位出现了。开放的沟通可促进共同定位。
- 互补性是指教练和运动员采用交互方式的类型。这反映了教练和运动员的合作行为。

接下来是几项研究成果的总结：

- 在精英层面，教练—运动员关系都强调相互尊重、关怀、信任、关注、支持、开放的沟通、共享知识和理解以及明确的角色。
- 通常教练—运动员关系的开始阶段是蜜月期，但随着关系的继续发展，负面因素（例如缺乏信任、情感亲密度或承诺）开始出现。
- 消极的亲密（不信任）、迷失方向（目标不一致）和非补充性交易（权力斗争）一起作用，可能会损害关系质量和效力。
- 由于教练—运动员关系的重要性，应将社交技能集成到教练教育课程中。
- 家长对教练—运动员关系（尤其是与青少年运动员之间的关系）的影响很大。家长通常提供一系列的信息、机会和广泛的情感支持（Jowett & Timson-Katchis，2005）。

学 习 助 手

总结

1. **描述沟通过程。**

有效的沟通需要付出真正的努力。沟通是一个过程。基本上，我们的沟通方式有两种：人际沟通和自我沟通。人际沟通涉及言语和非言语沟通，而自我沟通则是指一个人通过自我对话来沟通。

2. **描述如何更有效地发出讯息。**

有效的沟通（包括言语和非言语）是积极互动的必要条件。在非言语沟通中，外貌、身形、手势、身体位置和触摸这类因素都非常重要。有效的言语沟通包括某些特点，如明确和一致、直接以及立即提供讯息。

3. **描述如何更有效地接收讯息。**

在接收讯息时，积极的倾听是最有用的方式。它涉及关注主要和支持的想法、承认和响应并给予适当反馈，以及使用肢体语言，如目光接触和点头，以表示理解。

4. **找出是什么导致沟通故障。**

有效的沟通是一个复杂的过程，在发送讯息或者接收讯息时经常发会发生故障。发出者传递含糊不清或者不一致的讯息可能会导致沟通故障。同样，接收者不关注讯息也会导致沟通无效。

5. **阐述使用对抗的过程。**

对抗是一种沟通方式，尽管大多数人认为对抗是消极的，但它可以引导出共同的解决方案。意识到何时以及为何采用对抗可能是合适的，是成功解决问题的一部分。关键是以建设性的方式表达你的感受。

6. **理解如何提供建设性批评。**

可以通过“三明治方法”来提供建设性批评。它包括积极的陈述、以未来为导向的指示和赞美。这种类型的批评避免了通常伴随着严厉批评而来的逆反心理，并使得人们关注其行为的积极方面。

复习题

1. 讨论沟通过程的五个步骤。
2. 描述三种类型的非言语交际，举出来自应用环境的例子。
3. 定义积极倾听。实践人员如何提高他们的倾听技巧？
4. 讨论沟通中三种类型的故障，包括每种类型的示例。
5. 描述在与他人对抗时你将使用的过程。
6. 你将如何帮助运动员在沟通中变得更加自信？
7. 讨论并提供关于亲密、共同定位和互补性的示例。
8. 采用对抗方法有哪五项原则？
9. 讨论女性运动员提到的用来帮助处理人际冲突的三项策略。

10. 教练通常已经有他们希望运动员在即将到来的比赛中使用的计划或策略。举出可提高运动员接受这些计划以及在队友中实现配合的可能性的三种方法。
11. 电子通信技术如何改变了我们在体育运动中的沟通方式？

深入思考

1. 作为一名顾问，你需要为教师和当地的高中教练设计一个指南，以帮助他们更有效地与学生和运动员沟通。你在指南中要包含的最重要的准则是什么？最有可能破坏有效沟通的障碍是什么？
2. 作为一名教练，你刚刚与运动员就其破坏球队规则的行为进行过短暂的沟通。这位球员愤怒地终止训练，感到很沮丧。很快你将与运动员会面，你可能将不得不就他的行为与他发生对抗——并可能因他的行为而惩罚他。你打算如何准备这次会面？你会用什么原则来使这次对抗成为积极的会面？运动员应如何为这次会面做最好的准备？你可以怎样做来防止这次对抗？

第 5 部分

提高表现

我们如何运用心理技巧，帮助人们更有效地提高表现?

运动与训练心理学家最常提出的一个问题就是：我们应如何运用心理技巧，帮助人们更有效地提高表现？除了特定体育和训练领域的表现之外，学习这些心理技巧还有益于生活的其他方面，例如商业、学术和个人。自运动心理学问世之初，提高表现就一直是这门科学的主要关注重点，而随着这个领域不断发展演进，将这些技巧过渡到其他领域逐渐成为新的重点。这一部分将介绍迄今为止，我们在解答这一问题方面的进展。

第 11 章介绍心理技巧训练。在这里，您将了解心理技巧与体育技巧有着许多相似之处。您将了解如何通过传授心理技巧提高学生、运动员和受训者的表现。这一章的末尾处讨论了通过心理准备实现最佳表现的方法。您可以在个人生活以及专业生涯中运用这些方法，帮助他人取得最佳表现。

第 12 章至第 16 章专注于讨论培养心理技巧训练以提高表现的具体主题。在第 12 章中，我们审视了觉醒调控，让您可以帮助运动员保持积极心态，避免消极心态。您还将熟悉各种与健康相关的压力管理技巧。第 13 章讨论了意象（或想象）。您将了解到意象效果的基本理论和数据，以及如何实施意象训练计划。第 14 章专注于自信，强调信心与表现之间的关系，以及可以利用的信心树立方法。树立信心的最佳方法之一就是有效设定目标。因此，在第 15 章中，您将了解到有效的目标和可加强信心的目标设定技巧。第五部分的最后一章是第 16 章，其中讨论了注意力和专注度。在这一章，我们将介绍注意力问题，探讨如何通过加强专注度和注意力技能提高表现。

第 11 章

心理技巧训练简介

学习完本章后，您将能：

1. 定义心理技巧训练，澄清相关误解；
2. 确定心理技巧训练的知识基础；
3. 讨论心理技巧训练计划的三个阶段；
4. 审视心理自我调节的过程；
5. 制订心理技巧训练计划；
6. 理解实施心理技巧训练计划的问题。

你曾经有多少次看到运动员将成绩不佳归咎于精神不集中或压力过大等因素？教练和运动员经常出现的一项失误就是试图通过单纯地延长训练时间来提高表现。然而，体育**技能**不足往往并不是真正的问题所在，根本原因在于心理技巧不足。让我们来看一个具体情景，说明这一点。

吉姆的高中篮球队以 66 比 67 的比分落后。比赛时间只剩 1 秒。吉姆投篮时对手犯规，因此他获得了两次罚篮机会。对方的教练要求暂停比赛，试图让吉姆陷入窘境，加大他的心理压力。吉姆的教练要他放松精神，在罚篮时只要像平时训练一样就可以。但吉姆知道这场比赛对他的队友、教练、学校、朋友和他坐在观众席中的家人有多重要。他忍不住开始胡思乱想，想着如果他让大家失望，那种感觉该有多糟糕；这种焦虑对他的身体产生了不利影响。走到罚球线前时，他肩膀和手臂上的肌肉开始紧绷。他匆匆投出了罚球，全无节奏可言。两次罚篮均告失败，他的球队在比赛中败北。

第二天在训练时，吉姆的教练要求他更

多地练习罚球，并建议他在每次训练结束后留下来练习 100 次罚球。这位教练相信，更多的练习能帮助吉姆完善罚球技巧，保证他在下一次重大比赛中不会再出现心理阻滞。

然而，吉姆的问题并非与罚球的力学机制有关。真正的问题在于他太过紧张，无法像在训练中一样，在放松状态下顺畅、有节奏地投出罚球。让吉姆反复练习罚球无助于他在比赛处于僵局时排解投篮压力。吉姆需要培养自身技巧，以便在面临巨大压力时从身体和心理两个方面放松。这些技巧（以及其他技巧）可通过心理技巧训练加以培养。下面就让我们来看看心理技能训练的重点是什么。

心理技能训练的含义

心理技能训练（PST）指的是系统、一致地练习精神或心理技巧，以提高表现、增加愉快感，或者实现更高的体育和身体活动自我满意度。作为 PST 标准要素的方法和技巧最初来自各种来源，以主流心理学为主。这些领域包括行为矫正、认知理论和疗法、理性情绪疗法、目标设定、注意力控制、逐步放松肌肉和系统性的降低敏感度。20 世纪 50 年代，第一个系统性地参与运动员和教练心理技巧培养的国家是前苏联（Ryba，Stambulova，& Wrisberg，2005）。Avksenty Puni 是前苏联运动心理学的主要领导者，正式制订了或许是全球最早的心理训练模型，其中包含针对觉醒、信心、注意力集中、精力分散控制和目标设定的自我调节（请参见第 1 章）。20 世纪 70 年代和 20 世纪 80 年代，为了帮助运动员备战奥运会，这种对于心理训练的强调得到了东欧各国的系统化采用。

教练和运动员都了解体育技能需要定期练习，通过数千次的重复不断完善。与体育技能相似，保持专注和集中精力、调节觉醒水平、加强信心和维系动力等心理技能也需要系统性的加以练习。在示例中，Jim 需要练习心理放松技巧，以便在紧迫的比赛压力下应对罚篮压力。除非运动员先前已经过练习和培训，知道如何放松，否则只是告诉运动员放松并不能达到预期的效果。因此，我们制订了指导准则，旨在提高心理训练的效率。

为什么 PST 非常重要?

所有运动与训练参与者都会遇到心理失落和失误。你一定曾经历过或者知道他人经历过以下这些运动和训练体验：

- 比赛失利后，你烦躁地走出赛场。而你原本以为这是一场必胜的比赛。
- 你在比赛中的紧要时刻出现了心理阻滞。
- 你感到非常沮丧，因为你在受伤后没能迅速恢复。
- 你缺少对训练的渴望。
- 在一次比赛中，你的情绪有点波动。
- 你变得愤怒，对自己的表现感到沮丧，情绪十分低落。

你很有可能至少经历过此列表中的一种体验。而大多数运动表现出色的人都知道“最佳表现状态”的感受究竟如何。在这种状态下，运动员能毫不费力地将一切整合到一起，取得卓越表现。在表现中，心理和情绪元素往往会遮蔽和超越单纯的身体和技术方面。

心理技能的重要意义可从心理坚韧性是最受重视的品性中体现出来。奥运会金牌获得者将**心理坚韧性**视为运动员成功的重要前提条件（Gould，Dieffenbach，& Moffett，2002）。尽管心理坚韧性可通过多种方式定义，但通常与运动员保持专注的能力、从失败中恢复的能力、应对压力的能力、在逆境中坚持不懈的决断力和心理承受力有关（Bull，Shambrook，James，& Brooks，2005；Crust & Clough，2012；Gucciardi，Gordon，& Dimmock，2008；Jones，Hanton，& Connaughton，2002；Thelwell，Weston，& Greenlees，2005）。PST 旨在培养和发展这些心理技能——也就是运动员成功的重要前提。有关心理坚韧性的其他视角，请参见“定义和培养心理坚韧性”。大多数教练都认为，在与能力水平相当的对手比赛时，心理因素至少发挥 50% 的作用，而在某些体育运动（例如、高尔夫、网球和花样滑冰）中，人们一致认为心理因素发挥 80% ～ 90% 的作用。因此，就像一位教练提到的那样，心理测试有助于确定每个人的心理优势和心理劣势；随后教练即可依托于这样的认知，实施适当的训练计划（Leffingwell，Durand-Bush，Wurzberger，& Cada，2005）。

Jimmy Connors 素来因顽强和坚韧而著称，他常说专业网球 95% 在于心理。Tiger Woods 也曾有过这样的经历，尽管前 9 洞失利，但仍以 18 杆的惊人成绩在大师赛中获胜。他说，在灾难性的前 9 洞之后，他知道自己只是需要全神贯注，将情绪整理好，因为这对于他的成功至关重要。而许多认真的运动员每周都会分出 10 到 20 个小时（或更多时间）进行体能锻炼，但用于心理锻炼的时间往往较少，甚至不会专门进行心理锻炼。这样的比例并不合理。

B 组网球赛选手往往会与其他水平相当的 B 组选手对抗；全国排名靠前的游泳选手也往往要与其他高水平的游泳选手对抗。当然，有时也有些运动员与对抗的选手水平完全不相当。在这种情况下，具体结果可能就要取决于身体技能和能力的差异。但在大多数竞赛中，选手的输赢取决于自身（及其对手）在当天的表现。在体能相差无几的情况下，赢家通常是心理技能更为出色的运动员。

要点 心理因素对于日常表现波动有重大影响。

夏季和冬季奥林匹克运动会充分证明，金牌、银牌、铜牌或败北之间仅有微弱差别。游泳运动员会在泳池壁旁赶上另一位游泳运动员（就像 Michael Phelps 那样，在 2008 年奥运会上，他凭借百分之一秒的优势赢得比赛，又在 2012 年奥运会上因百分之一秒之差遗憾败北），跑步运动员领先对手零点几秒冲过终点线，体操运动员因零点几分而决定成败（比如在落地时移动了一步），速降滑雪者往往因不到一秒之差击败竞争对手而赢得奖牌。这些实际成绩的毫厘之差却造成结果（和奖牌）的千里之别。大多数运动员和教练都会争论说，这些细微之差主要是“心态问题”，但却很少花时间来开展这方面的培训。“卓越表现智商”栏目强调了运动员心理的重要性。

定义和培养心理坚韧性

定义心理坚韧性

研究得出了心理坚韧性的多项不同定义，这在文献中造成了一些冲突之处。Jones 和他的同事(2002)采用了一种定性方法，提供了表明心理坚韧性构成因素的第一项实证数据。它包含动机的构成、应对压力、信心和专注度。Jones、Hanton 和 Connaughton（2007）发现，心理坚韧性在赛前（例如，目标设定）、赛中（例如，应对压力）和赛后（例如，应对失败）都发挥了作用。

Clough、Earle 和 Sewell（2002）采用更为定量化的方法，在其定义心理坚韧性的模型中假设了四大关键构成：

- 控制。一次性处理多项事务；保持影响力，不受他人控制。
- 承诺。不计艰难险阻，深度参与行动，坚持追寻目标。
- 挑战。将潜在风险视为个人在瞬息万变的环境中发展和提升的机会。
- 信心。不论遇到何种挫折，均保持自信。

Gucciardi、Gordon 和 Dimmock（2008，2009）开发了一份量表，用于衡量心理坚韧性，专注于需要心理坚韧性的情形（例如，受伤和恢复、社会压力、环境条件、比赛准备情况、内部压力）。此外，Sheard、Golby 和 van Wersch（2009）也开发了心理坚韧性的调查问卷，其中包含信心、坚定和控制这三个子量表。但有关心理坚韧性衡量指标的争议仍然存在。

Harmison（2011）提供了使用社会认知框架衡量心理坚韧性的初步证据。这其中存在大量直觉上的主张和承诺，将心理坚韧性视为人与环境之间的互动。实际上，人及其对于环境的认识将决定个人能否以坚韧不拔的心理行事。例如，一名运动员可能会把即将到来的锦标赛视为压力来源，而另一名运动员则可能将其视为大好机会。从心理坚韧性的角度来看，两者的反应极有可能会截然不同。根据运动员对于情景的感知，运动员可能在一次竞赛中保持坚韧，但在另一次竞赛中又无法做到，甚至在同一次比赛中都可能出现波动。Tiger Woods 就是这样一名运动员，人们认为他的心理极度坚韧，但在他遭遇个人难题后，这种心理坚韧程度似乎有所下降。

培养心理坚韧性

研究人员和实践人员已经在专注研究如何培养心理坚韧性。部分研究人员发现，运动员往往将心理坚韧性归因于“意外偶得”的因素（即并非出于培养心理坚韧性而刻意为之）。这些因素包括同胞相争、鼎力支持的家长、教练的期望、励志的训练环境、队友的鼓励、刻苦的练习以及应对失败的经历。其他研究人员则重点关注教练实际采取了哪些措施来加强心理坚韧性（即刻意传授的心理坚韧性）。技巧包括创造积极、励志的活动环境和激烈的竞争活动，制造刺激因素（压力），设定具体目标，提供指导性、支持性反馈，通过严格的身体准备和调整树立信心，通过自我陈述加强注意力控制，将成功和失败归于适当的原因等。

为什么体育与训练参与者会忽视 PST？

既然心理技能对于成功如此重要，为什么人们很少花时间去培养心理技能以提高成绩？许多教练和参与者之所以会忽略 PST，是出于三个基本原因：缺乏知识，对心理技能存在误解，缺少时间。

缺乏知识

很多人并非真正理解如何传授或联系心理技能。例如，一些教练在教运动员保持专注时只会大声叫喊：“集中精神！”或者“能不能把精神集中在你要做的事情上？”这里隐含的假设是，运动员知道如何集中精力，只是没有去做。另外一种常见做法（还记得吉姆的罚球吗？）就是在重要比赛中告诉运动员“尽管放松”。但除非专门训练过放松技巧，否则要做到这一点也并不容易。田径教练不会期望百米短跑运动员在440米比赛中取得优异成绩，因为运动员并没有专门接受过此距离的训练。同样，放松和专注必须经过练习，才能成为能在比赛时运用的有效工具。但教练和教学专家告诉我们，他们只是不愿意去传授心理技能。他们知道技能的运用方法和技巧（或者说基本要素），只是不了解如何传授他人学会特定的心理技能。

调查显示，青少年网球教练认为他们拥有足够的运动心理学知识，虽然他们的心理技能培训知识并非来自书本或正式课程；他们受运动员或临床门诊的影响要更多（Gould，Medbery，Damarjian，& Lauer，1999a）。因为研究人员并非总是会向从业人员传授知识，但教练们认为，可以通过多种方法让心理训练信息更容易被接受。教练们建议：①发展“实际训练”、具体示例和练习；②开发更多的心

卓越表现智商

Howard Gardner（1983）有关多元智力的经典论述以及Daniel Goleman（1995）对于情商的研究都已经证明，确实存在多种不同类型的智商，而不仅只有传统智商测试所衡量的哪一种。根据这些原则，Jones（2012）提出了“卓越表现智商”的概念，用于解释不同表现领域（例如，体育、军事、商业或表演艺术）中持续成功背后的理由。他访问了不同领域中的多名精英人才，并发现了形成卓越表现智商的共同线索：

知道如何发挥最大潜力

- 了解自身（了解真我和自己的能力）
- 加强自我（希望做到最好，拥有自己的成功梦想，坚信自己取得成功的能力）
- 保持自我（实现良好的工作生活平衡，从最初起便时刻谨记结果，从失败中恢复，庆贺成功）

知道如何利用环境

- 了解环境（对于表现环境有深入的认知，特别是环境中的可控方面和不可控方面）
- 塑造环境（确保身边的人共同朝着一个梦想努力，从而取得成功）
- 与环境协调统一（迅速适应不断变化的环境，通过保持谦虚维系支持关系）

知道如何实现出色成绩

- 规划和筹备（清晰了解构成成功的要素、为每一种假设场景做好规划，保证最佳情绪状态）
- 实现（在压力下保持出色表现，相信自己的直觉，控制可控因素，制订清晰决策，了解在何时改变计划）
- 评价（与测量标准对照比较，确认优势和劣势，确定需要做哪些工作）

理技能训练资源，特别是音频和视频形式的资源；③安排教练积极参与心理技能教练培训计划（Gould，Medbery，Damarjian，& Lauer，1999b）。一项以意象作为主要心理技能的研究（Callow，Roberts，Bringer，& Langan，2010）发现，教练在单独会见运动心理学顾问了解意象，有机会设计和开展意象培训并获得运动心理学顾问反馈意见之后，他们会对自行主持意象培训活动更有自信。

简单地告诉运动员“别紧张”“打起精神来”“要有信心”“保持放松”“保持坚强”或“集中精神”的日子一去不复返了。我们已经了解到，这样的建议需要以行动为导向的方法和计划作为支撑，以改进心理技能。

对心理技能的误解

人们不需要具备心理技能就能融入这个世界——“冠军是与生俱来的，而不是人为打造的”——这是一种误解。尽管人们常常假设Serena Williams、Tiger Woods、Derek Jeter、Michael Phelps、Peyton Manning等明星运动员的天性中与生俱来地有着坚韧不拔、勇争上游的特质，但事实并非如此。确实，所有人天生都有着某种生理和心理倾向，但我们更多地通过经历学习和磨砺技能。如果没有无数个小时的练习，没有无数次磨砺和完善运动技能和技巧，就没有伟大的运动明星。尽管有些运动员具备卓越的运动技能，但他们必须努力发展

大学运动心理学顾问：教练和行政管理者的观点

Wrisberg和他的同事开展的两次研究（Wrisberg，Loberg，Simpson，Withycombe，& Reed，2010；Wrisberg，Withycombe，Simpson，Loberg，& Reed，2012）审视了教练和行政管理者对于在全美大学体育协会第一级聘用运动心理学顾问（运动心理学顾问）并在大学生运动员之间实施PST的观点。对于运动员就成绩问题向有资质的运动心理学顾问寻求心理训练服务（例如，焦虑、自信、专注），教练通常持支持态度，但对于更为私人的问题，则不是那么支持（例如，人际关系、倦怠、抑郁、思乡）。管理者（例如，体育指导员、校长）对于借助运动心理学顾问处理成绩问题的态度也比处理个人问题的态度更为积极，而且能认识到运动心理学顾问的许多好处。

由Zakrajsek等人开展的一次定性研究（2013）调查了教练对于运动心理学顾问在成功中的作用的看法以及他们的某些顾虑。教练们将成功的运动心理学顾问定义为能够抽出时间，能够适应其日程，能够在整个赛季中提供多次联络，在后台表现活跃的人（也就是承担支持功能的观察者），并且能够融入团队之中。相比之下，教练的顾虑包括运动心理学顾问是否会给他们留出充足的时间，他们要如何向运动心理学顾问付费，他们是否会将控制权拱手让给运动心理学顾问，运动心理学顾问是否会导致运动员的头脑中增加太多想法（例如，考虑过多）。

教练不愿雇用全职运动心理学顾问，并称财务问题是主要问题所在。大多数大学都有多名全职运动员教练、力量教练和体能教练，而在多个不同国家/地区开展的研究发掘出了聘用运动心理学顾问的无数阻碍。因此，运动心理学顾问能在团队和个人运动中发挥的作用似乎并未真正得到理解，也并未真正被视为重要。

自身天分，才有可能成为冠军。例如，迈克尔·乔丹有着与生俱来的体育天分，但他的竞争对手仍然表示他令人印象最深刻的特点就是竞争精神。

缺少时间

教练和运动员不去训练心理技能的第三个理由是时间太少。对青少年网球教练的研究发现，教练将缺少时间视为向其运动员传授心理技能的最重要阻碍（Gould，1999）。然而，在特定比赛中失利时，人们又往往归咎于“我今天比赛不在状态”“我就是没办法集中精力”或者“我实在太紧张了”。您可能会认为，如果教练注意到其团队因注意力不集中而失利，那么就会开始抽时间去锻炼专注能力。相反，他们通常会增加体育锻炼的时间。

在注意到运动员宣称的不参加心理技能训练的理由之后，研究表明这种情况已经开始有所变化，尽管具体变化在某种程度上仍取决于个人和任务的差异。Wrisberg 和他的同事（2009，2010）发现，运动员对于寻求心理培训的态度日渐开放。尤其值得注意的是，团体性运动的运动员更加关注心理训练，尤其是关注团队凝聚力和团队动力的心理训练；而个人项目运动员则更关注能够在练习和比赛中改进成绩的心理技能。

> **要点**　心理技能训练往往会被忽视，原因包括缺乏知识，认为心理技能与生俱来、无法传授，或自认为缺少时间。

关于 PST

对于运用心理技巧提高成绩，目前仍然流传着一些误解。Martin（2005）开展的研究发现，男性运动员、年轻运动员和参与涉及身体接触的社交型运动的运动员往往将向运动心理学家咨询视为耻辱。遗憾的是，许多此类误解仍然导致人们对于运动心理学顾问在帮助运动员最大限度地提高成绩方面能够做到哪些事情、不能做到哪些事情感到迷惑。

误解 1：PST 只适合“有问题”的运动员

很多人错误地认为，所有运动心理学家都只与存在心理或临床问题的运动员打交道。但事实并非如此（见第 1 章）。相反，大多数运动员的心理需求都可以通过教育型运动心理学专家得到解决，这些专家专注于培养心理机能处于正常范围内的运动员的心理技巧。教育型和临床型运动心理学专家能够满足的各种 PST 需求举例如下：

教育型运动心理学家

- 目标设定
- 意象
- 觉醒调节
- 专注度
- 心理准备

临床型运动心理学家

- 饮食失调
- 滥用药物
- 人格障碍

▶ 严重抑郁或焦虑

▶ 精神病理学

误解 2：PST 仅适用于精英培训

PST 不仅适用于精英。它适用于所有运动员，包括处于发展阶段的青少年运动员（Chase，2013）和特殊人群，例如存在心理障碍、智力障碍（Gregg，2013）、身体障碍（Martin，2013）、听力受损（Vose，Clark，& Sachs，2013）的人群。（见“为智力或身体残障的运动员开展 PST”。）专业人员致力于帮助每个运动员提高成绩，推动个人成长。流行杂志和新闻媒体往往把重点放在与 SPC 合作的奥运会和专业运动员身上，但还有其他许多群体也在接受运动心理咨询服务。

误解 3：PST 提供“快速修复”式解决方案

很多人误以为运动心理学提供了快速解决心理问题的途径。有时运动员和教练期待能在一两堂课中学会如何在重压下保持专注和冷静。实际上，心理技能需要时间和练习来发展。PST 并不神奇，它不会点石成金，但它能帮助运动员充分发掘自身潜力，将其能力发挥到最大限度。

误解 4：PST 没有用

有些人仍然认为，运动心理学并没有什么积极的好处。然而，大量的学术研究以及来自运动员和教练的报告表明，心理技能确实能够提高成绩（例如，Greenspan & Feltz，1989；Morris & Thomas，2004；Weinberg & Comar，1994）。同时研究还表明，有效的 PST 工作必须采用系统化且个性化的方式开展，必须结合多种心理技巧长期开展（Karageorghis & Terry，2011；Meyers，Whelan，& Murphy，1996）。运动心理学既不是神奇的万灵丹，也不是无用的沙发床；人们应该对 PST 的作用有着合理的预期。

要点　心理技能可以学习，但必须多加练习，应当深深融入个人的日常训练中。

为智力或身体残障的运动员开展 PST

对 PST 的大多数研究都专注于身体健全的运动员群体。然而，近期的研究将人们的关注点引向了身有残障的运动员，因为这些运动员参与的比赛越来越多。Dieffenbach 和 Statler（2012）以及 Dieffenbach、Statler 和 Moffett（2009）注意到，残奥会运动员和教练认为运用心理技能、与运动心理学家合作有着较高的价值，会更多地学习如何有效运用心理技能。他们一直将专注和信心评为两大最重要的心理技能。总体而言，从影响成绩的心理因素角度来看，残奥会的运动员与奥运会运动员的相似之处多于不同之处。以下是与残障运动员打交道时的一些建议（Hanrahan，2007）。

智力障碍

● 培养信任和友好的关系至关重要。

● 运动心理学必须在个人理解的层面上发挥作用。

● 向亲属、专案管理者或常驻工作人员寻求帮助非常重要。

● 由于智力残障的运动员可能存在某些认知方面的缺陷，例如短期记忆较差，或者读写和数字技能有限，因此说明必须简单易懂，技能必须细分成更小的教学模块，课程应保持有趣和愉悦。

身体障碍

- 确保场地能够无障碍访问。
- 如果与一组使用轮椅的运动员合作，沟通时应与他们保持相同高度（例如，坐在椅子上）。
- 如果身体障碍影响到语音控制所需的肌肉，应在语言交流中保持耐心。即使父母或其他监护人在场，也应直接与运动员交谈。
- 注意房间温度，因为某些残障（例如脊髓病变）会受到某些温度的不利影响。

Turnnidge、Vierimaa 和 Cote（2012）使用示范游泳计划向有身体残疾的年轻运动员传授积极的价值观。结果展现出了四个不同的主题：

- 完善能力。运动员学习新技能，完善自己的技巧。
- 肯定的自我意识。运动员培养出更强的自我意识和自信感。
- 加强社会联系。运动员会结识新朋友，感到自己是团队的一员。
- 更好的接受度。运动员能够更好地接受自己和他人的残疾。

一段引述囊括了其中的部分主题：

在我的孩童时代，我患有严重的囊性纤维化病。我几乎无法行动。我真的不适合和别人一起玩。现在，随着年龄的推移，随着多年来我坚持不懈地练习游泳，我的右半身基本上已经看不出疾病的痕迹。学校的大多数人甚至不知道我身有残疾。

PST知识库

PST 开发出了主要来自两个来源的知识库：对精英运动员开展的原始调查研究，以及教练和运动员的经验。让我们分别来看看每个来源。

对精英运动员的研究

大量的研究从心理技能和特性的角度比较了成功和不太成功的运动员。总结这项研究时，Krane 和 Williams（2010）得出结论，成功运动员的特点是自信程度更高，觉醒的自我调节能力更强，专注度更高，采取“控制但不强迫”的态度，具有积极的想法和意象，具有更高的决心和承诺。结论是成功的运动员也会运用目标设定、意象、觉醒控制和管理、思想控制、竞争计划、应对策略和心理准备规程等心理技巧取得巅峰成绩。

> **要点**　较为成功的运动员与不太成功的运动员的区别在于培养心理技能的方式。

运动员和教练的经验

越来越多的研究人员要求教练和运动员将相关内容和核心运动心理学主题包括在 PST 计划中。例如，Gould 等人（1991）调查了参与美国奥委会全国理事会体育计划的优秀教练和运动员。这些教练和运动员将放松培训、意象、团队凝聚力、专注和注意力训练，以及自我对话策略评为十分重要的课题。

对成绩充分体现其潜力的奥运会运动员（Gould，Guinan，Greenleaf，Medbery，& Peterson，1999；Greenleaf，Gould，& Dieffenbach，2001；Hodge，2013）的研究表明，与

未能发挥潜力的运动员相比，这些运动员均制订了竞赛、成绩评估和分心应对计划。这些运动员可以克服逆境和成绩阻碍，坚持自己的计划，并积极调节觉醒和排解成绩焦虑。这些取得巅峰成绩的奥运会选手表现出全心全意追求卓越的心态，他们设定每天的培训目标，通过实践模拟再现比赛环境，并利用意象来帮助自己集中注意力，想象成功的结果。最后，在 Greenleaf 和他的同事采访的 15 名奥运会选手中（2001），有 13 人表示他们使用了 PST。

有趣的是，教练也会运用心理技能来更有效地执行自身工作。优秀教练尤其擅长运用意象和自我对话（Thelwell，Weston，Greenlees，& Hutch-ings，2008），包括在训练和比赛期间。教练用自我对话来克服对于成绩的忧虑（以控制情绪），帮助规划对话以及赛前和赛后沟通交流，支持其判断，或者加强自信（强化）将自己调整为合理的心态（说明）。同样，他们通过意象来控制情绪，来重现体验、培养信心，表述训练要点。

最成功的运动员拥有比赛、成绩评估和分心应对计划。

总之，虽然存在个别计划差异，但教练和运动员发现这些主题在 PST 计划中最为有用：

- 觉醒调节
- 意象（心理准备）
- 树立信心
- 加强动机和承诺（目标设定）
- 注意或专注技能（自我对话、心理方案）
- 应对受伤

PST 的有效性

为了了解有效的 PST 计划可以如何提高运动表现，必须在比赛环境中进行控制良好、基于成果的干预研究。Greenspan 和 Feltz（1989）调查了 23 项对各种心理干预措施（例如，压力免疫、意象、放松、强化、系统性的降低敏感度）的有效性的公开研究。最终他们得出结论，总体而言，以教育为基础的心理干预能够改善大学生和成人运动员的比赛成绩。作为此项研究的跟进，Weinberg 和 Comar（1994）调查了 45 项在体育比赛环境中运用心理干预的研究。在其中 38 项研究中，心理干预对成绩有明显的积极影响。在近期开展的研究中，有更大一部分比例的研究展现出心理干预的积极影响（Fournier，Calmels，Durand-Bush，& Salmela，2005）；这可能要归因于近年来采取的更深层次、多模式方法，这类方法将不同类型的心理技能（例如，意象、放松、自我对话、目标设定）结合成一种组合方法。

> **要点**　*以教育为基础的心理技能训练能够提高运动表现。*

与国家级运动员相比，国际水准的运动员对于心理训练的运用更加频繁，会利用更先进、更复杂的心理策略和技巧（Calmels，d'Arripe-Longueville，Fournier，& Soulard，2003）。应用运动心理学家已经开始认识到，为了保证有效性，心理干预必须采用个性化、系统化的方式，长期稳步开展，往往也要利用多种心理技巧，形成一种综合性计划。例如，事实已经证明，一个人的个性会影响到PST计划的有效性。Roberts和他的同事（2013）发现了自恋人格特质会降低心理技能与表现之间的关联性。具体而言，情绪控制策略有助于自恋程度较低的运动员，而自我对话和放松策略则对自恋程度较低的运动员意义不大。

遵循这些原则，研究人员从运动心理学顾问的视角调查了PST计划的实施（Sharp & Hodge，2011），考虑了个体差异。尽管心理技能训练知识是一名有效顾问的重要特质，但还有其他许多提高运动心理学顾问效率的因素：

- **建立与运动员的联系。**发展与运动员之间的联系让运动心理学顾问能够教育运动员，引领他们实施积极的行为变化。
- **建立专业顾问关系。**高效的运动心理学顾问善解人意、宽容开放、平易近人，并能始终保持专业精神。
- **满足运动员的需求。**高效的运动心理学顾问能够平衡专业知识与关系技能，从而满足运动员的需求。

尽管关注重点在于运动心理学顾问，但也要强调运动员必须成为这个流程中的积极参与者。从本质上说，他们需要展现出与运动心理学顾问建立良好关系的承诺和开放态度。

高效和低效运动心理学顾问的特点

通过对运动员进行采访，研究人员（Gould，Tammen，Murphy，& May，1991；Orlick & Partington，1987；Partington & Orlick，1987）发现了高效和低效运动心理学顾问的一致特点。

高效的顾问

- 平易近人，能够与运动员建立起和谐关系；
- 灵活机动、知识渊博，能够满足运动员的个别需求；
- 讨人喜欢，能提出一些非常具体或实用的建议；
- 在整个赛季之中会对运动员开展多次后续跟进；
- 值得信赖，与团队完美契合。

低效的顾问

- 人际交往能力差；
- 缺乏对运动员个人需求的敏感度；
- 缺乏能应用于运动环境的特定心理学知识；
- 在比赛中以不当的方式应用顾问技能；
- 在实施心理技能时依靠墨守成规的“成套”方法。

PST 计划的三个阶段

尽管为了迎合参与者的需求，PST 计划的形式多种多样，但通常遵循拥有三个明显阶段的固定结构：教育、吸纳和实践。接下来我们将分别讨论各个阶段所涉及的方面。

教育阶段

许多运动参与者都不熟悉心理技能会如何改进表现，因此任何 PST 计划的第一阶段都是教育。在教育阶段中，参与者会迅速认识到获得心理技能的重要意义，以及这些技能对于表现的影响。实现此目标的方法是询问参与者，他们认为运动成绩的心理方面有多重要。大多数人会说这非常重要。下一个要问的问题是“与练习运动技能相比，您练习并发展心理技能的频率如何？”常见的答案是“很少练习”。因此，接下来是解释如何像学习运动技能一样，学习心理技能。

教育阶段可能短至一个小时，长至分散在几天内的数个小时。在实际使用 PST 的过程中，这可能部分取决于个体差异。例如，研究表明，与以自我为导向的人相比，以任务为导向的人会在训练中整合更多心理技能（Harwood，Cumming，& Fletcher，2004）。心理顾问应当解释发展心理技能的重要意义。例如，在传授调节觉醒状态的技能时，您应解释焦虑产生的原因，以及觉醒与表现之间的关系。您要告诉运动员学会找到自己最佳觉醒水平。一定程度上的觉醒是可取的，并且技能娴熟的运动员会将这种紧张或焦虑转化为积极能量；而非一直处于让人心灰意冷的紧张情绪中，对表现造成不利影响。用特定运动领域中的知名运动员来举例，强调发展心理技能的重要性。

顶尖心理训练顾问 Ken Ravizza（2001）强调了教育阶段的重要组成部分是加强运动员对于心理技能在表现中的作用的意识。为此，Ravizza 采用了一种极富创新性的方式，让运动员使用交通灯定期思考其表现。在绿灯情况下，运动员表现良好，就像驾驶车辆时，无须太多主动意识即可操控功能（自动导航）。在黄灯情况下，运动员需要注意破坏性的思想及其对于表现的不利干扰。在这些情况下，运动员需要使用重新集中策略来使思维重回正轨。最后，在红灯情况下，运动员会遇到真正的麻烦，表现极差。此类情况需要采取重大应对策略。如果发生表现溃败（参见第 4 章），运动员需要从比赛中走出来，彻底放松，然后再重新激活。熟悉绿灯、黄灯和红灯情况后，运动员即可学会如何监视其心理状态。

吸纳阶段

吸纳阶段专注于学习各种心理技能的策略和技巧。为发展觉醒技能，举例来说，正式会议可能专注于消除压力重重的比赛环境下出现的负面自我陈述，采用积极应对的陈述取而代之。您应借助这些正式会谈及个人会谈，教会运动员如何在实际比赛环境中运用积极应对措施。此时，您应根据运动员特有的需求和能力定制策略（Seabourne，Weinberg，Jackson，& Suinn，1985）。例如，降低焦虑的策略应与个人经历的具体问题相符（Maynard，Smith，& Warwick-Evans，1995）。一名运动员可能过于担心失败（认知焦虑）：对于这名运动员来说，通过基于认识的策略改变思维模式可能是最适当的方法（Meichenbaum，1977）。另一名运动员可能因肌肉紧张度增加（身体焦虑）而烦恼不已。在这种情况下，渐进式放松等物理放松技术（Jacobson，1938）是最好的选择。

实践阶段

实践阶段有三个主要目标：通过反复学习让技能形成自觉，教会人们系统性地将心理技能融入其不同表现情况，并模拟人们在实际比赛中希望运用的技能。

例如，为发展觉醒调节技能，运动员应在熟悉放松和认知应对技能之后立即进入实践阶段。您应引导运动员先完成一次需要放松和应对技能的假想比赛环境。在实践阶段，参与者可从有引导的意象练习过渡到自我引导的意象，以在练习对话中运用意象，就像在实际比赛中一样。最后，运动员可将觉醒控制策略整合到实际比赛的准备和参与之中。

在实践阶段，运动员最好能保留一份日志，记录实践与比赛中所用觉醒控制策略的频率和确定的有效性。日志有助于系统地绘制进度图，并提供关于改进领域的反馈。例如，在每次实践后，运动员应记录其感觉的紧张程度，所用放松步骤，以及其放松技巧是否确有帮助。

> **要点** 应该学习并勤加练习心理技能。人们在培养和不断完善这些技能的过程中才能看到改进。

自律：PST的最终目标

PST的最终目标是让运动员有效地实现自律，而不需要教练或运动心理学家反复加以指导。因此，在完成PST后，运动员应该能够按照所需方式对内心运作实现自我调节，并成功适应周遭环境的变化。有效监视和管理个人想法、感受和行为以竭力实现个人短期和长期目标的能力就称为**自律**。

图11.1描述了Kirschenbaum（1984）开发的运动员自律五阶段模型。此模型的第1阶段是问题确定，即识别问题，确定变化是否可能且可取，承担解决问题的责任的能力。在本章开篇时给出的示例中，吉姆必须认识到并接受他无法在重要比赛环境中进球是因为他太过焦虑，缺乏信心。然而，仅仅认识到问题还不够。吉姆必须作出改变的承诺（第2阶段），并克服变更过程中出现的阻碍，例如进度缓慢，以及定期训练心理技能。自律的初级阶段是执行（第3阶段）。在这一阶段，吉姆需要自我评估、自我监督、制订适当的期望值，并不断加强自身以学习有效地应对压力。他可以摄录自己的比赛，随后在观看视频时，为自己

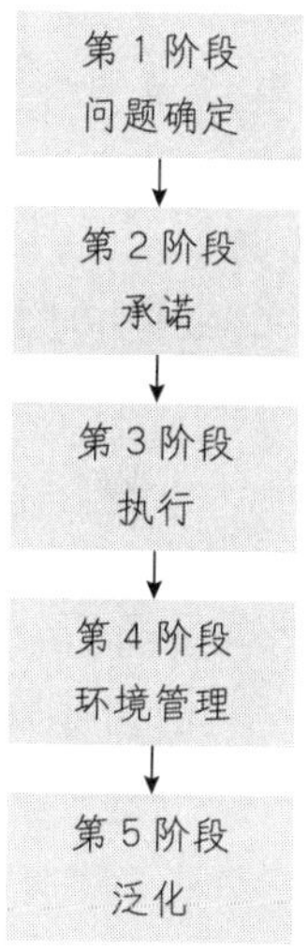

图11.1 Kirschenbaum的自律五阶段模型

心理技能训练：从运动到商业和生活

越来越多的运动心理学顾问正在将其技能转移到各种商业和工作环境中，与宇航员、医生、警察、消防员、财务顾问和舞蹈家等人打交道（Hays，2012；Weinberg，2010b）。《应用运动心理学期刊》曾有一期特刊（2001）专门探讨了将运动心理学应用于其他领域的话题。此外，已有多家由具备运动心理学知识和背景（与团队和运动员合作）的专家开设的公司，将这些技能投入到商业领域。秉承这些原则，许多公司都邀请成功的教练和运动员为其员工讲述如何变得更加坚韧不拔，如何保持源源动力。例如，Rick Pitino、Lou Holtz、Pat Riley、Pat Summitt、Michael Phelps和Phil Jackson等教练和运动员都曾受聘担任企业部门的励志演说家。大多数演说家都有自己的哲学理念，通常还会有一个朗朗上口的首字母缩写词。例如，Pat Riley使用TEAM（团结、尊重、态度和心理坚韧性）这个首字母缩写词。其隐含的假设是，这些特质能从赛场转移到企业环境。Fletcher（2012）为那些热衷于追求体育与商业之间的联系的人提供了许多参考。

Gould和他的同事（Gould & Carson，2010，2011；Gould，Collins，Lauer，& Chung，2007；Gould，Flett，& Lauer，2012；Gould & Wright，2012）开展了多项研究，调查除了运动技能之外，教练还能如何教授生活技能。这些生活技能包括个人技能（例如，组织、目标设定、压力应对）以及社交技能（例如，尊重、沟通、领导）。很显然，这些教练并未将生活技能的传授与用于提高表现的一般教练策略分离开来。如果教练将主要重点放在生活技能与发展方面，形成积极的教练—运动员关系，并营造出关怀、掌握取向型氛围，则运动员就能培养出可转移的生活技能。然而，这些研究结果会被这样一项事实冲淡：尽管大多数教练都坚信可通过参加运动培养生活技能，但很少有教练会去刻意、专门地传授这些技能。

运动与表现心理学已在军事中得到广泛应用。就像Janelle和Hatfield（2008）所提到的那样，尽管目前军事环境中的压力来源往往超过运动环境，但与赛前准备和训练、决策、态度、动机、持续关注、压力调节、团队合作、领导力和环境感知有关的问题在两个领域中都同等重要。军队成立了“军中表现提高中心”，制订教育计划来帮助士兵学习心理工具和技能，并将其运用到真实训练环境中的各种任务当中（DeWiggins，Hite，& Alston，2010）。许多运动心理学毕业生都在军事领域从业，传授其在运动心理学课程中学到的心理技能。军事特种部队单位（例如，海军海豹突击队）也会聘用运动心理学顾问来帮助特种部队成员做好更好的心理准备。

Andersen（2000）提出，运动心理学技能也可以用于表现以外的各种目的，例如应对创伤、将思维从运动中脱离开以及应对个人问题。以下是在体育运动中除表现以外的方面运用PST技巧和原理的一些示例：

- 体育教育工作者可利用放松训练指导多动症儿童学会冷静。
- 体育教练可以用心理意象来帮助正在从膝盖受伤中恢复的运动员重新树立信心。
- 物理治疗师可以用目标设定来帮助具有长期严重伤残的人保持动力。
- 健身教练可能使用积极的自我陈述来增强超重客户的自尊心。

在罚篮过程中的焦虑程度评级；如果有改进，则奖励自己。在这个阶段，最为重要的是遇到挫折时不断努力。环境管理——规划和得出策略以管理影响运动员的社会和物理环境（例如，教练、观众、队友）——这就是自律的第4阶段。此时，吉姆可能会计划定期拜访运动心理学顾问，由运动心理学顾问为他提供帮助（最大限度的社会支持），并确保他能找到一个安静的地点，进行放松练习。最后，第5阶段的泛化涉及长期不断努力，将行为方式延伸到新的环境之中。以吉姆为例，他可以运用在篮球运动中学到的心理技能来应对参加学业考试时产生的焦虑。

研究人员已经发现，自律策略确实有助于提高表现，促成积极的想法和感受（Crews，Lochbaum，& Karoly，2000）。Kirschenbaum等人（1998）开展过一项有趣的研究，审视了“智能高尔夫”计划对于五名经验丰富的高尔夫球手的表现的有效性，这是基于Kirschenbaum（1984）的模型的一项自律培训计划。具体来说，在为时8小时的课程中，高尔夫球手学习了精神准备、积极专注（自我监督）和自律的原则。他们运用了高度切实有效的方法来实施这些原则，例如扩展型高尔夫记分卡，其中包含的空间不仅能评估普通表现分数，还包括重要的自律信息，例如规划和积极的自我聚焦。类似地，参与者学到了缩写词“PAR”（意为规划、运用、反应），便于记忆自律的三个关键组成部分。与预测的一样，全部五名高尔夫球手均加强了情绪控制和积极的自我对话的能力。在不利因素面前，其高尔夫球分数相对于平均分数的表现也有所提高。

谁应当执行PST计划

理想情况下，PST程序应由取得资格的运动心理学顾问规划、实施和监督。然而，除在最高级别的比赛中以外，通常无法专门安排一名顾问管理计划。通常是由一名运动心理学顾问设定计划，随后定期进行监督，或者由其对教学人员开展培训，以便具体实施。

符合要求的运动心理学顾问的选择至关重要。1991年，应用运动心理学学会（AASP）为应用运动心理学采用了认证标准。这项认证要求个人在运动和心理科学领域拥有广泛的背景，此外还要求其具备与运动员和团队合作实施PST的一定实际监督经验。AASP认证能确保某种水平的应用运动心理学经验、背景和能力。如今，美国奥委会要求体育心理学家拥有AASP认证，才能为奥运会运动员提供应用运动心理学服务。然而，运动心理学顾问的技能、能力和方向与体育教练和运动员的需求与目标之间的契合度同样重要。

当然，教练每天都会看到运动员，而运动心理学家却无法这样。因此，教练在管理赛季中的心理干预方面独占优势。然而，教练与运动心理学家的双重角色会带来道德困境。具体来说，运动员可能难以表露运动心理学家型教练可能视为负面、极为私人的信息（教练决定着运动员的上场时间）。因此，教练和运动心理学家的角色应尽可能分开（Burke & Johnson，1992）。

许多运动员都无法获得心理培训专家的服务，或者负担不起其费用。为了帮助运动员克服这些障碍，Weinberg、Neff和Jurica（2012）

开发出一种方法，提供具有如下特征的在线心理培训：①负担得起；②基于互联网；③完全自动化；④生成个性化心理培训计划；⑤由运动心理学专家教授；⑥遵循心理训练的最佳做法；⑦提供了有用的工具，可提高各项计划成功概率（例如，带配音的PowerPoint演示文稿、运动心理学专家访谈、心理技能白板演示、不同场景的模拟），同时提供了创新的教练和家长教育项目。此外，人们还开发出智能手机应用，让运动员能够将心理培训计划下载到手机上。

何时改进PST计划

最好是在非赛季或赛季之前启动PST计划，此时将有更多时间学习新技能，运动员的获胜压力也不是那么沉重。有些运动员报告，充分理解一项新的心理技能并将其融和到实际比赛中可能需要数个月乃至一年的时间。心理培训是一个持续不断的过程，需要从场地角度与运动练习相结合。许多教练和运动员希望在赛季当中启动PST计划，通常是由于出现了一些突发状况，例如击球手丢球。此时他们会急于找到一种解决方案。但这种情况下的心理培训效果寥寥。Thomas、Maynard和Hanton（2007）也证明，能在比赛前一周将心理技能融入其训练方案的精英运动员会展现出更好的表现和自信、更少的焦虑，也会对焦虑症状有更积极的诠释。在此类情况下，运动员会在赛前5到7天、赛前1或2天以及比赛当日参与密集的心理技能训练，总计有接近20小时的心理练习时间。尽管此类训练在专业高水准运动员身上或许可行，但在大多数情况下几乎完全不可行。

如前所述，练习心理技能所需的时间根据所练习的内容不同和掌握程度的不同而迥然相异。如果正在学习新的心理技能，可能有必要开展每周3到5天、每次10到15分钟的特别训练课程。练习中最初或最后的10到15分钟往往是最好的训练时机。随着运动员变得更加熟练，他们也可能会更多地将心理培训与运动培训结合在一起，所需的专门培训课程数量

面向青少年运动员的PST

大多数PST计划都是为大学运动员和精英运动员设计和实施的。然而，人们也为更年轻、技能更不熟练的高中和社区学院运动员开发了称为UNIFORM的计划（应用目标设定、无失误、意象、完全专注、明确的积极态度、放松和压力控制、形成常规）。UNIFORM计划（Gilbert，2006），将学生运动员划分成小组，并给予调节（讨论心理技能和应用活动）、练习（家庭作业）、游戏（测验）、统计（个人和团队智力问答分数）、影片（展示技能应用的简短影片剪辑）和剧本（有关技能应用的分类条目）。这种方法有助于运动员在运动与运动心理技能的应用之间建立联系。

实证研究显示，UNIFORM方法让这些较为年轻的运动员能够学习心理技能，并在练习、比赛和日常生活中加以运用。结果还表明，运动员得益于这些心理干预，其在练习中对于目标设定和放松的运用及其在比赛中对放松、意向和自我对话的运用都有明显改进（Gilbert，2011；Horn，Gilbert，Gilbert，& Lewis，2011）。

也可能会减少。一旦运动员能有效地将一项技能融入运动练习，他们就应该首先在模拟比赛中尝试使用这项技能，之后再在实际比赛中使用。

> **要点**　为获得最佳效果，应在非赛季实施PST。

如果运动心理学顾问（通常并非每日到场）实施的是培训工作，则可能有必要作出某些调整。在这种情况下，通常需要开展数量较少、时间较长的心理培训课程。通常，运动心理学顾问首先会召开一些小组课程，解释一般原则及其哲学理念。随后，他们会与运动员单独会面（Vealey，2007）。在与运动心理学顾问会面的间隔期，必须为运动员安排培训练习。教练可以开展培训练习（或者至少为运动员留出练习的时间），帮助确保合规性，确保获得反馈。

理想情况下，只要运动员参与运动，PST就应该继续下去。Rory McIlroy、Sue Bird、Lorena Ochoa、Roger Federer、Greg Maddux和Peyton Manning都是技能精湛、体能天分出众的运动员，他们也都因不断将运动的心理方面融入体育练习而闻名。

> **要点**　心理训练应贯穿于运动员参与体育运动的整个历程当中。心理技能的学习应从练习和模拟延伸到实际比赛之中。

虽然PST是一个长期持续的过程，但一名运动员首次在正式计划中接触PST的经历应持续3至6个月。学习、练习并整合新的心理技能需要这么长的时间。特定运动、可用时间、现有心理技能以及参与者的承诺也都是决定为正式计划分配多少时间的因素。

PST计划制订

您已经了解到PST为何如此重要、谁应开展此类计划、何时应在赛季之中实施PST以及应为其付出多少时间。接下来，我们将陈述制订和实施PST计划的关键方面。

讨论您的方法

向参与者准确描述可以提供哪些类型的PST服务。解释教育和临床运动心理学顾问之间的区别。PST是一种教育型的心理培训方法。应当说明，如果发生更严重的心理问题（例如，滥用药物、饮食失调），运动心理学顾问需要将参与者转诊给适当的治疗师或咨询中心。

强调教育型方法也有助于纠正错误的想法，即：运用PST意味着一个人必然存在某些“错误之处”。您可以解释说：如果一名运动员在练习之后留下来，与教练完善某个特定的动作或某项技巧，那么必然会获得大多数人的赞扬；同样，认识到应完善专注技能的运动员也应得到褒奖。

在讨论您的方法时，您需要建立信任，并开始与运动员建立高质量的关系。PST的有效性与运动员和运动心理学家之间的关系紧密相连（Andersen & Speed，2013；Petitpas，Giges，& Danish，1999）。利用第10章讨论的沟通准则，加强您与合作运动员之间的关系。

评估运动员的心理技能

首次评估运动员的心理优势和弱势时应切记，影响表现的不只有心理因素。以棒球手为例，他可能会将丢球归咎于过度焦虑，而实际上他的问题在于生物力学，与他摆动身体击球的姿势有关。因此，来自教练、生物力学家、生理学家和教师的意见往往非常有用。运动员可能受益于心理训练的两条线索是：运动员在练习中的表现优于比赛，或者在重要比赛中的表现差于不甚重要的比赛。

口头访谈和书面心理量表可提供有用的主观和客观信息。Taylor（1995）汇总了主观和客观评估在运动员心理技能评估中的优势和局限性（表 11.1）。此外，Beckman 和 Kellmann（2003）探讨了运动心理学家在为运动员采用问卷调查和其他正式评估之前应考虑的因素。这其中包括调查问卷的可靠性和有效性，调查问卷在运动员心目中的有用性，运动员在填写调查问卷时的诚实性等。此外，Singer 和 Anshel（2006）提供了一些有关在心理技能训练计划中使用心理测试的指导准则和道德顾虑。客观和主观评估的具体形式和整合方式取决于运动心理学家的专业经验，以及运动员与运动心理学家之间的融洽度和信任程度。然而，总体而言，我们建议采用半结构化访谈，其中包括一般性问题，以及利用运动员的答复组织后续跟进问题的机会（Orlick，2000）。访谈是确定运动员需要帮助的领域，建立任何治疗关系中都必不可少的信任关系的绝好时机。以下是访谈项目的示例：

- 给我讲讲您参与运动的情况，总结一下您认为最重要的事件，包括积极和消极的事件。（这是一个很好的起点，因为它可以让运动员开始谈论自己，开始感到放松舒适。）
- 详细描述一下关于您的最佳和最差表现的想法和感受。您认为自己最大的心理优势是什么？你最大的弱点是什么？
- 请尝试描述您目前存在的任何心理问题。您与您的教练的关系是怎样的？您是否能泰然自若地与教练交谈？

此外，正如 Simons（2013）所指出的那样，顾问在初次访谈中应该提出谁、什么、何时、如何和何处的问题，但不要问及“为什么”。客户可能并不知道“为什么”这类问题的答案，会因此感到尴尬和困惑，或者“为什么”问题的答案可能导致情感冲突，导致客户离开。在开始时与客户建立牢固的关系、保持融洽非常重要。

您也可以尝试使用某些心理量表来评估各种技能。Woodcock 等人（2012）提供了有效心理评估的建议，有助于从业人员更准确地评估运动员的心理技能。以下是一些最受顾问欢迎的评估：

- 注意方式与人际交往方式测试（Nideffer，1976b；Nideffer，Segal，Lowry，& Bond，2001）
- 运动焦虑量表（Smith，Smoll，& Schutz，1990）
- 表现策略评测（Thomas，Murphy，& Hardy，1999）
- 特质—状态自信量表（Vealey，1986）

此外，人们还开发出了许多特定于运动和特定于情境的量表，例如棒球注意方式与人际交往方式测试（Albrecht & Feltz，1987）、裁判压力测试（Goldsmith & Williams，1992）

表 11.1 运动员需求评估

类型	优势	局限性
	主观评估	
访谈（客户）	建立信任和融洽的关系 揭示自我认知、信念和态度 提供有关运动参与和生活问题的深入知识	包括自我表现的偏见 受缺乏自我认知的影响 受洞察力不良的影响
访谈（他人）	提供新的运动员视角 建立共识	涉及主观偏见 受替代议程影响
观察	提供明确的行为数据 允许将行为与明示的看法进行比较 揭示了行为模式 揭示了练习与比赛表现之间的关系 提供了跨情境的一致性	包括观察者的偏见 取决于所观察到的行为的代表性 受观察时间的限制
	客观评估	
特定于运动	提供公正的评价	受运动员抵抗心理的影响
一般	确认主观评估	受制于自我表现偏见 使用非特定于运动的量表
特质与状态	评估特定运动的问题 发现新问题 有效利用时间 提供便捷管理	使用非诊断性量表 缺乏与表现的关联 仅衡量特性 测试使用率有限

Adapted, by permission, from J. Taylor, 1995, "A conceptual model for integrating athletes' needs and sport demands in the development of competitive mental preparation strategies," *The Sport Psychologist* 9(3): 342.

和体操效能测试（McAuley，1985）等。秉承这些原则，Dosil（2006）提供了为不同运动实施心理技能训练计划的具体信息。尽管特定运动的心理技能培训计划存在某些相似之处，但根据运动具体性质的不同，具体计划也会有所不同。例如，高尔夫是一项封闭式运动，具有极高的可预测性，没有时间压力；而足球则属于开放性运动，存在诸多不可控的因素，时间压力极大。因此，高尔夫球手在两次击球之间可以有充足的思考时间，而足球运动员则需要快速响应不断变化的条件，在赛场上没有太多思考的时间。除了评估运动员的心理技能之外，您还应考虑运动本身特有的物理、技术和逻辑要求，以最大限度提升心理干预的有效性（Taylor，1995）。例如，涉及爆发力和无氧输出的运动（例如，100 米短跑）与需要耐力和有氧输出的运动（例如，马拉松赛跑）截然不同。依靠精细动作技能的运动（例如，射箭）与涉及粗大运动技能的运动（例如，举重）截然不同。

成绩剖析：个性化心理干预

人们已经开发出成绩剖析技术，以确定重要的 PST 目标，并最大限度提升运动员实施和遵循 PST 计划的动机（Butler & Hardy，1992；Jones，1993）。近期对成绩剖析开展的一次综合评审发现，尽管这种策略确实存在一定的局限性，但各类文献明显支持其对教练、运动员和运动心理学家的有用性（Weston，Greenlees，& Thelwell，2010，2011）。运动员能够确定出变化领域（例如，加强专注和应对压力），因此这种方法提供了一定程度的自主权，这是其他某些 PST 方法所不具备的。例如，这种方法可能要求一位女子排球运动员确定精英女子排球运动员的特质或特性。排球运动员应在纸上列出所有特性（也可采用团队方式完成；通过小组头脑风暴的形式，要求运动员推断出精英运动员的特性）。随后，请运动员按照其确定的所有特性进行自我评价，她的回复将转换为成绩剖析（图 11.2），以可视化的方式展现运动员的优势和潜在改进领域。

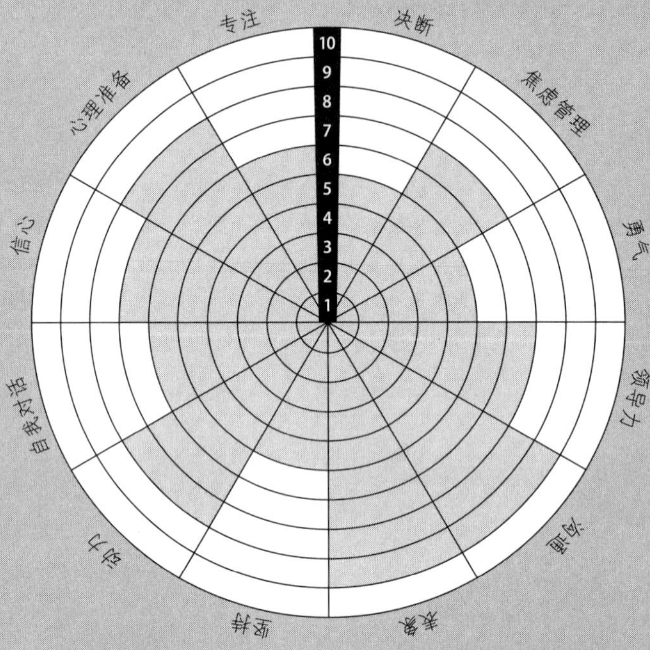

图 11.2　成绩剖析。深色部分表明，运动员相信自己具备在该项运动中成为顶尖参与者的心理技能的程度。

Adapted, by permission, from R. Butler and L. Hardy, 1992, "The performance profile: Theory and application," *The Sport Psychologist* 6(3): 257.

实证研究从运动员和运动心理学家的角度研究了成绩剖析的优势（Weston，Greenlees，& Thelwell，2011）。从顾问的角度来看，成绩剖析——

- 为目标设定奠定了基础；
- 确定运动员的心理优势和劣势；
- 提高运动员的意识；
- 评价和监测运动员的表现；
- 促进团队中的讨论、沟通和互动。

从运动员的角度来看成绩剖析——

- 可提高运动员的自我意识；
- 有助于运动员决定要关注的方面；
- 驱使运动员实现改进；
- 帮助运动员为自己设定目标；
- 监测和评估运动员的表现；
- 帮助运动员对个人发展担起更多责任。

因此，在整个咨询过程中，有必要观察运动员在练习和比赛中的表现。这些观察结果能为顾问提供许多重要信息，包括运动员在不同情况下的反应等，并展现出顾问对于运动员的承诺，从而有助于培养顾问与运动员之间的关系。Watson 和 Shannon（2013）提供了开展系统性观察的出色指导准则，包括观察参与个人运动与团体运动的运动员时的“何时”、“何地”以及“什么”。

一旦完成了面试和心理量表，即可为每一位运动员提供反馈，突出强调其在运动表现方面的心理优势和劣势。这种评估应以确定适合各运动员的心理技能类型的部分收尾。运动员应该有机会对顾问的评估作出反应，并商定后续措施。如果顾问与整个团队合作，更了解团队心理优势和劣势的教练也应参与较大规模的评估工作中。

> **要点**　定制培训计划，以满足个人需要。您可以向小组或团队提供一般信息，但在制订个人 PST 计划时应保持明确具体。

确定要包含哪些心理技能

在评估之后制订决策，确定在计划中应强调哪些心理技能。这项决策应基于教练和运动员对以下问题的答案：

- 有几周时间可用于练习或赛季前准备？
- 每周应将多少练习时间用于 PST？
- 运动员接受 PST 的兴趣如何？
- 在赛季开始之后，是否仍有时间练习心理技能？

如果没有充足的时间和承诺，无法实施全方位的训练计划，那么最好确定目标优先级，最初先强调少数几项技能，避免对所需的全部技能浅尝辄止。Vealey（2007）根据过去 25 年到 30 年的研究开发出一种模型，强调了为实现成功表现以及个人幸福而进行的心理技能开发。这种模型强调，多种类型的心理技能对于教练和运动员的成功和幸福至关重要，包括基础、成绩、个人发展和团队技能：

- 基础技能属于内在资源，是实现成功所必需的基本心理技能。这些技能包括：
  - 成就动力
  - 自我认知
  - 创造性思维
  - 自信
- 表现技能是对于运动表现中的技能执行至关重要的心理技能。这些技能包括：
  - 能量管理
  - 注意力
  - 知觉运动技能
- 个人发展技能是代表个人发展的重要成熟标志的心理技能，允许通过明确的自我概念、幸福感和与他人的关联感实现高层面的心理运作。这些技能包括：
  - 认同达成
  - 人际交往能力
- 团队技能是团队的集体品质，有助于实现高效的团队氛围和整体团队成功。这些技能包括：
  - 领导力
  - 凝聚力
  - 团队信心

设计时间表

需求已完成评估，心理技能目标已确定，实现目标的特定策略已划定。现在到了制订培训时间表的时候。在练习开始之前和之后，可以每周抽出 1 到 2 天时间召开正式会议，对参与者开展各种其他心理技能的教育培训。一般情况下，最好召开频繁但简短的会议，避免召开不那么频繁但冗长拖沓的会议。在社交活动中可以进行非正式会议，比如在乘坐公交车或飞机前往比赛场地途中、在酒店中、在用餐时，或者在其他任何时间和地点。这些非正式会议可补充结构有序的会议，根据每位运动员的特点提供个性化内容。

> **要点**　与教练和运动员的正式和非正式会议是 PST 加强沟通、建立良好关系的良机。

在设计培训时间表时，一个关键要点就是确定何时开始培训，以及培训应持续多长时间。正如我们前面提到的那样，最好在赛季开始之前或非赛季发展心理技能，但重点在于将 PST 作为日常训练体系的一部分，系统性地加以安排。Holliday 和他的同事（2008）提出了发展心理技能的系统性、阶段式方法，与多种运动中训练运动技能所用的阶段式模型相似。阶段式是指既定培训周期内，关键培训变量的计划内变化，特别是数量和强度。其目的在于最大限度利于目标比赛的长期发展和最高成绩，同时尽可能减少倦怠、过度训练和损伤等训练中出现的问题。阶段式方法是通过筹备、竞争和巅峰阶段训练心理技能的方法。下面以一名高尔夫球手为例：

- 筹备阶段。高尔夫球手每天开展大量高强度的意象练习，专注于提高意象清晰度和可控性，或者在头脑中作出细微小幅调整。
- 竞争阶段。高尔夫球手减少意象练习的频率（即减少数量）。现在，他会在意象中想象自己身处发球台、球道和果岭之上，而非高尔夫球场以外的地方，例如练习场地。此外，与高尔夫相关的意象占主导地位。例如，高尔夫球手专注于制订有效的球场管理策略（提高强度）。
- 巅峰阶段。这名高尔夫球手想象自己正在一场直面重要对手的锦标赛中，正准备进军某个实际的球洞（高强度）。

评估计划

评估心理技能发展和变化十分重要，但往往是 PST 计划中被人所忽视的一个元素。评估计划有效性时存在道德义务（Smith，1989），但也存在一些实际考虑事项：

- 评估提供衡量计划有效性的反馈，随后支持根据需要修改计划。
- 评估允许参与者提出计划执行方式的修改建议。
- 评估是客观评判计划是否能实现其目标的唯一方法。

理想情况下，评估应包含访谈和书面评价量表，同时提供定量和定性反馈。客观成绩数据对于教练和运动员也同样有用。例如，如果计划目标之一是帮助篮球运动员在压力重重的环境下罚球时保持放松，那么危急情况下的

奥林匹克运动心理学家的十大心理训练指导原则

1. 心理训练不能取代体育训练。运动员需要具有运动天分，需要在运动方面为比赛做好充分准备。

2. 仅凭体育训练和体能本身并不足以始终取得成功。为确保始终取得成功，必须用心理训练来补充体育训练。

3. 仅凭坚强的意志或许无法赢得奥运会奖牌，但薄弱的心智定会让奖牌离你而去。尽管由于各种因素（例如，健康、训练），意志坚强的运动员并非总能赢得奖牌，但心智薄弱的运动员几乎永远无法在重大比赛中获得成功。

4. 教练经常不了解运动员头脑中的想法。尽管大多数教练都知道运动员的行为，了解心理因素对于比赛成功十分重要，但很少有人会注意到运动员在比赛之前和比赛期间的心理状态。

5. 思想影响行为。思维的一致性＝行为的一致性。理解和控制的思维过程有助于运动员控制自己的行为。

6. 教练对于改正技术错误与改正心理错误有着不同的观点。教练与运动员合作，付出数年时间去竭力改正运动员的技术错误，但不会付出同等的时间去帮助运动员纠正心理方面的错误。

7. 教练必须参与到心理训练过程之中。虽然教练不必成为心理训练的主要提供者，但需要参与其中，支持运动员的心理训练。

8. 有些可以强制运动员抽出时间参加心理训练。就像教练“强迫”运动员训练某些技术技能一样，有些时候，应该“强制”运动员去发展特定的心理技能。

9. 与其他任何技能一样，若要最大限度提升技能表现，就必须对心理技能加以衡量。“能衡量，始能执行。”这句话适用于训练运动技能，同样也适用于训练心理技能。

10. 教练需要思索自己的心理技能。对运动员有益的心理技能同样能让教练受益，因为他们同样需要应对压力、保持自信、保持专注。

（改编自McCann 2008）

罚球命中率（例如，一场比分差异不到5分的比赛中，最后5分钟的比赛）就是良好的评估统计数据。以下问题在评估PST计划的有效性时非常有用：

- 哪些技巧看起来效果最好？
- 是否为练习心理技能分配了足够的时间？
- 是否有顾问？
- 顾问是否知识渊博、信息通达、易于沟通？
- 是否需要对计划进行任何增补或删减？
- 计划的主要优势和劣势是什么？

实施PST计划时的常见问题

通过了解运动员、教练和顾问在PST计划实施中遇到的一些常见问题，您可以提高计划的有效性。我们已经了解到了不同背景下的部分此类问题。下面给出了一些具体的例子。

- 缺乏信心。顾问常常要说服教练和运动员，让他们相信发展心理技能有助于取得成功。你可以用因出色的心理技能而闻名于世的著名运动员为例。例如，Tiger Woods经常谈论意象和心理训练在他的高

培养和展示专业经验

在各个领域，人们都越来越关注专业经验的培养以及专家与非专家的差别（Ericsson，2007；Mann，Williams，Ward，& Janelle，2007）。这项训练和这些差异涉及心理、认知和身体技能。以下是关于这两个不同而又相关的领域的一些关键原则：

专家与非专家

- 与非专家相比，专家能更迅速地预测到对手的意图。
- 专家们的决策更加准确。
- 专家的目光注视次数更少，但注视的时间更长。
- 专家能从每次注视当中提取出更多与任务相关的信息。
- 专家有更长时间的“静眼”期（即处理任务相关信息线索，协调行动计划的时间）。
- 专家能更迅速地从对手动作中获得信息。

发展专业技能

- 专业技能的发展至少需要仅10000小时持之以恒的专门练习（通常由教师或教练设计，专注于提高表现的某些方面）。
- 许多娱乐表演者的练习（通常不到50小时）只为达到可接受的表现水平，实现一定程度的自动化；更深入的体验也无法实现显著的表现改进。
- 如果没有数十载的专门练习，即便最有天分的人也不能达到国际水准。
- 基因在专业技能发展中所起到的作用尚不明确，但埃里克森认为刻意的练习（环境）时发展专业技能的关键决定性因素。

有一些与发展专业技能有关的发展动向值得关注。首先，在一次尚未完结的实验中，参与者Dan McLaughlin在30岁开始学习打高尔夫球。大约3年后，他的专门练习已经累计到了大约4000小时，成为一名7差点球员（优于85%的美国男性高尔夫球手；Gregory，2013）。在练习当中，他更侧重于变化性，而非连锁练习。他不是简单地开球50次，或者从相同位置推球50次，而是在整块绿地上推球，不断更改目标，在挥杆开球时更换不同的球杆。他的思路是，尽管高尔夫球需要不断重复（特别是在学习的早期阶段），但球手必须准备好应对各种情况，而且挥出正确一杆的机会往往只有一次。到目前为止，人们已经对于从青少年或更早的时期开始积累10000小时练习的运动员进行了各种各样的研究。而当这个实验结束后，它会告诉我们，从30岁才开始踏入新领域的人能否达到近10000小时的练习记录，以及这会对其表现有怎样的影响。

发展个人专长需要投入大约10000小时的专门练习。但具体数字可能常有变化，部分运动员需要的练习更少，其他运动员需要的练习更多。例如，对于Albert Pujols这样的优秀球手，这种专业技能涉及击中从大约18米处以每小时超过145千米的速度投向自己的棒球。但在《体育画报》的一篇文章中，Epstein（2013）认为，这些优秀的棒球手无法接到从13米处以每小时105千米的速度投来的垒球——这个距离是女子垒球运动中从投球区土墩到本垒板的距离——2004年女子金牌垒球队的投球手Jennie Finch证明了这一点。

为什么？因为，尽管男球手在棒球领域经过数千小时的专门练习，但他们并未培养出垒球运动所特有的自动反应的技能。这些动作需要犹如本能反应般迅速做出，而这样的自动控制只能来自数千小时的垒球专门练习——绝非棒球练习所能取代。

尔夫训练方法中的重要意义。

- 缺少时间。教练经常声称，他们的时间紧迫，没时间去练习心理技能。然而，只要他们将心理训练视为优先任务，通常完全能找出时间。应承诺在练习之前或之后安排出专门的 PST 时间。如果教练注重心理技能的获取，那么就有必要安排出时间加以练习。
- 缺乏体育知识。一定的比赛或教练经验可以帮助顾问理解运动员面临的具体问题。顾问可以运用体育术语与运动员沟通。不过，尽管拥有特定运动经验是一种优势，但并非绝对必要，只要顾问熟悉运动及其比赛环境的特质即可。
- 缺乏后续行动。一些教练和顾问会热情饱满地实施 PST 计划，但一旦计划付诸实施，就很少再予以跟进。与其他任何技能一样，心理技能必须多加练习，才能充分掌握，才能在压力下得心应手地加以运用。教练和顾问应为 PST 和技能留出时间，保证在整个赛季内予以跟进。

运动心理学顾问应该意识到这些潜在的问题，并准备好在必要情况下予以应对。很多顾问在第一年从事咨询工作时会出错，因为他们没有意识到制订和实施 PST 计划的差别。对于任何与运动员和团队合作的顾问来说，事先妥善规划都是重要的前提条件。

学习助手

总结

1. **定义心理技巧训练，澄清相关误解。**

   心理技能训练是指学习系统性、持续性地锻炼心理或精神技能，以提高表现、提高趣味性或实现更高的体育和身体活动自我满足度。与体育技能一样，心理技能（例如保持和集中注意力、调节觉醒水平、加强信心、保持动力）也需要系统性的练习和完善。关于 PST 的使用有着许许多多的误解（并非基于事实或经验数据）。部分误解包括：① PST 仅仅适合有问题的运动员；② PST 仅仅适合精英运动员；③ PST 提供“快速修复”解决方案来应对复杂问题；④ PST 没有用。

2. **确定心理技巧训练的知识基础。**

   PST 的知识基础是基于两大主要来源发展出来的：研究和实际经验。最初的研究针对展现出卓越心理技能的运动员（与表现不甚成功的运动员相对比）。第二个来源涉及因运动经验而对心理技能最大限度提升表现的能力感到心悦诚服，相信应将这些技能融合到运动员日常训练方案中的教练和运动员。

3. **讨论心理技巧训练计划的三个阶段。**

   尽管为了迎合具体需求，PST 计划的形式多种多样，但这些计划通常采用拥有三个阶段的固定结构：教育（学习 PST 的重要意义）、吸纳（学习心理技能）和练习（在培训过程中运用心理技能，再将其应用于比赛）。

4. **审视心理自我调节的过程。**

有效监视和管理个人想法、感受和行为，从而朝着个人的短期和长期目标努力，这种能力就称为自律，也是PST的终极目标。自律的过程包括五个阶段：识别问题、做出承诺、动手执行、管理环境和泛化。这种模式应用于指导PST工作。

5. **制订心理技巧训练计划。**

第一步是心理需求评估，以确定一项PST程序的特定组成部分。计划应根据个人的具体个性、状况和需要度身定制。最初的PST计划应持续3到6个月，并应在赛季之前或非赛赛季启动。安排运动心理学顾问实施PST计划确有优势，但教练或其他训练有素的人员也可以负责履行该计划。

6. **理解实施心理技巧训练计划的问题。**

在实施PST计划时，存在许多需要注意的潜在问题。其中包括运动员缺乏信心、认为没有实施培训计划的时间、缺少关于特定运动的知识（由运动心理学顾问管理计划时），以及缺乏跟进和评估。

复习题

1. 探讨教练和运动员经常会忽视PST的三个理由，以及有关PST训练的误解为什么并不正确。
2. 提供具体示例，说明如何通过研究精英运动员与运动员—教练经验积累PST知识库。
3. 描述PST的三个阶段：教育、吸纳和实践。
4. 有哪些实证可以证明PST能提高运动表现？
5. 您会如何通过访谈和书面心理调查评估个人的心理优势和缺陷？
6. 描述Vealey如何将PST计划细分成多种心理方法和心理技能，并分别给出例子。
7. 如何定义心理坚韧性？并举出具体的例子。
8. 讨论专家与非专家参与者之间的区别。您会如何培养运动员的专业技能？
9. 解释精英棒球手能打中以每小时145千米的速度投掷的棒球，却打不中以每小时105千米的速度投掷的垒球的原因。

深入思考

1. 假如您是一名网球教练，您决定要在非赛季时开始实施一项PST计划。您会做些什么？有哪些应该注意的潜在陷阱？应该做些什么去克服这些陷阱？
2. 您想要与团队共同启动一项PST计划，决定聘请一位运动心理学专家帮助管理计划。讨论作为教练，您应如何与运动心理学家互动；您在PST计划中的角色是什么？讨论这种方法的优点与局限性。

第 12 章

觉醒调节

学习完本章后，您将能：

1. 了解如何提高对觉醒状态的自我意识；
2. 运用躯体、认知和多模式焦虑降低技术；
3. 确定应对竞争压力的策略；
4. 讲述缓解焦虑的现场放松技巧；
5. 理解匹配假设；
6. 确定提高竞争中觉醒程度的技巧。

我们生活的世界中，压力无处不在；压力已经成为我们日常生活的一部分。当然，近年来，媒体的热切关注、运动带来的巨额收益都使得竞技体育中提高水平的压力与日俱增。从本质上说，我们的社会注重所有级别的比赛中的成功和获胜，教练和运动员都会切身感受到成功的压力。然而，如果无法有效应对竞技体育的压力，就可能会导致表现下降、精神折磨，甚至身体疾病。持续不断的压力有时会导致运动和锻炼中的倦怠（见第 21 章），可能会造成溃疡、偏头痛和高血压。根据个人和情况的不同，我们可以通过多种方式应对竞技体育的压力。下面的引文展示了部分运动员对于比赛压力的处理方式。

> 对我来说，每当在网球比赛中感到压力过大，最好的办法就是提醒自己：我能遇到的最糟糕的事情莫过于输掉这场可恶的网球比赛。就这么简单！
>
> ——前顶尖专业网球运动员
> Rod Laver

我热爱压力。我甚至期待压力。

——奥运会十项全能金牌得主

Daly Thompson

我将很多首最热门的说唱歌曲编成播放列表。每当感到焦虑，我就会听听这些歌，一边摇头晃脑一边想想比赛，让自己放松下来。随后在比赛开始时，我会重新摆出严肃的态度。

——全美篮球名人堂球员

Shaquille O'Neal

运动员对于压力的反应各有不同，此外他们所参与的运动或任务类型也是决定反应方式的重要因素。例如，在职业橄榄球比赛中，如果教练在球员尝试射门以赢得重要比分之前请求暂停比赛，则球员表现会有所降低（64% ～ 80%）；但在高校篮球赛中采取相同做法则不会降低表现（Goldschmied，Nankin，& Cafri，2010）。对于一名准备从 7 米外击球入洞的高尔夫球手来说，觉醒的控制方法可能与垫子上的摔跤手截然不同。同样，一种具体的放松程序可能更适合控制认知（心理）焦虑，而另一种程序可能在应对某些身体（生理）焦虑方面更为有效。觉醒与表现之间的关系错综复杂（参见第 4 章），竞技体育中的运动员需要学会如何控制其觉醒。在感到自己昏昏欲睡时，他们应该能够增加觉醒（让自己兴奋起来）；在获胜压力造成焦虑和紧张时，他们必须能降低觉醒。重点在于保证每个人都能找到最优觉醒级别，而且不会产生程度和焦点方面的损失。在这一章中，我们将详细讨论各种觉醒调节技术，这些技术有助于个人在运动和练习环境中达到最优觉醒级别。这一过程的第一步是学会如何认识或意识到焦虑和觉醒状态。

增加自我意识

控制觉醒级别的第一步就是在练习和比赛中更加关注觉醒。这通常涉及自我监督，确定情绪状态会如何影响表现。作为一名运动员，您或许可以确定某些与杰出表现相关的感觉，以及某些与糟糕表现相关的感觉。为了加强对自身觉醒状态的意识，我们推荐采用以下程序。

首先，回想您的最佳表现。尽可能清晰地想象实际比赛，专注于您当时的感受和想法。至少用 5 分钟时间回顾体验。然后，完成《表现状态核对清单》中的项目。由于您正再现个人最佳表现，对于“表现非常好”，您应该在数字 1 上画圈。对于第二项，如果您觉得存在一定程度的焦虑，可以在数字 4 上画圈。填写好最佳表现的核对清单后，回顾您的最差表现，并重复此过程。

现在，对比您对于之前回想的两种表现的回应。大多数人发现，在表现出众和表现糟糕时，他们的想法和感受截然不同。这就是意识培训的起点。如果您想要更好地理解想法、感受、表现之间的关系，可以在未来几周内每次练习或比赛结束后立即填写这份核对清单，以用于自我监督。当然，您在一次特定活动中的心理状态也会不断变化。例如，如果您在一场篮球赛的前半场中有某种感受，在后半场中产生了另外一种感受，则需填写两份核对清单。

人们已经开始研究觉醒状态的自我意识，

表现状态核对清单

表现非常好	1	2	3	4	5	6	表现非常差
感觉极度轻松	1	2	3	4	5	6	感觉极度焦虑
感觉极度自信	1	2	3	4	5	6	感觉极度不自信
感觉一切尽在掌控	1	2	3	4	5	6	完全无法掌控形势
肌肉放松	1	2	3	4	5	6	肌肉紧张
感觉活力十足	1	2	3	4	5	6	感觉极度疲惫
积极的自我对话	1	2	3	4	5	6	消极的自我对话
感觉极度专注	1	2	3	4	5	6	感觉极度不专注
感觉轻松	1	2	3	4	5	6	感觉费力
精力充沛	1	2	3	4	5	6	精力不足

专注于这些状态是否能成为促进因素或阻碍因素。奥运篮球教练 Jack Donohue 指出：

> 重点并不是彻底摆脱七上八下的情绪，而是将这些情绪整理有序。

人们发现与非精英运动员相比，精英运动员通常会更多地将其焦虑解释为促进因素（Hanton & Jones，1999a；Smith，Smoll，& O’Rourke，2011）。运动心理学家可以帮助运动员更深刻地认识自己的觉醒状态，并通过积极的方式加以诠释。奥运会游泳选手的以下引言充分体现了这一点：

> 我是说，要想游的好，焦虑不能少……如果根本不在意，也就没法在游泳中取得良好的成绩。……我认为，紧张会发掘出一个人的最佳潜力，后来我很快发现，我甚至期待产生这种紧张的感受。

此外，Eubank 和 Collins（2000）发现，能将其焦虑视为促进因素的人更有可能运用关注问题和关注情绪的应对措施。相反，将焦虑视为阻碍因素的人在运用任何应对策略时都存在局限性。因此，将焦虑视为促进因素的人的表现通常更好，也能更有效地应对焦虑。现在，让我们转为关注运动和锻炼环境中的某些流行的焦虑缓解方法。

> **要点**　必须先加强对心理状态的自我意识，之后才能控制自己的想法和感受。个人应对焦虑的方式比他们产生的焦虑程度更重要。

使用焦虑缓解方法

过度焦虑可能造成不当的肌肉紧张，进而降低表现。过度肌肉紧张的情况太容易出现。一般人的思维是“越刻苦努力，表现就越出色”，然而，这种推理并不正确。

作为一种快速、实用的练习，将您占主导地位的前臂和双手放在桌面上，手掌向下。绷紧手部和腕部的所有肌肉，然后试着用食指和中指快速来回敲击桌面；持续大约30秒。现在，放松双手和手指的肌肉，重复此动作。您会发现，肌肉紧张减慢了您的动作，动作协调性也不如肌肉放松状态。

除了有时会造成不当的肌肉紧张之外，过度焦虑还可能造成不适当的思想和认识，例如“我希望别把这次射门搞砸了”或者“我希望别在这么多人面前输掉”。一位棒球运动员B.J.Surhoff曾说：

> 力量一直存在；我只是得设法利用他。……大多数情况下，重点就是学会在本垒板上放松。别担心三振出局，也别担心像过去一样表现不佳。

除了像之前提到的那样缓解焦虑之外，还有必要从促进因素而非阻碍因素的角度解释焦虑。研究（Thomas，Hanton，& Maynard，2007）表明，三个时间段对于焦虑的解释最为重要：表现之后（回顾先前的表现）、比赛之前的一两天以及比赛当天。在这些时间段中，积极竞争者会运用完善的心理技能（例如，意象、重构自我对话）在内部控制和重新诠释认知和身体焦虑。相反，消极竞争者并不具备这些完善的心理技能，因此缺乏改变其焦虑状态的内在控制能力。

Kudlackova、Eccles 和 Dieffenbach（2013）研究了哪些焦虑缓解技术最为常用，哪些最不常用。他们调查了大学院校、业余和专业级别上具有竞争优势的运动员。结果不出所料，专业运动员在一周当中参与的放松活动远超过大学或业余运动员，但不同竞争水平的运动员都会利用焦虑缓解技巧应对比赛焦虑和因作为运动员而产生的日常焦虑。有趣的是，运动员在应对比赛焦虑时，会运用更多身体放松技巧（例如，肌肉放松）而非心理放松技巧；在应对日常焦虑时，会运用更多心理放松技巧（例如，意象）。

现在我们会介绍一些在体育和身体活动环境中常用的放松程序。部分此类技术专注于降低身体焦虑，部分专注于降低认知焦虑。还有一些有着多模式的特质，即综合运用多种技术应对身体焦虑和认知焦虑。

身体焦虑缓解方法

第一组技术主要用于与身体焦虑增加有关的生理觉醒。

渐进式放松

Edmund Jacobson 的**渐进式放松**技术（1938）构成了许多现代放松程序的基础。Jacobson 将这种技术命名为渐进式放松，是因为它会从一个主要肌肉群开始放松，再到下一个主要肌肉群，直至所有肌肉群都得到放松。渐进式放松依赖于几个假设：①绷紧与放松之间存在差异；②绷紧与放松是互斥的——不可能同时绷紧和放松；③降低肌肉紧张度放松身体将进一步降低精神紧张度。多年来，人们在 Jacobson 技术的基础之上作出了很大的修改，但其初衷保持不变，那就是帮助人们学会感受自己肌肉的紧绷，然后再通过放松来缓解压力。

绷紧—放松周期能帮助运动员进一步认

识紧张感与缺乏紧张感之间的差异。每个周期都涉及最大限度地收缩一个特定的肌肉群，然后再竭力完全放松该肌肉群，同时关注紧绷和放松的不同感觉。运用技巧，运动员可以监测到特定肌肉或身体区域（如颈部）的紧绷感，然后放松该肌肉。前几次尝试渐进式放松时，运动员最多需要 30 分钟，而随着练习的增多，所需时间会逐步缩短，其目的就是发展在比赛期间放松的能力。

基于渐进式放松，Ost（1988）开发出一种应用变体，教会人们在 20 ～ 30 秒内放松。训练的第一阶段涉及 15 分钟的渐进式放松课程；每天练习两次，训练中要绷紧再放松肌肉群。随后，参与者将过渡到仅有放松的阶段，5 ～ 7 分钟即可完成。然后再过渡到 2 ～ 3 分钟的版本，通过自我暗示线索“放松”来放松身心。这个时间还能进一步减少，最终只需要几秒钟时间。此后，就可以在具体情境中练习这种技能。例如，高尔夫球手在即将推出重要一杆时会变得紧张和焦虑，他们可以在两次击球之间运用这种技术，为困难的推杆做好准备。

呼吸控制

正确的呼吸往往被视为实现放松的关键，而**呼吸控制**是另一种身体取向的放松技术。呼吸控制是控制焦虑和肌肉紧张的最简单、最有效的方法。如果您冷静自信，感到一切尽在掌握，您的呼吸将会平稳、深沉、有节奏。如果处于压力和紧张状态，您的呼吸就会短促而不规则。

遗憾的是，许多运动员并没有学会正确的呼吸方式。面对压力，他们往往不能协调呼吸与技能表现。研究表明吸气和屏气会增加肌肉紧张度，而呼气则能减少肌肉紧张度。例如，大多数的铁饼、铅球和棒球投手都学会了在松手投掷时呼气。在比赛中，压力不断加剧，此时自然的倾向是屏住呼吸，而这会增加肌肉紧张度，干扰最大限度提升表现所需的协调运动。缓慢完成一次完整的深呼吸，通常能

Artyom Korotayev/拍照

学会正确的呼吸控制可以帮助运动员在高度焦虑的情况下重获并维系控制力。

带来放松的反应。

练习呼吸控制，完成一次深呼吸。想象肺部分为三层。集中精力让空气充满肺部的较低层，首先压低横膈膜，迫使小腹突出。然后扩大胸腔、提高肋骨轮廓，让空气充满肺部的中间层。最后，略微挺胸抬肩，让空气充满肺部上层。屏息几秒钟，然后缓缓呼气，将小腹收起，放低肩膀和胸部。将重点放在降低（吸气）和提高（呼气）横膈膜，您将体会到更好的稳定感、中心感和放松感。为帮助加强对呼气阶段重要性的认识，人们可以学习在吸气时数四个数，在呼气时数八个数。这种 1:2 的吸气呼气时长比例有助于人们专注呼气阶段，从而放慢呼吸节奏，加深放松程度。

在比赛中运用呼吸控制的最好时机就是超时或休息期间（例如，在网球发球之前、在高尔夫球开杆之前、在篮球中准备罚球之前）。缓慢而谨慎的吸气—呼气程序有助于您在沉重的压力下保持镇定、控制焦虑。专注于呼吸，放松肩部和颈部肌肉，确保您不会被无关线索或分心之物而困扰。最后，深呼吸能提供一次简短的心理休息机会，免去比赛压力，为您重振精力。

生理反馈

生理反馈是一种身体导向技术，旨在教会人们控制生理或自动反应。这通常需要电子监控设备，用于检测和放大我们自身所不知道的体内反应。这些电子设备提供有关生理反应的可视化或可听化信号，例如肌肉活动、皮肤温度、脑电波等，但大多数训练都使用通过肌电图衡量的肌肉活动作为指标（Pop-Jordanova & Demerdzieva，2010；Zaichkowsky & Takenaka，1993）。

> **要点**　生理反馈训练可以帮助人们更加关注自己的自主神经系统，随后控制自身的反应。

例如，在比赛中，网球运动员可能会感到脖子与肩膀之间的肌肉紧张。此时可以在她肩颈区的特定肌肉上贴上电极，然后请她放松这些肌肉。过高的肌肉紧张度将导致生理反馈仪器发出报警声或持续的滴答声。网球运动员的目标是尝试放松肩颈肌肉，让机器停止报警。她可以通过任何放松技术实现放松，例如观看积极的场景或运用积极的自我对话等。要点在于，报警声水平越低，说明肌肉就越放松。这种反馈让运动员能够随时了解紧张程度是否有所增加或减少。

在网球运动员学会识别和降低肩颈部的肌肉紧张度之后，她还需要能将这种知识运用到网球场上。她可以在训练时通过无反馈的零散练习（不使用生理反馈设备）来实现这一目的。渐渐地，这些无反馈的练习时间将延长，网球运动员减少对生理反馈信号的依赖，同时保持对生理变化的意识。积累足够的实践和经验后，网球选手能学会识别肌肉紧张的出现并对其加以控制，从而在紧要关头也能保证高效发球。

研究表明，步枪射手也可以自我训练，利用生理反馈在两次心跳之间射击，从而提高表现（Daniels & Landers，1981；Wilkinson，Landers，& Daniels，1981）。此外，生理反馈对于提高业余、大学和专业运动员在各种运动中的表现也是切实有效的（Crews，1993；Hatfield & Hillman，2001；Zaichkowsky &

渐进式放松程序

在每一步中，您首先要绷紧指定肌肉群，然后再放松。密切注意放松相对于紧绷的感受。每个动作应占用大约5到7秒。对于每个肌肉群，执行每项练习两次，然后再继续下一组。掌握这项技能后，您就可以忽略绷紧阶段，只要专注于放松即可。由于练习要持续较长时间，而且可能很难记住，您最好将以下说明录成音频文件，或者买一份渐进式放松录音。

1. 找一个安静的地方，调暗灯光，用舒适的姿势躺好，双腿不要交叉。松开贴身的衣服。深吸一口气，然后慢慢呼气并放松。

2. 抬起双臂，在身体前方伸直双臂，双手紧紧握拳。注意双手和十指处令人不适的紧张感。将这种紧张感保持5秒，然后松开一半，再保持5秒。现在彻底放松双手。注意双手如何不再有紧张感和不适感，舒适感和放松感如何取而代之。专注于您之前感受到的紧张感与现在感受到的放松感之间的对比。集中精力彻底放松双手10～15秒钟。

3. 紧绷上臂，坚持5秒钟，专注于紧张感。松开一半，再保持5秒，同样专注于紧张感。现在彻底放松上臂10～15秒钟，专注于放松感的不断加强。将双手随意放在身体两侧。

4. 尽可能地蜷曲脚趾。5秒钟后，松开一半，再保持5秒。现在彻底放松脚趾，专注于不断扩散的放松感。继续放松脚趾10～15秒钟。

5. 双脚呈外八字，脚趾指向外侧，绷紧双脚和小腿。保持绷紧5秒钟；然后放松一半，再保持5秒钟。彻底放松双脚和小腿10～15秒钟。

6. 伸展腿部，将双腿抬离地面约15厘米，拉紧大腿肌肉。保持5秒钟，松开一半，再保持5秒钟时间，然后彻底放松大腿。将精力集中在双脚、小腿和大腿上，保持30秒。

7. 尽可能绷紧腹部肌肉，保持5秒钟，将精力集中在紧张度上。放松一半，再保持5秒，然后彻底放松腹部肌肉。专注于不断扩散的放松感，直至腹部肌肉彻底放松。

8. 收紧胸部和肩部肌肉，双手手掌相对互推。保持5秒钟，然后放松一半，再保持5秒钟。现在放松肌肉，集中精力放松，直到肌肉彻底放松为止。

9. 尽可能用力地用背部抵住地板，收紧背部肌肉。5秒钟后放松一半，再集中精力保持5秒钟。彻底放松背部和肩部肌肉，专注于在整个区域扩散的放松感。

10. 保证躯干、手臂和双腿处于放松状态，将头部前倾，让下巴尽量靠近胸部，从而拉紧颈部肌肉。保持5秒钟，放松一半，再保持5秒钟，然后彻底放松颈部。让头部放松，专注于颈部肌肉逐渐出现的放松感。

11. 咬紧牙齿，感觉颌骨肌肉的紧张感。5秒钟后，放松一半，再保持5秒钟，然后放松。让嘴部和面部肌肉彻底放松，双唇略微分开。集中精力彻底放松这些肌肉10～15秒钟。

12. 尽可能用力地皱紧前额和头皮，保持5秒钟，然后放松一半，再保持5秒钟。彻底放松头皮和前额，专注于放松感，并将其与先前的紧张感对比。集中精力放松全身肌肉，大约持续1分钟。

13. 由线索控制的放松是渐进式放松的终极目标。呼吸可以作为有效放松的动力和线索。连续短促吸几下气，大约每秒钟一次，直至胸部填满空气。保持5秒钟；然后慢慢呼气10秒钟，在头脑中想着放松或平静这样的字眼。重复该过程至少五次，每次都努力加深您感受到的放松状态。

Fuchs，1988）。尽管并非所有生理反馈都展现出表现提高，但可以确保减少焦虑和肌肉紧张感。

认知焦虑缓解方法

与渐进式放松和深呼吸相比，某些放松程序更加侧重于放松精神。放松精神会进而放松身体，身体和精神技术殊途同归，都能带来放松状态。我们接下来讨论一些放松技术。

放松反应

Herbert Benson是美国哈佛医学院的一名医生，他一直在推广一种在科学上有理有据的放松方法，他称之为**放松反应**（Benson，2000；Benson & Proctor，1984）。Benson的方法运用了冥想的基本要素，但去除了宗教层面的意义。许多运动员都利用冥想为比赛做好精神准备，并声称冥想能够提高其放松、集中精神和保持活力的能力。然而，很少有对照研究分析放松反应在提高表现方面的有效性。通过冥想获得的精神状态的特点是敏锐感知、轻松、放松、自发、集中，与巅峰表现的特征有许多重叠之处。放松反应需要四个要素：

1. 一个安静的场所，确保尽量减少干扰和外界刺激。
2. 一个舒适的位置，保证可以维持一段时间。例如，坐在舒适的椅子上，但不要躺在床上——您应该也不想睡着。
3. 心理工具，这是放松反应中的关键要素。指将注意力集中在一种想法或一个词上，然后重复。选择一个不会刺激您的思想的词，例如“放松”、“平静”或“安心”。一边呼气一边重复这个词。每次呼气时，重复您选择的词。
4. 被动的态度，这一点非常重要，但可能很难实现。您必须学会顺其自然，让进入您的头脑中的想法和意象自由消失，不要试着去关注它们。如果突然想起什么，应该任由它去，将精力重新集中在您选择的词上。不要担心您的思想偏移过多少次，只要继续将注意力集中在您的词上即可。

学习放松反应需要一段时间。您应该每天练习大约20分钟。您会发现，控制自己的思想，专注于一种想法或事物有多么困难。但专注于手头任务对于许多体育运动来说都十分重要。放松反应会教您如何达到心灵的宁静，这能帮您集中注意力并缓解肌肉紧张感。然而，在活动或比赛之前不适合运用这种技术，否则可能会导致运动员过于放松，昏昏欲睡。使用冥想（与放松反应相关，专注于某种重复声音，而这种声音是冥想中的重要组成部分）的研究证明，与控制条件下相比，参与者的乳酸水平降低，自我报告的紧张度减少，表现有所提升（Solberg，Berglund，Engen，Ekeberg，& Loeb，1996；Solberg et al.，2000）。

> **要点**　放松反应会教您如何达到心灵的宁静，如何集中注意力并缓解肌肉紧张感。

自生训练

自生训练包括一系列的练习，将会诱发感觉，特别是温暖感和沉重感。这种训练由

Johannes Schultz 在 20 世纪 30 年代早期于德国开发，后经过 Schultz 和 Luthe（1969）的完善，广泛应用于欧洲，但在北美地区应用较少。应专注于您尝试产生的感觉。与放松反应一样，应任由各种感觉产生，而不要去干扰。自生训练计划基于六个层级式阶段，应按如下顺序加以学习：

1. 四肢沉重感
2. 四肢温暖感
3. 心脏活动的调节
4. 呼吸调节
5. 腹部温暖感
6. 前额凉爽感

“我的右臂很沉重”、“我的右臂温暖放松”、“我的心跳平静而规律”、“我的呼吸缓慢、平静、放松”、“我的前额很凉爽”都是自生训练中常用的语言刺激示例。通常需要几个月的定期练习（每天 10 ～ 40 分钟）才能熟练，才能感受到四肢的沉重感和温暖感，并产生心跳和呼吸放松、平静的感受，同时伴随着腹部温暖、前额凉爽的感觉。

系统脱敏

这种认知放松技术由 Wolpe（1958）开发，他表示：

> 如果在出现产生焦虑的刺激因素时，能做出拮抗焦虑的反应，就可以抑制全部或部分焦虑反应。那么，这些刺激因素与焦虑反应之间的联系就会被削弱。

Wolpe 表示，根据条件反射的基本原理，对许多人来说，如果出现特定刺激因素，自主神经系统活动（例如，心率、血压、呼吸和皮肤电反应增加）就会增加，导致过高水平的焦虑。治疗的目标就是用竞争行为取代这种紧张的活动。

Smith、Smoll 和 O' Rourke（2011）提供了使用系统性的降低敏感度方法的优秀典范。首先，培训个体学习深度肌肉放松。随后构建焦虑层级，包含 5 到 10 个情境，按照造成焦虑程度最低到最高的顺序排列。下面的列表是为一名篮球运动员开发的，他曾在几次比赛将近尾声时的关键罚篮中失手，导致球队败北。因此每当罚篮时，他都会过度焦虑。

- 想到随后的两天内有一场比赛
- 在清早醒来，想到当晚的比赛
- 前往比赛场地
- 在比赛开始之前坐在更衣室里，教练说这次比赛十分重要
- 上场之前，在一片混乱中听到教练的最后叮嘱
- 在上半场准备罚篮
- 在势均力敌的第四节比赛中罚篮
- 在锦标赛中比赛时间还剩 1 秒时准备罚篮，此时球队落后 1 分

学会渐进式放松之后，要求个体首先设想焦虑层级中的第一个（造成焦虑最少的）情境。个体持续想象这一幕并使用渐进式放松，直至不再焦虑。然后想象列表中的下一个情境并使用渐进式放松，直至不再焦虑。以此类推，直至想象造成焦虑最多的情境，但不再有

任何焦虑为止。实际上，这一程序就是配合造成焦虑的情境进行放松，直到能阻止焦虑产生为止。这可能需要几周时间；如果焦虑反应非常严重，甚至需要几个月时间。例如对于存在极端恐惧症的人群（广场恐惧症、封闭空间恐惧症、恐高症患者）等。

多模式焦虑缓解组合

焦虑缓解技术仅专注于焦虑的认知方面或生理方面。但多模式焦虑缓解组合能够同时缓解认知和身体焦虑，并提供系统性的策略以在模拟的压力状况下排演应对过程。两种最流行的多模式技术包括由 Ronald Smith（1980）开发的认知—情感压力管理训练，以及由 Donald Meichenbaum（1985）开发的压力免疫训练。这些技术的关键特征之一就是能帮助运动员发展各种应对技巧，管理多种因不同压力情境产生的问题。因此，这些应对技巧训练计划能够产生适应性更强的评估、改进应对翻译、提高使用其应对技巧管理各种运动员压力来源的信心，从而帮助运动员控制不正常情绪。

认知—情感压力管理训练

认知—情感压力管理训练（SMT）是最全面的压力管理方法之一。SMT 是一种技能计划，教授参与者特定的综合应对反应，利用放松和认知成分来控制情绪觉醒。银行家、商界高管、社会工作者和大学行政人员都在运用 SMT，运动员也发现这项技术切实有效（Crocker，Alderman，Murray，& Smith，1988；Smith，Smoll，& O'Rourke，2011）。研究已经证明，运动员是理想的目标人群：他们能比其他群体更快地掌握应对技能（例如，肌肉放松）；他们经常要面临压力足够高的运动情境，需要谨慎监督自己的进度；他们的表现会直接得到评估。

SMT 的理论模型（图 12.1）包含基于认知和基于生理的干预策略（Ellis，1962；Lazarus，1966；Schachter，1966）。这种模型考虑到了各种情境、个人心理上对情境的评估、生理反应和实际行为。该计划提供了具体的干预策略，例如放松技能、认知重建和自我暗示训练等，以处理压力的生理和心理反应。心理和生理应对策略相结合，最终会带来综合

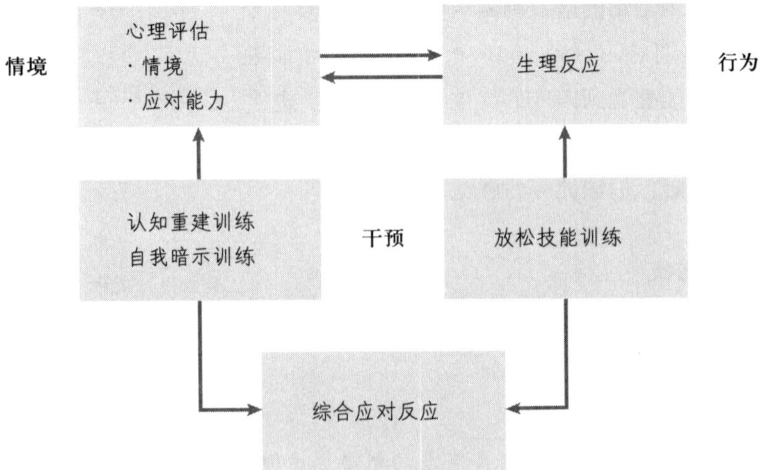

图 12.1　作为认知—情感压力管理训练计划基础的压力调节模型，以及开发综合应对反应时使用的主要干预策略

Adapted from F. Smoll and R. Smith, 1980, A cognitive-affective approach to stress management training for athletes. In *Psychology of motor behavior and sport—1979*, edited by C. Nadeau et al. (Champaign, IL: Human Kinetics), 56. By permission of R. Smith.

应对反应。

认知—情感压力管理训练计划分为五个阶段，简要说明如下（使用者可在训练员手册中找到完整描述）：

1. 治疗前评估。在此阶段，顾问进行个人访谈，评估各种情况下的压力、球员的压力反应，以及压力对于表现和其他行为的影响。顾问还会评估球员的认知和行为技能与不足，并开展书面调查，作为面谈的补充。此信息用于为球员定制计划。
2. 治疗合理化。在治疗合理化阶段，主要思路是帮助球员分析个人压力反应和经验，从而了解自己的压力反应。顾问应着重强调，这项计划属于教育性质，并非心理治疗，参与者应了解该计划的目的是要加强他们的自我控制。
3. 技能习得。SMT 计划的主要目的是通过习得放松和认知干预技能制订综合的应对响应方案（见图 12.1）。在技能习得阶段，参与者会接受有关肌肉放松、认知重建和自我暗示的培训。肌肉放松源自渐进式放松。认知重建尝试找出不合理或压力诱导的自我陈述，通常与惧怕失败、不赞成相关（例如，“我就知道我会搞砸”，“我不忍心让我的队友和教练失望”）。这些陈述随后会重建为更积极的想法（例如，“无论是赢是输，我仍然是个好球员”，“别担心失败，一步一个脚印地去做”）。（第 16 章更详细地讨论了将消极的自我陈述转化为积极自我陈述的信息。）自我暗示培训将教会人们为自己提供特定暗示，以加强专注度和问题解决能力。这种训练将传授具体、有用的自我指令，在压力重重的环境下尤为有用。此类指令的示例包括“别去想恐惧的事情，只想你必须做的事情”，“深呼吸，放松”和“循序渐进，稳扎稳打，就像在练习中一样”。
4. 技能排演。为促进排演过程，顾问会刻意诱导出不同级别的压力（通常利用电影、虚构排演的压力事件和其他物理与心理压力来源），甚至包括超过实际比赛的高级别情感觉醒（Smith，1980）。随后运用参与者已经学到的应对技能降低这些觉醒程度。诱导影响的过程可以产生高级别的觉醒，因此只有受过训练的医师才可使用此项技术的这一组成部分。
5. 训练后评估。顾问使用各种措施来评估计划的有效性。这其中包括运动员自我监督情绪状态和认知事件，有望通过有力缓解、标准化特质和状态焦虑量表改进的表现指标。从科学角度而言，计划结果的综合评估可能极有价值，可支持在必要情况下做出适当的更改，并规划后续计划。

压力免疫训练

在体育环境内外都最为常用的一种多方面压力管理技术就是**压力免疫训练**（SIT）（Meichenbaum，1985）。研究发现，SIT 能有效缓解焦虑，提高体育环境内的表现（Kerr & Leith，1993），同时帮助运动员应对创伤压力（Kerr & Goss，1996）。SIT 的方法与 SMT 有大量的相似之处，因此这里仅给出 SIT 的简要介绍。

在 SIT 中，个人将承受压力，学习应对不断增加的压力，从而提高压力免疫能力。

SIT 教授通过开发高效思维、心理意象和自我陈述应对心理压力来源、提高表现的技能。SIT 的应用之一就是运动员利用四阶段方法打破紧张形势：①为压力来源做好准备（例如，“比赛会很艰难，保持冷静”）；②控制和处理压力来源（例如，“保持冷静，专注于手头任务”）；③应对应接不暇的感受（例如，“保持专注，接下来做些什么？”）；④评估应对工作（例如，“你处理得很好”）。SIT 让运动员有机会练习应对技能，从较小、可管理的压力程度入手，逐步推进到较高的压力程度。因此，运动员应通过各种技术（包括意象、角色扮演和家庭作业）应对压力来源，习得一种博学明智的感受。对阶段方法和自我对话、认知重建和放松策略的灵活运用，让 SIT 和 SMT 成为缓解焦虑的有效多模式方法。

催眠

用于减少焦虑（包括认知焦虑和身体焦虑），同时也能加强其他心理技能的一种略有争议、常被误解的技术就是催眠。尽管人们为催眠提出了许多定义，但本书将**催眠**定义为可通过程序诱导而出的意识变动状态。在这种状态下，被催眠者异常放松，能对改变认知、感受、想法或行动的建议作出回应（Kirsch，1994）。催眠最初由临床心理学家和运动领域以外的精神病学家用于提高表现、集中注意力、加强信心并减少焦虑，但如今在体育领域中的应用日渐普遍。尽管催眠程序包括了其他应用运动心理学干预（例如放松和意象）中的组成部分，但它又与其他技术截然不同。它要求参与者进入催眠状态，之后才会运用其他技术（例如，放松、意象）。

Unesthal（1986）的早期研究运用了催眠技术，但公众对这项工作的关注甚少。而近来，运用催眠作为觉醒调节技术的做法逐渐流行。例如，研究（Lindsay，Maynard，& Thomas，2005；Pates，Oliver，& Maynard，2001）表明催眠与巅峰表现状态（参见第 11 章）的感受有关，而这种感受能提高篮球、自行车和高尔夫球运动员的表现。参与者特别提到了更好的放松感受。此外，Barker 和 Jones（2008）发现，催眠在足球运动员身上的积极效果更好，负面影响更少。那么催眠干预具体有哪几个阶段？

- 诱导阶段。首先，参与者需要信任催眠师，必须愿意被催眠，因为暗示是催眠成功的关键。虽然存在许多诱导技术，但这些技术通常旨在引导参与者的思想和感受，以使之彻底放松和宁静。在达到放松状态后，运用意象或注意力聚焦技术可将参与者诱导到催眠状态。参与者通常会变得感觉非常迟钝，有放松的反应，而且非常容易接受暗示。此时，参与者处于高度放松的状态下，催眠师即可对未来想法、感受和行动作出暗示。
- 催眠阶段。在这个阶段，参与者的生理反应与放松反应完全相同。参与者通常会被要求回应具体的暗示，并在其完全清醒后予以履行。这些统称为催眠暗示。
- 唤醒阶段。在这一阶段，参与者将脱离恍惚状态。催眠师通常会通过给定信号（例如，数到三）简单地暗示参与者醒来，让参与者脱离恍惚状态。

- 催眠后阶段。在催眠过程中向参与者提出暗示的目的通常是：在催眠后阶段（在参与者脱离催眠恍惚状态后）影响参与者。对于运动员和健身者的催眠后暗示通常专注于他们在比赛或练习期间应该产生的感受。例如，催眠师可能会告诉一名篮球运动员："在投篮时，你会感到轻松和自信。"

希望利用这些技术的运动心理学家应接受有相应临床资质和经验的导师的专门培训和教育。"关于催眠的事实"栏目强调了部分有关催眠对表现的影响的事实。

焦虑缓解方法的有效性

此类压力管理方法是否确实可有效缓解焦虑和提高表现？Rumbold、Fletcher和Daniels（2012）回顾了64项用于调查缓解焦虑和提高表现方法的干预性研究。其中52项（81%）显示各种压力至少通过以下一种方式得到了缓解：减少压力源、修改认知评价、减少消极情感状态、增加积极情感状态以及促进有效应对行为。

考虑衡量压力和表现结果相关干预措施的整体有效性时，虽然发现39项研究中30项（77%）显示干预对提高表现具有积极影响，但39项研究中仅22项（56%）对缓解压力和提高表现均发挥积极影响。实质上，缓解运动员的焦虑状态并不必然与提高表现有关；此点强调了运动表现的复杂性。在各种压力管理干预措施中，多模式方法似乎是提高表现最有效的方法。同时，众多变量对压力管理和表现之间的关系起到调节作用，包括运动员的比赛水平、年龄、干预措施持续时间以及表现的衡量方式。

匹配假设

现在你已知悉各类放松方法，接下来你自然会问应何时使用此类方法以实现最高效率。为回答此类问题，研究人员探讨了匹配假设。这一假设认为，应将焦虑管理方法与特定焦虑问题相匹配，即应运用精神放松法治疗认知性焦虑，并应运用身体放松法治疗躯体性焦虑。

关于催眠的事实

尽管研究人员和从业人员对于催眠的定义不能达成完全的一致意见，但他们通常都同意催眠的以下方面：

- 收到暗示的人心态越开放，就越有可能从催眠状态下的暗示中获得好处。
- 恍惚状态的程度越深，催眠中的暗示就越有可能切实有效。
- 在加强肌肉力量和耐力方面，一般觉醒调节技术比催眠暗示更有用。
- 无论运动员是否成功被催眠，积极的暗示都有助于提高运动员表现。
- 负面暗示几乎总是有碍表现。
- 催眠的反应程度更多地取决于接受催眠的个人的努力和能力，而非催眠师的技能。
- 体验催眠现象的能力并不表示容易轻信或性格软弱。

Maynard 及其同事的研究显示：在缓解躯体性焦虑时，身体放松方法（渐进性放松）比认知放松方法（积极思维控制）更为有效。同样，在缓解认知性焦虑时，认知放松方法比身体放松方法更为有效。缓解躯体和认知性焦虑与随后某些表现提高相关。更多近期研究（Rees & Hardy，2004）发现：作为焦虑应对方法，上述**匹配假设**也适用于社会支持。尤为特别的是，研究发现某些类型的社会支持对缓解运动员焦虑更为有效。应将具体社会支持（例如：信息类和情绪类支持）与运动员的具体焦虑问题（例如：竞争压力、培训中的技术问题）相匹配，以最大程度地缓解焦虑。

但是，在此类研究中也出现了交叉效应（即身体放松方法也可缓解认知性焦虑，而认知放松方法也可缓解躯体性焦虑）。使用认知放松方法的某项研究中，认知性焦虑强度下降30%；躯体性焦虑强度也有所下降，为15%。同样，使用身体放松方法时，躯体性焦虑强度降低31%，而认知性焦虑强度也得到了降低，为16%。换言之，身体放松方法有利于缓解认知性焦虑，而认知放松方法也有利于缓解躯体性焦虑。鉴于多模式焦虑缓解方法对认知性焦虑和躯体性焦虑均可发挥作用，此类交叉效应导致某些研究人员提出，认知—情感压力管理训练和压力免疫训练是更为合适的运用方案。

总之，根据目前的知识，如果某人的焦虑主要为认知性焦虑，我们建议应使用认知放松方法；如果主要问题为躯体性焦虑，则应着重于使用身体放松方法。最后，如果你不确定问题较为严重的焦虑类型，则使用多模式方法。

应对逆境

运动员应学会在不同环境下针对不同压力源使用广泛的应对策略（Nicholls & Polman，2007）。虽然有时运动员在不同情境下使用类似的应对策略（Giacobbi & Weinberg，2000），但在某种特殊意义上，运动员也在不同情境下改变策略（Jordet & Elferink-Gemser，2012；Nicholls，Hemmings，& Clough，2010）。成功的运动员采用不同的应对策略，而这些策略均能在关键时刻发挥作用。看看以下两位运动员的策略：

> 我开始准备，进行自我对话并确定自己接下来的行为。首先我会思考如何接受此类情况。
>
> ——世界杯比赛中的国际级足球运动员

> 如果我感到不安，我会想象将不安情绪放入胃部的滚筒烘干机内。我假装这些不安情绪在内部翻滚……然后我试图从另一个方向将其阻挡，从而使其速度放慢，并转向另一个方向。
>
> ——职业高尔夫球运动员

虽然我们已介绍了放松方法以帮助个人在运动和训练环境下缓解焦虑，但是上述两位运动员的例子表明，运动员还可使用更为具体的应对策略来处理比赛中可能出现的逆境和压力。比赛特有的压力源包括害怕比赛中受伤、表现水准下降、他人的期望、观众噪声、外在干扰、失败和关键得分。讨论运动中使用的具体应对策略之前，首先应确定应对的定义。

应对的定义

尽管在心理学文献中已经提出了多种有关应对的定义，但是，最常见的**应对**定义为“不断改变认知和行为努力以处理被视为不能发挥个人优势或超出个人能力范围的特定外在和/或内在需求或冲突的过程”（Lazarus & Folkman，1984）。此观点将应对视为用于处理压力的认知和行为努力相关动态过程——与McGrath（1970）的压力模式相符。此外，其强调相互作用过程，且在此过程中，个人因素和环境因素结合起来影响应对反应。虽然个人运动员似乎在各种情况下均展示相似的应对风格，但他们使用的特定应对策略取决于个人和情境因素（Nicholls & Polman，2007）。

应对的类别

最为普遍认可的两种应对类型为问题中心应对和情绪中心应对。**问题中心应对**是指为改变或管理对相关个人造成压力的问题而付出的努力。此类应对包括诸如信息收集、赛前和比赛计划的制订、目标设置、时间管理、问题解决、加倍努力、自我对话和执行康复方案等具体行为。**情绪中心应对**则调节对个人造成压力的问题相关情绪反应。此类应对包括诸如冥想、放松、向往、重新评价、自责、心理和行为退缩以及改变情境意义（但并非实际问题或环境）的认知努力等具体行为。Lazarus（2000）认为：当情境易于变化时，问题中心应对的使用频率更高；而当情境不易于变化时，情绪中心应对的使用频率更高。第三类应对被称为社会支持应对（Smith、Smoll和O' Rourke，2011）。社会支持应对虽然不如情绪中心应对和问题中心应对普遍，但当运动员在压力情况下向他人寻求帮助和情感支持时通常采用**社会支持应对**。例如，某个运动员可能寻求教练或队友的帮助以掌握某项技能或处理特别难以接受的失败。

如果存在多个压力源（例如：人际关系、受伤、他人的期望、财务问题），在任何运动场景下仅使用一种应对策略都会难以发挥其效应。因此，运动员应当学习问题中心应对策略、情绪中心应对策略以及寻求他人帮助的社会支持应对策略等不同策略，为在存在多种压力的情况下有效管理情绪做好准备。

运动中的应对研究

虽然过去20年来运动心理学领域的应对相关研究数量逐渐增多，但与普通心理学文献中我们所见到的相比，仍然相对较少（Anshel & Weinberg，1995a；Jordet & Elfernink-Gemser，2012；Nicholls，Hemmings，& Clough，2010；Pensgaard & Duda，2003；Tamminen & Holt，2010）。世界级的压力和应对相关研究人员（Lazarus，2000）认为，运动为测试不同应对策略的有效性提供了典型情境。沿着这一思路，不少有深度的定性研究测试了精英运动员所用的应对策略。至少40%的参与者报告了如下策略：

- 思维控制（防止分心，运用应对思维，如“我能做到”）
- 关注任务（集中注意）
- 理性思维和自我对话（采用理性方法处理个人和情境相关问题）

应对易普症

我在欧洲巡回赛上首次赢得比赛时正好18岁。从那时开始，我便患上了“易普症”。发病时我像抽筋一样不受控制地推击球，致使分数急降。在整个运动生涯中，我一直在努力控制易普症的发作。在易普症发病严重的时候，我从一米处推杆四次，只击中两次。那是非常艰难的时期，我常常想要放弃。

——世界著名高尔夫球运动员 Bernhard Langer

“易普症”（Yips，常见于高尔夫球推杆时）相关研究表明：这是一种持续的心理神经肌肉状态，主要表现为局部性肌张力障碍（第一类）和发挥失常（第二类）。局部性肌张力障碍的特征为双手无意识震颤、僵硬或抽筋。发挥失常则是自我注意或干扰导致注意力分散的结果（Beilock & Gray，2007；Philippen & Lobinger，2012）。似乎无论对于哪一类来说，完美主义者——特别是在个人标准、组织和担心犯错方面——更易患上易普症（Roberts，Rotherman，Maynard，Thomas，& Woodman，2013）。此病症可严重破坏和彻底摧毁一名优秀或专业运动员的事业。第二类易普症则通常因为在高压情况下出现焦虑、神经紧张或发挥失常所致。易普症发作的高尔夫球运动员通常心率较快、握住推杆时用力过大、前臂和肌肉活动加剧。在少数关于易普症（第二类）的注意力和情绪实证研究之中，Philippen和Lobinger（2012）采访了患有易普症的高尔夫球比赛选手。易普症致使其推杆时失去信心、感觉失去控制、担心犯错且害怕推杆。此外，即将推杆之前，他们易于重点关注技术变换、易普症的消极后果、对准和随球动作，并将头部保持较低姿势。此类专注于消极情感和动作技术方面的行为通常导致不能实现最佳表现（Beilock & Gray，2007；Hill，Hanton，Matthews，& Fleming，2010a）。有时变换方法（例如：变换握杆姿势）或设备（例如：使用不同的推杆）可能会有所帮助。但是，运动员如何从心理学角度应对易普症？建议采取如下技巧：

- 放松训练（精神或身体训练）
- 积极思维（认知—情感压力管理等多模式放松方法）
- 想象（见第13章的具体说明）

在针对第一类易普症的少数研究之中，Rotheram等人（2012）使用通过刺激身体各个穴位而实现的情绪释放法。当高尔夫球运动员开始回忆与其易普症经历相关的心理原因（重大生活事件或严重创伤）时，轻击适当穴位。此方法还适用于受到创伤性事件影响而变得虚弱的个人，例如患有创伤后应激障碍的士兵或车祸受害人。运动分析表明，推杆动作模式出现了改善，在实际比赛环境下推杆动作也变好了。这一结果说明，此方法极具应用前景。但是应当开展更多研究以测试不同人员在不同环境下的应用情况。

- ▶ 积极关注和定向（专注于相信个人的能力）
- ▶ 社会支持（教练、家人和朋友的鼓励）
- ▶ 赛前心理准备和焦虑管理（心理训练、赛前程序、放松策略）
- ▶ 时间管理（给个人成长和每日目标留出时间）
- ▶ 勤奋而灵活地培训（遵守职业道德、对个人的培训负责）

而且，Gould等人（1999，2001）针对奥运运动员开展的研究一致表明了以下调查结果：

- ▶ 与未针对不可预期事件（例如：裁判的不

抗逆能力：在逆境中崛起

许多人可能都认识诸如癌症、大屠杀、艾滋病、战争、校园枪击案以及9·11恐怖袭击等可怕事件的幸存者。研究（Butler，2005）显示：这些人不仅成功生还，还因逆境而收获了积极的人生态度。研究认为：逆境体验可加强自尊和自信等抗逆品质。通过仔细回顾文献，Fletcher和Sarkar（2013）认为：抗逆能力的大多数定义涉及逆境和适应这两个核心概念。针对不同逆境（其范围从日常困扰至重大生活事件）做出反应时均离不开抗逆能力，而且必须针对逆境类型实现积极适应。因为个人必须从受伤、较差表现、被裁减出团队、解雇（教练）、缺乏群众或社会支持以及团队冲突（仅举几例）等各种逆境中积极崛起，抗逆能力的意义十分适合于运动研究。Galli和Vealey（2008）采访了描述其在运动时使用抗逆体验的运动员。主要结果包括以下几点：

- 抗逆能力的重点，在于使用各种应对策略以处理诸如悲伤、沮丧、尴尬、愤怒和困惑等不愉快情绪。
- 必须克服逆境；应对逆境时运用抗逆能力的持续时间可能相当长（通常为数月）。
- 决心、竞争力、承诺、毅力、成熟度和乐观精神等个人资源和心理坚韧性是成功应对逆境的关键。
- 社会支持（或缺乏社会支持）等社会文化影响是保证抗逆能力的关键。
- 虽然应对逆境的过程通常比较艰难，但通过应对逆境可收获许多积极结果，包括开阔眼界、习得帮助他人的动机、学习以及因逆境而整体变得坚强。

通过调查五个优秀运动队的抗逆能力，Morgan、Fletcher和Sarkar（2013）扩展了抗逆能力的概念。他们将团队抗逆能力定义为“保护一群运动员不因其共同面对的压力源而受到潜在消极影响的动态社会心理过程”（第549页）。结果表明，优秀运动队主要存在以下四个抗逆特征：

- 团队结构。包括有促进作用的形式结构（如：教练、队长、经理），积极的团队规范和价值观，以及明确规定的沟通渠道。
- 掌握方法。包括有效的行为响应、有效的管理变更以及确定学习方向。
- 社会资本。包括社会支持、积极型人际互动以及强烈的团队认同感。
- 集体效能。包括驾驭感、团队凝聚力以及失败后的积极沟通。

当裁定、喧闹的室友）做准备的运动员相比，针对不可预期事件做准备的运动员更为成功。

- 心理技能（例如：心理准备、心理技能、常规方法的使用）对于有效应对心理压力源（例如：焦虑、注意力不集中、缺乏信心）和非心理压力源（例如：极差的住房条件、受伤）都非常重要。
- 训练和过度训练之间的微妙平衡对获取成功非常关键。
- 所有运动员均报告心理准备的某些方面非常重要，并认为心理准备对表现具有积极影响。
- 运动员认为偏离正常程序、媒体干扰、教练问题、受伤和过度训练等消极因素不利于奥运表现。

研究（Giacobbi，Foore，& Weinberg，2004）

发现：与优秀运动员相比，不太优秀的运动员使用回避型应对方法的频率较高。因此，对运动员来说，此类方法的使用存在较为严重的问题。此外，研究（Nicholls，Polman，Morley，& Taylor，2009）发现：性别、年龄和发育状态等因素可影响使用的应对策略类型及其相应的效力。例如，注意转移对女性运动员明显更为有效，而发泄情绪则对男性运动员明显更为有效。此外，个人应对策略研究（Nicholas & Jebrane，2009）显示：运动员在比赛和训练时使用的应对策略并不相同，且在不同比赛环境之间使用的应对策略也并不一致。实质上，应对策略的使用应视具体情况而定。最后，Balk 等人（2013）的研究发现：在运动员面临压力时，注意转移和重新评价的应对策略对于帮助运动员应对逆境（而不是导致其发挥失常）非常有效。

Jordet 和 Elferink-Gemser（2012）的研究强调参加世界杯的优秀足球运动员的应对具有动态特性。研究人员发现，在四个不同的罚点球阶段，运动员均使用了应对策略：

- 加时赛后休息（从比赛结束至运动员汇集于中圈，约为 2 分 30 秒）
- 中圈（从进入中圈至离开中圈，介于 40 秒和 8 分 30 秒之间，由运动员将球踢出的时间决定）
- 走步（从离开中圈至到达罚球点，约为 20 ～ 30 秒）
- 位于罚球点（从到达罚球点至运动员将球踢出，约为 10 ～ 35 秒）。

具体说来，虽然在所有阶段均同时使用了问题中心应对和情绪中心应对，但使用的具体应对策略并不相同，包括专注于射门、积极肯定、允许自身身体接受、从自身最喜欢的角度射门、专注于自身的动作序列、呼吸控制、社会支持和相信自身能力等策略。Nicholls 等人（2013）还发现：随着运动员认知能力成熟，其自觉性增强且应对策略发生改变。11 ～ 18 岁的运动员自觉性逐步增强时，其更为关注任务而不是脱离任务以选择策略。

Nicholls 及其同事（Nicholls，Holt，& Polman，2005；Nicholls，Holt，Polman，& Bloomfield，2008）调查了高尔夫球运动员和橄榄球运动员引用频率最高的压力源以及应对策略的效力。虽然记录的压力源和应对策略（某些为运动领域所特有）众多，但引用频率最高的压力源为身体和心理失误，而最有效的应对策略是强调任务、积极重新评估、思维阻断和加倍努力。另外三项研究（Hoar，Crocker，Holt，& Tamminen，2010；Reeves，Nicholls，& McKenna，2011；Tamminen & Holt，2010）主要针对青少年运动员的应对情况。第一项研究表明：应对有效性训练可提高运动员的自我效能、应对效力和表现。第二项研究发现：性别不同，青少年运动员的应对策略不同，但这些差异取决于青少年应对的人际压力源。第三项研究纵向观察某个赛季采用的应对方法，发现在整个赛季中，随着压力源改变，应对策略发生改变。此外，虽然大多数运动员在采取应对策略时比较被动，但也有少数运动员较为积极并主动计划在特定情境下使用某种应对策略。针对以上结论，教练应根据相关人际压力源，关注男性和女性青少年运动员可能使用的不同应对策略的有效性。最后，Anshel

(2010) 发现：由于不同文化和比赛具有不同的文化规范和习俗，应对风格通常也有所不同。为来自不同文化和参与不同比赛的运动员提供咨询服务时，运动心理学顾问应留意上述应对差异。

各类压力应对方法

其他现场程序也有助于运动员应对比赛压力。但此类方法并非依靠科学和实证研究所得，而是来自于运动员的应用经验（Kirschenbaum，1997；Weinberg，1988，2002）。运动员可根据自身情况选择能发挥最大效力的策略。

- 开始感觉紧张时微笑。紧张时，简单而有效的提示方法为微笑，因为微笑时不会生气或不安。微笑可缓解焦虑情境。此举有利于运动员正确看待事态，从而忘记紧张并愉快地参加比赛。
- 玩得开心，享受情境。技能非常娴熟的运动员表示自己能感到享受和愉悦。例如，讨论过程中，四次奥运金牌得主 Al Oerter 表示："我喜欢参加奥运比赛。它能表明我训练的意义所在。"同样，优秀的网球运动员 Billie Jean King 声称："我喜欢压力、挑战，这些都会让人觉得兴奋；我选择站在这里！"享受比赛情境还有助于避免年轻运动员失去热情。尝试全面看待输赢并专注于享受过程，而不是过多考虑结果。
- 练习时设置压力情境。在模拟压力下练习可为应对实际压力情境做好准备。随着运动员越来越习惯在压力情境下比赛，运动员因其而受到的消极影响将会越来越小。许多方法可用于在训练期间制造压力。某些大学的篮球教练邀请学生观看训练，要求他们尖叫和倒喝彩，从而使运动员知道在对手主场比赛时观众针对其制造干扰为何种状况。有时，橄榄球教练告诉球队"比赛"时间仅剩 2 分钟，他们位于己方 20 码线（约合 18 米）处，以 2 分之差落后，且尚留两次暂停机会，进攻方必须成功实现射门得分。训练时设置此类情境的效果得到了 Oudejans 及其同事（Nieuwen-buys & Oudejans，2010；Oudejans & Pijpers，2009，2010）的经验实证支持，上述研究人员发现：在焦虑状态下训练和培训有利于未来在压力情境下提高表现。
- 减速并从容完成动作。许多运动员提到，当其感觉沮丧和愤怒时，他们的动作速度开始变得过快，似乎应对所有愤怒和压力的最简单方法即为加快速度并完成任务。例如，网球运动员和高尔夫球运动员焦虑时易于加快击球速度。相反，另一些运动员两次击球之间的间隔时间过长，使其表现受到思维影响而降低。如果你制订了高度一致的预击例行程序，且无论在任何情境和压力下，均在每次高尔夫球比赛击球或网球比赛发球之前定期完成例行程序，则你能更好地找到平衡点（见第 16 章）。
- 始终专注于当前动作。通常，思考业已发生的事情或者可能会发生的事情只会徒增焦虑。毫无疑问，因刚刚失手的高飞球而忧虑对于下一次接球毫无裨益。事实上，担忧将促使你更为焦虑并失去更多接球的机会。同样，考虑下一次得分或击球时可能出现的状况也只会增加压力和焦虑（见

世界级教练使用的应对策略

大多数应对研究主要针对运动员，但是教练常常也不得不应对高度紧张的情况，特别是优秀教练。Olusoga 等人（2010）针对优秀教练调查了应对方法，并发现其主要应对方法可分为以下几类：

- 组织和规划。提前规划；与运动员、其他教练以及家长沟通；有效管理时间；休息以再次积蓄能量。
- 心理技能。全面看待事情、训练积极自我对话、控制可控因素以及使用放松方法。
- 支持。让自己身边围绕支持人群、咨询其他可信任人群以及与朋友和家人共度美好时光。
- 消遣。抽出时间以培养自己的兴趣并训练。
- 经验和学习。持续自我教育、运用自己的运动员经验以及以前的教练经验。
- 维持积极的教练和运动员关系。始终为运动员腾出时间、采纳运动员的观点以及了解每一名运动员。

第 16 章以了解专注于当前动作的方法）。

- 准备缜密的比赛计划。犹豫不定将带来焦虑。做出决定时压力重重，而在一场比赛或竞赛过程中，运动员和教练需做出成百上千次决定。想一想篮球控球后卫、橄榄球四分卫、高尔夫球运动员、棒球投手、网球运动员或足球运动员每次比赛必须做出多少决定。但是若已准备好具体的比赛计划或策略，则更为容易做出决定。例如，对棒球投手来说，在球场上决定从后方如何投球通常压力非常大。但是，如果执行了某些赛前侦察工作，则当投手落后于某些击球手时，对如何实现最佳投球就可以胸有成竹。

使用觉醒诱导方法

目前为止，我们重点讲述了缓解过度焦虑的焦虑管理方法。但是，有时你也会感觉昏昏欲睡且无精打采，这种情况下，必须让自己振奋。如果你对某个对手过于掉以轻心，最终他可能让你大吃一惊。有时，在比赛的最后阶段你感觉精疲力竭，有时，你觉得自己的康复训练毫无作用。不幸的是，教练常常在此时不恰当地使用各种振奋或激励策略以让运动员振作并参加比赛。关键在于如何促使运动员处于最佳觉醒水平，而诸如激励性谈话和励志演讲等手段通常导致运动员过度觉醒。如果需要唤起觉醒，则应在知悉最佳觉醒状态的基础上执行唤醒任务。觉醒不足的某些行为、感觉和态度信号如下：

- 动作缓慢，尚未准备就绪
- 心不在焉，容易分散注意力
- 不关心表现结果
- 不抱希望或缺乏热情
- 感觉双腿沉重，难以跳起

你无须体验上述所有迹象。但是，此类迹象越多，你越可能需要提高觉醒。虽然上述感觉可随时出现，但其通常说明你在身体上或心理上尚未为比赛做好准备；或许你休息不够、运动量过大（即过度训练）或当前对手非常弱。当你越早发现此类感觉，越能及时让自己恢复正常状态。我们在此提供一些帮助运动员产生更多活力并激活自身系统的建议。注意：这些主要为个人策略（部分可更改为团队策略）而不是诸如团队目标设置、公告栏、媒体报道以及激励性谈话那样的团队激励策略。

- 加快呼吸速度。呼吸控制和注意力集中有助于产生动力和缓解紧张，而快速深呼吸易于激活神经系统并使其加速运转。你还可在每次吸气时说出“能量吸入”且在每次呼气时说出“疲劳呼出”。
- 假装受到激励。当你感觉无精打采且动作缓慢时，假装受到激励有助于恢复活力。例如，为了让自己精神抖擞，在发球或接球之前，网球运动员通常会上下跳动。许多运动员喜欢在比赛开始之前跳绳或进行短距离慢跑以“消除不安情绪”。
- 使用情绪相关词和积极陈述。思维无疑可影响身体。说出或思考情绪相关词（例如：强大、向前、坚强、活泼、感动、快速、速度、努力）可发挥激励和振奋作用。积极自我陈述也可让自己受到激励。例如以下陈述：“坚持下去”、“我会成功”、“继续前进”和“坚强点”。
- 大喊和大叫。完成诸如举重等耗费力气的强有力动作时，许多运动员会大喊、大叫或发出咕哝声。Welch 和 Tschampl（2012）的研究发现，此种使用武术的方法即是所谓的运用丹田之气。丹田之气始于丹田，然后往上贯穿于胸腔，最后从嘴中发出。其并非仅由声带和喉部发出的尖叫或大叫，而是源自于身体深处最后通过喉部发出的声音。研究结果表明，运用丹田之气的群体（包括专业运动员和新手）在握力动作方面的表现明显较佳。
- 听音乐。比赛前聆听激励型音乐是一种获取能量的方式，许多运动员在比赛前用耳机听音乐。Bishop、Karageorghis 和 Loizou（2007）的研究发现，比赛前，运动员通过有意识地选择音乐可调节各种情绪状态，包括调动情绪和提高觉醒。英国体育与训练科学协会的专家陈述（Karageorghis，Terry，Lane，Bishop，& Priest，2012）以及关于音乐和训练的文献评论（Karageorghis & Priest，2012）都说明存在以下趋势：
    - 音乐降低努力感知（自感劳累分级）以减轻约 10% 的训练强度。
    - 音乐由自己还是实验者选择并不重要。
    - 无论训练强度如何，音乐均可发挥减轻强度的作用。
- 使用激励型表象。表象是产生积极感觉和激发能量的另一种方式（见第 13 章）。表象是指想象能成功激励自己的事情。例如，一名短跑运动员可想象一头猎豹在草原上疾驰，一名游泳选手可想象自己像鲨鱼一样从水中穿梭而过。
- 进行赛前锻炼。当运动员感觉动作稍微迟缓时，有时他们会在表现之前训练和实施拉伸动作以让自己振奋。通常赛前锻炼发生于运动员上场之前的 4 ～ 10 个小时。

目前为止，我们已讨论了个人激励战略，

但是有时教练可能必须激励整个团队。当该团队所遇对手明显较弱，整个团队认为可以理所当然赢得比赛时，可能尤其需要激励整个团队。较为经典的两种激励团队的策略为：设定团队或个人表现（注意力并非仅集中于赢得比赛）目标（在第 15 章中进行了更为详细的讨论）以及开展激励性谈话。设定目标有助于保持较高的团队士气。例如，一个非常受欢迎的橄榄球团队可能不考虑得分而是通过设定某些团队目标［例如：将对手压制在 70 码（约合 64 米）线内奔跑、每次带球的平均距离为 5 码（约合 4.6 米）以及不允许擒抱四分卫］以维持紧张氛围。而激励性谈话数年来已得到了广泛应用，其中最著名的可能为圣母大学橄榄球队比赛中场休息时 Knute Rockne 开展的“为 Gipper 赢一场球”谈话。许多教练尝试过模仿此类激励性谈话，但是由于此类演讲适用于需要成功激励所有运动员的时候，而大多数情况下并不应当如此，所以当代研究观点对此方法提出了质疑。然而，许多教练并未停止使用激励性谈话。“激励性谈话：应用前景”为成功发表赛前演讲提供了指南。

激励性谈话：应用前景

对团队运动教练而言，在赛前或中场休息期间开展谈话是一种艺术，与制订攻防策略或比赛战术一样微妙。有时宁缺毋滥，而有时则不是。

Knute Rockne 通过引用明星运动员 George Gipp（其已于多年前因感染而逝世）的遗言而创造了现代激励型谈话。当时，圣母大学队即将与实力相当强的陆军队比赛，Rockne 告诉其球队：“去世的前一天，George Gipp 让我不到绝望的境地千万不要放弃，然后要求圣母大学队冲出去为他打败陆军队。今天就是他所说的那一天，而你们就是这支球队。”圣母大学队最终以 12 比 6 赢得比赛，从而实现了“为 Gipper 赢一场球”。

现代激励性谈话的形式多种多样。例如，绿湾队以 3 比 21 落后于底特律队时，传奇教练 Vince Lombardi 于中场休息期间走入更衣室。队员们担心其情绪爆发，但是 Lombardi 仅说了这么一句话：“勇士们，我们是绿湾包装工队。”绿湾队最终以 31 比 21 赢得比赛。Urban Meyer 担任佛罗里达大学队的教练时，某次其球队即将与肯塔基队进行比赛，但其感觉球队整体士气不高。Urban Meyer 便让助理教练在房间内四处扔东西，从而使运动员变得兴奋并精神振奋。多年以前，在某场比赛开始之前，巴尔的摩小马队的著名四分卫 John Unitas 向其球队成员说道：“多说无益。”便径直走出了更衣室。

曾在几所重点大学中担任教练并取得成功的 Lou Holtz 就激励性谈话提供了一些指导：

- 为球员制订计划。告诉你的球员你想要赢得比赛是不够的。你必须为其制订有关赢得比赛的蓝图。
- 让球员相信他们能够赢得比赛。正如其他所有人一样，球员需要建立信心。
- 不要撒谎。在教练对其球员撒谎时，他已失去球员的尊敬。
- 做你自己。球员会发现虚伪的你。
- 运用幽默。你可以通过团队成员笑的方式了解其态度。切勿动辄谈论生死，因为这样会导致球员紧张。

学 习 助 手

总结

1. **了解如何提高对觉醒状态的自我意识。**

对运动员而言，控制觉醒程度的第一步是发觉竞技运动中导致运动员产生焦虑的情境并知道如何应对此类事件。为此，运动员可以回想其最佳表现和最糟糕表现及其在此类时间段的感受。此外，在训练和比赛期间使用检查清单监测感受是很有帮助的。

2. **运用躯体、认知和多模式焦虑降低技术。**

有许多技巧可缓解运动和训练环境中产生的焦虑。应对躯体性焦虑最常用的技巧是渐进式放松、呼吸控制和生理反馈。最常见的认知焦虑缓解技巧包括放松反应和自生训练。运用各种技巧的多模式焦虑管理有认知—情感压力管理和压力免疫训练。最后，催眠作为焦虑缓解技巧以及其他心理技能提升方法，最近越来越受重视。

3. **确定应对竞争压力的策略。**

两种主要应对策略分别是问题中心应对和情绪中心应对。问题中心应对（例如：目标设定或时间管理）指努力改变或管理造成压力的问题。情绪中心应对指调控对压力问题的情绪反应。运动员可通过一系列应对策略有效地应对比赛过程中的未预见事件。

4. **讲述缓解焦虑的现场放松技巧。**

除某些完善且经仔细考虑的结构化技巧之外，现场技巧也有助于运动和训练参与者应对焦虑感。此类现场技巧往往促使参与者牢记其参加运动是为了体验和享受快乐。

5. **理解匹配假设。**

匹配假设提出，焦虑管理技巧应与特定焦虑问题相匹配。换言之，认知性焦虑应通过心理放松应对，而躯体性焦虑则应通过身体放松应对。

6. **确定提高竞争中觉醒程度的技巧。**

有时必须提高能量水平。呼吸加速、表象、音乐、积极自我陈述和精力充沛的行为均有助于提高觉醒程度。调控自身觉醒程度确实是一项技能。为完善该项技能，你必须系统地练习觉醒调控技巧，尽可能将其融入常规练习中。

复习题

1. 论述渐进式放松的三个基本原则，并就这一技巧的使用做出一般说明。
2. 讲述放松反应的四个要素。如何使用放松反应？
3. 生理反馈如何运作？举出生理反馈的应用实例。
4. 论述认知—情感压力管理的四个阶段。
5. 通常在什么情况下使用情绪中心应对？什么情况下使用问题中心应对？
6. 优秀的奥运会运动员常使用哪五种应对策略？

7. 讲述用于缓解现场焦虑和紧张的三种策略。
8. 催眠对运动表现有何影响？
9. 论述系统脱敏法放松程序如何使用，并提供一个相关实例。

深入思考

1. 你作为教练正在为参加两周后的总决赛做准备。你知道，在团队首次进入总决赛的情况下，部分球员将感到紧张和焦虑。但也有些球员属于慢热型，在比赛开始时看上去无精打采。为促使球员做好总决赛准备，你将采用哪些技巧和策略？
2. 回想你在比赛前感到焦虑的时刻以及焦虑对你产生消极影响的时刻。现在，你了解所有有关焦虑和压力管理技巧以及某些具体应对策略的信息。如果你再次处于同样情况下，你会怎么做？为什么这么做？

第 13 章

表 象

学习完本章后，您将能：

1. 定义表象；
2. 讨论表象在提升运动表现方面的有效性；
3. 讨论运动员使用表象的地点、时间、原因和内容；
4. 讨论影响表象有效性的因素；
5. 说明表象如何工作；
6. 讨论表象的用途；
7. 说明如何制订表象训练计划；
8. 说明何时使用表象。

多年来，运动员一直借助心理训练以提高其运动技能。事实上，在体育与训练心理学领域，心理训练（如此命名以将其与体能训练相区分）由来已久，且已在多种情形下对与心理训练相关的大部分文献进行了总结回顾（Cumming & Williams，2012；Richardson，1967a，b；Weinberg，1981，2008）。在过去的二十年里，研究者已不再将精力全部集中于一般意义上的心理训练，而是优先对有关体育与训练的表象的潜在用途和有效性进行系统研究。高尔夫界最优秀的运动员之一 Jack Nicklaus（1974，p.19）说明了他是如何运用表象的：

> 每次挥杆之前我的脑海里就会像放电影一样。以下是我所看到的情景。首先，我看到美好而洁白的高尔夫球静静躺在我希望其最终停在的位置，由闪闪发亮的绿茵草高高托起。然后，我看到球到达终点位置的过程，包括其路径和

轨迹甚至其落下的方式。下一个画面则是保证前两个画面变成事实的挥杆动作。这些脑海中闪现的画面是保证我专注于每次挥杆并采取正确方式的关键。

显然，Nicklaus 认为实际挥杆之前在其脑海里彩排击球是获得成功的关键。他曾说过，如果想要实现完美击球，10% 取决于挥杆，40% 取决于姿势和装备，而 50% 取决于在脑海里形成如何实现挥杆的图像。二十世纪八九十年代，多届金牌得主 Greg Louganis 反复提到其完成每个跳水动作之前均会使用表象。想象完美的跳水可帮助其建立信心，并为其在各跳水阶段基于其姿态调整身体细微部分。以下内容引自 18 次金牌得主和 22 次奥林匹克获奖者 Michael Phelps，他也强调了表象的重要性：

每次参加奥林匹克选拔赛之前，我都会想象许多画面。我认为此举有助于我提前感觉赛场上的情景。

Nicklaus、Louganis 和 Phelps 是众多运动员中少数几位长期使用表象以提高表现的运动员。虽然运动员独自使用表象，但教练也明白表象在提高表现方面的重要性。从著名足球教练 Alex Ferguson 先生（曼彻斯特联队前任经理）的话中可看出这一点：

我总是试图在辅导期间加入表象训练，强调运动员需要在其脑海里构想画面，并想象自己如何针对不断变化的比赛形势产生创造性的影响。

随着支持运动与训练设定相关表象有效性的科学证据的增多，越来越多的运动员和受训者开始使用表象以提高表现，并使自己在运动与训练设定方面具有更加愉悦的体验。我们将在本章讨论表象在运动与训练方面的使用以及提高其有效性的因素。许多人对“表象”一词存在误解，故而本章从定义表象开始。

什么是表象?

您可能听说过有关运动员比赛时做心理准备的几个术语，包括想象、心理预演、象征性彩排、暗中练习、表象和心理练习等。这些术语均涉及在头脑中创建或重新创造体验。这一过程是指，回忆存储于记忆中的经验相关片段并将这些片段组织成有意义的图像。这些片段实际上是记忆的产物，是通过回忆和重构以前发生的事件而在内心形成的一种体验。实际上，**表象**是一种模拟，其与真实的感官（如视觉、触觉或听觉）体验类似，只不过整个体验过程仅在头脑中进行。

> **要点** 表象可重新创造积极体验或想象新事件，为表现做好心理准备。

我们使用表象以重新创造体验。您是否曾观看过优秀的高尔夫运动员打球而试图模仿其动作呢？去上健身课之前，你是否会提前在脑海里回顾一下有氧舞蹈的相关舞步和音乐呢？因为我们可记住上述事件并重新创造相关画面和感觉，因此，我们能够完成上述活动。我们还可想象（或设想）尚未发生的事情。例如，肩部受伤的运动员虽然尚处于康复期，暂时不能抬举胳膊，但她可想象自己双臂高举超过头顶。许多足球运动员会设想自己在球场上驰骋，想象自己完成某些动作或传球、射门。同样，许多橄榄球四分卫观看自己将面对的对手的防守视频，然后通过想象观看自己使用特定攻击方式和策略攻破具体防守队列的画面。网球名将 Chris Evert 总是在内心仔细演练比赛的每个细节，包括对手的风格、策略和击球选择。以下为 Evert 关于如何使用表象做好网球比赛准备的描述：

> 每次参加比赛之前，我会试着在内心仔细排演可能发生的状况以及在某些情况下我将如何反应。我会根据对手的打球风格设想自己的典型技术得分点。我看到自己从底线处打出近球和深球，如果获得一个回球，则跑至网前。此举有助于让我在心理上为比赛做好准备，甚至在我踏上球场之前，我感觉自己已完成了本场比赛。

表象可以且应该涉及尽可能多的感官。即使当表象被称为“想象”（视觉感受）时，动觉、听觉、触觉和嗅觉均可能非常重要。因为**动觉**涉及以不同体位移动时身体的感觉，所以动觉对于提高运动表现尤为有用（MacIntyre & Moran，2010；Moran & MacIntyre，1998）。使用多种感觉器官有助于创造更为生动的画

Tim Dominick/The State/MCT/Photoshot

表象有助于运动员针对困境做好准备，以保证其可处理比赛期间出现的各种情况。

面，从而可保证体验更具真实性。正如 Tiger Woods 所说："你必须看到击球并且双手感觉到整个击球过程。"

让我们讨论一下作为棒球击球手可以使用的各种感官。当投手将球投出且球射向本垒板时，使用**视觉**看球。使用动觉以获悉球棒的位置，并在适当的时候转移重心以施展最大力量。使用**听觉**以听取球棒击打棒球的声音。还可使用**触觉**以获得将球棒握在手中的感觉。最后，可以使用**嗅觉**来闻闻新修草坪的味道。

除了使用感官以外，学会将各种兴奋状态或情绪与想象体验相关联也非常重要。通过表象重新创造情绪（如焦虑、生气、高兴或痛苦）或思维（如信心和注意力）有助于控制情绪状态。在一个案例研究中，某个冰球运动员曾对裁判对其发出的裁定不服，导致其生气、情绪失控而不能专注于执行任务。该运动员按照指令想象自己遭受非常糟糕的裁定，然后使用提示词"专心打球"以将注意力集中于冰球。同样，如果某个有氧运动受训者常常忘记特定的动作序列，则其可能产生消极想法并失去信心。但是通过使用表象，她可在内心排练动作，如果确实犯错，则为自己积极提供指导性评价。

通过仔细回顾文献，Cumming 和 Williams（2012）确定了表象过程中的五个关键特征：

- 形态。表象过程中使用的感官有听觉、视觉、触觉、嗅觉和动觉。
- 视角。采用的视角为第一人称（内在）或第三人称（外在）。
- 角度。使用外在视角开展想象时的观看角度有上方、后方、前方或侧面。
- 执行者。想象中行为的发起人或实施者可以是自己或其他人。
- 有意。有意或自发（如触发）实施表象的程度。

表象的效果

为确定表象是否可确实增强表现，运动心理学家查看了三种证据：轶事报告、案例研究和科学实验。**轶事报告**或人们针对单独事件发表的报告数量众多，以 Jack Nicklaus、Michael Phelps 和 Chris Evert 的评论为例。有许多优秀的运动员和国家级教练都将表象纳入其日常培训方案，而更多运动员报告称使用表象有助于受伤后康复。美国奥运训练中心开展的研究（Murphy，Jowdy，& Durtschi，1990）表明，100%的运动心理学顾问和 90%的奥运选手使用某种形式的表象，而且这些运动员中的 97%认为表象有助于其提高表现。此外，94%的奥运教练在培训中用到表象，20%的教练在所有训练课程中均使用表象。根据 Orlick 和 Partington（1988）的报告，99%的加拿大奥运选手使用表象。多年来，这些百分比基本保持一致。

尽管轶事报告可能是证明表象有效性最引人注目的证据，但其也是最不科学的。一个更科学的方法为使用**案例研究**，即研究人员在一段时间内密切观察、监测并记录个体的行为。案例研究证明了表象的有效性，例如针对射门得分球员开展的案例研究（Jordet，2005；Titley，1976）。Wakefield 和 Smith（2011）则研究了表象对力量表现的影响。最近，研究人员采用了**多基线案例研究**（如仅针对少数人员进行长时间研究，同时通过多项评估以记录行为和表现变化)，发现了表象对提高表现、建立信心和抑制焦虑等其他心理变量（如，Evans，Jones，& Mullen，2004；Post，Muncie，& Simpson，2012）均可产生积极的作用。其他许多研究都集中于**心理干预一揽子计划**——此为使用各种心理干预（例如，自我对话、放松、注意力集中培训）以及表象的方法。例如，Suinn（1993）采用了被称为视觉运动行为演练（VMBR）的技术（该技术综合使用放松和表象)。针对使用 VMBR 的滑雪者的研究表明，滑雪所用肌肉的神经肌肉活动增强；空手道运动员使用 VMBR 时，也同样出现了表现提高现象（Seabourne，Weinberg，Jackson，& Suinn，1985)。对于将表象视为心理干预一揽子计划中某一环节的其他研究，虽然不能将表现提高的原因全部归功于表象，但其结果显示高尔夫球手、篮球运动员、铁人三项选手、花样滑冰运动员、游泳运动员和网球选手的表现均有提高（Thelwell，Greenlees，& Weston，2010；Weinberg & Williams，2001)。最后，定性研究（Hanton & Jones，1999b；MacIntyre & Moran，2007；Munroe，Giacobbi，Hall，& Weinberg，2000；Thelwell & Greenlees，2001）也显示表象和表现之间呈正相关。

以上科学实验证据令人印象深刻并清楚地表明了在学习和实施运动技能方面表象的价值（Feltz & Landers，1983；Martin，Moritz，& Hall，1999；Morris，Spittle，& Perry，2004；Murphy，Nordin，& Cumming，2008；Weinberg，2008)。目前，针对不同能力水平在许多运动项目方面均开展了上述研究，包括篮球、足球、皮划艇、田径、游泳、空手道、滑降、越野滑雪、排球、网球和高尔夫球等。

体育中的表象：地点、时间、原因和内容

现在我们知道，运用表象可提高表现。近期更多研究（特别是关于运动表象问卷的研究）表明某些表象使用细节有助于从业者设计表象培训方案。

运动员在什么情况下想象?

表象主要用于训练和比赛；与训练相比，运动员在比赛中持续使用表象的频率较高（Munroe，2000；Salmon，Hall，& Haslam，1994)。有趣的是，虽然表象研究主要针对训练情境（如使用表象以加快学习)，但运动员使用表象以提高表现（如有效竞争）的情况较为多见，特别是在比赛前。因此，教练可能希望重点教导运动员在训练期间适当使用表象，以便运动员可在比赛和训练中自己正确使用表象。

运动员什么时候想象?

研究表明（Hall，2011)，运动员在训练之前、期间和之后、训练时间以外（在家、学校、工作）以及比赛之前、期间或之后均使用表象。某些研究表明，运动员在训练时间以外使用表象的频率甚至高于其在训练内的使用频率。有趣的是，根据运动员的报告，其在比赛前使用表象的频率高于其在比赛期间或比赛后的使用频率，而在训练期间使用表象的频率则高于其在训练之前或之后的使用频率。看上去

在训练和比赛后表象并未得到充分利用。这一点令人感到非常遗憾，因为在训练后，运动员的脑海里应清晰浮现出生动的表现画面，这有助于提高运动员在训练或比赛刚结束时的表象效能。

研究人员还建议运动员在养伤期间使用表象。但是，研究表明运动员在比赛和训练期间使用表象的频率高于其在受伤后康复期的使用频率。在使用表象促进康复时，应将重点集中于康复和开展康复训练的动机。目前已确定在受伤后康复期使用表象有各种益处（包括加速伤口愈合），所以应更关注表象。

运动员想象的原因是什么?

在确定参与者和受训者使用表象的原因时，我们应区分内容和功能。内容是指一个人想象的内容（如辛苦锻炼后感觉肌肉放松），而功能是指一个人想象的原因（如：为了感觉放松）。讨论个人想象的原因时，我们着重于讨论功能。为了在此方面提供帮助，Pavio（1985）将表象的功能分为两类，即动机和认知。Pavio表示，表象在调节行为方面可发挥认知和动机两种功能，且任一功能均可针对一般或特定行为目标（图13.1）。

针对特定动机，人们可使用表象想象特定目标和目标取向型行为，例如赢得某项特定比赛或因表现优秀而接受恭贺。事实上，表象可帮助个人设定特定目标，并帮助个人坚持训练以实现目标（Martin，Moritz，& Hall，1999）。实证检验证明，应将一般动机表象分类为一般控制动机表象和一般觉醒动机表象。想象表现优秀以保持自信是一般控制动机的一个示例，且实现积极性和注意力集中被视为一般控制动机表象的潜在结果。Mattie 和 Munroe-Chandler（2012）发现一般控制动机表象可持续准确预测心理坚韧性。正如使用表象有助于实现放松和控制（Page，Sime，& Nordell，1999），使用表象以“做好心理准备并提高觉醒”（Caudill，Weinberg，& Jackson，1983；Munroe，2000）是一般觉醒动机的一个示例。通过调查上述不同类型的动机型表象的有效性，Nordin 和 Cumming（2008）发现特定动机表象是帮助运动员维持信心和保持注意力集中的最有效方法。但是，三种动机型表象对增强动机均具有效力，一般觉醒动机和一般控制动机均可用于调整觉醒（如做好心理准备和保持镇定）。

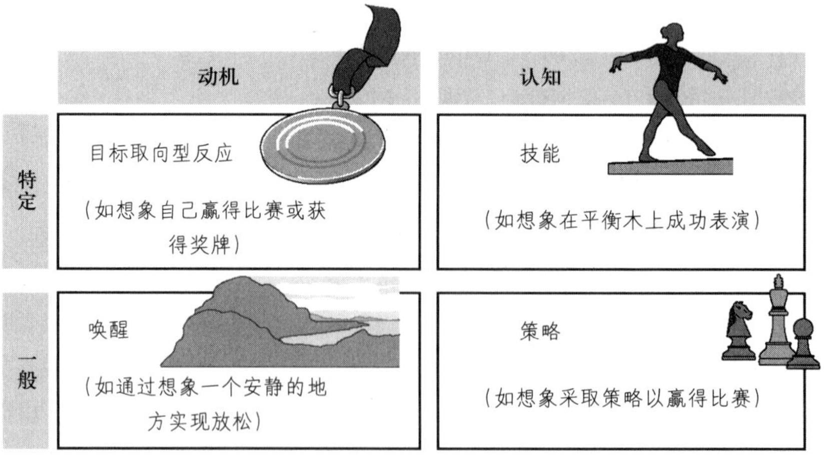

图 13.1　表象的认知和动机功能

Adapted, by permission, from A. Pavio, 1985, "Cognitive and motivational functions of imagery in human performance," *Canadian Journal of Applied Sport Sciences* 10: 222-228.

特定认知表象侧重于特定运动技巧的表现，而一般认知表象则是指回忆整个比赛计划、比赛策略以及比赛的例行程序。按照上述原则，研究（Nordin & Cumming，2008）表明特定认知表象为学习和开发技能、运用技能和提高表现的最有效方法；一般认知表象是学习和开发策略以及实施策略的最有效方法。应注意的是，应将此类心理训练视为实际训练的补充，而不能取代实际训练。

Short 和 Short（2005）完成的某项有趣研究表明，表象功能可能因运动员而异；即不同运动员观看相同画面时形成的表象各不相同。因此，制订表象脚本时，应确保运动员可使其发挥积极功能。例如，某个运动员觉得获奖压力很大，所以其可能将获得奥运会金牌视为威胁，而不是动机。

运动员想象的内容是什么?

各类研究人员（Munroe，2000）已准确调查单个运动员的想象内容和方式。研究结果涉及想象的四个方面：运动员比赛的环境画面、画面的正面性或负面性、表象类型（视觉、动觉、听觉和嗅觉）以及运动员用于创建表象的视角（内在或外在）。

环境

许多运动员报告其想象比赛环境（如比赛场地、观众），此行为并非罕见之举。因为想象比赛环境可提高画面的生动性和真实性，所以运动员在运用表象以准备参赛时常常想象比赛环境。一名越野跑运动员对此类表象进行了如下解说：

> 晚上在睡觉前，我思考着整个比赛路线……我躺下来……想象从开始到结束整个路线的每个部分以及山丘的位置。

表象的性质

大量研究将表象分为积极表象或消极表象。根据报告，积极画面大多用于训练期间和比赛前。例如，某个运动员报告其使用表象的方式：

> 训练期间，我想象美好的地方和美好的事物，不想其他。然后我就可以专注于时长为半小时的训练。

根据报告，消极画面多出现于比赛期间，如：

> 有时我会想象在打高尔夫球时击球失误。猜猜会发生什么？我往往确实会击球失误。

虽然表象研究侧重于产生积极画面，但是有时表象（特别是消极画面）可能对表现产生不利影响。在接受直接采访时，35% 的运动员、25% 的教练以及 87% 的运动心理学家举出了表象妨碍表现的实例。使用下列各种表象时可能产生不利影响，应仔细监测这些情况（Murphy，2008；Murphy & Martin，2002）：

- 造成过度焦虑的表象
- 将注意力转移至无关因素的表象
- 不可控制且引导参与者想象失败或出错的表象

比赛之前，运动员可使用表象以想象比赛环境。将场景视觉化可创建现实感更强的表象。

▶ 导致运动员自负和自大的表象

我们常常告诉自己不要做某事。但是此举会产生积极影响还是消极影响呢？ Beilock 等人（2001）研究了抑制表象的问题（试图避免具体错误，如“不要想象出现双发失误的情况”）。结果显示使用积极表象的小组准确度提高（不论表象使用频率）。但是，使用抑制表象的小组（告诉参与者不要想象击球未达到球洞和超过球洞的情况），在每三次推杆前想象一次时准确度提高，而在每次推杆前都想象时准确度降低。即使使用积极画面代替此类消极画面也无济于事。上述结果与 Ramsey、Cumming 和 Edwards（2008）的研究结果一致。Ramsey 等人发现，与促进性表象（想象自己成功推杆进球）相比，抑制表象（不要去想将球打入草地旁的沙坑）产生的推杆表现相差甚远。他们证明，仅提及沙坑即可提高运动员对于沙坑的意识，而这种意识降低了其注意力集中度。告诉自己不要想象某些不希望出现的事情，实际上这一想法反而增加了你想象此类事情的可能性，并妨碍了实际表现。

Cumming 等人（2006）开展的研究着眼于结合了自我对话的积极或消极表象如何影响表现。研究人员发现，处于促进性表象和促进性自我对话环境中的参与者的表现提高，而处于退缩性表象和退缩性自我对话环境中的参与者的表现降低。目前，需开展进一步研究以确定实现最佳表现所需准确的表象与自我对话组合。

最后，Post 和 Wrisberg（2012）针对体操运动员的表象体验开展了定性访谈调查。体操运动员讨论了控制其表象的速度、如何更正自己意外生成的消极或失败表象、表象的多感官性质、响应和刺激的使用（稍后在本章中说明）、比赛前如何通过表象做好心理准备以及如何将身体动作与表象融为一体等。有趣的是，某些体操运动员报告称自己在实际运动期间使用“快照”表象描绘了自己即将发挥的技能。体操运动员还使用表象以准备将注意力转移至下一个动作部分。

表象类型

研究人员发现，运动员使用四种类型的表象（视觉、动觉、听觉和嗅觉），其中视觉和动觉表象的使用频率最高，且两者的使用范围相同。但是，这并不代表听觉和嗅觉表象不重要。例如，职业网球运动员针对听觉表象的评论如下：

> 如果你真的设想某事，你应当可以感觉到声音，因为不同的击球会发出不同的声音。打出削球与上旋球时球发出的声音不同。声音非常重要。如果你能想象反手削球时发出的声音，你会发现它与上旋球发出的声音不同。你听到这种声音，它会刻在你的脑海里。

Farahat、Ille 和 Thon（2004）将使用视觉（如观看视频）学习新任务的有效性与通过动觉（如蒙住双眼伸展双手时手臂悬空的感觉）学习的有效性进行对比。结果显示，视觉表象组的表现明显比动觉表象组好，而两个表象组的表现都比控制组好。因此，最佳方法（若可能）是将视觉和动觉信息与想象技能结合，以最大程度地提高表现。

表象视角

运动员通常采用内在或外在视角以观看其表象（Mahoney & Avener，1977）。所用视角取决于运动员和情境。以下进行简单说明。

使用**内在表象**时，运动员想象自己利用自身优势发挥技能。就好像在脑部安装了一台摄影机，你只观看如同实际发挥特定技能时看到的场景。例如，作为一个垒球投手，可看到位于本垒板上的击球手、裁判、手持球、接球手的目标，但是并不能看到游击手、二垒手或任何其他超出正常视觉范围的事物。因为内在表象是从第一人称视角出发，画面强调运动感觉。作为一个垒球投手，你可感觉双手抓球、向后引臂时胳膊的拉伸、重心转移以及最后放松后胳膊的舒展。

使用**外在表象**时，从外在观察者的视角观看自己，如同自己身处某部电影内。例如，如果棒球投手从外在视角想象，则其不仅可看到击球手、接球手和裁判，还可看到所有其他外野手。因为投手只能观看自己的表现，所以几乎不会关注该动作的动觉感受。

初步研究表明，优秀运动员喜欢从内在视角使用表象，但是其他研究结果尚不能支持本观点（Hall，2001）。关于表现结果，外在和内在表象之间并无较大差异。此外，因为个人想象场景之间以及不同人想象场景之间存在很大差异，所以实际上，很难将参与者严格定义为内在或外在想象者（Epstein，1980；Mumford & Hall，1985）。事实上，Murphy 等人（1990）调查的大部分奥运选手均表示其既使用内在表象，也使用外在表象。

Hardy 及其同事（Hardy，1997；Hardy & Callow，1999；White & Hardy，1995）声称任务差异可影响视角的使用。他们认为外在表象对主要取决于成功发挥的技能的习得和表现影响较大，而内在视角对主要取决于成功完成感觉和预感的任务的习得和表现影响较大。Hardy 和同事提供了某些初步数据以支持其任务（如体操、空手道和攀岩运动）相关观点（Hardy & Callow，1999），但是其他数据显示，所执行任务类型不同时，表象视角并无区别（Cumming & Ste-Marie，2001）。

总之，随着从开放式运动（有时间压力、环境变化；如篮球）到封闭式运动（无时间压力、环境稳定；如高尔夫球）的连续变化而发生变化的运动可能受到内在和外在表象的影响（Munroe-Chandler & Morris，2011）。例如 Spittle 和 Morris（2007）的研究表明，内在表象可能对封闭式运动更为有利，而外在表象可能对开放式运动更为有利。毫无疑问，需要开展更多研究以解决这一问题。

虽然相关研究结果并非决定性的，但通过回顾文献可知：相比外在表象，使用内在表象时，在想象活动中肌肉产生水平更高的电活动（Hale，1994）。内在表象似乎更容易产生运动感觉、感觉运动，类似于实际表现技能。

总之，大部分人交叉使用内在表象和外在表象。一名奥运艺术体操运动员报告："有时你从摄相机的视角观看情景，但是大多情况下，我从内在视角观看情景，因为这才是即将发生于比赛中的事。"最重要的是获得清晰且可控制的画面，无论其来自于内在视角或外在视角。

影响表象效果的因素

在使用表象以提高表现的过程中存在多个决定性因素。注意这些因素有助于实现最大表象效力。

- 任务性质。多年研究表明，主要涉及认知能力的任务（如做决定和感觉）可通过使用表象训练获得最佳积极效果（Feltz & Landers，1983）。运动员通过这种练习可考虑任务内容以及如何克服潜在障碍，并可演练技能的时间和空间规律性。例如，为了正确决定结束快攻，篮球控球后卫可想象自己跑起来并注意攻击和防守运动员的变换位置。但需注意的是，经证明，表象对各种任务均有效，而不是只对包括主要涉及认知和决策环节的任务有效。关于离散或顺序运动（如高尔夫球运动）和连续运动（如游泳）的研究也表明了表象具有积极效果。
- 运动员技能水平。实验证明，表象可显著提高初学者和经验丰富的运动员的表现，且经验丰富的运动员所取得的效果更佳（Hall，2001）。此外，经验丰富的运动员使用表象的频率似乎更高（Arvinen-Barrow，Weigand，& Thomas，2007；Gregg & Hall，2006）。表象有助于初学者学习成功发挥技能相关的认知要素。例如，体育老师演示排球发球后，她可以让学生想象自己发球。对于经验丰富的运动员，表象似乎有助于提高技能和做好快速决策和感知调整的准备。

要点 运动员的任务性质和技能水平影响表象提高表现的程度。将表象用于初学者和技能娴熟的运动员均可以获得积极效果。

- 想象能力。影响表象有效性的最重要因素可能是个人使用想象的能力。研究表明，个人使用想象的能力越强，表象的效率越高（Issac，1992）。例如，Robin 及其同事（2007）发现，在网球界，想象能力较高的运动员与想象能力较低的运动员相比，前者的击球水平（开放技能）提高更快。良好想象能力主要涉及画面的生动性和可控性。此外，Gregg 等人（2011）认为，既然表象具有多种用途和多种形式，应使用多种方法评估表象。运动员使用特定表象的能力越高，则其使用此种表象的频率越高。使用表象是一种技能，因此，人们可通过训练提高表象的生动性和可控性（Rodgers，Hall，& Buck-holtz，1991；Wakefield & Smith，2011）。最后，在普通心理学文献里，常常通过重点论述临床和正常人群之间的差异来研究表象。MacIntyre 等人（2013）认为，应通过着重调查使用表象能力较高的运动员以研究体育中的运动表象，从而可充分帮助我们理解表象过程。
- 使用表象与日常训练。需将表象纳入运动员的正常身体训练。但是，表象不可取代日常训练。综合使用身体训练和心理训练时，如果心理部分占用了身体训练的时间，则其效果不会比单独使用身体训练更佳（Hird，Landers，Thomas，& Horan，1991）。但是，与压根不使用心理训练相比，心理训练确实可以提高表现。受伤、疲劳或训练过度的运动员可使用表象以代替身体训练。我们可将表象视为身体训练的维生素补充剂——可提高运动员表现的物质（Vealey & Greenleaf，2010）。
- 人格。一直以来人格特征被视为心理准备的基础。因此，人格可影响运动员心理技能的使用效率（Hardy，Roberts，Thomas，& Murphy，2010）。虽然某些研究发现人格和其他心理机能（如目标设定）之间存在一定关系，但是迄今为止，唯一一项侧重于人格和表象关系的研究运用了自恋人格变量（Roberts，Callow，Hardy，Woodman，& Thomas，2010）。自恋的定义一般为“自大、需要赞美且缺乏同情心的普遍模式”（美国精神病学协会，2000，p.714）。结果表明，对自恋者来说，使用外在表象比使用内在表象更能提高表现。研究人员推测，因为外在视角允许自恋者观看自己表演，所以外在表象可帮助自恋者关注自己。但目前需要开展更多研究以调查其他人格特质对表象有效性的影响。

表象如何工作

仅想象成功越过高杠、网球运动中完美发球、胳膊伤口愈合或高尔夫球比赛时推杆进球，如何能切实帮助运动员实现这些目标呢？我们可通过记忆生成与实际体验获得基本相同的信息；因此，想象所用时间与真实或实际体验所用时间相差不大时，可对我们的神经系统产生影响。根据 Marks（1977）所述："在我们的心理意识上，想象的刺激因素和感觉与真实的刺激因素地位相似。"运动心理学家们针对此现象提出了五种解释。正如 Munroe-Chandler 和 Morris（2011）所述，虽然尚没有一种理论能对表象研究和训练中获得的所有不同研究结果进行明确的解释，但是每种理论均可阐明推动表象形成的机制及其提高表现的原因。

心理神经肌肉理论

心理神经肌肉理论的创始人为 Carpenter（1894），他提出了表象的**观念运动原则**。根据这一原则，由于想象期间神经肌肉活动模式被激活，表象可加快运动技能的学习。也就是说，在一定程度上，生动的想象与实际练习动作对肌肉的刺激相同。这些轻微的神经肌肉刺激与实际表现时产生的刺激相同但是强度较低（事实上，刺激可能太小导致实际上不能产生运动）。

支持此现象的第一个科学证据由 Edmund Jacobson（1931）提供，据其所述，参与者想象中的弯曲胳膊动作对胳膊屈肌产生了较小的肌肉收缩影响。运动员想象滑雪场景时，Suinn（1972，1976）监测滑雪运动员腿部肌肉的电活动状态。结果表明，滑雪运动员想象期间肌肉活动发生了变化。当滑雪运动员想象其完成难度较大的滑行任务时，肌肉活动也较大。Guillot 及其同事（2007）发现，参与者想象与实际举哑铃肢体训练相关的举哑铃活动时，根据肌电图显示，其九块上臂肌肉均受到了刺激。而且，与参与者想象举起较轻的物体相比，参与者想象举起较重的物体时，肌电图活动更大。

当你生动地想象完成动作时，你使用着与实际完成动作时类似的神经通路。让我们以试图实现完美高尔夫球挥杆为例，想象的目标在于保证挥杆动作尽可能流畅自然。为了实现本目标，你想象将一桶球提至高尔夫球场并练习挥杆，试图达到自动化。事实上，你正在强化与高尔夫球挥杆动作相关的肌肉控制神经通路。不过，虽然某些研究支持表象工作方式的这一解释，但有其他研究表明，肌肉产生的电活动不能反映实际完成动作时的活动模式（Slade，Landers，& Martin，2012）。仍需开展更多研究，以根据心理神经肌肉理论证实表象确实按照预测中的方式发挥作用。

Murphy（2005b）指出，通过使用正电子发射断层扫描和功能性磁共振成像等新技术，我们可将安静休息的某人脑海里浮现的画面与其想象（如，400 米竞赛）时脑海里浮现的画面相对比。这些画面表明，人们使用表象时大脑皮层的某些区域比他或她休息时要活跃。Decety（1996）发现，个体设想自己开始运动时，大脑各个区域都变得活跃，包括准备动作时的运动前区皮层，开始动作时的前额叶皮层以及以特定顺序完成动作步骤期间的小脑。更有趣的是，视觉感知过程中使用的许多大脑区域在视觉表象期间同样得到使用，这说明表象与实际视觉共享某些相同的脑机制和脑回路。这些都是令人振奋的新进展，指向进一步研究以证明表象实际改变生理机能进而提高表现的方式。

Williams、Cumming 和 Balanos（2010）

发现，个人理解表象脚本的方式影响其生理反应。特别是，如果个人认为某个压力源是一种挑战或威胁，则心率、每搏输出量和心输出量均会增加。如果个人认为脚本不会引起变化，则其生理上不会发生任何变化。这表明，我们想象的内容和方式对生理反应均可产生重要影响。

符号学习理论

Sackett（1934）认为，表象可帮助个人了解其运动。他提出的**符号学习理论**认为，表象可发挥编码系统的作用以帮助人们理解和掌握运动模式。也就是说，个人通过了解需要实施的行为以成功执行这些行为——个人在中枢神经系统创建运动程序时，内心已经形成成功完成动作的蓝图。例如，在网球双打比赛中，如果运动员了解其搭档击球时的移动方向，就能更好地部署自己的击球方式。

文献（Driskell，Cooper，& Moran，1994；Feltz & Landers，1983；Feltz，Landers，& Becker，1988）回顾表明，相比较多涉及肌肉运动的任务（如举重），使用表象的参与者持续执行主要与认知相关的任务（如橄榄球四分卫）时，其完成情况更好。当然，大多数运动技能涉及肌肉运动和认知两个方面，因此，表象在帮助运动员提高各类技能方面都可发挥很大作用。

生物信息论

关于表象效果的最佳理论解释可能要数Lang（1977，1979）的**生物信息论**。基于假设（想象是按照功能存储于大脑的一系列有组织的命题），该模型认为，想象描述主要包括两种陈述：刺激命题和反应命题。刺激命题是描述带有想象场景的特定刺激特征的陈述。例如，一名参加大型比赛的举重运动员可能想象观众、待举起的举重杆、场外或坐或站的人们。反应命题是描述想象者针对特定场景的反应的陈述，旨在引发生理活性。例如，使举重运动员准备举杠铃时感觉手中的重量、跳动的

反应命题对比刺激命题：Lang的生物信息论

为了实现最佳效力，表象脚本应同时包含刺激命题和反应命题，但是重点在于反应命题。以下为两种命题的分别示例。

侧重于刺激命题的脚本

在一个美丽的秋日，你参与某个培训计划，跑向离家不远的一条街道。你身穿亮红色田径服。你奔跑时看到被风吹落的树叶缓缓飘落在邻居的草坪上。送报纸的女孩骑着自行车从你身边经过，你一时恍惚，突然转弯才得以避开前方路面上的坑洞。迎面跑来另一个跑步运动员，与他擦肩而过时你微笑着打招呼。

侧重于反应命题的脚本

在一个爽朗的秋日，你参加赛跑训练，跑向离家不远的一条街道。当你大口吸气时，你感觉冰冷的空气进入你的鼻腔和咽喉。你跑起来轻松而顺利，你感觉疲劳但愉悦，心脏在用力地跳动。你感觉腿部肌肉有点疲劳，特别是小腿和大腿的肌肉。你感觉双脚拍打在地面上。跑动时，你感觉到身上温热的汗水。

心脏和稍微绷紧的肌肉，此为一个反应命题。

关键的一点是，反应命题是 Lang 的理论内想象结构的基本组成部分。本质上，想象不仅是在人的头脑里形成刺激以做出反应。与仅包含刺激命题的表象指令相比，包含反应命题的表象指令可引起更大的生理反应（如心跳加快）（Cumming，Olphin，& Law，2007；Cumming & Williams，2012）。表象脚本应同时包含刺激命题和反应命题，从而比单独使用刺激命题的情况更容易创建生动想象。

三重编码模型

最终模型进一步指出，表象模型还必须包含个人想象的意义。具体来说，Ahsen（1984）提出的表象**三重编码模型**强调理解作为表象重要部分的三种影响，这三种影响统称为 ISM。第 1 部分是指想象（I）本身。Ahsen（1984）表示："想象代表外在世界，其目的在于实现一定程度的感官感受，以允许我们如同正在与现实世界进行互动一样与想象进行互动。"第 2 部分是指躯体反应（S）：想象行为导致身体发生的心理生理变化（此观点类似于 Lang 提出的生物信息论）。表象的第 3 部分（在其他模型中经常被忽略）是想象的意义（M）。根据 Ahsen 的观点，每一次想象对想象者都具有一定重要性或意义。使用同一组表象指令时，任何两个个体都不会产生相同的表象体验。

从 Murphy（1990）针对花样滑冰运动员的描述（要求运动员放松并集中注意力，以"看见一个闪闪发亮且充满能量的球体，然后把这些能量全部吸入体内并完全吸收"）中可发现个体差异。一名运动员想象一个发光的能量球体"在胃部爆炸并把身体炸出一个大洞"。另一名运动员则想象能量球体"刺得我睁不开双眼，导致我开始滑冰时都看不到前行方向，一头撞上了冰场的墙壁"。Ahsen 的三重编码模型承认想象对个人产生的强大现实感，并鼓励我们针对个体寻找想象的价值。

心理学解释

虽然没有完全成熟的理论，但已提出许多心理学解释以说明表象的影响。例如，基于**注意力觉醒设置**的观点认为，表象是有助于达到最佳觉醒程度的预备定势。最佳觉醒程度可使运动员将注意力集中于任务相关线索并忽略与任务无关的线索。

从心理学的角度说明表象有效性的第二种观点认为，表象有助于获得可提高表现的关键心理技能，如增加信心、提高注意力集中度以及减少焦虑（Munroe-Chandler & Morris，2011）。例如，某个高尔夫球运动员曾由于紧张且被观众分散了注意力而失去了一次推杆进球的机会。现在，他设想自己深深吸气，完成推杆预击流程，对推杆进球满怀信心。通过表象，他看到自己身体下沉、完成推杆、并赢得了比赛。

通过帮助运动员专注于积极结果（提高以前的表现水平或在比赛中表现突出），表象还可发挥动机功能。受训者可想象完成表现极佳的训练后身体变得更为清瘦而强健，运动员可想象赢得比赛并在脖子上挂上了金牌。

总之，这五个理论或解释——心理神经肌肉理论、符号学习理论、生物信息论、三重编码模型和心理学解释——均认为表象可在生理上和心理上帮助运动员制订计划。各类解释均有相关研究支持。表象应被看作关于如何执行技能的强大心理蓝图，可帮助实现快速准确的决策、增强信心并加强注意力集中度。此外，表象也可增加肌肉的神经肌肉活动，有助于运动员更为顺利而流畅地完成动作。如Moran（2004）提出的，综合上述理论，说明表象可被视为模拟大脑知觉、运动和情绪的中枢调节认知活动。因此，可通过使用表象以不同方式获取活动的认知、生理和心理成分。

表象的用途

在许多方面，运动员都可使用表象以提高身体和心理技能。表象的用途包括集中注意力、增强动机、树立信心、控制情绪、理解和练习运动技巧和策略、准备比赛、处理疼痛或损伤以及解决问题。

- 提高注意力集中度。通过想象自己在某些情况下想要做什么和如何反应，可防止出现思维不集中的现象。你可先想象自己处于常常可导致注意力分散的状态（如打篮球时原本可轻松投中却出现偏差、在有氧舞蹈班上课时忘记舞步，或者踢足球时传球失误），然后想象自己保持镇定并将注意力集中于接下来的训练或舞步。Calmels、Berthoumieux 和 d'Arripe-Longueville（2004）的研究表明，对于接受表象使用相关培训的国家级垒球运动员，无须增加其训练量和缩小注意力范围，即可提高其综合处理外在刺激的能力。表象让运动员更为高效而有选择性地处理相关刺激，有助于促进知觉过程以及切实训练视觉系统（Michelson & Koenig，2002）。而且，表象可提高对竞争性线索的觉察，有利于更加快速地做出决定以及促进个人或团队策略的执行（Hale，Seiser，McGuire，& Weinrich，2005）。
- 增强动机。表象有助于增强参与动机，特别是对于训练课程。例如，人们发现按时参与有氧舞蹈班训练的人员经常使用表象，以观看自己的体形变得更为健康且匀称（Hausenblas，Hall，Rodgers，& Munroe，1999）。此外，调查表明表象可通过添加重复进行单调训练的目的而增强动机。例如，老年妇女进行反复向上伸展训练时，其想象自己伸手摘苹果时比不使用任何表象时完成的次数要多。调查还显示，从运动员视角观看自己获得成功（如使用表象想象自己获得金牌）可增强参赛动机。
- 建立信心。例如，如果你比较担心自己最近在排球比赛中的发球，可想象一记猛击实现准确发球以建立自信。如果观众开始起哄表示对裁判针对主场球队的裁定不满而动摇了裁判的信心，裁判可想象自己已控制好情绪、继续充满信心以公正执行后续比赛的判罚。一项研究表明，与不自信的运动员相比，极为自信的运动员使用控制表象（如“在充满挑战的情况下想象自己成为了焦点”）和觉醒表象（如“想象竞争带来的刺激”）的频率较高，而且其使用动觉和视觉表象的能力也较高（Moritz，Hall，Martin，& Vadocz，1996）。此外，Nordin 和 Cumming（2005）发现，退缩性表象（消极表象）对自信心产生消极影响，而促进性表象的积极影响低于预期。一般来说，积极表象可增强信心。特别是 Callow 和 Waters（2005）发现，动觉表象（强调运动、力量、努力和空间感等感觉的表象）可提高运动信心。而且，不同类型的表象都对于建立、维持或重获信心十分有效，但是一般控制动机表象为表象中使用频率最高的方法（Ross-Stewart & Short，2009）。

▶ 控制情绪反应。如果运动员感觉没精打采，可使用表象以提高觉醒程度（如给自己“打气”），如果运动员觉得过于“紧张”，也可使用表象以减轻焦虑。按照这些原则，运动员在参加重要比赛之前，如果觉得过于疲劳，身体不听使唤，对此，田纳西州大学已退休的成功篮球女教练 Pat Summitt 会使用表象以实现放松。但研究也显示：比赛状态下产生的焦虑可能是促进性焦虑，也可能是退缩性焦虑。因此，在赛前准备遇到困难的运动员应使用觉醒表象（即将焦虑视为促进性焦虑），而认为焦虑是难题的运动员（即将焦虑视为退缩性焦虑）应使用表象以控制觉醒并减少焦虑（Mellalieu，Hanton，& Thomas，2009；Vadocz，Hall，& Moritz，1997）。此外，还可使用表象调动积极情绪和加强竞争性体验的乐趣（McCarthy，2009）。Williams 和 Cumming（2012）的研究显示了在威胁和挑战情况下，表象对压力评估的影响。他们为两组人员准备相同的表象脚本（使用刺激和反应命题），只不过挑战组将任务视为一种挑战（他们拥有完成

Rich Graessle/Icon SMI

在不舒服或高度紧张的情况下可使用表象以建立自信。

任务所需的资源），而威胁组则将任务视为一种威胁（他们不具备完成任务所需的资源）。结果显示，威胁组表现出更多认知性焦虑，其焦虑表现为更具退缩性、感觉控制能力较弱、认为自身表现将比挑战组差。因此，本研究说明表现之前可使用表象以改变特定情况下的压力评估，从而获得更多与成功表现结果相关的心理反应。

- 习得、训练和纠正运动技能。最常见的表象用途是训练特定运动技能。运动员练习打高尔夫球时推杆进球、摔跤时将对手摔倒、投掷标枪、在平衡木上完成例行动作或游泳时采取仰泳等，全部存入其脑海。你可以借助表象训练技能以实现精益求精，或可指出不足并想象纠正不足之处。体育老师可让学生在排队等候上场时想象自己正确完成后滚翻。健美操导师可让学生在实际尝试表演动作之前边听音乐边想象一系列动作（图 13.2）。此类训练可视为某种形式的预演或回顾。参与者可期望和设想在即将来临的比赛中自己将如何表现，或者运动员可回顾以前的表现，重点回顾表现特别好的具体动作。最后，对于日常程序、动作或运动模式，运动员也可使用表象检测和纠正错误。

图 13.2　想象是练习运动技能的方式

- 习得和练习策略。对于团队或个人运动，可使用表象训练和学习新策略或回顾替代策略。例如，四分卫可想象不同的防守及可采用的对应战术。曲棍球守门员可想象三名球员汇集于球门处时，他该如何应对此类局面。为了在心理上准备好击球，Hank Aaron（空前优秀的本垒打击球手）常常想象各种投球情况，如某个特定投手可能向其投球及可以处理此类投球的策略。
- 准备比赛。表象是比赛前保证运动员实现最佳表现的最常用准备方法。此类准备工作的表现形式可以是运动员想象即将参赛的场地，或者其表现环节（如准备登上平衡木）以提高注意力集中度。
- 应对疼痛和损伤。表象有助于加快伤口愈合并防止技能退化（Ievleva & Orlick, 1991）。运动员往往难以忍受长时间不能参赛。但是，如果运动员没有自怨自艾，而是想象自己参加训练演练，则可促进康复。此外，Guillot、Tolleron 和 Collet（2010）发现，表象有助于提高灵活性，而灵活性有助于运动员快速康复。
- 解决问题。人们可使用表象发现或解决表现中存在的问题。表现水平达不到以往水平或预期水平的运动员可使用表象严格检查表现的各个方面，以发现潜在混杂因素。例如，如果某个体操运动员难以完成地板动作的某个具体方面，则她可想象自己当前在做什么，并与其过去成功完成动作时所实施的行为相对比。

有效表象的关键

与所有心理技术一样，个体需通过练习以习得表象技能。某些参与者擅长使用表象，而其他参与者甚至无法在脑海里形成画面。获得良好画面的关键因素有两个：生动性和可控性。

生动性

优秀的想象者能使用其所有感官以保证想象画面尽可能清晰而详细。在脑海里创造尽可能接近实际体验的画面非常重要。应特别注意环境细节，例如设施布局、表面质地和观众的亲密度。要体验实际比赛的情绪和思维，去感觉与表现相关的焦虑、注意力集中度、失意、高兴或生气。所有此类细节均有助于想象的表现更为真实。如果难以获得清晰而生动的画面，应首先想象自己熟悉的事物，例如房间里的家具。然后使用比赛和练习时常用的竞技场或运动场。你需要对比赛场地、看台、后台、颜色和其他环境细节均非常熟悉。Karageorghis 和 Terry（2011）建议借助不同感觉体验画面以增强表象的生动性。例如，进入室内游泳池时闻到刺鼻的氯气、你最喜欢的运动视频游戏画面、亮黄色网球、棒球撞击球棒时的声音、健身房砝码盘冰冷的金属表面以及在崎岖不平的道路上骑自行车时的感觉。可使

在训练中使用表象

现在，人们越来越关注训练中表象的使用（Gammage，Hall，& Rodgers，2000；Hausenblas，1999；Stanley，Cumming，Standage，& Duda，2012）。

研究发现训练中使用表象包括许多方面：

- 训练技术——有利于培养完美训练技术的想象
- 有氧运动常规动作——有助于学习常规动作的想象
- 训练环境——创造特定场景或环境的想象
- 外观想象——想象自己可能的外观状态
- 比赛结果——想象在比赛中表现优秀（如赢得竞赛、相比以往的表现进步很大）
- 健身与健康——关于改善健身与健康的想象
- 表象相关情绪和感觉——提高觉醒和兴奋度或减少压力的想象
- 训练自我效能——提供信心以维持结果的想象

这些内容表明训练表象有助于维持训练参与者的动机和自我效能信念，从而可提高在体育活动中的参与度。Stanley 及其同事（Stanley & Cumming，2010a,b；Stanley，2012）还发现了一种称为享受表象的新训练表象。使用此种表象时，参与者侧重于以往非常享受的训练。这种表象增加受训者的自主性动机并增强积极情绪。因此，应鼓励训练参与者使用表象，特别是经证明与内在动机相关的外观、技术和享受表象（Wilson，Rodgers，Hall，& Gammage，2003），以观看自己实现目标。此外，必须考虑个体差异；例如，活跃的运动员比不活跃的运动员使用外观或健康表象的频率更高，而年轻男性（18～25岁）比年长男性（45～65岁）使用训练技术表象的频率更高（Giacobbi，2007）。

用以下三种生动性训练方法以练习获取生动的画面。

- 生动性训练 1：想象家——想象你处于自家的客厅里，环顾四周并记住所有细节。你看到了什么？注意家具的形状和质地。你听到了什么声音？温度如何？空气中是否存在任何动静？你闻到了什么气味？使用所有的感官，记住发生的一切。你还可使用经常锻炼的健身房作为触发因素发动想象。
- 生动性训练 2：想象某种技能的积极表现——选择某种特定运动技能并想象自己正在完美表现技能。在脑海里反复表演技能，并想象肌肉的每种感觉和运动。例如，在发球时，一开始看到自己保持预备姿势以及对手。然后转移至你希望网球落在的地点。观看和感觉你如何进行发球动作并在适当的高度将球抛出；当你将球拍挥至脑后时，感觉你的后背仰起且肩膀伸展；感觉身体重心开始往前移，胳膊和球拍高高举起以在适当的高度和角度接球；击球时感觉你的手腕翻转；现在看到和感觉身体随球运动且重心完全向前；球正好落在你希望的落点，迫使对手回击高浮球；你跑到网前并果断地打出斜线球进行拦击。
- 生动性训练 3：想象积极表现——尽可能生动地回忆你表现最佳的一次。如果可从近期记忆里找到“最光荣的时刻”，则使用此类记忆。你的想象将涵括三种具体的回忆领域：视觉、听觉和动觉。

  首先，使用视觉回忆你表现优秀时所展现的状态。注意：与你表现较差时相比，表现优秀的你看起来完全不同。试图获得尽可能清晰的画面以观看自己表现优秀时的状态。回看成功表现时的场景（视频）有助于创造具体画面。

  现在脑海里再现你表现优秀时听到的声音，特别是自己的内心对话。你的内心对话是怎样的？你对自己说的什么？你说话的方式如何？比赛期间遇到困难时你内心的反应是什么？尽可能生动地重现所有声音。

  最后，在脑海里重新创造表现优秀时你所有的运动感觉。你的脚和手感觉如何？你是否感觉到敏捷度、速度或紧张？你的肌肉感到紧绷还是放松？应专注于表现优秀时的相关感觉。

> **要点** 使用表象时，涉及尽可能多的感觉，并重建或创建与试图完成的任务或发挥的技能相关的情绪。

可控性

实现成功表象的另一个关键因素在于学习控制你的想象，以保证想象内容在自己的控制范围以内。许多运动员难以控制其想象画面，且常常发现自己想象时重复发生错误。例如，一名棒球击球手想象自己三击未中出局；一名网球运动员想象自己两次发球失误；或者一名体操运动员想象自己从高低杠上掉落。应通过想象画面设想所期望达成的目标，而不是自己所犯的错误。实现控制的关键在于练习。一名奥运跳板跳水运动员说明了如何练习可帮助克服不能控制想象画面的情况。

我花了很长的时间才得以控制我所想象的画面并完善表象；可能用了一年。我每天练习。最开始我都看不到自己：我总是看到其他人，或者我总是看到自己跳水出错。我可能看到自己受伤，或者在跳板上出现失误，或者某些非常糟糕的事情。随着继续练习，我终于知道了如何才能看到自己在奥运会上实现完美跳水并看到观众。但我花了很长时间。

> **要点**　与选择一种舒适的方式以产生清晰而可控的画面相比，一个人使用的是内在视角还是外在视角似乎没有那么重要。

我们建议执行以下可控性训练。

- 可控性训练1：控制表现——想象执行某项曾让你难以掌握的具体技能。仔细注意所犯错误。现在想象自己完美表现技能，同时观看和感觉自己的动作。例如，篮球运动员看到和感觉自己完成完美罚球，刚好命中篮圈。现在想象一下你曾难以克服的竞争性局面。以篮球为例，你可能看到自己在比赛最后时刻的两次罚球都没有命中，导致你的球队因一分之差而落败。设想自己在两次罚球均失误后仍保持冷静。
- 可控性训练2：面对强硬的对手时控制表现——想象自己面对的是曾经难以对付的一个强硬对手。试图针对此人采取比赛时所用的某项规划策略。想象你击败对手的情景。例如，四分卫可想象不同的防守方法，并看到自己在争球线处发布正确的有声指令以组织攻击对方防守球员。确保控制自己的所有动作和决定。
- 可控性训练3：控制情绪——想象自己处于紧张、愤怒、注意力分散或失去信心的情况下（如没能实现射门得分、快攻带球

表象训练计划

Morris、Spittle和Watt（2005）和Morris（2013）强调，制订表象训练计划时需要考虑以下部分：

- 前提条件——个人因素，例如年龄、性别、技能水平、表象能力和表象使用偏好。
- 环境——情境因素，例如培训或竞争环境、噪声级别、物理位置以及开放式或封闭式技能。

另一方面，前置因素影响与结构和内容相关的以下三个部分：

- 内容——表象训练计划的实际内容，包括使用感觉形态、视角选择（内在或外在）、时间设置（慢、快或实时）、认知和动机内容。
- 预演常规动作——与执行表象培训计划相关的特征（如预演的时间和方式），包括表象持续时间、预演的频率和时间以及表象持续时间模式（从简单至复杂）。
- 提高——表象训练计划可改善的方式，例如录音文本、建模、视频或便携设备、生理反馈以及线索和触发因素。

表象培训计划实施一段时间后，执行评估以判断当前哪些部分可行和哪些部分不可行非常重要。这些评估包括形成性测试和总结性测试、与运动员的口头讨论、运动员的书面报告、自我评估等级以及运动心理学家和教练制订的运动员观察报告等。

上篮失误）。重新创造情境，特别是相应的感觉，例如，总决赛时的焦虑心情。然后使用焦虑管理策略（参见第12章），以感觉源自身体的紧张并努力控制表象里你所看到、听到和感觉到的一切。

如何制订表象训练计划

既然知道了基于表象有效性的原则且熟悉提高生动性和可控性的技巧，你已经拥有制订表象训练计划所需的基础。为了保证有效性，表象应为日常生活的一部分。应根据每名运动员或受训者的需求、能力和兴趣定制表象计划。根据参与者的具体需求进行个性化干预时，干预将发挥举足轻重的作用，并且参与者将更有可能发现令人愉快且易于操作的干预措施（Cumming & Ramsey，2009）。Simons（2000）提供了一些实用技巧，以在现场实施表象训练计划。此外，Holmes和Collins（2001）提供了一些保证表象更为有效的指导方针，因其强调以下几点，被他们称为“PETTLEP计划”：

- 身体运动性质（Physical）
- 环境细节（Environment）
- 任务类型（Task）
- 运动时间（Timing）
- 学习运动内容（Learning）
- 运动情绪（指个人）（Emotion）
- 个人视角（内在或外在）（Perspective）

Wakefield和Smith（2012）提出了模型要点，并为实践人员提供了具体建议。“实施PETTLEP表象”栏目中介绍了上述要点

实施PETTLEP表象

- 身体——运动员应采用正确的姿势、身穿与比赛服装相同（或类似）的衣服并持有比赛中使用的工具。例如，网球运动员身穿网球服且手持网球拍。
- 环境——运动员应在比赛环境下实施表象。若不可能，则可使用视频、照片或类似环境进行替代。例如，棒球运动员可站在球场的投手区内或附近想象击球。
- 任务——想象中的画面应与实际执行任务的画面一致。例如，体操运动员应准确模拟在平衡木上表现的各个细节。初学者的表象与优秀运动员的表象会有所不同。
- 时间——应实时完成表象，即所用时间与实际执行任务的时间相同。例如，如果某个花样滑冰运动员的较长表演持续3分钟，则其表象也应持续3分钟。
- 学习——表象应反映运动员的学习阶段，所以随着运动员日益精通于执行任务，表象也应发生变化。例如，篮球运动员最开始想象控球时需看着篮球，但是随着进步，他可想象控球时双眼看向对手。
- 情绪——表象应包含运动员通常在比赛和执行任务过程中体会到的情绪。例如，在踢出决定比赛胜负的罚点球之前，足球运动员可能会感到焦虑。
- 视角——运动员可使用内在视角或外在视角实施表象，这取决于运动员的偏好和技能类型。例如，篮球运动员可从内在视角观看自己投罚球，而练习基于形式的技能（对适当形式进行评分，如体操、跳水）的运动员可采用外在视角。

和建议。

测试该模型时，Smith等人（2007）发现，身着常穿的运动服且在比赛场地实施表象（如身穿曲棍球运动服并站在球队曲棍球场时发挥想象）的运动员，其表现明显比仅通过传统方式实施表象（未穿特定运动服时在家发挥想象）时更好。在第二项研究中，Wright和Smith（2007）发现，在认知任务上，PETTLEP组的表现与仅执行任务组的表现一样优秀，且比传统表象组的表现更好。上述测试结果为使用PETTLEP原则提高表象有效性提供初步支持。

开展上述初步研究后，Wright和Smith（2009）以及Ramsey等人（2010）为PETTLEP表象使用方法提供了进一步支持。在Ramsey的研究中，参与者想象足球比赛中的罚点球场景。其中一组仅使用刺激命题（如“确定射门时球的落点”）以专注于PETTLEP表象的环境和任务方面，而另一组则使用反应命题（如“当你带球走向罚球点时，你感觉腿部肌肉紧张且心跳加速”）以专注于基于情绪的PETTLEP表象。研究结果显示，两组的表现均明显好于对比组。Smith、Wright和Cantwell（2008）在研究中甚至发现：经验丰富且使用沙坑球PETTLEP表象代替某些体育训练的高尔夫球运动员的表现改善程度明显高于持续完成体育训练中所有击球动作的高尔夫球运动员。

Wright和Smith（2009）将两组人员进行对比：在想象前先放松身心的传统表象组（未参加任何体育训练）和在想象过程中通过二头肌训练器进行体能训练以确保体能对等（即保证参与者在想象过程中与实际训练过程中的体能消耗一致）的PETTLEP表象组。结果表明，PETTLEP表象组在体能训练过程中的表现明显比传统表象组好。看来，通过PETTLEP表象实现体能对等可最大限度地发挥表象对表现的积极作用。此观点得到了Wakefield等人（2013）研究成果的支持。他们经过15年的PETTLEP研究得出了如下结论：“本领域的大量研究通过各类任务和人群为PETTLEP表象效能提供了依据。”

Guillot和Collet（2008）提出了一个模型，即运动表象整合模型，有助于为表象研究和练习提供指南。该模型涉及四个特定领域和一些子领域：

- 运动学习和表现：任务特征、表象能力、持续时间和尝试次数、心理和身体训练、个人特征。
- 策略和问题解决：竞争性程序、问题解决、策略和比赛技能、运动员的目标。
- 动机、自信和焦虑：焦虑调节、增强自信和内在动机、心理准备。
- 受伤康复：疼痛治疗和愈合表象、力量增长、范围扩大、加速康复。

> **要点**　应使表象计划符合受训者或运动员的个人需求、能力和兴趣。

评估表象技能水平

开展表象培训的第一步在于评估运动员或学生当前的表象技能水平。每个人的想象发挥程度均有所不同。但是，因为表象是一种心理过程，无法直接观察，所以衡量一个人的想象能力并非易事。因此，运动心理学家通常使用调查问卷以识别表象的各个方面。表象测试始于1909年，当时，Betts的《心理表象调查问卷》首次问世，随后又出现了《动作表象生动性调查问卷》（Issac，Marks，& Russell，1986）以评估视觉表象和动觉表象。修订后的《动作表象调查问卷》（Gregg，Hall，& Butler，2010）更新了视觉和动觉动作表象评估方法。

此外，Hall及其同事（1998）制订了《运动表象调查问卷》，其中包含个人使用各种表象的相关问题（如，想象运动技能、比赛策略、保持注意力集中或可能伴随表现的觉醒）。该问卷中频率相关问题显示，运动员发现这些具体表象技术和策略极为有效（Weinberg，Butt，Knight，Burke，& Jackson，2003）。在进一步扩展该问卷时（Short，Monsma，& Short，2004），研究人员发现，最关键的是想象画面的功能，而不是内容。本质上，运动员使用表象以提高自信时，只要表象可以增强信心，表象内容其实并不重要。Gregg和Hall（2006）制订了动机表象能力的评估方法，此方法侧重于个人表象产生情绪内容的能力。最后，Williams和Cumming（2011）提出首次制订的《运动表象能力调查问卷》，此问卷使用具体运动的想象画面而不是一般动作画面以评估想象能力。上述表象问卷可用以评估表象能力和用途的各个方面；实践人员可在特定情境下选择最合适的工具。

执行表象训练计划的提示与指导原则

在收集调查问卷反馈之后，运动员和教练可确定应整合到运动员日常训练方案中的内容。表象计划无须太过复杂或繁琐，而且该计划应完全适用于个人日常训练例行程序。以下是有关执行成功表象培训计划的提示与指导原则（Vealey & Greenleaf，2010）。

在多种环境下训练

许多人认为躺在长沙发或椅子上是完成表象的唯一方式。尽管运动员可能希望在没有干扰的安静环境下开始表象训练，但是，一旦其熟练掌握表象，则其应在多种不同环境（例如：更衣室、比赛现场、训练期间、游泳池）中开展表象训练。对表象使用高度熟练的人几乎可在任何地方开展表象训练。随着技能的发展，人们应学习在有干扰的情况下（甚至在实际比赛中）使用表象。有些运动员的表象训练还要包括手握球拍、球棒或球，或行进至或站在发挥技能要求的位置（例如：皮划艇运动要求跪着，棒球运动要求到达击球位置）。

以放松的专注为目标

与单独使用表象相比，在身心放松时使用表象更加有效（Weinberg，Seabourne，& Jackson，1981）。在每次使用表象之前，运动员应通过深呼吸、渐进式放松或对其有效的某些其他放松方案实现放松。放松很重要，原因有两个。其一，放松使人忘记日常烦恼和顾虑并能将注意力集中于手头任务；其二，因为不存在与其他刺激之间的竞争，所以放松能导致更强大的表象。

建立实际期望和足够动机

有些运动员顽固地拒绝诸如表象一类的非传统训练，相信进步的唯一方式就是通过刻苦的体育训练。他们对想象一项技能有助于提升表现这一观点持怀疑态度。这种消极思考和怀疑削弱了表象的有效性。而另一些运动员相信表象可帮助其成为下一个 Tiger Woods 或 Serena Williams，仿佛表象就是点石成金的魔法棒。事实是，如果你系统地使用表象，则表象可提升运动技能。优秀运动员练习技能的内在动机通常可持续数月，甚至数年。发展心理技能时需要类似的投入精神和动机。然而，不少运动员要么消极抵触，要么好高骛远，并未投入系统表象训练中。

使用生动可控的表象

当你使用与技能发挥有关的表象时，尽可能使用你的所有感觉去感受仿佛实际发生的运动。许多奥运代表队提前数月参观实际比赛场地，所以他们可通过想象比赛场地的色彩、布局、建筑和正面看台为自己营造逼真的比赛环境。视情况移动和定位自己的身体，仿佛你正在实际发挥技能，让表象和运动感更加生动。例如：站起来并踢腿，仿佛你在实际比赛中踢球一样，而不是躺在床上想象。在比赛短暂的休息期间也可使用表象，因此，学习睁眼和闭眼想象都很重要。持续控制表象以做你想要通过表象做的事情，才能产生预期结果。

将表象用于特定情况

确保在为你个人需求定制的特定情况下使用表象。例如：如果垒球投手无法在跑垒员上垒时保持冷静，那么她应模拟击数、比赛得分、出局次数以及跑垒员人数不同的各种情况，以对此类情况下所面临压力作出强烈且稳定的身心反应。重复想象投出好球的有效性，与想象在各种不利处境下投球的有效性是不一样的。

维持积极专注

应多关注积极结果，例如：射门得分、击出安打、成功地完成动作等。人无完人，我们每次在赛场上都会犯错，所以有时使用表象确认和分析错误是有益的（Mahoney & Avener, 1977）。但也必须能够忘记失误并关注当前的比赛。应尝试使用表象以做好犯错和有效应对两方面的准备。

至于应对具体错误或过失方面，我们提供以下建议：先尝试想象错误并确定正确的应对方法，然后立即想象正确发挥技能。应重复正确应对方法表象数次，并在实际体育训练中立即遵照此应对方法行事。此过程将有助于你理解错误的本质，并找到成功发挥技能的感觉。

过失和错误是比赛的一部分，所以运动员应做好有效应对的准备。Gould 及其同事通过与奥运教练和运动员的访谈了解了做好准备应对过失和错误的重要性（例如：Gould、Greenleaf、Lauer 和 Chung，1999；Gould、Guinan 以及其他人，1999）。一位连续参加三届奥运会的运动员强调了过失应对：

> 这就好比我的脑海里随身携带了一套录像带。我偶尔播放录像带，排练比赛策略。我通常想象比赛按照我希望的方式进行，即我设定了比赛节奏并坚持按照此节奏进行比赛。但我也有其他录像带，即某人快速出击而我必须赶上他，或想象我将如何应对炎热的天气等。我甚至还有一盒“事故”录像带，在此次事故中，万事不顺，并且我受伤严重。

制订表象脚本

Williams 等人（2013）提供了有关制订表象脚本的特定指导原则。他们建议教练和运动员在制订表象脚本时考虑以下 5 条：

- 对象。特征，例如：年龄、运动、竞争水平、动机倾向和表象能力。
- 地点。训练和比赛环境，或远离训练 / 表现环境（例如：在家）。
- 时间。在比赛或训练之前、期间或之后。
- 原因。表象训练目标（例如：为应对赛前焦虑、为增强自信、为集中注意力、为增强动机）。
- 内容。表象内容，根据对象、原因、地点和时间量身定制（例如：比赛即将开场前的想法和感觉、使用的感觉形态、环境描述）。

以下是一份网球领域简洁表象脚本的示例：

你轻快地走出球场进行热身。你的击球落地动作非常流畅，很有力度。你感觉到快速向后挥拍以及随后完美的击球动作。你在球场上轻松自在地四处跑动，接住了对手发过来的所有球。当你准备过顶扣球时，你感觉手臂外侧和腰部完美伸展。过顶扣球干净利落地打在球拍的正中央。你准备发球，感觉动作流畅；你全身得到伸展并将重心转移至球上。与你预期的一样，在经过多次旋转和变速后，球正好落在发球区。

观看你自己开始比赛，发球然后进入比赛流程。想象逼迫你的对手在中路接球的强有力发球，然后果断选择快速上旋死角球进行出击。接着是长时间在底线间对打。你击球时保持球的落点靠近对手底线，但仍有可能失误。最后，你的对手击出一个短球，然后你反手击出边线削球。你的对手尝试打超身直线球，但是你已经预料到这种情况，在正确落点进行拦击，并击出快速斜线球获胜。你从中间直接发球得分，从而赢得比赛。这场比赛让你有一个好的起点，并让你产生肾上腺素，将注意力集中于比赛。当你做好准备走进球场时，你感觉身心放松且信心十足。你迫不及待地想要赢得比赛。

此时我想象自己坚持到底。

使用视频和音频

许多运动员能够十分清楚地记住其队友或经常对阵对手的形象，但是却很难记住自己的形象，因为一个人很难想象自己见不到的事物。人们从录像带中第一次看到自己时往往感觉十分吃惊，通常会问："这是我吗？"最适合拍摄的场景是运动员的训练过程，精心编辑视频（通常需要与教练或运动员磋商）以确定完美或近乎完美的技能，然后在视频中不断重复该镜头。让运动员观察指定的技能。观看影片数分钟后，可闭上眼睛想象技能。

另一种视频使用方式是为在比赛过程中特定情境下表现出色的个人制作最精彩片段视频。人们可将此类视频与表象结合使用以增强信心和动机，或提高表象的清晰度和生动性。此外，许多运动员对其自身表现进行录音。个人录音或录像制品应包括参与者熟知且对其有意义的特定语言线索，包括对比赛过程中可能发生的各种情况的特定反应。参与者还可修改录制品以满足特定需求并使用录制品为自己带来舒适感。例如：职业棒球队球员从电影中选择特定场景（例如：角色展现勇气和毅力的场景）、音乐类型、自己或其他球员的剪辑以及言论。然后，录像编辑人员根据特定建议为每位球员制作视频，让球员可在其希望的任何时候观看该视频。

Smith 和 Holmes（2004）报告称视频组或音频组中高尔夫球手的表现明显比书面脚本或对照组中高尔夫球手的表现更好。此外，Wakefield 和 Smith（2011）发现，使用视频辅助的表象有助于提高力量素质。这一点之所以如此重要，是因为已发表的研究报告中绝大多数表象干预计划都采用书面脚本。表象的呈现方式很重要，并应为参与者提供最准确的技能动觉表象（Holmes & Collins，2001）。

包括动作和结果

表象应包括技能动作和最终结果。有些运动员只想象技能动作，而不想技能结果，另一些则刚好相反。运动员必须能够感觉动作并控制表象，以便看到预期结果。例如：跳水运动员必须首先能够感受在整个跳水过程中自己不同姿势的身体，然后他们应看到自己以完全笔直的姿势落入水中。一项有趣的研究（Caliari，2008）发现，与专注于远距离的效果（例如打网球时，击球后球的轨迹）相比，专注于与动作技巧直接相关的动作（例如打网球时，球拍的轨迹）产生的表现明显更好。因此，需要使用工具的运动项目（例如棒球、网球、高尔夫球、曲棍球）的运动员应将其表象更集中于动作本身，而不是球的方向。运动员仍应将其表现结果包括在表象内，但是，关注过程最重要。

想象时机

从实际和直观的角度看，实时想象是一种合乎情理的形式。换言之，想象特定技能所耗的时间应与实际发挥技能所耗的时间相同。如果一名高尔夫球手通常的推杆前例行准备时间为 20 秒，那么他想象此例行程序所耗时间也应为 20 秒。实时想象使从表象转换至现实的过程更加简单。研究显示，总的说来，运动员更愿意选择实时表象，而不愿选择快速或缓慢表象（O & Hall，2009）。这与前文中提及的 Holmes 和 Collins（2001）模型一致，该模型赞成“如果动作准备和完成与动作表象使用同一种动觉再现，则二者的时间特征应相同”。

实际训练与表象训练的时间一致性可能受许多变量的影响，例如任务性质、表象能力、专业技能水平、任务难度、赛前例行程序以及时间等。例如，O 和 Munroe-Chandler（2008）并未发现使用慢速表象的参与者与使用正常速度表象的参与者之间存在任何表现差异，这可能是新任务造成的；而且对尝试了解动作的初学者而言，慢动作可能更有利。此外，研究（Munzert，2008）显示：与比赛时长和准确动作模式可能受对手影响的开放型任务（例如：足球运动、篮球运动）相比，实际动作与表象动作保持相同对于由运动员控制时机且不受对手影响的封闭型任务（例如：高尔夫球、花样滑冰和体操）更重要。

在全面回顾文献后，Guillot 等人（2012）发现，总的说来，实际训练时间与表象训练时间的一致性越高，表现就越好。但是，运动员往往很难实现表象训练时间和实际体育训练时间之间的一致性。为解决这一问题，研究人员建议：测量中介时间（发挥技能过程中的某些特定时间段）和总时间，以准确确定运动员可加快或减慢表象速度的时间段；让运动员将表象与对自身表现视频的观察相结合（因为视觉反馈可能提供某些动作时机的相关信息）；并让运动员在其实际发挥技能的同一比赛环境中开展想象（有助于结合表象训练和身体训练）。

何时使用表象

实际上，任何时候都可使用表象，包括训练前后、比赛前后、季后停赛期间、训练和比赛活动休息期间、私人时间和受伤康复期间。在本节中我们将说明如何在上述各时期内使用表象。Wakefield 和 Smith（2012）研究发现，运动员开展表象训练的次数越多，对表现产生的积极影响就更大。与一周想象两次相比，一周想象三次的效果更好；而与一周想象一次相比，一周想象两次的效果更好。

训练前后

系统地制订表象时间表的方式之一是在每个训练期前后将表象列入日程中。将训练期限制在 10 分钟之内，而且大多数运动员将全部精力集中于表象上的时间很难超过 10 分钟（Murphy，1990）。为在训练前集中注意力并做好准备，运动员应想象其期望表现的技能、动作序列和策略。训练结束后，运动员应回顾其使用的技能和策略。前美国国家女子足球队教练 Tony DiCicco 在训练结束后运用表象以帮助运动员建立自信：

> 在脑海里想象你表现优越的情景。如果你拥有出众的头球争抢能力，则想象自己赢得头球的争抢。如果你是一名优秀的防守队员，那么想象自己从攻击型球员手中抢断球。如果你是一名优秀的传球员，那么想象你自己传球进球。如果你的速度很快，那么想象你自己从其他球员身边跑过并接到传球。想象你自己具备的独一无二的特殊技能。正因为你具备此类技能，所以你的团队更加优秀。

比赛前后

如果运动员能准确审视其想要做的事情（包括不同情境中使用的不同策略），则表象能够帮助运动员全神贯注于即将开场的比赛。赛前表象的最佳时机因人而异，有些运动员喜欢在比赛即将开场前想象，另一些运动员则喜欢在开赛前的一两个小时内想象。重要的是，表象应适合赛前例行程序。不要勉强运动员在赛前进行想象，也不要仓促完成想象。比赛结束后，运动员可再次展示其在比赛中的成功表现并开展生动可控的想象。

同样地，在上体育课时，学生可通过想象纠正自己在发挥新学会和刚刚练习的技能时所犯的错误。学生可再次展示失败动作，想象成功表现或选择不同的策略。表象还可用于增强发挥良好的技能的模式和肌肉记忆。名人堂成员 Larry Bird 是一名优秀的射手，但是他仍然每天练习投篮。能良好发挥技能并未排除表象的使用，而且只要某人发挥技能，表象就持续有效。

季后停赛期期间

赛季与季后停赛期之间的界线通常是模糊不清的。在许多情况下，运动员会进行心脏血管调节、举重并训练特定运动技能，所以并不存在真正的季后停赛期。近期研究显示运动员在季后停赛期使用表象的次数明显少于其在赛季期间使用表象的次数，但实际上，在季后停赛期内使用表象是持续训练表象的好机会（Vealey & Greenleaf，2010）。

活动休息期间

大多数体育赛事都延长了活动休息时间，而在活动休息期间，运动员可使用表象为之后的比赛做好准备。在多数体育比赛中，在运动员完成比赛后有一定时间的停赛时间，这是使用表象的理想机会。

私人时间

运动员可在家或任何其他合适的安静场所使用表象。在训练前可能很难找到一个安静的场所，而且可能有几天运动员根本不训练。在这种情况下，运动员应尝试在家每天抽出 10 分钟的时间，以便维持其表象例行程序。有些人喜欢在睡觉前想象，有些人则喜欢在早上刚醒来时想象。

受伤康复期间

许多运动员已接受了在放松训练中使用表象的训练，以减少受伤焦虑。许多运动员还使用表象排练其在返回赛场时期望体验的行为和情绪，以此进行热身，做好重返赛场的准备。经证明，正在康复或完全康复的积极表象可促进康复。Ievleva 和 Orlick（1991）发现：正在康复和表现的积极表象与缩短的康复时间有关。（同样，晚期癌症病人也使用表象以看见自己正在摧毁和消灭癌细胞。在某些案例中，癌症得到了缓解，请参考 Simonton、Matthews-Simonton 和 Creighton 于 1978 年发表的论述。）表象还可帮助运动员（例如：长跑运动员）与痛阈战斗到底，而且表象集中于比赛和技能，而非集中于痛苦。此外，经证明，不同类型的表象在康复过程的不同阶段起效（Hare，Evans，& Callow，2008）。

> **要点** 为使表象有效，应将表象添加至每日例行程序。

各类专业人士如何使用表象

正如我们所看到的，表象可用于所有运动和活动。以下为教练和运动领域专业人士在各类活动中使用表象以提升表现的实例：

- 体育课。在完成一段时间的剧烈体育活动后，要求学生做伸展运动，坐下来并想象自己感到放松和冷静。可在学生排队等候参加活动时让其自行训练表象。
- 排球。在比赛前，预留一间安静且光线较暗的房间，以便运动员想象自己正在与特定对手进行比赛。
- 训练课。在冷静期，要求参与者想象自己想要的身材和感受。
- 篮球。训练前，让运动员想象自己在不同防御情势和进攻情势中的特定任务。
- 网球。在换场时，指导运动员想象其想要在即将开场的比赛中使用哪种策略和球路。
- 游泳。训练后，给游泳运动员 5 分钟的时间，选择一种游泳姿势并想象自己正在以完美泳姿游泳，或让游泳运动员在间歇休息时间内进行想象。

学　习　助　手

总结

1. **定义表象。**

表象是指在心里创造或重建一种体验。表象是一种模拟，需要回顾保存在脑海中有关所有体验类型的记忆片段，并使此类记忆片段形成有意义的图像。表象应以最佳方式涵盖所有感觉，不应完全依赖视觉。

2. **讨论表象在提升运动表现方面的有效性。**

通过使用轶事、案例研究和实验方法，研究人员发现：表象可提升在不同体育项目中以及不同情形下的表现。当然，必须遵循表象的有效使用原则，才能充分发挥表象的有效性。

3. **讨论运动员使用表象的地点、时间、原因和内容。**

可在多种时刻使用表象，但最典型的还是比赛前。运动员使用的表象类别包括一般认知功能（例如：使用策略）、具体认知功能（例如：使用技能）、具体动机功能（例如：获得奖牌）、一般觉醒动机功能（觉醒或放松）以及一般控制动机功能（建立自信）。运动员可构想内在和外在表象，想象正面和负面事件或其所处环境，并使用视觉、动觉、嗅觉和听觉。

4. **讨论影响表象有效性的因素。**

表象有效性受情境因素和人为因素的影响，包括任务的性质、参与者的技能水平以及个人的想象能力。

5. **说明表象如何工作。**

大量理论论述了表象是如何工作的，包括心理神经肌肉理论、符号学习理论、生物信息理论、三重编码理论和心理学解释。研究结果支持所有五种解释，且此类解释基本上都提出：生理过程和心理过程决定了表象的有效性。

6. **讨论表象的用途。**

表象有多种用途，包括增强动机、减少焦虑、建立信心、提高注意力集中度、促进受伤后康复、解决问题以及练习特定技能和策略。

7. **说明如何制订表象训练计划。**

建立动机和实际期望是制订表象训练计划的首要步骤。应在训练计划启动之前使用调查问卷等工具进行评估。基本的表象训练包括生动性和可控性训练。运动员最初应在安静的环境下以放松专注的心态练习表象。为发展应对技能，有时想象失败经历是很有用的，但运动员应重点建立积极的表象。应想象技能的发挥过程和结果，并应按照实际时间进行想象。

8. **说明何时使用表象。**

可在训练前后、比赛前后、季后赛停赛期间、活动休息期间以及私人时间使用表象。表象还有益于受伤后的康复过程。

复习题

1. 什么是表象？如何重建涉及所有感觉的体验？
2. 表象有哪三种用途？提供各种用途的实例。
3. 比较心理神经肌肉理论和符号学习理论。
4. 举出支持表象在提升表现方面的有效性的轶事和实验证据。
5. 比较内在表象与外在表象及其有效性。
6. 成功表象计划的三个基本要素是什么？它们为何重要？
7. 影响表象有效性的因素有哪些？
8. 列出运动表象的五个功能。
9. 说明 PETTLEP 表象的要素。
10. 说明实施表象训练计划时需考虑的五个组成部分。

深入思考

1. 考虑你喜爱（或曾经喜爱）的一项运动或体育活动。如果你将要使用表象帮助改进表现并提高参与性，你将如何为自己制订一个表象训练计划？该计划的主要目标是什么？为提高表象有效性，你会考虑哪些因素？
2. 作为一名训练导师，你想要在课内使用表象，但学生怀疑表象的有效性。请运用轶事、案例研究和实验证据，让学生相信表象是促使课堂体验更加积极的最佳方式。
3. 作为教练，你将如何使用本章中论述的五种表象以提升运动员在不同情形下的表现、情感和想法？

第 14 章

自信

学习完本章后，您将能：

1. 定义和理解自信的益处；
2. 论述运动自信的来源；
3. 了解期望对表现和行为的影响；
4. 说明自我效能理论；
5. 说明自信评估方法；
6. 说明教练效能的各个方面；
7. 讲述建立自信的策略。

在赛后谈话期间，运动员和教练必然会讨论自信（或缺乏自信）在心理成功（或失败）中发挥的关键作用。例如，美国职业棒球联盟王牌投手之一 Trevor Hoffman 曾经说过："自信就是一切；如果你已经开始怀疑自己，则你在比赛中的表现必然会更加糟糕。" Tiger Woods 也指出："最重要的事情是相信你可以赢得参加的所有比赛。许多运动员并未有此自信，而 Jack Nicklaus 做到了。" 尽管有可能近期表现不好，但是优秀的运动员也应保持高度自信。例如，前纽约洋基队明星游击手 Derek Jeter 曾经在低谷期（他在 2004 年的赛季中陷入低谷，但是之后从低谷中走出并在下一赛季中表现卓越）说："我从未丧失信心。这并不表示我将遇到苦难，但是我一直很自信。" 有时不只运动员有信心，其竞争对手亦然。在 2004 年末，Andy Roddick 在谈论 Roger Federer（男子网球大满贯单打冠军最多的得主）时曾说过："Federer 在休息室便信心满满。在心理上，他此刻是如此的自信。他取得成功的关键就在于那一瞬间的自信。”Federer 则就 Roddick 的上述评论给予回应，说道：“我坚信自己的能力。在过去几年内获得的最佳成绩让我感觉非常自信。在关键分上我很自信，坚信自己能再次取得成功。因此，事情自然而然变得很顺利。”（这对其他职业男性网球运动员而言并不是一个好消息，因为在 Federer 最终输给 David Nalbandian 五局之前，他已连续在 22 次决赛中获得冠军。Federer 已连续挺进 23 次大满贯赛事半决赛以及 35 次大满贯赛事四分之一决赛。）研究也显示：区分成功率高的运动员和成功率低的运动员的最稳定因素是自信（Jones & Hardy，1990；Vealey，2005）。Gould 等人（1999）发现：自信（效能）是影响运动员在长野奥林匹克运动会上表现的主要因素之一。根据上述思路，在采访多个运动项目的 63 名最高成绩获得者时，近 90% 的运动员表示自己相当自信。不论是哪项运动的运动员，优秀运动员始终坚信自身能力。以下分别是奥运会十项全能金牌得主 Daley Thompson 以及史上最强的网球运动员 Jimmy Connors 对于自信的观点。

> 我始终相信自己能做好。我知道自己能赢。虽然我也怀疑过自己，但是，在比赛前的一周或十天内，怀疑通通消失。我从未带着任何怀疑参加比赛。我始终有自信能 100% 投入比赛。而且在比赛结束时，我认为无论比赛结果如何，除尽力之外，你别无他法。
>
> ——Daley Thompson

> 不要对自己有任何负面感受。当然，你的竞争对手可能很难缠，在上一场比赛中他可能打败了你。没关系，你不可能在所有比赛中都发挥良好。但是，你一旦开始考虑这些问题，则必输无疑。我在每场比赛中都全力以赴，相信自己一定能赢。你需要做的就是这些。
>
> ——Jimmy Connors

尽管看上去仍然相信自己能够在比赛中发挥高水准，但即使是优秀运动员有时也会自我怀疑。前世界级中距离赛跑运动员 Herb Elliott 曾经说过：“我认为我的强项之一是自我怀疑。如果你非常清楚自己的弱点且充满自我怀疑，在某种意义上，这完全是一种动力。”与之类似，前中距离赛跑运动员精英 Steve Ovett 曾经说过：“我总是担心自己会辜负朋友们的期望。”迈克尔·乔丹也谈论过从失败中获得自信：

> 在我的体育生涯中，我投篮未投中的次数超过 9000 次，而且输掉了近 300 场比赛。曾经有 26 次我相信自己能投中制胜球，但是却失败了。在我的一生中，我经历了一次又一次的失败，然而，这正是我取得成功的原因。

大多数人总是在感觉自信和意识到自身弱点之间挣扎，那么，就让我们从定义自信开始。

定义自信

尽管我们总是听到运动员和受训者谈论

自信，但是自信这一术语并不好定义。运动心理学家将**自信**定义为相信你自己可以成功完成某一期望行为。期望行为可以是射门成功、遵守训练制度、从膝盖负伤中康复、发球得分或击出全垒打。其中的共同因素是你相信自己能完成任务。

尽管Vealey（1986）最初认为自信是一种性格和心态，但是，最新观点（Vealey，2001；Vealey & Chase，2008）却认为运动自信是一种取决于所使用的参考时间框架，并且可能更类似于性格或心态的社会认知观念。例如：如果我们将对今天比赛的信心与对即将来临的新赛季的信心以及与一个人特有的信心程度相比较，则信心可能存在差异。实质上，信心可能只是你今天的感觉，因此，信心可能是不稳定的（**心态自信**）；或者信心也可能是性格的一部分，那么，信心是非常稳定的（**性格自信**）。另一最新发展是，信心受特定组织文化以及体育与训练领域综合社会文化力量的影响。例如：未获得反馈可能削弱信心，而从教练处获得许多积极反馈有助于建立信心。在运动领域，某些活动被视为更适合于男性（例如：摔跤）或更适合于女性（例如：花样滑冰），这肯定会影响运动员的自信感。下文是一名大学生篮球运动员对自信以及自信的瞬变性质（有时）的描述：

> 重要的是拥有积极的心态。你知道你至少50%的投篮会落空，所以你无须仅因为连续几次投篮落空而感到沮丧。但是，我知道自己很容易很快就失去信心。因此，如果我连续几次投篮失败，我会试想因为我的成功率有50%，所以很有可能我下一次会投篮成功。如果我相信自己和自身能力，所有事情都会变得有条不紊。

如果你期望某些事情失败，则你正在创造所谓的自我实现预言。**自我实现预言**是指预测某事即将发生实际上有助于促使其发生的现象。不幸的是，这一现象在竞技运动和训练计划中都很常见。消极自我实现预言是导致恶性循环的心理障碍。想象失败将最终导致失败，从而降低自我形象并提高未来失败期望。例如：处于低谷的棒球击球手开始期望三击未中出局，从而导致自己焦虑增加，并且降低注意力集中度，而这通常会进一步导致期望降低和表现不佳。

一个克服消极自我实现预言的好例子是Roger Bannister打破赛跑比赛中每英里用时四分钟记录的故事。1954年之前，大多数人宣称在四分钟内跑完一英里（约合1.61千米）是不可能的。许多运动员的时间记录为四分三秒、四分二秒和四分一秒；但是，大多数人坚持认为在四分钟内跑完一英里在生理上是不可能的。然而，Roger Bannister却不这么看。Bannister相信自己在适当条件下可以突破四分钟，最终他确实做到了。Bannister的壮举令人印象深刻，但真正有趣的是，在下一年度，有十几名赛跑运动员在比赛中打破了每英里用时四分钟的记录。这是为什么呢？是不是每个人开始更加勤奋地训练了？当然不是，关键在于赛跑运动员终于相信人类可以在四分钟内跑完一英里。在Roger Bannister突破障碍之前，众多赛跑运动员不相信可以打破每英里用时四分钟的记录，所以一直将心理限制强加于自身。

研究（Vealey & Knight，2012）显示：像许多其他人格概念一样，自信属于多维概念。具体而言，体育比赛中的自信涉及以下几方面：

- 对个人运用自身技能能力的自信
- 对个人运用心理技能（例如：表象、自我对话）能力的自信
- 对个人运用知觉技能（例如：决策、适应性）能力的自信
- 对个人体能水平和训练状况的自信
- 对个人的学习潜能或提升技能的能力的自信

Hays 等人（2007）评估了优秀参与者的自信类型，发现了诸如相信一个人取得成功的能力（夺冠和改善表现）和相信一个人比对手优越等附加类型。这强调了优秀运动员坚信自身能力这一观念，而且与心理坚韧性文献中所述自信的重要性一致。

自信的益处

自信的特点是对成功抱有很高的预期，

在 Roger Bannister 打破赛跑比赛中每英里用时四分钟的记录时，不可能在四分钟内跑完一英里的观念也被打破了。Bannister 为其他人建立能快速跑完一英里的自我实现预言铺平了道路。

这样有助于激发个人积极情绪、促进注意力集中、确立目标、刺激进步、关注比赛策略和保持冲劲。实质上，自信可影响情感、行为和认知：

- 自信激发积极情绪。当你感觉自信时，你更有可能冷静和放松地面对压力。这种身心状态使得你在比赛结果成平局时能保持积极自信。此外，研究（Jones & Swain，1995）显示，与自信心不足的运动员相比，高度自信的运动员更加积极地理解自己的焦虑程度。这提供了一个更有效的信念系统，在该信念系统中，个人可调整促进表现的情绪。
- 自信有助于集中注意力。如果你感觉自信，则你可以自在地将注意力集中于手头的任务；如果你缺乏自信，则你会担心自己的表现或别人对你表现的看法。实质上，自信的人在运用认知时更加熟练，效率更高，并且具备更有效的注意力技能、归因模式和应对策略。
- 自信影响目标。自信的人易于确立挑战目标并主动追求目标。自信可以让你变得雄心勃勃，还可让你激发自身潜能。缺乏自信的人则易于确立简单的目标，而且不会督促自己（参见第15章）。
- 自信推动进步。一个人付出多少努力及其将坚持追求目标多长时间在很大程度上取决于自信（Hutchinson，Sherman，Martinovic，& Tenenbaum，2008；Weinberg，Yukelson，& Jackson，1980）。在能力相当的情况下，比赛获胜者通常是相信自己及其能力的

稳健运动自信

尽管大多数研究人员和实践人员了解自信在改善表现方面的重要性，但是在如何定义自信方面仍然存在一些争议。稳健运动自信概念近期出现在文献中。稳健运动自信被定义为：用于避免与竞技运动相关的持续心理环境挑战的“一套持久易适应的积极信念”（Thomas，Lane，& Kingston，2011，p. 202）。实质上，稳健运动自信由包括多种强烈且随时间推移普遍稳定的运动自信（例如：与成就、准备和技能运用相关的自信）在内的一套（而不是一种）信念组成。一名男子柔道运动员的认为：

稳健自信是指对一切都有信心，即对许多领域有信心，有信心夺冠，对准备有信心，无论如何都相信自己，相信你已经完成可能已经完成的所有事情以及相信你自己可以应对挑战。

稳健运动自信的特征包括以下：

- 多维性。稳健运动自信包括多种运动自信，例如：相信你的能力、表现结果、应对技能以及身心准备。
- 易适应性。对削弱信心的因素作出反应；在任何挫折或沉浸在自信中后有能力迅速恢复活力。
- 持久性。持久、难以改变且坚定。
- 发展性。稳健运动自信可随着时间的推移逐步发展并加强。
- 防护性。稳健运动自信可充当诸如失败、负伤、压力和期望一类的信心削弱因素的缓冲剂。
- 强烈的信念。即“你可以取得成功而且你是最棒的”这一基本信念（边缘型傲慢，而不是完全的傲慢）。

运动员。特别是对于耐力（例如：跑完一场马拉松或完成一场三小时的网球比赛）或在伤病康复过程中，这一点尤其正确（Maddux & Lewis，1995）。

- 自信影响比赛策略。运动领域的人通常是“为了赢而比赛”，或是“为了不输而比赛”。自信的运动员趋向于为了赢而比赛，他们通常不怕冒险，因此，他们将比赛控制在对自己有利的局面。如果运动员缺乏自信，他们通常是为了不输而比赛。此类运动员犹豫不决，试图避免犯错。一名自信的作为替补队员上场参赛的篮球运动员将通过得分、抢断或争得一个重要的篮板球努力赢得比赛，而一名缺乏自信的篮球运动员则试图避免犯规，以传球为例。缺乏自信的篮球运动员不甘于搞砸比赛，而且很少为球队做出积极的贡献。
- 自信影响冲劲。运动员和教练把冲劲作为决定成败的关键因素（Miller & Weinberg，1991）。能够产生积极动力是一个重要的优势，而自信似乎是此过程中的一个关键要素。相信自己及其能力的人从不放弃。他们将不利的局面视为挑战，并增强决心以应对挑战。例如 Wayne Gretzky、LeBron James、Serena Williams 和 Rory McIlroy 在前景黯淡时仍然能够显露出自信以扭转局势。
- 自信影响表现。对实践人员而言，最重要的关系可能是自信和表现之间的关系。尽管我们从以往研究中获悉自信和表现之间存在正相关关系（Feltz，1984b；Vealey，2001），但是，影响自信和表现之间关系的因素目前仍鲜为人知。我们认为，诸如组织文化（例如：高中与大学的期望）、人格特征（例如：竞争取向）、人口特征（例如：性别、年龄）、情感（例如：觉醒、焦虑）和认知（例如：成败归因）一类的因素都发挥着重要作用。

最佳自信程度

尽管自信是表现的关键决定因素，但是自信并不能压倒能力不足。自信对运动员的帮助仅限于此。自信和表现之间的关系可以用最高点偏右的倒 U 图形表示（图 14.1）。随着信心程度上升至最佳点，表现也随之得以改善，而信心自最佳点进一步增大会导致表现相应递减。最佳自信程度是指确信你可以实现自己想要努力实现的目标，并不一定表示你可以一直表现优异。每个人都有最佳自信程度，且过于不自信或过于自信都会导致表现出现问题。

> **要点**　人们在为个人而奋斗时，有时最佳自信程度会转变成自负或不自信。

缺乏自信

许多人具备成功所需的运动技能，但是

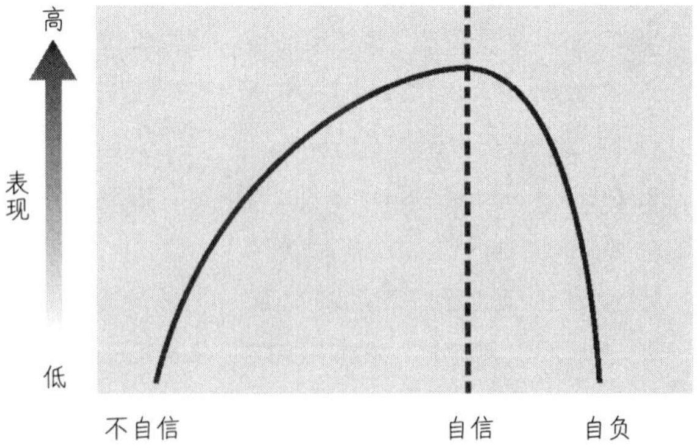

图 14.1　自信与表现关系的倒 U 图形

对于自身在面临压力时（比赛关键时刻）运用此类技能的能力缺乏自信。例如：一名排球运动员在训练时始终能够借助有力精确的落点进行扣球，但在比赛中，她的第一次扣球在过网时即被对手阻拦。于是，她开始对自己产生怀疑，并在后续扣球时变得保守且犹豫不决，从而丧失了扣球有效性。

自我怀疑不利于提高表现，它会导致焦虑、注意力不集中和犹豫不决。缺乏自信的个人关注自己的不足，而不是优势，反而分散了对当前动作的注意力。有时运动员在训练室怀疑自己从负伤中完全康复的能力。受训者经常对自身坚持定期训练计划的能力产生自我怀疑。不过，正如前文所述，对某些人而言，少许自我怀疑有助于保持积极性并防止出现自满或自负。

自负

自负的人即指盲目自信的人，更确切地说，其自信远远超出其能力保证的人。因为其相信无须做准备或付出努力即可完成任务，所以其表现降低。在一个一流团队对另一团队不屑一顾时，就容易发生这种情况。一流团队的成员认为他们所要做的就是参加比赛即可赢得比赛。但是，除非你的自信来源于实际技能和能力，否则千万不要出现自负情绪。一般而言，与其说自负是一种问题，不如说自负本身就是不自信的表现。一旦出现自负情绪，那么后果将不堪设想。20 世纪 70 年代中期，Bobby Riggs 在与 Billie Jean King 对阵时，输掉了一场著名的“性别之战”网球赛。Riggs 以这种方式说明他的失败：

> 主要是我太自负了。我高估了自己，而且低估了 Billie Jean 承受压力的能力。我之所以让 Billie Jean 选择曲面和球，是因为我认为这并不会产生任何影响，她会精疲力竭。即使她赢得第一盘比赛，我也并不担心。实际上，我尝试在自己身上下更多赌注。但是，我判断失误了，反而是我自己耗尽了体力。她开始越打越好，而我却越打越糟糕。我尝试放缓比赛节奏以阻止她的攻势，但是她顶住了压力，完成了比赛。

能力水平不同的两名运动员或两个团队进行比赛，这种情况十分常见。更优秀的运动员或团队在比赛中通常表现得比较自负。优秀的运动员如果不注重赛前准备、在比赛中表现随意，将导致其在比赛初期落后于对手。与此同时，对手开始获得信心，导致自负的运动员更难恢复状态并夺取胜利。另一种情况则是运动员佯装自负。运动员佯装自负通常是为了取悦他人并隐藏自我怀疑的实际感受。对运动员而言，向教练坦露这种自我怀疑感受更有益，教练可制订相应计划以帮助运动员消除自我怀疑并重拾自信。

Bandura（1997）认为，简而言之，自负就是失败的一种事后解释，自负并不真实存在。在输给对手之后，运动员通常辩解称其过于轻视了对手（即其过分自信），实际上真正原因只是未做好赛前准备。如果运动员赢得了比赛，则他们几乎从不会说自己尽管自负但仍然获胜。自负是否存在这一经验性问题尚有待解答。

运动自信模型

我们已经探讨了运动自信的各个方面，接下来就将其组合成一个运动自信模型（图14.2）（Vealey 1986，2001；Vealey & Chase，2008）。这一模型有四个组成部分：

- ▶ 运动自信概念。与纯性格自信或纯心态自信截然相反，运动自信被视为从更类似于性格自信连续变化为更类似于心态自信。自信是个人对于在运动领域获得成功能力持有的信念或确定度。此外，可以将运动自信理解为多维概念，包括对体能、心理技能和知觉技能、适应性、健身和训练水平、学习潜能和决策的自信。
- ▶ 运动自信的来源。有若干来源构成并影响运动自信，可将此类来源进一步归类集中于成就、自律和社会气氛。
- ▶ 运动自信的后果。运动自信的后果是指运动员的情感（A）、行为（B）和认知（C），即 Vealey（2001）的 ABC 三角。假设运动员的运动自信程度将持续与上述三个元素产生相互影响。一般而言，较高的自信程度会激发积极情绪，与有效的成就行为（例如：努力和耐心）有关，并且促进熟练有效地运用认知资源（例如：归因模式、注意力技能和应对策略）。
- ▶ 影响运动自信的因素。组织文化以及人口特征和人格特征会影响运动自信。组织文化表示运动亚文化的结构和文化方面，可能包括竞争水平、动力气氛、教练行为和不同运动计划的期望等。此外，人格特征（例如：目标取向、乐观）和人口特征（例如：性别、种族）也会影响运动自信。

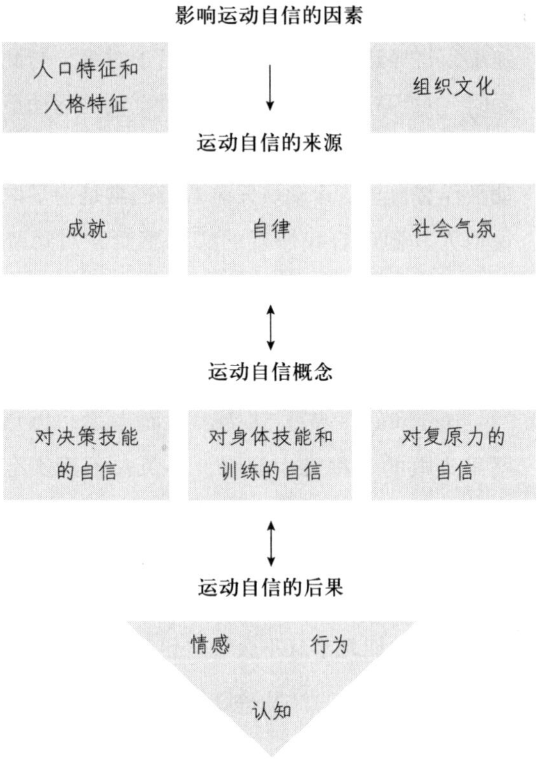

图 14.2　运动自信模型

了解期望如何影响表现

因为自信是指一个人对于成功完成某项任务的信念，所以一个人的期望在行为改变过程中发挥关键作用。研究显示，给予处于极度痛苦中的人们一块糖并告诉他们这是吗啡，其止痛效果等同于止痛片。实质上，期望对表现的强大效果在日常生活中的许多方面都是显而易见的，包括体育和训练。在逆境中保持高度期望和高度自信不仅对运动员和受训者而言至关重要，对裁判员而言也是很重要的。下文是一名职业网球裁判对期望影响表现这一观点的看法：

> 网球主裁判必须对自己充满信心，不会轻易动摇。球员如此用力快速击球且球的落点非常靠近边线，以致裁判几乎无法绝对肯定所有裁决。但是，你不能开始怀疑自己。因为一旦开始自我怀疑，你就变得无法控制比赛。你得让他们知道你对自己的裁决和自身能力非常自信，那么球员才会更加尊重你和你的裁决。

自我期望和表现

一些有趣的研究已经证实了期望与表现之间的关系。在一项研究中，所有研究对象都搭配了一个他们（错误）认为其臂力具有明显优势的人进行臂力比试（Nelson 和 Furst，1972）。引人注目的是，在 12 场比赛中，从客观上看实力较弱的研究对象（双方均相信其实力更强）赢得了 10 场比赛。显而易见，最重要的因素并不是实际力量，而是对于获得最终胜利的自信。

> **要点**
> - 对成功的积极期望能够在生活的许多领域（包括运动领域）产生积极影响。
> - 克服心理上的限制后，期望打败一个强劲的对手或成功发挥难度较高的技能可产生非同一般的表现。

在其他研究中，两组参与者认为自己将要举起的重量实际上重于或轻于客观重量（Ness & Patton，1979；Wells，Collins，& Hale，1993）。例如：之前已经举起 60 千克重量的人被告知其将要再次举起 60 千克，而实际上他需要举起 68 千克，或者反之。当参与者认为其将举起的重量较轻时，换言之，当他们期望并相信能举起该重量时，就举起了最大重量。

更多研究（Mahoney & Avener，1977）显示，自信是辨别成功运动员与不成功运动员的关键因素（Gould，Guinan，1999；Jones，1994；Mahoney，Gabriel，& Perkins，1987）。此外，Maganaris、Collins 和 Sharp（2000）报告，以为自己已服用合成类固醇的举重运动员

自信对一个人对于自己是否能够完成指定任务的信念有深远影响。

（实际上只是服用了安慰剂或糖精而已）表现更佳；反之，当举重运动员被告知其所服用物质的真实性质时，其表现下降。Greenlees 等人（2005）发现，其他运动员的行为可能影响期望。具体地说，认为对手展现积极肢体语言的乒乓球运动员对对手的印象更好。因此，与对手展现消极肢体语言时相比，运动员降低了对结果的期望程度（他们相信自己将输掉比赛）。上述研究均证实了自我期望在运动员表现中发挥的关键作用。

教练期望和运动员表现

教练期望可影响运动员表现这一观点可从一项经典研究中推断而来。Rosenthal 和 Jacobson（1968）告知教师，通过一项标准化学业能力测试，已将其班级中的某些学生鉴定为将在一学年的时间里在学业成就和智商方面获得巨大进步的“大器晚成”者。事实上，这些孩子是随机选定的，没有理由表明其在学业方面将表现的比同班同学更好。但是，在该学年结束时，与其他孩子相比，这些孩子确实在智商分数上进步更大。Rosenthal 和 Jacobson 认为，错误的测试结果导致教师期望目标学生表现更佳，从而导致教师给予此类学生更多关注、鼓励和教导（有关教师给予学生反馈的视频可证明这一点）。因此，这些学生的表现和行为符合教师对其成为聪明学生的期望。

> **要点**　你对他人的期望不仅能影响你自己的行为，还能影响他人的感受与行为。

针对体育课堂（Martinek，1988）和竞技运动环境（Chase，Lirgg，& Feltz，1997；Solomon，Striegel，Eliot，Heon，& Maas，1996）的研究也显示，教师和教练的期望可以改变学生和运动员的表现。此类研究显示：主教练为寄予厚望的运动员提供的各类反馈更多，而且与其他运动员相比，这些运动员也给予教练更多肯定。此外，教练期望是运动员表现的一个重要预测因素。Becker 和 Solomon（2005）研究发现，美国大学体育协会篮球主教练将运动员的勤奋、对教练的认同、学习意愿、对运动的热爱以及遵从意愿视为确定运动员能力最重要的项目；这些都是心理属性。有趣的是，诸如身体素质、协调能力和敏捷度一类的生理属性并未列入教练用于判断运动员能力的前十大项目。因为部分教师和教练任由其期望影响自己与学生和运动员之间的互动，而其他教师和教练则没有，所以并不是在所有情况下都会出现这个过程。在运动中发生的一系列事件可以说明期望与表现之间的关系（Horn，Lox，& Labrador，2001）。

第一步：教练寄予期望

教练通常会对运动员和团队寄予期望。有时，这些期望来自于一个人的种族、体型、性别或社会经济状况。这些期望被称之为**个人线索**。只用个人线索判断运动员的能力必定会导致错误期望。有意思的是，研究（Becker & Solomon，2005）显示心理特征是教练判断运动员能力的最重要因素。这可能是因为教练相信，处于该竞争水平的运动员通常都能控制与之匹配的体能水平，因此，真正区分两名运动员的反而是心理因素。但教练也会考虑**表现信息**，例如：以往成就、技能测试、训练行为以及其他教练评估等。

通过评估200多名教练，Solomon（2008a，2010）发现，这些个人因素和表现信息可归为四类，分别是训练能力、体能、团队精神和成熟度。通过上述信息来源可以准确地评估运动员能力和潜力，不会产生任何偏差。但是，错误期望（不论是过高还是过低），尤其在错误期望难以改变时，通常会导致教练采取不恰当行为。不幸的是，研究已经发现教练往往不会改变其对运动员的最初期望（Solomon，Golden，Ciaponni，& Martin，1998）。这就引出了一系列事件中的第二步。

第二步：教练期望影响行为

在行为方式不同的教师和教练之中，如果教师和教练对特定学生或运动员寄予过高或过低期望，则其行为通常可归类为以下类别之一（Solomon，2008b；Solomon、DiMarco、Ohlson和Reese，1998）：

教练与运动员互动的频率和质量

- 教练在其寄予厚望的运动员身上花费更多时间。
- 教练对其寄予厚望的运动员展现更多热情和积极影响。

指导次数与质量

- 教练降低对部分运动员学习技能的期望，从而制订较低的表现标准。
- 教练允许其寄予较低期望的运动员花费相应较少的时间在训练上。
- 教练并不坚持向其寄予较低期望的运动员传授高难度技能。

反馈类型与频率

- 教练在其寄予厚望的运动员成功表现之后给予更多鼓励和赞扬。
- 教练向其寄予较低期望的运动员提供有益反馈（例如：在运动员表现欠佳后给予赞扬）的次数较少。
- 教练给予其寄予厚望的运动员更多指导型信息反馈。

除所提供反馈的类型、数量和质量之外，教师和教练还可通过其创造的环境类型展示其期望。当教师创造一个以任务或学习为取向的环境时，学生不会感受到任何高低成就者的差别待遇。但是，当教师创造一个注重表现的结果取向型环境时，学生将感到教师喜欢高成就者，而对低成就学生的态度截然相反（Papaioannou，1995）。

例如，在排球比赛期间，尽管这一球并不适合扣球，而且奇拉（教练对其寄予厚望）并不在网前，但是，奇拉仍然尝试扣球。虽然扣球下网了，但是教练说："奇拉，干得不错。不过你要试着再跳高一点，这样你就可以在网的上方触球。"而当珍妮（其教练对其寄予较低期望）在同样情况下扣球时，教练却说："珍妮，你所处的位置不合适扣球。坚持那样扣球的话，你永远都没法得分。"

第三步：教练行为影响运动员表现

在这一步，教练因期望不同而给予运动员的不公平待遇从身体和心理上影响了运动员的赛场表现。教练一直给予积极指导型反馈的运动员表现进步更大，也更加享受比赛体验；这一点并不难理解。现在，让我们看看教练的消极偏见期望如何影响运动员的表现，如下所述：

- 被寄予较低期望的运动员之所以表现欠佳，是因为其接受的有效强化较少，而且上场时间较短。
- 被寄予较低期望的运动员在整个赛季都表现得不够自信，而且觉得自己能力不足。
- 被寄予较低期望的运动员将失败归因于自己能力不足，因此自己不够优秀，而且在未来很难取得成功。

第四步：运动员表现证实教练期望

第四步，教练收到的信息将表明其先前对运动员能力和潜力做出了正确的评估。很少有教练注意到是自身态度和行为促进了这一结果的产生。并不是所有运动员都会让教练行为或期望影响自己的表现或心理反应。有些运动员依赖其他来源以感知自身能力，例如：父母、同伴或其他成年人。从其他人处获得的支持和信息通常有助于运动员抵抗教练传达的偏见。

显而易见，包括训练师和康复专家在内的体育和训练领域专业人士，都必须明白他们自己是如何寄予期望以及期望是如何影响行为的。在初期，教师和教练应确定自己如何寄予期望以及信息来源是否可靠反应了个人能力。教练和教师还应监测自己所提供的鼓励反馈和指导型反馈的数量和质量，以便确保所有参与者可公平分享此类反馈。这样有助于确保所有参与者获得发挥潜力并享受运动的公平机会。基于有关教练期望影响的研究，“教练期望与行为准则”栏目为教练提供了一些行为建议。

教练期望与行为准则

以下建议基于有关教练期望的文献（Horn，2002；Horn，2001；Solomon，2010）：

- 教练应确定自己运用了哪些信息来源以在季前赛或赛季初期对所有运动员寄予期望。
- 教练应充分了解自己对运动员能力的初步评估有可能是错误的，必须随着比赛的进行不断进行修改。
- 在训练期间，教练应当持续记录各运动员在与技能无关的活动（例如：排队等候）中花费的时间。
- 教练应策划为所有运动员提供技能提升机会的指导活动或训练。
- 通常，教练应通过有关如何正确运用技能的正确指导纠正技能错误。
- 教练应强调技能提升才是评估和强化运动员的手段，而非绝对表现或技能成就水平。
- 教练应经常与团队的所有运动员互动以获取有关运动员对团队规则和组织的感受、意见和态度的信息。
- 教练应尝试在团队训练过程中创造一个注重改进和合作的取向环境。
- 教练应将自己的期望传达给运动员，以便运动员知晓教练如何评价他们。
- 教练应采取具体措施以评估运动员在心理因素方面的改进，但通常很难对心理因素进行客观衡量。例如：教练可在关键时刻之前评估运动员的焦虑程度，以确定焦虑是否与自己给予运动员的关注程度和反馈量有关。

期望与裁判员评价

有很多关于过往信息和声誉对裁判员评定运动员表现等级产生影响的推测（Baltes & Parker，2000）。如果运动员在过去表现成功，裁判评分是否会更加宽松呢？对此类运动员的期望是否会更高呢？在一项研究（Findlay & Ste-Marie，2004）中，花样滑冰运动员由对其熟知或不熟的裁判员进行评价。与不为裁判员所知的滑冰运动员相比，发现为裁判员所熟知的滑冰运动员的排名更高。尽管艺术分没有差别，但为裁判员所熟知的滑冰运动员的技术水平分更高。裁判员应当意识到这一潜在偏见，而滑冰运动员只须滑出最佳水平，并应不受任何潜在偏见的影响，因为他们无法控制裁判员的潜在偏见。

检查自我效能理论

实际上，**自我效能**，即一个人成功完成任务的能力感，是特定情况下自信的一种表现形式。基于本书的写作目标，我们交替使用自我效能和自信这两个术语。心理学家 Albert Bandura（1977a，1986，1997）将自信和期望这两个概念合而为一，以制订一个清晰有用的自我效能概念模型。之后，Bandura（1997）重新定义了自我效能以涵盖有关实现预期结果的个人表现能力的所有信念。就这一点而言，现在常运用更注重个人战胜障碍或挑战以实现成功表现的能力（例如：在感到疲倦或在天气恶劣时执行散步制度）的术语自我调节效能。

研究人员发现了许多特定类型的效能（Beauchamp，Jackson，& Morton，2012；Donlop，Beatty，& Beauchamp，2011）。在追求成就过程中对塑造个人功能发挥作用的附加效能概念包括：

- 学习效能——一个人对其学习一项新技能的能力所具有的信心。
- 决策效能——一个人对其成为合格决策人所具有的信心。
- 应对效能——一个人对其应对已知威胁能力所具有的信心。
- 自我表现效能——一个人对自己给他人留下期望印象（例如：看上去强壮、协调、健康或身材迷人）所具有的信心。
- 其他效能——一个人对他人（例如：合作伙伴、队友、教练）能力所具有的信心。

自我效能理论是自信和运动领域中大多数表现取向研究所采用的理论依据。本理论最初在社会认知行为矫正方法框架中形成，而该方法将自我效能视为在动力和行为之间起中介作用的一种常见认知机制。与本书理论方向一致，自我效能理论通过自我效能（个人因素）与环境决定因素之间的交互作用以互惠方式带来行为改变。

> **要点** 自我效能理论为研究自信对运动表现、耐心和行为所产生的影响提供了模型。

Bandura 的自我效能理论有一些相关前提，包括以下：

- 如果一个人具备必要技能和足够动力，则个人表现的主要决定因素是自我效能。仅具备自我效能的运动员是不可能获得成功的，运动员还必须渴望成功，并且有能力获得成功。

- 自我效能影响运动员的活动选择、努力程度和耐心。自信的运动员在不利条件下倾向于坚持不懈（Hutchinson，Sherman，Martinovic，& Tenenbaum，2008）。
- 尽管自我效能具有任务特异性，但是，其可泛化或转移至其他类似技能和情境。
- 自我效能与目标设定有关。自我效能感高的人更有可能设定具有挑战性的目标（Tolli & Schmidt，2008）。

自我效能来源

根据自我效能理论，一个人的自我效能感来源于六个主要信息来源，分别是表现成就、替代性体验（即模拟）、言语劝说、想象体验、生理状况和情绪状态。事实上，上述六个效能来源均适用于体育和训练领域，正因为如此，自我效能理论在体育和训练心理学家中的知名度很高。尽管有些效能来源的影响力比其他来源更大，但是，上述六大来源类别在提供的信息方面并不互相排斥。图 14.3 解释了主要效能信息来源、效能期望和表现之间的关系。

表现成就

尽管环境因素（例如：观众性质、情境障碍、可用资源）可促进或阻碍关系，但是，基于个人熟练经验（Bandura，1997）的表现成就（尤其是绝对成功或失败）为自我效能判断提供了最可靠的基础（Feltz，Short，& Sullivan，2008）。如果体验成功，则将提升自我效能水平，而持续失败会导致效能期望降低。例如：如果负责主罚任意球的球员在比赛即将结束前射门得分，则其自我效能水平较高；同理，腕关节受伤康复的运动员在看到自己关节活动度和腕力稳步提高之后也会坚持训练。

各类任务和技能研究已清楚显示：表现成就提高了自我效能，而自我效能进一步提高了后续表现（Samson & Solomon，2011）和训练坚持性（Hu，Motl，McAuley，& Konopack，2007；McAuley，1992，1993a）。但是，表现成就信息（例如：来源于技能训练或比赛成功）似乎因技能水平的不同而存在差异。在Bruton 等人（2013）的研究中，能力较强的高尔夫球员通常依赖于“差点”（表示该球员在过去一段时间内的成绩）获得效能信息，而能力较差的高尔夫球员则依赖于训练提高效能。实质上，技能水平更高的高尔夫球员更多

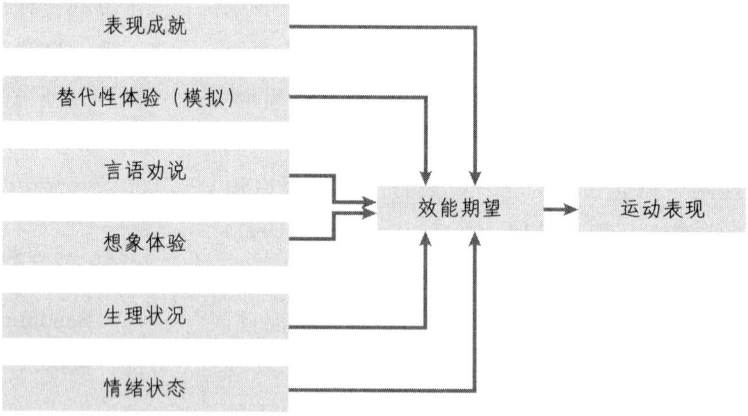

图 14.3 效能信息来源、效能期望和运动表现之间的关系

Adapted, by permission, from D. Feltz, 1984, Self-efficacy as a cognitive mediator of athletic performance. In *Cognitive sport psychology*, edited by W. Straub and J. Williams (Lansing, NY: Sport Science Associates), 192. By permission of D. Feltz.

地依赖自己的综合能力，而技能水平更低的高尔夫球员则更多地依赖自己此刻在赛场上的表现。与之类似，Valiante 和 Morris（2013）发现，一记漂亮的击球提高的自我效能与取得一系列成功提高的自我效能是一样的。通过运用诸如指导体操运动员复杂动作、让年轻的棒球运动员参与小型比赛、提供进度表和活动日志、为年少的篮球运动员降低篮板高度一类的策略，教练和教师可帮助参与者体验成功表现的感觉。

替代性体验

体育老师、训练导师、运动训练师和教练通常都运用**替代性体验**（又称之为演示或模拟）以帮助学生学习新技能。对缺乏任务经验且依赖他人判断自身能力的运动员而言，这是尤为重要的效能信息来源。例如：观看队友在高低杠上完成高难度动作可缓解焦虑，并有助于提高运动员对于完成这一动作的信心。通过电视播放的健身和训练节目是试图通过模拟提高效能期望和行为表现最有说服力的示例。

模拟是如何帮助我们更好发挥的呢？据 Bandura（1986；也可参考 McCullagh，Weiss，& Ross，1989）所说，最好将模拟理解为一个四阶段流程，即注意、记忆、动作重现和动力。为通过观察进行学习，人们首先必须留心观察榜样。我们专注于榜样的能力取决于我们对所观察之人的尊重、对活动的兴趣以及我们集中观察或倾听的程度。最优秀的教师和教练强调几处要点、演示多次并让你确切知道需注

模拟：教学、学习和表现的关键

经证明，模拟（有时候称之为观察学习）可以影响自信并导致表现提高，其取决于以下因素：

- 榜样相似性。研究发现，观察与观察者自身类似的技能榜样的人可提高自我效能和表现（Gould，Weiss，& Weinberg，1981；McCullagh，Law，& Ste-Marie，2012）。在 2004 年奥林匹克运动会上，英国一支处于劣势的 4×100 米接力队将自己的胜利归功于正好在接力赛开始之前看到队友 Kelly Holmes 赢得第二块意想不到的金牌时产生的信心激增。
- 教练榜样。教练将自身的自信榜样视为运动员的重要信心来源（Gould，Hodge，Peterson，& Giannini，1989；Weinberg，Grove，& Jackson，1992）。
- 熟练与应对榜样。经证明，战胜在任务中出现的挑战和逆境取得进步并逐步展示积极改进的榜样（应对榜样）在提高观察人员自我效能方面优于正确表现（熟练榜样）（Kitantas，Zimmerman，& Cleary，2000；McCullagh，& Weiss，2001）。
- 自我模拟。尽管大量轶事证据证明自我模拟（例如：通过视频观看自己在上一场比赛中的优秀表现）对竞技表现有积极影响，但是，实验研究结果一直是不确定的。需要开展更多研究以确定自我模拟发挥作用的条件（McCullagh，Law，& St. Marie，2012）。
- 多维模拟。研究显示，模拟在本质上是多维概念，可影响不同领域的效能感，例如：学习和表现（Law & Hall，2009）。
- 虚拟榜样。这一新技术运用鱼眼玩具相机和改良版 PlayStation 2 游戏机允许个人观察自身与虚拟伙伴一起训练。实质上，一个人与虚拟伙伴一起训练可以提高坚持率。如果个人与伙伴（即虚拟伙伴）一起训练，个人就更能坚持训练。

意的事项。

通过模拟开展有效学习的个人必须牢记观察到的动作。记忆方法包括心理训练技能、运用类推法（例如：告诉运动员将网球发球动作比作扔球拍）以及让学习者口头复述要点。关键是帮助观察人员记住模拟行为。

尽管人们致力于演示身体技能并牢记演示方式，但是，如果不学习动作重现（即如何使肌肉动作与其想法相协调），则仍不可能发挥技能。例如：你可能完全了解在保龄球比赛中如何进行更好的助跑和投球，甚至能够模仿最佳投球动作，但是，在未接受任何体育训练时，你仍无法一击击倒全部木瓶。在模拟运动技能和训练技能时，教师和教练必须确保已传授前导技能，已制订最佳训练时间并已考虑相关技能的发展。

模拟的最后阶段是影响所有其他阶段的动力。如果没有动力，则观察者将无法专注于榜样，无法牢记看到的动作，无法实践技能。因此，应通过给予赞扬、向学习者承诺可获得奖励、讲述学习模拟活动的重要性或引用模范示例以激励观察人员。

言语劝说

教练、教师和同事通常运用劝说技能以影响行为。例如，一名棒球教练可能告诉球员："我知道你是一名优秀的击球手，所以只要坚持下去然后投球即可。最终你一定会迎来安打。"与之类似，一名训练导师可能告诉参与者"即使你一两天不能参加，你也要坚持下去，不要气馁。"这种鼓励对参与者而言至关重要，而且有助于提高自我效能（Weinberg，Gould，& Jackson，1979）、增添乐趣、减少所需努力并加强情感反应（Hutchinson，Sherman，Martinovic，& Tenenbaum，2008）。有助于增强信心的言语劝说还可表现为自我说服。奥林匹克运动会 100 米蝶泳比赛银牌得主 Janel Jorgensen 曾说：

> 你必须相信这事即将发生。你不能怀疑自身能力，说："哦，因为我昨天和今天都感觉很糟糕，所以我明天醒来时也会感觉糟透了。"你不能那样说。你必须说："尽管我今天感觉很不好，但是没关系，我明天感觉会好的。那就这样吧。我们看看明天的情况再说。"

经证明，一个人对自己进行言语劝说——通常称之为自我对话——可提升自我效能感（Hatzigeorgiadis，Zourbanos，Goltsios，& Theodorakis，2008）。（第 16 章将进一步探讨自我对话。）运动员相信队友对其有信心（不论是否属实）也将提升其自我效能感（Jackson，Beauchamp，& Knapp，2007）。

想象体验

个人通过想象自己或他人在未来情况下行为有效或无效而产生的效能感或效能缺乏感。将表象视为自信来源的关键是观看他人自我展示技能（Moritz，1996；Munroe-Chandler & Morris，2011）。第 13 章已详细讨论了表象在运动和训练领域中的用途。

生理状况

当个人将消极生理觉醒与表现欠佳、能力不足感以及失败感联系在一起时，生理状况将影响自我效能。相反，如果是积极生理觉醒，则自我效能获得提升。因此，与令人愉快的生理觉醒（例如：顺畅且有节奏的呼吸）相比，当人们察觉到令人不愉快的生理觉醒（例如：心跳加快）时，更有可能怀疑自身能力。生理状况越消极，自我效能感越低（Hauck，Carpenter，& Frank，2008）。有些运动员可能将生理觉醒或焦虑（例如：心跳加速、呼吸短促）的增加理解为害怕自己无法成功发挥技能（即自我效能下降），而其他运动员则可能将生理觉醒或焦虑的增加视为自己已做好准备迎接即将开场的比赛（即自我效能提高）。

情绪状态

尽管生理信号是情绪的主要组成部分，但是，情绪体验并不仅仅是生理觉醒的结果。因此，情绪可以是额外的自我效能信息来源。例如，研究显示，对自身康复进度感到沮丧和焦虑且处于疲劳和痛苦状态的负伤运动员报告称，自我效能感降低了（Jackson，Knapp，& Beauchamp，2008）。相反，感觉精力充沛且积极的运动员的自我效能感提高了。研究还显示，与诸如悲伤、焦虑和沮丧一类的消极情绪状态相比，诸如幸福、愉快和平静一类的积极情绪状态更有可能提高效能判断（Maddux & Meier，1995；Martin & Gill，2002）。

效能与行为改变之间的互惠关系

研究已明确表明，效能可成为表现和训练行为的决定因素，训练或运动行为可成为效能信息来源（Feltz，Short，& Sullivan，2008；McAuley & Blissmer，2002；Samson & Solomon，2011）。更具体地说，包括横向研究和纵向研究在内的大量研究已证明，效能变化与表现和训练行为变化相符：

- 在为期两年的大型社区项目中，自我效能（在许多社会学习变量中）最能预测训练。
- 自我效能在预测年龄较大且不爱运动的成年人的训练行为时尤为关键。
- 自我效能可强有力地预测有症状人群的训练行为。
- 在项目完成后的9个月内，自我效能可很好预测训练行为。

研究重点一直是作为训练或运动行为决定因素的效能，同时，研究也显示，训练或运动行为（短期和长期行为）会影响效能感（McAuley，2007）。例如，对年龄较大的成年人而言，通常随着年龄的增长，其运动机能会相应减退；因此，保持个人的自我效能水平（尤其是有关训练行为的自我效能水平）就显得尤为重要。如果通过训练可以保持较高的自我效能水平，则继续参加训练的可能性也随之增加，这就强调了效能与行为之间关系的互惠性质（McAuley，2006；Samson & Solomon，2011）。研究人员已记录到各个人群中通过训练提高自我效能的个体，包括青春期女性、大学生、年龄较大的成年人、慢性疾病患者、残疾人以及患有抑郁症的个体。效能与行为之间的这一互惠关系还体现在运动员身上（Hatzigeorgiadis，2008）。与对照组相比，经历动机型自我对话介入的网球运动员报告的自我效能与表现水平更高。此外，训练类型应与目标效能类型相对应。例如，任务效能在开始训练计划时更重要，而障碍效能则在坚持训练计划时更重要（Higgins，Middleton，Winner，& Janelle，2013）。

最后，一项新研究评估了年龄较大的成年人（60 ～ 80 岁）在为期 12 个月的训练计划持续期间自我效能的变化（McAuley，2011）。研究结果显示，在训练方案开始之前，参与者高估了自己的坚持相关效能，3 周后，坚持相关效能开始下降。实质上，因为大多数参与者很少参加运动且对自身效能的初始估计过高，所以在实际训练过程中需要重新调整效能。效能评估显示：参与者的效能在第 6 个月时保持不变或有所提升，紧接着，在计划即将结束的第 12 个月时，效能开始急剧下降。效能的急剧下降很有可能是结束后即将面临维持训练方案的挑战所致。这对正从有组织且以小组为主的结构化活动向以家庭为主的活动过渡的个人而言，有重要的实践意义。因此，研究人员建议在结构化训练方案的最后几周内增加“双重介入”以帮助个人克服维持训练时面临的挑战。

自我效能与运动表现

大量元分析（Moritz，Feltz，Fahrbach，& Mack，2000）和研究显示：较高的自我效能水平与优越表现有关（Feltz，Short，& Sullivan，2008；Koehn & Morris，2011；Samson & Solomon，2011）。更具体地说，有 28 项研究分析显示，自我效能与表现之间的相关系数介于 .19 和 .73 之间，中值为 .54。因此，显而易见，一个人成功执行任务的能力感对其实际表现存在稳定影响。上述研究结果适用于大多数个人和团队运动。因为表现成就是最大的自我效能来源，所以此类表现成就将提升自我效能，并且改善后的自我效能感将合理积极地影响后续表现。因此，我们发现了自我效能与表现之间的互惠关系。有趣的是，自我效能还帮助个人克服不良经历（例如：表现欠佳），不对其自我感觉造成任何永久伤害（Coffee & Rees，2008）。

评估自信

你已经了解了自信或效能与表现之间的关系，并且明白自负或信心不足可能影响有效性，那么下一步，就是确定不同情况下的信心程度。运动员可以通过回答以下问题确定信心程度：

- 我什么时候感到自负？
- 我如何才能纠正错误？
- 我什么时候会自我怀疑？
- 在整场比赛期间我一直这么自信吗？
- 在某些情况下我是不是显得犹豫不决、优柔寡断？
- 我是否期望并享受竞争激烈的比赛？
- 在逆境中我作何反应？

《运动自信问卷》对自信程度进行了更正式且更详细的评估。你的整体自信评分可先将三列中百分比加起来，然后再除以 10 得到。“自信”一列中你的评分越高，你在比赛期间越有可能处于最佳自信程度。“信心不足”或“自负”一列中的高分则指出某些潜在问题领域。为确定具体的优点和弱点，请审视所有项目。这一比例评估了在体能和心理方面的自信。你可以运用此问卷调查得知自身或他人需完成事宜。

在运动自信衡量方面的相对近期发展被称为运动自信分析（Hays，Thomas，Butt，& Maynard，2010）。此项评估技能来源于 Butler 和 Hardy（1992）在表现分析（参见第 11 章）中投入的工作。表现分析采取特殊规律研究法（即采访或因材施教）衡量运动自信。这就允许运动员构造自身形象，而不是强迫运动员应对问卷调查中的定量评价。因为表现分析受运动员影响，所以表现分析与许多心理技能训练计划的理论基础一致。自信分析也采用强调以运动员为本的动机性访谈（参见第 18 章）。该方法可为制订个性化的自信建立干预措施提供坚实的基础。

运动自信问卷

仔细阅读每一个问题并思考你对上一年度或上一赛季期间所有参赛项目的自信。对于所有参赛项目，请指出你认为自己信心不足、过于自信或自信的时间百分比。以下是针对撑杆跳高运动员提出的一个示例问题，以帮助你正确填写。

	信心不足（%）	自信（%）	自负（%）
你每次尝试跳过 5 米时有多自信?	20	70	10

同一行中的三个答案的总和应总是 100%。你可以用你认为合适的任何方式对 100% 进行分配。你可以将 100% 分配至一个信心类别中，也可以将其分配至两个信心类别中，或如上述示例中所示，将其分配至三个信心类别中。

	信心不足（%）	自信（%）	自负（%）
你对……有多自信?			
1. 你执行自身运动或训练技能的能力	______	______	______
2. 你在比赛期间制订关键决策的能力	______	______	______
3. 你集中注意力的能力	______	______	______
4. 你在压力下表现的能力	______	______	______
5. 你执行成功策略的能力	______	______	______
6. 你付出获得成功所需努力的能力	______	______	______
7. 你在比赛期间控制自己情绪的能力	______	______	______
8. 自己的身体状况或体育锻炼	______	______	______
9. 你与教练成功友好相处的能力	______	______	______
10. 你在落后时追上比分的能力	______	______	______

Adapted, by permission, from ACEP, 1994, *ACEP psychology, level 2* (Champaign, IL: Human Kinetics), 251.

运动自信的来源

研究人员已经确定运动领域内特有的九种自信来源，其中大多数与Bandura早期在其自我效能理论中确定的六种来源类似。上述九种来源可归类为三个一般类别，分别是成就、自我调节和气氛。

- 熟练：发展和提升技能。
- 能力展示：通过赢得比赛和击败对手展示能力。
- 身心准备：持续专注于目标并准备好竭尽全力。
- 身体技能展示：对个人身体和体重感觉良好。
- 社会支持：从队友、教练和家人处获得鼓励。
- 教练领导：相信教练的决定并相信自身能力。
- 替代性体验：观看其他运动员的成功表现。
- 环境舒适：在自己将参与比赛的环境中感觉舒适。
- 情境有利程度：看到连续得分且感觉一切顺利。

研究人员（Hays，Maynard，Thomas，& Bawden，2007；Hays，Thomas，Maynard，& Bawden，2009；Kingston，Lane，& Thomas，2010）已经研究了优秀的世界级运动员的自信来源。从此类优秀运动员身上显露出一些附加来源。这些附加来源包括经验（之前已经列出）、先天因素（本能、先天竞争力）以及竞争优势（之前观看过竞争对手在比赛中表现欠佳或在压力下遭受失败）。此外，Machida、Ward和Vealey（2012）发现，适应性完美主义（成功和努力动机）、任务目标定向和任务取向型动机气氛均可积极预测受控自信（例如熟练、身心准备）和不受控自信（例如情境有利程度、社会支持）。例如，任务目标定向（取得个人最佳成绩）较高的运动员的受控自信和不受控自信来源往往更多。因此，为建立自信，实践人员应鼓励运动员集中任务目标并竭尽全力取得成功，并应创造一个重视努力的任务取向型环境。

有趣的是，尽管男性运动员和女性运动员都从表现成就中获得自信，但是，男性运动员主要因在比赛中获胜而获得自信，而女性运动员则主要因表现良好（熟练）、实现个人目标、身体技能展示、社会支持和教练领导而获得自信。此外，研究结果发现，优秀运动员的信心程度易受不稳定时期的影响，并且会随着时间的推移而发生波动。随着比赛时间的接近，对优秀运动员而言，能力展示（随着比赛的临近，也会被视为最重要的运动自信来源）、身心准备、身体技能展示和情境有利程度（例如：观众的支持力）的重要性均随之提升。

建立自信

许多人相信你有信心或你没有信心。然而，信心是可以通过工作、训练和计划建立的。Jimmy Connors就是一个很好的例子。Connors在大三时每次参加比赛，他母亲总是教导他展开猛烈攻势并争夺冠军。由于他的比赛风格，他输掉了几场本该获胜的比赛。然而，Connors说过，如果不是他母亲和祖母，他不可能会获得成功。他说："她们给我的支持是无与伦比的，她们从不让我丧失信心。她们不断告诉我以同样的方式参加比赛，并不断向我保证该方法最终会奏效。我相信她们。"

人们可以通过以下多种方式增强自信：注重表现成就、表现自信、自信应对、自信地思考、运用表象、运用目标制订、优化体育训练以及准备。大多数运动员（Myers，Vargas-Tonsing，& Feltz，2005）和教练（Gould，1989）都赞成这些自信建立活动。

注重表现成就

我们已经讨论了表现成就对自我效能的影响。概念很简单，即成功行为增强自信并导致进一步成功行为。成功可能是指击败一名特定对手、后来居上、在康复过程中完全伸展膝盖或持续训练30分钟。如果一个团队连续八场比赛失利，则他们很难相信自己会赢得下一场比赛，尤其是与另一个优秀团队对阵时。尽管自信是成功的关键所在，但是，如果之前比赛连续失利，那你的自信又从何而来呢？这似乎是一个两难的局面。正如一位教练所述："因为我们缺乏自信，所以我们现在正在走向失败，但是，我认为运动员缺乏自信的原因是其一直处于失利状态。"

如果你可以在训练过程中持续运用特定技能，你必然更有可能对发挥这一技能充满信

教练的自我效能

自我效能的最新进展关注教练效能研究。Feltz及其同事（Feltz，1999；Malete & Feltz，2000）详细阐述了教练效能概念，将其定义为教练对自己有能力影响运动员学习和表现的信心程度。教练效能包括五个领域：

- 比赛策略。教练在比赛期间对自身指导能力的信心以及带领团队成功表现的信心。
- 动机。教练对自己有能力影响运动员心理技能和心理状态的信心。
- 技能。教练对自己指导技能和判断技能的信心。
- 性格培养。教练对自己有能力影响运动员对运动的积极态度的自信。
- 体育训练。教练对自己有能力为运动员参加运动做好身体准备的自信。

有关教练效能的研究结果包括：

- 尽管以往胜率、感知的团队能力和父母支持都与教练效能感有关，但是，最重要的教练效能来源是多年经验和社区支持。
- 与效能较低的教练相比，效能较高的教练的胜率较高，其运动员满意度较高，给予运动员更多赞美和鼓励，而且指导型组织行为更少。
- 与控制条件相比，教练教育计划提升了教练效能感。
- 男助理教练的教练效能水平更高，并希望成为主教练，而女助理教练离职的可能性更高（Cunningham，Sagas，& Ashley，2003）。与男教练相比，社会支持对女教练而言是更大的效能来源（Myers，Vargas-Tonsing，& Feltz，2005）。
- 引用次数最多的教练效能来源是运动员发展（Chas，Feltz，Hayashi，& Hepler，2005）。运动员发展在以下情况中很常见：促使运动员努力训练、教导团队角色、开发运动员技能以及相信团队。
- 运动员觉得在不同训练方面发挥效能的教练分享更多经验且再接再厉（动机效能），帮助自己建立更多信心（技能效能），并帮助自己改进亲社会行为（性格培养效能）（Boardley，Kavussanu，& Ring，2008）。
- 教练效能较高的教练认为自己能更好地控制情绪并且其情商通常更高（Thelwell，Lane，Weston，& Greenlees，2008）。

心。这就是良好的训练与做好身体、技术和战术准备可增强自信的原因。在训练过程中体验到在比赛中将取得的成就，因此而获得的信心是不可比拟的。与之类似，肩伤康复的运动员必须从提高关节活动度过程中体验成功，以坚持相信最终会完全恢复。短期目标可帮助人们相信自己已取得进步，还可增强信心（也参考第 15 章）。教练应组织训练以模拟实际表现环境。例如，如果球员在压力下胡乱投篮曾是一个难题，那么所有球员在投任何罚球之前应在地板上拍几下球（因为在比赛中经常发生这种情况）。此外，为制造压力，教练可能要求所有球员连续投中五个罚球或持续练习罚球直至其能连续投中五个罚球为止。

> **要点** 表现成就是最有效的自信建立方式。应控制或创设促使参与者取得成功并拥有成就感的情境。

表现自信

想法、感受和行为相互联系。运动员表现得越自信，其越有可能感到自信。在运动员开始丧失信心而对手却因此开始获得信心时，这一点尤为重要。另一方面，因为表现自信模拟了你希望参与者体验的行为，所以表现自信对体育和训练领域专业人士而言也很重要。如果有氧运动教练想要开展兴致勃勃的训练，则其在带领班级训练时应体现自信。运动训练师在训练运动员时也应表现自信，以便让运动员在康复过程中感到信任和信心。运动员应尝试在比赛中展现自信形象。运动员可通过抬头挺胸（即使在其犯致命错误之后）展示其自信。很多人因显示其信心不足的肢体语言和动作而露出马脚，而表现自信在艰难时刻也可使人精神振奋。如果某人在走动时耷拉着肩膀、低头且面部表情痛苦，等于向所有观察者传达了情绪低落的信息，会导致自己情绪更加低落。最好是抬头挺胸、收肩且面部表情放松，以表示你很自信并且会坚持到底，从而让对手捉摸不定。

自信应对

运动员应注重借助自控和自信应对错误，而不是借助情绪和非建设性行为进行应对。Vealey 和 Vernau（2013）用“ACT”概括了接受、集中和思考这一套应对方法：

- 接受。接受因表现欠佳或犯错导致的不良情绪。控制自己的情绪，而不是压抑情绪。
- 集中。通过自信的姿势和深呼吸（呼出紧张感和消极想法）将注意力集中于自己的身体状况。
- 思考。运用自己准备好的自我对话策略（例如：“只是一场比赛而已”）。将思想集中于可控制事情和表现过程上。

自信地思考

正如一名大学生高尔夫球手所述：“如果我认为我可以获胜，则我很难被击败。”积极的态度对激发自身潜能而言是必不可少的。运动员必须摒弃消极想法（我真笨；我无法相信我在赛场表现如此糟糕；我无法击败此人；我永远无法获胜），并且用积极想法（如果我努力参加训练，我的表现会越来越好；保持冷静和专注；我可以战胜这个家伙；坚持住，事情会好转）取而代之。想法和自我对话应具有指导和激励性质，而不是判断性质（参见第16章）。积极的自我对话可提供特定的表现线索并使运动员保持动力充足且精力充沛。尽管有时很难开展积极的自我对话，但是，积极的自我对话会使运动员拥有更愉快且更成功的运动体验，因此，值得一试。相信你可以实现符合实际的目标有助于你实现目标：

> 我知道我是最棒的。甚至在知道我是最棒的之前我就已经这么说了。
>
> ——三届世界重量级拳击冠军
>
> Muhammad Ali

牢记优秀表现行为，而不是仅仅牢记不佳表现、错误和过失，这一想法与积极思考有关（Houston & Newton，2010）。萎靡不振且近期多次表现失败的运动员尤其倾向于仅关注此类不佳表现。实际上，运动员应更加关注自己的优越表现，并将优越表现与当前表现进行对比以确定需要改变的地方。

运用表象

第13章已讲过，表象的用途之一是帮助建立自信。你可以看见自己在做永远无法做的事情或做自己感觉有难度的事情。例如：总是将球斜击出球座的高尔夫球员可以想象自己直接将球击出球道；四分卫可想象不同的防守队列，然后尝试运用特定战术和队形阻挡进攻；与之类似，训练师可通过促使负伤运动员想象自己返回赛场并表现良好帮助其建立自信。Selk（2009）建议运动员在心里制作一个时长1～2分钟的最佳表现影片以提醒自己的能力并帮助自己产生积极的情感和想法。一名奥运会手枪运动员对此表示：

> 我会想象“冠军会有何行动和感受”，从而帮助自己了解自我。我努力达到那个能让自己获胜的角色的水平，这样有助于我相信自己将成为奥运会冠军。

运用目标制订

因为专注于执着追求目标可从根本上调整人的行为，所以运用目标制订提高运动员自信和表现是很重要的。对制订各种目标、目标策略以及用于评估目标实现进度的系统评估程序的运动员而言，目标计划是一种个性化计划。（有关目标设定的详细讨论，请参考第15章。）与教练和运动员的访谈显示，应更加关注表现和过程目标（与结果目标截然相反），因为过程目标加强了对任务的控制感和注意力。迅速恢复的稳定自信立足于个性化目标计划中的目标追求与实现。目标制订、表象和自我对话是运动心理学家提倡用于增强自信的三种主要的自我调节工具。

优化体育训练

尽可能保持最佳身形是感觉自信的另一关键。在当今大多数体育项目中，运动员全年参加训练以提高力量、耐心和灵活性，且运动员将身体准备视为最重要的信心来源之一。网球名将Andre Agassi多次表示其严格的体育训练方案使其相信自己在整场比赛中可以比对手坚持更久并获得更高分数。此外，世界级运动员尤其强调素质训练在建立自信过程中的重要性。心理训练干预无法取代参加体育项目所需的体能和体育训练。更确切地说，严格的体育训练应与扎实的心理训练相结合。

Vealey 和 Vernau（2013）建议开展增强信心的训练。首先，在团队会议期间，要求运动员对其团队参与体育训练、发挥运动技能和发展心理技能的情况进行评分（评分范围为 0%~100%）。然后，将分数张贴在黑板上，方便所有人查看。之后，教练引导大家就三个不同类别的分数展开讨论。最后，运动员以小组或整个团队的形式就如何提高各类别中的团队分数发表看法。

准备

Jack Nicklaus 在接受采访时曾说过："只要我准备充分，我总是期待获胜。"反过来说，如果你尚未准备好，你不可能期待获胜。准备充分使你相信自己已竭尽所能确保获胜。计划让你知道自己要做什么，所以会给你带来信心。许多运动员未制订任何策略即参加比赛。但无论如何，应制定进攻计划，你至少要对自己想要实现的目标以及目标实现方式构想一个总体思路。

大多数成功的奥运会运动员都制订了详细计划和策略，他们还制定了备选策略（Gould，Eklund，& Jackson，1992c；Gould，Guinan，1999）。一个好的计划应考虑到自身能力以及对手能力。

做好准备还包括固定的赛前例行程序。准确了解将要发生的事情及其发生时间可给你带来信心并使你心情放松。确定就餐时间、训练时间、休息时间以及到达比赛场地的时间有助于在比赛期间建立自信。（更多有关赛前例行程序的信息，请参考第 16 章。）适当的规划和努力可防止极其糟糕的表现。

促进环境氛围

谁都不可能在真空环境下参加比赛，因此，在尝试建立自信时你必须考虑社会氛围。可能影响自信的社会气氛因素包括领导风格、目标及评估类型、社会支持网络、社会反馈来源及模型种类、有效性及其特征。与运用控制力更强的领导风格的教练相比，运用有助于运动员心理控制感的自主训练风格的教练更有可能增强运动员信心。与之类似，应当提供有关技能发挥和成就行为（例如：努力和坚持）的有效模型。尽管运动员应学会基于自我调节控制感、情绪和行为建立更多自信，以便不受取决于社会和环境自信因素的不稳定自信的影响，但是，教练可帮助创造环境氛围以尽可能增强运动员的自信感。

建立团队（集体）效能

通过世界锦标赛和奥林匹克运动会的女子手球队访谈录，研究（Ronglan，2007）发现在整个赛季建立集体效能的相关知识，将建立集体效能细分为以下三类：

- 赛前——产生过程，集中于增强共同能力感和健康感以成功应对即将开场的比赛。此类效能涉及已做好身心准备感、能力充足感（个人能力、集体能力）、强大团队归属感以及已做好准备应对即将到来的任务。
- 赛中——激活过程，集中于让团队成员在开场前和比赛中彼此信任。该团队通过在比赛过程中展现热情、意志力、坚持和团队士气证明了其信心。因为对手试图证明其所在团队对比赛同样有信心，所以对运动员而言，向另一团队证明自己的团队信心是很重要的。

- 赛后——评估过程，与在团队内部解释比赛过程中的经历和事件有关。如果表现欠佳，评估是重拾信心的起点；如果表现良好，则评估是增强信心的起点。

除建立集体效能的特定方法之外，研究（Heuze，Bosselut，& Thomas，2007）还显示，集体效能是任务凝聚力的前提。因此，建立集体效能不仅对其本身很重要，还可促进运动员在球场上相处融洽并设定共同目标。

集体效能：自我效能特例

另一研究重点是集体或团体效能概念。集体效能是指团队成员共享的有关队友能力的信心或感觉（而不仅仅是个人自我效能感的总和）。简而言之，集体效能是指个人的整个团队效能感。研究（Lirgg，& Feltz，2001）证明，运动员对团队集体效能的信心与表现呈正相关；但所有个人的自我效能总和与团队表现无关。这一点在发现集体效能最能体现团队表现的元分析中得到了证实（Stajkoviv，Lee & Nyberg，2009）。此外，集体效能越高，预测到的任务焦虑度减少，任务参与度提高，且满意度越高（Beauchamp，2012）。因此，相较于建立每位运动员的自我效能，教练应更加关注建立整体团队效能。根据这一思路，与在上一场比赛中的表现相比，训练中的表现是更重要的集体效能来源。此外，运动领域之外的事件（例如：个人生活问题、与朋友之间的关系以及学校需求）对团队效能的重要性要小于其对自我效能的重要性（Chase，Feltz，& Lirgg，2003）。

建立对团队和运动员作为小组获胜能力的信心是取得成功的关键所在。许多强大的团队（芝加哥公牛队、波士顿凯尔特人队、纽约洋基队、蒙特利尔加拿大人队、旧金山49人队）在其夺冠年间都具有团队效能感。因此，为提高表现和生产效率，无论你是教练、教师、训练导师还是运动训练师，让你的团队、小组或班级相信团体能力是至关重要的（而仅相信个人能力则截然相反）。此外，研究显示，创造任务取向型气氛（集中于表现改进，而不是获胜）可提升集体效能感（Magyar，Feltz，& Simpson，2004）。在针对2000多名比利时排球运动员的大规模研究中，Fransen及其同事（2012）发现：积极的支持型沟通（例如：得分后的热情）最能预测积极的集体效能感，而运动员消极的情绪反应（例如：令人沮丧的肢体语言）最能预测消极的集体效能感。最后，回顾有关集体效能方面的文献时，Shearer、Holmes和Mellalieu（2009）从神经科学的角度论证了表象和基于观察的干预（例如：有关成功团体行动和互动的视频片段）对建立集体效能特别有效，尤其是在个人视角指向其队友视角时（例如：“我的团队相信……”）。

学习助手

总结

1. **定义和理解自信的益处。**

自信指相信你可以成功实现预期行为的信念。自信是多维概念，包括对个人发挥身体技能、心理技能和知觉技能的能力，个人体质、训练情况以及个人学习潜能的自信。高度自信可以提升情绪状态、注意力集中度、目标设定、所付出努力以及有效竞争策略的制订。最近提出的强大运动自信包括表明运动自信是多维概念的一套信念。

2. **讨论运动自信的来源。**

共有九种运动自信来源，分别是熟练、能力展示、身心准备、身体技能展示、社会支持、教练领导、替代性体验、环境舒适和情境有利程度。

3. **了解期望对表现和行为的影响。**

期望可对表现产生关键影响。教练期望或教师期望还可对学生和运动员的表现和行为产生重大影响。研究表明，教练和教师根据自己运动员或学生的期望高低采取了不同行动。

4. **说明自我效能理论。**

自我效能被视为特定情境下的一种自信形式。自我效能理论认为，自我效能与环境决定因素相互作用以带来行为改变。如果一个人具备必要技能且有表现动力，则自我效能是主要的行为决定因素。根据自我效能理论，自我效能影响一个人的活动选择、坚持和努力程度。自我效能来源包括表现成就、替代性体验、言语劝说、想象体验、生理状况和情绪状态。

5. **说明自信评估方法。**

你可以通过提出以下几个关键问题评估自信：一个人如何应对逆境？一个人如何纠正错误？一个人有多容易丧失信心？一个人在面临压力的情况下是否变得犹豫不决？你还可通过对心理自信的总结更恰当地衡量自信。通过心理自信总结评价你是否对自身表现的各个方面感到信心不足、自负或自信。

6. **说明教练效能的各个方面。**

教练效能是文献中一个相对较新的概念。教练效能包括在比赛策略、动机、技能、性格培养和体育训练五个方面的效能。多年经验和社区支持最能预测教练效能感。

7. **讲述建立自信的策略。**

很多策略都有助于建立短期或长期自信。此类策略包括注重表现而不注重结果、表现自信（肢体语言）、通过运用积极的指导型自我对话自信地思考、自信应对、目标制订（设定合适目标）、运用表象显现积极结果以及做好身心准备。

复习题

1. 什么是自信？自信与期望有何关系？
2. 简述 Rosenthal 和 Jacobson（1968）的期望影响研究对教练和体育老师的意义。
3. 什么是自我效能？自我效能是如何影响行为的？
4. 说出至少六种自我效能来源。有哪些证据支持这些来源影响效能这一观点？
5. 说明自信、自负、信心不足和运动表现之间的关系。是否存在自负呢？
6. 简述建立自我效能的三项策略，并说明它们是如何影响运动表现的。
7. 简述自信模型，包括自信来源、影响自信的因素以及自信结果。
8. 说明教练效能的五个组成部分。
9. 说明建立自信的策略。
10. 什么是稳健运动自信？

深入思考

1. 你是高中篮球队的一名新教练。经严格的选拔赛后你已组建自己的团队。你相信你的团队拥有很多有能力的球员，并且你希望能够挖掘更多年轻的天才球员。但是，你也知道很容易陷入对不同运动员寄予不同程度期望的陷阱。运用教练期望影响其自身行为以及运动员行为的四个步骤，说明你将运用哪些特定类型的反馈或指示以使所有运动员保持高度期望。你将如何组织训练以帮助保持运动员的高度期望？
2. 有时我们因不相信自己可以有所作为而产生心理阻碍。讨论在你的生活（或密友或家庭成员的生活）中产生心理阻碍的三种情况。你将如何处理事情以产生更积极的期望？

第 15 章

目标设定

学习完本章后，您将能：

1. 定义什么是目标并确定主要目标类型；
2. 介绍最新目标设定研究和目标设定理论；
3. 说明目标设定原则；
4. 说明团体目标以及如何使用团体目标；
5. 理解如何设计目标设定系统；
6. 确定目标设定中的常见问题以及如何克服这些问题；
7. 总结有关教练目标设定训练的调查结果。

> 如果你没有目标，那么你将无所适从。
>
> ——棒球名人堂名将 Yogi Berra

> 目标是我坚持下去的动力。
>
> ——Muhammad Ali

> 你无须为完成某些事情（即参赛）而成为了不起的英雄。你的平民身份就为实现挑战目标提供了足够动力。
>
> ——传奇登山运动员 Edmund Hillary
>
> 登上珠穆朗玛峰第一人

上述优秀运动员的话语为我们提供了大量有关目标设定重要性和力量的信息。**目标**为我们指明方向，帮助我们保持动力，并督促我们实现原本认为不可能实现的功绩。不只是优秀运动员发现了目标和目标设定的力量，其他人也经常在体育和训练活动中设定目标：

- 我想减掉 5 千克体重。
- 我想在 8 月 15 日前把伤养好。
- 我想安排首批上场的队员名单。
- 我想能够仰卧推举相当于我自身重量的杠铃。
- 我想要提高我的高尔夫球比赛技能并在俱乐部联赛中夺冠。
- 我的目标是成为一名高中校篮球队教练。

你可能正在想，如果人们已经为自己设定了目标，为何还要花费整章的篇幅讲述目标设定呢？问题不是让人们确定目标，而是让其设定可指明方向并增强动机的正确目标，并帮助人们学习如何坚持和实现目标。大多数人都明白，设定目标比实现目标要容易得多。很少有人从承诺、困难、进度评估和特定策略的角度设定减肥目标或训练目标。大多数人都懂得目标的重要性，他们需要的是在设定有效目标和制订目标实现方案方面获得指导。

什么是目标

参加体育运动和训练的人通常将目标分类为客观目标和主观目标。**客观目标**侧重于“通常在指定时间内达到特定的任务熟练程度”（Locke & Latham，2002）。试图在 3 个月内达到指定瘦身水平、以某一特定团队在赛季结束时的输赢记录为目标以及缩短在下一场比赛中的上场时间都是有关客观目标的示例。另一方面，**主观目标**是指不可衡量的或非客观的意图概述（例如：“我想要成功”、“我想要玩得开心”）。

目标类型

在体育与训练心理学文献中，目标被分为集中精力于结果、表现或过程（Burton，Naylor，& Holliday，2001；Hardy，1996）。我们简要回顾了上述目标类型。

- **结果目标**通常侧重于比赛项目的结果，例如：获得冠军、奖牌或比赛得分高于对手。实现上述目标不仅取决于自身努力，还取决于对手的能力和比赛方法。即便你人生中发挥最出色的一场网球比赛，但你仍然可能未能获胜，那么，你将无法实现赢得比赛这一结果目标。
- **表现目标**通常基于与自己之前表现的对比，侧重于独立达到其他竞争对手的水准或表现目标。为此，表现目标往往更加灵活且在你的控制范围之内。在 6 分 15 秒内跑完 1500 米以及将第一次切削球成功率从 70% 提高至 80% 都是有关表现目标的示例。
- **过程目标**侧重于个人在比赛中为表现突出而必须完成的动作。例如：游泳运动员可能设定在自由泳比赛中长时间伸出手臂划水的目标，或者篮球运动员可能设定摆好投篮姿势并在起跳至最高点时进行投篮的目标。Kingston 和 Hardy（1997）所进行的研究显示：过程目标在积极影响高尔夫球手的自我效能、认知性焦虑和自信方面特别有效。

> **要点**　在运动领域的结果目标集中于在竞争激烈的比赛中获胜，而表现目标则集中于根据某人之前的表现（而不是他人的表现）达到标准。

行为改变过程中的结果、表现和过程目标

运动员和受训者之所以应设定结果、表现和过程目标，是因为以上三种目标在指导行为改变方面发挥着重要作用（Burton，2001）。结果目标可能促进某人在比赛之外的短期动机（例如：想象输给劲敌后的感受可能激励某人在季后赛停赛期间参加训练）。但是，正好在比赛前或比赛过程中专注于结果目标则往往会增加焦虑和不相关杂念（例如：过于担心比赛得分，未将全部注意力集中于当前任务）。Mullen 和 Hardy（2010）的研究显示：树立了有助于集中精力于待发挥技能（例如：发球、弹跳或平稳）一般感觉的整体过程目标的运动员，在帮助能力强但焦虑的运动员避免焦虑对表现所产生消极影响时效率最高。

表现和过程目标之所以很重要，是因为相对于结果目标，你通常可对表现和过程目标进行更精确的调整（例如：将削球率从 80% 提高至 82%），而结果目标的等级往往较少（例如：要么赢得比赛，要么输掉比赛）。同时，对手行为对实现表现或过程目标的影响较小。为此，尽管在训练中也必须制订表现和过程目标，但是，正在比赛的运动员更应该采用表现和过程目标。

在特殊情况下，尽管与设定结果目标相比，设定特定表现目标的可能性较小，但是，过于关注特定表现目标（例如：在赛跑比赛中取得个人最好成绩，即每 1500 米用时 5 分钟）也可能造成焦虑。此外，除非一个人还同时考

按优先顺序排列一般主观目标的案例研究

尽管大多数体育心理学研究关注客观目标，但是，主观目标的重要性也不容忽视。例如：在有关个人生产力和业务管理的通俗文章或商业文献中，人们十分注重确定和说明个人价值观和优先考虑事项，并使用此类一般主观目标以制订更多指导日常行为的特定目标（Smith，1994）。以下案例正好说明了这一点。

金米是一名在读本科生，主修运动科学。她的目标是以优异成绩毕业，进入研究生院并成为一名理疗师。金米是一名优秀的学生，她加入了越野队，在训练室工作，拥有一份兼职工作，加入多个校园社交团体，并且只要有时间就会回家探望。因为金米尚未实现目标，所以她一直拼命努力。在与体育部的运动心理学家交谈后，金米了解到问题并不在于自己设定的特定目标（例如：生物力学考试获得 A、于指定时间内在越野路线上跑步），而是在于目标优先顺序或主观目标。她非常努力，且需要按先后顺序安排其活动。经深思熟虑后，金米制订了以下主导价值观列表，并在之后运用等级 A（最重要）、B（有点重要）和 C（不重要）按优先顺序排列所有主观目标。随后，她运用一般优先顺序列表制订更具体的每周目标，从而确保自己将大部分精力集中于实现在重要优先领域设定的目标。这确保了金米将大部分时间用于实现首要目标，而不是在某一天看上去很关键，但整体上并非首要目标的目标。

目标优先顺序

学习成绩好	A
越野跑	B
训练室志愿者	B
参加校园社交活动	C
回家探望	C
兼职	C

虑了长期结果目标，否则其往往很难按优先顺序排列特定表现目标和过程目标。例如：你在某人设定增重 10 千克这一结果目标的情况下制订的健身计划与在某人想要减掉 10 千克的情况下制订的健身计划完全不同。所有三种目标的目的一致，关键在于了解各种目标的设定时间，且切勿陷入将所有注意力都集中于结果目标的误区。

沿着上述思路，Filby、Maynard 和 Graydon（1999）开展的研究显示：使用多种目标策略（结果、表现、过程）的参与者的表现，明显优于仅设定一种目标的参与者的表现。他们的结论是参与者必须按优先顺序排列其目标，并且不同类型目标在不同时间内（例如：比赛和训练）产生的有效性不同。研究人员强调说："为实现采用结果目标的益处，必须在比赛前和比赛期间及时结合结果目标和过程取向优先顺序。"

目标设定的有效性

动机取决于目标设定。一位优秀的大学生网球运动员表示：

> 教练必须设定目标，团队也必须设定目标。所有网球运动员都必须设定目标，真实生动的生活目标……目标促使每个人关注实现目标。因为目标，我下决心承担工作、时间、痛苦以及被视为获得成功所需代价一部分的任何其他东西。

参加体育运动和训练的人长期以来一直都有设定目标，并且网球运动员获悉了某些关键目标设定因素。心理学家（尤其是商业心理学家）还将目标设定视为动机型技能进行长期研究（研究时间比运动学家的长）。他们着眼于研究在设定了具备一定难度的特定目标之后，表现的改善程度是否要高于未设定任何目标、设定难度较小的目标或设定需竭尽全力的一般目标情况下的改善程度。为检验 Locke（1968）目标设定理论中的相关论点，已开展了许多此类研究。评论家们（Burton & Weiss，2008；Locke & Latham，1990；Locke，Shaw，Saari，& Latham，1981；Mento，Steel，& Karren，1987）得出了目标设定极其有效这一结论。事实上，90% 以上的普通心理学研究（共 500 多项）显示：无论小学生或职业科学家是否设定目标，也无论是否为集体研讨或卡车装货设定目标，目标设定都对行为产生重大影响。此外，目标设定对 10 个国家中运用 90 多项任务的 40000 多名参与者所产生的影响保持一致。目标设定是肯定有效的一项行为技术。

包括了 36 项体育与训练心理学研究的元分析（对文献进行的统计审核，综合独立研究结果并标明所有研究结果是否重要）得出过类似结论（Kyllo & Landers，1995）。最近，Burton 和 Weiss（2008）发现在 88 项体育与训练研究中，有 70 项（80%）研究证明了目标设定会产生中度影响或强烈影响；尽管目标设定在体育领域的有效性低于其在商业领域的有效性，但目标设定在体育领域也是有效的。多年以来，目标设定在体育与训练领域所产生影响的强度和一致性不断提高，由此可知，目标设定是提高个人在体育与训练领域以及商业领域表现的一项成功技术。

目标设定方面的研究人员发现以下因素

即使是业余运动员，也可从设定目标过程中获益良多。

可稳步提高目标设定在体育与训练环境中的有效性：难度适中的目标、短期和长期目标、有关目标实现进展的反馈、目标明确性、公开确认目标、目标实现承诺、参与者参与目标设定过程以及采用多个不同目标。

目标设定研究

研究人员已调查了各目标类型（例如：特定或一般目标、长期或短期目标、难以实现的目标或易于实现的目标）与体育健身任务（例如：3 分钟内完成的仰卧起坐次数、在游泳赛事中的表现时间、篮球比赛中的罚球投篮）之间的关系（Burton & Weiss，2008；Weinberg，1994，2000，2004；Weinberg & Butt，2005）。研究结果显示：从难度适中到难度很大范围内的短期和长期特定目标与最佳表现有关。在某项研究中，参加为期 8 周的篮球课程的大学生为基本篮球技能任务（例如：防守步法、罚球投篮、控球）设定了特定或一般目标。结果发现，设定特定目标（而不是一般目标）可增强表现，尽管参与者未就所有任务设定特定目标。具体地说，与在复杂度较高的比赛中的表现相比，目标设定似乎更能增强在复杂度较低的比赛中的表现（Burton，1989a）。此外，使用目标设定以在一段时间后帮助改变在运动或训练环境中的表现和行为的大量干预研究，一致证明了目标对提高在以下体育运动中表现所产生的积极影响：长曲棍球（Weinberg，Stitcher，Richardson，& Jackson，1994）、篮球（Swain & Jones，1995）、橄榄球（Ward & Carnes，2002）、冰球（Anderson，Crowell，Doman，& Howard，1988）、足球（Brobst & Ward，2002）、游泳（Burton，1989b）、网球（Galvan & Ward，1998）和高尔夫球（Kingston & Hardy，1997）。

研究人员还发现目标设定影响体育系学生的内在动机和训练完成度（Wilson & Brookfield，2009）以及毅力和努力（Guan，Xiang，McBride，& Bruene，2006）。

> **要点**　尽管目标设定是增强表现的一项极其有力的技术，但是还必须正确执行目标设定。

除加深对促使目标更加有效的因素的了解之外，体育心理学研究人员还了解了有关目标设定过程的大量信息，包括目标设定方式、最重要的目标类型、妨碍目标实现的障碍类型以及目标设定过程的个体差异。运用调查问卷以及与大学生运动员、奥林匹克运动员和青少年运动员之间的访谈开展的研究（Weinberg，Burke，& Jackson，1997；Weinberg，Burton，Yukelson，& Weigand，1993，2000）揭示了有关运动员偏好以及目标设定策略的更多信息，包括：

- 几乎所有运动员均使用某些类型的目标设定以增强表现，并发现其目标有效性介于中等和高效之间。
- 对运动员而言，增强表现（奥林匹克运动员）、获胜（大学生运动员）和乐趣（青少年运动员）是最重要的目标。尽管首要目标会发生改变，但是增强表现、获胜和乐趣是所有运动员的三大目标。
- 运动员一般倾向于选择难度适中、有难度和难度很大的目标；并且按先后顺序，上述三种难度是目标难度的前三个选项。但是，不同目标难度偏好之间存在很大的个体差异。
- 对大学生运动员而言，实现目标的主要障碍包括压力、疲劳、学业、社会关系以及时间不足。对奥运会选手而言，障碍主要包括内在障碍（例如：缺乏自信、缺乏目标反馈、目标过多或多个目标之间互相冲突）或外在障碍（例如：时间不足、工作承诺、家庭和个人责任）。
- 女性更倾向于设定目标，并且她们设定目标比男性更有效（结果目标除外）。
- 尽管运动员充分考虑了目标，但是一般不会进行系统记录。
- 运动员在设定目标方面的经验越丰富，则其制订的目标设定策略更有效。
- 运动员设定目标的首要原因是为自己提供方向并使自己专注于当前任务。
- 使用多种目标策略的运动员表现最佳。
- 设定目标时必须考虑个体差异（例如：目标取向、心理控制源）。

尽管普通心理学和体育心理学研究人员已获得大量证据证明，目标设定是增强表现的一项有力技术，但是，目标设定方法并不是万无一失的。必须在考虑和了解目标设定过程并进行规划后方可设定目标。如果一个人想要确定目标设定在计划的哪一阶段和哪一环节最有效，则必须制订系统方法并对目标设定过程进行系统监控。

目标设定有效的原因

研究人员已说明目标设定以两种方式起效。结果、表现和过程目标通过影响重要的心理因素（例如：自信和焦虑）间接影响行为。因为目标导致心理因素发生变化并从而影响表现，所以上述观点被称为**间接思维过程观点**。例如，在 Burton（1989b）开展的一项实证研究中，游泳运动员学习了表现目标设定策略。与目标设定能力较差的游泳运动员相比，目标设定能力较强的游泳运动员表露出的焦虑更少、信心更足且表现更佳。研究人员发现目标通过对心理状态产生影响而间接影响表现。

Gano-Overway（2008）在一项研究中将运动员指派至涉及任务环境或涉及自我环境中完成动作任务，之后给予消极反馈。研究结果显示，任务取向型环境中的运动员表现得自我调节能力更强，即更能有效监控和评估当前表现，并且使用挫折应对规划策略的频率更高。也就是说，将重点集中于自我参照过程和表现目标的环境有助于参与者更好地应对失败。

经更深入研究的**直接机械论观点**则正好与间接思维过程论点相反，该观点详细说明了目标影响表现的四种直接方式（Locke & Latham，2002）：

1. 目标直接指向所发挥技能的要素。
2. 参与者借助目标集中精力。
3. 参与者借助目标提高毅力。
4. 参与者根据目标制订新的学习策略。

首先，目标吸引参与者注意其通常可能不会注意的技能要素。例如：当足球运动员设定提高比赛技能的特定目标时，会专注于诸如发角球、带球和成功争抢高空球之类的需要提高的特定技能。事实上，对运动员开展的研究（Weinberg，1993，2000）已证实，运动员设定目标的主要原因是为其动作提供方向和重点。目标还可提供激励帮助运动员集中精力和毅力。例如：游泳运动员某日可能不想参加训练并且很难集中精力训练。但是，通过将其需要游泳的距离等分成 10 段或 10 个目标，则该运动员会获得一系列合理的激励因素。同样地，尽管以安全的方式减掉 25 千克体重可能看上去是个需要长久坚持却难以实现的目标，但通过设定每周减掉 0.5 ～ 1 千克的子目标并绘制子目标实现图表，你更有可能保持动力并坚持减肥计划。最后，目标设定在促进制订新学习策略时有潜在优势。想要减掉 10 千克的受训者可能决定，如果他想确保自己定期参加训练，则应当参加晨训（新策略）。同样地，设定将罚球命中率从 70% 提高至 80% 这一目标的篮球运动员会完善投篮前的例行动作、更改其投篮生物力学，甚至在感觉疲惫时仍然勤奋练习投篮。

尽管目标设定的机械论解释浅显明了，但是，Locke 和 Latham（2002）指出，目标与表现之间的关系并不简单。目标与表现之间的关系受自我效能、反馈和任务复杂性等因素的影响。

目标设定的原则

从研究和训练中可确定若干目标设定原则（Gould，2005；Murphy，1996）。正确应用此类原则为制订目标设定计划奠定了坚实的基础。然而，尽管研究可提供设定目标的“科学”，但是设定目标的“艺术”（即应何时设定目标以及为谁设定目标）只能由教练或单个运动员去实践。实质上，任何目标设定计划的有效性都取决于个人与个人所处情境之间的相互作用。目标设定原则如下所述：

- 设定具体目标
- 设定难度适中的现实目标
- 设定长期和短期目标
- 设定表现、过程和结果目标
- 设定训练和比赛目标
- 记录目标
- 制订目标实现策略
- 考虑参与者的人格和动机
- 促进个人目标承诺
- 提供目标支持
- 提供目标评估和反馈

我们接下来逐一论述上述原则。

高中和大学教练的目标设定实践

在运动或训练领域的大量目标设定研究将重点集中于参与者。但是，Weinberg 及其同事（2001）开展的研究则集中于教练的目标设定训练。研究结果显示：

- 实际上，所有教练都设定了比赛和训练（个人和团队）目标以及个人训练相关目标。
- 教练对目标设定原则的理解以及其使用目标的频率存在很大差异。
- 尽管不同教练重新评估目标的系统性和频率相差甚远，但是教练都会重新评估目标。
- 教练会指定一些目标，并采纳运动员设定的其他目标。
- 尽管教练运用表现、过程和结果目标，但是往往更垂青于表现和过程目标。
- 设定目标的主要原因是为了提供目标和方向，并促进运动员进步和增强团队凝聚力（团队目标）。
- 认为目标障碍包括生理障碍（例如：受伤）、心理障碍（例如：缺乏自信）和外在障碍（例如：父母过度参与）。
- 目标承诺中最重要的方面是个人喜好。
- 目标设定过高且导致连续失利时，方可发现目标设定的唯一不足。
- 尽管教练同时设定了短期和长期目标，但是更加关注就实现长期目标的进展提供反馈的短期目标。
- 教练记录目标的方式不一致。

设定具体目标

与一般化的“竭尽所能”目标或毫无目标相比，具体目标能够对行为改变产生更加有效的影响。然而，许多教师、教练和训练导师仍然只告诉其学生或客户竭尽所能。应以与行为相关的特定可测量方式陈述目标。例如，“提高你的高尔夫球比赛技能”这一目标就太模糊，而“通过提高至球穴区的短铁杆接近球准确度，将高尔夫球差点从超过标准杆数14降低至11”这一目标就更好。同样地，与“通过摒弃高油脂薯片作为夜宵并开始每周四天的步行训练计划，将胆固醇水平从290mg/dL降低至200mg/dL”这一目标相比，“降低胆固醇水平”这一目标是宽泛而不精确的。为达到最高有效性，必须以具体的方式陈述目标。

> **要点**　与一般化的“竭尽所能”目标相比，具体的目标在产生行为改变方面更有效。

设定难度适中的现实目标

有效目标的难度要适当，足以鞭策参与者；有效目标又要符合实际，是可以实现的。Kyllo 和 Landers（1995）的元分析显示，中等难度的目标激发的表现最佳，且 Bueno 等人（2008）研究显示，如果感觉目标难度太大，存在无法实现的风险，可能导致个体无法进入学习状态；如果无须付出任何努力即可实现目标，则此类目标的价值不大，参与者很快便会对涉及此类目标的计划失去兴趣。设定难度太大而无法实现的目标可能导致个体灰心失落、缺乏信心以及表现欠佳。秘诀在于，在目标挑战和可实现性之间找到平衡点，但这绝非易事。专业人士必须了解运动员或学生的个人能力和承诺。随着专业人士获得专业经验，判断个人的能力水平以及改进所需时间将变得更容易。如果教练或讲师在该计划所涉及的活动或参与该计划的个人方面的经验不足，则宁可设定更容易实现的目标。那样的话，参与者将不会变得沮丧。一旦参与者很容易就掌握了目标，就可以设定更有挑战性且难度适中的目标。

设定长期和短期目标

行为改变并不会突然发生。因此，应设定长期和短期目标。研究证明，无论是长期目标还是短期目标都非常重要（Kane，Baltes，& Moss，2001；Vidic & Burton，2010），尤其是在复杂任务中（Locke & Latham，2002）。长期目标提供方向，而短期目标则充当转向长期目标的中间步骤（Vidic & Burton，2010）。只关注长期目标并不能提高表现（Kyllo & Landers，1995）。应考虑将长期目标或梦想置于最高级，将当前能力水平置于最低处，通过一系列循序渐进的短期目标连接阶梯顶端和底端。图 15.1 描绘了适用于 8 ～ 11 岁的花样滑冰运动员团体的目标设定阶梯。滑冰运动员拥有达到下一测试水平（发挥一套指定技能）的长期目标，但是尚未准备好在那时接受测试。因此，教练绘制了技能进展图或制订了短期目标，让年轻滑冰运动员做好准备以达到下一测试水平。在实现所有子目标和长期测试目标之前，每次滑冰运动员掌握了一项特定技能，就公布目标设定阶梯，并在图表上张贴金色的滑冰鞋贴纸。

优秀运动员已成功适应和使用短期和长期目标设定阶梯，其中包括若干世界冠军和奥运冠军。毫无疑问，短期和长期目标设定

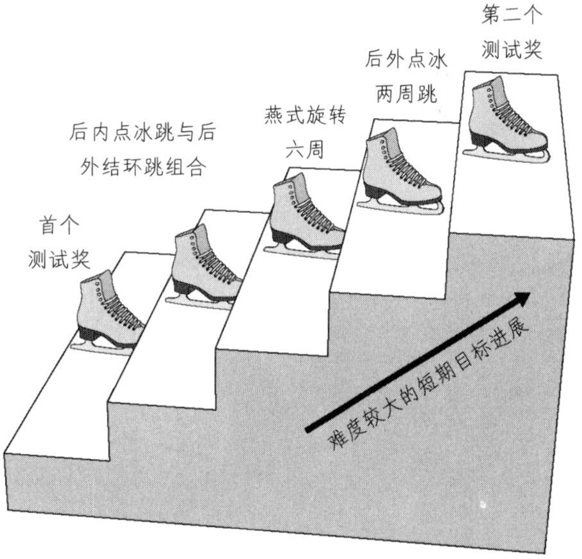

图 15.1　8 ～ 11 岁的花样滑冰运动员的目标设定阶梯

阶梯还适合于训练计划。图 15.2 显示了专为增强全面健康和健身所制订的训练计划的个人的目标设定阶梯（以实现最佳行为改变的形式描述）。正如花样滑冰示例中的情况一样，关键在于制订实现长期目标所需的短期目标进展。

应将短期目标和长期目标联系起来。应将参与者的长期目标与一系列直接的短期生理和心理目标联系起来。应制订目标进展，从个人可立即实现并能转向难度更大的长远目标的目标入手。

设定表现、过程和结果目标

有时，很难不考虑输赢或你的表现比他人如何。毕竟与个人目标成就相比，许多人更关注输赢。运动员时常用赢得比赛、赢得冠军或击败特定对手等作为结果目标。讽刺的是，关注表现或过程目标才是赢得冠军或击败特定对手的最佳方式。在比赛过程中过于关注于结果目标会导致焦虑，让运动员将过多时间投在焦虑上，而不是用于关注当前任务。这并不表示结果目标不好，而是表示过于关注结果目

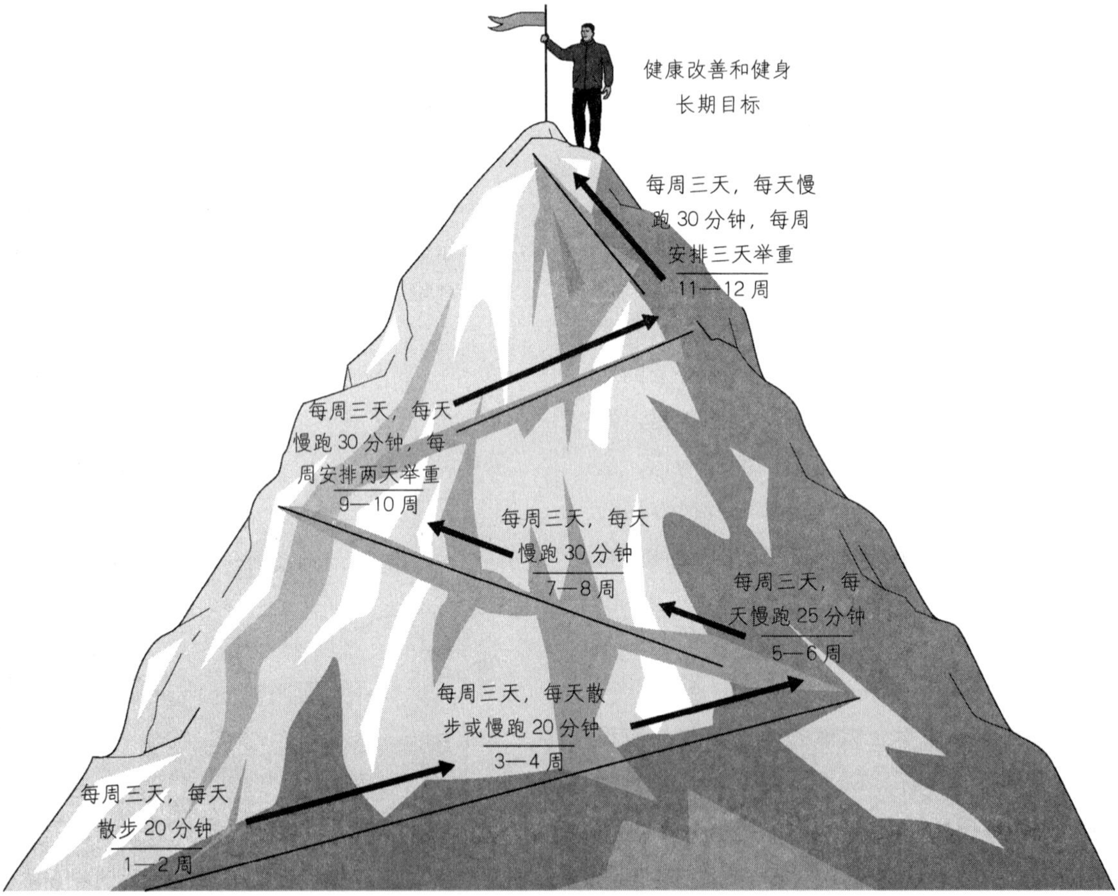

图 15.2　达到行为改变巅峰——短期目标转向健康改善和健身的进展

标（尤其是在表现期间）可能会降低表现，而不是提高表现。因此，关键在于持续重视表现和过程目标。对于运动员设定的各结果目标，应设定若干转向结果目标的表现和过程目标（Filby，1999）。例如，如果你带领夺取市锦赛冠军的初中垒球队，则你应强调与提高防守率、团队击球率以及盗垒相关的表现目标。此外，你还应强调过程目标，例如，在训练和比赛过程中，球员提高其滑垒技术，而投手提高其牵制球成功率。鼓励团队为实现上述目标而付出努力，并绘制整个赛季期间的目标实现进展图。

要点 为实现运动员设定的所有结果目标，应设定若干将导致该结果的表现和过程目标。

设定训练和比赛目标

运动员和教练往往只关注比赛目标。但由于运动员在训练过程中投入的大量时间（尤其是与比赛相比），以及有些运动员可能厌烦于长时间训练，设定训练目标也很重要。设定训练目标是集中于某人通常不可能作出的改进并保持动机以获得竞争优势的好方法。有趣的是，Orlick 和 Partington（1988）在对参加奥运会的成功运动员与不成功运动员进行对比研究时发现，设定素质训练目标是区分成功运动员与不成功运动员的因素之一。一名速降滑雪运动员可能以在某天内在整个赛道的三个平坦赛段上滑雪为目标，或一名网球运动员可能尝试更多次来到网前击球，这些都属于训练目标。

记录目标

“眼不见心不烦”这一格言可用于理解目标设定程序有关。一些运动心理学家（Botterill，1983；Gould，2005；Ward & Carnes，2002）建议：一旦设定目标，就应记录目标并将其放在显著位置。不幸的是，许多运动员并未系统地记录目标（Weinberg，1993，2000）。记录目标的方式有很多种。运动员或受训者可在索引卡上写下其目标，也可制订复杂的行为协议，没有最佳策略。但是，记录方法越有效率，则其越有用。例如：与制订已签字但自签字后便被置于抽屉内再未过目的详细行为协议相比，在卡片上写下目标并将其张贴在家中内衣帽柜或卧室梳妆镜上的有效性和时效性更高。使用训练日志的运动员时常发现，将与记录目标以及目标进展相关的章节并入训练日志是很有用的。

制订目标实现策略

Vidic 和 Burton（2010）将制订系统的目标实现策略视为最重要的目标设定步骤之一。在未制订任何相应策略的情况下设定目标，就好比在未查看地图或未安装导航仪的情况下驾车前往一座陌生的城市。你必须为已设定目标制订相应的实现策略。每周有三天将一桶高尔夫球以切削方式击打至训练草地是实现降低三击差点目标的一种策略；参加每周可燃烧 2500 卡热量的步行计划是实现在 5 个月内减掉 10 千克目标的一种策略。策略应是具体的，且应包括确切数字（例如：什么程度、多少次、多久一次），由此让一个人知道如何实现其目标。运动员和受训者应确保目标实现策略的灵活

目标必须适合运动员。为青少年运动员设定参加 2016 年国际足联五人制足球世界杯的目标是不切实际的，无法帮助其取得成功。

性。与其说要在星期一、星期三和星期五练习举重，不如说每周举重三天更好。那样的话，在指定日无法举重的个人可在本周另一天举重，仍然可以实现目标。

考虑参与者的人格和动机

你在帮助运动员和受训者设定并实现目标时，应考虑其人格和心理取向（Burton，Gillham，Weinberg，Yukelson，& Weigand，2013；Evans & Hardy，2002；Lambert，Moore & Dixon，1999）。一个人的人格、动机和目标取向会影响其所采用的目标以及目标设定过程所发挥作用的程度。Stoeber、Uphill 和 Hotham（2009）发现，个人完美主义的标准较高与设定使铁人三项运动员实现最佳表现的目标有关。Burton 及其同事（2013）发现：认为成功与其学习新技能和控制表现能力有关的表现取向型运动员，最擅长设定目标，而通过将自身与他人对比判断成败的运动员，最不擅长于设定目标。人格特征为取得成功动机水平高且避免失败动机水平低的高成就者，乐于追求和采纳具有挑战性但现实的目标。与之相反，低成就者（其避免失败动机水平高且取得成功动机水平低）倾向于避开具有挑战性的目标，而去采纳非常简单或难度极大的目标。此外，教师、教练或训练导师创造的动机氛围应有助于促进人格和需求不同的个人尽量参加训练（Ntoumanis & Biddle，1999）。同样地，处于成就社会性比较阶段的孩子倾向于关注比赛目标和结果目标。竞争性强的人也关注结果目标，而任务取向型运动员和受训者则更易于接受表现和过程目标。最后，正如“特质性希望与 4W 系统”栏目所示，研究人员已发现，特质性希望高的人与特质性希望低的人设定目标的方式不同。

了解并确认上述人格差异有助于你知道对你帮助其设定目标的个人应寄予的期望。表现优异的人、个人完美主义标准较高的人、满怀希望的人以及任务取向型或表现取向型运动员和受训者，会对你在目标设定过程中付出的努力反应良好。对表现稍微逊色的人、较害怕犯错误的人、不抱希望的人以及结果取向型或失败取向型运动员和受训者，你必须反复强调设定现实表现和过程目标的重要性，你还必须监督此类参与者以确保其不会被自己更熟悉的结果目标所吸引。对儿童也必须付出额外努力以关注表现和过程目标。一旦青少年到达成就综合阶段，且关注个人改进时感觉自在，目标设定过程就会变得简单些。

促进个人目标承诺

在未做出目标实现承诺的情况下，一个人是无法实现目标的。训练导师应通过鼓励进步和提供一致反馈促进**目标承诺**。教师或教

特质性希望与 4W 系统

为什么有些人能够追求并实现其目标，而其他人追求并实现目标的有效性却很低呢？心理学家 Charles Snyder（1994）在其关于希望研究报告中论述了这一问题。对 Snyder 及其同事而言，希望并不是指在未付出任何努力的情况下坐等某事发生，而是包括了思考过程（在此过程中，人们普遍认为目标是可以实现的）以及着手实现目标所需的技能。具体地说，满怀希望的人具有目标导向型决心或意志感，并制订目标实现方法或途径。与有关人格的人与情境相互作用模型一致，特质希望和状态希望已被发现与心理调整、成就、问题解决和健康有关。

基于希望研究，并且作为运动员人生技能指导计划的一部分，Gould 及其同事（2000）制订了力量 4W 目标设定系统以帮助年轻人学习设定目标和提高希望水平。根据研究结果，体育和人生领域的成功人士都是积极乐观有进取心的人。成功人士在场内和场外均设定目标，制订目标实现策略，努力奋斗以实现目标并将困难和挑战视为机遇，而不是无法逾越的障碍（Snyder，1994）。

在使用力量 4W 系统时，运动员要确定以下四个计划组成部分：

- 愿望力量。确定其梦想目标（例如，丹尼想要获得高中足球队的首发位置）。
- 需求力量。设定一旦实现即能通向某人梦想目标的实际短期和长期目标（例如，丹尼必须明智地比赛、变得更加强壮且身体状况良好）。
- 方法力量。制订实现目标所需的多项计划、多条途径和多种策略（例如，丹尼每周有 4 天进行举重、每天跑 5000 米以提高耐力并研究上一年度比赛视频）。
- 意志力量。找到始终努力实现目标和克服所产生障碍所需的决心、承诺和纪律（例如，丹尼找同意与帮助他且鼓励他的好友波比谈话；他写下并牢记自己在跑步最艰难时段想说的五个动机词组；他将团队照片贴在镜子上以便想起自己的梦想）。

练不得直接或间接为其学生或运动员设定目标，相反，应要求学生或运动员自己参与设定目标的过程。这并不意味着运动科学专业人士不参与目标设定过程。例如：Shilts、Horowitz和Townsend（2004）制订了基于计算机的目标设定指导方案，旨在提高中学生的饮食健康水平和体育活动行为。该策略为青少年提供了基于科学进行目标选择方面的足够指导，并允许可促进目标承诺的自主选择。同样地，O'Brien、Mellalieu和Hanton（2009）报告称，让拳击运动员确定自己的强项和需要使用表现分析技术改进的方面，对提高目标接受度特别有效。

提供目标支持

其他人还可为运动员、学生和受训者设定目标提供支持，目标支持往往并不存在。例如，团队正在争夺区冠军的高中曲棍球教练可能会让运动员设定一系列表现目标，但同时，运动员的父母、教师和朋友经常要求他们赢得冠军。给父母的信件、员工会议公告以及校报均有助于教导此类重要人物理解表现和过程（而不是结果）目标的重要性。

> **要点**　应赢得重要他人的支持以使目标设定有效。

配偶支持是影响训练完成度的关键因素（Dishman，1988）。许多企业健身专家已发现，让配偶参加减肥和训练计划并要求他们支持参与者实现目标是很有用的。健身专业人士还必须对与之合作的个人表现真诚的关心，且他们应审核参与者的目标，询问参与者的进展，重视参与者的努力并营造一个有爱心、乐观且鼓舞人心的氛围。

最后，Maitland和Gervis（2010）强调，因为目标设定不仅仅是牢记事实和原则，而是一个复杂的过程，所以不应视目标支持为理所当然。他们发现，未参与目标设定过程的英国优秀青年足球教练无法迅速响应球员的需求，而且并未给予球员在努力实现目标时期望获得的反馈和保证。因此，目标设定过程的有效性相应降低。

提供目标评估和反馈

想要目标有效改变表现和行为，那么表现进展反馈就是完全必要的。然而，教练和训练导师往往未能提供有关参与者目标的评估和反馈。

> **要点**　目标评估和反馈是促进行为改变的必要环节。

应在目标设定计划启动时就提出目标评估策略，并根据计划的进展不断执行目标评估策略。有多种评估方式（有关某些评估方式示例，请参考表15.1）。保持一致是关键所在。人们往往花费大量时间定义和设定目标，却发现只是浪费时间而已，这是因为他们并未彻底完成必要的评估和反馈环节。因此，教练应就如何朝着目标前进向运动员提供反馈，而且运动员应写下目标并记录目标进展。

团体目标的制订

到目前为止，体育与训练心理学家最为关注受训者和运动员的个人目标以及个人目标对行为改变的影响方式。然而，Brawley、

表 15.1 目标评估方式示例

目标	目标评估策略
在6个月内减掉10千克体重	客户每周将体重告知健身教练。
在赛季结束时将罚球命中率从65%提高至72%	球队经理在每场比赛后绘制罚球投中率统计数字曲线图并计算年初至今的平均罚球投中率。
每周安排三天前往康复中心，直至康复为止	每周在康复中心公布出勤率，并将出勤率告知教练。
提高训练期间的注意力集中度	教练向运动员提供每周成绩报告单，按照0（低）至10分（高）对训练期间的注意力集中度进行评分。
促进小学体育课上的班级合作	教师每周在行为检查清单上记录合作行为，并在体育馆公布栏上绘制不同班级的改进曲线图。

Carron 和 Widmeyer（1992）研究显示了团体或团队目标在训练和比赛中的广泛使用。训练目标的类型与比赛目标的类型之间差异很大。在训练过程中，大约 90% 的目标属于过程目标，最注重努力。然而，在比赛中，目标主要分为结果目标和过程目标，强调技能的发挥或策略。除上述初步研究之外，在 Widmeyer 和 DuCharme（1997）开展研究之前，团体和团队目标很少受到重视。上述研究人员强调，为了解目标对团体的影响，你必须了解包括团体成员目标在内的更多信息。Dawson、Bray 和 Widmeyer（2002）开展的研究进一步证明了这一点，而且研究人员在运动队中发现了四个明显的目标类型，分别是团队成员自身目标、个别成员对团队的目标、团队或团体目标以及团体对个别团队成员的目标。因此，必须同时考虑团体目标和个人目标。

团体或团队目标的定义是“团体中大多数成员努力实现的未来情势”（Johnson & Johnson，1987）。更具体地说，**团体目标**是指在指定时间内达到的团体（并非个人）能力特定标准。因此，常见的团体目标可能包括获得全国高中篮球联赛冠军、心脏康复计划退出率达到国内最低或提高本校学生在标准化体能测验中的成绩。

Burke 等人（2010）在专门调查团体目标与各小组参与者走过的总里程之间关系的大规模散步小组研究中证明了团体目标的力量。6000 多名参与者组成 1225 个散步小组，每个小组由 3 至 6 个人组成。研究结果显示，越多小组设定目标，他们就走得越远。尽管目标设定提高了所有小组的表现，但是，它对将散步计划融入生活能力高度自信且拥有丰富训练经验的小组特别有效。因此，团体目标更适于与训练小组合作的专业人士去实施。

但是，召开团队或团体会议以制订共同团体目标清单并不足以产生行为改变。设定团体目标只是该过程的第一步（Widmeyer & DuCharme，1997）。在确定团体目标之后，为实现目标并完成该团体实现目标所需交互过程，确定该团体必须完成的任务是至关重要的。这并不奇怪，因为团体或团队目标与通过增强动机和凝聚力实现的行为改变有关。例如：Senecal、Loughead 和 Bloom（2008） 发现，在整个赛季对团队建立和目标设定的干预提高了高中篮球队的团队凝聚力。

Widmeyer 和 DuCharme（1997）概述了有效团队目标设定的六项原则。遵照这六项原则，你可以和你协助的团体有效设定和实现目标：

- 首先制订长期目标。
- 制订短期目标转为长期目标的清晰路径。
- 让所有团队成员参与制订团队目标。
- 监控团队目标进展。
- 奖励团队目标进展。
- 增强与团队目标相关的团队集体自信或效能。

设计一个目标设定系统

正如篮球教练根据个人打法制订比赛策略，体育与训练专业人士应根据前文所述 11 条目标设定原则制订目标设定系统或计划。尽管存在多个目标设定系统，但是，大多数系统都包括三个阶段，分别是准备和规划，教育和习得，实施与目标追踪及评估。

第一阶段：准备和规划

高效率讲师、训练师或教练总是期望能够在进入体育活动环境之前做好必要的准备。在进行有效目标设定之前必须进行思考和准备，一旦实施计划，则充分的事前准备可节省若干工时。

评估能力和需求

第一步是要评估参与者能力和需求。基于对个人的了解，健身专业人士应确定对方最需要改进的方面。如果对个人背景知之甚少，则制订活动中的所有技能清单也是很有用的。可对个人与清单上的技能相关的能力逐一进行评估。

在不同领域设定目标

我们已提过，人们通常只考虑与表现有关的目标。实际上，可以并且应当在不同领域设定目标，包括个人技能、团队技能、健身水平、上场时间、乐趣和心理技能。之所以应在多个领域设定目标，是因为学生、运动员和受训者会因各种原因（例如：技能改进、乐趣、

SMARTS 目标

首字母缩略词 SMARTS 可作为帮助运动员或受训者牢记有效目标特征的小贴士，它包含以下原则（Smith，1994）：

- 具体的。目标应明确指出需完成或实现的事项。
- 可测量的。目标应是可计量的。
- 行动取向型。目标应指出需完成的事项以及实现已确定目标需采取的特定行动。
- 实际的。考虑到各种客观限制，目标应是可实现的。
- 及时的。目标应可在合理时间内得以实现。
- 自主的。目标应由参与者本人设定，或由多名参与者共同设定。

表 15.2 可设定目标的领域

目标领域	目标
个人技能	在 400 米短跑比赛中，通过更有爆发力的起跑在最初的 100 米内提速，减少 0.4 秒的时间。
团队技能	截至赛季中期，高中摔跤队将实现的成功摔倒百分比从 54% 提高至 62%。
健身	在接下来的 5 个月内，每周至少有三天参加持续 50 分钟的有氧舞蹈课，将静息心率从 71 次 / 分降低至 61 次 / 分。
上场时间	高中学生将通过在赛季内参加至少 16 场比赛获得大学橄榄球队的邀请函。
乐趣	资深的职业网球运动员在每个城市探访餐馆和古迹，获得更多巡回赛乐趣。
心理技能	通过在每次训练尝试之前想象成功跳水并至少重复一次积极的自我陈述，跳水运动员在向内翻腾两周半跳水时重拾信心。

成就）参加体育活动，而需求决定目标。因为有很多因素影响个人和团队在体育活动环境中的表现，所以不仅应设定技能改进和表现目标，还应设定在其他领域的目标。表 15.2 列出了在体育活动若干不同领域中作为示例的目标。

确定对目标设定系统的影响

不能在虚幻环境中中设定目标。在设定目标前，必须评估运动员的训练潜能、承诺和机会。例如：对于自我约束能力不足以自己设定目标的运动员而言，制订业余时间训练目标毫无益处，而设定其在常规训练时间内即可实现的目标反而更加有效，或设定变得更独立且足够自律以自己进行训练这一目标也会更好。

制订目标实现策略

必须制订参与者可用于实现其目标的策略。除非将目标与具体且实际的策略联系起来，否则目标将无效。个人投入大量时间用于确定目标却未能确定目标的实现策略通常将导致目标设定失败。

第二阶段：教育和习得

一旦完成准备和规划，则教练、教师或训练导师即可开始以最有效的方式直接教导运动员设定目标，包括告知目标设定信息和原则。

安排会议

在训练或上课前，应安排正式会议或一系列非正式的简短会议。在上述会议中，教练和运动员可确定有效目标和无效目标示例。不应期望参与者当场列出目标，可向参与者介绍目标设定并为其预留时间以考虑目标及过程。教练或讲师可安排后续会议或后续训练以讨论特定目标以及针对特定目标的策略。如果是在运动环境下设定目标，则还应包括团队目标和个人目标。

一次专注于一个目标

除非运动员拥有丰富的目标设定经验，否则最好一次只设定一个目标。教练可帮助每位运动员从目标清单中选择一个目标，之后运动员可集中精力正确定义特定目标并概述实际的目标实现策略。在学会设定和实现单一目标之后，参与者可能已做好准备尝试设定多个目标。

第三阶段：实施与目标追踪及评估

一旦参与者学会设定目标，则下一步就是要列出已被认定为合适的目标。教练或讲师必须协助目标评估和追踪。

确定适当的目标评估程序

因为专业人士可能忙于其他事情以致未安排时间评估已设定目标，所以最可能被忽视的阶段是评估阶段。教练、教师和健身教练应尽早设计易于追踪的目标设定系统。例如：教练、教师和健身教练应预测全年最繁忙的时间段并估算可用于目标评估和追踪的时间。此外，还应确定用于管理目标评估和追踪的最有效系统。许多教练安排管理人员保存并公布与运动员目标相关的训练和比赛统计数字，以简化评估过程。同样地，为了提供给学生有关其目标表现进展的反馈，一些体育教师在上课期间安排了定期技能测试。在上述情况下，教师或教练在反馈时需要投入的时间很少。

提供支持和鼓励

在整个赛季中，教练或训练导师应向参与者提出有关目标的问题，并应公开鼓励他们向目标迈进。展现对目标设定过程的热情，可给予运动员和训练参与者鼓励，并帮助其保持动力以实现目标。

制订目标重新评估计划

目标设定尚不是一门完善的科学，有时已设定目标未能实现。例如：一名网球运动员设定了一个将 40% 的第一发球击在界内的目标，但是他发现经过训练，他很快可以将 50% 的第一发球击在界内。在这种情况下，他必须及时调整目标以便挑战自我。另一些运动员设定的最初目标太难以实现则必须相应调低。受伤和生病也可能促使运动员调整目标。因此，不时重新评估目标是很有必要的。调整目标和重新制订目标是该过程的正常环节。

目标设定的常见问题

尽管目标设定并不是一项很难掌握的心理技能，但是，这并不意味着在执行目标设定计划时不会出现任何问题（Gould，2005；Murphy，1996）。一些常见困难包括未能说服学生、运动员和受训者设定目标；未能设定特定目标；太早设定太多目标；未能调整未被实现的目标；未能识别个体差异；未启动目标设定评估和追踪程序。通过了解和预先考虑上述问题，你可以减少它们产生的影响，甚至完全避免一些问题。预先考虑问题和了解如何避免问题是有效目标设定的主要环节。

未能说服学生、运动员和受训者设定目标

凭借自己作为运动心理学家在美国奥林匹克训练中心的数年工作经验，Shane Murphy 发现了个人正式目标设定的若干常见障碍（Murphy，1996），包括：在目标设定过程中投入太多时间、人们根据以往消极（失败）经历设定目标、因未能实现特定目标而成为公开的失败者，以及目标设定过于结构化且对“自然”人无效。Murphy 指出，因为个人的组织性在其设定目标后变得更强，所以实际上，目标设定可节省时间。Murphy 认为，目标未能实现，通常起因于过分强调在个人控制范围之外设定目标（即选择结果目标，而不是表现目标），而写下并努力实现特定目标并不意味着失去自发性或僵化。预先考虑并能够有效消除上述障碍将有助于你说服与你共事之人设定目标。

未能设定特定目标

在运动和训练领域，人们遇到的最常见的问题是未能设定特定目标。即使在参加活动时，参与者都被告知以特定行为方式确定目标的重要性，但他们通常仍以一般方式含糊地确定目标。例如：已确定目标可能是“提高我的网球发球准确率”，而不是“通过研究更稳定的抛球动作将发球准确率从 60% 提高至 70%”。

体育健身专业人士应监控最初目标并针对目标明确性给予客户反馈。此外，我们必须教导人们设定包括行为评估数字在内的数字目标（例如：提高百分比）。在制订运动技能目标时，人们应将需改善技能的特定特征列入目标陈述中（例如：“通过缩短步长改善下坡跑训练”或“通过把腰弯得更低提高投出的好球率”）。

太早设定太多目标

初学者倾向于一次设定太多目标。他们渴望获得提升，因此变得过于积极且不切实际。从实际方面看，如果参与者设定太多目标，则健身导师经过一段时间后几乎不可能进行监控、追踪并提供个性化反馈。此外，如果一次设定太多目标，则一定会放弃几乎全部目标。初学者应一次只设定一个或两个目标。应设定短期目标（例如：需在 2 周内实现的目标，而不是需在 5 个月内实现的目标）并给予极度重视，从而最大限度地激发参与者的热情。在较短时间内，追踪目标和提供反馈也变得更简单。一旦积累了经验，他们就能够设定多个或同步的目标。

> **要点**　最初只设定一个或两个目标。从目标设定过程中获得经验后，则参与者可设定多个目标。

未能调整目标

调整目标很难，尤其是在设定目标后降低要求。例如，可轻易调高目标的游泳运动员发现，从心理上看，在受伤或生病后调低目标是极其困难的（Burton，1989b）。有两种方式可解决此问题。第一，在启动目标设定计划时就讨论调高或调低目标的必要。那样的话，参与者可将调整视为该过程的正常部分，而不是目标实现过程出现问题的迹象。第二，如果因生病或受伤必须降低目标要求，则将调整过程视为最终超越最初目标的新阶梯的一部分。那

样的话，个人可将已降低目标视为最终获胜前的暂时退步（图 15.3）。

未能识别个体差异

并不是所有参与者都对设定目标充满激情，有些参与者甚至可能对设定目标采取消极态度。因为设定目标时需要个人承诺，所以强迫个人设定目标是无效的。训练讲师或导师应介绍目标设定，并与希望自己的成功可激励其他三心二意者的参与者合作。Lambert 及其同事（1999）证明了识别个体差异的重要性。具体地说，调查结果显示，对体操运动员而言，其心理控制点决定了目标类型设定的有效性。对具备内部控制点的体操运动员而言，其自身设定的目标是最有效的；而对具备外部控制点的体操运动员而言，教练设定的目标是最有效的。因为面向任务或面向自我将影响使用的目标类型（即过程、表现、结果），所以目标观（参考第 3 章）也是设定目标时需考虑的另一重要的个体差异因素。

未进行追踪和评估

教师、教练和训练导师最常见的问题是在赛季初设定目标后在整个赛季或全年未能有效使用目标。未进行追踪和评估是目标设定计划失败的主要因素之一。制订目标追踪和评估计划并严格检查该计划的易用性和有效性非常重要。计划的实施过程必须简单。未进行追踪和评估的目标设定只会浪费时间和精力而已。

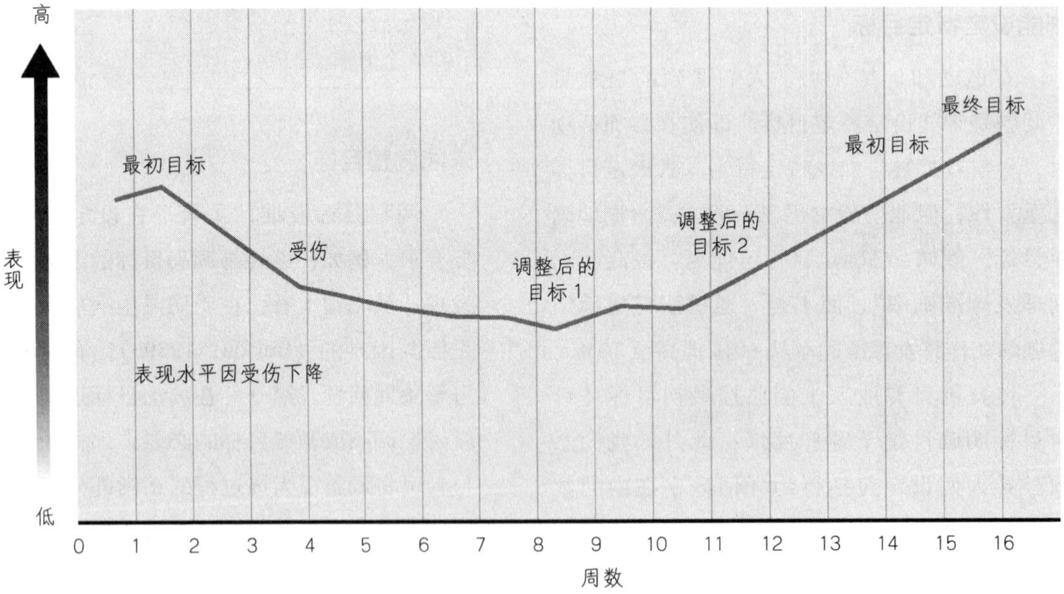

图 15.3　调低目标：逐步回归，以维持积极视角

学习助手

总结

1. **定义什么是目标并确定主要目标类型。**

目标是指行为目的或目标，可能是主观目标或是客观目标，且目标对象分为表现（自我比较以取得进步）、过程（导致表现改进的行为）或结果（击败或超越他人）。应明确何时将注意力集中于不同的目标类型，而不能将全部注意力集中于结果目标。

2. **介绍最新目标设定研究和目标设定理论。**

目标设定研究表明：目标设定是直接或间接影响行为改变的一种有效方法。目标通过将参与者注意力吸引至重要技能或任务要素上直接影响行为。目标也可增强动机和耐心，并可促进新学习策略的制订。目标还通过导致重要心理因素（例如：自信、焦虑和满意度）发生改变间接地影响行为。

3. **说明目标设定原则。**

目标设定原则包括制订有益目标，即具体目标、中等难度的现实目标、短期和长期目标、训练和比赛目标以及表现和过程目标。有效的目标设定原则分别是记录目标、制订目标实现策略、考虑参与者的人格和动机、促进目标承诺、为目标设定者提供支持以及针对目标提供表现评估和反馈。

4. **说明团体目标以及如何使用团体目标。**

团体目标通常侧重于在指定时间内达到特定的能力标准。设定团体目标之所以如此重要，是因为目标与增强团体动机和凝聚力有关。制订团体目标时，你应该：①首先制订长期目标；②制订短期目标转为长期目标的清晰路径；③让所有团体成员作为团队参与制订目标；④监控团队目标进展；⑤奖励团体目标进展；⑥增强团队自信或效能。

5. **理解如何设计目标设定系统。**

大量目标设定原则构成了三级系统（准备和规划、教育和习得、执行和追踪）的基础。在准备和规划阶段，必须评估个人能力和需求，在不同领域设定目标，确定对目标设定系统的影响，并制订目标实现策略。教育和习得阶段包括安排会议时间和限定个人最初关注的目标数量。最后，执行和追踪阶段包括使用适当的目标评估程序、提供目标支持和鼓励以及重新目标评估。

6. **确定目标设定中的常见问题以及如何克服这些问题。**

常见目标设定问题包括未能说服学生、运动员和受训者设定目标；未能设定特定目标；太早设定太多目标；未能根据客观需要灵活调整目标；未能识别个体差异以及未进行目标设定追踪和评估。

7. **总结有关教练目标设定训练的调查结果。**

与教练就目标设定训练开展的访谈显示：①设定目标主要是为了集中注意力并提供方向；②目标承诺最重要的方面是个人喜

好；③教练会更改其写下的目标以及其对目标设定原则的理解；④目标障碍包括身体、心理和外在障碍；⑤教练更垂青于过程和表现目标；⑥尽管教练使用短期和长期目标，但将更多注意力集中于短期目标。

复习题

1. 主观目标与客观目标的区别是什么？表现目标、过程目标和结果目标的区别是什么？
2. 说明目标设定的直接机械论观点中影响目标设定的四个主要过程（即其起作用的原因）。
3. 目标设定原则有哪些？
4. 结果目标、表现目标和过程目标的不同优势是什么？
5. 什么是目标设定阶梯？为什么目标设定阶梯如此重要？
6. 设计目标设定系统时需考虑哪三个阶段？在各阶段应发生什么？
7. 目标设定的六个常见问题是什么？
8. 为什么定期调整目标很重要？

深入思考

1. 使用你在本章中学到的内容为想要开始训练以减掉 12 千克体重的同学制订目标设定计划。
2. 本章介绍了将一般主观目标按优先顺序排列的重要性。确定、列出并按优先顺序排列你自己最重要的主观目标。你将如何使用此类目标指导你的日常行为？

第 16 章

专注力

学习完本章后，您将能：

1. 定义专注力并说明其与表现的关系；
2. 介绍有关专注力影响的主要理论；
3. 确定不同种类的注意力焦点；
4. 描述某些注意力问题；
5. 解释自我对话如何发挥作用；
6. 解释如何评估注意能力；
7. 了解如何提高注意力。

有研究（Abernethy，Maxwell，Masters，Van der Kamp，& Jackson，2007）指出："难以想象，竟然存在任何更加重视提高学习技能和专业表现而不是以提高注意力为主要目标的心理学著作。"当运动员和教练讨论准备比赛及评估实际表现时，我们听到注意力这个词的频率正变得越来越高。在整个比赛或竞赛过程中保持专注通常是获胜的关键（而不能保持专注则可能导致失败）。在持续几个小时或几天的比赛中（例如高尔夫球），注意力不集中可能影响整体表现和结果。比赛期间保持专注非常重要，需避免观众噪声、天气情况以及与比赛无关的想法所产生的不利影响。顶级运动员均擅长集中注意力并在整个比赛过程中保持。奥运游泳金牌得主 Michelle Smith 回忆：

> 我在比赛时是最专注的，不会四处张望，视野始终保持在泳道范围内……我非常专注，甚至在触及终点线后几乎忘记抬头查看自己的时间。

从 400 米金牌得主和世界纪录保持者

Michael Johnson 的描述中也可发现类似情况：

> 我学会了在跑道上摒除所有不必要的想法，只专注于赛跑。我专注于实际情况——跑道、竞赛、起跑台以及我必须完成的任务。人群逐渐消失，其他运动员不复存在，只剩下我和跑道。

另一方面，我们常常听说运动员注意力不集中导致其发挥不尽人意。例如，“错过”枪声的100米短跑运动员；罚球时受球迷呼声影响的篮球运动员；不满于某个不公正地着地判决的网球运动员；总想着可能再次因三击未中而出局的消沉的棒球运动员。正如George Foreman在世界拳击协会锦标赛上击败Michael Moorer后所说的，暂时性注意力分散可导致失败：

> 他们劝我积累一些分数，但是我知道我只可以通过将他击倒在地来赢得比赛。我等着等着，终于等到了Moorer注意力分散的一瞬间，给了我一个突破的机会。

亦如Shaquille O' Neal所述，当其在三次扣篮失败且5次罚球得分为0时：“我没法再专心打球。我感到非常沮丧。我完全失去了冷静。”许多运动员错误地认为专注力在实际比赛期间才十分重要。事实上，空前优秀的网球运动员Rod Laver（同一年内两次赢得四大满贯的唯一一位男性运动员）曾说，格言“熟能生巧”也适合于培养专注力技能：

> 如果你在训练时走神，则在比赛时也会出现相同情况。鉴于我们一直在澳大利亚长大，必须从心理和身体方面都开展勤奋训练。稍不注意，就有可能被球击中头部。通常在注意力开始分散时，你就会出现失误。以往，一旦我感到疲劳，我常常强迫自己更为专注。如果我在训练过程中感到疲劳，我会强迫自己更加勤奋训练并延长训练时间十到十五分钟。我总是感觉，自己在这延长的十来分钟训练时间内的收获比在整个训练过程中的收获更大。

因此，本章将讲授如何高效应对竞争压力以及如何忽略暂时的挫折、差错，以保持专注力。首先，我们将叙述专注力的定义及其如何与表现相关。因为研究人员趋向于使用术语注意力，而实践人员似乎更喜欢采用术语专注力，所以在本章中将交叉使用专注力和注意力两个术语。

定义专注力

讨论和研究**注意力**及其在人类表现中的作用的历史已逾一个世纪。William James（1890）曾说：

> 每个人都知道什么是注意力，即从脑海里同时出现的多个可能对象或一系列想法中选取其中一个，并以清晰而生动的形式呈现的现象。意识聚焦和集中至关重要。这表明需从某些事情中退出以高效处理其他事情。

James的定义侧重于专注力的某一特定方

面（选择性注意力），而更为现代的定义将注意力的范围扩大为与感觉或心理事件相关的精神投入（Moran，2013）。Moran（2004）指出，“专注力是指在任何给定情况下有意将精神运用于最重要事件上的能力”。当前，人们还会将专注力比喻为“聚光灯”或“变焦镜头”。一般情况下，在运动和练习环境下**专注力**的最佳定义包含四个部分：①侧重于环境中的相关线索（**选择性注意力**）；②在一定时间内维持**注意力焦点**；③意识到情形和表现错误；④在必要时转移注意力焦点。

侧重于相关环境线索

专注力中有一部分指专注于相关环境线索或选择性注意力。不相关的线索被排除或忽略。例如，比赛时间短于2分钟时，橄榄球四分卫必须注意时间、第一次进攻的距离和场地位置。但是，发出比赛指挥命令后，他必须将注意力集中于防守人员、接球员并在比赛中发挥最佳水平。应将人群、噪声和其他干扰项融入背景。这有如100米短跑奥运冠军Donovan Bailey所述：

> 当时我并未考虑世界纪录。每次步入赛场时，如果我想着时间，则总是会把事情搞砸。因此我只想着起跑，并试图放松，将全部注意力仅集中于眼前要完成的任务。

> **要点** 专注力是持续专注于相关的环境线索的能力。环境快速变化时，注意力也必须快速变化。如考虑过去或未来，会带来不相关线索，并常常导致表现时出错。

学习和训练有助于培养选择性注意力——因为技能的某些方面通过长时间训练可达到自动化，届时运动员无须注意技能的所有方面。例如，学习打篮球或踢足球时，通常情况下，运动员需将全部注意力集中于任务，即持续看球。但是，当运动员技术变得娴熟后，即可将视线从球上转移开来（因为该技能已变成自动化技能，无须持续关注）；现在，运动员可关注篮球场或足球场上已成为赢得比赛相关线索的其他运动员。

Bell和Hardy（2009）的研究提供了注意力对象相关信息。具体来说，他们发现了外在注意力（体外）优于内在注意力（体内）。而且远距离外在注意力比近距离外在注意力的表现结果更好。例如，在整个挥杆过程中，高尔夫球运动员应更加关注于球的飞行轨迹（远距离外在注意力）而不是杆头击球面（近距离外在注意力）。McKay和Wulf（2012）针对掷标枪开展的研究发现，注意力集中于目标（远距离外在注意力）时的表现结果明显比注意力集中于标枪飞行（近距离外在注意力）时的表现结果好。显然，你越关注自己或身边事物（如打高尔夫球的球棒），表现越差。Schucker等人（2009）针对跑步的研究发现，通过提高氧消耗效率，外在注意力还有助于轻松完成动作。

Wulf（2013）的综述强调专注于外在而不是内在的重要性。他发现，在执行各种任务（如侧重于平衡性、精确度、速度、耐力以及产生的最大力量的任务）时，使用外在注意力更为有利。使用外在注意力焦点可提高表现结果、动作效率以及动作运动学。这些表现和生物力学结果适用于各种人群、学习和表现两种情况以及拥有不同专业技能水平的个人。因此，由于外在注意力在许多情况下以及针对各种技能水平人员均具有效力，教师和教练应该教授运动员关注外在注意力相关技能。

维持注意力

比赛期间维持注意力也是专注力的一部分。思维抽样研究表明：思维集中于目标的时长中位数约为 5 秒。所以，维持注意力并非易事。而且，每天 16 个小时内人们产生的不同思维平均约为 4000 种。因此，控制思维过程也非易事。许多运动员具有表现极佳的许多瞬间，但是极少有人可在整个比赛过程中均保持高水平发挥。Chris Evert 绝不是女子网球巡回赛中运动天赋最佳的运动员，但是她在整场比赛过程中保持专注的能力无人能及。她几乎不受不相关因素的影响，如不公正的着地判决、错失轻松的击球、观众噪声和对手的滑稽动作。专注力帮助她实现了世界冠军梦想。同样，观看了 Rafael Nadal 和 Novak Djokovic 在 2012 年澳大利亚男子网球公开赛总决赛上表现的人们，见证了二人之所以成为当今世界最佳网球运动员的原因：他们可在长达 6 小时的时间内始终维持高度的注意力集中。

长时间维持注意力并不容易。例如，高尔夫球锦标赛常常需完成 72 洞以上。也就是说前 70 洞取得较佳成绩后，在此次锦标赛中你还需打入 2 洞并可由你首先击球。完成第 71 洞后，正当你准备猛击时，冠军奖杯的画面会在你的脑海里一闪而过。这一瞬间的注意力分散已足够使你未能将注意力集中于球上；一记猛击之后，高尔夫球不幸撞到了树上。你失去了领先的机会并最终获得第二名。因此，在整场为 72 洞的比赛中，一瞬间的注意力分散就让你失去了冠军。Tiger Woods 反复说明，他最大的优点是在整个长达 3 至 4 天的高尔夫球锦标赛中，均能维持专注力。网球名将以及前世界冠军 Bjorn Borg 曾说，因为他必须使用所有专注力以赢得每一分，完成比赛后他的内心比身体更累。而比赛中多次暂停（如高尔夫球比赛）会带来休息后难以重获专注力的风险。对此，前板球运动员 Ian Botham 根据需要停止和启动专注力以保持适当注意力：

> 出现死球时我停止使用专注力。然后我完全放松，聊聊天，开个玩笑……但是一旦投球手发出开始暗号，我调整自身状态后返回赛场。我认为任何在整个比赛期间始终保持专注力的人都属于非人类。我当然不能。

维持情境意识

运动注意力最难懂但最有趣且最重要的一个方面是运动员了解当前自身情况的能力。这种能力被称为**情境意识**，它允许运动员估计比赛情境、对手和比赛，以基于情境做出适当决定，通常需要承受极大的压力且时间紧迫。例如，波士顿凯尔特人队的解说员 Johnny Most 在 1965 年波士顿凯尔特人队和费城 76 人队对决的 NBA 季后赛第七场比赛时，给出了篮球史上最著名的一句评论性台词。在球赛仅剩最后 5 秒时，他陡然间大喊："Havlicek 断球了！ Havlicek 断球了！"凯尔特人队的 John Havlicek 后来描述了他的情境意识如何帮助他赢得这场比赛。当时 76 人队落后一分并从场外发球。裁判员将球递给发球的运动员时，Havlicek 当时正在防守面前的人，背对传球员。球队从场外投球时拥有 5 秒发球时间，Havlicek 开始默数 *1001*、*1002*、*1003*。没有任何动静——他知道传球员陷入了困境。他半转身，以余光关注传球员，同时仍不忘防守面前那个人。一秒后，他看到传球员扔出一个不到位的传球。他快速反应，将球拨向自己的队友，该名队友拖延时间直至比赛结束。于是，凯尔特人队赢得了比赛并一路气势如虹地最终赢得了 NBA 总冠军。如果当时 Havlicek 没有默数，那么他就不能清楚感觉那一刻最重要的注意力焦点（Hemery，1986）。

我们都知道有些运动员似乎可在正确的时间做正确的事情。浮现在脑海里的运动员包括 LeBron James、Rafael Nadal、Misty May-Treanor 和 Teresa Edwards。他们对球场和比赛环境的意识总是让人感觉似乎他们比其他人抢先一步。事实上，研究表明，专业运动员和非专业运动员在注意力过程上存在差异（参见“在注意力处理方面专业运动员和新手的差异”栏目）。

转移注意力

在比赛期间，转移注意力通常是必须的。这种注意力的灵活性就是根据情境要求改变注意力范围和焦点的能力。让我们以高尔夫球为

联合或分解：我们了解什么？

针对马拉松运动员的认知策略研究显示：最成功的马拉松运动员倾向于使用联合注意力策略（整体监测功能和感觉，例如心率、肌肉紧张度和呼吸频率），而一般的运动员则倾向于在比赛期间使用分解注意力策略（分散和调整注意力）（Morgan & Pollock，1977）。自此以后，本领域研究不断（Hutchinson & Tenenbaum，2007；Stanley，Pargman，& Tenenbaum，2007；Tenenbaum & Connolly，2008）。近期研究以及针对过去 20 年研究的回顾（Masters & Ogles，1998）发现，以下各方面具有稳定性，并提出了在运行和训练领域的多个联合和分解策略相关建议：

- 应将联合和分解视为一个连续统一体，而不是两个不同部分，特别是用于持续时间较长的比赛中时（如：马拉松）。
- 一般情况下，与分解策略相比，联合策略用于速度较快的跑步表现。
- 虽然在比赛和练习时均使用联合策略和分解策略，但是比赛时跑步运动员倾向于选择联合策略（专注于监测身体过程以及与比赛相关的信息管理策略），而练习时跑步运动员则倾向于选择分解策略。实质上，跑步运动员交叉使用这两个策略。
- 虽然实验室研究与比赛并非完全相同，但在实验室研究中，分解策略与生理意识和主观体力的感觉呈负相关关系。
- 分解策略不会增加受伤的可能性，但可减少疲劳降低训练或跑步的单调性。
- 由于运动员可能准备承受和意识到身体不适，所以尽管感觉到疼痛刺激，联合策略也可保证跑步运动员坚持跑步。
- 由于分解策略可在不增加受伤可能性或破坏安全性的基础上保证训练更具愉悦性，应将分解策略作为针对希望长期坚持训练计划的个人的培训技巧。
- 随着工作量增加，从分解策略转为联合策略时倾向于将所需注意力专注于当前任务。

例。高尔夫球运动员击球前朝球走去时，她需要评估外在环境、风向、球道长度，以及水、树和沙坑障碍区的位置。这要求外在注意力范围较广。评估上述信息后，她可回忆类似击球体验、记住当前比赛环境、分析已收集信息以选择特定球棒并决定如何击球。这些考虑因素要求内在注意力范围较广。

一旦该运动员制订好计划，她可留意自己的紧张度、想象完美击球或深呼吸放松，以完成击球前的部分准备。她缩小内在注意力范围。最后，她转变为使用已缩小范围的外在注意力，然后准备击球。她的注意力直接集中于球上。此时不得将注意力分散至其他内在线索和思维，否则可能干扰击球动作的完成。高尔夫球运动员可以自己把握击球节奏，所以他们拥有充足的时间以转移注意力。但是，由于长时间保持专注非常费力，在击球间隔期放松并降低专注度也非常重要。

Bernier 等人（2011）的定性研究，对许多运动员和教练假设的注意力改变进行了调查。这一针对专业高尔夫球运动员开展的研究表明，他们在训练时注重内在过程，但在比赛期间则更注重外在结果。如以下引自某个高尔夫球运动员的陈述所示，注意力可能快速发生变化：

> 现在是第九个球座。我开始收集信息：距离、风向。我放好球座，然后将注意力锁定已选目标。目标是左边的树影。我开始练习挥杆，同时专注于击球动作，并试图找到较好的节奏。好了。现在我朝球走去。我想象飞行轨道，而球尚位

在注意力处理方面专业运动员和新手的差异

众所周知，能够预估情形以了解自己接下来做什么以及对手即将做什么，是一项重要的注意力技能。研究（如 Abernethy，2001）表明，在各类运动领域，虽然专业运动员和新手在视力（视觉硬件）或知觉—运动特征方面并无不同，但二者在注意力处理方面存在差异。越来越多的证据证明“以了解为基础的”因素（例如运动员的注意力转移方向）是导致各领域专业运动员和新手之间表现存在差异的原因（Moran，1996，2004）。研究还发现：虽然二者之间存在某些固有差异，但新手可学习专业运动员的注意力技能（Williams，Ward，& Smeeton，2004）。研究发现：某些稳定差异（Mann，Williams，Ward，& Janelle，2007）包括：

- 与新手相比，专业运动员更为关注准备信息（如：挥臂和球拍线索），因此专业运动员可更为快速地做出决定并能更好地预测未来动作。
- 与新手相比，专业运动员更为关注对手的运动模式。
- 与新手相比，专业运动员更为系统地搜索线索。
- 与新手相比，专业运动员更加有选择性地专注于特定运动固有结构（如：他们能挑选出比赛的结构性攻守方式）。
- 与新手相比，专业运动员更能成功地预测球的飞行方式。

除了上述差异，近期研究还显示，与非专业运动员相比，专业运动员设定的目标更具体，显示的自我效能水平更高（Cleary & Zimmerman，2001）。这些注意力和心理差异对教导和学习运动技能均会产生重要影响。

于起点。我准备击球并最后一次看向我的目标……砰！

解释注意力：三个过程

详细讨论用于解释注意力和表现关系的各种理论超出了本章的范围，因此，我们仅对理论进行简单描述并为有兴趣的读者提供参考文献（Abernethy，2001；Boutcher，2008；Moran，2003）以获取更完整的论述。

用于说明注意力在表现中所发挥作用的主要理论采用的是**信息处理方法**。早期方法支持通过单一信道处理信息的单一信道（固定容量）方法，或个人可选择注意力焦点（将其同时分配至多个任务）的可变（灵活）方法。但是，经证明，上述方法均无成效。当前，研究者支持多库理论方法，此方法将注意力视为多重处理器，每个处理器均与运动员建立独特联系。实质上，**注意力容量**并非集中的，而是分散在整个神经系统中。可采用的方法是通过大量练习以形成自动化技能，通过超量学习技能以缩短必要的实际处理时间。

根据信息处理方法的视角，研究者主要采用三个过程以解释注意力和表现之间的关系。

注意力的选择性

选择性注意力是指在将某些信息放入信息处理系统的同时筛除或忽略其他信息。根据Abernethy（2001）的研究成果，Perry（2005）将选择性注意力比喻为使用“聚光灯”以聚焦于重要事物。根据聚光灯比喻，选择性注意力类似于为限定视野区域提供照明的心理光束，而照明区域以外的信息则全部被忽略（Moran，2012）。Memmert（2009）认为，真正有助于实现最佳表现的不是运动员的注意力持续时间，而是其注意力所指对象。如果聚光灯照明范围不当，则经常产生三种错误：

- 未能将所有注意力集中于任务的必要或相关部分（光束过宽）
- 被不相关信息分散针对相关信息的注意力（灯光指向错误方向）
- 未能针对需要同时处理的所有相关线索分配注意力（光束过窄或未能将光束从某个点快速转移至下一个点）

随着运动员的某项技能越来越娴熟，他们可从主要使用意识控制转为主要使用自动控制。实质上，学习技能时，必须将注意力集中于发挥技能所需的所有动作，如篮球控球。但是随着技能越来越娴熟，控球在较大程度上成为了自动技能，可将注意力集中于观察其他运动员（保持抬头状态）。对于大部分运动技能，有些与意识控制有关（较难处理），有些与自动处理有关（较典型的熟练表现）。Scotty Bowman（美国高尔夫球协会记分员）提及2000年美国公开赛中的Tiger Woods时（Woods在此次比赛中通过完成令人惊讶的15次成功击球而赢得比赛），强调了选择性注意力的重要性：

当他准备击球时，他只与球童有目光接触，不会看向其他地方。他不会注意其他任何人。

该名运动员非常精通篮球，可使用自动控制方法，即他可专注于运球以外的其他比赛情况。

注意力容量

注意力容量是指，注意力限于一个人同时可处理的信息容量范围内。但是，运动员表现时似乎可注意很多事情。这是因为当其越来越熟练，他们可从控制处理变为自动处理。控制处理是执行体育技能时有意识注意和意识到当前执行动作的心理处理过程。例如，学习高尔夫挥杆动作时，运动员需考虑如何握杆、准备击球以及完成向后挥杆和向下挥杆。自动处理是无须有意识注意的心理处理过程。例如，体操运动员越来越熟练地完成地板上的常规动作，多次练习后，跳跃、舞步动作和顺序实际上应成为自动处理过程，运动员无须注意所有细节。因此随着运动员的技术越来越娴熟且越来越自动化，可将注意力容量分配于比赛环境的不同方面。例如，技能娴熟的足球运动员可关注队友、对手、比赛风格和队形；由于带球基本上为自动处理动作，运动员无须对它关注过多。波士顿凯尔特人队篮球名将 Bill Russell 以一种略有不同的方式讨论此类限定的通道容量：

> 我们每个人都拥有一定的能量，而擅长的事情并不需要太多的能量。不擅长的事情则需要更多专注力。如果你因为不擅长的事情而感觉疲惫不堪，你擅长的事情也将受到影响。

注意力的警觉性

注意力的警觉性与以下观点有关：由于运动员系统缩小发挥技能时要考虑的线索范围，导致情绪觉醒水平的提高缩小了注意力范围。研究表明，在压力较大的环境下，中央视觉任务的表现会降低对边缘刺激的响应能力（Land & Tenenbaum，2012）。也就是说，觉醒会降低对边缘视野线索的敏感度。例如，如果篮球的控球后卫过度觉醒而开始缩小其注意力焦点和范围，则其可能错过某些重要的边缘线索（如队员）。

将专注力与最佳表现相关联

毫无疑问，运动员和教练都承认适当关注对于实现较高表现水准的重要性。多项研究证实了这一经验的正确性。Jackson 和 Csikszentmihalyi（1999）调查了杰出表现，发现了优秀运动员身上与最佳表现相关的八种身体和心理能力。其中三种与较高专注力水平有关。这些运动员描述自己：①专心于当前，未考虑过去或未来；②精神放松并拥有高度专注力和控制力；③其自己的身体和外部环境处于特别意识状态。此外，根据 Orlick 和 Partington（1988）针对加拿大奥林匹克运动员开展的里程碑式研究，无论是在质性训练、心理准备、干扰控制、比赛注意力计划或比赛评估方面，专注力均为运动员反复强调的表现核心。例如，某运动员表示：

> 培训时我保持注意力集中……培训时始终专注于当前任务，比赛时也会一样的保持专注。

通过对比成功和不太成功的运动员，研究人员发现注意力控制是导致差异的重要因素。研究表明，一般情况下，成功的运动员很少因不相关刺激而分散注意力；他们更多地保持以人物为导向的注意力，而不是担心或专注于结果。研究人员认为，优秀运动员培养了适应其运动类型的特定专注能力。根据上述观察结果，Gould 及其同事（1992c）得出结论：最佳表现状态的这一特征可用到注意力集中度、专注能力、特殊投入状态或意识到并全神贯注于当前任务等不同说法。根据 Pete Sampras 对于自己在 1999 年温布尔顿网球赛期间于决胜点（此时他实现第二次发球直接得分）运用专注力的相关评论中，可看出此类完全专注于任务的现象："那时我心无杂念。"

要点 运动员仅需专注于运动环境中的相关线索，并排除干扰因素。

眼动模式也证实：专业运动员的注意力焦点与业余运动员不同。研究人员发现，这一现象存在于各类个人和团队运动之中，例如篮球、排球、网球、足球、棒球和空手道

需不需要看球？

球类运动员可能常常听到此类训诫："视线随球转。"网球运动员学习"盯着球拍上的球"，而棒球运动员则被教导"如果你希望接住球，视线不要离开球。"但是，研究表明，这些长期秉持的信念不一定正确。研究人员发现，在某些阶段，视线离开飞行中的球并不会降低表现（Savelsbergh，Whiting，& Pijpers，1992）。此外，与普遍观点相反，因为实际上一个人不可能跟踪飞行速度达 200 至 220 千米 / 小时的球，所以顶级专业网球运动员准备击球时并不会查看向其飞近的球（Abernethy，2001）。棒球击球员试图接住速度达 140 千米 / 小时以上的快球时也是如此。相反，这些专业运动员使用如球拍和抛球的动态来判断球将行进的方向以及向其飞来的发球或投球类型。上述内容并非表示看球不重要。而是说，如果某个运动员具有根据线索预测球类飞行的能力，则其必然可实现最佳表现。

研究（Castaneda & Gray，2007）显示，当技能娴熟的棒球运动员的注意力从发挥技能本身（内在）转移并专注于身体动作影响（外在，注意力集中于即将离开球棒的球）时，其击球表现最佳。实质上，技能非常娴熟的击球员注意力最佳时，既不会打乱技能执行顺序，也可专注于动作的知觉影响。

(Moran，1996；Wilson，2012)。以不看人传球（“魔术师”约翰逊因此技能而闻名）为例，大部分优秀的篮球控球后卫（例如Dawn Staley和Chris Paul）现在均采用这一传球方法。这些传球后卫“看着地板”并使用事先获取的信息预测运动员前进的方向（与队友练习的次数越多，越熟悉其动作模式，则此技能水平将更高）。

注意力的类型

多数人认为注意力是一种全有或全无的现象——你必然专注或不专注于某事物。但是，研究发现，不同类型的注意力适用于特定运动和活动。根据Nideffer及其同事（Nideffer，1976a，b，1981；Nideffer & Segal，2001）的理论框架和实际工作，他们从两个方面分析注意力焦点——宽度（广泛或狭窄）和方向（外在或内在），以此定义注意力的类型。

- **广泛注意力焦点**允许个人同时感觉多个事件。这对于运动员必须意识和感觉快速变化环境的运动（即他们必须针对多个线索做出响应）尤为重要。例如，组织快攻的篮球控球后卫和前场控球的足球运动员。
- 正如一个棒球运动员在球场上准备挥棒或高尔夫球运动员准备击球时，你仅针对一两个线索做出反应时使用的为**狭窄注意力焦点**。
- **外在注意力焦点**将注意力向外指向某个对象（例如棒球运动中的棒球或冰球运动中的冰球），或某个对手的动作（例如网球运动中的双打比赛）。
- **内在注意力焦点**将注意力向内指向思维和感觉，如教练分析比赛，跳高运动员准备开始助跑或保龄球手准备投球方法时。

通过综合注意力的宽度和方向，可将注意力分为四类，适应各种情况和运动的需要（图16.1）。

识别注意力问题

许多运动员承认，他们在比赛期间难以集中注意力。通常情况下，其专注力问题是由不适当的注意力所引起的。通过采访优秀运动员（Jackson，1995；Jones，2012）可以得知，忧虑和不相关思维可导致个人的专注力“光束”从当前正在执行的工作转移至他们希望不要发生的事情上。许多运动员未将注意力集中于适当线索；实际上，他们的注意力受到了思维、其他事件和情绪的干扰。但他们的注意力分散程度与其专注于不当线索的程度并不一致。我们现在将讨论控制和维持注意力方面的某些典型问题，并将这些问题分为内在干扰和外在干扰。

内在干扰项

某些干扰源自我们自身内部：我们的思维、忧虑和关切。Jackson（1995）显示，根据针对优秀运动员的采访可以看出：忧虑和不相关思维可导致运动员注意力分散并形成不适当的注意力。让我们来看看导致注意力问题的一些**内在干扰项**。

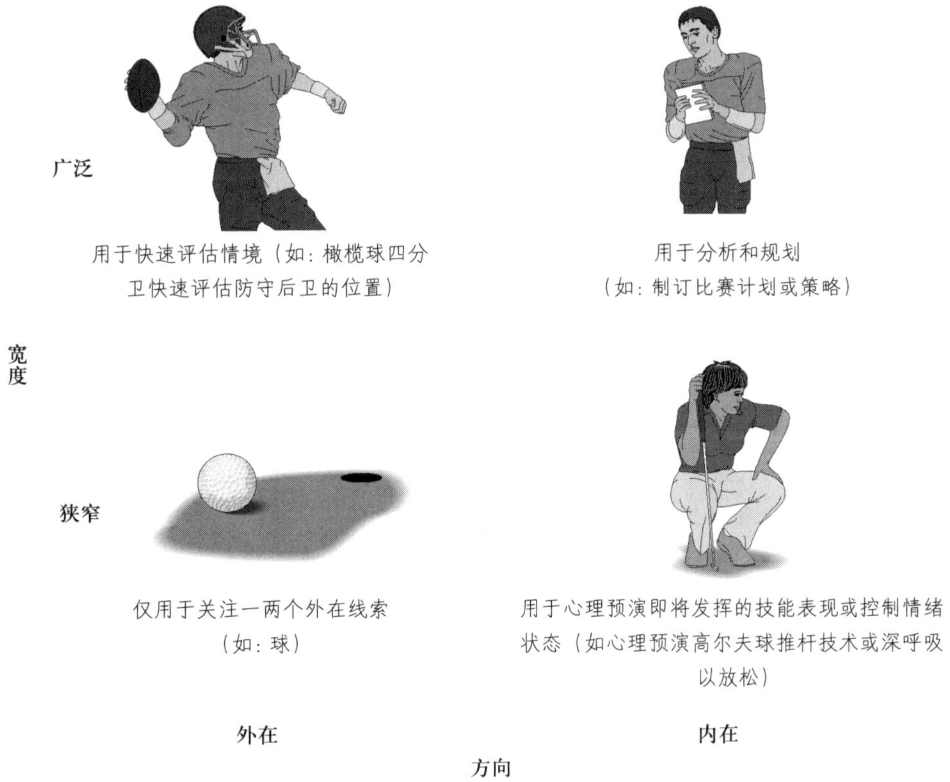

图 16.1 四种注意力类型

关注以往事件

有些人受困于往事（特别是严重的错误）中不可自拔。由于回溯过去不利于运动员专注于当前活动，所以沉迷于往事导致许多有才华的运动员一蹶不振。例如，纠结于以往过错的射箭运动员的表现普遍比专注于当前动作的运动员差（Landers，Boutcher，& Wang，1986）。有趣的是，个人运动的一项心理挑战是它们提供足够的机会让运动员反思过去的错误。请注意 1994 年艺术体操金牌得主 Lori Fung 是如何积极面对错误的：

> 如果你未能顺利完成规定动作，则直接跳过这套动作并开始练习下一套动作，假装下一套动作才是今天的第一套规定动作。对于结果你毫无办法。对于分数你也毫无办法；比赛早已结束，就让它过去吧。有时确实难以让自己忘怀，但是你付出的努力越多，未来你能取得的成绩就会越好。

关注未来事件

问题还可能涉及关注未来事件。实质上，运动员会参与类似“算命”的活动，担心或思考比赛的结果，而不是他们现在需要做什么以保证获得成功。此类思考常常以“如果……将会……”的形式出现，例如“如果我比赛失败，将会怎样？”“如果我再次犯错，将会怎样？”“如果我让队友失望，将会怎样？”

这种以未来为导向的思考和担忧可对专注力产生消极影响，导致更有可能犯错和出现表现较差的情况。例如，Pete Sampras 在 1994 年澳大利亚网球公开赛决赛中分别以 7–6 和 6–4 领先，并以 5–2 的优势获得发球权。在第三场最终以 6–4 保持成绩之前他双发失误并连输两局。随后接受采访时，Sampras 解释他那一瞬间注意力不集中的原因在于思索着未来：“我当时在想，赢得澳网公开赛，将是一项多么大的成就——展望着未来并把这种展望当作理所当然，而不是一点一点的付出努力。”

设想未来对当前情况完全于事无补，只会让你毫无理由地走神。据运动员报告，在比赛正激烈的时候，他们常想起诸如明天需要在学校做什么，今晚的计划是什么，或者想起自己的恋人。这些不相关的想法通常是无意识产生的——运动员突然发现自己在考虑与当前训练或比赛毫不相关的事情。

压力下发挥失常

通常，在制造内部干扰来源时，竞争压力等情绪因素发挥着关键作用。我们常常听到一个用于描述运动员由于压力过大而导致表现较差的词语为**发挥失常**。优秀的网球运动员 John McEnroe 认为，发挥失常是竞争的一部分：

> 提到发挥失常，其实每个人都有发挥失常的时候。问题不在于你是否发挥失常，而是在你发挥失常时，你如何应对。在每项体育运动中发挥失常的可能性都很大，成功夺冠的部分原因在于，某些人能够比其他人更好地应对发挥失常。

人们想到发挥失常时，容易侧重于某局或某场比赛的关键时刻出现表现不佳的情况，例如投篮未中或传球失败。但是，发挥失常不仅仅是指实际行为，而是指导致表现不佳的过程。事实上，罚球失误导致输掉比赛不一定表示你发挥失常，更重要的问题是罚球失误的原因。

让我们进一步看看发挥失常的过程。从行为上来说，当运动员的表现退步且无法重新控制表现时，我们认为这些运动员处于发挥失常状态。例如，体操运动员以前曾从平衡木上掉落，她因这一错误而感觉忐忑不安，导致其重回平衡木时再次犯错。运动员通常在情绪波动很大的情况下会发挥失常。例如，在 1993 年温布尔顿网球赛决赛与 Steffi Graf 对局的第三局中，Jana Novotna 在 4–1 的情况下获得发球权，然后再得一分即可实现似乎不可超越的 5–1 领先。但此时她未能接住一个比较简单的凌空球，接着连续三次发球双误，发挥失常，最终让 Graf 以 6–4 赢得比赛。

发挥失常的过程如图 16.2 所示。感觉压力时你的肌肉将会绷紧，你的心率增加、呼吸加快，口干舌燥且手心冒汗。同时随着注意力范围缩小并限定为内在注意力，你沉浸于担忧和害怕失败，而不是专注于外在环境的相关线索（例如：球、对手的动作）。同时，压力增大将降低注意力的灵活性，让你无法根据情景需要转移注意力。随后你很快会出现时机和协调失控、疲劳、肌肉僵硬以及做出错误决定的现象。

Wilson、Vine 和 Wood（2009）的研究发

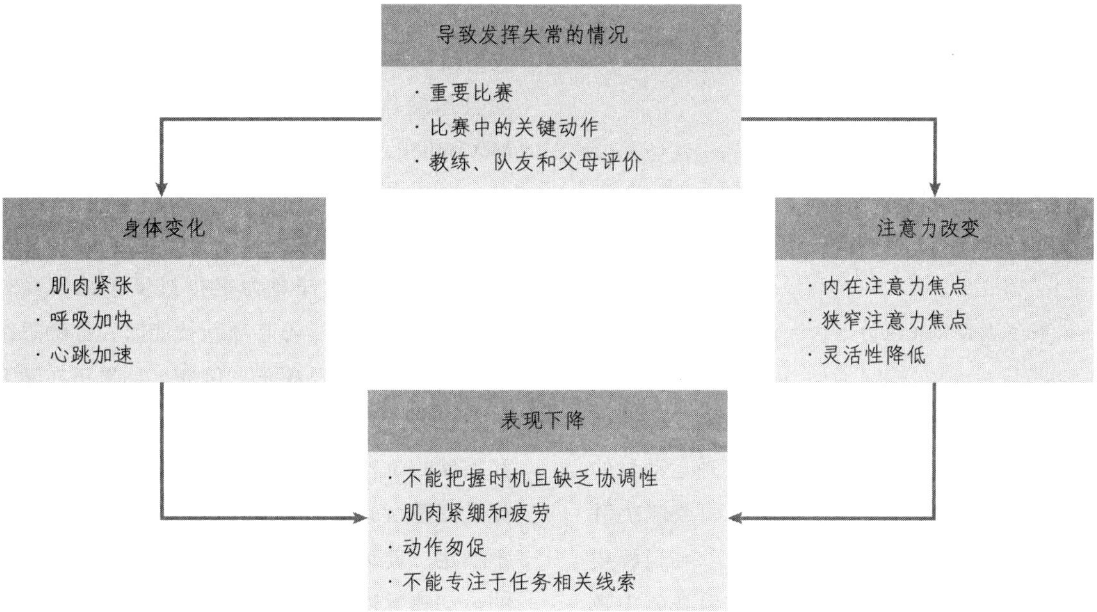

图 16.2　发挥失常过程

现，缩短“冷静观察”（QE）期（开始实施动作之前最终锁定目标的时间）势必增加焦虑，从而对篮球罚球运动员造成影响。QE 期是处理相关任务和制订运动计划的时间段。因此，延长本阶段可减少注意力分散的情况并允许运动员专注于相关线索。实质上，发挥失常的过程可能部分导致专注于任务本身的时间缩短，从而进一步造成表现降低。

在上述研究之后，Vine 和 Wilson（2010）为运动员提供 QE 培训，以帮助他们在压力下更好地处理学习和表现问题。由于任务为高尔夫球推杆进球，QE 培训侧重于准备、瞄准、推杆与球的校准、挥杆和随球动作，并包括有关运动员保持注视的地点和持续时间的具体说明。结果显示，与控制组相比，在压力条件下，QE 培训组的注意力效率更高且表现明显更好。

Hill 及其同事（2010a）在定性研究中采访了自我认定发挥失常的运动员，以了解发挥失常的原因、机制和结果。结果如下：

发挥失常的原因

- 比赛重要性（专注于结果）
- 过高期望（对自己的期望过高）
- 评价顾忌（要符合他人的期望）
- 不熟悉（感觉好像以前从未进入过此类环境）
- 超负荷（累积的要求过多）

发挥失常的机制

- 注意力分散（担心获得否定性评价、担心失败、消极思维）
- 焦虑（高度认知性和身体性焦虑）
- 知觉控制（压力情境下不能控制自己）

- ▶ 不当应对（不能处理环境需求）
- ▶ 自我注意（监测自己的技术）

发挥失常的影响

- ▶ 表现显著降低（感觉好像一切都不对）
- ▶ 强烈自我批评（因表现不达标而严厉谴责自己）
- ▶ 自信降低（压力下认为自己将会失败）

Jordet 和 Hartman（2008）发现，与出现失误后比赛将打成平局相比，当足球运动员的射门失误表示其可能输掉比赛（如点球决胜负）时更有可能发挥失常。实质上，与目标要求为赢得比赛相比，当目标要求为避免失败时，运动员更有可能出现失误。在完成可能导致比赛失败的射门动作之前，运动员也需要耗费更多时间。此外，Hill 等人（2009）发现，个体差异可调节发挥失常过程及其结果。特别是伴随异常思维（如："我简直不能相信居然表现这么差"）、心理坚韧性较弱、缺乏平衡的运动与生活观点（总是考虑成败）等出现的自信心较低有助于预测发挥失常。

Mesagno、Harvey 和 Janelle（2011）则证明，自我表现是发挥失常的一个重要部分。研究人员认为，拥有公众自我意识的运动员更容易察觉他人关注自己，他们注重观众的评价，而且感觉自己是别人的关注对象。在高压条件下，这些运动员感觉观众的目光全部汇集于自己一身，公众意识提升。结果表明，与控制组或低压组（表现时无观众观看）相比，高压自我表现组（在观众注视下表现）的认知状态焦虑程度较高且表现水平较低。实际上，研究发现，在高压条件下（即高度关注自我表现），认知焦虑度升高和表现降低存在直接关系。此类过度关注自我的现象尤其不利于完成非常娴熟且运动员本应自动完成的任务（Beilock 和 McConnell，2004）。

过度分析自身技术

另一种不当注意力是指过度关注自身技术和运动。当你学习某项新技能时，你的思维应专注于获得运动感觉。例如，如果正在学习下坡滑雪，则你可能专注于重心转移、滑雪板和雪杖的位置以及避免跌倒或撞上其他人。当你试图整合此新运动模式时，你的表现可能并不稳定。此为练习的目的所在：通过获得更好的运动感觉以提高技巧。

完成技能学习后，狭窄的内部思维持续，问题出现。此时，技能应已成为自动化技能，你的注意力主要集中于当前动作而无须思考过多。如果你正以最快速度参加滑雪比赛，则不应关注自身技术。而是关注外部的前进方向，同时自动完成滑雪动作。

上述论述并不表示掌握技能后即无须思考。但在比赛期间，由于思维会阻碍身体完成动作，过度关注技巧和自身技术通常不利于表现。

某些有趣的研究（Beilock & Carr，2001；Beilock，Carr，MacMahon，& Starkes，2002）证明，注意力在发挥失常过程和过度分析自身动作方面均发挥了重要作用。将注意力集中于待完成的学习任务（专注于分解动作）有助于运动员学习技能，因此教师和教练应将学员的注意力引导至任务相关的动觉和知觉线索。但是，以关注分解动作完成情况为目标时，技能娴熟的运动员表现降低。因此，运动员发挥失常的常见原因为：运动员过于关注当前任务的细节，导致注意力提高，分解本已自动化的运动模式。因此，运动员学习某项任务时，提高注意力可能有利；但比赛时，需要快速和自动完成技能动作，过度关注则会适得其反并产生不利影响。按照这些原则，Otten（2009）发现：在压力状态下，通过练习培养更好控制感和自信心的运动员，比仅过于关注学习任务的运动员表现更好。

Gucciardi 和 Dimmock（2008）研究了运动员发挥失常时的具体情况。研究人员考察了有关运动员发挥失常原因的两个理论假设。第一个称为意识加工假设，即技术娴熟的运动员如同刚开始学习某项技能时一样有意识地过度关注任务时，会出现发挥失常的情况。第二个称为注意力阈值假设，指随着完成任务所需注意力的增加，其增加的压力超出了个体可承受压力并且超出了注意力容量。由于个体所剩注意力容量不足，导致表现降低。

由于仅在将更多关注力集中于任务相关线索时表现才会降低，所以研究结果支持意识加工假设（Toner & Moran，2012）。研究人员建议，在将注意力集中于多个线索时，运动员可借助于一个通用提示词（相对于多个任务相关线索）仍专注于任务（即避免产生不相关焦虑思维）。例如，棒球运动员 Curtis Granderson 在球场上总是思考过多，喜欢分析而频频出错。所以他设定一个通用提示以集中注意力，即“别多想，玩的开心即可”。对他来说，相信自己的直觉即表示获得成功。

> **要点** 一旦掌握某项技能，过度强调自身技术不利于表现。

疲劳

根据我们对注意力的定义（涉及精神努力），因为疲劳而难以保持专注力的现象极为普遍。某位高校橄榄球教练表示：“当你感觉疲劳时，会难以保持专注力。从而导致做出错误决定、注意力分散和强度不足。此为训练和健身之所以如此重要的原因所在。”疲劳会导致运动员可获取的加工资源量减少，而难以满足比赛情况的需求。

动机不足

如果某人缺乏动力，则容易走神，难以保持注意力集中。例如，在比赛对手相对较弱时，运动员可能认为没有必要集中注意力。在运动员注意力不集中的情况下，会产生不相关的思维。运动员的意识空间将很快被不相关的思维线索占据。

外在干扰项

外在干扰项是指使运动员的注意力从表现相关线索转移至其他的刺激环境。对运动员来说，存在各种各样的潜在干扰因素。

视觉干扰项

在整个训练或比赛过程中，难以保持专注的一个原因是，环境中存在众多挑战专注力的视觉干扰项。对此，1984 年加拿大奥运跳水冠军 Sylvie Bernier 表示：

> 因为我知道每次我看到记分牌时内心就变得难以平静，所以从奥运比赛前的一年半开始，我练习将注意力从记分

减少发挥失常

有多项研究使用各类技巧或干预措施以降低发挥失常的概率（Hill，2011；Land & Tenenbaum，2012；Mesagno，Marchant，& Morris，2008）。干预过程通常包括运动员和运动心理学顾问之间的个人面谈、电话、电子邮件、反思日记和观察报告。减少发挥失常的实际干预措施还包括：

- 表象。此技术主要用于培养运动员的自信。容易发挥失常的运动员通常由于其专注于失败而信心下降，而表象可加强运动员的自信心。
- 预击程序。发挥失常的运动员通常专注于不相关且导致焦虑的思维（如："我希望不要再次发挥失常"）或者过分关注任务（如：思虑过多）。因此，稳定的预击程序有助于帮助运动员专注于任务并保持放松。
- 次要任务焦点。此类干预措施与预击程序类似，有助于技能娴熟的运动员专注于一个任务相关线索（虽然并非主要焦点），而不是将所有思维（大部分为消极思维）均集中于较差表现。例如，在高尔夫球运动中，说出词语"击球"（大声说出或内心默念）等次级任务有助于将注意力从不相关思维上转移。
- 暴露于压力环境。运动员在压力环境下接受训练直至其在压力环境下也能感到舒适，并能使用策略帮助自己减少发挥失常的情况。

> 牌上转移开……在奥运比赛期间，我将注意力全部集中于自己的跳水任务，而不是分散注意力去观看其他跳水运动员……过去我常常观看中国运动员跳水，并在内心感慨："她是怎么做到的？她真厉害。"之后我想："我不比任何人差。停止考虑他人的表现，专注于自己的跳水。"这是我跳水生涯中非常重要的一步。

观众可形成视觉干扰并可能影响运动员的专注力，导致运动员必须强迫自己集中注意力，进而影响其随后的发挥。当我们认识和在意的人观看比赛时，我们都希望发挥得很好，所以通常情况下，我们会开始觉得有压力、紧张并过于勉强自己。但此现象通常导致表现更差而不是更好，既而让我们觉得尴尬而且更为紧张。事实上，根据Baumeister（1984）的"冠军发挥失常"相关研究，国内观众引起的运动员自我意识增强可致使运动员过于专注动作过程（即控制过程），导致表现降低。当然，某些运动员在熟悉的观众面前会表现更佳，但对大部分人来说，熟人位于观众席时可形成极大的干扰。根据运动员的报告，其他视觉干扰项包括专业高尔夫球锦标赛的排行榜、显示其他比赛分数的记分牌以及球场周围的摄影机组人员。土耳其足球俱乐部Galatasaray因在其主场使用闪光装置、敲鼓、放烟雾和不断喊叫以恐吓对方球队和分散其注意力而臭名昭著，被大家称为"地狱"（Moran，2013）。在这种不利环境下，非常难以将注意力始终集中于相关线索，所以某些世界级足球队（如曼彻斯特联队、巴塞罗那队、皇家马德里队、AC米兰队）在此种环境下被打败也就不足为奇了。

Courtesy of Casey A. Gentis

许多分散注意力的外在因素导致运动员难以维持注意力。图中分散注意力的外在因素是什么?

听觉干扰项

大多数运动比赛环境都存在可分散运动员注意力的各种噪声。常见的听觉干扰项包括观众噪声、上方飞机飞行产生的噪声（如在纽约举行的美国网球公开赛）、公共广播系统的公告、接打电话和观众席上的大声交谈。某个举重运动员准备最后一把举重时，一辆火车从运动场后方呼啸而过，导致其与重要国际比赛的金牌失之交臂。同样，在其职业生涯早期，多名非常优秀的运动员都曾抱怨称网球名将 Monica Seles 在赛场发出的叫喊导致其注意力分散。而 Seles 在尝试停止发出叫喊后发现自己无法自动击球：总想着尽量不要发出叫喊，导致其无法集中注意力。奥运射箭运动员 Grace Gaughan 也举了一个听觉干扰项实例：

> 在亚特兰大参加射箭比赛时，一架低空飞行的直升机吸引大家都抬头观看比赛场地后方的那座大山。我的注意力被分散了。就在那一秒，我无法集中专注力。当时是一对一的比赛，总共 12 箭，所以完全不允许出错——它短促、突然而快速地让我失去了获得成功的机会。

因此，运动员的成功可能取决于其专注于最相关线索以完成当前任务时，能否忽略其他干扰项。虽然噪声和声音是大多数团队运动（如：篮球、足球、曲棍球）的一部分，但是大多数个人运动（如：高尔夫、网球）的环境则比较安静。因此，通常人群中发出较大声音时，与惯于听到声音的曲棍球运动员相比，对希望获得安静环境的高尔夫球运动员造成的干扰更大。

使用自我对话来提高专注力

上一节讨论了比赛环境中常见的各种内在和外在干扰。虽然可用来应对干扰，但是自我对话也是另一个潜在的内在干扰项。你思考任何事情时，在某种意义上即为**自我对话**。除提高专注力以外，自我对话还具有许多潜在用途，包括打破不良习惯、主动采取行动、维持成就和掌握技能。自我对话过程如图 16.3 所示。在此过程中，自我对话发挥着事件和响应之间媒介的作用。如其关系所示，自我对话在针对环境做出反应方面发挥着重要作用，且这些反应可影响未来的动作和感觉。

自我对话的形式多种多样，为了便于讨论，我们将其分为三类：积极（激励）自我对话、指导型自我对话和消极自我对话。通常积极自我对话专注于增加能量、获得成就和采取积极态度（如："我一定行"或者"再坚持一会儿就好"），但不涉及任何特定的任务相关提示。例如，金牌游泳运动员 Nelson Diebel 曾使用"现在"这个词语以促使自己在比赛中更为努力地赢得分数。指导型自我对话通常帮助单个运动员专注于表现的技术和任务相关方面，以提高执行力（如："盯着球"或"屈膝"）。例如，许多排球运动员会使用"伸展"这个词语以提示自己在扣球时伸展胳膊。同样，网球新手可能指导自己默念提示语"扫掉桌子上的菜"以找到网球正拍的感觉（Cutton & Hearon，2013）。

消极自我对话以批评和自我贬低为主，阻碍个人目标的实现，并且会导致焦虑。"这次射门糟糕透了""你太糟糕了"或者"你怎么表现这么差？"等对话内容不能提高表现或营造积极情绪。相反，还会形成焦虑和产生自我怀疑。面对此类消极事项时，发挥积极想象的运动员通常是最为成功的运动员。Hardy、Roberts 和 Hardy（2009）的研究发现，使用日志监测自我对话的运动员更能及时意识到自己消极自我对话的内容以及影响。由于对大多数运动员来说，消极自我对话不利于提高表现，日志监测十分重要。

Zourbanos 等人（2009）制订了一个评估自我对话的量表，据此划分出八种类型（方面）的自我对话。这八种类型中有四种积极类型：心理鼓舞（"力量"）、信心（"我一定行"）、指令（"专注于技术"）和焦虑控制（"平静"）。有三种消极类型：担心（"我又做错了"）、脱离（"我无法继续"）和身体疲劳（"我太累了"）。还有一种中性的不相关思维（"今晚我要干嘛？"）。

研究表明，试图避免某一特定动作可能在无意中导致此动作发生（Janelle，1999；Wegner，1997；Wegner，Ansfield，& Piloff，1998）。实验室证据证明：脑海里存在的想法可对判断和行为产生影响。所以，人们试图从脑海里摒除某想法时（例如，一只白熊），会发现这一想法反而每分钟都会在脑海中浮现。同样，在语速极快的字词联想实验期间，试图不再想起某一特定词语的受试者会不断脱口而出这个词语。

因此，诸如"无论你做什么，现在千万别出现双发失误"、"千万别把球打入沙坑或湖

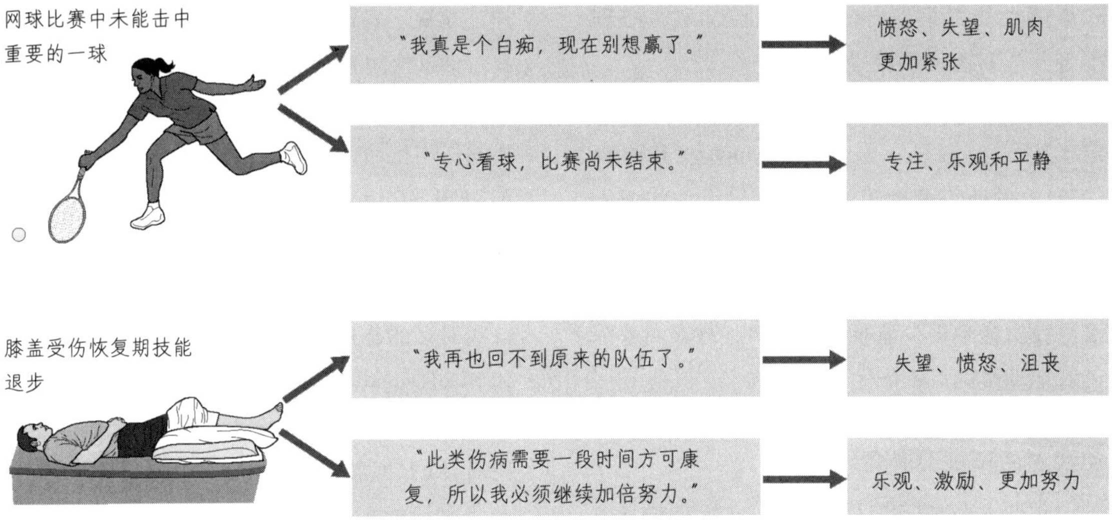

图 16.3　两个自我对话过程示例

里”以及“可别发挥失常”的指令往往导致出现不希望产生的行为。压力过大时尤其如此。例如，如果告诉足球运动员罚球时除球网的某一点（如右下方角落）外可朝任何位置射门，则与其他任何地方相比，足球运动员会更频繁地观看这一点。同样，被要求避免某个特定失误的高尔夫球手，在压力下往往更容易犯错。实质上，为了遵照指令抑制某些想法或画面，我们不得不记住禁止的指令，导致我们反而对其念念不忘。研究（Woodman & Davis，2008）证明：抑制想法尤其易于导致相应错误发生。其原因在于抑制想法的认知策略为防止产生焦虑相关主观烦恼而增加了认知负荷，导致个体更易于出现错误。因此，我们应专注于应该做什么，并非不要做什么。

除提高专注力以外，自我对话还具有许多用途，包括增加信心、增强动机、调控觉醒水平、做好心理准备、打破不良习惯、掌握新技能以及持续取得较佳成绩。根据运动员的需求，自我对话的这些用途通常归为积极或指导型用途。有趣的是，某些研究（Hanin & Stambulova，2002）显示：运动员在自我对话过程中广泛使用比喻（如：像豹子一样快；像牛一样强壮），而且由运动员自己提出此类比喻时，这些比喻对于改变行为和表现尤为有用。

而且，其他定性和定量研究（Hardy，Gammage，& Hall，2001；Hardy，Hall，& Hardy，2004）显示，自我对话的内容可分为以下几部分：①性质（积极或消极，内在或外在）；②结构（“呼吸”和“专注”等单个提示词语，“将其放下”和“加油”等短语，“别担心犯错”等完整句子）；③人称（自我对话过程中使用第一人称或第二人称）；④任务指令（“低扑”和“保持抬头”等技能相关短语，“快速到达那里”和“整场比赛保持乐观”等常规指令）。研究人员还发现了自我对话的两个主要功能，认知功能（关于技能开发和技能执行）

和激励功能（关于自信心、调控觉醒、心理准备、应对困境和激励）。

根据研究人员的报告，影响自我对话特定类型的因素是什么？Zourbanos及其同事（2011）的研究调查了教练的辅导行为如何影响自我对话。在构成一个系列的三项研究中，他们发现：支持性辅导行为有助于产生更多积极自我对话和更少消极自我对话。这表明教练可对运动员的思维产生一定影响。

自我对话和表现提高

实践人员和研究人员认为：在提高任务表现方面，积极自我对话可发挥重要作用。此外，虽然此处的重点为提高表现，但也有研究显示自我对话在提高锻炼坚持性方面非常有效（Cousins & Gillis，2005）。

其他运动相关研究显示：不同类型的积极自我对话均可提高表现。这些研究的对象包括：越野滑雪运动员（Rushall，Hall，& Rushall，1988），网球初学者和技能娴熟的运动员（Landin & Hebert，1999；Mamassis & Doganis，2004；Van Raalte，Brewer，Rivera，& Petitpas，1994），短跑运动员（Mallett，Han- rahan，1997），足球运动员（Johnson，Hrycaiko，Johnson，& Halas，2004）和花样滑冰运动员（Ming & Martin，1996）。关于花样滑冰运动员的研究，参与者在干预结束后一年内持续在训练期间使用自我对话，并且认为自我对话提高了其竞争表现，特别让人印象深刻。

指导型和积极自我对话对于各种在优势、精确性、耐力和精细运动协调性方面不同的任务均非常有效。它通过在提高任务相关思维频率的同时降低干扰思维的频率来发挥作用。此外，在缺乏表现反馈信息的情况下，指导型自我对话甚至可帮助提高表现。实质上，即使受试者在学习技能期间永远收不到关于其运动模式的任何反馈，自我对话指导性提示也足以改善表现（Cutton & Landin，2007）。Zourbanos等人（2013）发现：在学习初期，与积极自我对话相比，以外在关注线索形式表现的指导型自我对话的作用更大。此外，Hamilton、Scott和MacDougall（2007）的研究表明：积极和消极自我对话均可提高表现。研究人员推断，自我对话的性质、内容和传达可能不如个人对自我对话的理解重要。此点强调了与不同种类自我对话有效性相关的个体差异的重要性（Hatzigeorgiadis，Zourbanos，& Theodorakis，2007）。

最后，关于自我对话的元分析研究表明：自我对话与提高表现始终保持正相关关系（Hatzigeorgiadis，Zourbanos，Galanis，& Theodorakis，2011）。此外，结果显示自我对话干预措施在相对精细运动任务中比粗大运动任务的效率更高，在新任务中比已熟练掌握任务的效率更高，指导型自我对话比激励型自我对话的效率更高，培训比不培训的效率更高。Tod、Hardy和Oliver（2011）的研究还发现：消极自我对话并非一定不利于提高表现。但针对该结果的研究为数不多。

Peters和Williams（2006）证明：分析积极和消极自我对话对表现的影响时需考虑文化。例如，与积极自我对话相比，东亚人使用消极自我对话的比例明显高于欧裔美国人。对欧裔美国人来说，消极自我对话与较差表现相关，但对东亚人来说，消极自我对话与较佳的表现相关。研究人员认为，与来自于个人主义文化背景（欧裔美国人）的个人相比，来自集体主义文化背景（东亚人）的个人实施自我批评时产生的消极影响较小。在任何情况下，对于针对不同人群开展研究的运动心理学专家，敏锐识别文化差异性均具有非常重要的意义。

另一种影响运动员自我对话的情境因素为辅导行为。Zourbanos 及其同事（2010，2011）发现，支持性辅导行为趋向于致使运动员使用积极自我对话，极少导致消极自我对话。但是，消极辅导行为（如：惩罚、专制行为）趋向于致使运动员使用消极自我对话，极少导致积极自我对话。因此，教练的行为不仅影响运动员的动作方式，还影响其思维方式。最后，人格似乎也与自我对话相关：与以失败为导向的个人相比，以掌握技能为导向的个人似乎更趋向于使用积极自我对话（Burton，Gillham，& Glenn，2011）。

在仅针对自我对话干预措施设置的某个场地执行的某项干预措施中，Weinberg、Miller 和 Horn（2012）调查了不同种类的自我对话以及在指定和选择自我对话的情况下两种表现是否不同。大学生跑步运动员参加最基本的 1500 米跑步比赛后，为其随机指定一个自我对话策略（积极、指导型或综合二者）并使用个性化训练策略。训练中的自我对话陈述由跑步运动员选择或由研究者指定。选择组内的各跑步运动员从 12 种个性化陈述中选择 1 种（如："变得乐观"），而指定组相应的跑步运动员则收到相同的 12 种陈述。结果显示，在 1500 米跑步过程中，综合型选择组和积极选择组的时间大幅缩短。同时，所有自我对话小组的表现均有所提高。教练认为：如果未加入干预措施，一般情况下，不可能如此显著地提高表现。总之，自我对话可在现实环境下发挥作用。

加强自我对话的技巧

Mike（1987）建议根据六条规则创建用于提高表现的自我对话：①保持短语简短而具体；②使用第一人称和现在时态；③使用积极短语；④保证短语具有意义且可保持注意力；⑤温和地与自己对话；⑥经常重复短语。研究人员还发现了各种加强自我对话的技巧和策略。其中最成功的两个技巧和策略为思维阻断和将消极自我对话转为积极自我对话。

思维阻断

应对消极思维的一个方法为在其消极影响表现之前将其阻断。**思维阻断**是指短暂专注于不必要的思维，然后使用一个提示词或触发物以阻断思维和清空大脑。触发物可能为一个简单的词语（如"停"）或一个触发动作（如用手拍打大腿）。至于哪种提示方法最为有效则因人而定。

首先，最好只在训练条件下练习思维阻断。一旦出现消极思维，就大声说"停"（或你选择的任何提示词），然后专注于任务相关提示。掌握此方法后，尝试悄悄对自己说"停"。如果在某个具体情况下（如：花样滑冰跳跃时摔倒）产生消极的自我对话，你可以专注于表现的某个方面以更为专注于具体问题和提高相关意识。积习难改，所以你应该持续练习思维阻断方法。

将消极自我对话转换为积极自我对话

人们希望可以消除所有消极自我对话，

但事实上几乎每个人都会不时产生消极思维。产生消极思维时，一种应对方法是将其转化为积极自我对话，即改变注意力方向以实现鼓励和激励。首先，列举所有不利于表现或导致其他不良行为的自我对话。此处的目标在于确认产生消极思维的情境及其原因。然后尝试使用

消极自我对话	积极自我对话
"你这白痴！怎么这么简单的球都没击中？"	"人谁无过，专心赢得下一分。"
"我这伤绝对不可能恢复了。"	"痊愈需要时间，每天坚持练习吧。"
"裁判的判定不对，球肯定是在界内着地的。"	"没办法，我什么也做不了。但只要好好打球，我肯定会赢。"
"今天我放松一下，明天努力点。"	"如果我今天努力训练，那么明天就会轻松一些。"
"这个发球可真糟糕。"	"放慢速度，保持自己的节奏并掌握时机。"
"我压根儿不能坚持完成这个训练计划。"	"一天仅训练一次，让训练充满乐趣。"
"这么大的风，我没法打好。"	"球场两侧都有风，必须更为专注。"

图 16.4　将消极自我对话转换为积极自我对话

积极陈述代替消极陈述。执行此步骤时可建一张表格，将消极自我对话写入一列，而相对应的积极自我对话写入另一列（图 16.4）。

将消极自我对话转换为积极自我对话时，其所依据的准则与思维阻断所用准则相同。即练习之后方可尝试在比赛中使用。因为大多数消极思维产生于压力环境，应首先尝试停止消极思维，然后深呼吸，呼气时放松并重复积极陈述。

综合自我对话与自我反馈

大部分研究人员和实践人员仅尝试改变或消除消极自我对话。但是，研究发现：将自我反馈加入指导型自我对话可同时提高专注力和表现。Latinjak、Torregrosa 和 Renom（2011）要求参与者使用他们自己设置的指导型自我对话（如“屈膝”）。然后参与者为自己给出反馈：正确发挥技能时，表扬自己；未能正确发挥技能时，则对自己说“错”或“糟糕”。仅使用具体提示词（即自我对话），提供此类自我反馈也可大幅提高表现。此方法有助于运动员加强参与学习过程，为自己提供合适的技术反馈以及在教练不在场时积极解决问题。

评估注意力技能

在尝试提高专注力之前，应能够指出问题所在，例如尚无法娴熟地集中注意力。在此方面，Nideffer 的注意力划分方法（即外在和内在以及广泛和狭窄）非常有用。Nideffer 认为，人们拥有导致不同表现水平的不同注意力类型。

注意及人际行为类型测验

Nideffer（1976b）设计了《注意及人际行为类型测验》（TAIS）以衡量个人的注意类型或性情。TAIS 含有 17 个分量表；其中 6 个量表用于衡量注意类型，其他量表则用于衡量人际行为类型和认知控制。注意：表 16.1 中，三个量表用于有效注意力方面（广泛—外在、广泛—内在，以及狭窄注意力焦点），三个量表则用于评估无效注意力方面（外在超负荷、内在超负荷和减少注意力焦点）。

有效和无效注意类型

专注能力较强的人（有效注意者）可同时处理外在和内在刺激（图 16.5）。他们在广泛—外在和广泛—内在注意方面的得分较高，且可有效将其注意力从广泛注意转为狭窄注意力焦点（若必要）。有效注意者在前面提及的三种无效注意力测量方法中的得分较低，说明他们可处理多种刺激且不会觉得信息不堪负荷。必要时，他们无须省略或忽略任何重要信息，但也可缩小其注意力范围。

相比之下，无法集中注意力的人（无效注意者）在收到多个内在和外在刺激后容易变得混乱，且无法承受。当他们使用广泛—内在或广泛—外在注意时，难以缩小其注意力范围。例如，他们可能难以忽略看台上观众发出的噪声或动作。此外，他们使用狭义注意力焦点时，会由于注意力范围过小而忽略了重要信息。例如，某个足球运动员可能将其注意力范围缩小至足球。而导致其未能看到在旁边断球的对方运动员。对于无效注意者，为了在体育比赛中表现更好，他们必须学习随意转移其注

表 16.1　TAIS 注意力相关量表

量表	描述
广泛—外在	高分表示能够同时整合许多外在刺激。
外在超负荷	高分表示收到外在刺激时容易变得混乱和不堪负荷。
广泛—内在	高分表示能够一次整合多个想法。
狭窄注意力焦点	高分表示能够缩小注意力范围（若必要）。
减少注意力焦点	高分表示注意力范围慢慢缩小。
内在超负荷	高分表示因内在刺激而容易变得不堪负荷。

意力集中对象，并根据情境需要缩小或扩大注意力范围。

将 TAIS 作为特性测量方法

Nideffer 的 TAIS 是个人关注环境时常用的一种特性测量方法。此方法并不考虑情境因素。如果某个教练使用 TAIS 以衡量运动员的注意类型，而不考虑不同需要，教练几乎不能获得提高表现相关信息。

如果 TAIS 包含改善运动注意力集中方式的相关特定措施，则其作用将更大。研究者现已制订网球比赛（Van Schoyck & Grasha，1981）和气枪射击比赛中（Etzel，1979）所需特定运动注意力集中方式相关措施。使用运动特定注意力集中方式相关措施有助于弥补相关运动员和教练的具体注意力缺陷。尽管 TAIS 有利于实践人员评估注意类型，但研究人员针对其有效性和某些潜在假设对该测试提出了

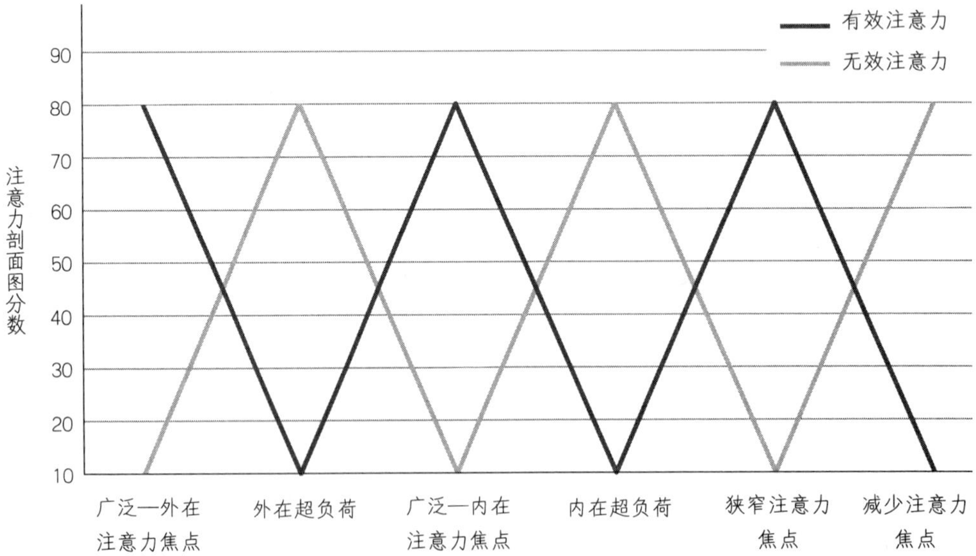

图 16.5　有效和无效注意力

批判性意见。研究人员认为应使用其他措施以评估注意能力。下文将讨论几个备选措施。

心理生理措施

虽然实践人员主要依赖注意类型问卷测量法，但研究人员还使用心理生理评估方法以帮助衡量注意过程（Abernethy，Summers，& Ford，1998；Wilson，2012）。运动和训练环境下使用频率最高的注意力相关心理生理指标为由脑电图描记器（EEG）测量的脑电波以及心率结果。研究人员还使用了功能性磁共振成像（fMRI）以获取更多脑功能和注意需求相关信息（Bishop，2009）。一般来说，使用注意力生理测量法频率最高的为进行“封闭式”表现（即自定进程、重复和在相对稳定环境下执行的技能）的运动员，例如高尔夫球、保龄球、气枪射击和射箭。

脑电图描记器测量法

使用脑电图描记器开展研究时，通常在射击之前对气枪和步枪射击运动员和射箭运动员的大脑活动模式进行评估。结果表明，射击表现精确度与左半脑的阿尔法波频率相关（通常与放松觉醒状态相关）。特别是，在运动员释放箭或扣下手枪扳机之前的几秒时间内，左半脑的阿尔法波活动加剧。阿尔法波活动加剧说明：优秀的射击选手已出色地控制了自己的注意力过程，从而可主动减少左半脑的认知活动。同时，这会导致可能破坏射击表现的任务无关分心程度降低（Summers & Ford，1995）。

神经学测量法

研究注意力的神经学方法常使用心率。此方法源于20世纪60年代，Lacey（1967）认为，射击准备期心率降低的原因在于当时射击选手的注意力向外——不仅专注于视觉对象，还关注稳定和校准手枪的最佳方法。这些观察结果得到近期研究（相关评论，请参考Hatfield & Hillman，2001）的支持，研究表明，心率减速的情况主要出现于优秀运动员在自定进程活动中表现之前（如：射箭、手枪射击、步枪射击）。专注于外在线索（保证其完成准备工作）的射击选手可佐证这一结果。

评估注意力的第二种神经学方法也使用包括脑电图描记器技术在内的脑电波测量技术。研究表明，在优秀射箭运动员和手枪射击选手开始射击之前，其脑电波活动从左半脑转移至右半脑，似乎执行控制功能正从负责言语的左半脑转移至主要负责视觉空间的右半脑。自我对话等言语过程（可能阻碍娴熟技能的发挥）大幅减少以保证右半脑允许运动员自动完成技能。

提高专注力

能够持续关注相关环境线索是确保表现水平的关键所在。在描述提高专注力的方法时，首先我们专注于能够在赛场上完成的事情。然后，我们考虑运动员可在其他时间和其他地点完成的训练。注意：虽然在本章中并未讨论可由运动员完成以提高专注力的某些要点，但在其他章节已进行了详细论述。例如，控制觉醒水平（第12章）、使用表象（第13章）和设定表现和过程目标（第15章）均为提高专注力的有效方法。

现场技术

竞技运动员可从以下六种技术中选择一种以提高现场专注力。注意，最佳技术因运动员而异（MacPherson，Collins，& Morriss，2008）。

训练时使用模拟方法

曾参与比赛的运动员均能理解，许多因素在比赛环境和训练环境中表现的程度并不相同。毫无疑问，嘈杂而敌对的观众、裁判的出现和对方的行为等环境因素将使比赛环境非常不同于练习环境。此外，练习和比赛时的焦虑、动机和信心等心理因素也都不尽相同。上述所有因素均可能导致运动员注意力分散并降低表现水平。

在此类情境下进行系统训练，有利于做好准备以应对注意力分散和环境条件相关问题（Schmid，Peper，& Wilson，2001）。例如，通过反映可能的比赛条件，包括气候条件、比赛规则、裁判裁决、观众立场、比赛日程、对手风格、住宿和餐饮、交通条件以及媒体曝光，Glencross（1993）精心培养了澳大利亚女子曲棍球队以参加巴塞罗那奥运会。因为教练试图模拟实际竞争环境，所以此种练习类型被称为**模拟培训**。

针对加拿大奥林匹克运动员（Orlick & Partington，1988）和美国奥林匹克运动员（Habert & McCann，2012）开展调查后，研究人员发现，这些成功的运动员都认为模拟培训是准备过程中极为重要的环节："最佳运动员广泛使用模拟培训。他们在训练时所采用的训练路线、例行程序、比赛方法、争球训练均模拟比赛过程，通常身穿比赛运动服，且其他准备工作与比赛准备工作相同"（Orlick & Partington，1988，第114页）。

优秀的运动员还报告自己使用模拟方法以做好心理准备。例如，英国奥运标枪运动员Steve Backley表示，有时在组织训练时，他会让自己置身于预计大型比赛排位赛时将会遇到的相同压力环境下：

> 我将投三次以获得75至76米以上的成绩，然后标记距离并切实体验尝试模拟压力的过程。

同样，前蹦床世界冠军Sue Challis也运用模拟：

> 我会完成整套动作并想象我获得了一次机会……如果我没有完成好动作，常常变得非常紧张，但如果动作完成得很好，则会增强我的自信心。

使用提示词

提示词用于触发某个特定反应，实际上为某种形式的自我对话。提示词可为指导型提示词（如："坚持到底"、"肩膀向后"、"舒展"、"看球"）或情绪型提示词（如："坚强"、"动起来"、"放松"、"坚持住"、"强硬点"）。关键在于保持提示词简单并允许其自动触发预期反应。例如，体操运动员可能使用提示词"向前"，以确保自己在表现期间的某一刻向前推进。同样，某个短跑运动员可能说"爆发"，以保证自己迅速起跑。为了保证在比赛中使用提示词之前已熟悉并完全掌握其使用方法，在训练中多多练习非常重要。研究（Miller & Donohue，2003）还显示，比赛前的一刻（甚至无须训练）通过耳机为跑步运动员提供积极和技术导向型陈述（由跑步运动员自己选择）也非常有利于提高跑步表现。

> **要点** 提示词应简短，并具有指导或激励作用。

当你试图改变动作模式（包括高尔夫挥杆动作、击球姿势、整套有氧舞蹈动作或发球动作）时，提示词将至关重要。当运动员在训练室拉伸受伤的肌肉和关节时，可使用“放松”或“轻松”等提示词。此外，尝试改正不良习惯时，使用提示词也非常有用。例如，某位长跑运动员在比赛最后阶段开始紧张且步幅开始变短，“平稳”、“伸展”或“放松”等提示词有助于其专注于放松并加大步幅。

使用非判断型思维

运动员维持专注力时一个最大的障碍是为了简化表现评估将其分为好或坏。此类判断易于引发个人涉及自我的反应。评判你在运动场或训练课上的表现通常阻碍发挥。你开始评判某部分表现或行为后，通常会归纳。例如，某个足球运动员失去几次进球机会后可能会想：“我总是失去进球的机会”“我总是发挥失常”或者“关键时刻我总是无法进球”。此类思维和判断只会使你无法保持动作流畅、把握时机和保持节奏，让你的大脑开始不能控制身体，导致肌肉过度紧张、需付出更多努力、不能保持专注力并做出错误决策。某人在训练班错过了某些练习机会时也会想：“我总是不能按计划行事。”而此类思维只会悄悄破坏了她坚持训练计划的动机。

不应判断表现的价值或将其分为好或坏，而应学习不带评判性地看待自己的行为。例如，棒球投手意识到自己当天控制能力不佳——在前三个回合里，他让击球员五次自由上垒。此类观察结果可能导致他得出结论：自己是一个糟糕的投手。此类思维只会让其感觉愤怒、沮丧和气馁。相反，该投手应评估自己的投球方式，如此才能发现超出好球区范围的大部分投球均偏高。这一结果可说明其随球动作不正确。自此，他可以专注于完成较好的抖腕击球和随球动作，以保证球的高度小于其自身身高，从而产生好的表现和愉悦的体验。

最近，一种称为正念的思维形式在注意力培训方面非常受欢迎。Kabat-Zinn（2005）将正念定义为“对自己及世界的开放、即时和非评判性的觉察”。实质上，正念并不试图消除消极思维，而是接受思维并专注于当下（Moran，2012）。近期研究发现，与未接受正念培训的运动员相比，接受正念培训的运动员获得沉浸体验的频率明显更高（Aherne，Moran，& Lonsdale，2011），而且正念可提高注意力（Kee，Chatzisarantis，Kong，Chow，& Chen，2012）。

制订例行程序

例行程序可集中注意力，极其有利于为即将来临的表现做好心理准备。Moran（1996）将此类例行程序定义为“运动员表现具体运动技能之前系统参与的一系列任务相关思维和动作”。调查奥运游泳运动员例行程序的研究发现，例行程序分为两个部分：计划本身及表现环境下计划的执行（Grant &

Schempp，2013）。赛前例行程序的使用增加了以下可能性：表现之前和表现期间，个人注意力不会向内在或外在因素上转移，保证无须意识知觉干预即可自动完成表现。

例行程序的有效性得到了众多研究的大力支持：有关高尔夫球，参见Cotterill、Sanders和Collins（2010）；有关心理预演，参见Feltz和Landers（1983）；有关摔跤，参见Gould、Eklund和Jackson（1992c）；有关保龄球，参见Hill和Borden（1993）；有关篮球，参见Mack（2001）；有关减少发挥失常情况，参见Mesagno、Marchant和Morris（2008）；有关网球，参见Moore和Stevenson（1994）。虽然例行程序的重点在于表现开始之前或表现期间，但应将其系统用于训练期间，以熟练掌握例行程序并能将其从训练转移至比赛（Schack，Whitmarsh，Pike，& Redden，2005）。最后，Cotterill，Sanders，& Collins（2010）的研究发现：制订赛前例行程序时应考虑单个运动员的人格、应对资源和环境要求。此方法可识别运动员的独特性，避免出现“一刀切”。

> **要点**　可在比赛之前或期间使用例行程序，以集中注意力、减少焦虑、消除注意力分散现象和增加信心。

动作间歇期间思维常常开始漫游。此为实施例行程序的理想时机。例如，交换场地时，网球运动员可坐在椅子上，深呼吸并想象下一场比赛中自己希望如何表现；在上场之前，她可以重复两三个提示词以帮助自己集中注意力。例行程序有助于在表现之前和表现期间组织好时间，以保证运动员表现时可集中精神。

运动员的例行程序可简短也可复杂。但研究发现，一般情况下，例行程序的时间越短（无论例行程序内部行为数量），表现越为成功（Farrow & Kemp，2003）。某些例行程序近似于迷信，例如身穿一双幸运袜、以一定方式系鞋带或在未踏入球场之前踩上投手的踏板。例行程序需保证运动员感觉舒适，且随着表现时间的迫近，例行程序需有助于明确焦点。Velentzas、Heinen和Schack（2011）发现，将例

制订赛前例行程序的五步法

Cotterill（2011）提出了制订有效赛前例行程序的五步法。此方法包括以下部分：

- 录制表现。为了确定运动员的当前例行程序，需录制运动员的比赛和训练例行程序。
- 澄清行为意义。运动员观看录像并确定自己的例行程序意识。
- 针对各行为要素培养注意力焦点并发挥作用。运动员执行当前的赛前行为，然后与顾问讨论各行为要素的意义和作用。
- 例行程序结构和协定。运动心理学顾问探索运动员在准备期希望实现的目标（如：放松、集中注意力、使用表象）。然后协商一个与行为相关意义和时期相符的触发词语（如：“放松”或“关注”）。
- 训练。制订行为和心理例行程序后，将其融入常规训练。首先使用出声思维法，此时运动员说出设定想法以完成特定赛前行为。在触发因素完全融入例行程序且无须继续说出设定想法之前，运动员应反复训练使用此方法。

行程序融入表现的一种好方法为让运动员每次想象例行程序时均保持一致。特别是在排球比赛中使用例行程序完成发球时，表象组运动员的表现明显比其他组运动员的表现好。

赛前例行程序构成运动员的思维过程和情绪状态，促使运动员始终将注意力集中于当前以及任务相关线索。尽管还需更多实证研究，但 Cotterill（2011）的研究已表明：根据假设，例行程序可降低注意力分散的影响、将注意力集中于相关线索、充当已掌握运动模式的触发物、加强回忆心理和生理状态，帮助运动员实现行为和时间一致性以及在压力下提高表现。图 16.6 提供了网球和高尔夫球赛前例行程序示例。已制订用于建立赛前例行程序的多个模型和方法，包括 Singer（2002）的五步法、Murphy（1995）的四点模型以及 Lidor 和 Singer（2000）的学习新技能相关模型。

制订比赛计划

针对各类运动项目中的优秀运动员开展的深度访谈，显示了制订有助于维持注意力焦点的赛前计划和比赛计划对运动员的重要性（Gould，Eklund，& Jackson，1992a；Greenleaf，Gould，& Dieffenbach，2001；Orlick & Partington，1988）。这些计划不仅有助于运动员做好比赛准备，还有助于他们针对不同情况下需完成的任务做好准备。在大多数情况下，运动员设计详细的动作计划，以便在表现过程中维持注意力焦点（与他们不能直接控制的因素相对照，例如其他参赛选手和最后

高尔夫球击球

1. 深呼吸
2. 查看球道停止位置并评估天气状况和可能的危险。
3. 查看目标并决定所需击球。
4. 描绘目标和希望完成的击球过程。想象挥杆和球的飞行路线及其最终停留位置。
5. 瞄准球，调整和重新调整你的位置以保证自己感觉舒适。
6. 使用整个身体感觉击球动作。
7. 再次描绘希望完成的击球过程，感觉击球动作时锁定目标。
8. 锁定目标并挥杆。

网球发球

1. 确定你的位置和落脚点。
2. 决定发球类型和落球点。
3. 调整握拍和持球姿势。
4. 深呼吸。
5. 拍球以感觉节奏。
6. 查看和感觉最佳发球。
7. 专注于抛球并将球发向预计地点。

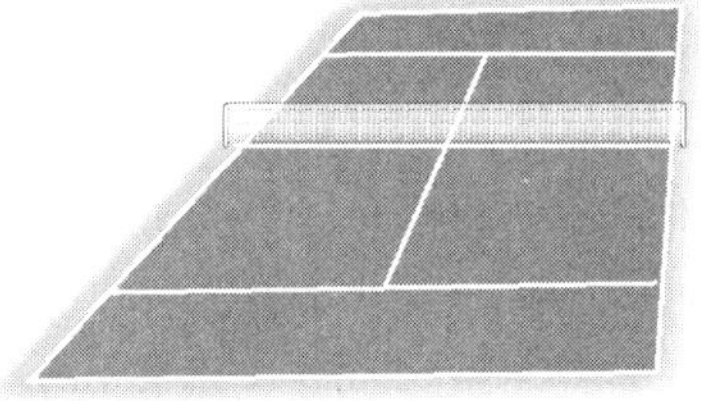

图 16.6　特定运动项目中的例行程序示例

结果）。一名奥运皮划艇运动员的下述评论显示出详细计划的重要性：

> 在整个比赛中我都能高度集中注意力。我们制订了一个启动计划，根据本计划，我先专注于最开始几次划桨动作……然后专注于接下来的一点点比赛……最后在冲刺阶段，我们全力以赴地向前划去。冲刺阶段大约每隔3秒我必须说“放松”以让我的肩膀和头部放松，然后我想着需更加努力而导致再次感觉紧张，所以我再次让自己放松，然后再努力，然后再放松。

制订比赛计划时应使用“假如……将会怎样”的方法以保证运动员可针对从极有可能到可能性不是很大的各类情景制订计划。例如，澳大利亚篮网球队针对其与牙买加队（主场）的一场重要比赛做准备时，计划包含了如何应对体育馆灯光熄灭的特殊情况。恰好这种“假如……将会怎样”的情况确实发生了，而澳大利亚队处理得非常好，其中部分原因在于他们刚好针对此类情况做了充分准备。

比赛计划旨在关注过程目标。换言之，计划强调的是运动员的可控范围，而不是比赛结果。例如，皮划艇运动员的过程目标是保持肩膀和颈部肌肉的放松以及专注于划船，足球运动员的目标可能是将注意力集中于其位置和脚步，而排球运动员则需关注击球时其胳膊的位置。在任何情况下，详细而具体的计划均有助于运动员在整场比赛中集中和维持注意力。

超量学习技能

为了发挥较高水平的表现，根据运动员的报告，超量学习运动相关技能有助于在比赛环境下保持专注力（Hardy，1996）。超量学习有助于自动完成某项技能，从而允许运动员将注意力集中于表现环境的其他方面。研究还显示，超量学习允许运动员实现自动注意力过程，有利于同时执行多项任务。例如，一名篮球控球后卫的运球动作实现自动化后，他无须将大部分注意力用于运球动作，而是可以关注球场上其他运动员的行动和位置，以保证完成最高效的传球。

提高专注力的练习

除我们介绍的六种提高赛场专注力的技巧以外，人们还可通过训练提高专注技能。这些训练适用于任何运动。

训练1：学习转移注意力

此项训练可以整体方式实施或分解为单独的训练（Gauron，1984）。开始训练之前，运动员或坐或躺于某个舒适的位置，深呼吸数次。

第一步，注意听到了什么。记录每个声音并为其贴上标签：是交谈声、脚步声或收音机播放的声音？接着聆听身周所有声音但不要尝试为其贴上标签或分类。放任思绪飘飞，如同你正在聆听音乐一样来聆听这些混合音。

第二步，现在开始意识身体感觉，例如感受支撑你的椅子、床或地板。当你的意识移至某个部位时，为各种感觉贴上心理标签。继续移至下一种感觉之前，让每种感觉停留一会儿并仔细审查此类感觉，考虑其性质和来源。

第三步，将注意力转移至思维和情绪。让各种情绪或思维自动产生；切勿具体思考任何事情。无论想到或感觉到什么均保持放松。现在，试图体验你的各种感觉和思维，每次体验一种。最后，尝试是否可让所有这些思绪和情绪全部消散并保持放松。

训练 2："停放" 思维

此项训练旨在高效消除消极思维，在表现结束之前，均将思维"停放"于某个安全且不会导致注意力分散的地方。通常可以通过某种形式的自我对话指令或可视化画面实现停放。确定脑海中浮现的不利思维后，要求运动员将其写于纸上，然后将纸张存放于另一处（此为停放部分）。表现结束后，运动员可通过"解除停放"来返回处理这些问题。

训练 3：学习维持注意力焦点

寻找一个安静且无干扰对象的地方。选择一个物体并集中注意力（你可选择与你的运动项目相关的事物，例如冰球、足球、棒球或排球）。将物体握于手中，好好感受它给你的感觉及其质地、颜色和任何其他特征。现在放下物体并将注意力集中于它，极为详细地研究它。将注意力始终集中于某个物体并非易事。当你可维持注意力至少 5 分钟以上时，加入干扰因素并开始训练。使用图表以记录在此情况下你的注意力持续时间。

训练 4：搜寻相关线索

东欧广泛使用**栅格训练**以作为赛前筛选工具。栅格训练可让你体验完全专注于某事的感觉。训练要求每块栅格包含介于 00 至 99 之间的一个数字（图 16.7）。参与者应在设定时间（通常为 1 或 2 分钟）范围内扫描栅格，并按顺序用斜线尽可能多地连接数字（00、01、02、03 等）。只要大于之前的序列数字，你可多次使用同一个栅格（如：33、41、51）。还可使用任何数字组合以形成新的栅格。据报道，运动员注意力高度集中时，其扫描和存储相关线索的得分介于 20 多至 30 出头之间（根据他们在 1 分钟内找出的数字数量）。

32	42	39	34	99	19	84	44	03	77
37	97	92	18	90	53	04	72	51	65
95	40	33	86	45	81	67	13	59	58
69	78	57	68	87	05	79	15	28	36
09	26	62	89	91	47	52	61	64	29
00	60	75	02	22	08	74	17	16	12
76	25	48	71	70	83	06	49	41	07
10	31	98	96	11	63	56	66	50	24
20	01	54	46	82	14	38	23	73	94
43	88	85	30	21	27	80	93	35	55

图 16.7　专注力相关栅格训练

此类训练有助于你学习集中注意力并扫描环境以获取相关线索（这在篮球、冰球和足球等快速移动的运动项目中尤为重要），而且你可针对不同情况修改训练内容。例如，在存在不同类型干扰因素时（如交谈声或音乐声很大）扫描栅格。随着专注力提高，你将能更好地忽略此类干扰对象并将注意力仅集中于任务。这正是大多数运动员希望达到的专注力水平：极端专注且忽略所有干扰因素。

专注力训练的未来发展

Karageorghis 和 Terry（2011）提供了旨在提高运动员专注力技能的先进技术清单。其中包括：

- 眼动扫描仪。此类仪器可跟踪多种运动场景的眼部运动，例如：四分卫传球、网球发球以及足球罚点球时。跟踪运动员视觉焦点有助于训练其专注于相关线索。
- 虚拟现实。在虚拟环境中，运动员置身于具有与实际比赛完全相同的视野、噪声和感觉的情境下。这允许运动员在与比赛环境完全相同的环境下进行训练。
- 眼力训练设备。有些企业正在生产使运动员的任务更具挑战性的运动设备。例如，并非正球形的篮球，其弹跳力不均衡，从而加大运球难度。这种情况下，要求运动员更为专注于自己的运球技能。
- 电子游戏。有些企业开发出三维游戏以模拟不同运动技能中所需的某些注意力和感知要求。此方法有助于缩短反应时间和手眼协调性，而这是在许多运动中获得成功的关键所在。
- 眼力和专注力训练软件。这些软件训练运动员识别运动中的高级相关线索，以在不同情境下缩短预计时间（如：足球中的罚球）。

学　习　助　手

总结

1. **定义专注力并说明其与表现的关系。**

   运动和练习环境下的专注力通常涉及关注环境相关线索、长时间保持专注、意识到变化情况和转换焦点（若必要）。运动员描述其最佳表现时，常提及他们完全沉浸于现在、专注于当前任务以及敏锐地意识到自身身体和外在环境情况。同时，研究显示：导致最佳表现的一个重要部分为运动员集中注意力和专注于比赛的能力。专业运动员使用各种注意性线索（其选择线索的速度比新手更快），以便于自己更为快速而高效地发挥技能。

2. **介绍有关专注力影响的主要理论。**

   研究注意过程的三个主要方法是单一信道（固定容量）理论、可变（灵活）分配理论和多库理论。当前使用的理论为多库理论，此方法将注意力视为一系列资源库或多重处理器，每个处理器均具有独特能力并可处理资源与运动员的关系。

3. **确定不同种类的注意力焦点。**

Nideffer确定的四种注意力焦点：广泛—外在、狭窄—外在、广泛—内在和狭窄—内在。不同运动或运动范围内的任务要求采用不同类型的注意力以实现有效表现。

4. **描述某些注意力问题。**

注意力问题可分为来源于内在或外在干扰项。内在干扰项包括关注以往事件、关注未来事件、压力下发挥失常、疲劳、动机不足和过度分析自身技术。外在干扰项包括视觉因素（如观众）和听觉因素（如观众噪声）等。

5. **解释自我对话如何发挥作用。**

自我对话的形式多种多样，一般分为积极自我对话、指导型自我对话和消极自我对话。积极自我对话和指导型自我对话通常是可增强自尊心、加强动机和提高注意力的有效方法。虽然研究显示各类自我对话均可提高表现，但自我对话类型需与任务类型匹配以实现最大效益。消极自我对话以批评和自我贬低为主，容易产生焦虑而破坏专注力。

6. **解释如何评估注意能力。**

可使用《注意及人际行为类型测验》测量注意类型，然后评估具体的优势和劣势以制订提高个人注意力的方案。还可通过脑电波活动和心率衡量注意过程。

7. **了解如何提高注意力。**

在赛场内外练习简单技巧和进行训练有助于提高专注力技能。这些技巧包括使用模拟方法、使用提示词、使用非判断型思维、制订例行程序和比赛计划等活动。

复习题

1. 一百多年以前，William James最初如何定义专注力？自此以后，其定义的发展情况如何？
2. 比赛期间生理和心理技能发展对适当注意力焦点的影响如何？
3. TAIS测量有哪些限制因素？如何才能使TAIS成为更好的评估工具？
4. 如何为运动员制订例行程序？
5. 描述自我对话的不同类型和用途。
6. 简述有关注意力的三个主要理论。哪种理论当前使用频率最高？
7. 论述文化、人格和辅导行为在自我对话中的重要性。
8. 说出可能有助于提高注意力的三种新技术。

深入思考

1. 请你撰写一篇有关发挥失常的文章应用日志。编辑希望你确定什么是（或不是）发挥失常、什么时候会出现发挥失常以及你如何帮助运动员避免发挥失常的情况。
2. 你作为某高校运动队（运动类别自选）的教练，此运动队存在比赛关键时刻分散注意力的不良习惯。你希望与运动员共同努力以提高其专注力技能并在整场比赛期间均保持注意力集中。描述你将针对此运动队采用的训练方法和策略。

第 6 部分

促进身心健康

心理状态对改善健康与健美状态有哪些影响？

近30年里，我们目睹了人们在身心健康与运动（包括运动与健康心理）方面日渐增长的兴趣。在关注身心健康与运动的过程中，人们进一步了解了心理因素对健康与运动的影响。越来越多的人将健康与运动心理学作为职业生涯的重要组成部分，例如：在康复或理疗中心帮助患者从伤害中痊愈。此外，现今的专业人士还需要帮助他人应对或处理情感创伤、饮食和赌博问题。

第6部分前两章详细说明了运动本身。第17章说明了运动的心理益处，例如：缓解抑郁和焦虑感，并说明了如何将这些益处最大化。此外，本章还论述了运动对人格和认知功能的影响，以及运动作为辅助手段在治疗方面的作用。第18章说明了运动动机以及促使参与者坚持运动的方法。本章主要内容包括：运动行为的新模式，运动行为的决定因素，促使人们坚持运动的方法，通过坚持运动促进身心健康的实用办法。

第6部分的后三章论述了与健康相关的一般性问题。第19章重点说明了运动伤害的心理前因与后果，以及心理因素对康复的影响。本章还说明了与伤害相关的心理学理论，以及压力与伤害之间的关系。第20章说明了当今的三大问题：药物滥用、进食障碍和赌博。通过本章内容，你可以了解上述三种问题的迹象，以及如何从专业角度为以上三类人员提供帮助。第21章说明了参与运动可能会造成的不利影响，主要包括倦怠和过度训练。

第 17 章

运动和心理幸福感

学习完本章后，您将能：

1. 说明运动对焦虑和抑郁的影响；
2. 说明运动和心境之间的关系；
3. 论述运动对心理幸福感的影响；
4. 说明运动、人格变化和认知功能之间的关系；
5. 论述跑步者的快感；
6. 论述运动作为辅助手段在治疗方面的作用。

大部分技术的研发初衷是为了使我们生活得更舒适。但是，手机、即时通讯、互联网等通信手段的出现增大了我们所处世界的复杂度和紧迫感。越来越多的需求进入到我们的日常工作与生活中，噪声污染、烟雾污染、通货膨胀、失业、种族歧视、性别歧视、药物滥用、赌博和随处可见的暴力加重了我们的生存压力。上述需求影响着整个社会的心理健康和心理幸福感。

在美国，最常见的心理障碍是焦虑症和抑郁症。这两种病症分别影响了 17% 和 11% 的美国人，患者年龄从 15 岁跨越至 54 岁，公众每年在每种病症上的花费大约为 450 亿美元。焦虑症的终生患病率大约为 25%，抑郁症的终生患病率大约为 20%（Dishman，Washburn，& Heath，2004）。此外，世界卫生组织还预测，到 2020 年，抑郁症将成为人类死亡与残疾的第二大原因，仅次于心血管疾病（Murray & Lopez，1997）。人们通常通过心理咨询和药物治疗来解除上述心理困扰，但是，也有越来越多的人开始通过运动来提升心理幸福感。许多研究人员、临床医生以及非专业人士发现，体育运动可以增强幸福感，尤其可以缓解焦虑感和抑郁感、增强活力。研究人员对过去 10 到 15 年间的相关文献进行了考查，并得出下列结论：运动有助于减轻焦虑感和抑郁感、增强整体幸福感（Berger & Tobar，2011；Biddle，2011b；Landers & Arent，2001）。

近期的流行病学数据进一步凸显了上述结论的可信度。例如，Stephens（1988）分析了 56000 名参与者的数据，得出下列结论：如果心理健康的定义为“心情好、整体幸福、焦虑和抑郁症状相对较少”，那么活跃的体育运动与美国及加拿大居民的心理健康存在正相关。相关资料有力地证明，运动对身体健康有积极影响，其中包括改变骨质疏松症、高血压、冠心病和癌症等疾病的病程，并且能够增强心理幸福感（Blair，1995）。

本章将主要说明运动在以下四个方面的心理益处：减轻焦虑与抑郁感、改善心情、改善自我概念、提高生活质量。值得注意的一点是，心理学文献中出现的幸福感相关的术语包括主观幸福感、心理幸福感、情感幸福感和幸福感等，而且这些术语的定义通常会有所不同（Lundquist，2011）。由于这些术语的定义不属于本章讨论的范畴，因此，我们将混用这些术语，它们都包含以下六项要素时：

- 自我接纳（积极看待自己）
- 与他人的积极关系（信任、关爱和共情）
- 自主（自我决定内在动机和自我参照标准）
- 环境掌控（能够有效掌控环境以实现个人价值）
- 个人成长（随着时间的推移，有发展感和自我成就感）
- 人生目的（有明确的人生目标）

减少焦虑和抑郁

美国人因心理健康问题而住院的天数占美国人住院总天数的 30% 左右，美国人在心理健康方面的医疗支出占医疗总支出的 10% 左右。其中最受关注的心理健康问题是焦虑和抑郁。数百万美国人有焦虑和抑郁症状，但是并非所有人都有心理疾病，他们中的大部分人只是情绪低落，即广义上的心情不畅状态。经常运动可以缓解人们的焦虑感和抑郁感。通过经常运动来增强心理幸福感这一情形并非仅在美国存在。例如，伦敦的研究人员在一项针对英国人开展的调查中也发现，在出现抑郁症状时，运动是最有效的缓解方式。

到目前为止，在针对运动对焦虑与抑郁的缓解作用而开展的研究中，大部分都是相关研究。因此，我们不能下结论说，造成或导致心境变化的原因是运动。但是，我们有把握说，运动与心境的积极变化、焦虑及抑郁的缓解相关。

运动对焦虑与抑郁的缓解效果有快速效果和慢速效果。快速效果是指单次运动带来的即时、可能的（非必然的）短期效果。运动心理学家还研究了运动的慢速效果，验证了一句老话“有健康的身体，才会有健康的心灵”的有效性。针对运动的慢速效果开展的研究重点考查了焦虑和抑郁的变化。在针对运动与心理幸福感之间的关系开展的研究中，大部分采用的是有氧运动。人们曾一度认为，只有在运动达到一定或足够的时间与强度时，才会对心理产生积极影响，但是，有研究显示，高强度的有氧运动并不一定会产生积极影响（e.g., Berger & Motl，2001；Landers & Arent，2001）。实际上，无氧运动（如：举重或力量训练、瑜珈等）也会对心理健康产生积极影响。

> **要点** 尽管目前尚不能断定经常运动和焦虑及抑郁的缓解之间存在因果关系，但可以肯定的是，经常运动与焦虑及抑郁的缓解有关。

缓解焦虑的运动

针对运动对焦虑的缓解作用而开展的研究通常会考查运动的快速（短期）影响或慢速（长期）影响，其中针对短期影响开展的研究较多。针对运动的慢速影响而制订的调查方案通常为期 2 到 4 个月，每周 2 到 4 次运动。例如，研究人员通过两项研究（Long，1984；Long & Haney，1988）比较了不同的焦虑缓解方式（压力免疫和渐进式放松）和慢跑。结果发现，与等候名单中的对照组参与者相比，慢跑组和压力管理组参与者在干预期的状态焦虑大大缓解。更为重要的是，缓解最长能够持续 15 周（图 17.1）。其他研究（O'Connor & Puetz，2005）也证实了运动在缓解焦虑方面的慢速影响。

有关运动的快速影响的研究中，大部分研究关注的是状态焦虑的减轻情况。与早期研究（Landers & Arent，2001；Taylor，2001）一样，众多近期研究发现，有氧运动能够减轻状态焦虑、提高安宁状态分数。此外，研究

研究显示，运动能够缓解焦虑、抑郁和慢性疾病，增强幸福感、轻松感和整体健康。

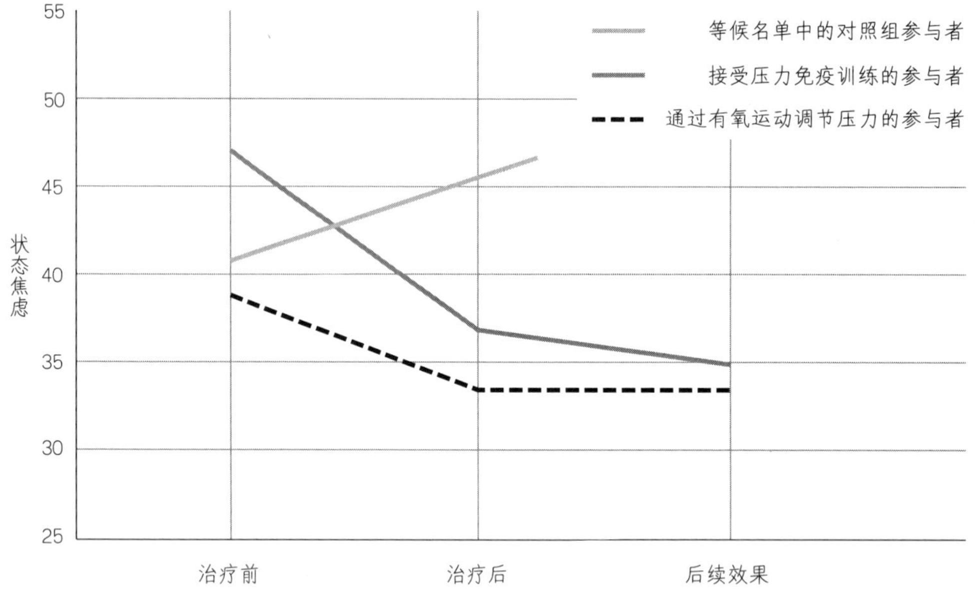

图 17.1　治疗之前、治疗之后和 3 个月跟踪期内压力测量的均值变化

经许可改编自 B.C. Long，1984，“Aerobic conditioning and stress inoculation：A comparison of stress-management interventions,” *Cognitive Therapy and Research* 8（5）：529.

还发现，中等强度的运动对情感的影响最积极（Arent，Landers，Matt，& Etnier，2005）。Markowitz 和 Arent（2010）发现，运动期间，当乳酸浓度达到阈值或仅低于阈值（乳酸在血流中的堆积速度开始快于其移除速度时的浓度值）5% 时，在执行任务中或完成任务之后的 30 分钟之内，运动产生的情感益处最大。而当乳酸浓度超过阈值时，仅在完成任务后的 30 分钟内，运动会对情感产生部分益处，而在执行任务期间，运动会对情感造成不利影响。因此，了解特定运动强度可能带来的心理变化，有助于参与者选择适当的运动强度，并长期坚持下去。

运动带来的安宁效果可以持续多久？Raglin 和 Morgan（1987）发现，进行运动之后，参与者的状态焦虑减轻情形最长可以持续 24 小时（虽然大部分参与者通常为 2 到 4 小时），而处于受控休息状态下的参与者，其焦虑情形通常会在 30 分钟内返回到原本水平。尽管与安静休息及娱乐相比，快速运动在缓解状态焦虑方面的效果并不会更好，但是其效果持续的时间更长。具体来讲，Breus 和 O’Connor（1998）发现，运动之后，状态焦虑的减轻情形可以持续几小时，超过安静休息与娱乐缓解焦虑的持续时间。

为确定运动和焦虑减轻之间的关系，研究人员通过元分析（Landers & Petruzzello，1994；Long & Stavel，1995）和综述（Martinsen & Stephens，1994；Mutrie & Biddle，1995）回顾了部分文献。例如，对 27 项综述进行的考察（Landers & Petruzzello，1994）发现，在 1960 至 1992 年间开展的研究中，有 81% 得出了下

列结论：体育运动和运动后的焦虑减轻有关，而其余 19% 的研究部分支持这一结论。Reed 和 Ones（2006）考查了 1979 年至 2005 年间的 158 项研究，这些研究有力地说明，低强度运动也可以改善情感。此外，Wipfli、Rethorst 和 Landers（2008）还回顾了 49 项随机对照实验（最高级别的科学证据）的研究。回顾结果显示，通过运动缓解焦虑的实验组，要比通过其他方法缓解焦虑的实验组的缓解效果好。通过对数百项研究和几千位参与者的回顾，研究人员发现，它们均得出了下列结论：运动对急性与慢性焦虑的缓解有积极影响（通常为中等程度）。此外，研究人员还发现：

- 在增强幸福感方面，长期训练计划（为期几周，而非几小时或几天）比短期训练计划更有效。
- 进行有氧运动时，如果运动强度介于最大心率的 30% 至 70%（与早期研究不同，早期研究认为，要想获得运动的心理益处，运动强度应当达到最大心率的 70%）之间，那么在运动之后，参与者的状态焦虑与抑郁能够得到缓解。进行无氧运动（如：举重）时，若运动强度处于较低范围（最大心率的 30% 至 50%）内，运动改善心情的效果最明显。
- 当参与者的焦虑程度较高时，运动训练减缓焦虑的效果特别明显，而当参与者的焦虑程度较低时，运动训练也可减缓焦虑。
- 无论运动时间长短，运动均能够有效减缓焦虑。但是研究结果发现，当运动时间达到 30 分钟（尤其是运动强度为中等）时，减缓效果更明显。
- 状态焦虑会在 24 小时（也可能会在 4 ～ 6 小时）之内恢复到运动前的水平。
- 运动有助于缓解肌肉紧张。
- 焦虑不一定会因一次运动带来的生理收益而得到缓解。
- 无论运动强度、时间和类型如何，运动之后，焦虑均会得到缓解；但有氧运动比无氧运动的效果更大。
- 在焦虑的缓解幅度方面，有氧运动和其他常用的焦虑治疗方式相当。
- 无论参与者属于何种类型（如：男性或女性、健壮或不健壮、活跃或不活跃、焦虑或不焦虑、健康或不健康、年轻或年老、有焦虑症或无焦虑症），运动之后，焦虑均会得到缓解。

缓解抑郁的运动

抑郁是人类苦痛的一大根源。每四个美国人中，就有一个人患有临床抑郁症。在过去 50 年中，重度抑郁症患者的数量一直在增长（Kessler et al., 2003）。在抑郁症患者中，女性居多，是男性的 2（25 岁以下年龄段）到 6（25 ～ 54 岁年龄段）倍（Regier et al., 1988）。据估计，约 6% 的青少年受到了抑郁症的影响。抑郁症通常通过精神科处方药等方式来治疗。但是，最近开展的盖洛普民意测验显示，运动作为缓解抑郁的一种方式，仅次于排名第一的宗教信仰。此外，调查结果显示，身体活动不足与严重抑郁症相关。

Blumenthal 及其同事（1999）在一项研究中，将经诊断患有临床抑郁症的参与者随机安排到了以下三个组：有氧运动组（受监督，每周运动三次）、药物治疗组和既参加有氧运动又接受药物治疗的组。结果显示，在 16 周的干预结束之后，三组参与者的抑郁症状均大幅减轻，而且仅通过运动缓解抑郁症的那一组的效果与另外两组一样好。另一项研究也显示，运动能够缓解临床抑郁症；其中，自我效能感的满足是抑郁症得到缓解的主要原因（Craft，2005）。Desha 等人（2007）的研究发现，与参加有组织的课外体育活动的男性青少年相比，不参加此种活动的男性青少年的抑郁症状更严重，这说明了参与体育活动对男性青少年的重要性。

此外，Legrand 和 Heuze（2007）还发现，在缓解抑郁症状方面，运动频率起着重要作用。具体来说，每周运动 3 到 5 次的参与者，其抑郁症状的缓解效果，要大大好于每周只运动一次的参与者。研究人员还对每周运动 3 到 5 次的参与者进行了团体形式的干预，但是，参与者的抑郁症状未得到明显改善，这凸显了运动本身在缓解抑郁方面的重要性。一系列的研究显示，体育运动能够成功缓解男女青少年的抑郁症状。而且，从顺序上来看，抑郁症状的改善发生在运动之后。

其他研究也证实了运动与抑郁症之间的关系，包括多项叙述性（如：Martinsen & Stephens，1994；Mutrie，2001；Mutrie & Biddle，1995）与统计性（Craft & Landers，1998；North，McCullagh，& Tran，1990）综述以及实证研究（Dunn，Trivedi，Kampert，Clark，& Chambliss，2005）。注意：运动与抑郁症的变化相关，但是运动或许不是直接导致抑郁症变化的原因。研究人员回顾了涉及运动与抑郁之间关系的文献，发现这些文献一致认为：

- 运动对抑郁症状的积极影响不分年龄、健康状况、种族、社会经济地位和性别。
- 在缓解抑郁症状方面，运动与心理疗法一样有效。
- 当训练计划的时间达到 9 周或更长时，运动显示出更明显的抗抑郁效果。
- 有氧运动和无氧运动均与抑郁症状的缓解相关。
- 运动后抑郁症状的缓解与健美状况无关。

尽管人们都说，运动之后感觉更好，但是，有 50% 的人会退出运动计划，更多的人则根本不运动。那么，运动真的会令我们感觉更好吗？Backhouse 等人（2007）根据实证数据提出了下列不一样的观点：

- 个别研究关于不良心境改善的结论有些夸大。
- 未能测量某些可能相关的情感状态（如：高度兴奋但不快）。
- 对运动前和运动后的变化进行测量时，可能忽略了运动期间的不良变化（即需要更多测量点）。
- 仅分析各组的变化，可能无法发现每个个体或子群体的变化（即个体差异）。

上述作者表示，他们无意削弱运动与心理幸福感相关的“更好感觉”。但他们认为，我们应将重点放在运动与情感之间的关系上（因为坚持运动关系着公众健康），而非运动与心理健康相关上。

多个领域都在研究心情变化，大量实验证据和轶事证据都支持运动与心情的改善相关的观点（Berger & Tobar，2011；Biddle，2000）。例如，心理学家和精神病学家均认为运动是改善不良心情的有效方法；在需要增强自身活力时，他们通常会选择运动，而非其他方式（Thayer，Newman，& McClain，1994）。多项研究得出下列结论：体育运动与良好心情、整体幸福感和焦虑及抑郁症状相对较少之间存在正相关。其他研究还发现，运动与下列状态相关：疲劳减轻、愤怒减少、体力增强、思维清晰、精力充沛、警觉、幸福感增强。Hansen、Stevens 和 Coast（2001）发现，仅 10 分钟中等强度的运动，便能够改善心境。这证实了下列观念：一次时间很短的运动也能够带来心理益处。Frith、Kerr 和 Wilson（2011）发现，各种类型的运动（包括有氧运动和太极），都能够缓解愤怒、不快、怨恨、紧张和焦虑。此外，研究人员还发现，无论当天发生了多少消极和积极事件，运动都能够改善心情（Giacobbi，Hausenblas，& Frye，2005）。Daley 和 Maynard（2003）发现，可选运动方式增多与不良情绪分数降低相关。针对运动与心情改善之间的关系，Sarah Ban Breatnach（1998）谈道：

> 每两天散步半小时可以增强活力与精力。你会发现自己的抑郁症状减轻了，而且会突然感觉自己轻松多了，生活充满乐趣。你会微笑，甚至大笑。你能在镜子中发现焕然一新的自己，这真是一个意外的惊喜。

研究人员（Thayer et al.，1994）发现了改善心境的多种方法，对这些方法进行了分类，并评估了每种方法对于 16 至 89 岁的男性和女性的效果。他们认为，心境调节包括三个相互关联的部分：改变不良心境、增强精力、缓解紧张。研究人员认为，在所有用于自我调节心境的行为类别中，运动可以说是最有效的。参与者将运动作为改变不良心境的最有效方式，增强精力的第四种有效方式，缓解紧张的第三种有效方式。尽管我们知道运动与心境的积极变化有关（Gauvin，Rejeski，& Reboussin，2000），但是，几乎没有什么证据能够证明运动本身直接带来了益处。例如，拥有更加令人满意（“更好”）的心境的人们也许只是恰好运动频率更高。Carels 等人（2007）发现：早晨的好心境与运动概率的增加相关；当某一天的好心境不断增强时，运动的动机与强度也会增强。因此，你的感受除了与运动的心境改善作用相关外，可能还与你的运动偏好相关。运动或许不会自动造成心境的积极变化，而是如“通过运动改善心境指南”栏目中所述一样，特定类型、强度、时长和频次的运动，最有可能使心境发生积极变化。

Jones 和 Sheffield（2007）研究了竞争结果对心理幸福感的影响。研究人员调查了大学与俱乐部运动员在常规赛后 4 至 6 天内的表现。调查结果显示，与失利的运动员相比，获胜的运动员的抑郁与愤怒程度更轻、活力更强。此外，获胜的运动员的身体与社会功能不良症状更少、焦虑程度更低。显然，赢或输（即便只是常规赛）对运动员的影响至少会持续几天；失利可能会对运动员以后的训练与竞争动机造成不良影响。因此，教练和运动员应当了解情感控制策略，以便管理比赛失败后的负面情感。

通过运动改善心境指南

对于希望改善心境（包括缓解焦虑和抑郁）的运动者，研究人员提供了下列程序和指南（Berger & Tobar，2011；Berger & Motl，2001）。

● 有规律地进行腹式呼吸。最初的研究认为，只有有氧运动才会带来心理益处。但是，很多最近的研究表明，有氧运动和无氧运动都有效果。看起来，真正重要的是有节奏地进行腹式呼吸。进行下列运动时，可以实现有节奏的腹式呼吸：哈他瑜珈、太极、散步、跑步、以轻量级别骑测力自行车、游泳。

● 相对减少与他人的竞争。尽管部分人认为竞争有趣，但大量研究表明，减少竞争能够增强心理幸福感。竞争可能导致训练过度、获胜压力和社会评价，而在一个没有竞争的环境中，参与者能够集中精力体验活动的乐趣。

● 选择封闭的可预见的活动。在封闭环境（如：高尔夫、游泳环境）中，参与者能够规划自己的动作，意外事件不太可能会发生。如果参与者能够按照自己的步骤参与活动，在运动时，他们便可以忽略周边环境、自由联想。

● 有规律地重复动作。如果动作有规律且重复（如：散步、跑步），参与者在参与活动时，便能够进行内省和创造性思考。参与者的注意力集中，有助于参与者清空大脑、将注意力放在更重要的事情上。

● 注意时长、强度和频率。研究显示，运动时间应至少达到 20 或 30 分钟，强度应为中等，应有规律（每周两到三次）。

● 感受到乐趣。尽管运动特征（如上文所述）很重要，但是，最为重要的可能是运动乐趣（Berger & Tobar，2011）。最近在自然环境下开展的研究（Raedeke，2007）显示，乐趣与积极情感的增强有关。因此，如果活动没有乐趣，参与者坚持运动的时间可能不会太长（请参见第 18 章）。

运动对心理幸福感的影响

到目前为止，我们回顾的所有证据均表明，运动与心理幸福感之间存在正相关（图 17.2 总结了运动对成人的心理益处）。人们经常会忘记运动对儿童及青少年的心理益处，尽管 Biddle（2011b）已对此做出过总结。一般来讲，增强运动有助于增强自我效能感、能力感、成就动机、运动意图、任务目标取向（将自己作为参照目标），并减轻抑郁。此外，运动量与女性青少年的身体魅力感、外貌重要性和自我价值感相关。

研究人员曾提出过多种假设，试图从心理学和生理学角度说明运动如何增强幸福感。但是，没有一项假设能够证实促成上述积极变化的完整或主要机制。实际上，心理幸福感的积极变化可能应归因于生理机制和心理机制的交互作用。因此，我们简要列出研究人员提出的生理机制和心理机制如下：

生理解释

- 增加大脑血流量
- 改变脑内神经递质（如：去甲肾上腺素、内啡肽、血清素）
- 增加最大耗氧量，向脑组织输送氧
- 缓解肌肉紧张
- 改变脑结构

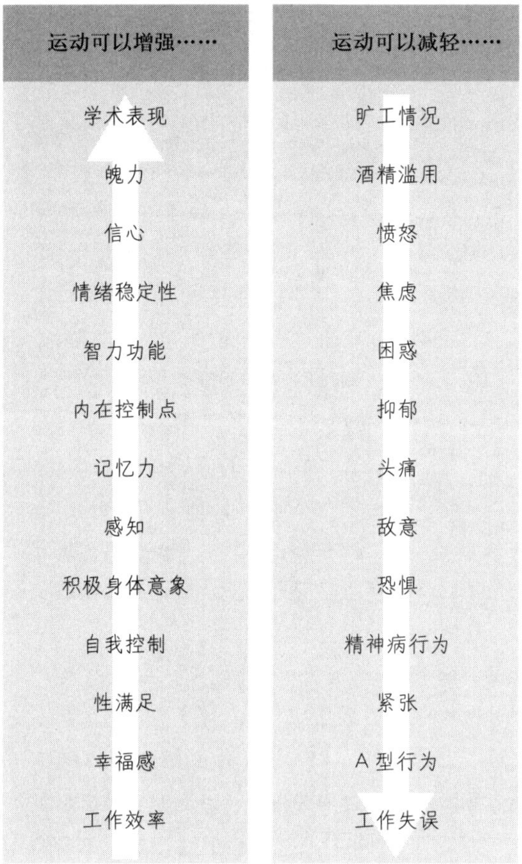

图 17.2　运动对临床和非临床成人群体的心理益处

改编自 C.Taylor，J. Sallis，and R. Needle，1985，"The relation of physical activity and exercise to mental health," *Public Health Reports* 100：195-202.

- 增加内源性大麻素受体的血清浓度

心理解释

- 增强控制感
- 增强能力感和自我效能感
- 促进积极的社交互动
- 改善自我概念与自尊
- 提供娱乐与享受乐趣的机会

运动改变人格和认知功能

研究人员考查了运动与焦虑、抑郁和心情之间的关系，此外，还希望了解运动能否改变一个人的人格与心理（认知）功能。下面，我们简要回顾一下研究人员在此方面的研究，希望能够对读者有所启示。

人格

研究人员曾试图了解一项健身计划对一些中年男士的影响，通过该项研究，我们可以概要了解运动对人格的影响（Ismail & Young，1973）。在执行计划期间，这些中年男士的健康水平提高了，并且明显感受到了运动的心理益处。他们报告说，自己更加自信、控制感增强、想象力更丰富、自我效能感也增强了。此后，研究人员还开展了一些其他研究，以了解运动与各种人格因素之间的关系。在对这些研究进行回顾总结之后，McDonald 和 Hodgdon（1991）发现，有氧健身训练可以提高自我效能感和智力分数，降低不安全感。此外，对临床受试人员进行的研究还显示，运动对人格调整的各个方面均有积极影响。

运动和自我发展

运动和身体锻炼可能与参与者的自我概念、自尊和自我效能感相关（Fox，1997）。这些自我相关的概念彼此关联，但又有差别，因为这些概念均是指我们对自己及自身能力的感受。自我概念包括我们对自身的各种认知，是我们精神生活的中心。因此，很多人将自我概念看作心理幸福感最重要的测量指标。

运动与疾病

近些年来，研究人员开始关注运动和不同类型的慢性疾病之间的关系，试图了解某种形式的运动是否能够减轻某些疾病的症状，进而改善患者的生活质量。研究人员调查了以下几种类型的疾病和运动之间的关系。

HIV 相关病症

近年发现的后天免疫缺陷综合征（AIDS，即艾滋病）是死亡率最高的疾病之一，此种疾病通常是由人类免疫缺陷病毒（HIV-1）引起的。自 1981 年发现首例 HIV-1 感染病例，人类感染 HIV-1 和因它死亡的病例呈指数级上升。增强幸福感与 HIV-1 和艾滋病患者尤其相关，因为，对身体健康的控制感是此类人群面临的主要问题。如果艾滋病患者对自身心理健康有控制感和幸福感，其战胜疾病的方式会受很大影响。

在一项对 HIV-1 患者开展的研究中（Lox，McAuley，&Tucker，1995），研究人员将患者随机安排到了有氧训练组、力量训练组和伸展灵活性对照组。研究结果显示，与伸展灵活性对照组相比，有氧训练组和力量训练组的身体自我效能感、心情和生活满意度均提高了。在最近开展的为期 16 周的干预相关的研究中，Rojas、Schlicht 和 Hautinger（2003）发现，与对照组相比，运动组的心肺健康状况及与健康相关的生活质量明显改善。调查人员认为，中等强度的运动可以改善艾滋病患者健康相关的生活质量，应将其作为此类患者的辅助治疗手段。

多发性硬化症

多发性硬化症（MS）是另一种目前尚无治愈病例的疾病。它的病理特征为炎性病变在脑部与脊髓白质的各部扩散。尽管治疗此种疾病的新药已经问世，但是，药物对原发性神经功能缺损的长期抑制效果并不明显（Johnson，1996）。因此，患者的生活质量通常会因多发性硬化症的各种症状而降低。

由于多发性硬化症的主要症状之一是慢性疲劳，因此，很多多发性硬化症患者会避免经常运动。有些人认为，不爱运动可能会进一步加重多发性硬化症造成的衰弱症状。因此，Sutherland、Andersen 和 Stoove（2001）开展了一项研究，此研究旨在了解经常运动（在本研究中，运动方式为水中有氧运动）是否能够改善多发性硬化症患者的生活质量。运动计划为期 10 周，10 周过后，研究人员发现，与对照组患者相比，运动组患者的精力与活力增强了，社交与性功能改善了，疼痛和疲劳感也减轻了。Motl 和 McAuley（2009）在最近开展的一项研究中发现，体育运动程度的变化与生活质量的积极改变相关，这些改变可以持续超过 6 个月，变化包括疼痛和疲劳感减轻、社交支持度和自我效能感增强。Motl 等人（2011）发现，体育运动和多发性硬化症患者的认知处理速度呈正相关。Stork、Stapelton 和 Martin-Ginis（2013）发现，社交支持度的提升能够提高多发性硬化症患者切实运动的可能性。

癌症

一项对 47 项研究进行的综述研究调查了运动对乳腺癌及其他癌症的幸存者生活质量的影响（Courneya，2003，2005）。结果显示，运动对乳腺癌及其他癌症群体有益，无论是在治疗期间还是在治疗之后。实际上，所有癌症患者存活 5 年的概率为 62%，如果发现得早，某些常见癌症（如：前列腺癌、乳腺癌和肠癌）存活 5 年的概率为 90%。因此，运动似乎是癌症患者改善生活质量的切实可行的办法（Culos-Reed，Robinson，Lau，O'Connor，& Keats，2007；Rabin，Pinto，& Frierson，2006）。此外，近期的研究表明，乳腺癌幸存者进行体育运动，有助于增强自我决定理论中所称的自主感和能力感（Milne，Wallman，Guilfoyle，Gordon，& Courneya，2008）。

帕金森氏症

到目前为止，尚未开展帕金森氏症相关的实证研究。但是，不断有人报告说普拉提（一种目前流行的运动，能够提高核心力量、改善灵活性和平衡性）缓解了自己的帕金森氏症（一种退行性疾病，会抑制患者的活动控制能力，导致患者出现颤抖、动作缓慢、僵硬和平衡问题）。专门缓解帕金森氏症的普拉提运动班在全美如雨后春笋般出现。尽管研究人员还需要对运动效果进行实证研究，但是，已有很多患者发表了积极看法。例如，一位17年前被诊断为帕金森氏症的患者说："在疾病缓解之后，我才意识到自己以前是多么的僵硬、受拘束。"

糖尿病

健康心理学家在以下方面有着大量翔实的记录：终生与糖尿病斗争对糖尿病患者的影响，以及此种斗争对患者情绪及社会适应程度（包括生活质量和幸福感的降低）的影响（Mutrie，Kirk，& Hughes，2011）。研究人员建议糖尿病患者经常进行体育运动，且对糖尿病患者进行了详细的指导（Diabetes Prevention Program Research Group，2002；Kirk，Barnett，& Mutrie，2007）。多项研究显示，受监督的定期运动（包括个人运动和群体运动）与下列情况相关：1 型糖尿病患者和 2 型糖尿病患者生活质量提高、心理功能整体改善（Kirk et al.，2007）。遗憾的是，大约 55% 的糖尿病患者根本不运动。应当告知糖尿病患者锻炼的重要性；鼓励他们制订开始并坚持运动的策略（Durstine，Gordon，Wang，& Luo，2013）。

冠心病

心脏康复对冠心病的治疗非常重要。针对冠心病患者相关的心脏康复研究开展的元分析显示，运动能够大幅度降低（22% ~ 31%）总死亡率和心脏性死亡率（Durstine et al.，2013；Taylor et al.，2004），另外，还能够带来心理益处。例如，多项系统性回顾显示，心脏康复能够缓解焦虑与抑郁症状，提高生活质量（McGhee，Hevey，& Horghan，1999；Milani & Lavie，2007）。与未患抑郁症的人（15% ~ 45% 的人在心脏病发作后会抑郁）相比，患抑郁症的人生活质量会下降、心脏病症增多、不太可能坚持医学治疗、改变生活方式（Turner，Bethell，Evane，Goddard，& Mullee，2002）。因此，通过运动进行心脏康复，会对冠心病患者的心理状态产生非常积极的影响。

人们通常认为，健身训练带来的身体变化，会改变一个人的身体意象，进而会增强其自我概念和自尊。在回顾相关研究的文献时，Sonstroem 和 Morgan（1989）发现，运动和自尊的显著改善相关，这种改善在自尊原本较低的个体身上尤其明显。Sonstroem（1997a，b）在描述其早期观察时曾说到，运动后自尊的增强可能源于进步感或其他训练因素（生物学或心理学的），而非健康状况改善本身。此外，最近开展的研究发现了一般人群的自尊因运动产生的积极变化，这些群体包括：成年女性、大学生、肥胖的男性青少年、七年级男生、小学生、不爱活动的少女、成年男性康复客户、原本自尊较低的个体。同时，健康状况和能力差的个体在自尊方面的积极改善也很明显。

最新研究发现，自尊的改善至少可以保持一年。例如，一项针对中年以上女性开展的研究（Hardcastle & Taylor，2005）显示，运动与自我认同的变化相关。如，参与者报告了以下方面的变化：成就感、归属感、社交和实际自我认知。此外，对老年人（60 岁以上）开展的纵向研究显示，传统运动项目和生活化运动（将运动融入到日常生活中、在家锻炼）均能够改善自尊、能力感和身体自信程度（Opdenacker，Delecluse，& Boen，2009）。

一项检测自尊模式的研究发现，女性对自己身体的接受程度（即女性如何看待自己的身体）是其自尊程度的重要指标（Levy & Ebbeck，2005）。在另一项研究中，Elavsky（2010）对中年女性（42 ～ 58 岁）进行了为期两年的纵向跟踪——很少有研究能够对这一群体跟踪这么长时间。这一群体的自尊改善非常明显，因为北美更年期协会也曾建议处于更年期的女性改变生活方式（例如：增加体育运动），以应对更年期的不良症状。健康的自尊是心理健康的重要标志，自尊程度较低的女性更年期抑郁症更严重、生活质量更差（Elavsky，2009）。研究结果显示，体育运动对身体自信程度和整体自尊的影响，源于与身体状况和身体魅力相关的自我概念的变化。因此，女性可以通过坚持体育运动来增强自尊以及对身体状况与身体魅力的自信程度。

经常运动有助于增强儿童自尊，进而可以提高儿童的学习成绩。

研究人员进行文献（涉及 113 项研究）综述时发现，经常运动能够连续（虽然是小幅度的）积极改变一个人的自尊。此种改变在下列人员身上尤其明显：健康状况大幅改善的人员（Schneider，Dunton，& Cooper，2008）；参与的运动计划与技能培训进行过比较的人员（Spence，McGannon，& Poon，2005）。研究人员在进行另一项文献（涉及 57 种调节方式）综述时发现，运动干预能够改善参与者的身体意象（Campbell & Hausenblas，2009）。总之，运动明显与自尊、自我概念和身体意象方面的积极变化相关，这对个人实现有效心理功能非常重要。

在对儿童相关研究的回顾中，Gruber（1986）发现，自我概念与自尊的积极变化与参与指导性游戏和体育活动相关，并且在改善小学生自我概念方面，健身活动比其他活动更有效。Ericsson 和 Karlsson（2011）在瑞典的小学和中学开展了一项有趣的研究。结果发现，加强体育活动与运动技能培训（尤其是对运动能力不足的孩子），能够提高运动技能、改善多方面的自尊。

上述研究证明了运动与自我概念之间的积极关系，但是也有一些研究未能证实此种关系。也许此种关系因运动模式和环境状况的不同而不同。自我概念是多维的，其中某些方面（如：身体方面）可能更容易受到运动（而非其他方式，如：社交）的影响。例如，研究显示，身体方面的自我概念包括多种因素，如：运动能力、身体状况、身体吸引力、体力，其中身体状况尤其会受到体育活动的影响（Fox，1997）。

积极自我概念对儿童的心理发展与调整非常重要，而运动是帮助儿童与成人自我感觉良好的重要方式。实际上，Taylor 和 Fox（2005）发现，在为期 10 周的运动计划结束后，运动对身体自我概念与自信程度的积极影响可以持续长达 40 周。另一项研究发现，在经过 6 次 40 分钟的运动之后，尽管参与者的体形与体重未发生变化，但是，他们的身体意象改善了（Appleton，2013）。Berger（1996）认为，用以改善自尊与自我概念的运动计划，应当着眼于成功体验、自身能力增强与实现目标的感觉。Whaley 和 Shrider（2005）发现，在改善老年人的自我概念时，应将重点放在期望的自我（如：保持健康和独立性）而非恐惧的自我（如：避免依赖性和消极的健康结果）上面，这样，老年人的运动质量会更高、坚持运动的时间会更长。

> **要点**　研究显示，经常运动与自尊增强相关。

运动和坚强

坚强是一种人格特征，有助于参与者承受或应对压力情境。在坚强的人面前，压力造成的削弱作用极小。如果你具有以下三种特质，你就是一个坚强的人（Gentry & Kosaba，1979）：

- 自我控制（而非外部事件控制）感
- 参与感、使命感和人生方向感
- 将意外变化视为促进个人成长的挑战或机会，从而增强灵活适应性

某些研究考查了以下方面：当运动与坚强性格相结合时，能否减轻压力的不良影响。一项研究显示，在坚强性格和运动两方面得分均很高的企业主管人员，其健康程度要高于仅在某一方面得分高的企业主管人员。另一项研究显示，当运动与社交支持相结合时，性格坚强者的得病率大大降低（Kosaba，Maddi，Puccetti，& Zola，1985）。也就是说，在保持健康方面，坚强性格和运动的结合，比只具有坚强的性格或者只运动更有效。

> **要点**　运动能够帮助预防与压力相关的疾病，尤其对坚强的人有帮助。

认知功能

很长时间以来，人们都认为运动能力的提升对儿童智力的发展很重要（Piaget，1936），学习能力（认知能力）因身体健康程度的不同而有所不同。自 20 世纪 70 年代开始，研究人员开始寻找科学证据来证实上述两种观点。神经学家、心理学家和医生很少会明确地赞同什么，但是他们一致认为，运动是改善大脑状况的最佳方式。最新研究显示，认知功能的衰退

是不可避免的。的确，脑容量会有所减少，但是，大脑会生成新的神经元并微调神经联系，这一过程会伴随人的一生。研究显示，有氧运动能够促进这一过程，进而减轻脑损失程度、保持较高的认知能力。下列事实也能证明上述结果：经常性有氧运动能够将一个人一生患阿尔茨海默病的风险降低 50%，将患上一般性痴呆症的风险降低 60%。

越来越多的研究得出了上述结论，证实了运动与认知功能之间的密切关系。例如，不少综述证实了运动对认知功能的有益影响（Chodzko-Zajko & Moore，1994）。对 100 多项研究进行的统计性回顾（Etnier et al.，1997；Thomas，Landers，Salazar，& Etnier，1994）也显示，运动与认知功能的改善之间存在着较积极的关系。Chang 及其同事（2011）发现，快速有氧运动与计划及解决问题方面的执行认知功能改善有关，Alves 及其同事（2012）发现了有氧运动和力量型运动的积极影响。对文献进行的一项多学科回顾也发现了有氧运动对认知功能和脑功能的积极影响（Hillman，Erickson，& Kramer，2008）。回顾结果显示，执行性中央命令（包括工作记忆、计划、安排日程、多重任务处理和模糊情况处理）受有氧运动的影响最大。此外，在改善认知功能方面，慢速运动比快速运动的效果大。也就是说，当运动计划的执行时间足够长时，会出现认知功能改善效果。

Sibley 和 Beilock（2007）发现，快速运动对工作记忆（短期记忆：涉及注意力控制、管理以及与手边任务直接相关的有限信息的有效保留）这一认知功能的影响仅适用于工作记忆能力差的个体。这凸显了运动对认知功能影响方面的个体差异性。快速运动对执行控制认知功能（高级功能：管理基本认知过程）的影响亦是如此——凸显了个体差异性（Etnier & Chang，2009）。例如，执行功能中的计划方面似乎会受到体育活动的积极影响（Davis et al.，2007）。

中高强度的体育活动能够改善执行功能，对有注意力缺陷 / 多动障碍的儿童亦是如此（Gapin & Etnier，2010）。Vazou 及其同事（2012）开展了一项研究，该研究将 10 分钟的体育活动融合到了为期 2 周的 6 次连续的学术课程中。此种融合增强了孩子们的内在动机、能力感和努力程度，但是未增强孩子们的压力感，也未对所授学术课程造成不利影响。此外，运动对认知功能的影响似乎与任务类型相关。具体来说，中等强度的运动与执行功能（如：工作记忆、注意力灵活性）的改善相关，而高强度的运动能够提高信息处理速度（Chang & Etnier，2009）。运动能够改善认知功能的观点也适用于儿童（尤其是体重超标的儿童）。Davis 及其同事（2011）通过研究发现，3 个月的有氧运动能够改善认知功能和数学成绩。研究人员还考查了运动量与反应之间的关系，研究结果显示，随着体育活动的增多，认知功能亦会进一步改善。研究还显示，参与者大脑的前额皮质活动增强了、后顶叶皮质活动减弱了，这也进一步证明了认知功能的改善效果。

针对老年人心血管健康与认知功能之间的关系相关文献进行的回顾（Colcombe & Kramer，2002；McAuley，Kramer，& Colcombe，2004）发现了一些有趣的结果，这些结果包括：

- 健身训练对老年人认知功能的改善有益。改善效果最大的是执行控制相关的任务（如：计划、安排、工作记忆和任务协调）。
- 当健身训练与力量、灵活性相关的训练相结合时，其所产生的积极效果要大于仅进行有氧健身训练时的效果。女性的效果要大于男性。
- 当每次运动训练的时间超过30分钟时，运动对认知功能的影响达到最大。
- 心血管相关的运动似乎能够预防老化对大脑的正常影响，且帮助修复老化的大脑。

通过运动提高生活质量

笼统的“生活质量”被定义为“一个人在其所处的文化与价值体系下，对自身生活地位的感受，以及目标、期望、标准及关注事项相关的感受”（World Health Organization Group，1995，p.1405）。生活质量侧重于精神方面，而非客观的生活或富足情况（Mroczek & Kolarz，1998），是一个人对其心理需求满足程度的感受。研究人员在工作场所进行了生活质量调查，发现经常运动能够提高员工的生活满意度、工作满意度和自我价值

退出体坛和心理幸福感之间的关系

虽然本章重点探讨的是运动对心理幸福感的影响，但是，鉴于很多体验过激烈竞争的运动员需要应对退役后出现的心理问题，因此我们在此讨论一下这方面的问题。如果运动员是自主选择的退役，并对退役进行了规划，那么退役会增强运动员的幸福感，因为他有更多的时间与家人在一起，无须再面对输赢压力，有更多的时间来从事自己的爱好。

然而，退役通常是不受运动员控制的。被迫退役的运动员通常是因以下两种最常见的原因而离开团队：表现变差，或受伤以致无法达到正常水准。非自愿退役的其他原因包括：药物滥用、赌博等违反规定的行为，停赛，财务问题，家庭问题以及被抵制。在上述情况下退役的运动员通常会出现强烈的情绪反应（如：焦虑、抑郁），对生活高度不满。20%的退役运动员会出现这些情况。Petitpas、Tinsley和Walker（2012）发现，众多原因导致了上述不良反应，其中包括：

- 被迫退役的痛苦
- 中断与队友的友情、与教练的关系
- 自我认同缺失，因为自己的身份一直与体育密切关联在一起
- 对自己有效应对日常生活中各种情境的能力没有信心
- 没有了粉丝们的追捧
- 无法通过其他方式体验在役时运动带来的兴奋感

在帮助运动员应对退役后的不良反应时，专业人士通常使用传统的压力管理与认知行为干预方式。此外，还出现了“开辟新人生”方案，该方案可以帮助运动员应对职业转换问题（Danish，Petitpas，& Hale，1995；Lavalle，2005）。“开辟新人生”方案在事件（如：退役）发生之前提供有效策略，在事件发生期间提供支持性策略，在事件发生之后提供顾问性策略。相关人员还会教授运动员生活技能（以便运动员做出退役决定）、应事技能和目标设定技能（以便运动员向其他人生领域过渡）。

感（Thogersen-Ntoumani，Fox，& Ntoumanis，2005）。睡眠质量对生活质量也很重要（Brassington & Goode，2013；Sadeh，Keinan，& Daon，2004）。一般来说，体育活动对生活质量的积极影响包括四个方面（Berger，2009）：改善身体功能、改善主观幸福感（个人愉悦体验与心境变化）、体验巅峰时刻（如：巅峰经历）、改善个人意义。

就运动与生活质量之间的关系，研究人员得出下列结论（相关完整论述，请参见Berger & Tobar，2011）：

- 与身体不经常活动的人相比，身体经常活动的人更健康，毅力更强，工作态度更积极，应对压力与紧张的能力更强。
- 运动能小幅增加总睡眠时间，但是对入睡所需时间没有影响。
- 与未参加耐力训练的大学生相比，参加耐力训练的大学生的生活质量明显提高。
- 与不经常运动的老年人相比，经常运动的老年人生活满意度更高；因为对他人的依赖性减弱，整体健康状况更好。
- 社会人口统计因素（如：收入、教育程度、婚姻状况、年龄）与生活质量感受没有太大关系。
- 运动通过影响情感、压力感、身体健康状况和生活满意度来提高一个人的生活质量。

当一个人经常性过度训练时，运动对生活质量也会有一些消极影响（如：疲劳、过劳损害、体能减少）。但是，在大部分情况下，运动与生活质量相关的各种指征的改善相关。其中包括：

- 自尊与自我概念增强
- 愉悦感增强
- 生理与心理压力减轻
- 增强自信
- 心境改善
- 缓解焦虑与抑郁症状

跑步者的快感

很多经常跑步的人都说，运动过后，自己在心理、情绪和精神方面的感觉会更好。很多跑步者都有此种感觉（实际上，有多达30%的跑步者每天都能体验到此种感觉），此种感觉被称为**跑步者快感**。跑步者的快感包括心理警觉与意识、解放感、双腿有力感、疼痛与不舒适减轻感、轻松感、完美的节奏感和愉悦感。

跑步者快感的定义

Sachs（1984）和Berger（1996）发现，相关文献中用来描述跑步者快感的单词和短语有27个，其中包括：欣快、精神性、有力、优雅、不费劲的动作、完美、闲适。Sachs和Berger综合了这些词汇，将跑步者快感定义为“跑步期间突然体验到的欢欣之感——增强的幸福感、对自然的欣赏和时空的超越感。”此定义令人想起巅峰表现（尤其是沉浸状态，Jackson & Csikszentmihalyi，1999；请参见第6章）。在此种情形下，跑步者的快感具有下列特征：未受干扰的有节奏的持久活动。这一点与沉浸状态的实现条件类似。

照还是不照？镜子的影响

随着人们生活节奏的加快，压力和肥胖相应而来，这凸显了用运动调节积极感受与心情的重要性。鉴于上述情况，美国运动医学院建议所有运动室在至少两面墙上安装镜子（American College of Sports Medicine，1997）。尽管这一做法有助于运动者改善体形，将锻炼的身体益处最大化，但同时，安装镜子也可能会造成不良后果，包括积极性降低和不良情感增多。

为验证上述观点，Martin 等人（2003）让不爱活动的女大学生通过固定式自行车进行中等强度运动；一组女性面对有镜子的墙，另一组女性面对没有镜子的墙。结果显示，运动过后，面对镜子进行运动的女性，感受要差于未面对镜子进行运动的女性；感受与参与者的身体意象无关。但是，最近进行的另一项研究（Lamarche，Gammage，& Strong，2009）显示，镜子不会对社会性体形焦虑造成不利影响，而该项研究中的女性与上一组研究中的女性相比，更喜欢运动、对自己的运动能力更自信。

从实际角度来看，上述两组研究究竟说明了什么呢？文献综述（Fejfar & Hoyle，2000）发现，当参与者面对镜子时，其敏感性和自我意识会增强。因为面对镜子进一步凸显了自己，凸显了实际自我与想象中的自我之间可能存在的偏差。因此，当运动课上有镜子时，参与者通常会更加关注自身体形，这似乎会加大不利影响，因为这强化了实际体形和想象中的体形之间的偏差感。但是，上述情况似乎仅存在于下列女性：一般不爱运动、自我认知差。因此，是否应在运动室安装镜子，可能取决于参与运动的女性，这表明了因材施教的重要性。

> **要点**　跑步者的欢快感是突然体验到的欢欣之感，包括增强的幸福感、对自然的欣赏和时空的超越感。

跑步者快感的特点

在一项定性研究中，Sachs（1980）访问了 60 位跑步者，以了解促成跑步者快感的条件（跑步者内在条件和外部环境条件）。尽管跑步者出现快感的频次存在个体差异，但是，他们一致认为，虽然快感无法可靠预测，但是下列条件通常会促成欢快感：注意力集中、天气凉爽、无风且湿度低。另外，跑步距离应足够长（约 9600 千米或更长），跑步时间应达到 30 分钟，步调应舒适，尽管虽然快感肯定与步调或时间无关。跑步者将快感描述为极好的心理状态，伴随着幸福感、欣快感、轻松感和豪不费力的感觉。

下面是一位跑步者对快感的描述：

> 一开始跑步，我便会感觉自己更轻松、更自由。衣服紧贴着我，我感觉自己的骨骼好像是在随风而飞。跑步时，我感觉时间过得很快，就好像是超越了时间。我的身体焕然一新但无人知晓。我的内心像水晶一样通透，以至于我能够与之对话。唯一的感知是节奏感和跳动感，一切都是那么的自然——所有的一切……距离、时间和动作合而为一。我在水泥路面上，随着双腿飘渺之感，

> 融入即将来临的黄昏；我湮灭了。我可以一直跑下去。也许我经历了一次生理变化；但是，无论如何，此种感觉非常奇妙。我来到路边，心中既喜又忧，流下喜忧参半的眼泪。我因活着而欢喜，因飘渺之感短暂、因意识到最终无法与他人分享此种感觉而忧伤。
>
> ——Mike Spino

对于与跑步者快感相关的脑机制，德国科研人员获得了初步的研究结果，初步证明发生了生物化学变化。具体来讲，长跑者在进行2小时长跑之前和之后，分别接受了正电子发射计算机断层扫描。数据显示，跑步期间，跑步者大脑产生了内啡肽（大脑自然产生的阿片）。这些内啡肽作用于大脑中的相关区域，具体来说就是边缘系统和前额叶区域。在人们体验到浪漫爱情或者倾听音乐时，这些区域就会被激活。跑步者报告的快感越强，研究人员在其大脑发现的内啡肽水平也越高。

将运动作为辅助治疗手段

如前文所述，美国每年接受抑郁症或焦虑症治疗的患者有数百万。研究显示，运动能够减轻上述不良心理状态，有氧运动与自尊、心境和工作生产率的改善相关。因此，自20世纪70年代末期起，人们越来越关注身体干预方式，即某种形式的运动（Folkins & Sime，1981；Griest，Klein，Eischens，& Faris，1978），现在，医生和心理健康专家通常会建议患者进行运动（Hays，2002，2009）。有意思的是，虽然大量数据表明运动能够立即令参与者“感觉良好”，但是，仍有很多心理学家未将运动纳入其干预方式。运动对身体的益处（如：体重减轻、胆固醇降低）通常需要花些时间才能显示出来；但是，运动对心情的改善效果是立竿见影的。当然，通过运动缓解心情相关的病症（如：焦虑症和抑郁症）需要花些时间；但是，如果参与者进行运动，至少其感受能够立刻改善一些，而这会激励参与者坚持运动（Weir，2011）。

人们早就知道运动对各类康复的身体益处，但是，了解它对心理健康与幸福感的益处，却是近期的事。例如，对于心脏病人来说，抑郁增大了其未来心脏病发作的风险，而运动能够缓解抑郁，为心脏病人带来极大的益处。研究人员（Tennant et al.，1994）发现，心脏康复时进行运动实际上能够减少生气、敌意、抑郁、焦虑和情绪困扰。大范围的流行病学研究也显示，经常运动与积极的心理状态相关，对于风险人群来说尤其如此（Weyerer，1992）。针对运动对住院患者的影响进行的实验性研究显示，患者心情和情感改善了，抑郁程度降低了（Martinsen，1993）。因此，有大量证据显示，运动能够增强临床及其他特定群体的心理幸福感。

在所有能够增强心理幸福感的有氧运动中，最受关注的是跑步，无论是在专业文献中，还是在大众化资料中。作为传统心理疗法的辅助手段，跑步简单、实用、花费少、成本效益大（Long & Stavel，1995）。例如，一项典型研究显示，在治疗抑郁症方面，跑步的成本效益是传统的谈话式的心理疗法的4倍多（Griest et al.，1978）。作为一种辅助治疗手段，跑步越来越重要，因为健康护理费用越来

将运动作为治疗手段的指导原则

- 了解客户的运动史（积极经历和消极经历）。
- 准确诊断心理问题。
- 制订个性化运动方案（包括不同的运动时长、强度和频次）。
- 评估家人和朋友的影响以促使参与者坚持运动。
- 为未坚持运动或运动不规律的客户制订相应计划。
- 令运动可行而实用（如：骑自行车上班、进行体力劳动）。
- 鼓励将运动作为一种辅助治疗手段。多种方式的治疗比一种方式更有效。
- 包含多种活动，以促使客户坚持运动。
- 运动治疗仅应由具备相应资质的专业人士来进行。尽管此方面尚无确切标准，但是，建议运动治疗由下列人员进行：在心理学和运动科学方面接受过正式培训且有实践经验者。因为运动疗法是一种跨学科治疗方法。

越高，使得人们越来越看重咨询的成本效益。通过跑步进行辅助治疗时，能够获得众多健康益处，例如：呼吸效率提高、心血管耐力增强、肌肉张力缓解、体重得到控制、血量改善。跑步还能够推广积极的健康促进方式，因为患者通过运动了解到了一种更加健康的生活方式。

> **要点**　作为传统心理疗法的辅助手段，跑步费用不高、成本效益高，并且能带来额外的健康益处，如：心血管功能改善、体重得到控制。

尽管运动有上述心理益处，但是，运动并不能治疗所有与抑郁、压力和情绪相关的病症。例如，有氧运动不应用于治疗肥胖人群（体重超标的人群达到或超过 40%）、有严重心脏病的人群、有高血压但无法通过药物控制的人群。对下列人群，也应限制使用运动治疗方式：有严重抑郁症、悲观厌世或有自杀倾向的人群。另外，还应注意的是，要想运动见效，应当坚持运动计划。定期运动计划的退出率达到 50%（请参见第 18 章）。因此，对于将运动作为辅助治疗手段的个体应给予特别关注，鼓励他们坚持运动计划。

学　习　助　手

总结

1. **说明运动对焦虑和抑郁的影响。**

　　很多人的问题都源于抑郁与焦虑，研究显示，运动与这些负面情感状态的缓解相关。研究人员研究了运动的快速与慢速影响，并发现，要最大程度地缓解焦虑与抑郁症状，运动需要满足下列条件：经常开展、强度为中等、持续时间为 20 到 30 分钟、性质为有氧运动、有乐趣。但是，运动与心理幸福感之间的关系是相关关系，尚不能确认因果关系。

2. **说明运动和心境之间的关系。**

研究显示，经常运动和心境改善相关，如：减轻疲劳和愤怒，增强活力、警觉度和精力。要想最大限度地实现上述积极变化，运动强度应保持在低等，运动性质可以是有氧运动，也可以是无氧运动。

3. **论述运动对心理幸福感的影响。**

研究显示，运动和心理幸福感之间存在正向关系。研究人员从心理角度（如：能力感和控制感）和生理角度（如：缓解肌肉紧张、增加脑血流量）解释了上述积极影响。

4. **说明运动、人格变化和认知功能之间的关系。**

研究显示，体育活动和人格及认知功能的改善呈正相关。人格（如：自信程度增强）、智力和认知功能（如：注意力控制）的改善，与运动的增多相关。

5. **论述跑步者的快感。**

很多运动者都报告说，运动过后，自己在心理、情感和精神方面都有所改善。跑步者的上述体验尤其多，跑步者的此种体验被称为“跑步者快感”。与跑步者的快感相关的感受包括心理警觉感、解放感、双腿有力感、疼痛与不舒适减轻感、轻松感和愉悦感。上述感受仅发生在下列情况下：跑步距离足够长、步调舒适。

6. **论述运动作为辅助手段在治疗方面的作用。**

研究证实，运动能够有效辅助传统心理疗法，但是运动不能替代传统心理疗法（尤其是对于达到临床标准的患者）。很多人愿意将跑步作为传统心理疗法的辅助手段，因为跑步简单、实用、费用不高、成本效益高。应注意的是，不应通过运动治疗下列人群：肥胖人群、有严重心脏病的人群、有高血压但无法通过药物控制的人群。

复习题

1. 介绍一下运动对焦虑与抑郁的快速影响和慢速影响。
2. 运动和心境、人格及认知功能改善之间的关系如何？
3. 从生理角度和心理角度针对运动对幸福感的增强作用给出三种解释。
4. 将运动作为其他治疗方式的辅助手段时，应当遵循哪些指导原则？
5. 论述运动与下列患者生活质量的改善的关系：HIV-1 患者、多发性硬化症患者、癌症患者、糖尿病患者、慢性心脏病患者和帕金森氏症患者。
6. 运动室装有镜子对参与者（尤其是女性）的心情有哪些影响？应如何根据这些影响创建合适的运动环境？
7. 跑步会导致大脑因内啡肽的释放而发生变化吗？请列出证据证明自己的观点。
8. 如果人们在运动过后会感觉良好，为什么那么多人根本不运动？
9. 运动对注意力缺陷 / 多动症儿童及体重超标儿童的认知影响如何？
10. 运动员在退役后需要应对的心理问题有哪些？

深入思考

1. 你需要针对运动和心理幸福感之间的关系编制外科主治医师报告。你会根据研究人员在此领域开展的实证研究论证哪些要点？在最大限度地增强运动对心理幸福感的改善效果方面，你会给出哪些指导性建议？
2. 你是健身俱乐部的运动导师，很多参与者逐渐退出了你的运动计划。你认为，突出与运动相关的积极感受能够促使参与者坚持运动计划。你会对运动计划的结构进行哪些调整以便运动能够大大增强参与者的心理幸福感？

第 18 章

运动行为和运动坚持性

学习完本章后，您将能：

1. 论述为什么有些人爱运动、有些人不爱运动；
2. 介绍不同的运动行为模型；
3. 说明能够促使参与者坚持运动的决定性因素；
4. 说明能够促使参与者坚持运动的方法；
5. 论述增强运动坚持性的指导方针。

很多人运动的目的是为了保持年轻、提高生活质量。从商店橱窗摆放的书籍，我们也可以看出，现在正掀起一股健美热潮。在商场，可以看到各类运动装，这些运动装不仅有训练款，也有休闲款，甚至商务款。健身俱乐部也越来越多，因为越来越多的人们希望塑造或保持好身材。然而，实际情况是，大部分美国人并不经常运动。

我们来看一些统计数据，以便进一步了解人们对运动的参与情况。这些数据的来源有许多，是对众多工业化国家进行广泛调查的结果（e.g., Canadian Fitness and Lifestyle Research Institute，1996；Centers for Disease Control and Prevention，2011；Gauvin，Levesque，& Richard，2001；Health Survey for England，2009；Higgins，2004；King et al.，2000；Sallis & Owen，1999；U.S. Department of Health and Human Services，1999，2000；Vainio & Biachini，2002；Weir，2012）：

- 美国体育运动参与率与其他工业化国家相近。只有 10% ～ 25% 的美国成人为了保持或提高心肺与肌肉的健康水平而在积极参与体育运动。

- 美国成年人的肥胖率在 2000 年为 19.8%，而在 1991 年只有 12%。
- 2005 年，66% 的美国人体重超标或肥胖。2000 年至 2005 年，肥胖人群增加了 24%，而超级肥胖人群增加了 75%。
- 2013 年，有 2/3 的美国成人体重超标，有 1/3 的美国成人肥胖。
- 1990 年，没有任何一个工业国家的肥胖率超过 19%；而在 2010 年，没有任何一个工业国家的肥胖率低于 20%。
- 严重肥胖人群的增加速度要比中等肥胖人群的增加速度快很多，从 1986 至 2000 年增加了 4 倍。
- 存在年龄越大、体重超标人群越多的趋势：2005 年，18 ～ 29 岁的体重超标者有 44%，而 46 ～ 64 岁的体重超标者有 77%。
- 在 12 ～ 21 岁的青少年中，有 50% 的人不经常参加体育运动。
- 在成年人中，仅有 10% ～ 15% 的人经常（每周三次，每次至少 20 分钟）参加高强度运动。
- 在久坐的成年人中，仅有 10% 的人愿意在一年内开始定期运动计划。
- 无论是男性青少年还是女性青少年，运动参与率都在稳定下滑，从 12 岁的约 70% 下降到 21 岁的 30% ～ 40%。
- 在英国，在 2 ～ 15 岁的孩子中，只有约 32% 的男孩和 24% 的女孩能够达到建议的体育运动水平。
- 在开始运动计划的人群中，有 50% 的人会在 6 个月内退出运动计划。

美国疾病控制与预防中心（2010）根据修订后的最低级别体育运动的定义，提供了体育运动模式相关的信息。以下为 2008 年的部分发现：

- 大约 72% 的成年人未进行每周 3 次(最少)每次 20 分钟(最短)的高强度体育运动(与 2000 年相比没什么变化)。
- 大约 50% 的成年人未进行每周 3 次(最少)每次 20 分钟（最短）的高强度体育运动，或者每周 5 次(最少)每次 30 分钟(最短)的中等强度体育运动。
- 约 47% 的高中毕业生和 15% 的大学毕业生报告说未参与休闲式体育运动。
- 约 25% 的成年人报告说未参与休闲式体育运动。在 20 世纪 90 年代，休闲式体育运动的参与率下降了 30%。
- 在 18 ～ 24 岁的人群中，有约 19% 的人报告说未参与休闲式体育运动；在 45 ～ 64 岁的人群中，有约 27% 的人报告说未参与休闲式体育运动；在 65 岁以上的人群中，有约 33% 的人报告说未参与休闲式体育运动。
- 约 26% 的女性和 22% 的男性报告说未参与休闲式体育运动。
- 非洲人和西班牙裔人（33%）报告的参与休闲式体育运动的概率明显高于白人（22%）。

可见，整个社会的运动量明显不足，且此种不足因特定个体差异而进一步恶化。虽然运动有众多生理与心理益处，其中包括：缓解紧张与抑郁，增强自尊，降低心血管疾病发作风险，控制体重，增强新陈代谢、内分泌和免疫系统功能，仍然出现了上述运动不足的情况。经常参与体育运动的儿童和成年人相当少。这促使人体运动学和体育学会（Morgan & Dishman，2001）就运动的坚持性问题发布了一项专题报告。现在，我们来了解一下，为什么有些人坚持运动，而有些人不运动。

运动原因

为了促使众多久坐或运动不足的成年人获得健康益处，运动导师及其他健康与健身专家需要促使这些成年人开始运动。人们参与运动的原因有多种（请参见第3章），但是，我们可以从强调运动的各种益处开始（President's Council on Physical Fitness and Sport，1996）。注意：坚持运动很重要，因为只有坚持，才能持续获得经常运动带来的各种健康益处（Marcus et al.，2000）。以下是人们开始运动计划的部分典型原因。

控制体重

美国社会重视健康、好的相貌和修长的身材，因此很多美国人都希望保持良好的体形和身材。但是，据估计有7000万～8000万美国成年人和1500万～2000万美国青少年体重超标，而且近十年来，这些数字一直在增长。实际上，青少年肥胖和人口整体肥胖作为一种全国性现象，已经受到越来越多的关注。面对体重超标这一情况，大部分人首先想要做的是节食。尽管节食肯定能够帮助人们减轻体重，但是运动也很重要。人们通常会低估运动的重要作用。节食并不是一件令人愉快的事，而运动肯定能给人们带来快乐。例如，某些人认为，运动无法消耗太多热量，减肥效果不明显，而事实正与此相反。具体来说，如果每日摄入的热量相同，每周跑步5次，每次跑步3英里（约4.8公里），一年之内便可以减重约9～11.3千克。体重减轻会令身体更健康；与相貌和感受方面的改善相比，健康方面的改善更突出。肥胖和不爱活动是冠心病的主要风险因素。因此，经常运动不仅会改善体重和相貌，而且会消除不爱运动带来的风险。

为减重而运动一般是为了展现自我，因为运动通常能够改善体貌、增强肌肉紧实度（Hausenblas，Brewer，& Van Raalte，2004）。

对于青少年来说，鼓励其每日运动的最迫切原因是青少年的肥胖趋势。养成健康习惯也有助于成年人坚持体育运动。

具有美感的体形会大大增强自我展现的效果，因此，人们为了自我展现而运动也就不足为奇了。无论目前的理想体形（会随着时间的推移而发生变化）如何，人们都会受到其影响，因为人们希望自己相貌良好，希望自己受欢迎。

> **要点**　运动与正确的饮食习惯相结合，能够帮助人们减轻体重。但是，减重应随着人们运动与饮食模式的变化，缓慢而稳步地进行。

降低心血管疾病发作的风险

研究证明，经常运动（尽管我们并不清楚运动量和效果之间的准确关系）或心肺功能锻炼，在一般情况下能够降低因心血管疾病而死亡的风险，在特定情况下能够降低因冠心病而死亡的风险。实际上，通过定期运动降低冠心病风险的效果，与其他生活方式（如：戒烟）的改善效果相当。此外，研究还显示，经常运动能够防止或缓解高血压的进一步发展，能够降低高血压人群的血压。同肥胖一样，高血压也是冠心病发作的主要风险，但是研究表明，经常运动能够缓解高血压。因此，研究综述毫无疑问地得出下列结论：对人们生理与心理方面的改善，是运动最显著的益处（Downs & Hausenblas，2005）。

缓解压力和抑郁

如第 17 章所述，经常运动和心理幸福感及心理健康的改善相关。当今社会的焦虑症与抑郁症人群急剧增加。运动能够有效缓解我们所处社会和日常生活带来的焦虑与抑郁。对 49 项研究进行的综述（Wipfli，Rethorst，& Landers，2008）支持了上述观点。该项综述显示，通过运动缓解焦虑（组）的效果，要大于通过其他方式缓解焦虑（组）的效果。

乐趣

尽管很多人开始运动计划是为了增强健康和减轻体重，但是，如果未体验到运动中的乐趣，人们通常难以将运动计划坚持下去。人们坚持运动计划的原因通常是运动能够带来乐趣、幸福感和满足感（Kimiecik，2002；Titze，Stonegger，& Owen，2005）。对此，Williams 及其同事进行了相关研究（2006），并发现，对于一开始就体验到了运动乐趣的人来说，量身定制的运动计划会更有效。因此，我们应该特别关注那些一开始未体验到运动乐趣的人，要想长久坚持运动计划，参与者必须有内在动机。（本章稍后将深入讨论。）

改善自尊

运动与自尊和自信的改善呈相关关系（Buckworth & Dishman，2002）。很多人在取得从未取得过的成就时，会有满足感。研究（Whaley & Schrider，2005）发现，期望实现的自我（如：健康、独立的自我）和老年人运动的增多有关。有些运动就和在街区散步、跑 1500 米那么简单，但是却可以带来朝目标前行的美好感觉。此外，经常运动的人对自己的相貌更自信。Huberty 及其同事（2008）发现，自我价值感是一个人长期（6 个月以上）坚持运动的最好指征。

社交机会

人们开始运动计划的原因之一是社交和

与他人在一起。人们可以结识他人、远离孤独、脱离社交孤立。很多人的生活都很忙碌，他们发现，与朋友在一起唯一方便的时间就是一起运动的时候。实际上，几乎90%的运动计划参与者希望与一个伙伴或群体一起运动，而非独自一人运动。一起运动会增强一个人坚持运动的使命感，会从他人身上获得社交支持（Carron，Hausenblas，& Estabrooks，1999）。有趣的是，一项对经常散步的群体开展的研究显示，因一起散步而培养起来的亲近感和友情带来的运动动力，要大于使用计步器带来的运动动力（Copelton，2010）。

要点 在劝说青少年开始运动计划时，可以告诉他们运动对生理和心理两方面的益处，这有助于他们接受并开始运动。

不运动的原因

尽管运动有社交、健康与容貌上的益处，很多人仍选择不运动，他们通常说自己没时间、没精力、没动力（Canadian Fitness and Lifestyle Research Institute，1996）。但与环境因素（通常不受控制）相比，上述因素都是参与者能够控制的因素。（其实所有运动障碍都是参与者可以控制的，参见“体育运动障碍”栏目。）这一结果与另一项研究的结果一致。该研究发现，参与者退出运动计划的主要原因是参与者可控的个人内在原因（如：缺乏动机和时间），而这些原因都是可以改变的。

最近，对2200多人（18～78岁）开展的一项研究显示，不运动的原因存在重要的年龄与性别差异（Netz，Zeev，Arnon，& Tenenbaum，2008）。与年轻人相比，老年人（60～78岁）不运动的原因多为健康相关的原因（如：健康状况差、受伤或残疾、可能对健康有损害）。此外，与年轻人相比，老年人的运动障碍多为内部障碍（如：“我不喜欢运动”）而非情境障碍（如：“我没有精力”）。此外，与男性相比，女性障碍多为内部障碍（如：缺乏自律）。由于内部障碍不容易改变，因此，这就出现了女性不易坚持运动计划这一难题。上述发现提示我们：在讨论不运动的原因时，应当考虑年龄和性别差异。

青少年参加运动的主要障碍还包括其他原因，如：父母不支持、以前不怎么运动、兄弟姐妹不运动、女性（Sallis，Prochaska，& Taylor，2000）。对47项调查运动行为的研究（包括特殊人群）进行的元分析（Downs & Hausenblas，2005）显示，不运动的主要原因有：①健康问题（身体局限、受伤、健康状况差、疼痛、悲伤、心理问题）；②不方便（缺少运动场所、运动场所太拥挤、缺少交通工具、需要做其他事）；③缺乏动力和精力（懒惰、动机不明、认为运动消耗太多体力）；④缺乏社交支持（没有运动伙伴、配偶不支持）；⑤没有时间；⑥资金不足。

对于很多人不运动的原因，Ruby等人（2011）的研究发现稍有不同。三项实验得出的结果显示，参与者体验到的运动快乐比他们预想的要多，这说明，参与者可能会有计划地低估运动的乐趣。这种预想偏见出现在各种运动中，包括有氧运动、负重训练、普拉提和瑜珈等。此外，研究还显示，参与者对开始运动体验的重视程度不足，这会对下列判断造成不利影响：他们可以从运动中获得多少乐趣。研

体育运动障碍

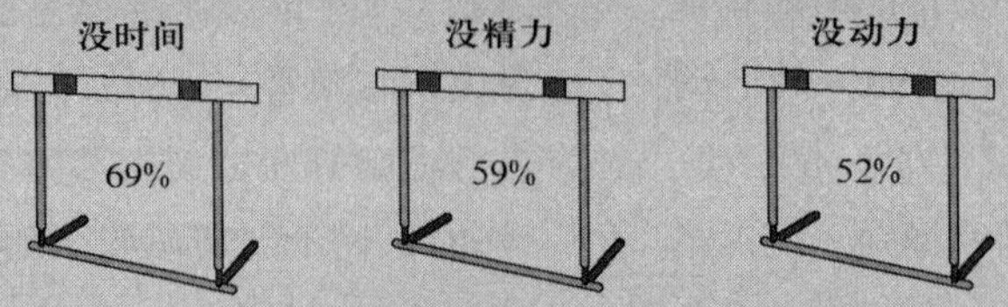

障碍	将障碍归为下列困难程度的人群比例（%）	障碍类型
中等困难		
费用过高	37	个人
疾病或伤害	36	个人
附近缺少运动场所	30	环境
感觉不适	29	个人
缺乏技能	29	个人
害怕受伤	26	个人
有点困难		
缺少安全场地	24	环境
儿童缺乏看护	23	环境
缺少伙伴	21	环境
计划不足	19	环境
缺乏支持	18	环境
缺少交通工具	17	环境

数据来源于加拿大健身与生活方式研究院（1995）。

究人员设计了一项干预方案，通过此方案，参与者会认为即将开始的运动会更有趣，这增强了参与者的运动意图。

尽管大部分研究人员的研究重点是增加体育运动，但是也有一小部分研究人员的研究重点是减少久坐行为（Biddle，2011a）。有人可能会想，增多体育运动和减少久坐行为是相同的，但实际上，它们是不同的。久坐行为的定义是“大部分时间都坐着或躺着的行为，如看电视、用电脑、社交（坐着谈话）、乘坐轿车或公共交通工具、阅读、在学校坐着上课”。因此，如果我们的重点是减少参与者的久坐行为，那么我们除了要鼓励参与者参加中等强度或高强度的运动之外，还要鼓励参与者多站着或者从事低强度的运动。这不意味着用低强度的运动取代中等强度或高强度的运动，而是为了减少参与者的久坐时间。

感觉缺乏时间

人们说的最多的不运动原因是没时间。实际上，有69%的不运动者将没时间作为运动的主要障碍（Canadian Fitness and Lifestyle Research Institute，1996）。但是，如果你仔细观察他们的时间安排，你通常会发现，这所谓的“没时间”更多的是一种感觉，而非客观情况。问题在于优先选择。不要忘了，人们总是能找到看电视、闲逛或上网的时间。如果健身教练的运动计划有趣、令人满意、有意义且便捷，参与者会更乐于参与运动，而放弃其他休闲方式。

> **要点** 人们通常将不运动的原因归结为缺少时间，但实际上，缺少时间更多的是一种主观感受，而非真实情况。它通常会揭示一个人优先考虑的事情。

没精力

很多人的时间安排得都很紧，因此，他们不运动的理由是没精力。有59%的不运动者将没精力作为运动的主要障碍。他们的疲劳通常是心理方面的，而非生理方面的，通常与压力有关。健身教练应当向参与者强调，快步走、骑自行车、打网球能够减轻他们的紧张感和压力感，增强精力。如果这些活动安排得很有趣，参与者将会期望在结束烦扰的一天之后参加这些活动。

没动力

无法长期坚持运动的原因是没有足够的动力，这与一个人精力不足有关。当一个人的大部分时间被工作、家人和朋友占据的时候，要想坚持长期运动，就需要有投入和专注精神。因为一个人的时间和精力很容易被运动以外的事项占据，应记住：运动带来的积极益处比保持运动动机更重要。

运动坚持性问题

当久坐人群克服惰性开始运动的时候，他们面临的下一个难题就是坚持运动。很多人发现，开始运动比坚持运动容易，大约50%的参与者在开始运动后的6个月内会退出运动计划。图18.1说明了运动计划开始后的6个月内运动参与率的急剧下降；6个月之后，运动参与率基本保持平稳，直到第18个月。运动者为什么无法坚持运动——即便是在知道运

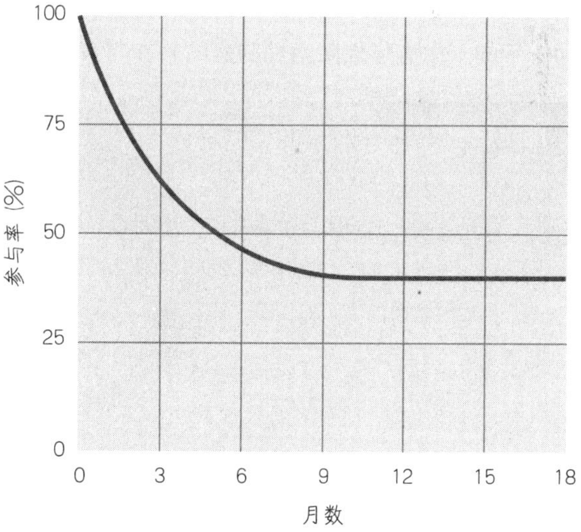

图18.1 运动计划参与率随时间推移发生的变化

动具有生理与心理两方面益处的情况下？对此，研究人员给出了几点原因。其中包括：

- 运动方案通常完全根据身体数据制订，未考虑人们目前的运动心理准备程度。
- 大部分运动方案限制性过强，不利于增强长期运动的动机。
- 对很多人（尤其是初学者）来说根据强度、时长和频率制订的严格运动方案挑战性太强。
- 传统运动方案未能提升个人责任感或者促使参与者长期改变个人行为。

但是，Dishman 和 Buckworth（1997）发现，如果参与者已经预想到自己可能会退出并制订了应对计划，将退出视为一个暂时障碍，且提高自我管理技能以防止退出，那么可能出现的退出对参与者的影响将会很有限（请参见“防止退出”栏目）。Emery 等人（2003）开展的一项研究说明了坚持运动（即不再退出）的重要性。与未坚持运动的参与者相比，坚持运动一年的（患有慢性阻塞性肺病的）参与者实现了以下方面的改善：认知功能、身体机能和心理幸福感。

运动计划的退出率很高，许多人更愿意通过节食、戒烟或降低饮酒量来保持健康（Prochaska & Velicer，1997）。与坚持运动相比，他们更乐于改变会影响其健康与心理幸福感的不良习惯。健身俱乐部的新学员数量会在每年的 1 月份或 2 月份达到最高，因为久坐不动者通常会希望在新年开启新篇章，会下定决心塑造好身材，因而会受到决心的鼓舞而加入健身俱乐部。在北美，运动服装公司的市场因大众对运动的宣传推动而加速发展。那么，为什么有些人会在开始运动计划之后中途退出呢，即便其他人仍在继续坚持、最终使运动成为了自己生活的一部分？下一节，我们将回答这一问题。

运动行为的理论和模型

要回答上述问题，我们需要先制订一个理论模型，该模型便于我们了解参与者接受并参与运动的过程（Culos-Reed，Gyurcsik，&

防止退出

遗憾的是，人们在开始运动计划之后，经常会退出，然后进入根本不再运动或很少运动的状态。下面是一些防止中途退出的技巧：

- 料想到自己会退出，并制订应对计划（如：在度假期间进行可替代运动的活动）。
- 制订应对策略（如：进行放松训练、时间管理和想象），以应对会促使你退出运动的情形。
- 用“愿意”替代“应该”，以增强生活的平衡感。“应该”会给自己带来压力和可能无法实现的期望。
- 进行积极的自我对话和想象，避免专注于退出行为的自我对话。
- 确定会促使你退出运动的情形，尽量避免这些情形或制订相应的应对计划。
- 不要将暂时退出视为灾难，因为这会破坏你的自信心和毅力。如果你一周没运动，这不意味着你彻底失败了，下周继续运动就好了。

Brawley，2001）。下面我们将介绍一些主要的模型和理论。

健康信念模型

健康信念模型是最能经受住考验的模型，与预防性健康行为有关（Hayslip，Weigand，Weinberg，Richardson，& Jackson，1996）。该模型认为，一个人参与预防性健康行为（如：锻炼）的可能性取决于以下几个方面：对潜在疾病严重程度的感知、对运动费用和运动益处的评估（Becker & Maiman，1975）。如果人们认为自己的潜在疾病严重，且面临着发病风险，那么运动的收益就会胜过麻烦，他们就会采纳目标健康行为的念头。尽管健康信念模型在预测运动行为方面取得过成功，但是也有失败的时候，因为该模型的设计主要针对疾病而非运动本身（Berger，Pargman，& Weinberg，2007）。

计划行为理论

计划行为理论（Ajzen & Madden，1986）是对理性行为理论（Ajzen & Fishbein，1980）的发展。理性行为理论认为，意向是实际行为的最佳预测指标。具体来说，意向是一个人对特定行为的态度及其对行为规范的感知（**主观性规范**）。主观性规范是一个人对他人观点的信任和听从他人观点的动机。例如，你平常不怎么运动，但是你人生中的重要他人（如：配偶、孩子和挚友）认为你应该运动；那么，你可能会听从建议，开始运动。

计划行为理论在以下方面发展了理性行为理论。计划行为理论认为，意向不是行为的唯一预测指标，尤其是在个体对行为的控制程度不足时。因此，计划行为理论提出，除了主观性规范和态度会影响行为结果之外，行为控制感知（一个人对其行为能力的感知）也会影响一个人的行为结果。Hagger、Chatzisarantis和 Biddle（2002）的元分析显示，计划行为理论的独特概念的确能够帮助人们预测运动行为。

研究人员将增加运动行为的意向和坚持运动行为的意向区分开来（Milne，Rodgers，Hall，& Wilson，2008）。因此，在制订运动干预方案时，应当考虑到运动行为可能会分阶段发展（请参见本章稍后所述的转变理论模型）。Parrott 等人（2008）按照计划行为理论开展的一项研究显示，与对照情形相比，通过电子邮件提醒参与者进行运动并强调运动的各种益处，能够增强参与者的运动意向以及实际运动行为。Hamilton 和 White（2008）在以下方面进一步发展了计划行为理论：将自我认同与群体规范采纳为理论的可变因素中，以预测青少年的运动行为。Dimmock 和 Banting（2009）提出，如同上述理论所预测的，意向不一定会影响行为，能够影响行为的是意向质量和意向强度。

Motl 及其同事（2005）对 1000 名黑人与白人女性青少年开展了为期一年的研究，并发现，行为控制感知是运动行为的有效预测指标。Martin 及其同事（2005）通过计划行为理论中的可变因素成功预测了非裔美国儿童中等强度的运动行为和心肺功能。此外，针对运动行为和运动坚持性开展的预测研究（Rhodes & Courneya，2005）显示，个体可能需要达到行为控制感知和主观性规范的某一限值。研究人员还通过计划行为理论成功预测了非霍奇金淋巴瘤幸存者（Courneya，Vallance，Jones，& Reiman，2005）和康复期药物滥用者（Savvidou，Lazaras，& Tsorbatzoudia，2012）的运动意向。

社会认知理论

社会认知理论（Bandura，1986，1997，2005）认为，个人、行为和环境因素交互作用，决定着彼此；环境能够影响行为，行为也能够影响环境。思维、情绪和身体等个人因素也很重要。除了上述三种互动因素外，其他能够预测参与者行为的最重要因素可能就是参与者对成功参与行为的信心（自我效能感）了。研究显示，自我效能感能够有效预测各种健康情境下的行为，如：戒烟、体重管理、心脏病康复。对于运动，自我效能感研究取得了非常一致的发现：自我效能感增强会导致运动参与度增加（Buckworth & Dishman，2007；Maddison & Prapavessis，2004），而运动参与度增加，亦会导致自我效能感增强（McAuley & Blissmer，2002）。自我效能感在一个人的整个一生都与运动参与度密切相关，尤其是在中年和老年时（Avotte，Margrett，& Hicks-Patrick，2010）。

当运动具有挑战性时（如：刚开始参加运动或者运动者患有慢性疾病时），自我效能感尤其重要。例如，自我效能理论预测了运动行为，这对糖尿病患者及心血管疾病患者非常有帮助（Luszczynska & Tryburcy，2008；Plotnikoff，Lippke，Courneya，Birkett，& Sigal，2008）。此外，如果参与者中途退出运动计划，能够预测其是否会继续运动的最有效指标是参与者自我效能感的恢复（Luszczynska，Mazurkiewicz，Ziegel-mann，& Schwarzer，2007）。Martin 和 McCaughtry（2008）调查了美国城市贫民区非裔儿童的体育运动。结果显示，户外时间和社交支持（而非自我效能感）是预测这些儿童运动行为的最有效指标。这一结果与此前的发现有些不一致。研究人员很少从社会认知角度去研究这一群体，因此，其他因素（不包括自我效能感）就成了这一群体运动行为的主要决定因素。总之，众多研究一致支持社会认知理论以及自我效能感在增强运动行为方面的作用（Biddle，Hagger，Chatzisarantis，& Lippke，2007）。

自我决定理论

第 6 章讨论了自我决定理论对运动动机和运动表现的影响。自我决定理论的基本观点为：人们天生渴望在社会环境中与他人有关联（归属感）、能在社会环境中发挥有效作用（效能感）、能够根据个人意愿行事（自主感）。针对自我决定理论预测运动行为相关的研究，Hagger 和 Chatzisarantis（2007，2008）进行了总结。结果发现，一般而言，运动行为自主性强（Standage，Sebire，& Loney，2008）、社交支持体系强大的参与者，其运动动机和运动坚持性也更强。自我决定理论也能够预测体重超标与肥胖参与者的运动坚持性（Edmunds，Ntoumanis，& Duda，2007）。

下列事实进一步支持了自我决定理论：在运动环境下，运动参与者能够区分内在目标和外在目标（McLachlan & Hagger，2011）。在此方面，Fortier 及其同事（2012）发现，在各改变阶段不断前行的参与者，其运动行为多为自我决定性行为。另外两项研究（Duncan，

Hall，Wilson，& O，2010；Lewis & Sutton，2011）发现，与受控参与运动（如：觉得自己应该做某事）的参与者相比，自主参与运动（如：自己乐于做某事）的参与者的运动坚持性更强。这些研究均显示了自我决定性动机和预测运动行为改变阶段之间的关系。

大到运动心理学，小到运动坚持性，自我决定理论都是一项重要的理论。自我决定理论有助于研究人员从连续体（而非若干独立体）的角度理解内在动机和外在动机。该理论也有助于了解运动坚持性，因为大部分参与者（尤其是刚刚开始运动计划的参与者）的运动动机不是内在动机。所以，执教人员面临下列挑战：如何营造自主支持性运动氛围，以便增强运动动机，但同时又保留少量自我引导式外在动机（如：社交支持、奖励）。

转变理论模型

上文所述模型有助于我们了解参与者运动或不运动的原因，但是这些模型的关注重点是特定时刻。而**转变理论模型**（Prochaska，DiClemente，& Norcross，1992）认为，参与者在各个阶段是不断发展的，且各阶段的运动是循环性（图 18.2）的，而非线性的，因为大部分参与者在开启和保持生活方式的变化时不会成功。转变理论模型认为，应根据参与者所处的阶段进行个性化的干预并提供信息。转变理论模型包括六个阶段：

1. 无意向阶段。在此阶段，参与者没有在未来 6 个月内开始运动的意向，终日懒散。在第一阶段，参与者可能对改变能力没有信心，因社会压力而有防备性，或者不了解自身行为的长期后果。
2. 思考阶段。在此阶段，参与者非常希望在未来 6 个月内开始运动。尽管参与者有此种想法，但是根据研究，参与者通常会在此阶段停留 2 年。因此，终日懒散者开始运动的想法昙花一现，不太可能将想法付诸实际。
3. 准备阶段。在此阶段，参与者会进行运动，但是不经常运动，每周运动次数也许会少于 3 次。因此，尽管终日懒散者偶尔运动，但是运动频次不足，因此，无法体验运动的主要益处。在准备阶段，参与者通常会制订行动计划，也的确会行动起来以改变行为。
4. 行动阶段。在此阶段，参与者会定期运动（每周运动 3 次或更多，每次运动至少 20 分钟），但是参与者坚持运动的时间不会超过 6 个月。此阶段最不稳定，参与者在此阶段的退出率最高。此阶段也是最忙碌的阶段，大部分转变过程会在此阶段发生。在此阶段，终日懒散者会成为一个积极运动者，但是，他们非常容易退回到过

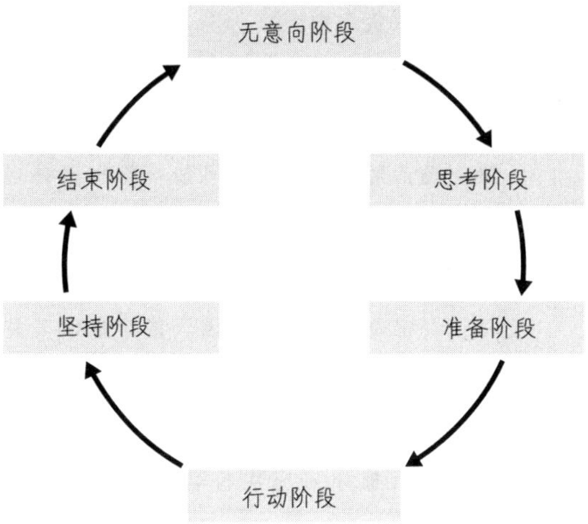

图 18.2　转变阶段循环模型

去的懒散状态中。

5. 坚持阶段。在此阶段，参与者坚持运动的时间会超过 6 个月。除因受伤或其他健康问题而暂停外，他们可能会终生坚持运动，但是，仍会出现厌倦和失去目标的问题。参与者最初需要提醒自己养成一个好习惯，但是参与者容易因厌倦而难以坚持下去。为防止参与者中途退出，比较好的做法是强调参与者在各个阶段获得的运动益处。大部分研究在检验转变理论模型时，关注的是早期阶段，而 Fallon 等人关注的是坚持阶段。Fallon、Hausenblas 和 Nigg（2005）通过研究发现，参与者（无论男女）要想坚持运动，就需要克服运动障碍，而克服运动障碍的最有效办法为增强自我能效感。此外，研究人员还发现，处于坚持阶段的参与者，其内在动机要强于外在动机（Buckworth，Lee，Regan，Schneider，& DiClemente，2007）。

6. 结束阶段。参与者处于此阶段 5 年后，将不会再出现周期性转变，不会再轻易退出。在此阶段，参与者成了一位真正的积极运动者，而且终生都会是。一项对 550 多名参与者开展的引人注目的研究（Cardinal，1997）发现，大约 16% 的参与者认为自己正处于结束阶段（结束阶段的标准为：坚持运动超过 5 年，且 100% 相信自己终生坚持运动的能力）。Cardinal 得出下列结论，尽管此阶段的参与者通常会面临下列运动障碍：缺乏时间、没有精力、动机不强、天气恶劣等，但是他们能够克服这些障碍，不再退出。

在做出与运动相关的决定时，人们会进行各种成本—收益分析（即“决策平衡”）。具体来说，人们在考虑生活方式变化时，会权衡既定行为的利弊（例如：“我是否应开始运动？”）。Marshall 和 Biddle（2001）通过元分析发现，既有行为的益处会促使参与者进入下一阶段，参与者最大的转变发生在无意向阶段和思考阶段之间。同样地，既有行为的弊端会妨碍参与者进入下一阶段。上述发现与一项针对美国非裔女性开展的研究（Landry & Solmon，2004）的结果一致，该研究发现，随着参与者在各阶段的不断发展，其运动的内在动机会越来越强。因此，与其强调参与者的愧疚感或责任感，不如增强参与者的内在动机，因为前者会对参与者坚持运动造成不利影响。因此，运动专家应当使参与者意识到运动的各种益处（即增强参与者的内在动机），以便参与者从无意向阶段进入思考阶段乃至准备阶段。

运动坚持模型

前文提到的模型都不是为了了解运动坚持性而专门设计。为了便于人们深入了解运动的长期坚持性，研究人员设计了**运动坚持模型**（Nigg，Borrelli，Maddock，& Dishman，2008）。该模型主要通过以下几个方面来预测运动的坚持性：

- 目标设置（实现承诺、满意度）；
- 自我激励（克服各种情境限制、坚持实现行为目标）；
- 自我效能感（克服障碍、不退出的信心）；
- 运动环境（便捷性、美感或魅力、令人愉悦的风景、社交支持）；

- 生活压力（最近生活的变化、日常烦扰）。

值得注意的是，尽管运动计划的目标是为了参与者能够终生坚持运动（或者至少坚持较长时间），但是，运动干预相关的研究很少会考量坚持运动的行为。Fjeldsoe 等人（2011）对运动之后的行为变化进行了全面而系统的回

运动干预应适合参与者自身情况

转变理论模型的主题是：应针对不同的转变阶段，采用不同的干预方式，这样，干预效果会更有效。Marcus 等人（1992）检验了上述观点，他们利用运动坚持性相关的文献和转变理论模型，编制了与各阶段相适应的自我帮助材料与资源。

- “运动对你有何益处”：适用于处于思考阶段的参与者，关注运动益处和运动障碍。
- “准备行动”：适用于处于准备阶段的人员。可通过下列策略促使参与者每周运动三次：设置短期目标、使用时间管理技能、进行奖励。
- “行动起来”：适用于处于行动阶段、偶尔运动、很有可能会退回到准备阶段的参与者，关注可能会导致参与者退出的棘手情境（如：受伤），并针对这些情境提供建议（如：获得社交支持）。

研究结果显示，30% 至 60% 的运动计划参与者会进入到准备阶段或行动阶段。在准备阶段，只有 4% 的参与者会后退，在行动阶段，有 9% 的参与者会后退。因此，干预方式应当与运动的各个阶段相适应，这能够有效改善参与者的运动行为。

此外，不受参与者控制的因素有时也会影响参与者的运动坚持性。例如，最近的一项研究显示，生活中重大事件较多的参与者，其运动坚持性要明显低于生活中重大事件较少的参与者（Oman & King，2000）。高风险情境可能会导致参与者中断运动或退出运动计划，应针对高风险情境做好准备，这一点很重要。此外，在工作场所进行多种形式的运动干预能够增大参与者付出的精力，并促使参与者从转变的较低阶段（运动较少）进入到转变的较高阶段（运动较多）（Titze，Martin，Seiler，Stronegger，& Marti，2001）。在韩国针对步行计划开展的研究（Jo，Song，Yoo，& Lee，2010）支持了转变阶段模型。一些文献评估了转变理论模型对运动行为的影响，研究人员全面回顾了这些文献，并发现，在 31 项研究中，有 25 项研究显示，适合转变阶段的干预方式能够促使参与者进入到更高转变阶段，并提高参与者的运动量（Spencer，Adams，Malone，Roy，& Yost，2006）。

比转变理论模型更简约的转变阶段模型被称为“健康行动过程模型”（Schwarzer，1992）。该模型包括三个阶段：无意向阶段——行为意向正在形成（与转变理论模型中的思考阶段相似）；意向阶段——已形成意向，但是在计划并准备运动行为，仍未运动；行动阶段——计划付诸实施，参与者开始运动。研究结果显示，转变阶段模型与转变理论模型在以下方面的发现一致：参与者在不同阶段，有不同程度的自我效能感、风险感知、退出率、运动计划认知（Lippke，Ziegelmann，& Schwarzer，2005）。因此，此模型可能会在研究运动思想、情感和行为方面补充转变理论模型。

转变阶段与参与者何时发生转变有关，而转变过程与参与者如何转变有关。参与者会通过一系列策略与方法改变行为，这些策略均属于转变过程。转变过程可以分为两类：认知过程和行为过程。表 18.1 说明了这些过程。一项有趣的研究（Rosen，2000a，b）发现，参与者在运动方面的转变过程不同于参与者

在以下方面的转变过程：戒烟、戒除药物滥用、改变饮食方式。具体来说，参与者在行动与坚持阶段的认知—情感过程要多于其他阶段，因为如果参与者不断考虑运动，运动这一积极行为可能会增多。

表 18.1　运动转变过程

过程	示例
认知过程	
意识增强	我想起来，有人曾亲口告诉我运动的益处。
显著缓解	不运动的健康危害警告从情感上触动了我。
重新评估环境	我相信，如果我坚持运动，我会给他人树立一个好榜样。
重新评估自我	我想，坚持运动会令我更健康、更快乐。
社交释放	我发现运动令我在社交方面更轻松。
行为过程	
反现状	我开始进行一些体育运动，不再终日不动。
帮助关系	出现运动相关的问题时，我可以向某人寻求帮助。
强化管理	如果我进行了运动，我会奖励自己。
自我解放	我告诉自己，如果我自己想要坚持运动，我就能够坚持下去。
刺激控制	我对家居环境进行了一些装饰，以提醒自己要坚持运动。

改编自 Marcus et al. 1992。

顾，结果发现，在 157 项研究中，只有 35% 的研究提供了运动坚持性（即在运动干预结束后坚持运动了至少 3 个月）数据。尽管在整个干预期，参与者都因运动而受益，但如果在干预期结束后，参与者不再继续运动，那么干预效果将会非常有限。因此，如果我们希望评估各类运动干预方式的成效，就需要长期（即通过纵向研究）收集运动坚持相关的数据。

生态学模型

最近，一类模型在运动行为相关的研究中获得了支持，此类模型被称为**生态学模型**。术语“生态”适用于描述模型、架构和观点，而非某组可变因素（Dishman et al.，2004）。这一模型主要是为了说明环境和行为之间的相互影响，并考虑个人内部（如：生物因素）、人际关系（如：家庭）、机构（如：学校）和政策（如：各种法律）影响。研究人员对 1979 至 2003 年间的 129 项研究进行了回顾，并发现，影响运动行为的最有效做法是提醒参与者增加以下活动的频率：上下楼时使用楼梯、去健身中心、去健康俱乐部、运动、学校体育活动、工作场所综合运动（Matson-Koffman，Brownstein，Neiner，& Greaney，2005）。尽管上述各类环境都很重要，但是有研究（Sallis & Owen，1999）认为，物质环境才是生态学模型的真正特征。最具挑战性的主张是：生态学模型对运动行为的影响力要超过社会认知模型的影响。Zhang、Solomon、Gao 和 Kosma（2012）曾使用生态学观点来提升中学生参加体育运动的概率。研究人员发现，社会环境可变因素（如：父母、朋友或体育老师的支持）、物质环境可变因素（如：设备可使用性、社区安全）和面对障碍时的自我效能感（即相信自己能够克服运动障碍）能够预测运动行为。此外，与个人因素（面对障碍时的自我效能感）相比，（社会与物质）环境因素能更加有效地预测运动行为。

健康行为理论的评估标准

人们一致认为，不健康行为是疾病、早亡和医疗成本增加的主要原因。缺乏运动无疑与众多负面健康结果（如：冠心病、肥胖）相关。因此，有众多理论都与运动行为相关。Prochaska、Wright 和 Velicer（2008）近期提出了一些标准，用于评估各理论预测运动行为的效果。下文所列标准按照健康改善的实用性和价值（从最小至最大）排序。

- 清晰：理论术语的定义明确，术语具有可操作性且明了。
- 一致：各部分不彼此冲突。
- 简洁：理论对现象的解释不复杂。
- 可检验：观点可以被检验。
- 经验充分：理论能够预测行为改变何时会发生、何时不会发生。
- 生产力：理论提出新问题和新理念，并将这些新问题和新理念添加到知识库中。
- 普遍性：理论具有普遍性，适用于其他情境、场所和时间。
- 一体化：理论概念以有意义的系统化方式结合在一起。
- 效用：理论有效，能够提供与健康相关的帮助。
- 实用性：基于理论的干预改变行为的效果要比安慰剂或控制方式大。
- 影响：影响 = 范围（目标群体参与百分比）× 行为改变数量 × 功效（改变效果）。

综合模型

到目前为止，我们已经介绍了多种运动行为预测模型。实际上，将几种模型结合在一起使用，可以更有效地预测运动行为。Zhang 和 Solmon（2013）说明了将生态模型与自我决定理论相结合以推动运动行为的可能性。具体来说，社会生态学模型的基本理念为：每种行为情境都有环境特征，这些特征与特定运动类型及目的相关。而且，研究证实，自我决定理论中的心理需求满意度是不同环境因素、参与者自主动机和行为结果的重要调节因素。

将生态模型与自我决定理论相结合，能够增强运动水平。例如，积极而友好的学校运动环境（包括让学生散步、玩乐或活动的场所）可能会增强学生的自主感（如：提供足够的设备与空间，以增大学生的选择范围）、能力感（如：提供多种运动技能增强设备，以培养学生感知与运动能力、眼手协调能力）和归属感（如：营造能够增强学生互动的环境）。通过从物质环境和社会环境两方面满足参与者的需求，能够增强参与者对运动的参与度。

运动坚持性的决定因素

上节所述理论有助于我们了解参与者接受运动、坚持运动的过程以及运动习惯，且有助于我们研究运动过程。研究人员研究运动计划坚持性的另一方式为：了解运动行为的具体决定因素。广义而言，决定因素分为以下两类：个人因素和环境因素。

我们会考查每一类因素，找出与运动坚持性及退出率最为相关的因素。表 18.2 总结了对运动坚持性有积极影响、消极影响以及没有任何影响的因素（Dishman & Buckworth，1998，2001）。但应注意的是，运动坚持性的决定性因素不是孤立存在的因素，在决定行为结果时，它们之间是相互影响的（King，Oman，Brassington，Bliwise，& Haskell，1997）。例如，某人重视健身活动、活动动机为自我动机，那么他受到恶劣天气的影响可能会较小，在天气很冷时，仍可能会出去运动；而另一个人对健身活动不那么重视，那么他受恶劣天气的影响可能会较大，要想他在恶劣天气出去运动，就需要对其进行更多外部支持和激励。

为了解与青少年运动坚持性相关的因素，Biddle、AtkinCavill 和 Foster（2011）对相关研究进行了全面回顾。结果发现，青少年运动坚持性的很多相关因素与成年人相同。影响青少年运动坚持性的最主要因素包括：

- 社会人口统计因素——年龄、性别
- 心理因素——积极动机、积极身体形象
- 行为因素——此前的身体活动、运动和吸烟经历以及久坐不动行为
- 社会文化因素——父母影响、社交支持
- 环境因素——去运动场所是否方便、从家里到学校的距离、户外活动时间、本地犯罪率

Biddle 及其同事（2011）发现，性别与年龄因素似乎对运动坚持性的影响最持久、最有力。此外，他们还暗示，其他大部分因素对运动坚持性的影响很可能是单独的、轻度或轻度至中度影响，这些因素在互动时的影响最大。

个人因素

我们将影响运动坚持性的以下三种个人因素区分开来：社会人口统计因素、认知与人格因素、行为因素。下面将依次讨论这三种因素。

社会人口统计因素

社会人口统计因素与运动的关系一直都很密切。教育、收入和社会经济地位与运动之间均呈稳定的正向关系。具体来说，收入、教育程度和职业地位高的人，运动的可能性更高。在年收入低于 15000 美元的人群中，有 65% 的人不运动，而在年收入高于 50000 美元的人群中，有 48% 的人不运动。在受教育程度低于高中的人群中，有 72% 的人久坐不动，而在受教育程度为大学的人群中，有 50% 的人久坐不动（U.S. Centers for Disease Control and Prevention，1993）。吸烟的蓝领工人（如：建筑工人或工厂工人）运动的可能性要低于不吸烟的白领人士（如：银行经理）。很多蓝领工人可能会认为，他们的工作和健康与健身活动一

表 18.2　影响运动整体坚持性的因素

决定因素	积极	消极	中性
社会人口统计因素			
年龄		✓	
蓝领职业		✓	
教育	✓		
性别（男性）	✓		
心脏病风险高		✓	
收入和社会经济地位	✓		
体重超标和肥胖		✓	
认知与人格因素			
态度			✓
运动障碍		✓	
运动愉悦感	✓		
对健康与其他益处的期望	✓		
运动意向	✓		
健康与运动知识			✓
缺少时间		✓	
心境干扰		✓	
健康感或健美感	✓		
运动的自我效能感	✓		
自我激励	✓		
行为因素			
节制饮食	✓		
儿童时期参加过未经组织的体育活动			✓
成人时期参加过未经组织的体育活动	✓		
参加过运动计划	✓		
学校运动			✓
吸烟		✓	

表 18.2（续）

决定因素	积极	消极	中性
行为因素			
A 型行为模式		✓	
社会环境因素			
班级规模			✓
团体凝聚力	✓		
医师影响	✓		
家人以往的影响	✓		
来自朋友和同事的社交支持	✓		
来自配偶和家人的社交支持	✓		
来自工作人员和导师的社交支持	✓		
物质环境因素			
气候和季节		✓	
花费			✓
日常事务干扰			✓
离运动场所很近：实际上很近	✓		
离运动场所很近：感觉上很近	✓		
家中装备	✓		
运动因素			
强度		✓	
努力程度感知		✓	
团体计划	✓		
领导者能力	✓		

样，需要进行大量身体活动。但是，随着科学技术在工业领域的应用，大部分工人已不再需要像 50 年前的工人那样消耗大量体力。

尽管男性的运动参与度要高于女性，但是二者在运动强度方面没什么差异。此外，运动行为通常会随年龄的增长而减少。尤其是在青少年时期（12 ～ 19 周岁），运动行为会明显减少，而且在大部分成人期，都会存在此种减少情况（Buckworth & Dishman，2007）。最后，如我们所料想的，体重超标和肥胖与运动行为呈负向相关（Janssen，Katzmarzyk，Boyce，King，& Pickett，2004）。

部分研究采用了非白人参与者，因为相关文献中没有这一群体的资料，研究显示，这一群体的运动行为很少（Grunbaum et al.，2004）。一项相关研究（Kimm et al.，2002）发现，黑人女性在10至19岁期间，运动行为的减少率为100%，而白人女性的减少率为64%。但是，研究结果显示，白人群体和黑人群体的运动障碍相同，尽管他们在运动决定因素的其他方面存在不同（King et al.，2000）。很明显，此领域有待我们进一步研究。最后，研究还显示，文化和种族也是运动坚持性的重要决定因素（Pan & Nigg，2011；Rovinak et al.，2010）。

要点 蓝领工人的运动坚持概率通常低于白领工作人员。但是，如果蓝领工人可以选择的运动增多，他们坚持运动的概率也会上升。

认知与人格因素

多年来，研究人员曾检验过多种认知因素在预测运动模式方面的可行性。他们发现，在所有认知因素中，自我效能感和内在动机是预测运动模式的最可靠指标。自我效能感是一个人对自己能够成功参与所需行为的相信程度。例如，一个人在开始执行运动计划时，可能会受到自己下列信心的影响：能否进行所需行为（如：走步、跑步或有氧舞蹈）和能否坚持所需行为。因此，运动专家需要通过下列方式来增强参与者的信心：社交支持、鼓励、定制符合参与者需求与能力的活动。对于刚开始执行运动计划的参与者，运动专家还应增强其成功感和能力感，以增强其运动动力。Rovniak及其同事（2010）发现，自我效能感是预测运动行为的最有效指标，此种有效性不分性别、种族和体质指标。该发现说明，自我效能感对运动坚持性的影响通常是积极的。

内在动机也与运动坚持性密切相关，能够说明众多场所活动的坚持与退出情况，这些场所包括：成人健身中心、预防医学门诊部、心脏病康复中心和企业健身馆等（Dishman & Sallis，1994）。有证据显示，内在动机可能会影响自我管理技能，如：有效目标的设置、过程的自我监管和自我强化，而这些技能对运动的坚持性很重要。内在动机与其他预测指标相结合时，能够更准确地预测运动坚持性。例如，Polman等人（2004）发现，将内在动机和体脂百分比相结合时，对运动坚持性的预测最准确。

此外，越来越多的证据支持了下列观点：相信和期待运动益处，有助于增加成人的运动行为、促使成人坚持有组织的运动计划（Marcus，Pinto，Simkin，Audrain，& Taylor，1994；Marcus et al.，2000）。通过宣传教育，可以改善个体参与者对运动的认知、态度、重视程度和信心，这会进而增强参与者的运动意向，最终增多参与者的实际运动行为。因此，运动专家应当告知参与者经常运动的益处，帮助参与者克服感知到的运动障碍。实现上述目标的方法之一为（Marcus，Rossi，et al.，1992）根据参与者目前所处的运动阶段向参与者分发运动相关的手册。

行为因素

研究人员针对众多可以预测成人运动模式的行为进行了研究。在这些研究中，针对参与者此前的运动与体育活动参与经历而开展的研究取得了令人瞩目的结果。在执行可以直接观察参与者行为的监督计划时，参与者以往的运动计划参与经历成为了预测参与者当前运动计划参与情形的最可靠指标（Trost，Owenm，Bauman，Sallis，& Brown，2002）。也即是说，如果参与者连续 6 个月参与了一项有组织的运动计划，那么他在之后的 1 年或 2 年内可能会一直坚持运动。

如果一个人只参加过学校运动，未参加过正式的运动计划，这无法预测此人成人之后的运动模式。同样地，也几乎没有证据证实下列观点：一个人在童年或成年早期的运动模式预示着此人以后的运动模式。很明显，能够预测一个人此后运动模式的主要指标为：此人在成年期内新养成的运动习惯，无论运动类型如何、频次如何。但是，如果一个人在童年时期经常运动，且父母鼓励其运动，那么此人在成年之后，与在童年时期不经常活动、也未受到父母鼓励的其他成人相比，会较积极地参与运动。研究人员对欧洲 10 个国家的约 40000 名学生进行了广泛调查，调查结果显示，如果这些学生的父母、好朋友或兄弟姐妹积极参加运动与体育活动，那么这些学生积极参加运动与体育活动的可能性也极高，并且会将参加活动的习惯保留到成年（Wold & Anderssen，1992）。此外，只有在坚持运动方面表现最好的那 10% 的学生没有在 12 岁至 18 岁期间在运动方面退步。上述结果凸显了以下方面的重要性：成人应当鼓励青少年多运动，推动他们在人生早期经常参加运动与体育活动，并做出良好的运动榜样。

环境因素

环境因素能促使或妨碍一个人定期参与运动。环境因素包括社会环境因素（如：家人和同事）、物质环境因素（如：天气、时间压力、到运动场所的距离）和运动性质（如：一次运动的强度和时长）。如果参与者所处环境（如：社区）提倡多运动，为参与者提供了便捷的运动设施，帮助参与者克服了真实存在或感知到的日常运动障碍，那么，参与者可能会改善运动行为并坚持运动。下列情形有助于参与者坚持运动：①参与者的居住地或工作地点离健身俱乐部很近；②配偶支持其运动；③参与者能够有效管理时间。以往研究的决定因素多为社会人口统计因素、行为因素、心理因素和程序性因素，但是目前人们关注得较多的是环境因素（Sallis & Owen，1999）。

社会环境因素

社交支持是社会环境的重要方面，家人和朋友的支持与成人参与运动、坚持有组织的运动计划密切相关（U.S. Department of Health and Human Services，1996）。配偶对参与者的运动坚持性有重要影响，配偶态度的影响力甚至会超过参与者本人的态度（Dishman，1994）。在此方面，Raglin（2001a）发现，夫妻中一人（夫妻双方仅一人参加运动）退出运动的百分比为 43%，而夫妻双方（双方都参加运动计划）均退出运动的百分比仅为 6.3%。因此，参与者的配偶参加运动计划，会为参与者参加运动计划提供很大的支持。社交支持还有助于受伤康复（Levy，Remco，Polman，Nicholls，& Marchant，2009）。具体来讲，运动员认为，社交支持能够帮助他们缓解受伤的压力和无法参加运动的压力。朋友、家人和理疗师提供的社交支持种类不同（如：任务支持、情感支持）。Carron、Hausenblas 和 Mack（1996）在综述时发现，在社会环境因素中，能够预测参与者运动坚持性的最有效指标是家人及重要他人的运动态度对参与者的影响。

要点 配偶支持能在很大程度上促使参与者坚持运动计划。

物质环境因素

运动场所的便捷性对参与者坚持以社区为基础的运动计划很重要。对于从居住地或工作地去运动场所，无论是参与者感觉很便捷，还是真的很便捷，对参与者参加运动以及坚持受监督的运动计划都很重要（Buckworth & Dishman，2007）。运动场所离居住地或工作地越近，参与者开始和坚持运动计划的可能性就越大。在执行以社区为基础的运动计划时，可以将学校或康乐中心等便捷的地点作为集合地（Smith & Biddle，1995）。King 及其同事（2000）进行了相关研究，他们发现，大约 2/3 的女性表示，与前往健身中心相比，她们更乐于在社区里进行体育运动。此外，Sallis（2000）认为，现在大部分人不运动的主要原因之一是现代化的建筑环境，这种环境设置了很大的运动障碍，如：缺乏适合骑自行车或散步的小路、公园，以及其他可以进行体育运动的露天场所。Crust、Henderson 和 Middleton（2013）发现，与在城市绿化区（如：城市公园）内散步的运动者相比，在乡村散步的运动者的乐趣与自尊程度更强。由于运动乐趣与运动坚持性相关，因此，乡村运动者更容易坚持运动。

气候和季节也会影响一个人对运动的参与。运动行为在冬天最少，在夏天最多。此外，观察性研究还发现，与学龄前儿童运动最相关的因素之一是儿童在户外的时间（Kohl & Hobbs，1998）。

对于退出受监督的临床与社区运动计划，人们给出的最多的原因是感觉缺乏时间（Buckworth & Dishman，2007；Dishman &

在一天之内进行多次短时运动，可以解决没有时间完成全套运动程序的问题。

Buckworth，1997）。在时间紧张时，人们通常会退出运动计划。你可能听到很多人说过："我很想运动，就是没时间。"但是，就大多数人而言，感觉没时间其实反应的是人们对运动缺乏兴趣或投入。其实，坚持运动者会和久坐不动者一样，都会碰到时间缺乏这一运动障碍。与不外出工作的女性相比，外出工作的女性坚持运动的可能性更高；与双亲家庭的父母相比，单亲家庭的父亲或母亲运动的可能性更高。因此，我们不能说，时间限制能够准确预测或决定一个人的运动参与行为。人们不活动的原因可能是时间管理能力不足，而非时间缺乏。帮助刚开始运动的参与者妥善确定运动时间，将非常有助于参与者坚持运动。

尽管很多人都认为，时间不足是自己不运动的主要原因，但是家庭运动器械并未解决人们不运动的问题。1996 年，美国人在家庭运动器械上的花费是 1986 年的近 3 倍（从 12 亿美元到 30 亿美元，美国人的家庭运动器械支出每年都在增长）。但是，在上述时期内，中等强度至高强度运动行为仅增长了 2%，很多家庭的运动器械被扔到了车库或储藏室里。

运动因素

一个人能否坚持运动计划取决于多种结构性因素。在这些因素中，较为重要的是：运动强度、运动频次、运动时长、运动是团体运动还是个人运动、运动教练的能力。

运动强度、运动频次、运动时长肯定会影响一个人坚持运动计划与低强度运动相比，高强度运动造成的身体压力更大，对于久坐不动的人来说，尤其如此。例如，与执行跑步计划的人相比，执行散步计划的人坚持的时间会更长。一项研究显示，中等强度运动的退出率（25% ～ 35%）仅为高强度运动（50%）的约一半（Sallis et al.，1986）。此外，研究还显示，运动时的耗氧量为参与者有氧运动能力的 50% 或更低时，运动计划的坚持率最高（Dishman & Buckworth，1997；U.S. Department of Health and Human Services，1996）。Williams（2007，2008）提供的证据显示，个人（不运动者、肥胖者或者不运动的肥胖者）根据自身情况来选择合适的运动强度，会对其坚持运动计划产生积极影响，其运动坚持性会增强。值得注意的是，即便在所需运动强度的基础上将强度增加 10%，也会对参与者的情绪造成不良影响，长此以往，可能会不利于参与者坚持运动计划（Lind，Ekkekakis，& Vazou，2008）。上述研究结果与很多人给出的下列建议相反：参与者应当按照规定的强度进行运动。Williams 得出下列结论：如果（经常会对运动感到不适继而退出的）肥胖者或久坐不动者可以自主选择令其愉悦的运动强度，就能够避免运动带来的不快感，这对他们坚持运动计划大有帮助。

> **要点**　为了参与者能够长期坚持运动计划，应将运动强度保持在中等强度。

最后，研究还显示，参与者以往的运动强度经历会缓解运动强度对运动坚持性的影响（Anton et al.，2005）。具体来说，如果参与者以往经历的运动强度为高强度，那么他在坚持高强度运动计划时，表现会更好，在坚持中等强度运动计划时，表现会较差。因此，在制订运动计划时，应当考虑参与者以往的运动经历。

对于运动频次和运动时长，不同的学术组织会给出不同的建议。美国运动医学院和美国疾病控制与预防中心给出了下列建议：在一周的大多数日子里，分多次进行中等强度、累积 30 分钟或更长时间的运动，以鼓励久坐不动者或平常很少运动的人进行短时（如 5 ～ 10 分钟）园艺、散步、做家务等活动。而美国医学研究所食品与营养委员会等机构给出的建议为：每天进行至少 1 小时的中等强度运动（Couzin，2002）。但是，研究显示，分多次进行短时运动，在长期增加运动行为和减轻体重方面，取得的效果和传统的 30 分钟或更长时间运动相同（Jakicic，Winters，Lang，& Wing，1999）。此外，Bartlett 及其同事（2011）还发现，分多次进行高强度运动，给参与者带来的快乐，要多于连续进行中等强度运动带来的快乐，前者可能会积极影响参与者的运动坚持性。因此，关键问题是参与者应当坚持运动，在此方面，似乎没有统一的最佳办法。

运动强度越大，受伤风险越高。受到暂时性伤害的参与者参加高强度运动的可能性，要低于未受伤害的参与者（Dishman & Buckworth，1997）。在刚开始执行运动计划时，很多人在最初的几次运动中拼命加量，结果导致肌肉酸痛、软组织损伤或矫正问题。当然，参与者会发现，自己正好以此为借口退出运动计划。应当告知参与者，在刚开始执行运动计划时，进行一些中等强度的运动，要远远好于在短期内进行大量运动以期几周内便取得成效的做法。

早期的综述显示，一个人在参加团体运动时的运动坚持性，要比参加个人运动时的坚持性强（Dishman & Buckworth，1996）。最近对相关文献进行的两项综述（Burke，Carron，Eys，Ntoumanis，& Estabrooks，2006；Hong，Hughes，& Prochaska，2008）比较了以下两种运动干预方式在增强运动坚持性方面的效果：对象为个人的干预方式和采用了团体动力原则（即团体结构、团体环境、团体过程，请参见第 7 章和第 8 章）的干预方式。结果显示，采用团体动力原则的干预方式，其效果要好于对象为个人的干预方式。Estabrooks 及其同事（2011）在一项研究中，将团体动力原则应用到了一项名为“多运动”的运动干预计划中。由于这是一项真实的企业内部运动计划，因此，研究人员仅应用了适合此自然情境的团体动力原则。研究结果仍显示，与传统运动计划相比，上述应用了团体动力原则的计划增加了参与者的运动行为，积极改善了参与者的自我效能感、满意度、目标和社交支持效果。

团体计划会增强参与者的愉悦度、社交支持效果和坚持运动计划的使命感，同时，也为参与者提供了与他人比较进步情况和健美程度的机会。人们运动的原因之一是增强与他人的联系；成为团体的一员能够满足此种需求，获得其他心理益处和生理益处。当他人对你有运动期望时，你运动的使命感便会增强。例如，你和朋友约好每天早上 7 点跑步 30 分钟，每周跑步 4 次，你可能每次都会如约跑步，以免你的朋友对你感到失望。尽管一般来讲，团体运动计划比个人运动计划更有效，但是，仍有一些人乐于独自运动，因为独自运动对个人来讲更方便。实际上，在坚持运动的人中，有约 25% 的人几乎一直在独自运动。因此，运动教练应当了解参与者希望进行团体运动还是独自运动，这一点很重要。

> **要点** 一般来讲，团体运动在运动坚持性方面的效果要高于个人运动，但是，运动教练仍应根据参与者的自身需求和限制为其定制个性化运动计划。

教练能力方面的实证研究很少，但是坊间报告表明，教练能力对运动计划的成功与否起着决定性作用。优秀教练能够从某种程度上弥补运动计划的不足，如空间或设备的缺乏。同样地，能力差的教练会导致运动计划中断，无论运动设施多么高级。这说明，我们不仅应评估计划的运动内容和运动设施，还应评估教练的能力与人格。优秀教练是学识渊博的、令人喜爱的，且关注安全、能令参与者获得心理抚慰。

Bray 等人（2005）发现，互动型、鼓舞型、有活力、能够提供面对面反馈与鼓励的教练，带给运动新手的快乐最多。Puente 和 Anshel（2010）开展的研究显示，民主型教练风格能够增强参与者的自我决定感（即能力感和自主感），这会进而促使参与者坚持运动计划、带给参与者更多快乐。此外，Loughead、Patterson 和 Carron（2008）发现，强调任务凝聚力（即团队中的每一个人都应集中精力改善健美状况）的教练能够增强团体凝聚力、积极影响团队中的每一位成员。因此，互动型教练风格和计划特性能够增强参与者的愉悦感，促使参与者坚持运动计划。

一位教练并非在所有情况下的影响均是相同的。以 Jillian Michaels、Richard Simmons 和 Arnold Schwarzenegger 为例，他们对健身计划均有重大影响。作为教练，他们都是成功的，但是他们吸引的参与者却是不同类型的。因此，参与者在开始运动计划之前，应当找到一位风格与自己相适应、能够吸引、激励自己的教练。Smith、Biddle（1995）和 Biddle（2011b）发现，为推动体育运动，欧洲国家制订了培训教练人员、提高教练能力的计划。这些计划的重点内容是行为改变策略，而非全套运动计划的教授。

> **要点** 教练人员应当丰富有关知识，给予参与者足够的反馈与赞许，帮助参与者设置灵活的目标，体现出关注安全之心以令参与者获得心理抚慰。

坚持心理培训计划

一直以来，干预研究关注的都是运动计划的坚持性。但是，最近的研究开始关注心理训练计划的坚持性（Shambrook & Bull，1999）。下文总结了增强运动心理训练计划坚持性的方法：

- 将心理技能与日常事务及运动相结合。
- 在应用心理训练计划时，减少与之相关的成本感知（如：没有充足的时间）。
- 在应用心理训练策略时，强化运动员从中获得的愉悦感。
- 显示心理训练和个人目标实现之间的关系。
- 尽量制订个性化心理训练计划。
- 在开始心理训练相关的运动之前，尽可能地加强心理训练。

运动干预场所

在对相关文献的深入回顾中，Dishman 和 Buckworth（1996）首次系统研究了运动场所对运动干预效果的影响。他们发现，如果运动场所在学校，则干预效果为中等，如果运动场所在工作场所、健康护理中心或家里，则典型干预实际上没什么效果。但是，如果运动场所在社区，则干预效果非常明显。在回顾相关文献之后，社区预防服务工作组推荐了下列极为有效的社区运动干预方法（Kahn et al.，2002）：

- 通过“决定点”提示进行信息干预，以鼓励参与者上下楼时多使用楼梯或者多参加社区活动。
- 通过学校体育、社区社交或根据参与者自身情况制订的个性化健康行为改变方案，来进行行为或社交干预。
- 提供或增强进入运动场所的便利性（与信息型外联活动相结合），以便进行环境与政策干预。

推动学校与社区运动计划

如果我们在学校或社区为年轻人提供相关指导、计划和服务，以便推动年轻人可以终生从事的令人愉快的体育运动，那么我们就能改善年轻人的健康状况。要实现此种可能性，我们需要重视以下几点（U.S. Department of Health and Human Services et al.，1997）。

● 策略。制订策略，策略应能够推动年轻人可以终生从事的令人愉悦的体育活动。例如：每日对从学前班至 12 年级的学生进行广泛的体育教育。

● 环境。提供物质与社会环境，以鼓励、实现安全而愉快的体育活动（如：让学生在校时有时间进行未经组织的体育活动）。

● 体育教育。落实或提供体育教育课程与指导。这些课程与指导应当强调运动的愉悦参与，并且能够丰富或培养学生的相关知识、态度、运动技能、行为技能和信心，以便学生能够接纳、坚持经常运动的生活方式。

● 健康教育。落实或提供健康教育课程与指导。这些课程与指导也应当能够丰富或培养学生的相关知识、态度、行为技能和信心，以便学生能够接纳、坚持经常运动的生活方式。

● 课外活动。安排能够满足所有学生需求的课外活动（如：安排与学生发育阶段相适宜的各种竞争性、非竞争性运动计划）。

● 父母参与。在运动指导和课外或社区运动计划中，应当包括父母或监护人相关的内容，鼓励父母或监护人支持孩子参加令人愉悦的体育活动。

● 人员培训。对教育、训练、娱乐服务、健康护理及其他学校与社区人员进行培训，以便他们掌握相关知识与技能、有效推动年轻人可以终生从事的令人愉快的体育活动。

● 健康服务。评估年轻人的运动类型，为他们提供运动建议，向他们推荐合适的运动计划，加强运动指导。

● 社区计划。提供适合各类人群、能够吸引各类人群的多种社区运动与娱乐计划。

● 评估。定期（每 3 周一次）评估学校、社区运动指导、计划和设施（Lombard，Lombard，& Winett，1995）。

社区运动计划的成功例子是美国疾病控制与预防中心发起的“社区健康评估与推广项目”（CHAPP）。该项目旨在纠正大约400名肥胖女性（主要来自亚特兰大黑人社区）的饮食与运动行为。项目有效联合了多种社区机构。运动项目的参与率为60%至70%，明显高于该社区此前的运动参与率（Lasco et al.，1989）。上述结果重申了前文所述观点：环境对运动参与度有重要影响。

增强运动坚持性的策略

前文已说明了人们参与（或不参与）运动的原因、运动行为的模型和运动坚持性的决定因素。遗憾的是，这些原因和因素之间多是相关关系，几乎没能告诉我们具体策略和实际行为之间的因果关系。因此，运动心理学家使用了运动决定因素相关的信息以及行为改变理论，来探究并检测各种策略在增强运动坚持性方面的效果。你可能还记得转变理论模型的下列观点：与参与者所处的转变阶段相适应的干预计划是最有效的计划。因此，转变理论模型的支持者认为，应尽可能地制订个性化计划。在促使参与者进行个性化转变以增强运动坚持性时，教练人员可以采用以下六种方法：行为矫正法、强化法、认知—行为法、抉择法、社交支持法和内在动机法。我们将在下文中详细讨论上述方法。注意：为了增强参与者的运动坚持性，干预计划通常会同时使用上述几种方法。此外，研究人员（Biddle & Gorley，2012）还论述了在执行运动干预计划时应当遵循的原则。

行为矫正法

行为矫正法是有计划地、系统地应用学习原则，以修正行为。Dishman 和 Buckworth（1996）展开的详细综述显示，用以改善运动坚持性的行为矫正法能够稳步实现非常积极的

动机性面谈

动机性面谈是“为了诱发并坚持转变动机而进行的以人为本的协作性引导”（Miller & Rollnick，2009）。具体来说，动机性面谈主要是一种增加客户考虑、开始和坚持有助于减少有害行为的策略可能性的心理干预疗法。动机性面谈的设计初衷是增强各种健康情境下的动机，但是研究人员亦用其来增强运动行为的坚持性。Breckon（2002）对动机性面谈进行了综述，通过下列原则，我们可以了解动机性面谈的理念。

- 清晰地说出并解决客户的矛盾心理（运动还是不运动）是客户（而非指导人员）的任务。
- 转变动机应来自客户，而非指导人员。
- 进行指导时，应以客户为中心（不应进行对抗性或攻击性指导），让客户自己解决对运动犹豫不决的状态。
- 转变准备不是客户的特质，而是人际互动的心理波动结果（即指导人员对转变准备的期望可能比实际情况要高）。
- 客户和指导人员之间的关系是合作关系，指导人员应当尊重客户的自主性和客户做出的决定。

结果，与对照组相比，能够将运动频次提高10% 到 25%（Buckworth & Dishman，2007）。

行为矫正法会对物质环境中的某些行为习惯诱因产生影响。看到食物、闻到食物的香味，是品尝食物的诱因；下班之后看到电视节目，是坐下来放松的诱因。如果你想促使参与者运动，直到参与者的主要运动动机转换为内在动机，其中一个方法就是提供诱因，并使该诱因最终与运动行为相关。下列干预方法有助于实现上述目标。

提示

提示是参与者开始某一行为的诱因。提示可以是口头的（如："你能坚持住"）、身体的（如：在进行举重运动时，克服某一关键点）或者象征性的（如：在车内放置运动服）。提示的目标是增加所需行为的诱因，减少竞争性行为的诱因。增加运动行为的诱因例子包括：海报、标语、注释、在显著位置放置运动器械、取得社交支持、每天在同一时间和同一地点进行运动。在一项研究中，为了鼓励人们使用楼梯上楼，研究人员在公共建筑的电梯附近张贴了卡通海报作为象征性提示（Brownell，Stunkard，& Albaum，1980）。在海报张贴后的一个月内，使用楼梯而非电梯的人数从 6% 增至 14%。在撤销海报的 3 个多月之后，使用楼梯的人数又降到了 6%。

Vallerand 等人（2005）在其开展的实验中，将一个使用楼梯有助于健康与健美的标志设置在了楼梯和电梯的交叉处。实验结果显示，使用楼梯的人数显著增加：从干预前的 69% 增加到了干预后的 77%。第二项干预实验是单位内部的医生于一周后向参与者发送一封邮件，告知参与者经常使用楼梯的健康益处。实验结果显示，使用楼梯的人数从 77% 增加到了 85%。而在将楼梯和电梯交叉处的健康标志撤销之后，使用电梯的人数降到了干预之前的 67%。最后，研究还显示，与对照情形相比，向参与者发送与其运动目标相关的文本消息，会明显增加参与者对走步运动的积极性、明显改善其体重减轻效果（Prestwich，Perugini，& Hurling，2009）。

因此，撤销提示会对运动坚持性造成不良影响。为促使参与者坚持运动，应当将标志、海报或其他提示材料放置在参与者容易看到的显著位置。最后，可以通过"逐渐消退"这一过程来逐步撤销提示。随着时间的推移逐步减少提示的使用，有助于参与者逐渐增强独立性，而不会出现上述爬楼梯实验中突然撤销参与者倚赖的提示信息可能会导致的退步。最后应指出的是，提示可以与其他方法相结合。例如，经常（每周一次）打电话或进行提示，可以使参与者的运动次数增加 3 倍——与不经常（每三周一次）打电话相比（Lombard et al.，1995）。

行为契约

改变运动行为的另一方式是，参与者和运动教练签署行为契约。契约通常会说明与行为改变有关的期望、责任和偶发事件。协定应当包括实际目标、达标日期和不达标后果（Willis & Campbell，1992）。还有另一种类型的契约。在此种契约中，参与者需要签订遵守运动计划的意向书，也很有效（Oldridge & Jones，1983）。研究显示，签署意向书的参与者，在坚持运动方面的表现，要明显高于未签署意向书的参与者。如果参与者拒绝签署遵守运动计划的意向书，说明我们需要通过其他特殊方法来增强参与者动机。此外，在通过签署契约的方式增强参与者运动坚持性时，应将重点放在以下几个方面：帮助参与者落实行动计划、制订达标标准，指定明确后果的方式（Kanfer & Gaelick，1986）。

强化法

强化有可能是积极的，也有可能是消极的，是决定未来行为的有力因素。为了增强运动坚持性，在参与者坚持运动计划时，可以对参与者进行激励或奖励（如：T 恤衫）。下面我们将详细介绍几种强化式运动干预方法。

用图表说明出勤和参与情况

公示出勤情况和表现是另一种增强参与者运动动机的方式；如果用图形或表格来传达信息，表现反馈将会更有效（Franklin，1984）。通过图表，参与者可以一目了然地了解改变情况（即便是小的改变）以及自己是否已达到相关行为目标，这有助于参与者坚持运动计划、增强动机。参与者保持对运动的兴趣很重要，尤其是在计划后期参与者的进步变小、难以取得进步时。

此外，记录和图表可以使参与者不断获得相关信息，参与者要想实现转变、最终达到行为目标，就需要经常增强认知。此外，如果参与者知道每个人都可以看到自己的运动记录，他们保持积极行为的可能性就会大大增加。（此类信息也告知运动教练及其他计划参与者：何时是表扬和鼓励参与者的最佳时机。）一项名为“里程俱乐部”（Henning，1987）的计划不仅会公示图表（旨在增强参与者的运动行为），还会对达标情况进行奖励。在该项计划中，跑步者和走步者会将自己每周跑步或走步的里程数记录到需要公示的图表中。

除了公示图表之外，文献综述（Miche，Abraham，Whittington，McAteer，& Gupta，2009）也发现，简单的自我监督行为也能够非常有效地增强参与者的运动坚持性。Arrigo 等人（2008）证实，记日记就能够增强参与者的运动坚持性。研究结果显示，在保持记日记习惯的心脏病康复患者中，有 73% 的患者在一年后仍在坚持运动，而在对照组中，只有 40% 的患者在一年后仍在坚持运动。此外，Anshel 和 Seipel（2009）发现，与对照组相比，通过检查表方式来监督运动相关的行为，能够有效改善参与者的体力、有氧健身情况和运动坚持性。

此外，在参与者达到规定的运动频次时，研究人员向参与者奖励了雕刻的纸镇和礼券，这增强了参与者的运动行为。另外，研究人员还安排了参与运动计划的各组人员进行了比赛。一块团队挑战公示板被放在了显著位置，这增强了参与者比赛的兴趣和激情。比赛还提高了整体参与度和团队士气。

不仅典型的图表方法可以增强运动的坚持性，参与方法（包括企业高层管理者参与企业健身计划）也是一项成功的策略。高层管理者参与健身计划非常有助于企业健身计划的成功（Hobson，Hoffman，Corso，& Freismuth，1987）。当员工看到公司总裁在体育馆或健身中心运动时，他们通常会获得一种不寻常的希望，会获得动力去实现承诺。如果高层管理者、首席执行官或类似人员腾出时间进行健身，自然说明这一活动对整个公司都非常重要。但是，并非所有的管理者都乐于与员工一起健身，运动计划制订者在制订企业运动计划时，应当考虑这一点。

奖励出勤行为和参与行为

除了使用简单的图表，还有一些研究发现，可以通过奖励来增强运动坚持性。在一项研究中，参加5周慢跑计划的参与者可以获得以下两种奖励：①参与者每坚持一周，研究人员就会向其返还1美元的押金；②全员坚持完成慢跑计划的班级，可以获得奖券、赢得奖品。研究结果显示，参加了干预计划的班级，有64%的学员坚持了运动计划，而在对照班级中，只有40%的学员坚持了运动计划（Epstein，Wing，Thompson，& Griffiths，1980）。

下列方法可以增强企业运动计划的效果：企业为运动计划支付大部分（并非全部）费用。研究人员比较了四种计划费用负担方法，发现在以下两种情况下，参与者坚持运动计划的表现比较好：①参与者坚持运动计划会获得补偿时；②计划费用需要由参与者和雇主共同承担时。有趣的是，当企业承担运动计划的全部费用时，参与者坚持运动计划的表现反而最差（Pollock，Foster，Salisbury，& Smith，1982）。根据上述研究，某公司要求员工在第一年参加运动计划时，向公司支付50美元。如果员工在第二年每周运动三次或更多，员工只需向公司支付25美元。如果员工在第三年仍按此频次坚持运动，员工无须向公司支付任何费用（Legwold，1987）。总体来说，上述方法能够鼓励短期的运动参与和坚持行为，但长期效果不明显。若要促使参与者长期坚持运动计划，需要在落实计划的过程中采取其他激励或强化措施。一项针对患有囊肿性纤维化疾病的青少年开展的案例研究显示，奖励有助于增强运动坚持性，但是，当奖励撤销时，运动坚持率又回退到了之前的水平（Bernard，Cohen，& Moffett，2009）。

反馈

针对参与者的进步进行反馈会激励参与者。例如，Scherf 和 Franklin（1987）曾开发了一套数据记录系统，该系统用于心脏康复患者，每次患者运动之后，其体重、静息心率、运动心率、走步圈数、跑步圈数和总圈数都会被记录在案。工作人员每月都会和患者一起回顾这些记录，然后将记录卡提供给患者，其中有评价信息。表现达标的患者会在每月召开的奖励大会上受到表扬。与使用系统之前相比，患者在使用系统之后的运动参与度和运动坚持性改善了，运动动机和运动激情增强了。Otis 及其同事（2007）发现，运动反馈越具体，运动坚持性和运动的内在动机越强。最后，Marcus 及其同事（2007）通过研究发现，与通过电话收到运动反馈的参与者相比，收到打印出来的文字性运动反馈的参与者，其运动参与度和运动坚持性更强。也许视觉上的运动反馈能够时刻提醒参与者进行运动。

> **要点**　运动反馈越富个性化，其效果越显著。

认知—行为法

认知—行为法认为，内在事件（如：想法）对行为的转变有重要影响。我们将在下文介绍两种方法：目标设置及关联和失联。

目标设置

目标设置有助于增强参与者动机，进而改善参与者的运动行为和运动坚持性。一项研究显示，在参加中级健身课的参与者中，有 99% 的人设置了多种个人激励目标（Poag-DuCharme & Brawley，1994）。最常见的目标包括改善心血管健康（28%）、塑造或增强肌肉（18%）、减轻体重（13%）。参与者在设置这些目标时，还会制订多种达标行动计划，例如：将健身服带到学校或工作单位（25%）、定期参加健身课（16%）、围绕健身安排时间或工作（9%）。

Martin 及其同事（1984）发现，与执行教练设置的固定目标的参与者相比，执行自己设置的灵活目标的参与者，其运动（为期 3 个月）参与度和运动坚持性均更强。具体来说，在执行自己设置的目标时，参与者的运动参与率为 83%；在执行教练设置的目标时，参与者的运动参与率为 67%。此外，在运动计划结束 3 个月之后，在执行自己设置的目标的参与者中，有 47% 的人仍在坚持运动；而在执行教练设置的目标的参与者中，只有 28% 的人仍在坚持运动。与根据距离设置目标的参与者相比（47%），根据时间设置目标的参与者，其运动参与率更高（69%）。

多项研究考查了内在（满足感相关的）目标和外在目标的影响（Sebire，Standage，Gillison，& Vanteenkiste，2013；Sebire，Standage，& Vansteenkiste，2009，2012）。研究人员以自我决定理论为指导，比较了设置内在目标（注重个人兴趣的发展、价值和健康改善的可能性）和外在目标（注重外在因素、追求价值的外在指标，如：名誉、财富和吸引人的形象）的参与者。与设置外在目标的参与者相比，设置内在目标的参与者的自尊、心理幸福感、心理需求满意度更强，中等强度乃至高强度运动更多、焦虑更少。此外，广泛的定性访谈显示，具备内在动机的参与者，在归属感、自主感和能力感方面的满意度更高。研究人员认为，设置的内在目标会影响运动行为，因为该目标与更加自主的运动动机相关（Sebire，Standage，& Vansteenkiste，2009，2012）。

Karoly 及其同事（2005）考查了目标设置对定期运动者和不定期运动者的影响。研究结果显示，与定期运动者相比，不定期运动者在干扰目标（如：学术、人际关系或家庭目标）方面的动机更强，而定期运动者能够更加妥善地平衡各种目标。实际上，定期运动者明显具备下列能力：通过自我管理，将次数较少的运动提升到与学术目标和人际关系目标同等重要的位置。研究人员认为，不定期运动者应当重新规划其各种目标，以便像关注其他重要人生目标一样，关注运动目标。最后，Wilson 和 Brookfield（2009）比较了过程目标（如：在进行 30 分钟的运动时，保持最低心率）和结果目标（在 5 周之内，将体重减掉 5 千克）的影响。结果显示，过程目标组的运动坚持率（66%）在 6 个月之后要比结果目标组（44%）高。此外，过程目标组的内在动机要比结果目标组强。上述结果显示了过程目标在运动坚持性方面的重要性。

要点 运动目标应由自己（而非教练）设置；应灵活、不应固定；应根据时间设置，不应根据距离设置。

关联和失联

参与者在运动期间关注的内容，对运动计划的坚持性也很重要。如果参与者关注的是身体的内部反应（如：肌肉感觉或呼吸），此种情况被称为**关联**；如果参与者关注的是外部环境（如：美丽的风景），此种情况被称为**失联**（注意力分散）。针对 12 周的运动计划开展的研究显示，失联状态参与者在运动方面的长期坚持性，要强于关联状态参与者。具体数据为：在计划结束 3 个月之后，失联者与关联者的运动坚持率分别为 87% 和 37%，在计划结束 6 个月之后，失联者与关联者的运动坚持率分别为 67% 和 43%（Martin et al.，1984）。将注意力集中在环境上而非自身感受上，可以提高运动坚持率。因为关注其他外在事物可以减缓参与者的无聊感和疲劳感。对于运动新手来讲，失联策略可以转移其注意力，使其不再将注意力放在自身的疼痛和不适感上面（Lind，Welch，& Ekkekakis，2009）。

抉择法

是否开始运动计划通常是一个难以做出的决定。为了帮助参与者做出决定，心理学家研究出了一种名为“**抉择平衡表**”的方法（Hoyt & Janis，1975；Wankel，1984；见图 18.3）。此方法有助于参与者明了自己参与运动计划可能获得的益处和可能付出的代价。在填写抉择平衡表时，参与者需要写下参与运动计划预计会带来的各种后果：对自己的益处、对自己的不利之处、对重要他人的益处、对重要他人的不利之处、他人赞成、他人反对、自我认可、自我否定。

一项研究结果显示，在完成了抉择平衡表的参与者中，有 84% 的人参加了为期 7 周的运动课，而在对照组中，只有 40% 的人参加了为期 7 周的运动课（Hoyt & Janis，1975）。在一项变式研究中，Wankel（1984）比较了内容完整的抉择平衡表和仅包括积极内容（删除了与预计会出现的不良后果有关的所有参考内容）的抉择平衡表的使用效果。与对照情况相比，上述两种抉择平衡表均能够提高参与者的运动参与率。现有证据均表明，在参与者开始运动计划之前应用抉择法，能够提高参与者的运动参与率。

社交支持法

在本书中，社交支持是指一个人对他人参加运动计划的赞成态度。社会与家庭互动会通过多种方式影响一个人对体育运动的参与。配偶、其他家庭成员和朋友的口头提醒，会促使参与者参与运动。参与运动的重要他人可能会通过其行为为参与者树立榜样、促使参与者运动。当重要他人与参与者一起运动时，参与者的运动参与度会进一步增强。上述人员通常会为参与者提供实际帮助，如：提供交通工具、选择运动路线、准备运动服或运动器械。无论在何种情况下，来自家人或朋友的社交支持都能够稳固增强成人对有组织的运动计划的参与度和坚持度（U.S. Department of Health and Human Services，1996）。下面我们来了解几个社交支持计划的具体实例。

Wankel（1984）制订了一个增强社交支持的计划，该计划包括教练、班级成员、参与者的密友（恋人）和家人。教练会定期鼓励参与者建立并巩固家人与密友支持系统，且会努力

对自己的益处	对自己的不利之处
·身体状况变好 ·精力更充沛 ·体重减轻	·从事自己爱好的时间变少
对重要他人的益处	**对重要他人的不利之处**
·健康状况改善之后，我可以和孩子们一起打球 ·更吸引我的配偶	·与家人在一起的时间减少 ·对工作投入的时间变少
他人赞成	**他人反对**
·我的孩子希望我更有活力 ·我的配偶希望我的生活方式更健康	·我的老板认为我对工作投入的时间会减少
自我认可	**自我否定**
·更自信 ·自我概念改善	·我的身材太糟糕，我运动时会显得很愚蠢

图 18.3　抉择平衡表示例

营造积极的班级氛围、系统地制作班级运动参与和社交支持情况图表。结果显示，获得了社交支持的参与者，其运动参与率要高于对照组成员。Hobson 及其同事（1987）发现，建立密友支持系统可以帮助参与者克服刚开始参加计划时会出现的焦虑、鼓励参与者坚持运动。

King 和 Frederiksen（1984）建立了几个小组，每个小组 3 到 4 人，并且要求小组成员在研究开展期间，与至少一位小组成员完成慢跑计划。此外，各小组还参加了团队建设运动，以增强团队凝聚力。研究结果显示，这些人数不多的小组运动参与率提高了，运动行为改善了。而教练为参与者提供个性化的即时反馈、对参与者的运动参与和坚持行为进行表扬能够增强参与者的运动坚持性，这一事实也说明了社交支持的重要性。

内在动机法

我们此前所讨论的大部分方法在增强运动坚持性时，都需要借助某种策略、知识、反馈或奖励制度。尽管这些提示和奖励肯定能够增强参与者的运动坚持性，但是我们都知道，最持久的动机来自内在。我们从戒烟、戒酒或戒除其他不良行为相关的研究发现，大部分依靠外在奖励或结果来改变不良行为的人，都未能获得长期成功。许多人的确是因外在原因（如：减轻体重、降低患上某种疾病的可能性）而开始运动计划的，大部分人会获得最初的成功。但是，几年后开展的跟踪研究通常会显示，许多人从未通过下述方法来真正改变生活方式：使运动有趣而令人愉快，以便能够终生坚持运动。针对论述情感与运动坚持性之间关系的相关文献，Ekkekakis、Parfitt 和 Petruzello（2011）进行了回顾，得出如下结论：如果参与者未能体验到运动带来的愉快感，他们可能无法将运动长期坚持下去。下文介绍了两种增强运动愉悦感和运动乐趣的方法。

关注运动体验

参与者的注意力应集中在运动体验的改善上，而不应集中在努力达到某种外在目标（如：减轻体重）上。尽管大部分人都知道自己渴望的运动结果，但是很少人知道，内在技能对运动坚持性很重要（Kimiecik，2002）。同样地，Maddux（1997）也认为，参与者在运动时，应当身心合一、关注当下——参与者应当因运动本身（而非未来收益）而运动。例如，对于跑步者，Maddux 提供了如下提示：

> 跑步时不要思考任何事情，只是跑步。将注意力集中在所跑的每一步上。仅关注当前时刻。如果你感到不适甚至是疼痛，那就关注不适或疼痛。如果你想停下来，那就关注停下来的想法。关注当下及运动本身，会令你体验到运动本身的乐趣，有利于你长期坚持运动。

注重过程

注重过程而非运动结果，也能令参与者体验到更多的运动乐趣。实际上，我们必须从外在取向转至内在取向。若未能实现此种转变，很多人都会退出运动计划，或者不停地从一项运动计划转至另一项运动计划（Kimiecik，1998）。研究人员发现，注重过程而非结果，与运动的长期坚持性相关（Field & Steinhart，1992）。注重结果的参与者，通常会碰到本文此前所讨论的多种社交与运动障碍。因此，若想终生坚持运动，参与者应当从注重结果转变为注重过程。

运动应当有目标、有意义

在一项引人关注的研究中，Morgan（2001）证实，30多年来人们的运动参与率一直徘徊在50%左右的主要原因之一是，根据指示参与的运动，对参与者而言，缺少明确的意义或目标。Morgan以有力的证据说明，很多运动（如：爬楼梯、在跑步机上走步或跑步、举重、骑自行车、划船）对参与者而言都是没有明确目标的运动，他们只是运动计划规定的某种运动类型。多位研究人员（Fahlberg & Fahlberg，1990；Kretchmar，2001）发现，运动的意义是参与者坚持运动的主要原因。在Kretchmar提供的案例研究中，有10位参与者（大部分为走步者）将运动计划风雨无阻地坚持了5到79年。此外，在Kasch（2001）开展的为期33年的纵向研究中，有15位参与者在33年之后仍在坚持运动。尽管对于上述参与者长期坚持运动计划，有些人可能会给出其他解释，但是，研究人员认为，能够促使这些参与者长期坚持运动的稳定因素是：运动对他们而言有明确的目标和意义。因此，要想解决困扰我们30多年的50%的退出率，我们需要在设计运动计划时，考虑每个参与者的兴趣。

增强运动坚持性的指导原则

很多因素对增强运动坚持性都很重要。我们对这些因素进行了总结，希望能够指导有抱负的健身专业人士。

- 干预计划与参与者所处的转变阶段相适应。
- 设置运动诱因（如标志、海报或卡通画）。
- 使运动有趣。
- 根据参与者的自身情况规定运动强度、时长和频次。
- 鼓励参与者参加团体运动或者和朋友一起运动。
- 请参与者签署行为契约或遵守运动计划的意向书。
- 提供多种运动选择。
- 对出勤行为和参与行为进行奖励。
- 进行个性化反馈。
- 提供便捷的运动场所。
- 在参与者达标时，鼓励参与者奖励自己。
- 建议参与者自己根据时间（而非距离）设置灵活的运动目标。
- 提醒参与者在运动时关注环境因素（而非身体因素）。
- 进行小组讨论。
- 请参与者在开始运动计划之前完成抉择平衡表。
- 推动参与者获得来自配偶、其他家人或同事的社交支持。
- 建议参与者每日写运动日记。
- 练习时间管理技能。
- 帮助参与者选择目标明确的运动。

Brown和Fry（2011）建议健身中心的员工（包括前台人员、会员顾问、团体健身指导、私人教练、主管和其他支持人员）营造一种充满关爱的任务型环境，这有助于会员投身于体育运动、体验美好的运动过程。Huddleston、Fry 和 Brown（2012）也发现，如果会员能够在健身中心感知到任务型氛围（即强调尽力而为、进步、合作，令会员感觉自己有价值、感觉自己受欢迎的氛围），会员的内在动机将会增强。Walsh（2012）为健身专业人士提供了用以增强运动坚持性的实用指南。具体而言，Walsh 论述了主动倾听、内在动机、情感和目标在最大限度地增强运动坚持性方面的重要性。

儿童和青少年肥胖症的治疗：七步法

大量资料表明，肥胖患者越来越多。肥胖对健康有严重影响且耗费金钱。Kirschenbaum's（2010）通过跨学科方法七步法来治疗肥胖，获得了实证支持，取得了令人鼓舞的效果。七步法包括：

- 医学管理。儿童主治医师需要评估体重超标可能引发的儿童健康问题，并进行反馈。
- 教育。父母应了解最佳的饮食方式、运动方式，解决孩子的体重问题。
- 改变环境。改变家人的居住环境（如：将电视和电脑移出卧室、避免家里出现高脂肪食物），这有助于有效控制孩子体重。
- 支持团队。社交关系有助于孩子坚持减肥。“明智地减重”就是这样一种支持团队。
- 认知 — 行为疗法：诊疗中心治疗或短期沉浸式治疗。由专业人士针对体重超标的孩子开展的认知 — 行为治疗计划可以在当地的医院或诊疗中心进行。沉浸式治疗计划（至少 10 天，每天 24 小时）可以以认知 — 行为治疗为主。
- 认知 — 行为疗法：长期沉浸式治疗。一般来讲，沉浸式治疗计划越长，治疗效果越好。
- 减肥手术。已尝试过前六个步骤仍然严重肥胖的青少年，可以在手术中心接受专门手术，手术中心应当具备相关经验且通晓肥胖问题，这一点非常重要。

学　习　助　手

总结

1. **论述为什么有些人爱运动、有些人不爱运动。**

越来越多的人开始接受健身的观念，但是仍有很多成年人不常运动，只有少部分成年人会为了获得健康益处而切实地坚持运动。因此，首要问题是促使人们开始运动计划。人们执行运动计划通常是为了获得运动的众多益处，例如：控制体重、降低患上心血管疾病的风险、减轻压力和抑郁、改善自尊、体验到更多快乐。人们退出运动计划的主要原因是感觉自己缺乏时间、缺乏精力和缺乏动力。

2. **介绍不同的运动行为模型。**

各理论模型说明了参与者接受并坚持运动计划的过程。主要模型包括健康信念模型、计划行为理论、社会认知理论、运动坚持模型、自我决定理论、生态学模型和转变理论模型。转变理论模型说明了运动过程中的不同阶段。

3. **说明能够促使参与者坚持运动的决定性因素。**

运动行为的决定性因素包括以下两类：个人因素和环境因素。个人因素包括社会人口统计因素（如：性别、社会经济地位）、认知与人格因素（如：自我效能感、健康与运动知识）和行为因素（如：吸烟、饮食）。环境因素包括社会环境因素（如：社交支持、家庭以往的影响）、物质环境因素（如：去运动场所是否方便、天气）、运动性质（如：运动强度、运动计划是团体的还是个人的）。最近的研究发现，运动干预发生的场所对运动坚持性也很重要，参与者在社区场所时的运动坚持性最强。

4. **说明能够促使参与者坚持运动的方法。**

以下六种方法能够增强参与者的运动坚持性：①行为矫正法（如：提示、签署行为契约）；②强化法（如：制订图表、奖励出勤行为、进行反馈）；③认知—行为法（如：设置目标、进行关联或失联）；④抉择法（如：使用抉择平衡表）；⑤社交支持（如：同学、家人支持）；⑥内在动机法。

5. **论述增强运动坚持性的指导原则。**

为了促使参与者尽可能地坚持运动计划，团体运动教练应当使运动有趣而实用、提供社交支持、鼓励参与者和朋友一起运动、奖励出勤行为和参与行为、提供一系列运动供参与者选择。

复习题

1. 为什么了解参与者开始、坚持以及退出运动计划的原因很重要？用美国卫生和公众服务部的数据论述原因。
2. 你的朋友属于久坐不动者，应当开始一项定期运动计划，但是你的朋友认为运动不重要。为了促使你的朋友参与运动，请列出哪三点理由以说服朋友运动。
3. 论述健康信念模型、计划行为理论和社会认知理论与运动行为相关的要点。
4. 介绍转变理论模型中的不同阶段。
5. 举出影响运动坚持性的三种个人因素及其影响运动坚持性的方式。
6. 举出影响运动坚持性和运动计划安排的三种环境因素。
7. 说明有助于增强运动坚持性的行为矫正方法。
8. 如何用抉择平衡表帮助参与者坚持运动计划？
9. 动机性面谈的原则有哪些？

深入思考

1. 你最近被任命为某家健身俱乐部的经理。该俱乐部会员退出运动计划的概率一直很高。你知道坚持运动计划很难，而你的老板希望你能够提高会员对运动计划的参与率和坚持率。你会如何制订运动计划，以最大限度地提高运动计划的坚持率？详细说明你将会采用的原则和将要落实的计划。

2. 一家大公司准备新建一所员工健身中心。该公司聘请你为顾问，向你咨询以下方面的问题：健身中心应包括哪些设施、应建在何处、应购买哪些设备？哪些因素能够提高员工的运动参与率？根据运动坚持性决定因素相关的知识，你会向该公司提出哪些具体建议？

第 19 章

运动伤害与心理学

学习完本章后，您将能：

1. 论述心理因素对运动伤害的影响；
2. 说明会导致运动伤害的心理前因；
3. 比较对压力与运动伤害之间的关系的解释；
4. 描述运动伤害的典型心理反应；
5. 找出受伤后心理调整不良的迹象；
6. 了解可以加快康复进程的心理技能与策略。

如果你向某人了解其运动伤害情况，他通常会说，伤害包括身体功能障碍以及众多心理问题。受伤的运动员会感到孤独、沮丧、焦虑和抑郁，这种情况并不罕见。问题不仅仅在于运动员对受伤的心理反应。承受重大压力或经历人生转变的体育运动参与者，如果未能通过有效策略来处理这些压力或转变，那么这些参与者很容易受伤。而因运动受伤且正在康复的参与者，如果能够了解动机及目标设置事宜，成功康复和重返赛场将大有希望。

受伤是重大事件而且经常发生。据估计，美国每年会有2500多万人在体育、运动或娱乐场所受伤（Williams & Andersen，2007）。美国每年约有350万14岁（含）以下的少年儿童会因参加体育或娱乐活动而受伤（National Safe Kids Campaign，2004）。另据估计，美国每年有370万人因娱乐或体育活动而进入急救室（Burt & Overbeck，2001）。此外，来自瑞典的数据显示，有75%的优秀足球运动员会在某一赛季受伤（Luthje，Nurmi，Kataga，Belt，Helenius，& Kaukonen，1996）。很明显，伤害是规律或活跃运动时可能会出现的结果。但是，究竟什么是运动伤害？

什么是运动伤害？

在本书中，运动伤害是指造成身体暂时（有时是永久性的）失能、无法运动的创伤。参与者在参与运动时会感知到疼痛，令这一定义具有可操作性；同时，它也具有多面性。它意味着：①在参与运动时感知到的疼痛或受到的伤害需要获得心理关注；②疼痛或受伤与某种功能的丧失或改变相关，而此种功能直接影响表现能力；③受伤者在感受到疼痛或伤害时，需要决定是否开始或继续运动。

受伤与不适之间有一条分界线。不适感与受伤有关，但是不一定会导致运动能力受损。极度不适或疼痛通常（但并不总是）意味着受伤。此外，参与者受伤后，有时不会感到疼痛或不适。参与者在跌倒或过度运动之后，可能会感到身体僵硬或疼痛，但此时参与者并未受伤，也无须退出运动。在受到运动伤害之后，权威人士可能会建议参与者将运动中断 1 至 3 天。

伤害的原因

大部分人认为，运动伤害实际上就是身体受伤；这种看法通常是正确的。但是，受伤原因和受伤康复的影响因素不仅仅包括身体因素。具体来说，影响受伤的因素包括身体、社会、心理和人格因素，此外，压力也会对受伤造成影响。

身体因素

身体因素是运动伤害的主要原因，包括肌肉失衡、高速冲撞、训练过度、身体疲劳等。但是，心理因素对运动伤害也有影响。一项研究显示，在因受伤而造成的时间损失中，有 18% 是因社会心理因素造成的伤害而导致（Smith，Ptacek，& Patterson，2000）。另有证据显示，心理因素对受伤康复起着重要作用。因此，健康专家应当了解参与者受伤后的心理反应，并确定通过何种心理策略来促进参与者

运动伤害的生物心理社会学观点

部分研究人员建议用生物心理社会学观点来深入理解运动伤害相关的问题，该观点考查了社会文化、伦理和生物医学因素对运动伤害心理的影响（Brewer，Andersen，& Van Raalte，2001；Wiese-Bjornstahl，2010）。此观点认为以下二者同等重要：①通过心理干预防止、管理运动伤害；②与运动员健康与优秀表现相关的结果。此观点与高强度运动密切相关。高强度运动需要爆发性的身体速度与体力、毅力（以达到身体极限）、极度的努力与投入（以实现富有挑战性的目标），这些因素均与优秀表现相关。

Brewer 及其同事根据生物心理社会学观点设计了一个模型，该模型主要包括以下七个部分：伤害特征（严重程度、位置）、社会人口统计因素（如：年龄、性别）、生物因素（如：神经化学、血液循环）、心理因素（如：人格、情感）、社会或背景因素（如：社交支持、生活压力）、中期生物心理结果（如：运动范围、疼痛）、运动伤害康复结果（如：生活质量、是否已准备好重返运动场）。

康复。一项针对800多名运动领域医师的调查显示，有80%的医师经常或偶尔会与其患者（运动员）讨论与受伤有关的情绪与行为问题（Mann，Grana，Indelicato，O'Neil，& George，2007）。这些医师最常讨论的是与压力、焦虑和倦怠有关的心理问题。

社会因素

社会因素也是运动伤害的潜在原因。其中一项社会因素为：运动员认为，带着伤痛比赛会被美国社会高度推崇（Malcom，2006）。很多研究显示，带伤比赛是一种受到他人（如：朋友、家人、父母、队友和教练）欢迎的行为。Albert（1999）发现，自行车手将受伤视作骑行运动的潜在危险与风险之一。此外，参与者似乎会忍着伤痛努力达标（如：完成马拉松赛跑或进入首发阵容）。过去，此种忍受伤痛比赛的行为通常被视作具有男子气概的象征，而体育运动一直被视为体现阳刚之气的活动（Liston，Reacher，Smith，& Waddington，2006）。但是，随着女性运动者的增多，女性运动者认为，应最大限度地减少受伤和忍受疼痛比赛的情形。例如，Malcom（2006）发现，女性垒球运动员在开始比赛时，无意带着伤痛比赛，而下列行为也并未占用她们太多时间：最大限度地减少伤害、嘲弄表现出疼痛的他人、在出现疼痛之后继续比赛。

心理因素

运动心理学家Jean Williams和Mark Andersen（Andersen & Williams，1988；Williams & Andersen，1998，2007）说明了心理因素对运动伤害的影响。图19.1简要说明了Jean Williams和Mark Andersen设计的模型。在此模型中，运动伤害和心理因素之间的关系围绕着压力展开。需要特别指出的是，可能出现的运动压力情境（如：比赛、重要练习、表现糟糕）可能会导致运动伤害，伤害程度取决于运动员自身及其对情境威胁的感知程度（请参见第4章）。如果运动员感觉运动情境具有威胁性，那么他的状态焦虑就会增强，这会导致关注点或注意力的各种变化（如：分心）以及

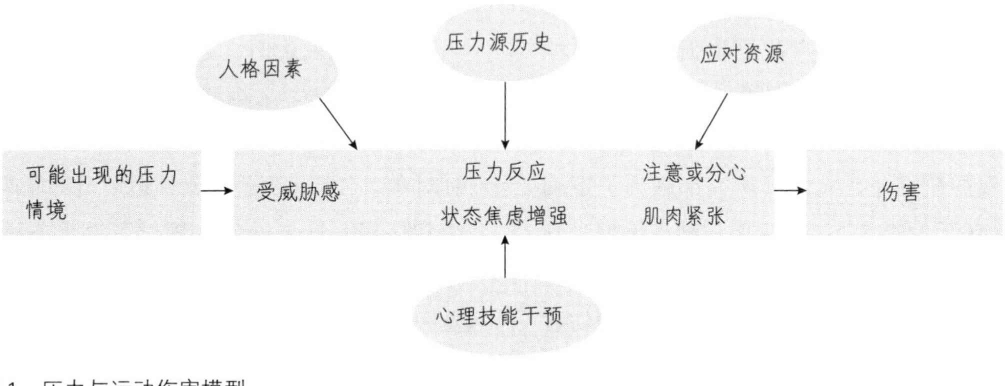

图19.1 压力与运动伤害模型

Adapted, by permission, from M. Anderson and J. Williams, 1988, "A model of stress and athletic injury: Prediction and prevention," *Journal of Sport and Exercise Psychology* 10(3): 297.

肌肉紧张。运动伤害的概率将会因此而增加。

但是，压力不是唯一会影响运动伤害的心理因素。如图 19.1 所示，人格因素、压力源历史和应对资源也会影响压力过程，进而会影响运动伤害的概率。此外，参与者在承受运动伤害之后，上述因素也会影响伤害带来的压力程度以及参与者以后的康复与恢复。另外，参与者培养心理技能（如：目标设置、想象、放松），有助于妥善处理压力问题、减少受伤的可能性和伤害带来的压力。心理学家认为，压力运动伤害模型不仅可以解释身体伤害，还可以解释紧张的身体训练和社会心理变化共同造成的身体疾病（Petrie & Perna，2004）。因此，此模型可以用于解释下列问题：运动员身体感染、不适应训练、压力太大时身体不适。我们已概要了解了心理因素对运动伤害的影响，现在我们深入了解一下 Anderson 和 Williams（1988）模型的部分内容。

人格因素

在所有心理因素中，人格特质与运动伤害的关系最为密切。研究人员试图了解自我概念、内向与外向、坚强意志等特质是否与运动伤害有关。例如，与自我概念强的运动员相比，自我概念弱的运动员受伤的概率是否更高？遗憾的是，在针对人格与伤害之间的关系而开展的研究中，大部分研究都碰到了下列问题：①研究结果不一致；②运动人格相关的研究存在整体困扰（Feltz，1984a；另请参见第 2 章）。当然，这不意味着人格与运动伤害的概率没有关系，这只意味着到目前为止，我们尚未完全确定和考量与运动伤害相关的那些人格特征。最新的证据（Ford，Eklund，& Gordan，2000；Smith et al.，2000）显示，人格因素（如：乐观主义、自尊、顽强和特质焦虑）的确与运动伤害相关。但是，此种关系比我们想象的更复杂，因为人格因素似乎能够调节压力与伤害之间的关系。具体来说，如果一个人的特质焦虑程度高，那么与特质焦虑程度低的人相比，其生活压力与伤害之间的关系会更密切。

压力水平

压力也是运动伤害的重要前因。研究人员考察了生活压力和伤害概率之间的关系（Andersen & Williams，1988；Johnson，2007；Williams & Andersen，1998，2007）。考察的压力标准为重大生活变故，如：失去所爱、迁移至其他城市、结婚、经济地位发生变化。研究人员还考察了一些较小的压力和日常困扰，如：在车流中驾车。研究结果表明，总体而言，生活压力大的运动员，受伤的概率要比生活压力小的运动员高。85% 的研究证实了生活压力与运动伤害之间的这种关系（Williams & Andersen，2007）。因此，健身与运动专家应当了解运动员生活中的重大变化与压力源。当重大变化发生时，应密切关注运动员，并调整训练方法，为运动员提供心理支持。

压力与伤害之间的关系比较复杂。一项针对 452 名高中男性与女性运动员（篮球、摔跤和体操）开展的研究探讨了以下各种因素之间的关系：①压力生活事件；②来自家人、朋友和教练的社交与情感支持；③应对技能；④运动员因受伤而不能参与运动的天数（Smith，Smoll，& Ptacek，1990）。研究人员在整个学期均未发现上述各种因素之间的关系。但是，在一个社交支持程度低和应对技能低的运动员小组中，研究人员发现，生活压力与运动伤害相关。上述结果表明，如果运动员的应对技能差，获得的社交支持少，并且遇到重大生活改变，那么他或她因运动而受伤的风险便会增高。同样地，如果一个人自尊程度低、悲观、意志不坚（Ford et al.，2000）或特质焦虑程度高（Smith et al.，2000），那么他或她因运动而受伤的概率就高，并且因受伤而损失的时间也多。持证运动训练师与教练应当留意存在上述风险的参与者。上述发现验证了 Andersen 和 Williams 模型，说明我们应当关注多种心理因素对压力与伤害之间关系的影响，这一点很重要。

最新研究显示，如果受伤风险高的运动员能够接受压力管理训练，那么他们受伤的概率会低于受伤风险高且未接受过此种训练的运动员（Johnson，Ekengren，& Andersen，2005；Maddison & Prapavessis，2005）。例如，Maddison 和 Prapavessis（2005）将 48 名存在受伤风险（社交支持程度低、极力避免竞争）的橄榄球运动员随机分配到了压力管理训练组和不接受此种训练的对照组。压力管理训练组的训练内容包括：渐进式放松肌肉、表象管理、目标设置和计划。研究结果显示，在完成训练计划之后，压力管理训练组的运动员与对照组运动员相比，因受伤而损失的时间更少、应对资源更多、忧虑更少。

研究人员还明确了运动员受伤时以及康复时的压力来源（Gould，Udry，Bridges，& Beck，1997b；Podlog & Eklund，2006）。值得注意的是，运动员最大的压力来源不是受伤后的身体状况，而是一些心理反应（如：害怕再次受伤、担心梦想破灭、只能看他人比赛），此外，社会关注度（如：缺少他人关注、孤立感、不良关系）也是运动员经常提到的压力来源（Gould et al.，1997b）。例如，一位优秀的滑雪选手曾说：

> 我感觉自己被隔绝了，好像与滑雪队脱离了关系。这只是我曾碰到的问题之一。可以说，我没有感觉到他人的关爱。我一到住处，他们就抛下了我，将我的行李扔进房间，然后只说了句“等你好了，我们再见。”对此，我真的感到很难过。

另一位受伤的运动员曾说：

> 我担心再次受伤，因为我以前受伤过几次，经历过几轮痛苦。因此，在训练时，我总是会想到这个问题。如果我感到不适，我就会想，我是不是又要受伤。

运动员的其他压力包括：身体问题（如：疼痛、身体无法活动）、医学治疗（如：治疗的不确定性、诊断结果严重）、康复困难（如：康复较慢、靠自己康复）、资金困难、职业忧虑、感觉自己错过了机会（Gould et al.，1997b）。对于帮助受伤运动员康复的专业人士来讲，熟悉上述压力来源很重要。

教授运动员或受训者压力管理技能（请参见第 12 章），有助于这些人员更好地表现、减少受伤或疾病风险。在一项精心设计的临床试验研究中，研究人员将大学赛艇运动员随机安排到了认知行为压力管理训练组和对照组（只学习计划的概念性内容，不接受实际技能训练）。研究结果发现，在整个赛季，压力管理训练组运动员因受伤或疾病而损失的时间天数要少于对照组运动员（Perna，Antoni，Baum，Gordon，& Schneiderman，2003）。这一结果证实了此前针对参加比赛的体操运动员开展的对照研究获得的结果（Kerr & Goss，1996）。另外几项研究（Johnson et al.，2005；Maddison & Prapavessis，2005）也证实了压力管理训练在减少运动员伤害方面的效果。

很多因素都会导致运动伤害。这些因素包括：身体因素、社会因素、心理因素、人格因素和压力水平等。

压力和伤害之间的关系

了解为什么生活压力大的运动员更容易受伤，对制订与压力反应和伤害预防有关的有效运动医学计划大有帮助。下文介绍的两种主要理论说明了压力和伤害之间的关系。

注意力干扰

一个比较有说服力的观点是，压力使运动员对周边的关注范围缩小、致使运动员的注意力被破坏（Williams，Tonyman，& Andersen，1991）。因此，当一位橄榄球四分卫的压力很大时，他更容易受伤，因为他可能无法看到对方队员冲过来。而当他压力较小时，他对周边的关注范围将会增大，他就能够看到对方队员，进而能够避免冲撞和随之而来的伤害。该观点还认为，状态焦虑增强会导致运动员注意力不集中、胡思乱想。例如，一位主管在与同事发生争执之后于午餐时间去慢跑，她可能会因为漫不经心而跨入坑中、扭伤脚踝。

肌肉紧张度增加

压力大可能会造成肌肉过度紧张，而肌肉过度紧张会干扰运动员的正常协调能力、增大运动员受伤的风险（Smith et al.，2000）。例如，一位压力大的体操运动员，肌肉可能会出现不必要的紧张，这会导致她从平衡木上跌落受伤。压力增大还可能会导致整体疲劳、肌肉失能、灵活性降低和运动协调问题（Williams & Andersen，2007）。当运动员经历人生重大变化（如：一位高中生运动员的父母正在闹离婚）时，教师与教练应当密切关注该运动员的行为。如果该运动员在运动时，出现肌肉紧张度增大、注意力集中困难的情形，教师与教练应当降低训练强度并开始应用压力管理策略，这会是一个明智的做法。

关于受伤的其他心理学解释

通过与受伤运动员的沟通，运动心理学家发现，除了压力之外，某些人的态度也容易使运动员受伤。Rotella 和 Heyman（1986）发现，某些教练的态度（如："顽强拼搏，付出120% 的努力" 或者 "如果你受伤，你会失去价值"）会增加运动员受伤的概率。

"顽强拼搏，付出 120% 的努力"

"进取或者回家"、"没有痛苦、就没有收获" 和 "拼命奋斗" 这些口号代表了很多教练推崇的付出 120% 努力的观点。很多教练会奖励极为努力的运动员，但是不太重视让运动员认可并接受避免伤害的重要性，以此来鼓励运动员带伤比赛或承担不当风险（Rotella & Heyman，1986）。例如，一位大学橄榄球运动员可能会因为牺牲自身身体而不断获得奖励。他会变得前所未有的大胆，会为了开球补位而进行夹杀，直到某一天他冲撞了另一位队员，受到严重伤害。

这并不是说运动员在足球、摔跤或橄榄球运动中不应自信而投入地进行比赛。只是说教练人员不应过度强调 120% 的努力，以至于让运动员去冒不当风险（例如，以头朝下的方式用头去戳球或接球）。这会增加运动员严重受伤的概率。

顽强拼搏的理念并不仅限于接触型运动。很多运动员和受训者都认为自己应当进行脱胎换骨的训练，训练越多肯定越好。这会导致运动员或受训者过度紧张，受到网球肘、胫腓骨疲劳性骨膜炎、游泳肩等伤害。部分运动医疗专家认为，这些因过度使用而造成的伤害正在逐年上升，尤其是在青少年运动员中（DiFiori，2002；Hutchinson & Ireland，2003）。艰苦的身体训练的确会带来不适，但是，教练人员应当教授运动员和受训者区分以下二者：①因训练量过大或训练量增加而带来的正常不适感；②伤害造成的疼痛。

> **要点**　应教会运动员和受训者区分以下二者：因训练量过大或训练量增加而带来的正常不适感；伤害造成的疼痛。

"如果你受伤，你会失去价值"

部分运动员认为：如果自己受伤，自己将会失去价值。运动员是通过多种方式认识到这一点的。教练人员可能会有意无意地传达这一点：获胜比运动员的幸福感更重要。而当运动员受伤时，运动员将不再对获胜有帮助。因此，对教练来说，运动员没用了——运动员能立刻意识到这一点。运动员想让自己如同获胜者一样有价值，因此，他们在疼痛甚至受到更加严重的伤害时仍会坚持比赛。教练人员还会通过下列不太直接的方式让运动员认识到：受伤意味着失去价值。教练先告知运动员说出 "正确的事情"（如："如果你受伤就告诉我，你的健康比获胜更重要"），但是，一旦运动员受伤，他会发现，教练的言与行大相径庭。运动员被忽视了。这让他意识到：受伤代表着自己没什么价值了。运动员会迅速认同下列观点：即便是在受伤时，也应坚持比赛。"伤害疼痛和训练不适案例研究" 说明了教练人员应当如何鼓励运动员在不冒受伤风险的情况下努力训练。

伤害疼痛和训练不适案例研究

莎恩执教一个游泳队，多年来，该游泳队一直存在因过度使用身体而造成运动伤害这一问题。但是，该游泳队有顽强拼搏的理念，并且以该理念为傲。莎恩借助游泳心理学家 Keith Bell（1980）的指导，告知游泳队员：应将训练产生的正常不适（疼痛）视为成长与进步现象，而不应视为可怕的、无法容忍的现象。对于队员来讲，正常的训练不适不意味着运动员应当停止训练，而是意味着运动员应当迎接挑战、更加刻苦。

长久以来，莎恩的游泳团队一直秉承着自身的训练理念，误解了 Bell 的观念。因此，莎恩设定了一个目标：要让其游泳队员知晓训练不适和受伤疼痛之间的差别。在赛季一开始，莎恩便表达了她的关心，请上一赛季因过度使用身体而受伤的运动员说出以下二者之间的差别：努力完成训练量（克服不适）和忽视伤害（如：在肩膀疼痛时，不停止训练或不告诉教练）。莎恩将团队口号从“没有痛苦就没有收获”改为了“明智而努力地训练。”她还修改了训练周期，增加了运动员休息的时间，制订并执行了下列规定：在休息日，任何人不得进行游泳或负重训练。在整个赛季，莎恩定期与游泳队员讨论受伤和不适之间的差别，并且用表扬以及偶尔的奖励来强化正确行为。莎恩告知游泳队员的父母：应留意孩子出现的慢性疼痛。

游泳队员逐渐了解了受伤疼痛和努力训练引发的正常不适之间的差别。在赛季结束时，大部分游泳队员的身体保持了健康，对此他们感到很激动。

运动理念

近 20 年间，越来越多的社会学研究让我们进一步了解了与伤害相关的运动规范、价值观和环境（相关评述，请参见 Heil & Podlog，2012）。其中大部分研究考察的是：①受伤运动员的个人经历；②“表现出男子气概”的观点深入运动员内心的方式；③带着伤痛进行比赛的性别化信念；④疼痛和受伤的常态化。从社会学角度来讲，受伤风险会随着下列情形的增加而增加：①根据输赢记录狭隘地定义成功；②重视外在形式的成功（如：奖学金、奖金），不重视内在成就；③推崇无条件接受或过度服从会助长冒险型氛围的标准运动理念。

乍一听，“获胜者从不会退出，退出者永远不会获胜”这句话似乎正确，但它的隐含意义是运动员应当带着伤痛比赛，因为成功比失败更重要。带着伤痛比赛的运动员会受到教练和队友的一致重视，这会促使运动员进一步带伤比赛，即便是冒着职业生涯中断的风险。短期的获胜目标通常会损害运动员的长期健康。很多带着伤痛比赛的运动员，几年之后，需要借助拐杖行走、起床需要一个多小时、遭受脑损伤（通常是多次脑震荡的结果）的折磨。决定运动员该继续比赛还是该休息并不是一件容易的事。但是，需要做出此种决定的教练、运动训练师和医疗人员，必须将运动员的长期健康与幸福感放在第一位。

上述不顾运动员个人安危的运动理念在橄榄球领域体现得尤其明显。橄榄球领域推崇勇敢和男子气概，这会导致运动员否定疼痛和伤害（Gregory，2010）。而日渐突出的脑震荡案例凸显了上述运动理念的不利影响。这些案例显示，很多橄榄球运动员在职业生涯中遭受过多次脑震荡，但是他们仍然重返赛场继续比赛。在这些运动员中，有些人在退役之后出现令人担忧的心理反应（如：自杀、认知缺陷、严重抑郁、脑部功能逐渐退化等）。不断增多的证据显示，脑震荡会导致运动员在退役之后出现这些心理问题。因此，一种监测脑震荡的新规程开始执行，该规程要求相关人员密切关注有过一次脑震荡的运动员，并采取预防措施。

训练与运动伤害的心理反应

即便采取了身体与心理两方面的预防措施，人们在参与剧烈的体育运动时，仍然会受伤。即便运动计划的工作人员最优秀、装备最精良、监管最周密，运动员仍然有受伤的风险。因此，了解运动伤害的心理反应就变得很重要。运动心理学家和运动训练师已经找出了运动伤害的各种心理反应。有些人认为，受伤是一场灾难；而另一些人认为，受伤是一种解脱，可以暂时脱离乏味的训练、可以在比赛表现差时保住面子，甚至可以在想退出时将其作为一种说得过去的理由。尽管运动受伤的心理反应有很多种，但是有些反应要比其他反应出现得更频繁。运动与健身专家应当留意运动员的这些反应。

情绪反应

运动心理学家在开始关注运动员的受伤心理时，先做出了下列推测：运动员对运动受伤的反应和濒临死亡者的反应相同。根据这一观点，受伤的受训者和运动员通常会经历一个**哀伤反应**过程，包括五个阶段（Hardy & Crace，1990），分别是：

1. 否认；
2. 愤怒；
3. 心理斗争；
4. 抑郁；
5. 接受并重新规划。

很多受伤心理相关的文章都认同这一哀伤反应过程，但是有证据显示，虽然运动员在受伤后会出现很多情绪反应，但是他们未必会遵从一套固有模式或感受到五个阶段中的每一种情绪（Brewer，1994；Evans & Hardy，1995；Quinn & Fallon，1999；Udry，Gould，Bridges，& Beck，1997）。现在，运动心理学家建议我们以更加灵活的整体方式来看待受伤后的典型反应，即运动员不会按部就班地按照预先设定好的顺序经历上述各个阶段。很多运动员会同时出现上述几种情绪和思想，或者会再次体验他们已经经历过的阶段。但是，尽管如此，我们仍然能够发现，运动员受伤后的情绪反应通常包括以下三大类（Udry et al.，1997）：

1. 伤害相关信息的处理。受伤运动员会关注受伤疼痛的相关信息、了解受伤程度、询问受伤过程、认识到不利后果和不便之处。
2. 情绪剧变和反应性行为。一旦运动员意识到自己受伤，他可能会出现情绪激动、内心挣扎、情感空虚、感觉孤独、震惊、怀疑、否定和自怜等情绪。

3. 积极展望和应对。运动员会接受受伤的现实并着手改善这一状况，会通过积极努力来应对挑战，表现出良好的态度，积极乐观，减轻对不良情绪的感知。

大部分运动员在受伤后，会出现以上三大类反应，但是反应速度和轻松程度大有不同。有的人会在一两天内经历上述三种反应，但是有的人会在数周或数月内经历上述反应。一项针对136名严重受伤的澳大利亚运动员开展的长期研究显示，运动员在刚刚受伤时的不良情绪最严重（Quinn & Fallon，1999）。

> **要点**　大部分人在受伤后都会出现一些典型的心理反应，但是每个人经历心理反应各阶段的速度和轻松程度可能会大不相同。

其他反应

运动员在受伤后，还可能会出现其他心理反应（Petitpas & Danish，1995）。其他反应包括：

1. 身份迷失。某些因为受伤而无法继续运动的运动员可能会迷失自己。也就是说，该运动员自我身份中的重要部分缺失了，这会严重影响运动员的自我概念。研究发现，在运动员康复期间，如果教练员能够营造支持性环境，运动员的内在动机将会增强。这会进而帮助运动员保留其作为运动员的重要自我概念（Horn，Brinza，& Massie，2013）。
2. 恐惧和焦虑。很多运动员在受伤时，都会体验到高度恐惧与焦虑。他们忧虑自己何时会康复、是否会再次受伤、他人是否会永久取代自己在阵容中的位置。由于运动员无法训练或比赛，他们有大量时间忧虑。
3. 缺乏自信。由于无法训练或比赛，身体状况退化，运动员在受伤后可能会失去自信。自信程度降低可能会导致动机减弱、表现变差甚至是又一次伤害（如果运动员补偿过度的话）。
4. 表现下降。由于自信程度降低、缺少训练时间，运动员在受伤后的表现可能会变差。但很多运动员在受伤后难以降低对自己的期望，会期望重返受伤之前的表现水准。
5. 协作过程。运动员受伤对团队协作过程的影响可能是消极的，也可能是积极的。例如，如果一位受伤的篮球运动员中断训练或比赛2个月，他与其他4位队友通过训练而建立的顺畅流程和协作状态便会被打破。而另一方面，如果一位得分王受伤，其他队员在此之后，齐心协力、付出更多努力，他们的团队凝聚力可能会进一步增强（请参见Benson et al.，2013）。

对于完全通过运动来定义自己身份的运动员来讲，运动身份的缺失对其影响尤其重大。如果受伤令运动员的职业生涯结束或无法再从事体育运动，那么该运动员需要获得专门的、（通常为）长期的心理关护。

康复中的生理心理学

有研究考察了心理压力和情绪对受伤后身体康复的影响。Cramer Roh 和 Perna（2000）发现，高度抑郁与压力会中断身体自然痊愈的过程。他们认为，心理压力可能会增加儿茶酚胺和糖皮质激素的分泌，这会阻止治疗性的免疫细胞移动到受伤部位，并且会干扰受损组织的移除。持续很久的压力还会减少对重建过程非常重要的胰岛素样生长激素的活动。最后，压力还会造成睡眠障碍，而睡眠障碍是影响身体康复的另一因素（Perna et al.，2003）。

受伤后心理调整不良的迹象

大部分人在经历受伤后的一系列心理反应之后，最终能够调整好自己的心态。虽然他们曾表现出一些负面情绪，但是，对于他们来说，调整好心态并不是一件非常难的事。一项在全国范围内针对运动训练师开展的调查显示，他们建议接受心理咨询的受伤客户占 8%（Larson，Starkey，& Zaichkowsky，1996）。我们如何知道运动员或受训者受伤后的反应是正常反应还是需要给予特别关注的异常反应？下面是运动员受伤后心理调整不良、值得我们关注的迹象（Petitpas & Danish，1995）：

- 感到生气和困惑
- 一直想着何时能重返赛场
- 否认（如："受伤不是大事"）
- 反复快速重返赛场并再次受伤
- 夸大、吹嘘成就
- 总是想着微不足道的身体不适
- 因自己影响团队成绩而自责
- 远离重要他人
- 心境急剧变化
- 言语中流露出无论如何努力都不会康复的想法

健康指导员或教练在发现运动员出现上述症状时，应当与运动医学专家讨论这一问题，并建议运动员接受运动心理学家或咨询师的专业帮助。同样地，如果一位持证运动训练

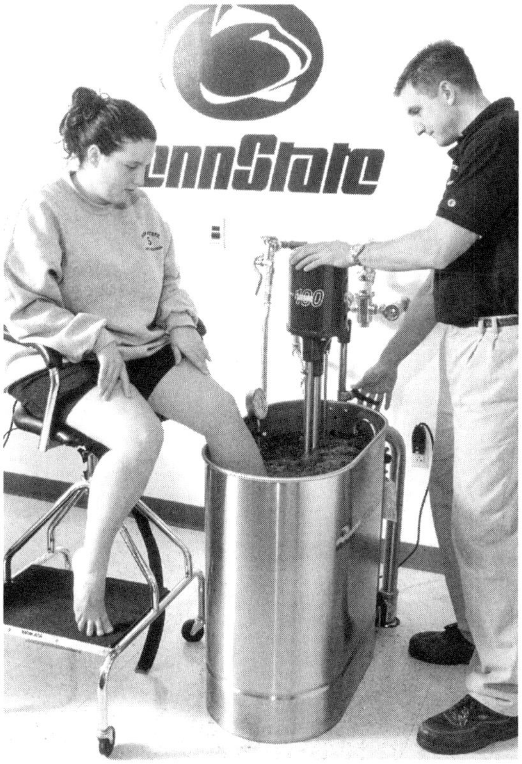

运动心理学可以帮助运动员康复。采用目标设置、自我对话和康复表象等策略的运动员，康复得要比未采用这些策略的运动员快。

师发现运动员出现上述异常情绪反应，训练师应当建议运动员寻求运动心理学家或其他具备相应资质的心理健康专家的帮助，就像训练师发现未受伤运动员出现临床性、全局性的生活问题（如：抑郁、严重广泛性焦虑）时应做的那样。

体育心理学在康复中的角色

体育心理学对近年来运动伤害相关康复的帮助很大。主动康复、减少创伤性手术方式的使用以及力量训练，对运动康复的帮助也很大。新的心理技巧也加快了受伤康复的过程，越来越多的专业人士开始通过全局性方法来治愈运动员的身心。因此，了解康复心理学对体育运动领域的每一个人都很重要。

康复心理学

Ievleva 和 Orlick（1991）在一项了解心理策略对康复影响的研究中，探讨了（膝盖与脚踝受伤的）运动员康复快（不到 5 周）和康复慢（超过 16 周）的原因。他们希望了解，运动员康复得快是否是因为使用了更多的心理策略与技能。研究人员对运动员进行了访谈，评估了运动员的多个方面：态度与观点、压力与压力控制、社交支持、积极的自我对话、康复表象和目标设置。他们发现，康复快的运动员采用的目标设置、积极自我对话和康复表象（比例较小）策略，要多于康复慢的运动员。其他研究显示，心理干预能够对运动伤害康复（Cupal & Brewer，2001）、康复期心情（Johnson，2000）、应对能力（Evans，Hardy，& Fleming，2000）和自信（Magyar & Duda，2000）产生积极影响。

越来越多的人意识到，身体康复未必会与重返赛场的心理康复同步，因此，相关人员开始研究重返赛场的过渡期心理（Podlog & Eklund，2006，2009，2010）。重返赛场面临的挑战包括：担忧再次受伤、表现焦虑增强、不确定自己是否能够达到他人期望、身体方面的自我效能感减弱、担心自己无法达到受伤前的表现水准。重返赛场的动机类型很重要。例如，如果运动员重返赛场的动机多为内在动机，那么他对运动的欣赏程度就更高、就越坚毅、成就动机也越强；而如果运动员重返赛场的动机多为外在动机，那么他的自信心就会减弱、表现会变差、比赛焦虑会增强（Podlog & Eklund，2010）。

在康复期间运用表象策略

Driediger、Hall 和 Galloway（2006）研究了运动员在康复期对表象策略的应用。他们发现，运动员在进行观察性训练、驾驶和卧床休息时最常使用表象策略。运动员主要是在康复期内（而非康复期前或后）使用表象策略。他们利用表象策略来演示康复练习、改善某些练习表现、改善目标设置、进一步放松、控制焦虑、激励自己进行康复练习、保持积极心态、保持注意力。此研究结果清楚地显示，运动员在受伤康复期间会使用表象策略以促进康复和控制疼痛。

心理训练和心理因素也会影响运动员坚持治疗计划（Brewer et al.，2000；Scherzer et al.，2001）。Brewer 及其同事（2000）发现，自我动机是运动员能否在家坚持康复训练的重要预测指标。Scherzer 及其同事（2001）则发现，目标设置和积极自我对话对于运动员在家完成康复训练和坚持康复计划有积极影响。这些发现很重要，因为康复中一直存在的重要问题是运动员不能坚持执行医嘱（如：进行康复训练、冰敷）。

针对运动训练师开展的调查也支持了上述结论（Gordon，Milios，& Grove，1991；Larson et al.，1996；Ninedek & Kolt，2000；Wiese，Weiss，& Yukelson，1991）。例如，Larson 及其同事请 482 名运动训练师找出以下两种运动员的主要特征：应对受伤挑战最成功的运动员和应对受伤挑战最不成功的运动员。这些训练师发现，这两种运动员，在以下方面存在不同：应对受伤挑战最成功的运动员的康复与治疗计划执行得更好，对受伤状态和人生的态度更积极，动机更强，更专注、更坚定，针对自身伤害提出的问题更多，更加了解自己所受的伤害。其中，大约 90% 的训练师报告说，治疗受伤产生的心理问题十分重要。该研究说明，心理因素对受伤康复起着重要作用。因此，受伤治疗应当包括心理治疗，以加快运动员的痊愈和康复。

> **要点**　只有身体伤害和心理伤害均康复了，受伤者才算彻底康复。

治疗和康复指南

与运动伤害相关的心理学研究明确显示，治疗人员最好采用全局性疗法来加快运动员伤害康复。<u>全局性疗法</u>就是用心理策略来辅助身体疗法。执行全局性疗法的第一步是了解心理康复与痊愈过程。图 19.2 展示了 Bianco、Malo 和 Orlick（1999）在针对严重受伤或患病的优秀滑雪运动员开展的研究中确定的受伤和康复过程的三个阶段。运动员在每个阶段都会面临不同挑战，因此，治疗人员需要采用的心

预测和增强康复计划坚持性

Brewer（2013）发现了能够预测运动员康复计划坚持性的部分重要指标，以及某些可以增强计划坚持性的方法。这些预测指标和方法包括：

- 个人态度——疼痛忍耐、心理坚韧性、自我动机、运动员身份认同
- 环境特征——社交支持、治疗人员对运动员坚持康复计划的期望、舒适的治疗环境、预约方便
- 对计划坚持性进行有效干预——强化、目标设置、教育、多种方式干预
- 计划坚持性的预测指标——自我效能感的恢复、自己对康复的控制、对受伤严重程度的感知、悲痛情绪、治疗效果

根据以上发现，在运动伤害治疗人员了解、落实可以增强计划坚持性的干预方案时，运动心理学家可以提供相关帮助。

受伤或患病阶段
帮助运动员解决受伤造成的情绪大起大落问题

↓

康复和痊愈阶段
帮助运动员保持动机、坚持康复计划

↓

功能复原阶段
只有当运动员的运动功能恢复正常时，
才算运动员彻底康复

图 19.2　受伤康复的三个阶段

理康复方法也是不同的。

例如，在受伤或患病的初始阶段，治疗人员应当帮助运动员解决受伤造成的情绪大起大落问题。在初始阶段，运动员的压力主要来源于未确诊带来的不确定性和诊断结果代表的后果，因此，治疗人员应当帮助运动员了解伤害。在康复和痊愈阶段，治疗人员应当帮助运动员保持动机、坚持康复计划。目标设置和保持积极心态对运动员保持动机、坚持康复计划非常重要，尤其是在运动员退步时。最后一个阶段是功能恢复正常的阶段，即便运动员可以参与运动了，也不代表运动员彻底康复了；只有当运动员的运动功能恢复正常时，才算运动员彻底康复。此外，有证据显示，运动员在受到严重伤害之后，恢复正常比赛功能的难度远超乎我们的想象，通常需要相当长的时间——6 周至 1 年（Bianco et al.，1999；Evans et al.，2000）。

要想了解康复的心理因素，就需要了解受伤反应。但是，要加快运动员康复，仅了解受伤反应还不够。多种心理干预程序与方法都能够加快康复进程，包括：与受伤运动员建立和谐关系，帮助运动员了解受伤和康复过程，教授运动员特定的心理应对技能，指导运动员做好准备应对退步情况，增强社交支持，并鼓励运动员向其他受伤运动员学习。下一节我们会详细介绍这些过程与方法。运动心理学家和训练师应当了解并酌情落实相应的程序与方法。

发现有受伤风险的运动员和锻炼者

多项研究（Johnson et al.，2005；Maddison & Prapavessis，2005）显示，我们可以知道哪些运动员是运动伤害风险高的人。这些运动员同时具有备下列特征：特质焦虑程度高、生活压力大、心理应对技能差、社交支持程度低、极力避免竞争。有一项鼓舞人心的发现：受伤风险高的运动员，在接受压力管理训练之后，他们因受伤而损失的时间及受伤概率将会少于或低于未接受此类训练的受伤风险高的运动员。因此，教练、持证运动训练师和健身服务人员应当努力找出那些受伤风险高的运动员。

与受伤者建立和谐关系

运动员或锻炼者在受伤之后，通常会出现下列情绪：怀疑、沮丧、生气、困惑和脆弱。这些情绪不利于帮助者与受伤者建立和谐关系。此刻，共情（尽量理解伤者的感受）将会有所帮助。此外，还要表现出对伤者的情感支持，并表示自己会努力帮助伤者。应看望伤者，给他们打电话，表现出你的关心。当锻炼者或运动员从受伤的震惊中恢复，不再一直想着受伤这件事后，上述做法尤其重要。在与受伤者建立和谐关系时，不应对快速痊愈表现得过度乐观；而是应在表现出积极心态的同时，强调你会与受伤者一起努力："玛丽，这是件令人遗憾的事。但是，你必须努力好起来。我会一直在你身边，我们一起努力，你会回到赛场上的。"

> **要点**　与受伤者建立和谐关系，应站在受伤者的角度考虑问题，提供情感支持，保持现实期望但要积极乐观。

帮助受伤者了解受伤和康复过程

如果运动员或锻炼者首次受伤，应告诉他们康复过程中会发生哪些事情。应通过实例使他们了解运动伤害。例如，如果一位高中摔跤选手锁骨骨折，你可以用一根棍子向其演示骨折是什么样子。应告诉受伤者，他们在约3个月内，无法参加比赛。同样重要的是，应告诉受伤者，在1个月后，他们会感觉好很多。要告诉他们：他们可能会急于开始正常活动，但这会恶化他们已取得的康复成果。

概要说明具体康复过程。例如，持证运动训练师可以告诉摔跤运动员：2至3周之后，他可以骑健身车；2个月后，他可以进行小范围移动练习；之后，他可以执行力量训练计划，直到其受伤部位的力量恢复到原有水平。最后（也只有在此时），他可以恢复摔跤运动，但是一开始应以演练模式进行，再慢慢开始正常的摔跤运动。（有关渐进式康复过程的全面论述，请参见Tippett & Voight，1995。）

教授运动员特定心理应对技能

进行康复时，受伤者需要学习一些非常重要的心理技能，包括：目标设置、积极自我对话、表象和放松训练（Hardy & Crace，1990；Petitpas & Danish，1995；Wiese & Weiss，1987）。

目标设置对运动员的康复很有帮助。例如，Theodorakis等人（1996）发现，膝盖受伤的运动员在设置个人表现目标之后，表现会改进；这一点和设置了个人目标的未受伤运动员一样。研究人员得出下列结论：将增强自我效能感的策略和个人表现目标策略相结合，对缩短运动员康复时间大有帮助。可用于运动康复的目标设置策略包括：设定返回赛场的日期，确定每周前往训练室进行治疗的次数，确定康复期进行移动练习的范围、力量练习和耐力练习的数量，等等。治疗期间，动机强的运动员可能会自行加大训练量，这会导致他们因训练量过大而再次受伤。应告知运动员需严格按照目标计划来进行康复训练，不要在自己感受到了康复效果时盲目加大训练量。

> **要点**　动机强的运动员常会训练过度。正在进行康复的运动员，不应因在某一天感受到了康复效果而自行加大训练量。

自我对话策略有助于避免运动员在受伤之后自信心降低。运动员应学会消除负面思维（"我永远都不会好了"），代之以现实而积极的思维（"我今天感觉不太好，但是我仍在坚持康复计划，我要有耐心，我会康复的"）。

康复期间，表象策略十分有用。受伤者可以想象自己正处于比赛情境，这有助于受伤者保持比赛技能、加快重返赛场的康复进程。受伤者也可以通过想象来加速康复：想象受伤组织正在移除、新的健康组织与肌肉正在生长。这听起来可能会有些不可思议，但事实表明，使用了康复表象策略的患者通常康复得都比较快（Ievleva & Orlick，1991）。Sordoni、Hall 和 Forwell（2000）还发现，受伤之前在运动过程中使用表象策略的运动员，在受伤之后不会自动按受伤之前的频次使用表象策略。因此，帮助运动员进行康复的专业人员，应当鼓励运动员在康复期间使用表象策略，如同他们在未受伤时一样。

放松训练有助于减轻疼痛和压力。疼痛和压力通常因严重伤害导致或在康复过程中产生。运动员还可以通过放松方法来助眠或减轻整体紧张度。例如，Walsh（2011）就介绍了如何通过放松训练来减轻受伤者压力、实现康复。

教导受伤者如何应对退步情况

受伤康复不是一门精确的学科。人们康复的速度各有不同，退步情况并不鲜见。因此，受伤者应当学习如何应对退步。应在与受伤者建立和谐关系的阶段，告知受伤者将来可能会退步，同时鼓励受伤者对康复保持积极心态。退步是正常的，不应惊慌，因此没有理由泄气。同样地，还应评估康复目标并定期地重新确定目标。为帮助受伤者学习应对技能，当受伤者退步时，应当鼓励受伤者将退步情况告诉重要他人。受伤者可以向重要他人倾诉感受，从而获得必要的社交支持。

> **要点**　在康复过程中，应教导受伤者做好应对退步情况的准备。

增强社交支持

受伤运动员获得的社交支持有多种，包括：朋友和所爱之人给予的情感支持、教练以评定方式（如：“你现在一切进展顺利”）给予的信息支持、有形支持（如：父母给予的金钱支持）（Hardy & Crace，1991）。研究（Bianco，2001；Green & Weinberg，2001）显示，社交支持对受伤运动员很重要。他们需要知道，教练和队友在关心着他们，相信人们会倾听他们的忧虑而不会批评自己，还需要了解受到同样伤害的他人是如何康复的。

我们不应认为充分的社交支持会自动出现。如前文所述，在受伤后不久，运动员获得的社交支持可能会较多，而在康复阶段后期，运动员获得的社交支持可能较少。应注意：在康复过程中，受伤运动员在任何阶段收到的社交支持都对康复有帮助。在提供社交支持时，应考虑下列原则和建议：

- 社交支持有助于提高受伤运动员的应对能力。社交支持能够帮助受伤运动员减轻压力、改善心境、增强康复动机、坚持治疗计划。因此，应努力为受伤运动员提供社交支持。医护人员应当接受社交支持方面的培训，应当告知教练人员和重要他人如何向受伤运动员提供社交支持。
- 一般来讲，受伤运动员希望教练和医疗专家提供信息支持，希望家人和朋友提供情感支持。受伤运动员不太可能向过去未曾帮助过自己或关系不稳固的他人寻求支持。而且自尊弱的受伤运动员寻求社交支持的可能性，要低于自尊强的受伤运动员（Bianco & Eklund，2001）。
- 应认识到，在康复的各个阶段，受伤运动员所需的社交支持类型和支持来源可能会有所不同（Bianco，2001）。例如，在受伤或患病阶段，为了清楚地了解受伤性质，运动员最需要的可能是信息型社交支持。具有丰富知识的医疗人员，可以向运动员说明伤害，使其知晓自身伤害的严重程度。但是，在康复阶段，运动员最需要的可能是教练人员帮助自己克服挑战、激励自己坚持康复计划。

- 当康复进展缓慢、出现退步或者其他生活需求加大了运动员的压力时，运动员最需要社交支持（Evans et al.，2000）。
- 从整体上看，社交支持对受伤运动员是有帮助的，但是在某些情况下，社交支持对受伤运动员的影响是不利的。这些情况包括：社交支持提供者与运动员的关系不够友好，社交支持提供者缺少运动员的信任，或运动员获得的是强迫性支持。当社交支持符合受伤运动员的需求、向运动员传递了正面信息时，受伤运动员才会感到社交支持有用（Bianco，2001）。

向其他受伤运动员学习

帮助受伤运动员或锻炼者应对伤害的另一有效方式是：留意其他受伤运动员提供的建议。美国滑雪队季末受伤的运动员向其他受伤的运动员、教练和运动医疗人员提供了多项建议（Gould，Udry，Bridges，& Beck，1996，1997a）。“优秀滑雪选手在应对赛季末伤害和加快康复方面的建议”总结了上述建议。无论是受伤运动员还是帮助运动员康复的专业人员都应留意这些建议。

优秀滑雪选手在应对赛季末伤害和加快康复方面的建议

美国滑雪队季末受伤的运动员向其他受伤的运动员、教练和运动医疗人员提供了下列建议。

给其他受伤运动员的建议

- 感受自己的身体并根据自己的身体状况行事。
- 接受并积极应对受伤状况。
- 着眼于高质量的训练。
- 获取并使用医疗资源。
- 明智地使用社交资源。
- 设置目标。
- 对医疗人员有信心。
- 接受心理技能训练。
- 使用表象策略。
- 营造和保持竞争性氛围，并参与其中。

给教练人员的建议

- 加强教练与运动员之间的联系和沟通。
- 表达积极的共情和支持。
- 理解运动员在伤情和情绪方面的差异。
- 选择最佳促动方式进行激励。
- 营造高质量、个性化的训练环境。
- 怀着耐心和现实的期望。
- 训练时不要反复提及受伤。

给运动医疗人员的建议

- 让运动员了解受伤和康复过程。
- 使用合适的激励和最佳促动方式。
- 表达共情和支持心。
- 具有支持型人格（如：温和、坦诚、不过度自信）。
- 增强积极互动、进行个性化训练。
- 展示自己的能力和信心。
- 鼓励运动员要有信心。

学　习　助　手

总结

1. **论述心理因素对运动伤害的影响。**

心理因素会影响伤害的发生率、伤害反应和伤害康复。运动领域专业人员应当从理论与实践两方面指导运动员如何避免伤害，帮助运动员应对受伤挑战，并提供有助于运动员康复的支持性环境。

2. **说明会导致运动伤害的心理前因。**

某些不良的心理因素（如：压力和心态）容易导致运动员或锻炼者受伤。运动与锻炼领域专业人士应当了解这些受伤前因，尤其是应对能力差、社交支持程度低的人所面临的重大生活压力。

3. **比较对压力与运动伤害之间的关系的解释。**

相关人员在发现运动员面临很大压力时，应当执行压力管理程序、调整训练计划。运动员应当学习分辨训练的正常不适和伤害疼痛。运动员还应了解“没有痛苦就没有收获”这一态度容易导致他们受伤。

4. **描述运动伤害的典型心理反应。**

运动员和锻炼者在受伤之后会出现各种心理反应，这些心理反应通常可以归入以下三类：伤害相关信息的处理、情绪剧变和反应性行为、积极展望和应对。恐惧和焦虑增强、自信心降低和表现变差等也是受伤运动员的常见心理反应。

5. **找出受伤后心理调整不良的迹象。**

如果你的工作对象是受伤的运动员或锻炼者，你应随时警惕可能会出现的受伤后心理调整不良的迹象。心理调整不良的迹象包括：感到生气和困惑，一直想着何时能重返赛场，否认（如：“受伤不是大事”），反复快速重返赛场并再次受伤，夸大、吹嘘成就，总是想着微不足道的身体不适，因自己影响团队成绩而自责，远离重要他人，心境急剧变化，言语中流露出无论如何努力都不会康复的想法。

6. **了解可以加快康复进程的心理技能与策略。**

研究显示，心理技能培训有助于加快康复进程。下列程序或方法有助于加快受伤运动员的康复进程：发现有受伤风险的运动员，与受伤运动员建立和谐关系，帮助运动员了解受伤性质和受伤康复过程，教授运动员特定心理应对技能（如：设置目标、放松、想象），教导运动员应对退步情况，增强社交支持。某些运动员还根据自身经历向其他受伤运动员、教练和运动医疗人员提供了一些应对受伤挑战方面的有益建议。

复习题

1. 描述 Andersen 和 Williams（1988）针对压力与伤害之间的关系提出的模型。
2. 介绍受伤的身体、社会和心理原因。
3. 说明针对压力与伤害之间的关系做出的两种解释。
4. 描述运动伤害的三大类情绪反应。

5. 说明社交支持在运动受伤康复方面的作用。
6. 列出六种适用于锻炼者和运动者的治疗和康复方法，并简要说明每一种方法。
7. 如何利用压力管理方法防止伤害？

深入思考

1. 一位与你关系很密切的朋友膝盖受到严重伤害，需要手术。你可以凭借自己所学的知识，帮助朋友做好哪些手术与康复准备？
2. 写一篇演讲稿，说服运动医疗中心聘请一位运动心理学专家。请重点陈述运动心理学专家如何使患者或客户受益。

第 20 章

成瘾与不健康行为

学习完本章后，您将能：

1. 定义并论述运动领域普遍存在的进食障碍和饮食失调；
2. 说明进食障碍的诱因；
3. 说明如何识别饮食失调；
4. 定义并论述运动领域普遍存在的物质滥用；
5. 解释部分运动员或锻炼者滥用药物的原因；
6. 论述如何查明并防止物质滥用；
7. 说明积极运动成瘾和消极运动成瘾的概念；
8. 论述强迫性体育赌博问题。

2004 年，湾区实验室合作社（BALCO，亦译作巴尔科实验室，是一家营养品生产企业）丑闻登上了各大媒体的头条，牵涉众多体坛明星（如：奥运会冠军 Marion Jones），尤其是众多棒球明星，如：Barry Bonds、Roger Clemens、Mark McGwire、Rafael Palmeiro、Sammy Sosa、Alex Rodriguez 和 Jason Giambi。其中的很多棒球明显也出现在了著名的《米歇尔报告》中，《米歇尔报告》是前议员 George Mitchell 针对棒球比赛中类固醇的使用而撰写的深度调查报告。该报告指出，众多选手为提高比赛成绩而服用类固醇。

但棒球比赛中类固醇使用问题仍在持续。尽管陪审团认定部分运动员无罪（如：Roger Clemens）或仅有一项妨碍公正罪（如：Barry Bonds），可是公众普遍认为这些运动员为提高成绩而服用了类固醇。没有任何一个球队邀请 Barry Bonds 参加 2008 年赛季的比赛（尽管他当时很闲)，因为他牵涉到类固醇的使用。在上述选手中，有几位具备入选名人堂的资格，但最终，这几位选手中没有任何一位获得了入选所需的75%得票率。而从概率上讲，在正常情况下，应该有一名选手入选名人堂。在宣称自己已于2002年停止使用类固醇之后，Alex Rodriguez于近期再次被指服用类固醇。只有时间能告诉我们，上述运动员能否成功入选名人堂；但是，要入选名人堂，他们可能还需要多年的努力。

由于未能通过药检，Melky Cabrera和Bartolo Colon在2012年均被停赛50场。2013年，美国国家职业棒球联盟最有价值球员Ryan Braun因牵扯到佛罗里达州一家与违禁药物相关的诊所而被停赛65场。Alex Rodriquez也牵涉到上述诊所，被停赛211场，一直持续到了2014年年底。还有12名运动员也与上述诊所有关，这些运动员均接受了停赛50场的处罚。

2006年，环法自行车赛冠军Floyd Landis和奥运会100米短跑金牌得主Justin Gatlin的类固醇药检结果均呈阳性。他们均否认了起诉书中对自己故意服用类固醇的指控，但他们最终都败诉了。2013年，短跑名将、铁人三项世锦赛金牌得主和奥运会银牌得主Tyson Gay的类固醇药检结果，和100米短跑的前记录保持者Asafa Powell一样，呈阳性。

强烈否认为提高成绩而服用违禁药物的知名运动员还包括环法自行车赛的七届冠军获得者Lance Armstrong。Armstrong不仅否认自己服用了违禁药物，还起诉、攻击跟踪他的个人和组织，并且威胁可能会指证他的其他车手。在经过多年否认之后，最终，在其他车手提供的压倒性证据面前，Armstrong承认了自己曾服用违禁药物，他因而被剥夺了所有七个冠军头衔。由于他对自己服用违禁药物的最终坦白迟到了很久，他被处以终生禁止参加任何有组织比赛的处罚。

马里兰大学的篮球明星Len Bias没有服用类固醇。但他尝试了一次可卡因，并且因这次尝试而死于可卡因诱发的心脏病——在他即将开始在NBA的辉煌职业生涯之前。

还有很多运动员存在酗酒问题。例如，纽约洋基队的传奇棒球中外野手Mickey Mantle在其职业生涯中一直酗酒过度，最终死于酗酒导致的肝脏疾病。洛杉矶道奇队的投球手Steve How在其职业生涯中，多次出入酗酒戒疗中心。

优秀的体操运动员Christy Henrich不仅患有厌食症，而且最终因此种疾病而死。神经性厌食症的死亡率为5%，居所有精神类疾病死亡率之首。此外，因此种进食障碍而自杀的风险高出一般人群约50%。尽管进食障碍会造成如此痛苦的结果，但是这方面的研究比较少，因此，《美国心理学家》(The American Psychologist）杂志曾出版进食障碍专刊，以便人们能更好地理解、预测和治疗进食障碍(Park，2007)。

前职业橄榄球四分卫Art Schlichter在俄亥俄州全美橄榄球赛中颇受赞誉，但他后来从偶尔光顾赛马场转变到向职业运动下赌注，最终沦为不折不扣的赌徒。他嗜赌成瘾，通过非法途径弥补其金钱损失，最后锒铛入狱。2007年，NBA裁判Tim Donaghy被指控赌球，并且涉及滥用职权，引发了信任危机。冰球骄子Wayne Gretzky也与赌博圈子有关。两名意大利职业网球手也因赌球而被禁赛，并牵扯到其他球手。

成瘾与不健康行为当然不限于优秀运动员。高中与青少年运动参与者中也存在药物滥用、服用类固醇、吸食无烟烟草和赌博等行为。此外，据报道，作为运动员支持者的啦啦队队员也有外形、表现和受伤康复方面的压力，这会导致他们服用类固醇。体育、运动和训练领域专业人士应当做好准备应对上述问题。

药物滥用、进食障碍和强迫性赌博属于临床问题，需要接受专业治疗。而非专业人士需要学会捕捉上述不健康行为的各种迹象，并建议受影响的学生、锻炼者或运动员接受专业人员的治疗。我们先来了解一下进食障碍。

进食障碍

神经性厌食症和贪食症是两种最常见的进食障碍症状。在了解这两种症状的普遍性和治疗方法之前，我们先来了解一下相关定义。根据《精神疾病诊断与统计手册》（第五版，DSM-5；美国精神病学协会，2013），**神经性厌食症**具有下列特征：

- 拒绝保持与特定年龄与身高对应的最低标准体重值（通常为低于平均值的 15%）；
- 非常害怕体重增加或变胖，尽管体重已经低于标准值；
- 无法正常感知自己的体重、身材或体形，即便体重已经明显低于标准值，仍然害怕变胖。

厌食症可以致命，它会导致饥饿及其他并发症，如：心脏病。而且，更糟糕的是，厌食症患者通常无法发现自己的异常。最后，厌食症是多方面的紊乱，心理、认知、感知、生物学因素以不同的组合方式相互作用，导致厌食症中存在不同亚型（Bordo，1993）。

> **要点** 神经性厌食症是一种心理疾病。它的特点是：非常害怕变胖，身体意象紊乱，体重减轻过多，拒绝保持正常体重。

贪食症的诊断标准是（美国精神病学协会，2013）：

- 反复暴食（在短时间快速进食大量食物）；
- 暴食期间，感觉自己无法控制进食行为；
- 经常出现自诱性呕吐，或使用泻药或利尿剂，严格控制饮食或进行高强度锻炼，以防止体重增长；
- 平均每周至少暴食一次，此种情况持续至少 3 个月；
- 执着地过度关心体形和体重。

贪食症患者通常会因为自尊程度低而抑郁。他们为了让自己感觉好一些而大吃大喝，又会因为狂吃而有负罪感，因而会诱发呕吐，或者通过泻药来排出食物。尽管贪食症是一个严重问题，但是它的严重程度低于厌食症。贪食症患者知道自己存在问题，但是厌食症患者意识不到这一点。贪食症可能会导致厌食症，有些人还会患有双重饮食失常症（请参见“进食障碍的身体与心理行为迹象”）。

进食障碍的身体与心理行为迹象

身体迹象

- 体重太轻
- 体重减轻很多
- 体重波动过大
- 胃胀
- 唾液腺肿胀
- 月经不调
- 胡萝卜素血症（手掌或脚底发黄）
- 自诱性呕吐导致关节或手背疼痛、硬化
- 低血糖
- 肌肉痉挛
- 胃部不适
- 电解质紊乱导致头疼、晕眩或虚弱
- 电解质紊乱造成肢体麻木或刺痛
- 应力性骨折

心理行为迹象

- 过度节食
- 吃得很多但体重未增加
- 运动过度（超出正常训练计划）
- 对进食有负罪感
- 体重正常时抱怨自己胖了（尽管他人一再表示不胖）
- 专注于食物
- 避免在公共场合进食、否认自己饥饿
- 囤积食物
- 餐后急于排出所吃食物
- 频繁称重
- 暴食
- 有自诱性呕吐迹象
- 用药物（如：减肥药、泻药、利尿剂）控制体重

Adapted, by permission, from D. Garner and L. Rosen, 1991, "Eating disorders among athletes: Research and recommendations," *Journal of Applied Sport Science Research* 5(2): 100–107.

要点 贪食症是一种反复出现的不受控制的狂吃行为，狂吃后患者会排出食物。贪食症的特点是：患者知道自己的行为异常，害怕自己无法自主停止进食，心情抑郁，贬低自己。

饮食失调

尽管运动领域中经常出现厌食症和贪食症，但是人们越来越关注饮食失调这一概念。饮食失调是指会增加健康风险的广义的异常饮食行为。厌食症和贪食症是进食障碍的极端情况，但大部分人的症状处于中间状态。他们的饮食问题没那么严重，尚未达到《精神疾病诊断与统计手册》为厌食症或贪食症设定的标准。因此，我们需要了解饮食问题这一连续体中的饮食失调。研究显示，区分以下两种情况通常比较困难：①运动员患有进食障碍；②运动员有进食障碍的诸多心理症状，但是不能正式确诊为进食障碍（Petrie，Greenleaf，Reel，& Carter，2009）。本书以客观角度来论述进食障碍和饮食失调，依据是目前占主导地位的相关文献。但是，有些读者可能会对饮食、运动与身体关系相关的其他观点感兴趣，可参考 Busanich 和 McGannon（2010）从女权主义角度论述的进食障碍。

Hudson 等人（2007）调查了 9000 多位成年人。以下是他们的调查结果：

- 神经性贪食症的终生患病率：女性为 1.5%，男性为 0.5%。
- 暴食障碍的终生患病率：女性为 3.5%，男

性为 2%。

- 暴食障碍比厌食症和贪食症更常见，通常与严重肥胖相关。
- 进食障碍通常会伴随其他心理健康障碍。
- 20 世纪 60 年代至今，进食障碍患者已增加 2 倍多。
- 40% 至 60% 的美国高中女生会节食。
- 13% 的美国高中女生会使用泻药。
- 30% 至 40% 的美国初中女生会担忧体重问题。
- 40% 的美国 9 岁女孩曾节食。

运动领域中进食障碍和饮食失调的患病率

无论评估哪一类群体的进食障碍情况，一直都比较困难，其中的原因有多种。例如，在竞技体育环境下，如果运动员被发现存在饮食问题，那么他可能不得不退出某一计划或团队。因此，如果运动员存在某种进食障碍或失调问题，他通常会保守秘密，不愿意告诉他人，直到该问题变得非常严重，不得不向专业人士求助。Kerr、Berman 和 De Souza（2006）开展的一项研究凸显了进食障碍和饮食失调被低估的情况。该项研究发现，在役体操运动员报告进食障碍（3%）和饮食失调（18%）的比例要比退役体操运动员（进食障碍和饮食失调的报告比例分别为 20% 和 73%）低得多。针对运动领域进食障碍开展的调查准确性也是值得怀疑的，因为用以考量饮食问题的调查问卷的有效性值得怀疑（O'Connor，Lewis，& Kirchner，1995）。由于存在上述评估问题，所以即便是对于我们在本章中呈递的研究数据，你也应持保留态度。

多项研究（如：Arthur-Cameselle & Quatromoni，2010；Byrne & McClean，2001；Goss，Cooper，Croxon，& Dryden，2005；Krentz & Warschburger，2011；Sanford-Martens et al.，2005；Petrie & Greenleaf，2012）总结了运动领域中进食障碍的患病率。尽管研究结果有不一致的地方，但是也有一些一致的地方，如下：

- 运动领域进食障碍的患病率最低为 1%，最高为 62%，因运动类型不同而有所不同。
- 总体来说，女性运动员进食障碍患病率要高于男性运动员，这一点与普通人群一致。男性运动员发生进食障碍的情况不太普遍，所以对男性运动员的研究不如对女性运动员那么多。
- 尽管部分研究显示，与普通群体相比，运动员发生饮食相关问题的概率更高，但患病率与普通群体接近。与非运动员相比，运动员发生率比较高的是饮食失调问题，而非进食障碍问题。
- 运动员和非运动员在精神病理学与饮食方面的症状相似。如果运动员出现进食障碍，那么他的心理状况可能与同样出现进食障碍的非运动员没有什么不同。
- 运动员饮食失调和减重行为（如：暴食、严格节食、断食、呕吐、使用利尿剂）的比例较高，这些行为是需要重点考查的行为，尽管这些行为的临床症状不太明显。
- 进食障碍和使用病理性减重方法的患病率与运动种类相关（如：在体操与摔跤运动员中的患病率，要高于在射箭与篮球运动员中的患病率）。
- 女性运动员停经情况的发生率高达 66%，而女性非运动员停经情况的发生率约为

2% 至 5%。这些数据（以及女性运动员饮食失调的比例更高这一情况）表明，女性运动员更有可能出现骨质疏松症，而这会增加骨折、骨脆裂和永久性骨流失的发生概率。

- 与非运动员相比，重视瘦削体形的运动项目（体操、跳水等）的运动员患进食障碍的风险更高。

诱发因素

教练人员应当了解会诱发进食障碍或饮食失调的因素。了解这些因素，有助于防止运动员或你自己出现进食障碍（或饮食失调），或者降低这两种问题发生的可能性。现在，我们来了解这些因素。

体重限制和标准

举重、摔跤和拳击等运动通常会根据体重来细分参赛者组别。运动员通常会尽量使自己轻一些，这样他就可以以较轻的体重级别比赛，这可能会赋予他以下优势：与体重较轻的对手进行比赛。因此，运动员会在赛前称体重之前努力快速减轻 5 千克乃至 7 千克。快速减轻体重的方法包括：断食、液体摄入限制、使用利尿剂或泻药。但是，减重和节食行为并不仅限于运动员，这些行为在年轻人中也比较普遍。研究人员（Hudson，Hiripi，Pope，& Kessler，2007；Sedula，Collins，& Williamson，1993）调查了 11000 名高中学生，他们发现，40% 至 60% 的女生在通过某种节食方法来减轻体重。教练、训练师和运动员父母不应鼓励这些减重方法，即便这些方法已在运动领域深深扎根。

来自教练和队友的压力

教练与队友对运动员态度与行为的养成起着重要作用。不幸的是，教练有时会有意无意地向运动员施加压力，迫使运动员减重，即便他们了解安全信息和有效的体重管理程序。一项研究显示，收到教练针对运动员身体所做的贬低性评论或者减重指示的退役体操运动员，患有饮食失调的比例大大高于未收到此类评论或指示的运动员（Kerr，Berman，& DeSouza，2006）。部分教练会根据外表而非客观指标（如：体脂评估）来决定体重控

最近几年，男性运动员进食障碍的情况明显增多，尤其是在根据体重对运动员进行分级的项目中。

制需求。下面的新闻报道（Austin American Statesman，1989）说明了教练是如何推广不健康的体重或减重观念的：

> 教练强调训练与比赛体重，坚决要求他的游泳队员将体重保持在最大体重限值之下。根据在役与退役游泳队员的描述，达到教练要求的压力非常大，因此，很多运动员经常会进行断食、诱发呕吐、使用泻药和利尿剂，或超量运动。他们不想被贬至所谓的“肥胖俱乐部”。运动员的压力主要来自教练；最终，教练的理念会深植运动员心中。此后，运动员会自我施压，自己折磨自己，有的运动员甚至每天称三四次体重。

Shanmugam、Jowett和Meyer（2012）针对400多名运动员开展了一项研究，调查了运动员与其教练、父母和最亲密队友之间的关系。结果显示，父母和教练与运动员之间的冲突增大、对运动员的支持减弱，与运动员自尊程度降低、苛求自己的完美主义观念增强以及抑郁程度增强有关；这些不良后果会进而增加饮食方面的精神病理学病症。而运动员与队友之间的关系无法预测饮食失调。

社会文化因素

尽管遗传因素肯定能影响饮食失调，但是，当前的观点认为，饮食失调情况与文化对体形瘦削的重视更相关。这导致人们普遍对自己的身体不满，尤其是女性。例如，根据美国整容手术协会的报告，2007年，有200000多例整容手术的对象是未满18岁的青少年（Marcus，2009）。研究显示，饮食失调者的人数正在呈上升趋势，尤其是在苗条能够获得竞争优势的运动中（如：游泳和长跑）（Glazer，2008）。美国文化推崇苗条。调查显示，近95%的女性对自己体形的估计平均大于实际体形25%。媒体也不断地鼓吹我们应该变瘦、变漂亮，就像广告和电视中的模特那样。McGannon和Busanich（2010）为女性提供了一些建议，以帮助女性抵制来自社会的理想化体形压力。这些建议包括：使体重达到健身房建议的限值，以有肌肉或较强壮的体形为傲，参与拼搏进取型运动，挑战女性的娇柔之气。

尽管男性在身体意象方面的困扰要少于女性，但是大部分研究报告一致显示，约有50%的男性希望改变自己的体形（Cohane & Pope，2001）。有趣的是，男孩也会执迷于无法达到的体形，就如女孩一直以来的执迷一样。研究人员认为，如果男孩对体格强壮的渴望过度，容易导致危险行为，如：非法服用类固醇。男孩应重视行为的调节、技能的培养、健美和整体健康，勿执着于肌肉发达的体形。但是，有部分体形良好的男性，总是认为自己的身体不够健壮。当他们站在镜子面前时，总认为自己太瘦了，此现象常被称为“肌肉上瘾”。

Petrie和Greenleaf（2007）指出，若干心理变量可能会增加女性运动员患上进食障碍的风险。对自己身体不满意的重要原因是深植于内心的社会化体形和理想外貌（即苗条、有吸引力）。研究人员发现，对自己身体不满意、有内疚感、注重饮食限制，与贪食症相关（Greenleaf，Petrie，Reel，& Carter，2010）。

当对自己身体意象的不满不只是泛泛不满，而且与特定运动相关时，对身体意象的重视就成了预测饮食失调的极重要指标；对于女性来说，尤其如此（Francisco，Narciso，& Alarcao，2012）。

表现需求

近25年来，越来越多的人开始关注体重或体脂和表现之间的关系。研究显示，在很多运动中，体脂率低与表现优秀相关（Wilmore，1992）。这导致很多教练和运动员致力于体重控制，以期达到最佳体重。但是，体脂率低并不总是意味着表现出色。个体差异是需要考虑的重要因素，因此，严格的体重标准并不适合。Petrie 和 Greenleaf（2012）指出，与最佳表现相关的体脂率通常是一个范围，男性和女性的体脂率范围不同。

评判标准

在某些运动（尤其是女性运动，如：体操、花样滑冰和跳水）中，身体吸引力被认为是成功的重要因素。这些运动项目的教练和运动员可能会认为，评委可能会偏向于具有特定体形的人。当运动员未达到特定体形时，在其队友中间，他可能会显得很突兀，因此，他会承受难以置信的压力以试图达到不现实的、不健康的体重和体形。例如，“非常苗条的身材更受欢迎”，此观念通常会在不经意间传递给运动员。美国花样滑冰冠军的下列描述说明了运动员心目中外貌与评判标准之间的关联：

> 花样滑冰是一项看重外在形象的运动。你必须不遗余力地达到理想体形……我自然清楚自己的体重。我的意思是，有时我会梦见自己达到理想体重。如果人们看着我的大腿，惊呼“噢，她的腿粗了三分之一厘米”，我会很难过，我真的会很难过……体重问题在我心中一直警钟长鸣。我从未允许自己有过哪怕一刻的放松。

对体形和体重的批评

尽管轶事证据一直表明，对体形和体重的批评（如：“肥牛”、“面团”、“胖墩”）对女性运动员会有特别不利的影响，但是，在进入21世纪前，几乎没有此方面的实证研究。2008年，Muscat 和 Long 发现，运动员想起的批评性或吹毛求疵性评价越多，饮食失调症状就越明显，负面情绪（如：羞愧、焦虑）就越严重。此外，参加最高级别比赛（即国际性比赛）的女性运动员，回忆起批评的可能性，要高于参加较低级别比赛的女性运动员。有大约45%的运动员口头报告了批评性评价（主要来自家人），可见其非常普遍。

遗传与生物学倾向

上文所述的进食障碍的诱发因素均在某种程度上与环境相关。但这些环境因素非常普遍，因此人们一直有下列疑问：“为什么只有少数个体（通常为女性）会发展出进食障碍？”Striegel-Moore 和 Bulik（2007）通过一篇非常出色的综述文章，总结了研究人员针对进食障碍的生物学及社会文化预测指标开展的众多研究。孪生子研究及分子遗传学研究获得了大量证据。这些证据表明，遗传倾向对进食障碍的发生有影响。但是，Streigel-Moore 和

容易导致进食障碍的因素

有人（Arthur-Cameselle & Quatromoni，2010）对运动员进行了访谈研究，列出了能够预测进食障碍的内在因素和外在因素。

内在因素

- 负面心境："我的祖父去世了……我心情低落。"
- 自尊程度低："我在镜子面前看自己，真难看。""我总是会仔细地审视自己……我憎恨自己。"
- 完美主义和成就："我执迷于我的外在形象、执着于完美。我忍不住和超级模特比较，虽然这非常荒唐。"
- 控制欲望："这绝对只是一种控制某事的方式，因为我控制不了自己的情绪。"

外在因素

- 对自尊的不良影响："我的妈妈总是说，你快成为胖墩了。在我身着泳衣时，我的父亲也总是发表类似评价。"
- 有害关系："我没法和他人融洽相处。我喜欢这个男孩，但是，他喜欢另一女孩。"
- 有害榜样："我曾注意过另一网球运动员的饮食习惯，很明显她的饮食习惯有问题，但是那时我没有意识到这一点……我只是模仿她。"
- 运动表现："我按照媒体提供的脱脂食物及与健康相关的知识行事，还增加了跑步训练量……我只是想成为优秀的跑者。"

Bulik指出，到目前为止，生物学因素（遗传和早期形成的创伤）和文化因素相关的研究在很大程度上是平行开展的。因此，作者认为，研究人员在预测进食障碍时，应当考虑生物学因素和社会文化因素的交互作用，这有助于我们全面了解二者的作用。因此，尽管上文所述的环境因素和社会文化因素非常重要，但是，特定遗传因素和环境因素的交互作用，可能会增加进食障碍发生的可能性。教练、父母和重要他人应关注和了解此种交互作用。

调节因子

多项因素都与运动领域进食障碍的发生直接相关，但也有多种因素可以调节此种关系。例如，苦修、柔顺和遵从人格特征均与运动员的饮食病症相关。因此，如果教练发现运动员具有上述某一种人格特征，就应该特别留意该运动员，以免其发展出进食障碍。此外，非运动员的运动水平越高，其患饮食病症的严重程度也越高；但非正式运动员（即参加训练但不参加比赛的运动员）中则没有此种现象。因此，对于进食障碍群体中的运动员和非运动员而言，运动似乎代表着不同含义（Sherman & Thompson，2001）。

运动通常用来治疗进食障碍，但是这一方法不适用于运动员。此外，Hulley等人（2007）发现，国籍似乎是进食障碍的重要调节因子。具体来说，来自肯尼亚的优秀女性长跑运动员，患上进食障碍的可能性（8.2%）要低于来自英国的优秀女性长跑运动员（19.5%）。因此，在研究女性长跑运动员可能存在的问题时，应当考虑文化和种族因素。最后，研究人员（deBruin，Bakker，& Oudejans，2009）发现，自我取向型运动员患上饮食失调的可能性更高。因此，研究人员建议教练人员应着眼于改善掌握取向型氛围。

饮食问题的识别与治疗

执教人员处于发现运动员饮食问题的有利位置（Thompson，1987）。因此，执教人员应当学会识别进食障碍的身体与心理迹象及相关症状。异常的饮食习惯通常是进食障碍的最佳预测指标。厌食症患者通常吃得较少，盘中会剩下很多食物，会就饮食问题撒谎，通常有强迫性、仪式性饮食习惯（如：将食物切割成非常小的部分或者仅吃数量非常有限的低热量食物）。贪食症患者通常会隐藏食物，在用餐后消失（以便能够用泻药尽快排出刚才所吃的食物），或者喜欢独自用餐。执教人员应当细致观察学生或运动员的饮食习惯，了解他们的饮食情况是否正常。此外，人们通常认为，锻炼频次和时长与进食障碍有关。但是，相关研究（Lipsey，Barton，Hulley，& Hill，2006）显示，仅凭运动行为，尚不能预测进食障碍。在预测进食障碍时，还应考虑其他因素，如：运动决心、体重和心境调节。标准化的自我报告量表也可用于诊断进食障碍，但是这些量表只能由受过培训的专业人士（如：持证心理治疗师）使用和解释。Selby 和 Reel（2011）还列出了需要关注的其他进食障碍迹象，如：心境和人格变化、异常行为、强烈的控制需求、对身体意象的极端重视。

作为一名教练人员，如果你发现某人饮食异常，你应当劝说他向熟悉进食障碍的专业人士寻求帮助。但是，做出准确的判断有时很难，因为有些人会表现出一些进食障碍的迹象，但是未严重到进食障碍的程度。而有些人的确存在进食障碍问题，必须建议他向专业人士寻求帮助。如果你或你的同事怀疑某人患上了进食障碍，应安排与此人关系最为密切的人员私下里与其进行谈话，了解更多情况（Petrie & Greenleaf，2007）。谈话的重点应放在潜在进食障碍者的感受上，而不应放在其饮食行为上。在此种情况下，应对其表现出支持态度，并将所有信息保密。之后，应向潜在进食障碍者推荐诊所或专业人员，而不应只向其提供一些模糊建议，如："你应该寻求帮助。"如果潜在进食障碍者仍然犹豫不决，应向其明确提出去诊所或专业人士那里进行评估，以确定是否存在问题。在面对的确存在进食障碍的运动员时，Selby 和 Reel（2011）建议做到以下几点：避免使用术语"进食障碍"、表达自

你的饮食功能是否失调？

对下列问题回答"是"的数量超过 3 个，表明你的饮食功能可能失调（Berg，2000）：

1. 你是否经常限制食物摄入量？
2. 你是否经常在用餐时间不吃饭？
3. 你是否经常节食？
4. 你是否计算所吃食物的热量或脂肪量，或者对所吃食物进行称重或测量？
5. 你是否害怕吃某些食物？
6. 你是否用食物缓解压力或焦虑？
7. 你是否在吃很少食物之后，否认自己饥饿或者称自己感觉饱了？
8. 你是否避免与他人一起进餐？
9. 进餐之后，你是否感觉变糟（如：焦虑、愧疚）？
10. 你思考食物、饮食和体重的时间是否超出你的意愿？

防止运动员或锻炼者出现进食障碍

专业人士应能够识别并有效应对体育运动领域参与者出现的进食障碍，但是，更为明智的办法是提前防止进食障碍或者降低进食障碍发生的概率。Petrie 和 Greenleaf（2012）对此提出了一些中肯的建议和干预措施。教练、父母、队友和重要他人可以根据下列建议来提前降低运动员或锻炼者进食障碍发生的概率。

- 宣传正确的营养理念。研究显示，很多运动参与者在运动营养方面的知识非常有限或者存在错误观念。由于很多锻炼者或运动员会向教练、训练师和队友寻求营养方面的建议，因此，应当向他们提供有益的营养信息与体重控制方法。若要了解有益的营养信息，可以参阅《营养与体重控制教练指南》（Eiseniman，Johnson，& Benson，1990）。
- 关注健康，而非体重。我们必须从对体重的执着转向对健康与健美的关注。对于运动员或锻炼者而言，没有绝对理想的体脂率和体重，因为理想的体脂率和体重通常因运动类型、体格和新陈代谢速度的不同而有很大不同。理想的体脂率和体重通常是一个范围。此外，运动员或锻炼者还应听从营养学家和运动生理学家等专业人士的建议。
- 警惕体重控制引发的问题。运动者应当清楚自己的体重控制与节食斗争会引发的问题，且应警惕这些问题。教练和健身导师对运动员或锻炼者的影响通常会很大，因此，在发表体重控制相关评论时应谨慎。无论如何，应当避免下列行为：在赛前反复称体重，将体重减轻和表现改进挂钩，设置武断的体重目标，做出冷酷的评价。
- 宣传健康的体重管理观念。体育运动领域进食障碍的发生率逐年提升，人们对进食障碍越来越关注，相关的教育材料也越来越多。例如，全美大学体育协会针对体育运动领域的进食障碍提供了一套指导性视频和一些支持性教育材料。体育运动领域专业人士应当根据这些最新信息进行减重管理和进食障碍预防。
- 教授心理技能。Estanol、Shepperd 和 Mac Donald（2013）发现，培养心理技能有助于调节负面情感和进食障碍风险之间的关系。能够从容应对逆境、有效缓解忧虑、自信程度高、成就动机强的舞蹈者，进食障碍发生的概率通常较低。实际上，教授运动员心理技能似乎有助于运动员以更加积极的心态来应对负面情感，从而避免诱发进食障碍。

运动员收到的进食障碍应对建议大部分来自教练。Arthur-Cameselle 和 Baltzell（2012）请已经从进食障碍中康复的运动员向正患有进食障碍的运动员及其父母提供一些建议。以下为相关建议：

给运动员父母的建议

- 提供情感支持。
- 鼓励运动员接受专业治疗。
- 了解与饮食相关的有益知识。

给运动员的建议

- 对康复有信心。
- 找出进食障碍的潜在原因和触发因素。
- 寻求专业治疗。
- 向生活中的重要他人寻求情感支持。
- 专注于康复的益处。
- 以长远的眼光来看待人生和进食障碍行为。

教练人员如何应对进食障碍

应当

- 向专业人士寻求帮助和建议。
- 表达支持和共情。
- 表达对运动员整体感受的关心，不应只关心体重。
- 如有可能，向运动员推荐专业治疗人员，为运动员预约专业治疗人员。
- 强调长期保持有益营养结构的重要性。
- 提供进食障碍的相关信息。

不应

- 让运动员离队或降低运动员参与度，除非专业治疗人员要求这么做。
- 建议运动员减重或增重。
- 让整个团队反复称重。
- 单独挑出有饮食问题的运动员，或者以异于其他运动员的方式对待有饮食问题的运动员。
- 与没有直接关系的非专业人士谈论运动员的饮食问题。
- 要求运动员立即消除饮食问题。
- 针对运动员体重发表冷酷的评论或者调侃运动员体重。

Adapted, by permission, from D. Garner and L. Rosen, 1991, "Eating disorders among athletes: Research and recommendations," *Journal of Applied Sport Science Research* 5(2): 100-107.

已发自内心的关怀、准备好专业治疗人员名单、支持受过培训的心理健康专家提出的治疗建议。“教练人员应对进食障碍”针对进食障碍提出了几点建议。（对于针对此复杂主题相关的众多问题与可变因素而进行的综合论述，请参见 Thompson & Sherman，1993。）

物质滥用

几十年来，一直都有世界级运动员以及奥运会选手使用提高成绩的药物。有些运动员为了获得竞争优势，几乎愿意做任何事情，这已经不是什么秘密。有些运动员因为使用提高成绩的药物而被取消了运动员资格，这足以说明滥用药物可能会产生的不良运动后果。然而，令人特别惊奇的是，尽管运动员已经知道类固醇及其他提高成绩的药物会造成不良心理与生理影响，这些药物的使用仍呈上升趋势。显然，在成功的保证面前，连死亡都失去了威慑作用。我们来看一下研究人员在 1995 年对 195 名短跑运动员、游泳运动员、举重运动员及其他类型运动员（大部分为美国奥运会选手或其他有抱负的选手）开展的调查。在调查问卷中，运动员需要回答下列问题：

- 有人向你提供了禁止使用的可提高成绩的药物，并且保证：(a) 你不会被抓住；(b) 你会获胜。你会服用此药物吗？
- 有人向你提供了禁止使用的可提高成绩的药物，并且保证：(a) 你不会被抓住；(b) 未来 5 年内，每次比赛你都会获胜，但之后你会因为药物的副作用而死亡。你会服用此药物吗？

令人震惊的是，对于第一个问题，有 192 名运动员回答“是”，只有 3 名运动员回答“否”。更加令人震惊的是，对于第二个问题，有 120 名运动员（61.5%）回答“是”，有

75 名运动员回答“否”。Connor 和 Mazanov（2009）在另一项研究中，询问了非运动员相同的问题，结果发现，在 250 人中，只有 2 人回答“是”。可见，运动员将成绩置于健康之上，他们愿意用自身寿命去换取奥运会的成功。这很能说明优秀运动员的心理，以及运动和获胜在他们生命中的重要性。

幸运的是，并非所有药物在体育运动领域都是有害的、不适用的。想象一下在做手术时没有止痛药，在处理严重感染时没有抗生素，就会明白这一点。药物本身不是问题，只要药物的使用合法，由正规的医疗人员开出，并且未列入世界运动比赛的违禁药物名单。但是，有些药物的合法性令人困惑，因为有些药物在某些运动中是合法的（如：Mark McGwire 曾在棒球比赛中使用雄烯二酮，但他的使用并未被认为是非法，尽管研究显示，雄烯二酮能够将男性的睾酮浓度提高 300% 以上，将女性的睾酮浓度提高 600%，并且能保持约一星期），而在另外一些运动中或者对某些运动组织（如：全美大学体育协会、美国国家橄榄球联盟和国际奥林匹克委员会）来说却是非法的。药物的滥用（无论是为了提高成绩还是为了娱乐）和使用非法、有害的药物是体育运动领域面临的真正问题。

人们滥用药物的原因不同，但是会面临相同的不良后果。物质滥用会导致长期甚至致命的健康与心理问题，其中包括成瘾。《精神疾病诊断与统计手册》（美国精神病学协会，2013）将下列标准作为有精神影响的**物质滥用**诊断标准：

- 无法履行职责；
- 即便物质对身体有危害仍然反复使用物质；
- 持续的人际关系问题；
- 即便已导致问题，仍然使用物质；
- 耐药性；
- 戒断反应；
- 物质的使用时间或使用量超出原计划；
- 无法减少或控制物质使用；
- 花大量时间获得物质；
- 社交、职业和娱乐活动的取消或减少；
- 即使知道物质使用造成了危害，仍继续使用；
- 对物质的渴望很强烈。
- 以上症状至少出现两种，并持续一年。

这些诊断标准适用于使用任何精神活性药物（包括酒精、大麻、可卡因、安非他命和迷幻剂）的人群。

> **要点** 药物成瘾是指无论停止用药还是继续用药都会导致用药者极其渴望、需求与渴求更多药物的状态。

接下来，我们将重点讨论以下四个问题：物质滥用的患病率，运动员或锻炼者使用和滥用药物的原因，主要药物类别及其影响，健身或运动专业人士在发现与防止物质滥用方面的作用。

运动领域内物质滥用的患病率

与进食障碍一样，准确了解药物使用及滥用情况也非常困难，因为药物滥用也存在敏感性和私密性问题。数据通常来自自我报告，因此不同研究对使用情况的估计差别很大：从 10% 至 90%（美国成瘾及物质滥用中心，2000）。因此，对于相关数据，你应持保留态

不同运动组织的药物检测

不同运动组织制订了不同的药物检测程序。

- 美国职业棒球大联盟：在赛季期间，运动员至少需要接受一次随机检测，检测也可能在季后进行（通常只有3%～6%的药物检测在季后进行）。2005年，大联盟通过一项新协议。该协议规定，如果运动员的药物或类固醇检测结果首次呈阳性，将被禁赛50场，如果第二次呈阳性，将被禁赛100场，如果第三次呈阳性，将被终生禁赛。此外，进行安非他命检测时，如果运动员的检测结果首次呈阳性，运动员还需接受其他强制性检测。第二次违反此方面规定将被禁赛25场，第三次违反此方面规定将被禁赛50场。需要特别指出的是，在2008年的世界锦标赛中，J. C. Romero是费城费城人队的替补投手；在9月份的类固醇检测中，他的检测结果呈阳性。但是由于选手对检测结果有申诉的权利，因此，他被允许作为投手参加棒球决赛和世界棒球系列赛。在世界棒球系列赛中，他赢得了两场比赛；在棒球决赛中，他的投手责任得分率为0.00。他的申诉最终败诉，自2009年赛季起，他被禁赛50场。即便J. C. Romero的检测结果呈阳性，他仍被获准参加棒球决赛和世界棒球系列赛，并作为投手获得高分，这公平吗？2012年，密尔沃基酿酒人队的最有价值球员Ryan Braun的类固醇检测结果呈阳性，但是他最终因证据不足而得以逃脱。
- 美国国家篮球协会（NBA）：新运动员每赛季最多需要接受4次检测，老运动员和新运动员需要在训练营接受随机检测。运动员前三次检测结果呈阳性时，需要接受禁赛5到25场的处罚（另外还需要支持或加入联盟的反兴奋剂计划）；第四次检测结果呈阳性时，需要接受禁赛2年的处罚。在季后赛期间，运动员无须接受检测。
- 美国国家橄榄球联盟：所有运动员每赛季至少需要接受一次检测。运动员还需要在全年接受随机检测。如果第一次检测结果呈阳性，运动员将被禁赛4场、无薪水；如果第二次检测结果呈阳性，运动员将被禁赛8场、无薪水；如果第三次检测结果呈阳性，运动员将被禁赛1年。
- 美国冰上曲棍球联盟：运动员每年最多需要接受两次随机检测，至少一次检测是在全队范围内开展。在季后赛期间，运动员无须接受检测。运动员第一次检测结果呈阳性时，将被禁赛20场，无薪水（且需要加入联盟的药物滥用与行为计划，以接受评估、教育和必要的治疗）；运动员第二次检测结果呈阳性时，将被禁赛60场，无薪水；运动员第三次检测结果呈阳性时，将被终生禁赛（但运动员在2年后可以申请复赛）。
- 奥运会：优秀的奥运会运动员需要在全年每一天的早上6点至晚上11点间使药物检测官员了解自己的所在位置。检测者会在不提前通知的情况下登门或者出现在训练场地，并要求运动员提供尿液样本。美国反兴奋剂管理局65%的药物检测是在休赛期进行的。运动员第一次检测结果呈阳性时，将被禁赛2年；第二次检测结果呈阳性时，将被终生禁赛。

度。有关物质使用与滥用的大量轶事证据可以追溯到公元前3世纪的希腊（Chappel，1987；Hildebrandt，Varangis，& Lai，2012）。然而，直到20世纪，药物（如：安非他命、兴奋剂、睾酮提取物）才进入运动领域，成为公平竞争的极大障碍。

美国南卡罗来纳大学的橄榄球运动员Tommy Chaikin在《体育画报》上对药物滥用

行为进行了深刻剖析。(Chaikin & Tealander，1988)。Chaikin在报告中指明了导致药物（在本例中指合成代谢类固醇）滥用行为的众多社会压力和心理压力，包括教练的鼓励和成功压力。由于滥用类固醇，Chaikin出现了下列症状：慢性攻击性增强、抑郁、睾丸收缩、脱发、失眠、视力下降、慢性焦虑、高血压、心脏杂音、良性肿瘤，甚至几乎死去。Chaikin的症状与相关研究结果一致。此后，曾经服用过高剂量类固醇的众多运动员也做了类似报告。另外，使用针头注射药物（尤其是合成代谢类固醇）还会增加感染人类免疫缺陷病毒（HIV）或丙型肝炎的风险。

Kanayama等人（2010）记录了使用类固醇可能会带来的众多副作用（数据来自Tommy Chaikin及他人见闻），如：痤疮、睾丸收缩、性欲消失或增强、水潴留、肝功能受损、高血压、凝血异常、攻击性增强，女性则会出现声音低沉、阴蒂肥大、毛发过盛等症状。此外，另一项研究还显示，在服用提高成绩或改变体形的药物时，如果服用多种不同的药物、执迷于严格的节食与运动、身体意像严重紊乱，那么这些服药者的患病风险会达到最高（Hildebrandt et al.，2011）。

Chaikin间接提到，教练通常会以暗示或明示的方式提醒运动员用药（Swift，1999）。例如，在被剥夺金牌之后，短跑运动员Ben Johnson指出，他的教练故意给他违禁药物。“Charlie Francis是我的教练……如果东西是Charlie给的，我就会服用它”（*Time*，June 26，1989，p.57）。Barry Bonds曾说，他曾使用过透明物质和奶油状物质，这些东西都是他的训练师Greg Anderson给他的，但那时他不知道那些是类固醇。此后，众多知名专业运动员承认（有时是在长期否认之后承认）自己服用或被指示服用非法药物或滥用酒精，包括John Daly、Darryl Strawberry、Lance Armstrong、Josh Hamilton和Lawrence Taylor等人。有些运动员的运动生涯因此而终止，甚至因反复用药、违反联盟规定而入狱服刑。更令人遗憾的是，有些运动员因药物使用与滥用而死去，如：持续服用类固醇的橄榄球运动员Lyle Alzado和上文提到的因服用一次可卡因而死亡的Len Bias。

在科研证据方面，大部分研究着眼于酒精和类固醇使用，但获得的结果有时会有很大不同。一项研究（Green，Burke，Nix，Lambrecht，& Mason，1996）显示，在上年度摄入酒精的高中运动员为55%，而另一项研究（Carr，Kennedy，& Dimick，1990）显示，这一数字为92%。针对大学运动员酒精摄入情况开展的多项研究的研究结果较为一致，分别为88%（College of Human Medicine，1985）、87%（Evans，Weinberg，& Jackson，1992）和85%（Nelson & Wechsler，2001）。这些数字与非运动员群体相似，但是，大学运动员偶发性酒精摄入明显比非运动员严重。

大部分研究显示，摄入酒精的男性中，运动员的比例要高于非运动员，但是，摄入酒精的女性中，运动员的比例与非运动员无明显差别。与普通大学生群体相比，大学生运动员被认为是酗酒的高风险人群。此外，Martens、Dams-O'Connor和Duffy-Paiement（2006）发现，在赛季期间，酒精摄入情况和与酒精相关的不良后果减少；从表面上看，这似乎是一个积极结果。但是，在季后，酒精摄入情况增加，这会导致学术、社会和健康方面的不良后果，可能会影响季后的训练与表现。与运动员共事的工作人员应当学习识别此问题，使运动员了解此种行为模式可能会造成诸多退步。

Grossbard 等人（2009）开展的研究显示，团队的吸引力是预测药物使用情况的有效指标。具体来说，随着团队吸引力的增加，队员的酒精摄入水平提高，大麻摄入水平降低；对于男性运动员来讲，尤其如此。另一项研究调查了运动（能量）饮料摄入增加和酒精摄入之间的关系（Woolsey，Waigandt，& Beck，2010）。研究发现，饮用能量饮料的运动员增加酒精摄入量、陷入风险性酒精摄入行为（如：酗酒）的可能性增大。由于大部分能量饮料都含有兴奋剂，在饮用能量饮料的同时增加酒精摄入量，会造成严重的健康隐患。运动员、教练和运动员父母应当密切关注这一问题。

为了了解提高成绩的药物（尤其是合成代谢类固醇）的使用情况，多项大规模研究在美国、加拿大、澳大利亚和欧洲国家展开。研究结果显示，整体而言，只有小部分（一般不到 5%）运动员、高中生和大学生使用过提高成绩的药物（请参见 Anshel，2010）。但是，美国疾病控制与预防中心（2010）展开的调查显示，高中生运动员使用类固醇的比例从 1999 年的 1/27 增长至 2003 年的 1/16。2003 年，针对高中棒球运动员开展的匿名调查显示，5% 至 10% 的运动员承认自己曾经使用过提高成绩的药物。2005 年，美国针对棒球运动员的类固醇使用情况举行了听证会。听证会的主题之一是知名运动员使用药物对青少年的影响——青少年可能会通过类固醇来提高成绩或者改善体形以吸引异性。类固醇的使用曾经是一个人们极力避免的话题，因前棒球运动员 Jose Canseco 的自白书而受到人们的广泛关注。Jose Canseco 承认自己曾经服用类固醇，并公开指认其他服用类固醇的运动员。

药物使用存在性别差异，男性服用合成代谢类固醇的频次是女性的 3 ～ 5 倍（Gaa，Griffith，Cahill，& Tuttle，1994）。值得关注的是，研究发现，许多非运动员（大部分仍为男性）服用类固醇是为了改善体形、自尊以及获得他人的认可。Miller 等人（2002）针对青少年运动员和类固醇使用开展的研究显示，71% 的类固醇使用者为男性，29% 的类固醇使用者为女性。而优秀的奥运会级别运动员使用类固醇的比例估计有时能达到 50%，无论是男性还是女性。在被问及队友是否使用提高成绩的药物时，运动员的估计结果升至 40% 到 60%。显然，我们应非常谨慎地看待药物使用情况估计数据。最后，针对大学运动员服用娱乐性药物开展的调查显示，大约 25% 至 33% 的运动员服用大麻，不到 10% 的运动员服用其他类型娱乐性药物（即毒品，如：可卡因、迷幻剂；NCAA，2001）。

从旁观者的角度来看，使用提高成绩的药物自然会引发问题：究竟是运动员的自身能力与训练还是药物令运动员取得出色成绩？例如，Mark McGwire 在其职业生涯中共实现了 580 次本垒打，这通常会令一名运动员自动入选名人堂。但是，棒球评论家协会在进行名人堂入选人投票时，在首轮投票中只有 27% 的人投票给他，而入选名人堂需要 75% 的得票率（Verducci，2006）。对于向 McGwire 投票，一位体育编辑曾写道："他不行。我永远不会给他投票。他的成绩不是凭自己的真才实干拼搏出来的。他不会入选名人堂，除非我们在他身上发现公平”(Strupp，2006，p.46)。

与合法药物的广泛使用相比，非法药物的使用只占一小部分。合法药物包括酒精和烟草。在美国，这是两种滥用情况最为严重的物质。持续使用这些药物会对健康造成负面影响(图 20.1)。

运动员和锻炼者使用药物的原因

运动员和锻炼者一开始不会滥用药物。他们认为自己后来用药是有正当理由的。使用提高成绩的药物的原因和使用娱乐性药物的原因可能有所不同，但是，我们仍将使用两种药物的原因放在一起进行总结。这些原因通常包括三大类：身体原因、心理原因和社会原因(详细评述请参见 Anshel，2010)。

身体原因

最常见的身体原因包括：提高成绩、让外形更有吸引力、应对疼痛和康复、控制体重。尽管这些原因均存在，但是运动员使用药物的主要原因是为了提高成绩，并且期望自己的力量、耐力、敏捷性和进攻性增强，疲劳感、反应时间和焦虑降低。对许多运动员来说，赢是至关重要的，要不惜一切代价提高成绩。但是，资料显示，提高成绩的药物有显著的健康风险。此外，通过服用药物来提高成绩明显存在欺骗性质。一旦被发现，运动员会受到公众的强烈鄙视。即便未被发现，他们也始终知道成功并不一定属于他们。

受伤康复是运动员服用药物的另一项身体原因。他们有时会在无医生处方的情况下用药，试图减轻受伤造成的疼痛或心理与生理不

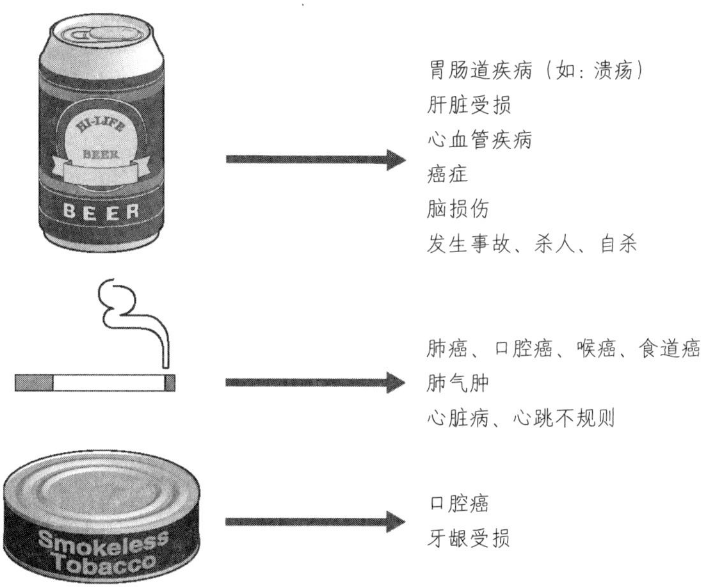

图 20.1 长期饮酒、吸烟的负面健康影响

改编自 L. Bump, 1988, Drugs and sport performance. *In Successful coaching*, edited by R. Martens（Champaign, IL: Human Kinetics）, 135-147.

适。害怕失去首发位置也是大部分运动员给出的理由。他们认为，药物会加快康复进程。这也是著名投球手 Andy Pettitte 对于自己使用类固醇给出的解释：他只是想快速康复，重返他的投手位置。

很多锻炼者服用药物（尤其是类固醇）是为了外形更好看、更有吸引力。这些人对提高成绩不感兴趣。一项针对近4000名高中男生开展的研究（Whitehead，Chilla，& Elliott，1992）显示，使用类固醇的最常见原因是为了改善体形（48%）。之后开展的研究（Martens，Dams-O'Connor，& Kilmer，2007）也显示，改善体形是青少年针对类固醇的使用给出的最常见理由。

最后一点，运动员服用药物（尤其是安非他命和利尿剂）也可能是为了控制食欲、减少体液重量、增加锻炼时的能量。大规模研究显示，多达80%的药物使用者（含各个年龄段）使用某种形式的此类药物（Hildebrandt，Langenbucher，Carr，& Sanjuan，2007）。这些药物能够快速减轻体重，使运动员能够以较轻的体重级别进行比赛，如前文所述。某些锻炼者使用利尿剂保持苗条、匀称的身材。一种名为麻黄素的控制饮食的药物曾得到人们的广泛关注——因为明尼苏达维京人队橄榄球运动员 Korey Stringer 和巴尔的摩金莺队棒球投手 Steve Belcher 令人遗憾的死亡。Belcher 使用麻黄素来控制体重，在春训期间死于心脏病；Stringer 亦使用麻黄素，死于团队训练期间。尽管没有任何研究证明麻黄素能够减轻体重、提高运动成绩，但运动员仍未停止通过服用麻黄素来减轻体重、提高成绩。

心理原因

到目前为止，运动员使用娱乐性药物的最常见理由是心理或情绪原因。这些药物似乎能够使运动员方便地逃离在应对竞争的过程中出现的不愉快情绪。此外，某些运动员服用药

女孩和类固醇的使用

一直以来，人们都认为提高成绩的药物（如：类固醇）的服用者应该是男性。但是，研究显示，年轻女孩（有的甚至只有9岁）也在使用类固醇，她们不是为了获得赛场上的优势，而是为了在经过调整、塑造之后获得模特和电影明星那样的身材。

女孩们还把手伸向了同样危险的睾酮药丸、注射液和软膏；而美国职业棒球大联盟及其他运动组织曾因这些药物爆出丑闻。患上进食障碍的通常也是这些女孩。总体而言，大约有5%的高中女生和7%的中学女生承认自己曾服用过至少一次合成代谢类固醇。自1991年起，上述药物的使用一直在稳步上升。

研究人员认为，大部分女孩使用类固醇是为了使自己在赛场上更强大。他们认为，使用类固醇能够增加女孩参加运动的机会。但是，也有很多女孩使用类固醇的目的是为了让自己的身材稍有肌肉。对于年轻女性来讲，使用类固醇通常是为了控制体重、减少体脂。

对于青少年女孩来讲，使用睾酮的副作用包括：重度痤疮、乳房变小、声音低沉、面部及肢体毛发过盛、经期不规则、抑郁、偏执、暴怒。使用类固醇还会增大患心脏病、中风和某些癌症的风险。

物是为了消除在平衡学术追求、训练计划和人际关系的过程中出现的压力。曾夺得18枚奥运会金牌的Michael Phelps在聚会上吸食大麻的照片被公之于众。尽管吸食大麻的行为未发生在主要比赛之前，但是这一行为仍然激怒了公众，因为这一行为是非法的，而且会影响怀有抱负的运动员。这一事件说明，服用娱乐性药物的某些不良影响要超过它对比赛成绩的影响。

还有一些运动员和锻炼者用药物来增强自信。对自身能力的怀疑时常困扰着参与者，某些药物可以帮助他们增强对自身能力的信心，使其感觉自己更有竞争力。朋友、父母和教练常会对运动员抱很高的成功期望。在此种情况下，运动员可能会将药物作为一种应对压力、保护自尊的方式。

Donahue及其同事（2006）提出了使用提高成绩药物的优秀运动员的动机模型。他们调查了大约1300名加拿大国家级运动员，试图了解内在与外在动机、运动家精神和提高成绩药物的使用三者之间的关系。研究结果显示，内在动机占主导地位的运动员更有可能表现出运动家精神，因而服用提高成绩药物的可能性较低。而外在动机占主导地位的运动员更有可能使用提高成绩的药物，部分原因可能是因为这些运动员缺乏运动家精神。因此，一个人为何（即动机）而比赛预示着他会如何（即能否体现运动家精神）进行比赛，进而预示着他是否会使用提高成绩的药物。

最后，Hodge等人（2013）的研究显示，道德脱节是运动员使用提高成绩药物的有效预测指标。研究人员通过Bandura（2005）道德观念与行为相关的社会认知理论，解释了道德脱节为什么会促使运动员产生使用药物提高成绩的念头甚至实际行为。该理论认为，道德脱节会使一个人在违背道德标准时，没有不好的感觉或者愧疚感，其未来从事不道德行为的约束力也会因而减弱。例如，对于通过药物提高

万艾可：从卧室到赛场

万艾可最初的设计目的是治疗肺动脉高压或者动脉或肺部的高血压。此药会抑制控制血流的酶的分解，从而使血管放松、变宽。因此，上述机制能够促使血流进入阳痿患者的阴茎。此外，这一机制亦能够增加心排血量，更加有效地将含氧血流传输至肌肉，从而增强耐力。研究显示，在模拟海拔为3870米（此高度远远高于优秀运动员进行常规比赛时的高度）处开展的10千米自行车计时赛中，万艾可能够将某些参与者的成绩提高近40%。而当参与者在海平面高度（在此高度，健康运动员的血管会完全膨胀）进行比赛时，万艾可不会提高参与者的成绩（Hsu et al.，2006）。

目前，没有证据显示万艾可在优秀运动员中被广泛使用。但是，由于万艾可不是禁药，无须接受筛检，因此，无法准确了解此药在运动员中的使用情况。尽管万艾可只是稍微增强耐力，但是在能够于1800米（含）以上的海拔高度开展的比赛（如：长跑、自行车、北欧滑雪比赛）中，万艾可可能会对结果产生重要影响。例如，在2006年冬季奥运会的15公里越野滑雪赛中，第一名和第四名的差距不到1%。研究人员猜测，万艾可未来会被列入禁药名单。因为此药容易检测，而且它会提供不公平的竞争优势，至少在高海拔比赛中会如此。

成绩的不道德行为，运动员可能会将其解释为保持团队获胜历史的正当方式，或最大限度发挥个人潜能的合理方式。此外，运动员可能会以竞争对手也使用提高成绩药物来为自己辩护（即“其他人都这么做”），或者将责任转移到上一层管理者（如：教练）身上。在道德脱节的情况下，运动员有很多种办法来为自己使用提高成绩药物的行为披上一层合理的外衣，并且不会感到愧疚或负面情绪。

社会原因

社会压力也是运动员使用药物的重要原因。对于想要适应群体的青少年来讲，来自同伴的压力和获得团队认可的需求尤其明显。他们饮酒、吸烟和服用提高成绩的药物的行为可能不太多，因为他们更大的愿望是获得同伴的认可。针对青少年开展的研究（Hildebrandt et al.，2012；Newman & Newman，1991）显示，对于很多青少年来讲，类固醇的诱惑太强了；由于这一年龄段群体的极大从众需求，他们无法抵制这种诱惑。对于男性来讲尤其如此，男性在面对适应群体的渴望时，通常更容易表现出“男子气概”。因此，教练人员必须反复向运动员强调：要做自己，不要向同伴压力屈服。

对于很多青少年来讲，在电视或其他媒体中曝光度高的运动员，是专业的、代表奥运会的，是自己的榜样。对于部分青少年而言，挣大钱、成为全国知名人物已经成为他们价值理念的一部分。多种因素融合，促使青少年运动员认可药物的使用。青少年运动员对技能高超运动员用药的认知，以及“药物未对他们造成什么伤害，因此也不会伤害我”的思维模式，为青少年运动员用药提供了一个有吸引力的理由（Anshel，2010；Martens，Dams-O'Connor，& Kilmer，2007）。实际上，多位体育记者曾谈到，类似 Barry Bonds 这样的知名人物服用类固醇的最大危险，在于它向众多青少年传递了扭曲的理念：要想在运动领域获得真正的成功，必须使用药物。尽管 Barry Bonds 的公众形像是负面的，但很多孩子仍想像 Barry Bonds 那样表现出众。获得药物的途径有多种，如：网上商店、健身机构或杂志广告。很多买者都是青少年，而他们的身体和思想尚未完全发育成熟，因此这些药物造成的损害通常在几年之后才能够显现。而成名和成功的诱惑如此之多、如此之巨，以至于青少年无法抗拒药物。

当公众人物成为榜样时，青少年运动员明显会原谅自己的用药行为。榜样的作用对青少年的影响尤其大。青少年期是寻求身份认同的关键时期，孩子们很容易考虑尝试用药。此外，为了乐趣而用药和尝试用药的观念会使青少年认为：药物（尤其是酒精）并非真正有害，而且能够增强舒适度。面对上述种种不利情境，执教人员应当向青少年宣传好的榜样——注重责任感的榜样。

最后一点，在 Lazarus 等人（2010）通过计划行为理论（请参见第 8 章）来探查药物使用的预测指标。针对 1100 多名运动员开展的研究显示，情境诱惑（即当教练建议你使用提高成绩的药物时，你受到诱惑的程度；你认为你的大部分竞争对手都在使用违禁药物；你即将参加的比赛非常重要）和用药态度是过去及当前用药行为的最有效预测指标。运动员应当从欢迎药物的态度转变为避开药物的态度，教练人员应当教导运动员如何在危险增大的情境下抵制用药压力。通过这两种办法，可以减弱运动员的用药意向，即使运动员有用药历史。

主要药物类别及其影响

在体育与运动领域，药物根据其目的可分为：(a) 提高成绩的药物；(b) 娱乐性药物。**提高成绩的药物**包括：合成代谢类固醇、β受体阻断剂和运动员或锻炼者用来增强力量、缓解紧张和应对疼痛的兴奋剂。表 20.1 列出了六大类提高成绩的药物、它们在提高成绩方面的潜在效果以及服用后的心理与医学副作用。

娱乐性药物（具有精神活性，绝大多数属于毒品）是运动员或锻炼者为了自身快感而寻找、服用的药物。他们可能是为了逃离压力，融入服用此类药物的交际圈，或寻找刺激与兴奋感、逃离日常生活。“精神活性物质的副作用”列出了酒精、大麻和可卡因的副作用。烟草也是一种被广泛吸食的、会对身体造

表 20.1　运动领域提高成绩的药物的主要类别

药物类别	定义和使用	提高成绩的效果	副作用
兴奋剂	增强警觉度、缓解疲劳、提高竞争能力、增强敌意的各类药物	缓解疲劳、增强警觉度、耐力和攻击性	焦虑、失眠、心率和血压增加、脱水、中风、心律不齐、心理问题、死亡
麻醉止痛剂	通过心理刺激来中止疼痛的各类药物	减轻疼痛	瞳孔收缩、口干、肢体沉重、皮肤发痒、饥饿抑制、便秘、无法集中注意力、困倦、恐惧、焦虑、生理与心理依赖
合成代谢类固醇	雄性激素睾酮的衍生物	增强力量和耐力、改善精神状态、增强训练和康复效率	增大肝脏疾病和心脏病早发的风险、攻击性增强、协调障碍、性相关的各种副作用（如：男性不育、女性出现男性特征）
β受体阻断剂	用来降低血压、降低心率和阻断刺激反应的药物	在进行某些运动（如：射击）时稳定神经	心跳过慢、心力衰竭、血压低、头晕、抑郁、失眠、虚弱、恶心、呕吐、痉挛、腹泻、支气管痉挛、刺痛、麻木
利尿剂	用来排除组织体液（增加尿分泌）的药物	体重暂时减轻	胆固醇水平升高、胃痛、晕眩、血液病、肌肉痉挛、虚弱、心血管功能受损、有氧耐力减弱
肽类激素及类似物（如：人体生长激素）	化学性质或效果与已有药物相似的药物	增强力量和耐力、促进肌肉生长	肝脏增大、心脏病、甲状腺疾病、月经紊乱、性欲降低、寿命缩短

改编自 L. Bump，1988，Drugs and sport performance. In Successful coaching，edited by R. Martens （Champaign，IL：Human Kinetics），135-147.

精神活性物质的副作用

酒精

- 情绪起伏不定
- 陶醉
- 虚假自信
- 反应变慢
- 扭曲的深度知觉
- 难以保持警醒
- 力气减弱
- 速度变慢
- 情绪爆发
- 失去自制力
- 肌肉无力
- 晕眩
- 肝脏受损
- 耐力减弱

大麻

- 困倦
- 手眼协调能力降低
- 血压升高
- 视像扭曲
- 身体机能变差
- 警觉度降低
- 心率增加
- 记忆力丧失
- 反应变慢
- 心理机能变差

可卡因

- 生理与心理成瘾
- 力气增大
- 晕眩
- 血压快速波动
- 焦虑
- 死于血液循环问题
- 情绪大起大落
- 反应时间变慢
- 呕吐
- 扭曲的深度知觉
- 出现幻觉

成不良影响的娱乐性药物。大部分人都知道香烟和雪茄的不利影响，但不知道无烟烟草的影响也很大。最近，吸食无烟烟草的青少年运动员越来越多。嗅闻、咀嚼烟草与唇癌、牙龈癌及其他口腔癌症相关。

药物滥用的检测

药物使用与滥用的查明途径包括正式途径（如：药物检测）和非正式途径（如：观察和倾听）。遗憾的是，进行严格药物检测的费用很高。

药物滥用者常有下列迹象与症状：

- ▶ 行为发生变化（如：缺乏动机、拖拉、旷课）
- ▶ 同伴构成发生变化
- ▶ 人格发生重大变化
- ▶ 运动或学术表现发生重大变化
- ▶ 缺乏兴趣或倦怠
- ▶ 判断力减弱
- ▶ 协调能力变差
- ▶ 卫生与形象变差
- ▶ 极其多汗
- ▶ 肌肉痉挛或颤抖

运动员或锻炼者存在上述症状，并不意味着他肯定是药物使用者或滥用者；这些症状也可能是其他情绪问题的反应。因此，如果运动专业人士发现运动员或锻炼者存在某些症状，应当首先与其沟通，以检验自己的猜测。但是，众所周知，药物滥用者往往会撒谎否认自己存在问题。Hildebrandt 及其同事（2012）探讨了运动员可能会通过何种方式来增减类固醇的服用，逐步递增或者周期性服用药物，以逃避例行的药物检测。因此，在与当事人进行初步谈话之后，如果你仍然怀疑此人使用或滥用药物，你应该秘密地向药物滥用领域的专业人士寻求建议。如果你确定某人存在药物滥用问题，你应向其推荐专业治疗人员，推荐流程与前文所述进食障碍相关的流程一样。

药物滥用行为的模型

威慑理论用于理解运动员在决定是否服用药物时经历的心理过程（Strelan & Boeckmann，2003）。运动领域药物使用决定模型主要包括三个部分：决定服用药物将会付出的代价，使用药物的益处，可能会以某种方式影响药物服用代价与益处分析的特定情境因素。这一模型合乎理性选择观点，即运动员在决定违法之前，会对违法行为的后果进行代价与收益分析。

代价

- 法律制裁（罚款、禁赛、入狱服刑）
- 社会制裁（鄙视、重要他人的批评、物质损失）
- 自我惩罚（内疚、自尊降低）
- 健康问题（药物的副作用）

根据相关文献，最持久的威慑因素是自我惩罚，尤其是当用药行为违背本人的道德价值观时；威慑效果最差的是法律制裁。此结论根据1969至1986年间开展的25项研究（Paternoster，1987）以及1987至2002年间开展的24项研究（Strelan & Boeckmann，2003）得出。因为上述研究中的大部分行为都是较轻的违法行为，因而当事者感觉自己被抓到或被惩罚的可能性不大。

研究人员通过调查问卷的方式调查了俄勒冈州11所高中的学生运动员，旨在了解药物检测对高中生服用药物行为的威慑作用（Goldberg & Elliot，2005）。结果显示，没有证据表明药物检测会威慑到未来的药物服用行为。SATURN（学生运动员随机通知药物检测）项目也对11所高中进行了调查，其中的6所高中不进行药物检测，另外的5所高中进行随机的药物与酒精检测。调查结果显示，药物检测程序对药物使用行为的威慑力极低。上述两项研究的研究人员发现，药物检测通常几乎没有积极效果，同时，调查问卷显示，药物服用行为在高中运动员中普遍存在。因此，管理人员或许很高兴拥有一套检测程序，但是，实际上他们不会威慑到服用药物的运动员。研究人员呼吁，相关人员应加强对运动员的教育，通过更有效的办法切实威慑药物服用行为。

收益

- 物质方面：奖金、奖学金、代言、合同
- 社会方面：名望、荣耀、重要他人的认可
- 内心：优异成绩带来的满足感

上述任何一种益处对运动员来讲可能都很重要，有很大的激励作用，具体取决于运动员的取向。因此，教练人员应当了解运动员，以便预测药物对不同运动员的诱惑程度。

情境因素

- 普遍性感知（他人服用药物的频次）

- 惩罚和逃避惩罚的经历
- 职业状态（金钱和地位的损失程度）
- 对权威机构合法性（机构的法律执行能力）的感知
- 药物类型（效果和副作用）

上述因素不是可能会影响用药决定的全部情境因素，只是一些最常见因素。运动员会在多种情境因素的影响下，进行用药的代价与收益分析，最终做出是否服用药物的决定。

运动领域药物使用决定模型（DSDM）的基础假设是：不服用药物的运动是受大家欢迎的，然后据此对影响药物使用决定的各项因素进行细分。相关文献表明，一个人的道德感对其违法行为有很大的威慑作用。道德相关的研究进一步表明，一个人的信仰越强烈、形成强烈信仰的时间越早，此人坚守该信仰的可能性越大。这表明，努力使青少年运动员相信使用提高成绩的药物是不公平的这一做法所取得的成效，可能比通过法律途径进行威慑所取得的成效要大。

实践证明，在正式的药物教育计划的基础上制定查明药物使用与滥用行为的政策与规程，也可以威慑药物滥用行为。例如，全美大学体育协会的药物教育委员会制定了一些基本原则，以便其成员单位制定具体政策（Carr & Murphy，1995）；这些基本原则也适用于其他级别的运动员。基本原则包括：向运动员和运动管理者进行药物方面的教育；支持治疗；针对教练、运动训练师和团队医生召开培训会议，以帮助查明、处理物质滥用相关问题。这些教育与药物检测指南会定期更新，详情请访问：www.NCAA.org/drugtesting。

预防和控制物质滥用

由于物质滥用问题是一项临床问题，体育运动领域的工作人员不太可能直接介入治疗计划。但我们可以通过向运动员提供相关资源，在预防药物滥用行为方面发挥重要作用。值得注意的是，教育尽管有效，但是通常只能威慑5%的体育运动参与者不去尝试用药（Tricker，Cook，& McGuire，1989）。如同Nicholson（1989）在综述中所说的那样："宣传教育能够起到提高意识的重要作用。但是，不应将其作为减少运动员与锻炼者药物滥用行为的最重要策略。"全美大学体育协会曾在2010至2011年间对运动员开展过一项调查，调查结果显示，超过50%的运动员认为，强制性药物检测减少了运动员的药物服用行为。以下是帮助预防或减少药物使用行为的一些建议：

1. 针对滥用药物的原因提供支持性环境。通过增强参与者自尊与自信，来使参与者感觉更强大，因为一个人在感觉良好时，用药的可能性不大。树立正确的获胜观念，减少参与者不惜一切代价获胜的压力。留意药物滥用症状。
2. 应教育参与者，使其了解服用药物的影响。应针对各种药物的消极与积极（提高成绩）影响，向参与者提供能够开阔眼界的准确知识。使用知名运动员的例子（或者邀请知名运动员现身说法）可能会更有效。你也可以通过运动员中的领导者传递信息，灵活使用角色扮演方法和增强团队凝聚力的方法。

3. 尽早向运动员传递下列观念：使用提高成绩的药物等于欺骗和不公平竞争。如前文所述，增强运动员的道德感能够对拒绝用药起很大作用。应尽早开始教育计划，不断向青少年运动员传达下列观念：通过药物获胜是不公平的、是完全错误的。
4. 为运动员树立良好榜样。实际行动比话语更有说服力，因此，教练与训练导师应当注意自己的言行，不吸烟、不咀嚼烟草、不酗酒。以身作则能够有力地表达自己抵制物质滥用行为的决心。专业人员也可能受到物质滥用行为的侵蚀。存在药物滥用行为的教练应自己主动寻求帮助。在预防药物滥用行为方面，美国反兴奋剂机构做出了切实的努力，他们发起了“真正的运动推广计划”。这是一项社区教育计划，适用于运动员父母、教练和运动员。该计划强调“干净的”比赛、运动家精神和不用药取得最佳表现的策略，旨在追求并实现积极的青少年运动体验（详情请访问 www.truesport.org）。
5. 教授应对技能。如前文所述，当运动员焦虑与压力增大、自信降低时，他们可能会服用药物。因此，应使用多种策略来应对压力、增强自信。
6. 基于网络的个性化反馈计划（Martens，Dams-O'Connor，& Beck，2006）大大减少了高风险酗酒运动员的酗酒行为。该计划包括下列内容：运动员收到个性化反馈（如：将自己的酗酒行为与全国同类标准相比），总结去年酗酒的频率，告知运动员酗酒相关的资金支出、热量、不良后果风险。因此，我们似乎可以通过互联网来传递个性化计划，以减少大量学生运动员的酗酒行为。

要点　只有接受过专门培训的专业人员才能参与药物治疗计划。但是，运动与健身专业人士在药物滥用行为的预防与监督方面起着重要作用。

教练和物质滥用

很多新闻报道都与运动员及其物质滥用行为相关，以至于我们有时会忘了，有些教练也存在嗜酒问题。例如，警察局曾公布了密歇根大学前橄榄球教练 Gary Moeller 酒后在餐厅内外闹事的行为。根据报道，这位 54 岁的男性举止失控，将酒瓶摔碎在餐桌上，大声唱歌。他出现酒精中毒症状，说话语无伦次、辱骂他人、举止粗俗。警察到达后，Moeller 在被拘捕之前，用拳猛击一名警官，最后他被指控犯有扰乱社会治安和攻击他人罪。上述行为迫使他于第二天辞职。

西雅图海鹰队的前橄榄球教练 Dennis Erickson 因醉酒驾车并导致车祸而被拘捕，之后，他被强制参加酒精康复计划。对于 Erickson 的酗酒问题，人们早就有所耳闻。在迈阿密大学执教期间，他就因酗酒而闻名。这些问题说明教练人员缺乏自控，近些年频见报端的酗酒甚至是虐待配偶等问题，已足够引起我们的重视。压力可能是教练人员存在上述失控行为的原因（请参见第 21 章）。

ATLAS 和 ATHENA：预防高中运动员服用药物

适用于男孩的 ATLAS（帮助运动员远离类固醇的训练与学习）和适用于女孩的 ATHENA（运动员健康运动与营养替代方案）是根据性别和研究证据针对高中运动团队制订的两套用药行为预防与健康推广计划。这两套计划由 Goldberg 和 Elliot（2005）制订，参加计划的教练、运动指导员和学生运动员导师需要接受相关培训，如：教导学生如何在训练前后正确进餐，如何通过各种力量训练方法使自己更强壮，等等。计划的重点不是说明合成代谢类固醇、减肥药、大麻和酒精的长期效果，而是强调这些药物可能会对运动员造成的短期影响。例如，告诉学生们酒精能够产生肌肉毒素，大麻会降低肌肉的协调能力，合成代谢类固醇会导致痤疮、男性睾丸缩小、女性面部毛发旺盛。参与者还会学习警惕管理机构因疏忽产品纯度与安全而导致的问题。

如前文所述，药物检测的威慑作用似乎不是特别有效，因此，这两种计划主要采用的是教育性质的方法。在早期阶段，部分研究与轶事报告表明计划是有效的。Hildebrandt 及其同事（2011）在最新的研究综述中指出，ATLAS 和 ATHENA 计划在减少不健康的形体塑造行为意图方面是有效的，虽然它们在减少实际行为方面的效果，还有待进行实证研究。尽管 ATLAS 和 ATHENA 计划还需要进行进一步的对照研究，但是它们无疑是一个良好的开端。

运动成瘾

另一种成瘾（尽管并非所有人都认同成瘾这一说法）是运动成瘾。例如，有些人对运动培养了超强的感情，从两届金牌得主、前东德运动员 Waldemar Cierpinski 的下列话语中，你能够体会这一点：

> 我从幼年起就开始跑步……跑步是我终生热爱的运动。只要有可能，我就会跑步。这是我的乐趣。离开了跑步，我会无法活下去。

人们曾用多种术语来描述一个人对运动（尤其是跑步）的强烈投入，如：冲动（Abell，1975）、依赖（Sachs & Pargman，1984）、强迫（Waters，1981）、固着（Benyo，1990）和成瘾（Glasser，1976）。在运动心理学文献中，大部分作者通常用“成瘾”来描述一个人对运动的极度投入。

什么是运动成瘾?

运动成瘾是对定期运动的一种心理或生理（或者心理兼生理）依赖，它的特定是在停止运动 24 至 36 小时后会出现断瘾症状（Sachs，1981）。另外，还应注意：运动上瘾通常包括心理因素和生理因素。通常与停止运动相关的断瘾症状包括：焦虑、易怒、愧疚、肌肉抽搐、肿胀感和紧张等。但是上述症状仅会发生在一个人因某种原因（如：受伤、工作、家庭承诺）而被阻止参加运动时，不会发生在一个人有目的的将运动中止一两天时。

积极运动成瘾

有益的运动（尤其是跑步）成瘾的概念因 William Glasser 的《积极成瘾》（1976）一书而得以流行。Glasser 认为，积极成瘾（如：对跑步或冥想成瘾）能够增强心理能量、提高生活满意度。这与消极成瘾（如：对海洛因或可卡因上瘾，如前文所述）形成强烈对比，消极成瘾不可避免地会对心理与生理机能造成损害。Glasser 用“冲动”（而非“成瘾”）来形容一个人对运动的强烈参与，认为此种类型的参与能够增强心理与生理能量，因而能够增强一个人的幸福感和机能。Glasser 未进行标准的定量评估与分析，而是收集了临床与精神评估的定性数据。

积极运动成瘾的各种心理与生理益处指一个人在坚持定期运动时通常会产生的益处。积极运动成瘾的人会将坚持运动作为人生的重要组成部分，他们能够将运动成功地融合到人生的其他方面。运动会成为一种日常习惯，此种程度的运动参与是一种健康习惯。

消极运动成瘾

尽管很多运动者的运动成瘾是积极的，但是，也有小部分人被运动控制了整个人生（Benyo，1990；Berger & Tobar，2011；Morgan，1979a），这种成瘾就属于消极的。**消极运动成瘾**会剔除人生的其他选择。一个消极运动成瘾的人，人生将围绕着运动而展开，以至于家庭与工作责任的承担及人际关系都要往后退。此状况明显反映了一个人的人际或社会关系失调状况，同时还伴随着以剂量依赖性增强和戒断症状为特征的其他成瘾过程。Chan（1986）说明了人们通常是如何对运动成瘾的：

> 典型的成瘾发生在……于成人期开始运动的女性或男性身上，他们运动的目的是为了减轻体重，身材变好。当他们的心率改善、体重减轻、身体更好时，他们对自我的感觉会更好。他们形成了对身体的控制感，这是他们通过节食无法实现的，这种控制感会扩展为对整个人生的控制感。换句话说，他们感觉更强大、更自信。

虽然很多运动成瘾者经常感觉运动控制了他们的整个人生，但是，他们也认为，运动增强了他们的自我存在感。跑步者兼医生 George Sheehan（1979）表达了自己的下列观点：

> 整个世界都要等待。工作、家人、朋友都要等待；实际上，他们必须等待结果……还有什么比跑步更重要吗？跑步令我找到了自我，增强了自我，令我更加完整。我的同事、家人和朋友都能够证实这一点。

因此，区分主要运动依赖和次要运动依赖是有帮助的（Kerr，Linder，& Blaydon，2007）。对于主要运动依赖而言，运动本身是一种目标，尽管依赖者可能为了提高成绩而改变饮食行为。对于次要运动依赖而言，运动是另一种主要病理问题（如：进食障碍）的症状。Kerr 及其同事（2007）提出了一套诊断标准，在一年内出现三种（含）以上下列症状者可诊断为运动成瘾：

- 对运动量增加的容忍或需求
- 戒断症状（如：焦虑、疲劳）
- 失去控制
- 因将运动的重要性置于其他活动之上而引发冲突
- 将越来越多的时间投入到运动中
- 运动量超过预期
- 在发现问题后仍然继续运动

McNamara 和 McCabe（2012）曾通过生物心理社会学模型来说明优秀运动员运动依赖性的形成和保持。结果发现，与无运动依赖性的运动员相比，有运动依赖性的运动员的体质指数（BMI）更高，运动依赖性更极端、适应更不良，来自教练与队友的压力更大，社交支持程度更低。

运动成瘾和自尊

Martin 等人（2008）开展的研究显示，当一个人通过运动来增强自尊时，他会形成运动依赖性。此外，研究还发现，运动依赖性与大学生饮酒的问题有关（Hall，Hill，Appelton，& Kozub，2009）。运动依赖性似乎与不当行为相关（虽然并非不当行为的原因）。最后一点，对相关文献进行的综述显示，运动成

有些运动成瘾是积极的。当一个人成功地实现例行运动与生活中其他方面的平衡时，运动成瘾就是积极的。

瘾的运动员或锻炼者，在晚年酗酒及对其他物质成瘾的可能性会更高（Krivoschekov & Lushnikov，2011）。因此，这些人群应格外小心，避免运动成瘾在晚年时转变为物质成瘾。

当运动成瘾者不能运动时

当运动成瘾者因受伤而无法运动时，将会发生什么？他们可能出现戒断症状，包括：紧张、坐立不安、易怒、抑郁、人际关系问题和内疚感。一项研究（Chan & Grossman，1988）显示，因受伤而被迫中止跑步的跑步者，其紧张、焦虑、抑郁、困惑、愤怒和敌意的程度，要超过其他仍在跑步的队友，其自尊程度和活力，则低于其他仍在跑步的队友。这些戒断症状与其他常见的戒断症状相似。克服因受伤而出现的戒断症状的方法之一为尝试其他运动。一位小腿受伤的跑步者或许仍然可以游泳或骑自行车。但是，替代运动可能无法满足真正的运动成瘾者。

运动者可以用很多方法来防止自己陷入消极运动成瘾，这些方法包括：

- 安排休息日，或者在必要时休息。
- 定期与较慢的同伴一起锻炼。
- 如果受伤，停止运动，直到完全康复。
- 训练时难易结合。在训练非常艰苦时，融

运动领域的性骚扰和性侵犯

与整个社会一样，运动领域的性骚扰和性侵犯事件也在逐年增加，令人十分遗憾。面对问题的严重性，国际奥委会（2008）针对运动领域的性骚扰和性侵犯发布了一项共识声明。国际奥委会指出，应通过宣传有效的防范策略以及进一步了解发生在运动员身边的此类问题，来促进运动员健康、加强对运动员的保护。

性骚扰是指利用手中权力和受害者的信任，在违背受害者意愿或强迫受害者的情况下，对受害者进行言语、非言语或身体上的骚扰，无论是有意或无意地。16年来收集的数据显示，教练人员（或其他权威人物）对运动员进行性侵犯案件的最显著共性是：亲密、机会、威压和权力。具体来说，性侵犯这一犯罪行为的过程包括以下几个阶段：建立信任与友谊，进行孤立和控制，培养忠诚，保守秘密，瞄准潜在受害者。具体的情境风险因素包括：运动员去教练住处，运动员被教练按摩，教练开车送运动员回家。此外，还有个人风险因素：运动员的自尊程度低，运动员与父母之间的关系疏远，运动员对教练非常忠诚。

国际奥委会建议所有运动组织制定预防性骚扰和性侵害的具体政策，并监督这些政策与规程的落实，增强运动员与父母和照顾者之间的关系，制订运动领域性骚扰和性侵害相关的教育与培训计划。

美国职棒大联盟赛扬奖得主R.A. Dickey和奥运会柔道金牌得主Kayla Harrison勇敢披露了自己曾长年遭遇教练与照顾者的性侵犯、无法逃离魔掌的过往，他们是首先披露此类心酸历史的世界级运动员。羞耻、愧疚、恐惧、自杀念头和揪心的抑郁曾伴随他们多年。这些运动员在与魔鬼斗争的同时，取得了巨大成就，他们的勇敢故事应能够给他人以希望，帮助他人摆脱性侵犯的阴影、从性侵犯的伤害中康复。关于这些运动员的具体故事，请参看Smith（2012）。

运动领域最引人关注的性侵犯案例可能是2011年发生在宾夕法

尼亚州立大学的儿童性侵犯丑闻。在这一案件中，橄榄球教练 Jerry Sandusky 长期在大学校园及其附近性侵犯至少 9 名未成年男孩，并且部分大学管理者被控存在掩盖事件的行为。大陪审团在进行广泛调查后，判定 Sandusky 在 45 起性侵犯案件中有罪，他需要在监狱中服刑至少 30 年。此外，根据大陪审团的判定，以及宾夕法尼亚州委托前联邦调查局局长 Louis Freeh 开展的独立调查的调查结果，多名大学高级管理人员因掩盖事件、未向有关当局报告事件而被判伪证罪、缓刑和解职。最值得注意的是，大学校长 Graham Spanier 被迫辞职，橄榄球队的主教练 Joe Paterno（根据报道，Paterno 的确向上级反映过性侵犯问题，但是在他的上级未向有关当局报告这一事件之后，他未采取任何进一步的措施）和训练指导 Tim Curley 被解雇。在报告中，Freeh 指出，宾夕法尼亚州立大学最高级别的领导者们“14 年来对 Sandusky 案件受害孩童的安全与福祉表现出完全的漠视，纵容 Jerry Sandusky 对孩童长期侵犯。”这一事件令宾夕法尼亚州陷入极为尴尬的境地，因为宾夕法尼亚州享有开展干净运动计划的美誉，干净运动计划以运动员的学术进步及个人成长为最高目标。现在，美国各地都采取了行动，防止青少年成为教练或其他权力者的性侵犯目标。

尽管无论是在运动领域内，还是在运动领域外，性骚扰和性侵犯都是完全不可接受的，但是，Kerr 和 Stirling（2013）开展的一项引人关注的研究表明，根据“不接触”原则绝对避免教练和运动员之间的任何接触可能有些反应过度。该项研究针对青少年运动员和教练进行的面谈结果显示，无论运动员还是教练，都认为教练和运动员之间的接触有时是非常重要的，比如为了教学、进行表扬或认可、进行安慰、确保运动员内心安宁。但是，接触的可接受度受下列因素的影响：教练与运动员之间的人际关系的质量、教练与运动员之间的人际关系的性质、接触发生的背景。研究结果表明，与其支持“不接触”的观点，不如了解、推广一些安全、健康的接触方式。例如，跳水教练可以在需要通过身体接触指导女性运动员的跳水动作时，先征得该女性运动员的同意。

入一些强度低、距离短的运动。

- 如果对健康益处感兴趣，则每周只锻炼 3 到 4 次，每次锻炼 30 分钟。
- 设置切合实际的短期目标和长期目标。

强迫性赌博

本章已经讲述了当今体育训练领域普遍存在的三个问题。下面我们要了解的问题在竞技运动领域则有很长的历史，但是直到现在，媒体和公众才开始关注它，这一问题就是强迫性赌博。赌博和下注（合法的和非法的）在运动领域有很长的历史。20 世纪 20 年代的“黑袜”棒球丑闻是最早的有记录的大规模赌博之一。在这起丑闻中，运动员向自己参加的比赛下注，并有意表现很差，以便赢得赌局。20 世纪 50 年代至 60 年代早期，当来自 22 所学校的 37 名篮球运动员在比赛中故意让球、参与非法赌博时，篮球领域的赌博丑闻也开始受到人们的关注。纽约市立大学篮球运动员的故意让分行为在体育界引起了巨大震动。那时，运动员们不认为自己以 6 分而非 12 分之差获胜有什么错。无人指使他们输掉比赛，但是有人指使他们有控制地让分。

你可能会疑惑，为什么这些运动员及其后来者会与赌徒牵扯到一起，出现故意让分行为？与赌徒（通常也是歹徒）进行的面谈显示，他们通常会尝试以下三件事中的某一件。首先，赌徒会帮助运动员付清运动员无法支付的赌博账单。这就使运动员只能要么掏出相应金额的现金还给赌徒，要么向赌徒提供服务（通常为让分）。其次，赌徒诱使运动员接受丰盛的晚餐、酒宴、药物或性服务。最后，贿赂运动员（通常为 1 万美金），这通常会使本不太情愿的运动员最终走向黑暗。

在运动领域，因赌博而被曝光的知名人物或学校越来越多，例如，四分卫 Art Schlichter、Pete Rose（因进行棒球赌博而在 2004 年被禁止进入名人堂，在否认 13 年之后，他终于承认自己曾参与棒球赌博），波士顿大学、西北大学和杜兰大学的篮球运动员和橄榄球运动员向自己参加的比赛下赌注。就连迈克尔·乔丹下巨额赌注（通常是向其高尔夫球比赛而非篮球比赛下赌注）的行为也已为公众所知。但是，知名人物赌博明显只是冰山一角，就运动赛事进行赌博的行为已十分普遍。此外，众多运动员和大学生因不断攀升的赌债而自杀，这凸显了运动领域赌博的严重性。

运动领域内赌博的患病率

向体育赛事下赌注几乎成了一项全国性的休闲活动，根据娱乐与体育节目电视网（ESPN）的调查，在 2008 年，有 1.18 亿美国人以某种方式参与了体育赛事赌博。体育赛事赌博几乎在所有地方都是非法的，但仍在如火如荼进行着。例如，全美大学体育协会的大量橄榄球和篮球运动员（72%）曾在大学期间参与某种形式的赌博（如：向运动赛事下赌注、玩老虎机、赌场赌博、为赢钱而玩扑克牌）（Cross & Vollano，1999）。在校际运动参与者中，估计有 12% 的男性和 3% 的女性的赌博属于问题型赌博或病态赌博（Weinstock，Whelan，& Meyers，2000）。非法赌博行为经常受到下列因素的助推：赌博的相关出版物和每日报纸对即将到来的赛事进行的报道。对赌博感兴趣的人只需上网就可以参与赌博，而此类网站越来越多。强迫性赌博相关的专家指出，由于赌博的便捷性，大学生很容易受到侵害。统计数据显示，全美大约 1.5% 的人群属于强迫性赌博者，大约 4% 的人群属于问题型赌博者（即对赌博未成瘾，但是投入过多）。据估计，有 6% 到 8% 的大学生属于强迫性赌博者，他们对赌博成瘾，甚至失控。

大学生的赌博行为明显多于其他群体。这一事实促使《体育画报》在 1995 年进行了系列报道，详细说明了全国校园内大量存在的赌博活动（Layden，1995）。该报道记录了多方面的赌博行为。报道显示，学生很容易便能接触到赌局代理人并与其一起赌博，而赌局代理人通常是因赌博而心疲力竭、山穷水尽的大学校友。例如，内华达大学的一名学生曾从八家银行盗取了总共 89000 美元，德克萨斯大学的一名学生也从一家银行盗取了 12000 多美元；这两名学生的目的都是为了偿还赌债。他们受到了在监狱服刑约 10 年的处罚。

全美大学体育协会（2004）针对 21000 名运动员开展的研究调查了他们进行大学体育运动赌博的情况。结果显示，35% 的男性运动员和 10% 的女性运动员在上一年进行了大学体育运动赌博。研究还显示，2.3% 的橄榄球运动员因赌债而被要求影响比赛结果，1.4% 的运动员承认自己的确曾为了改变比赛结果而故意调整了自己的表现。非常值得我们关注的是，大约40%至60%的运动员说自己不了解协会针对运动赌博的规定，包括处罚规定，如：取消奖学金。由于大量运动员参与赌博，全美大学体育协会启动了多项教育计划，并进行了跟踪研究，以检查这些计划的效果。结果显示，总体上看，赌博行为减少了，可能是由于运动员更加熟悉赌博的相关规定，但赌博仍然是运动领域的一个问题。例如，2004年，35%的男性运动员仍在赌博。

Ellenbogen等人（2008）针对两万多名全美大学体育协会学生运动员的赌博行为进行了调查。结果显示，62%的男性大学运动员和43%的女性大学运动员报告自己有过赌博行为，同时有4%的男性运动员和0.4%的女性运动员坦诚自己存在赌博问题；这些百分比与非运动员大学生此方面的百分比相近。但是，13%的男性运动员和3%的女性运动员报告自己每周都会进行赌博；这些百分比是非运动员大学生相应百分比的3倍。此外，知名度高的运动项目（如：棒球、橄榄球）的运动员存在赌博问题的可能性，要大于知名度一般的运动（如：田径、排球）的运动员。值得关注的是，在研究对象中，仍有近一半的运动员不确定或不了解全美大学体育协会针对大学赌博行为的规定。面对上述问题与困境，协会成立了一个工作组，针对大学运动员的赌博行为提供建议。

赌博并非始于大学。专家认为，高中生赌博行为"多得令人难以置信"。2007年《今日美国》和2009年娱乐与体育节目电视网（ESPN）开展的调查显示，26%的男性运动员报告自己在上高中之前就开始赌博，66%的男性运动员报告自己在高中开始赌博。新泽西州有4位男性因从事体育赌博、放高利贷而被警察逮捕，他们有至少50位高中生客户。调查此类案件面临的问题是，大部分父母通常会有下列反应：他们怀疑孩子涉嫌有组织的犯罪，因而不敢坦白任何问题；他们认为自己就能处理好孩子的问题；他们会说："谢天谢地，幸亏不是吸毒。"实际上，父母通常不认为青少年赌博是一个严重问题，但他们的此种观点是完全错误的（Layden，1995）。

强迫性赌博的迹象

强迫性赌博者具有某些特征，如：自吹、自大、无限乐观、极富竞争性，并且往往相当聪明。但是，专家认为，从人群中直接揪出一位强迫性赌博者几乎是不可能的，因为赌博者都擅长否认。由于赌博是一种群体性活动，它和饮酒一样，除非出现不良后果，否则不易被发现。一位专家（Layden，1995）指出："在校园进行体育运动赌博已经成为美国人大学生活中一个肮脏而公开的小秘密。"因此，作为专业人士，我们必须认清这一问题，不应采取鸵鸟政策。如果你发现有人存在强迫性赌博问题，你应向他推荐"匿名戒赌者协会（Gamblers Anonymous）"或"问题性赌博全国委员会"计划。

《今日美国》在针对大学赌博活动所做的系列报道中，总结了大学生存在赌博问题的众多迹象以及大学生父母应当警惕的迹象：

大学生的赌博迹象

- 因为赌博而缺课
- 因思考赌博问题而走神、无法集中精力听课

赌博与职责：威胁竞赛公平

2007年，一个有着13年经验的资深NBA裁判Tim Donaghy承认自己参与NBA赛事赌博（有些赛事由他担任裁判），并向赌博者通风报信，如向赌博者提供下列信息：队员的健康状况、各队员之间的关系、某些比赛的裁判是谁，而这些信息只有在比赛即将开始时才应公布。他还根据比赛的裁判来赌比赛，如果赌对了，他会获得酬劳。他被判15个月的监禁，然而，更大的问题是他摧毁了公众与队员对于裁判公平性的信心。

尽管Donaghy可能并未决定比赛结果，但是他肯定以某种方式促使最终分数发生了变化，这会影响很多赌博的人。篮球裁判可以通过多种方式来影响分数，其中包括：

- 让某队的主力队员过早陷入犯规麻烦而退场。正如一位队员所说："如果一位裁判使我队最重要的人物过早犯规，那么我们的麻烦就大了。"
- 因队员微不足道的"体毛"犯规而吹哨。对于某些犯规行为是否吹哨，裁判有很大的决定余地。
- 因队员轻微违规（如：翻腕、进攻3秒违规、防守违规、罚球提前进线违规——正常情况下这些行为很少被吹哨）而吹哨。
- 形成罚球差异，如：在某队可以轻松改变战术和最终分数时而进行犯规吹哨。

匿名戒赌者协会的20个问题

匿名戒赌者协会需要新成员回答20个问题。在这20个问题中，强迫性赌博者回答"是"的问题至少会达到7个。

1. 你是否曾因赌博而旷工或旷课？
2. 赌博是否曾令你的家庭生活不愉快？
3. 赌博是否影响了你的声誉？
4. 赌博后你是否会愧疚？
5. 你是否曾为了偿还债务或解决其他资金问题而去赌博？
6. 赌博是否削弱了你的抱负、降低了你的办事效率？
7. 输了之后，你是否认为自己应该尽快回来，赢回输掉的钱？
8. 赢了之后，你是否非常渴望重返赌场，以便赢更多？
9. 你是否经常赌到输得分文不剩？
10. 为了获得赌资，你是否曾向他人借钱？
11. 你是否曾为了获得赌资而变卖东西？
12. 你是否不愿用赌资来支付日常开销？
13. 赌博是否令你对自己与家人的幸福漠不关心？
14. 你赌博的时间是否超出过自己计划的时间？
15. 你是否曾为了逃避忧虑或烦恼而赌博？
16. 你是否曾为了获得赌资而从事非法活动，或者考虑过从事非法活动？
17. 赌博是否令你入睡困难？
18. 争吵、失望或挫折是否会促使你去赌博？
19. 你是否曾迫切希望通过几小时的赌博来庆祝自己的好运气？
20. 你是否曾因赌博而想过自杀？

经许可转印自Gambler's Anonymous，2002。

- ▶ 购买提高赌博技能的书籍或类似物品
- ▶ 债务超过其偿还能力

大学生父母应当警惕的迹象

- ▶ 要钱时说不清楚用处
- ▶ 信用卡负债突然增加
- ▶ 手头突然非常宽裕且说不清楚原因
- ▶ 家里钱财或贵重物品失窃
- ▶ 成绩突然下降
- ▶ 严重缺课
- ▶ 抑郁和焦虑
- ▶ 疏远家人、朋友和业余爱好
- ▶ 观看体育节目的时候突然增多
- ▶ 拨打赌博热线和900号码了解赛事结果
- ▶ 对运动赛事过分情绪化

学　习　助　手

总结

1. **定义并论述运动领域普遍存在的进食障碍和饮食失调。**

　　神经性厌食症和贪食症是两种最常见的进食障碍症状。《精神疾病诊断与统计手册》提供了进食障碍的定义。神经性厌食症具有下列特征：非常害怕体重增加、身体意象紊乱。而贪食症具有下列特征：反复暴食、自诱性呕吐。运动员（尤其是体重比较重要的运动项目的运动员，如：摔跤、体操和田径运动员）出现饮食问题的概率要高于普通人群。但是，饮食失调不代表进食障碍。

2. **说明进食障碍的诱发因素。**

　　很多因素都可能导致运动员患上进食障碍。有些因素是遗传因素，而有些因素是环境因素（如：体重限制和标准）或社会因素（如：来自教练和队友的压力）。

3. **说明如何识别饮食失调。**

　　贪食症和厌食症的迹象包括身体症状（如：体重太轻、胃胀、唾腺肿胀），心理或行为症状（如：过度节食、暴食、总想着食物）。我们必须帮助运动员获得专业人士的帮助。应建立一套推荐体系，以便秘密而专业地帮助运动员解决饮食问题。

4. **定义并论述运动领域普遍存在的物质滥用。**

　　物质滥用是很多运动组织面临的最严重问题之一。它通常是指一个人在对身体有害或者对个人生活或职业生涯有损的情况下持续、反复地服用精神活性物质。尽管难以获得某些药物使用方面的准确数字，但的确有很多运动员和锻炼者既服用提高成绩的药物，也服用娱乐性药物，而这两种药物都有较大风险。

5. **解释某些运动员或锻炼者服用药物的原因。**

　　运动员和锻炼者通常是因为身体原因（如：提高成绩）、心理原因（如：应对压力）或社会原因（如：令施压的教练或队友满意）而服用药物。

6. **论述如何查明并预防物质滥用。**

　　物质使用与滥用的查明途径包括正式

途径（如：药物检测）和非正式途径（如：观察和倾听）。由于药物检测的费用很高，难以频繁使用，我们必须学会识别药物使用与滥用的迹象及症状。体育训练领域的专业人士可以通过多种方式帮助预防药物滥用行为：①树立好榜样；②使运动员或锻炼者了解药物使用或滥用的影响；③针对运动员或锻炼者滥用药物的原因提供支持性环境，这一点最重要。ATLAS 和 ATHENA 等计划在预防高中运动员药物滥用方面取得了初步成效。

7. **说明积极运动成瘾和消极运动成瘾的概念。**

积极运动成瘾具有普遍性，因为研究显示，跑步及其他形式的运动与积极心理结果和生活满意度的提高有关。但是，对少部分人来说，仍有可能转变为消极成瘾。当一个人对运动消极成瘾时，运动会控制其人生。消极成瘾通常与生活和工作方面的消极后果相关。

8. **论述强迫性体育赌博问题。**

体育赌博有很长的历史，但在最近，它显示出明显的增长。全国性统计结果显示，估计有 6% 到 8% 的大学生是强迫性赌博者。在很多大学校园里，都可以发现各种赌博代理人。人们通常认为赌博不是一个严重问题，但实际上，赌博和药物、酒精一样，可以成瘾。强迫性赌博者喜欢自吹，通常比较自大、无限乐观且极富竞争性。

复习题

1. 定义、比较神经性厌食症、贪食症和饮食失调。
2. 举出进食障碍的三种诱发因素。
3. 说明提高成绩的药物和娱乐性药物的主要类别及其副作用。
4. 比较、对比积极运动成瘾和消极运动成瘾的特点。可以通过哪些措施来避免消极运动成瘾？
5. 论述药物使用的威慑模型，并说明各部分的具体事例。
6. 说明 ATLAS 和 ATHENA 计划如何预防药物使用及其他高风险行为。
7. 介绍国际奥委会在解决性骚扰和性侵犯问题方面的建议。
8. 万艾可提高运动成绩的原理是什么？
9. 简要介绍对类固醇副作用的轶事报告和实证研究报告。

深入思考

1. 你被聘任为大学体育部的顾问。你的主要工作是制订可以减少运动员药物及酒精滥用行为的计划。详细说明你的计划，并解释理由。
2. 你是高中女子体操队的教练。你知道这一群体饮食失调的比例较高。为了最大程度降低运动员进食障碍发生的可能性，你会如何安排训练？当你发现某一运动员出现进食障碍的迹象，你会怎么做？

第 21 章

倦怠和过度训练

学习完本章后，您将能：

1. 定义过度训练、倦怠和疲惫；
2. 论述各种倦怠模型；
3. 理解过度训练和倦怠的原因；
4. 识别过度训练和倦怠的症状；
5. 描述倦怠的治疗和预防。

近些年来，获胜压力和常年的高强度训练压力急剧增大，大部分是因为成功的教练和运动员能够获得巨额奖金、成为知名人物、提升社会地位。过去，各种运动都有明显的赛季和季后之分，但是现在，两个赛季几乎要连起来，运动员长期休息的机会很少；即便在季后，运动员也需要进行举重或其他健身活动，以保持好身材，并让自己变得更加强大，以便为即将来临的赛季做好准备。此外，现在很多运动项目都有专门的训练营或学校，加入训练营或学校的青少年需要上学、训练（通常远离父母），以期日后能够获得大学奖学金、开启职业生涯或者赢得奥运奖牌。流行的理论是训练越多越好，你要想以高水平与他人竞争，就必须尽早训练、常年训练。

但是，对训练与获胜的无情执着可能导致过度训练以及随之而来的倦怠。不仅竞技运动员和教练会过度训练和倦怠，就连希望自己感觉更好、身材更好的一般锻炼者，也可能出现过度训练和倦怠。此外，有获胜需求的支持人员（如：管理人员、持证运动训练师）的压力也越来越大，也会出现倦怠。预算问题困扰着很多学校，主管人员总是要求体育教师以较少的资源获得较大的成果，或延长工作时间，因而体育教师也容易受到倦怠的影响。下列陈述显示了过度训练和压力的情形：

> 这是一种长期折磨。一年里我们几乎没有空闲时间，不是在进行赛季前的准备训练，就是为整个赛季而忙碌，要不就是在进行赛季后的力量训练，或者是在招募新队员。获胜的压力也很大。我们获胜了，仍有压力——保持成功的压力和满足他人对我们保持成功的高度期望的压力。如果我们失败了，也有压力——尽快获胜的压力。排得满满的时间表和压力会使你精疲力竭，只想找个地方自己呆一会，把所有东西都抛在脑后。
>
> ——大学橄榄球教练

> 我没有权利选择不去做某事，即便是在团队获胜之后……时间非常紧。这也是过度训练的原因。由于疲劳和未完全康复，我在比赛时的表现可能只达到正常表现的80%。
>
> ——奥运会运动员

过度训练和倦怠已经成为体育运动领域的严重问题，使很多大有希望的运动员不得不提前中止职业生涯。因此，教练、运动导师、健康护理人员及其他管理人员应当深入了解倦怠的症状与原因，并通过相关策略减少倦怠发生的可能性。我们先来了解一下过度训练和倦怠的定义。

定义过度训练、疲惫和倦怠

过度训练、倦怠和疲惫的通用定义尚未统一。我们提供的定义仅代表我们的个人观点，并非所有体育运动心理学家都会以完全相同的方式来定义这些术语。

过度训练

周期性训练是在运动员接受大量高强度训练之后降低训练量（被称为休息或减量阶段）的缜密策略（McCann，1995）。周期性训练的目标是调整运动员，以便运动员能够在特定日期或特定时间段（通常是在大赛或冠军赛前夕）达到巅峰状态。教练会有意超负荷训练运动员以及降低运动员训练量。因此，运动员和教练面临的挑战是：逐渐增加训练量以达到最佳适应状态但是避免出现副作用（如：受伤和疲惫）（O'Connor，1997）。

过度训练是指对运动员进行接近或达到其最大潜能的较短周期（通常为几天到几周）的过量训练。过量训练是运动员身体训练过程的正常部分。也就是说，教练会根据运动生理学原则，故意提高训练量来对运动员进行过量训练（如：游泳、跑步的距离或举重的重量超过正常值）。在进行休息和恢复之后，运动员身体会逐渐适应过量训练，变得更强大、适应性更强；这些变化会改善运动员的表现。遗憾的是，过量训练过程远不完美，每个人的最佳过量训练程度存在很大不同；一味地努力过量训练，有时会导致不良后果。如果训练量太大，或者运动员受到休息不足或者其他身体或心理压力的影响，运动员就会出现不适应，此时过度训练就会降低运动员的表现。此过度训练不良综合征被定义为“在运动员休息不足的情况下对运动员进行过量（通常为身体的过量）训练而导致的运动员表现下降、无法进行正常训练的情况”（U.S. Olympic Committee，1998）。因此，对运动员身体进行过量训练这一过程既能够促成积极适应、提高表现，也能够造成不适应、降低表现。

Kentta（2001）以及Kentta和Hassmen（1998）将过度训练视为一个随着时间的推移逐步展开的过程（图21.1）。此过程开始于对运动员的过量训练（为改善表现而进行的苛刻训练），然后达到过度训练，运动员的表现会在短期内（72小时至2周）降低，之后运动员会进入超越状态。如果过度训练对运动员是理想的，在经过适当休息之后，运动员的身体会适应过度训练、实现高级组合和积极的过度训练，进而会改善表现。但是，如果过度训练的要求和超越状态过于苛刻，运动员的身体适应不当，会导致不适应或消极的过度训练，运动员的表现会下降。消极的过度训练首先会导致疲惫，如果在运动员未得到充分休息和恢复的情况下继续进行过度训练，会导致更加严重的情况——倦怠。除此以外，过度训练的结果也可能是表现水平未发生变化，既未提高表现，也未降低表现。

过度训练和周期性训练之间的差异，在很大程度上取决于个体差异和个体潜能。对某一运动员来说可能有害的过度训练，对另一运动员来说，可能是积极的训练或最佳训练。例如，奥运名将Mark Spitz曾7次打破游泳项目的世界纪录赢得世界冠军，但是，他每天的训练量从未超过10000码（约合9144米）。而另一位游泳名将前苏联奥运会游泳冠军Vladimir Salnikov则使用为期2周的“中周期”训练方式，他每天的训练量为20000米。Vladimir Salnikov的训练量对很多优秀游泳运动员来讲都是过度的，但是明显改善了Salnikov的表现（Raglin，1993）。证据还显示，过度训练不仅与运动员经历的身体训练量和训练强度相关，心理与社会压力及运动员经历的休息量与休息类型也会对过度训练和周期性过程造成很大影响（Gustafsson，Kentta，& Hassmen，2011）。

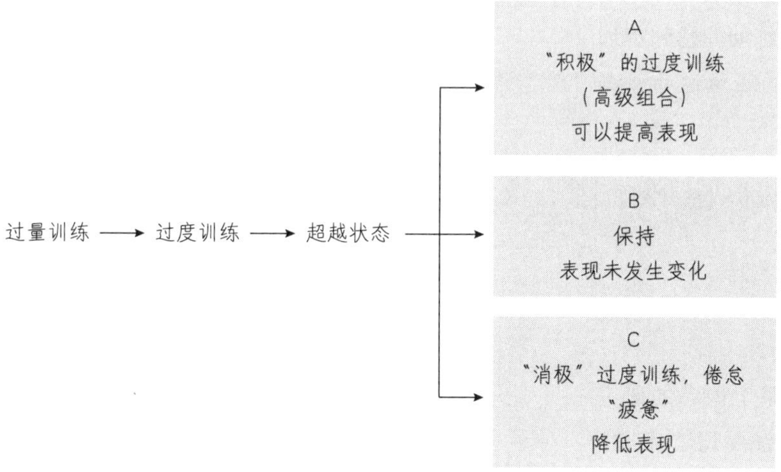

图21.1 过度训练过程

基于Kentta et al. 2001。

运动员需要按规定完成的训练存在很大不同，最富天赋的运动员不一定能够以最大能力度过过度训练期。此外，研究还显示，即使是能力相近的运动员，对标准训练计划的反应也可能会存在不同：有些运动员可能会抵制高强度训练的消极影响，而有些运动员可能会非常欢迎高强度训练。此外，特定训练计划可能会改善某位运动员的表现，对另一位运动员来讲，却可能存在训练量不足问题，而对第三位运动员来讲，还有可能会降低他的表现。

> **要点**　一位运动员的过度训练方案可能是另一位运动员的最佳训练方案。

疲惫

美国医学会（1966）将**疲惫**定义为“过度训练造成的以恶化运动准备为标志的生理状态”。因此，疲惫是运动员难以坚持标准训练计划、无法再达到之前的表现水准时的过度训练的最终后果。真正疲惫的运动员的表现会在过度训练期之内或之后的一段时间（2周或更长）内显著下降（5%或更多），并且在短期训练量减少之后亦无法改善（O'Connor，1997）。疲惫的主要行为迹象是表现下降，主要心理症状是情绪紊乱、在训练期间感到更加吃力。报告显示，大约80%的疲惫运动员具有临床抑郁症状。

> **要点**　疲惫运动员难以坚持标准训练计划，无法再达到之前的表现水准。

倦怠

在众多轶事报告以及着眼于倦怠的研究调查中，专业人员对倦怠的关注要超过对过度训练和疲惫的关注（Black & Smith，2007；Dale & Weinberg，1990；Gould，Tuffey，Udry，& Loehr，1996a，b；Gustafsson，Kentta，Hassmen，& Lindquist，2007；Isoard-Gautheur，Guillet-Descas，& Duda，2012；Raedeke & Smith，2004；Vealey，Udry，Zimmerman，& Soliday，1992）。到目前为止，倦怠还没有一个被普遍接受的定义。在回顾相关文献之后，Gould和Whitley（2009）将**倦怠**定义为：

> 对于之前喜爱的体育运动，在身体、情感和社交方面均出现减退。此种减退具有下列特征：情绪与生理耗竭、成就感减弱、运动贬值。此外，倦怠还是长期压力（对运动员的身体、心理与社会期望和运动员反应能力之间的感知失衡或实际失衡）、动机取向和变化的结果。

以下是倦怠的特征：

- 耗竭，包括生理方面的和情绪方面的，表现为精力、兴趣和信任度减弱。
- 感觉个人成就低、自尊低、失败、抑郁。这通常表现在工作能力低或表现水准下降。
- 去人格化和贬值。去人格化的特点是无人格、无感觉。对他人的此种消极反应在很大程度上应归因于心理与生理耗竭。去人格化是倦怠的特征之一，认识到这一点能够帮助专业人士（如：咨询师、教练和教师）解决问题。并且，Raedeke和Smith（2001）发现，运动员的去人格化表现为运动贬值——他们不再关心运动以及运动对自己的重要性。

倦怠与训练压力综合征其他方面的反应不同，一旦运动员出现倦怠，运动员从压力环境中退出通常不可避免。在运动领域，倦怠不同于简单的退出训练，因为它还包括心理与情绪耗竭、对他人反应消极、自尊程度低和抑郁等。

运动员退出运动参与的原因有多种，倦怠只是其中一种。很少有运动员和教练会仅仅因为倦怠而完全退出运动，尽管他们通常已显示出众多倦怠特征。例如，尽管运动员感到倦怠，但是他们仍会因为某些原因而坚守在运动领域，这些原因包括金钱奖励（如：奖学金）和来自父母或教练的压力与期望。仅当某一运动与其他活动相比，其代价超出了益处时，运动员才会中止对该运动的参与。运动员和教练会因为代价高昂的长期过度压力而中止运动参与，此种情形常常被视为倦怠。

过度训练、疲惫和倦怠的频率

尽管研究人员未曾针对过度训练、疲惫和倦怠的普遍性开展过大规模的系统化研究，但是通过已有研究，我们发现，过度训练、疲惫和倦怠的问题必须得到重视。例如，一项调查显示，在大西洋海岸联盟的大学运动员中，有 66% 的运动员认为自己曾过度训练（平均每人在大学运动生涯中经历过 2 次过度训练），几乎 50% 的反馈者认为过度训练是一种糟糕的体验。此外，72% 的运动员在赛季内会感到某种程度的疲惫，47% 的运动员在大学运动生涯期间曾感到倦怠（Silva，1990）。Gould 等人（2002）通过调查发现，多达 18%

倦怠的表现形式有多种，包括：耗竭、抑郁、疲惫、退缩。

的美国运动员在为奥运会做准备期间会训练过度。在对 10 所高中的高尔夫运动员进行的访谈研究（Cohn，1990）中，所有运动员都称自己在运动生涯期间，有时会对高尔夫球运动感到倦怠，这使他们不得不停止此项运动 5 ～ 14 天。Gustafsson 等人（2007）曾对 980 名优秀的青少年运动员开展研究，他们发现，1% ～ 9% 的女性运动员和 2% ～ 6% 的男性运动员存在高度倦怠的症状。即使使用最严格的严重倦怠标准对青少年运动员进行调查，研究人员仍发现有 1% ～ 2% 的青少年运动员存在严重倦怠。

其他研究显示，60% 的女性和 64% 的男性优秀长跑运动员在长跑生涯期间至少经历过一段时期的疲惫，而在接受高强度训练的次级优秀长跑运动员中，这一数字为 30%（Morgan，O'Connor，Ellickson，& Bradley，1988；Morgan，O'Connor，Sparling，& Pate，1987）。其他研究（Raglin，Sawamura，Alexiou，Hassmen，& Kentta，2000）显示，在来自不同文化的青少年游泳运动员中，有 34% 的运动员面临疲惫问题。此外，Kentta、Hassmen 和 Raglin（2001）发现，在他们所调查的 272 名在高中体育学校接受训练的瑞典青少年运动员中，有 37% 的运动员有过疲惫经历；个人运动的运动员有过疲惫经历的比例（48%）要超过团体运动的运动员（30%）。尽管疲惫问题在优秀运动员中更常见，但是疲惫问题并不像人们通常想象的那样，仅存在于优秀运动员中。疲惫存在于所有运动项目中，亦存在于所有文化中。Raglin 和 Morgan（1989）通过研究发现，在成为新队员的第一年出现过疲惫问题的游泳队员中，有 91% 会在之后的一个或多个赛季出现疲惫问题。在新队员时期没出现疲惫问题的运动员中，只有 30% 会在之后的赛季出现相关问题。很明显，运动员一旦出现疲惫问题，那么他之后再次出现疲惫问题的可能性会增大。

对于教师、教练、持证运动训练师和健身专业人士倦怠频次相关的研究比较少。其中，Raedeke（2004）发现，在被调查的游泳教练当中，有 49% 存在中度或高度情绪耗竭。这表明，体育运动领域的专业人士（如：教练）也存在倦怠风险。

倦怠模型

用来说明倦怠现象的运动相关模型共有六种。每一种模型都阐述了影响倦怠的各种因素以及个体的倦怠反应。每一种模型都有一些科学依据，在理解复杂的倦怠过程时，应当考虑这些模型。

认知—情感压力模型

Smith（1986）针对运动领域倦怠制订了包含 4 个阶段的压力模型（图 21.2）。Smith 认为，倦怠是一个过程，它包括生理、心理和行为因素；这些因素遵循可预测的阶段发展，亦会受到动机水平和人格的影响。

第一阶段被称为情境需求阶段。在这一阶段，高强度需求被施加在运动员身上，如：大量的身体训练、过大的获胜压力。一般来讲，当情境需求超过潜在资源时，压力就会产生，久而久之，将会产生倦怠。第二阶段为认知评价阶段，在这一阶段，个体会解释、评价情境。有些人会将某些情境视为威胁性情境，而另一些人可能不会这么认为。例如，一位橄榄球教练所在的球队连着输了三场比赛，那么，他可能会紧张、害怕失去工作，而处于同样情境下的另一位教练可能会燃起斗志，将连败视为一种挑战、一次向世人证明自己的团队能够走出逆境的机会。第三个阶段是生理反应。如果你对某一情境的评价结果是“有害”或“有威胁”，并且你长期存在此种“有害”或“有威胁”感，那么压力将会造成生理变化，如：紧张程度增大、易怒、疲劳。对运动感到倦怠的人通常会感到情感空虚、没有什么积极情绪、容易患病、昏昏沉沉。第四个阶段是行为反应。因为生理反应会导致某种应对与任务行为，如：表现变差、人际关系变差、对运动的热情减退。最后一点，Smith认为，运动领域的压力反应通常会受到人格和动机的影响，一个人的独特人格和动机取向通常能决定一个人是否会倦怠。有关研究普遍支持Smith的认知—情感压力模型。Gould等人（1996b，1997）对青少年网球运动员进行了研究，并得出下列结论：Smith的模型能够清楚地解释被考查案例的倦怠问题。Gustafsson等人（2007）以及Cresswell和Eklund（2007）的发现进一步支持了认知—情感压力模型。

消极训练压力反应模型

Silva（1990）的消极训练压力反应模型重点关注的是身体训练反应，尽管Silva也认同心理因素的重要性。具体来说，Silva认为，身体训练会给运动员造成身体压力和心理压

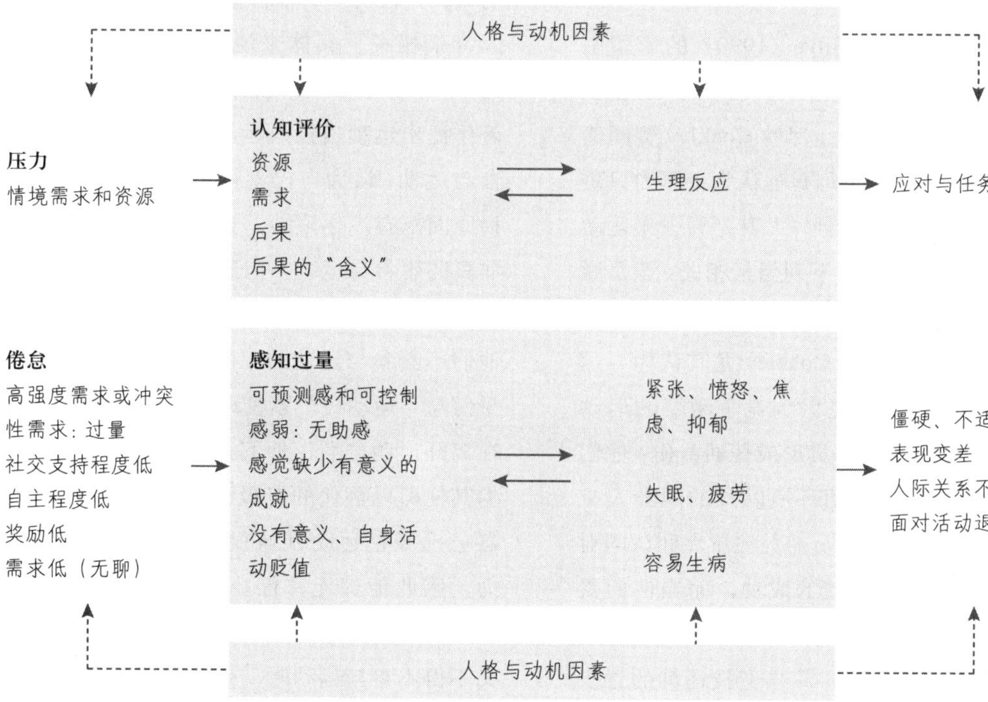

图 21.2　Smith 针对运动领域倦怠制订的认知—情感压力模型

经 R. Smith 许可改编自1986，“Toward a cognitive–affective model of athletic burnout,” *Journal of Sport Psychology* 8（1）：40。

力，既有积极影响，又有消极影响。

当运动员为了跑得更快而进行大量的全速短跑训练、进而导致身体训练过量时，运动员渴望的训练结果是积极适应。但是，过多的训练有时会导致消极适应。消极适应会导致消极的训练反应，如：过度训练和疲惫，最终会导致倦怠。相关研究发现，倦怠过程中总是包含着身体训练（Kentta & Hassmen，1998；Kenttaetal.，2001），这一发现支持了消极训练压力反应模型的总体预测。但是，我们还应考虑训练强度、各种心理压力、社会压力和恢复因素。此外，研究人员也发现，在某些案例中，运动员的倦怠不是由身体过度训练促成（Gould et al.，1997）。

单一身份形成与外部控制模型

Smith（1986）和Silva（1990）的模型主要关注的是压力，而Coakley（1992）的模型主要关注的是社会因素。尽管Coakley赞同倦怠与压力相关的说法，但是他认为，压力只是一种症状。他认为，倦怠（尤其是青少年运动员倦怠）的真正原因与下列因素相关：竞争激烈运动的社会组织以及这类社会组织对运动员身份的影响和控制。Coakley尤其认为，运动员之所以会倦怠，是因为竞争激烈的运动组织不允许青少年运动员形成普通身份：他们没有充足的时间与运动环境以外的同龄人交往。因此，青少年运动员的关注重点和认同对象几乎完全是运动领域的成功，而当他们受伤或不够成功时，伴随而来的压力就会导致倦怠。Coakley还认为，从事竞技运动的青少年的社交世界存在下列管理方式：青少年运动员无法对某些事情进行控制、无法做某些决定；实际上，教练和父母替青少年运动员做了大部分决定、广泛控制青少年运动员对大部分有组织的青少年竞技运动的参与，这使得青少年运动员无力控制事件，无力对自身经历以及发展方向做决定。这会导致压力，并且可能会导致倦怠。Coakley（1992）运用其首创的模型非正式地访谈了来自多个运动领域的青少年运动员。Black和Smith（2007）则直接检验了Coakley对182名游泳运动员的预测，为Coakley的观点提供了部分依据。Gould及其同事（1997）也通过青少年网球运动员定性访谈为该模型的预测力提供了部分依据。

投入和受困理论

尽管大部分研究人员认为倦怠与压力密切相关，但另一种观点则认为，倦怠与运动投入背景相关。具体来说，Raedeke（1997）借助Schmidt和Stein（1991）的运动投入相关著作提出运动员投入运动的原因有三种：希望参与运动；认为自己不得不参与运动；以上两种原因都有。他认为，当容易倦怠的运动员并非真的想参与运动，但又认为自己必须不断参与运动，因此他们会感觉自己被运动困住了。他们不断参与运动的原因有多种：他们的自身身份与“运动员”紧密地捆绑在一起，以至于在离开运动之后，他们会感觉迷失了自己；缺少其他可以替代的有吸引力的活动；他们认为自己已经在运动领域投入了大量的时间与精力，因此他们无法停止运动参与。根据此观点，当运动员受困于运动、失去运动动机，但又不得不参与运动时，就会出现倦怠。

Raedeke（1998）根据此种理论研究了200多名竞技型游泳运动员。研究发现，部分不再受到游泳运动吸引，感觉游泳运动没有乐趣或益处而且代价很大的游泳运动员，由于下列原因仍会认为自己必须游泳：来自他人的社会压力；感到自己缺乏对情境的控制。与未感觉到受困的游泳运动员相比，上述感觉到受困的游泳运动员更有可能出现倦怠、对运动的投入热情更有可能减退。这些发现支持了受困理论，表明教练与运动员父母应当确保运动员体验到运动的乐趣并保持此种乐趣，应鼓励、支持运动员，不要向运动员施加压力，确保运动员能够参与训练与比赛决定或者能够针对训练与比赛决定提出建议。

自我决定理论

运动心理学家还利用自我决定理论来解释运动领域的倦怠（Cress-well & Eklund，2006；Lemyre，Treasure，& Roberts，2006；Perreault，Gaudreau，Lapointe，& Lacrois，2007）。实际上，自我决定理论是近些年来倦怠研究中使用得最多的理论。你可能还记得第 6 章说过，自我决定理论认为，人们有三种基本的心理需求——自主感、能力感和归属感；当这三种基本需求被满足时，人们的动机和幸福感会达到最强（Deci & Ryan，1985），并且不太可能会出现倦怠。而这三种基本需求未得到满足的个体更容易出现倦怠。

Perreault 及其同事（2007）针对加拿大一所体育学校的 259 名学生运动员开展了相关研究，他们的研究结果支持了自我决定理论对运动倦怠的解释。如之前所预测的，基本需求（自主感、能力感和归属感）的满足与运动员倦怠程度降低相关。针对优秀的橄榄球运动员开展的研究（Cresswell & Eklund，2005a，b；Lemyre，Hall，& Roberts，2008；Lemyre，Roberts，& Stray-Gundersen，2007）也显示，动机的自我决定形式与运动员倦怠之间呈负向关系。Quested 和 Duda（2011）通过一项纵向研究考查了优秀舞蹈者倦怠的前因，结果发现，基本需求的满意度能够预测运动员倦怠，支持了自我决定理论的预测。Li 等人（2013）对相关文献进行的统计性综述显示，自我决定理论的要素（如：基本心理需求、内在动机、外部自主调控和无动机）是预测运动员整体倦怠及以下三成分的重要指标：成就感减弱、生理与情绪耗竭、运动贬值。尽管这些发现鼓舞人心，但应注意的一点是，上述研究对象通常都是低度倦怠的运动员。对于高度倦怠的运动员的相关研究，还有待进一步开展。

运动员倦怠的综合模型

在回顾了与运动员倦怠相关的现有文献及上述各种理论之后，Gustafsson、Kentta 和 Hassmen（2011）提出了运动员倦怠的综合模型。顾名思义，为了实现对倦怠研究与理论的更加完整的概念化理解，该模型综合了此前的各个模型。如图 21.3 所示，此模型通过考查倦怠的前因（如：过度训练、学业与工作需求）、早期迹象（如：心态不良、动机减弱，会导致全面倦怠）和最终的不良适应后果（如：运动热情部分或全部减退、免疫功能受损），全面解释了倦怠过程。此模型还认为，受困对倦怠有重要影响，能够有力地说明众多运动员的倦怠问题。最后，此模型认为，特定人格、应对和社会环境因素（如：完美主义人格特征、特质焦虑、自主程度低、自我取向型动机氛围）也能够影响运动员的倦怠过程。

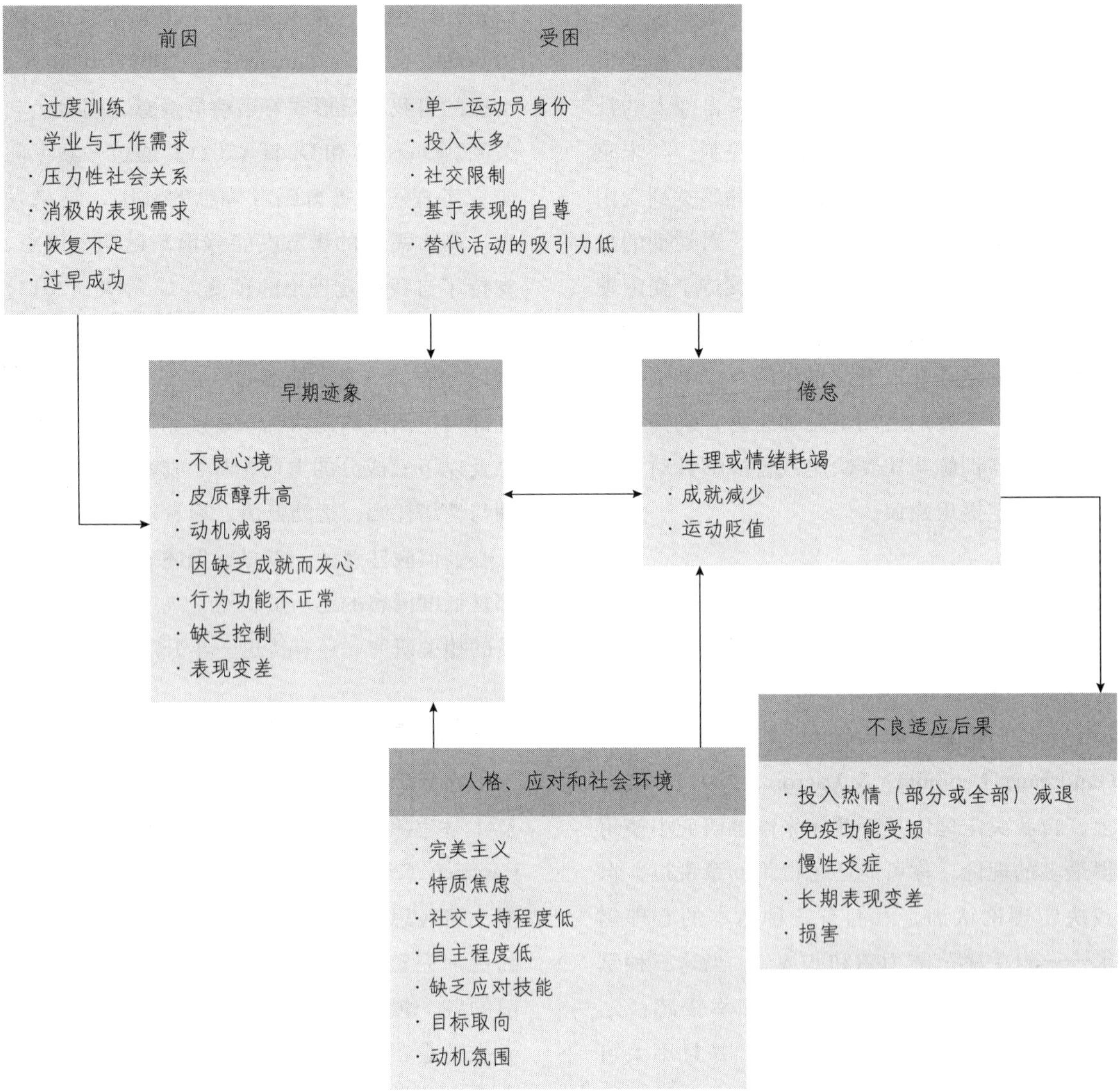

图 21.3　运动倦怠综合模型

转印于 "Athlete burnout: An integrated model and future research directions," H. Gustafsson, G. Kentta, and P. Hassmen, International Review of Sport & *Exercise Psychology, 4(1): 10, 2011, repr-inted by permission of publisher (Taylor & Francis Ltd, http://www.tandf.co.uk/journals)*。http://www.tandf.co.uk/journals）

导致运动员过度训练和倦怠的因素

现在我们来看一下会导致或引起过度训练与倦怠的具体因素。在我们了解研究证据之前，我们先看一下轶事报告。

轶事报告

大量轶事证据提示了部分运动员在很年

轻的时候接受过度训练甚至出现倦怠的原因。有运动员早在5岁时就出现了上述情况，有些运动员在青少年时因压力而出现了上述情况。网坛的传奇人物Jennifer Capriati在13岁时出现了上述情况。她因为一项服装代言而成为了百万富翁，而此时她尚未作为职业选手参过赛。过早的成名变富是她退出网坛、吸毒的部分原因。后来，她成功地重返网坛，她将她的成功归因为压力减小、父母支持增大，她无须承受来自父母和赞助商的压力。与Jennifer相比，Vince Cartier、Curtis Beck和Eric Hulst可能不太有名。他们在青少年时期就成为了全国冠军，但是在打破全国记录或赢得青少年组冠军几年之后，他们因为倦怠而中止了对竞技运动的参与。在竞争高度激烈的环境下，青少年运动员每周需要训练25～30个小时，他们没有时间休假。一项研究发现，专门从事一种运动的青少年运动员，他们的情绪耗竭程度要超过从事多种运动的青少年运动员（Stracchan，Côté，& Deakin，2009）。

青少年倦怠的原因除了太早开始训练、自身承担压力与期望之外，还有另一个原因，即现在大部分运动项目的训练方式趋向于全年训练，季后的休赛期越来越短。网球、体操和游泳运动项目实际上甚至没有休赛期。面向滑冰、网球、高尔夫和体操运动的专门训练营和学校层出不穷，加入这些训练营或学校的青少年运动员一般会寄宿，上学和训练都在训练营或学校内完成。长时间远离家人会给青少年运动员造成巨大压力，这些青少年运动员通常无法过正常的家庭生活。这些青少年承受的心理与身体需求太多，部分运动员会感到倦怠也就不足为怪了。

> **要点**　运动员开始训练时的年龄越来越小，这会对他们的家庭生活造成不利影响。

过度训练的研究证据

现在，我们来了解一下众多研究人员发现的运动员身体训练量和过度训练反应之间的关系。一般来说，当身体训练量增加时，过度训练症状也会增加，当身体训练量减少时，过度训练症状也会减少。

尽管身体训练量肯定与过度训练有关，但是，其他研究人员发现，非运动压力也与过度训练症状有关，例如，Meehan等人（2004）研究了五位耐力型竞技运动员的过度训练综合征。这些运动员的表现持续下降，但是医疗手段未诊断出任何疾病，因此，运动员表现下降的原因被判定为过度训练。研究人员通过医疗检查、评估生活压力与应对情况的调查问卷和深入的单独面谈，详细考查了每一个案例。结果显示，尽管这些过度训练的运动员均对训练、比赛以及紧迫的训练与比赛时程表现出很强的动机，但是，他们均存在相当大的非运动压力。这些非运动压力来源于职业与教育需求、资金、生活安排等方面。研究人员认为，“非运动压力似乎是运动员过度训练综合征的重要原因之一”。Tobar（2012）也发现，过度训练与男性及女性游泳运动员的不良心境相关，不过这些影响也取决于运动员的特质焦虑程度。因此，过度训练的心理影响因运动员不同而不同，具体取决于运动员的心理特征。

运动领域科学性过度训练的相关研究表明，运动场外的身体与心理压力会导致过度训练症状。因此，考查这些压力的来源及其对特定运动员的影响，对预防运动员过度训练症状具有重要意义。

倦怠研究证据

研究人员推测，导致倦怠的因素有很多。但是，到目前为止，能够证实研究人员推测的实证数据很少。大量研究（Cresswell & Eklund，2004；Gustafsson，Kentta，Hassmen，Lindquist，& Durand-Bush，2007；Harlick & McKenzie，2000；Kjormo & Halvari，2002；Lai & Wiggins，2003；Raedeke & Smith，2004）调查了导致运动员倦怠的因素，多项研究综述已经发表（Cresswell & Eklund，2006；Goodger，Gorley，Lavallee，& Harwood，2007；Gould & Whitley，2009；Raedeke，Smith，Kenttta，Arce，& deFrancisco，2014)。Raedeke 和 Smith（2004）发现，倦怠和运动员感觉到的压力程度、运动员社交支持程度、应对能力之间存在显著关联。Lai 和 Wiggins（2003）发现，足球运动员在赛季的倦怠程度会增大，而 Kjormo 和 Halvari（2002）发现，缺乏时间与重要他人在一起以及角色冲突会影响挪威奥运会选手的倦怠程度。Harlick 和 McKenzie（2000）发现，父母压力与新西兰网球运动员的倦怠相关。Cresswell 和 Eklund（2005a，b）发现，运动员自主感、能力感、社交支持程度和财务问题与新西兰橄榄球运动员的倦怠相关。Gustafsson 等人（2007）发现，倦怠与早期运动成功相关，早期运动成功会导致运动员一直承受过高期望，而且会导致运动员的心理与体力长期恢复不足。与倦怠相关的其他因素包括：强迫性热情（Curran，Appleton，Hill，& Hall，2011）、缺乏希望（Gustafsson，Skoog，Podlog，Lundqvist，& Wagnsson，2013）、与同伴相关的动机氛围（Smith，Gustafsson，& Hassmen，2010）。尽管研究显示，众多因素都与运动员倦怠相关，但是在看待这些研究时应谨慎。大部分被研究的运动员的倦怠程度为低度或中度（而非高度），因此我们不能确定高度倦怠的运动员的倦怠前因是否为相同因素。

Gould 及其同事（1996a，b，1997）针对运动员高度倦怠的潜在原因展开了系列研究。该研究针对竞技型青少年网球运动员展开，研究结果显示，个人因素和情境因素（包括以下类别）之间的交互作用会导致倦怠：

- 身体问题。其中包括运动伤害、过度训练、总是感到疲累、身体发育不足、表现不稳定、失败、输给以往的手下败将。
- 后勤问题。其中包括差旅折磨和时间需求——网球运动员认为这一情形会支配他们的生活，他们很少或几乎没有时间与朋友在一起或者呆在学校里。
- 社交或人际关系问题。其中包括：对社交生活、消极的父母影响（如：父亲或母亲令自己感到“窒息”）不满；为赢得父母的注意而与兄弟姐妹竞争。网球运动员还存在其他不满，如：不良的团队氛围、竞争对手舞弊、教练无法提供帮助，等等。
- 心理问题。在被问及倦怠原因时，到目前为止，运动员提及次数最多的原因是心理问题，超过 50% 的运动员认为自己倦怠的原因是心理问题。心理问题一方面包括无法实现或不适当的期望，如：过度强调排名、意识到自己无法开始职业生涯、感觉不到进步或者感觉自己没有天赋。另一方面是缺乏乐趣，当教练和父母向运动员施加训练与获胜压力、赢得或继续赢得奖学金的压力，运动员向自己施加获胜和表现出色的压力以及运动员不确定父母支持的程度时，运动员就会失去对运动的乐趣。动机问题则包括：希望尝试其他运动或非运动活动、厌倦了网球运动、缺乏动机。

总之，Gould及其同事（1996b）的研究结果显示，倦怠有两种压力来源。主要压力是社会心理压力，此种压力可以进一步细分为运动员完美主义与情境压力。具体来说，某些青少年运动员是完美主义者，这会促使或导致他们面临倦怠风险（即便是在大部分网球专业人士认为的需求正常的情境下）。还有一部分运动员会处于以下情境中：他人（尤其是父母）向运动员施加了巨大的心理压力。压力源于期望自己努力表现以便取悦他人、感觉自己有价值。另一种很少被提及的压力来源是身体驱动压力。处于身体驱动压力下的运动员无法达到身体训练需求，这会导致运动员产生相当大的身体与心理压力，进而造成运动员倦怠。

个体差异

尽管倦怠有共同原因，但是倦怠是一种独特的个人体验。希望帮助运动员克服倦怠感的相关人员应当识别、判定这些变化因素。图21.4提供了Gould及其同事（1997）所说的动机图，该图列出了三位运动员给出的自己中止或减少网球运动的原因。该图表明，运动员不是因为一种原因而倦怠，而是因为多种原因。例如，三位运动员给出了下列共同原因：过度训练、没有乐趣、存在社交问题、来自他人的压力。此外，每位运动员还给出了自己的独特原因，如：受伤、表现不稳定、不喜欢差旅。

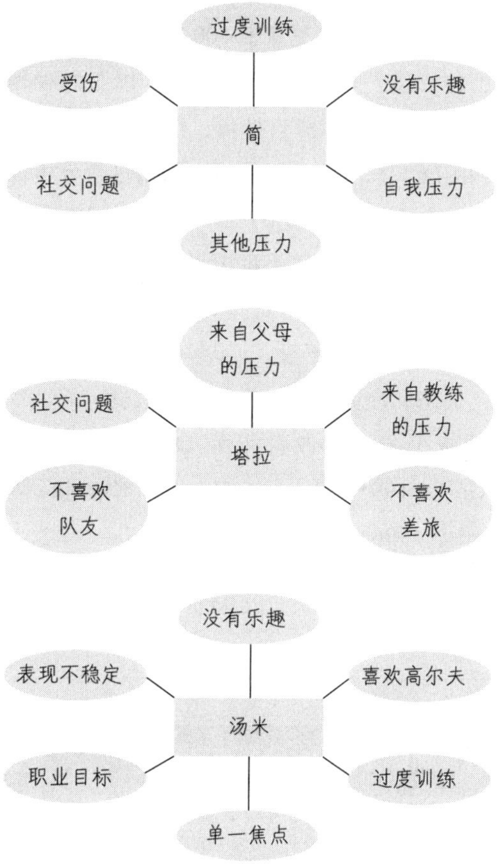

图 21.4 运动员倦怠的个体差异

过度训练和倦怠的症状

过度训练和倦怠是身体兼心理性的。“过度训练与倦怠的迹象和症状”栏目列出了相关研究总结的过度训练与倦怠的特征（Gouldetal.，1996b；Hackney，Perlman，& Nowacki，1990）。

过度训练和心境

过度训练是如何影响运动表现和心理健

康的？ Morgan 等人（1987）调查了过度训练和心境之间的关系。研究人员使用《心境量表》（POMS ；Mc Nairetal.，1971）在训练季和赛季的不同时段测量了 400 位竞技型游泳运动员的心境。《心境量表》测量了以下六种暂时性情绪状态：紧张、抑郁、愤怒、活力、疲劳和困惑。在对十来年的研究数据进行分析之后，研究人员得出结论：当训练刺激以剂量响应方式增加时，心境不良情形也会加重。训练量越大（在本例中，是指每周的游泳距离），心境不良情形越严重。心境不良情形包括抑郁、愤怒和疲劳程度增大，活力减弱。而训练量的减少与情绪改善相关（Raglin，Eksten，& Garl，1995 ；Raglin，Stager，Koceja，& Harms，1996）。

要点　训练量越大，运动员的不良心境越严重。

成功运动员的心境也不同于不成功运动员的心境。具体来说，顶级运动员具有 Morgan 所说的冰山剖面图特征。冰山剖面图显示，与群体平均水平相比，成功运动员的活力分数更高，紧张、抑郁、疲劳和困惑分数更低（图 21.5）。值得关注的是，当运动员过度训练及因训练需求增加而疲惫时，运动员的冰山剖面图会倒置，也就是说，抑郁、愤怒、疲劳和困惑会增强，而活力会减弱。在上述研究中，游泳者不良心境的逐步加重与游泳训练的加重非常一致，训练的减轻（逐步减少）则与心境的改善相关。

要点　成功运动员的活力较强、不良心境较弱；而过度训练的运动员的冰山剖面图会倒置，不良心境明显。

过度训练与倦怠的迹象和症状

过度训练

- 表现变差
- 漠然
- 昏沉
- 睡眠障碍
- 体重减轻
- 静息心率提高
- 肌肉疼痛
- 情绪变化
- 静息血压升高
- 胃肠道紊乱
- 恢复滞后
- 食欲减退
- 过度使用伤害
- 免疫系统缺损
- 注意力不集中

倦怠

- 动机或精力减弱
- 注意力问题
- 缺乏比赛欲望
- 不关心
- 睡眠障碍
- 身体与心理耗竭
- 自尊降低
- 负面情感
- 情绪变化
- 物质滥用
- 价值观与信仰变化
- 情感隔离
- 焦虑增加
- 心境波动

From "Physiological profiles of overtrained and stale athletes," A. Hackney, S. Perlman, and J. Nowacki, *Journal of Applied Sport Psychology*, 21（1）:21-33, 1990, adapted by permission of the publisher

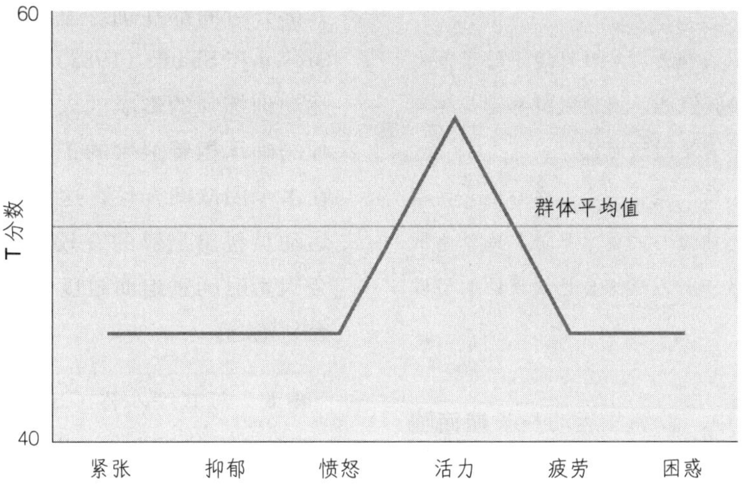

图 21.5　成功运动员心境的冰山剖面图

过度训练和表现

一项充分对照的研究调查了训练量增加对奥运会柔道运动员心境及表现的影响（Murphy，Fleck，Dudley，& Callister，1990）。调整期训练量增加了 4 周，运动针对性训练量增加了 2 周。调整期训练量增加未导致不良心境增强，而运动针对性训练量增加提高了愤怒与焦虑程度。但是，在调整训练期和运动针对性训练期，运动员的力量和无氧耐力方面的身体表现均下降。此项研究显示，过度训练与疲惫的运动员存在心境不良的风险，而这可能会导致运动员表现下降和退出。在另一项研究中，Kellman 和 Gunther（2000）考察了备战奥运会的优秀赛艇运动员的压力与恢复变化。研究显示，身体方面的压力（如：精力、疼痛和受伤）和恢复（如：保持体形）与每日训练的时长相关。最值得关注的是，团队的人际交往过程（如：冲突）会体现在训练压力和恢复上。因此，这些研究显示，体育运动领域的专业人士应当仔细考量运动员所需的训练量。从长远来看，原来“训练越多越好”的策略可能会适得其反。

倦怠的测量方法

研究倦怠的最佳方法是找到因为倦怠而即将离开运动领域的运动员，将该运动员与仍在参与体育运动但未感到疲惫的运动员相比较（Gould et al.，1996b）。但是，找到此类运动员很困难，因为很多倦怠的运动员因为某种原因（如：金钱、名望或来自教练或父母的压力）仍在继续参与运动。因此，研究人员通过纸笔方法来测量倦怠。在普通心理学中，使用最广泛、认可度最高的测量工具是《Maslach 倦怠量表》（Maslach & Jackson，1981），它能够测量参与者感知到的倦怠频次与强度。该量表测量以下三个方面的倦怠：

- 情绪耗竭。包括情绪耗用过度和精疲力尽的感受。

- 去人格化。表现为在某种环境下给予他人的麻木、冷淡反应。对他人的感觉是疏离的，仿佛只是走过场而已。
- 个人成就感低。是指一个人在与他人共事时感觉自己能力与成就水平低。成就感低通常会导致一个人感觉自己缺乏控制情境的能力。

在竞技运动中，教练与运动员长期面临同样的压力：训练时间长、体力与心力大量消耗、比赛表现压力大。但是，直到最近，与竞技运动倦怠相关的实证研究才开始开展；其中部分研究采用了《Maslach倦怠量表》(Weinberg & Richardson，1990)。Raedeke和Smith（2001）研制了一套《运动员倦怠问卷》，包含15个项目。它提供了3个倦怠分量表：情绪与生理耗竭、成就感降低、运动贬值。该量表表现出了很高的信度和效度，为研究运动员倦怠提供了一个有力的评估工具。这是现今运动领域应用最广泛的倦怠评估工具。

运动领域专业人士的倦怠

现在，我们来了解一下竞技运动领域中与倦怠相关的主要发现。研究不仅考察了运动员的倦怠，还考察了持证运动训练师、裁判和教练的倦怠。

持证运动训练师的倦怠

很少人了解运动训练师在赛前、赛后及训练期投入的时间有多长。高中或大学持证运动训练师通常负责多个团队，他们一天的大部分时间都在训练室或运动场上。Gieck、Brown和Shank（1982）是首批研究倦怠对运动训练师的影响的人员。他们发现，训练师的确承担着很大的工作压力。很多训练师在多个团队间奔忙，这使得他们很难为某一运动员付出足够的有效时间。A型人格（即会因为时间紧迫而过度焦虑）的训练师尤其容易倦怠。

> **要点** 与B型人格（通常感知到的压力程度较低且较擅长自我放松）的训练师相比，A型人格（容易因时间紧迫而过度焦虑）的训练师更容易倦怠。

部分训练师认为，当他们的多个角色界限模糊（即角色不明确）时，他们更容易感到倦怠（Capel，1986）。例如，训练师经常担任咨询师和朋友的角色，而这与他们的管理者角色相冲突。另外，与对情境控制感强（即内在控制点）的训练师相比，对情境控制感差（即外在控制点）的训练师更容易感到倦怠。

> **要点** 角色冲突和模糊与训练师的倦怠相关。

并非只有经验丰富的专业持证运动训练师会感到倦怠。一项对200多名持证运动训练师研究生助理开展的研究显示，此学生群体由于既需要完成学业职责，又需要完成临床职责而时间紧迫，这使得他们也面临着倦怠风险（Mazerolle，Monsma，Colin，& James，2012）。

裁判的倦怠

裁判也面临着很大的压力，除了因工作

出色而满意之外，他们很少获得压力补偿。这导致裁判群体流动率高、人员短缺。很明显，恐惧失败是运动裁判人员倦怠最有效的预测指标（Taylor，Daniel，Leith，& Burke，1990）。一项针对压力来源开展的研究显示，误判是裁判感知倦怠的主要压力来源，而且运动员、教练和观众对裁判的评价倾向于消极而非积极（Anshel & Weinberg，1995b）。根据假设，此种压力增加会导致裁判高度倦怠。此外，与运动训练师一样，存在角色冲突的裁判也会感知到更高程度的倦怠。

教练的倦怠

教练是倦怠的首要群体。教练人员的压力来源多种多样，其中包括：获胜压力、管理、运动员父母的干扰或漠视、纪律问题、需要承担多种角色、大量的差旅工作、紧张的个人投入。研究还显示，运动员认为，教练倦怠时，提供的指导、训练和社交支持会减少（Price & Weiss，2000）。另一项研究显示，教练人员的倦怠源于工作及家庭问题，而且，难以应对优秀运动员的优秀表现需求、缺乏促进恢复方法的教练更容易倦怠（Lundkvist，Gustafsson，Hjalm，& Hassmen，2012）。因此，倦怠会影响教练的现场行为，倦怠原因则包括个人因素和情境因素。现在，我们来看一下针对教练倦怠的具体因素而开展的某些研究。

工作压力过大、工作时间过长和补偿较低均会导致裁判人员倦怠。

性别差异

大部分研究（Caccese & Mayerberg，1984；Kelley，1994；Kelley，Eklund，& Ritter-Taylor，1999；Kelley & Gill，1993；Vealeyetal.，1992）显示，女性感知到的倦怠程度要强于男性，但也有研究（Dale & Wein-berg，1990）显示，男性的倦怠程度更强。研究表明，由于女性教练不仅需要履行教练职责，还需要关怀运动员的心灵，因此，她们感知到的压力与倦怠程度更强。因此，管理人员可能需要重新考察女性教练承担的特定期望，进行某些调整，以确保女性教练的角色和职责与男性教练相当。

Hjalm、Kentta 和 Gustafsson（2007）在对男性运动和女性运动（非教练性别）的教练进行研究时，发现 71% 的优秀女性足球团队的教练存在中度乃至重度情绪耗竭，而优秀男性足球团队的教练存在中度乃至重度情绪耗竭的百分比为 23%。研究人员认为，此种差异可能是因为支持人员的人数和领导力需求不同。研究人员指出，女性运动团队的教练面临的倦怠风险可能更高。

年龄和经验差异

研究显示，与年长的教练相比，年轻、经验少的教练感知到的倦怠更强（Dale & Weinberg，1990；Kelley & Gill，1993；Taylor et al.，1990）。当然，感觉压力极大、极为倦怠的教练可能已经退出了教练职业。因此，部分年长教练仍然在职，可能是因为他们应对环境压力的能力更强。因此，研究人员面临一个问题——没有真正倦怠的教练（即已经退出教练职业）可供研究。

> **要点** 与年长教练相比，年轻教练感受到的倦怠更强，部分原因可能是因为某些年长教练已经因为倦怠退出教练职业。

教练风格

Dale 和 Weinberg（1990）在对高中与大学教练进行调查时发现，与领导风格为发号施令型（即目标取向、专制主义）的教练相比，领导风格为关爱型（即关心他人、以人为本）的教练感知到的倦怠更强。这很可能是因为关爱型教练在培养与运动员之间的密切关系时，需要考虑的事情更多，因此，他感受到的倦怠感更强。这并不是说，教练不应关爱运动员，而是说，教练人员应当了解：关爱型领导风格需要付出很多精力、情感和时间，长此以往，会令教练人员感到倦怠。

> **要点** 与目标取向型、专制型教练相比，关爱型、以人为本的教练更容易感到倦怠。

受困教练

相关研究在检测倦怠的受困理论时发现，受困感强的教练，其情绪耗竭感也很强（Raedeke，Granzyk，& Warren，2000）。此外，研究还发现，受困教练对教练职业的投入和兴趣也较低（Raedeke，2004）。因此，不愿担任教练但是因为某种原因又认为自己必须担任这一角色的教练，其倦怠风险更高。

社交支持

教练人员对社交支持程度越满意，其感

知到的压力与倦怠程度越低（Goodger et al.，2007；Kelley，1994；Kelley & Gill，1993）。部分教练需要提醒自己，在压力很大时寻找令自己满意的社交支持，应进一步了解社交支持对自己的个人生活和职业生涯的重要性。

健身指导、管理人员和体育教师的倦怠

没有理由认为，与体育运动领域的专业人士相比，健身指导、管理人员和体育教师不容易感到压力和倦怠。针对教师和提供帮助的人员开展的非运动场所研究显示，健身指导、管理人员和体育教师也存在很大的倦怠问题。毕竟，这些人员通常需要利用较少的资源取得更大的成果，需要帮助他人，还需要应对紧张的日常安排。尽管运动心理学家尚未针对健身指导、管理人员和体育教师进行广泛研究，但是这些人员也应采取措施预防倦怠。

倦怠的治疗和预防

研究过度训练、疲惫和倦怠的目的是了解如何制订相应的计划与策略，以便帮助运动领域人员预防这些症状或者有效治疗这些症状。下面是我们的建议：

- 监测运动员的关键状态。研究显示，压力水平、压力来源（运动场内的或场外的）、训练量和恢复活动这些因素都与过度训练和倦怠相关。尽管对于这些因素与过度训练及倦怠之间的准确关系，我们还需要进行进一步研究，但是，我们已经很清楚，这些因素是运动员过度训练或倦怠的重要迹象。私人训练师、教练、运动医疗专家必须监测运动员的上述状态，以便能够尽早识别处于过度训练和倦怠状态的运动员，并向他们提供帮助。运动员自己也应监测自己的上述状态，以便及时获取帮助。
- 沟通。当专业人士积极分析自己的感受并向他人倾诉自己的感受时，他们出现倦怠的可能性将会降低；即便是出现倦怠，其倦怠程度的严重性也会降低。教练、运动员、裁判、持证运动训练师和体育教师应当表达自己的灰心、焦虑与失望感受，并向同事或朋友寻求社交支持。实际上，我们应当尽早建立社交支持网络，以便在需要时，它们能够及时发挥作用。早期的自我觉察和准备能够防止以后出现倦怠。
- 培养自主、支持型训练风格。研究证据显示，训练风格与运动员倦怠相关。具体来说，控制型训练风格更容易导致运动员倦怠，而自主、支持型训练风格不容易导致运动员倦怠（Isoard-Gautheur，Guillet-Descas，& Lemyre，2013）。因此，留意运动员感受到的训练风格，能够帮助我们预测容易倦怠的运动员。
- 设置短期的比赛与训练目标。设置短期目标和相应的激励措施，有助于运动员了解自己的进展是否正常，并且有助于增强运动员的长期动机。达到短期目标也是一种成功，能够改善运动员的自我概念。训练季即将结束时，应当设置一些有趣的目标，这一点很重要，因为运动员的大部分时间被训练而非比赛占据着。例如，如果一个团队的训练非常辛苦，教练可以说，这次训练的目标纯粹是为了娱乐。她可以

让自己的足球队打篮球，或者使比赛更加放松，以便运动员能够进行一次无拘无束的运动。这些活动能够让运动员休息一下，让运动不再乏味。同样地，坚持运动计划的锻炼者也应当设置短期目标，这有助于锻炼者保持动机，便于锻炼者在实现长期目标的过程中，了解自己的进展情况。

- ▶ 放松和休息。为了心理和身体健康，应使自己暂时远离繁忙的工作和压力，休息一下，这一点很重要。商业人士有节假日、有周末，可以暂时远离繁忙的工作，但是在竞技运动和健康领域，很多人几乎常年连续承压工作，对于训练与锻炼，人们仍然崇尚“越多越好”的理念。大部分人认为，一天或几天不训练或锻炼，就会落在对手后面。但是，周末训练或比赛的折磨会造成心理与身体疲惫。实际上，缩减训练量和训练强度能够治疗或预防倦息，也有助于心理健康。关键之处在于平衡工作与生活。
- ▶ 学习自我管理技能。培养心理技能（如：放松、想象、目标设置、积极自我对话）能够消减会导致倦息的大部分压力。例如，设置切合实际的目标能够帮助运动员管理时间，以平衡职业和个人生活。体育运动领域的过度训练通常是以家庭及个人生活为代价的。通过设置切合实际的目标，你将能够在参与体育运动的同时，履行自己的其他职责，这有助于防止倦息。
- ▶ 保持积极乐观。裁判人员很容易受到新闻或社交媒体中的评论或批评影响，这些评论或批评有的来自教练人员，有的来自观众或运动员，这些评论或批评会令裁判人员消沉。即便是裁判人员在某一场比赛中的表现很出色，输了的一方也可能会因为难过而指责裁判人员。裁判人员对于此种情况的应对方法是：关注自己表现好的一方面。关注自己可以控制的方面以令自己感觉好受一些，不要沉溺于他人无凭无据的责难。裁判人员还可以向他人（如：同事）寻求社交支持。
- ▶ 管理赛后情绪。很多教练和运动员都知道控制赛前焦虑与紧张，但是很少有人关心赛后情绪。比赛结束的哨声不一定能结束比赛造成的紧张心理感受。比赛情绪通常会在赛后进一步增强和爆发，表现为争吵、打架、醉酒和其他破坏性行为。而输了或表现差的运动员可能会情绪低落、意

训练因人而异：暂时休息的好处

一位奥运会运动员过去曾在加利福尼亚南部生活和训练，这里气候常年温和。这里天气晴朗、环境温和舒适。她说，只要错过一次训练或有一天未训练，她就会感到愧疚。因此，她常年坚持训练。但是，她经常会受伤，有压力感，有时候会产生倦怠。后来她搬到了美国中部，这里天气变化多端，夏天非常热，冬天非常冷。当天气很糟糕时，她会中止训练或者缩短训练时间。令她意外的是，减少训练天数并没有削弱她的表现，实际上，她的表现反而改善了，因为受伤的次数减少了，运动热情重新焕发了。这促使她改变，在制订训练计划时为自己留出放松或休息时间。

关注训练后的恢复

运动员过度训练相关的早期研究主要关注的是训练量。但是，最近，研究人员不仅关注训练的难度、时长和频次，而且越来越关注运动员训练之后的恢复。为避免运动员过度训练、疲惫和倦怠，并促使运动员实现最佳表现，应当系统地制订并落实训练恢复计划（Kellmann & Gunther，2000）。研究人员建议，应根据压力来源的种类来采取合适的恢复方法（Kentta & Hassmen，1998）。因此，如果运动员的过度训练结果主要源于身体训练过量（如：跑步的米数、举重的重量），那么营养、补水和按摩等身体策略可能是最佳的。但是，如果过度训练的结果主要源于心理与社会因素，那么用表象策略或看一部自己喜欢的电影来忘掉压力的办法可能是最佳的。当然，过度训练通常源于多种因素，因此，最好同时使用多种恢复方法。下文根据过度训练源的类型提供了合适的恢复策略，可用作运动员的恢复指导。

身体压力

恢复策略——营养和补水
- 食用更多碳水化合物
- 保持补水

恢复策略——主动休息
- 通过参与其他运动进行低强度训练
- 进行伸展运动

恢复策略——休息
- 不进行任何体育活动
- 被动休息
- 充足的睡眠

心理或社会压力

恢复策略——放松和情感支持
- 按摩、桑拿
- 表象
- 暂时休息
- 尽量减小非训练压力（如：限制工作时间）
- 逐步放松肌肉

恢复策略——通过管理方法
- 忘掉压力（如：通过看电影）
- 消极想法置换

志消沉、离群。Henschen（1998）向教练人员提供了一些可以缓解运动员赛后压力的建议：赛后立即提供支持性氛围；关注队员的情绪；赛后和团队待在一起（不要听广播或看电视）；给予每个队员客观的评价；和所有队员交谈，包括没上场的队员；当队员们换好衣服，组织一次团体活动（聚餐，看电影）；运动员远离善意但要求苛刻的同伴或父母；不要让队员为胜利而沾沾自喜，也不要让队员为失败而垂头丧气；从下一次训练开始，立即着手准备与下一个对手的竞争。

▶ 保持良好的身体状况。身体与心理是相互作用的关系，它们彼此之间相互影响。长期压力通常会对身体造成不利影响，因此，应通过合理饮食与锻炼照顾好自己，这一点很重要。饮食不当、体重增加或减轻太多会降低自尊和自我价值感，而且会导致倦怠。当你感觉压力很大时，努力保持良好的身体状况能令你的心理更加健康。

学 习 助 手

总结

1. **定义过度训练、疲惫和倦怠。**

过度训练是指对运动员进行接近或达到其最大潜能的较短周期（通常为几天到几周）的过量训练。疲惫是过度训练的最终结果，是运动员难以坚持标准训练计划和保持正常表现的状态。倦怠面对过度训练与比赛要求的退缩、耗竭的心理生理反应。

2. **论述各种倦怠模型。**

用来说明倦怠现象的运动相关模型共有六种。认知—情感压力模型说明了倦怠的四阶段过程，这四个阶段分别是：情境需求、认知评价、生理反应和行为应对。消极训练压力反应模型关注的是身体训练的反应，不过该模型认为心理因素也很重要。单一身份形成与外部控制模型关注的是社会因素，将压力视作一种社交或社会因素症状。投入和受困理论认为，容易倦怠的运动员和教练在下列情况下会有被运动困住的感觉：他们并不真的想参与运动，但是因为某种原因（如：保持身份、对运动的投入已太多）又认为自己必须坚持参与运动。自我决定理论认为，人有三种基本心理需求（自主感、能力感和归属感），当这些需求未被满足时，一个人更容易感到倦怠。综合模型综合了此前的五种观点，全面说明了以下方面：前因、迹象和症状、后果、倦怠相关因素（如：受困、环境、人格和应对资源）。

3. **理解过度训练和倦怠的原因。**

倦怠和过度训练的原因包括以下四大类：身体问题（如：受伤、训练频次与强度高）、后勤问题（如：差旅折磨、时间需求）、社交或人际关系问题（如：对社交社会不满意、父母的消极影响）和心理问题（如：期望不当、没有乐趣）。

4. **识别过度训练和倦怠的症状。**

过度训练的部分常见症状包括：漠然、情绪变化、肌肉疼痛、食欲减退。倦怠的部分常见症状包括：漠不关心、情感隔离、焦虑增强。

5. **描述倦怠的治疗和预防。**

多种策略可以预防或减少运动领域中倦怠产生的可能性。这些策略包括：监测关键状态、沟通、培养自主支持型训练风格、设置短期的训练与比赛目标、进行放松和休息、培养积极乐观的心态、学习自我管理技能、管理赛后情绪、保持良好的身体状况。

复习题

1. 定义过度训练、疲惫和倦怠，指出它们的相同之处和不同之处。
2. 运用 Gould 及其同事的研究结果，论述运动员倦怠的五种原因（包括个体差异的重要性）。
3. 用 Morgan 的冰山剖面图论述心境和表现之间的关系。

4. 介绍 Raedeke 的受困理论。
5. 简述运动训练师与裁判倦怠的有关研究结果。
6. 说明性别、年龄、经验和社交支持对教练倦怠的可能性及反应的影响。
7. 说明应对或治疗运动领域倦怠与过度训练的方法。

深入思考

1. 本章介绍了运动领域倦怠相关的六种模型或理论：认知—情感压力模型、消极训练压力反应模型、单一身份形成与外部控制模型、投入和受困理论、自我决定理论、综合模型。说明这些理论和模型的相似之处和不同之处。如果你是一名教练，且希望防止运动员产生倦怠，你会利用这些模型或理论采取哪三种措施？
2. Gould 及其同事与因感到倦怠而过早离开运动领域的青少年网球运动员进行了深入面谈。请你根据 Gould 及其同事的研究结果，向教练、运动员父母及运动员提出的 5 项避免倦怠的建议。

第 7 部分

促进心理成长和发展

参加运动能促进心理成长和品格发展吗?

正如我们所了解到的，体育与训练心理学的一个重点是帮助人们运用心理技能提升表现，但是这仅仅代表了体育与训练心理学领域的一个部分。除此之外，体育与训练心理学还解释了运动与体育是如何促进心理发展和提升幸福感的。本部分将讨论心理发展与幸福感的三大主题，这些主题无论是对于社会还是体育与训练心理学均极为重要。

第22章检视了儿童通过参加体育活动得到的心理发展，同时着眼于青少年在各种程度的压力下所经历的重要问题和自尊发展，并提供了对儿童有益的有效指导实践。第23章侧重于体育中的攻击性这一重要话题。遗憾的是，攻击事件的数量近来有所上升，运动员（有时也有教练)在运动场内外无法控制自己的情绪，从而发生了种种攻击和辱骂行为。在本章中，你将了解导致运动员和观众攻击行为的潜在因素，以及可减少攻击行为的一些建议。第24章，对品格和良好的体育行为进行了界定，我们将对运动和体育活动中的道德发展和体育行为的议题进行讨论。最后，我们将阐述以提高道德发展水平为目标的体育教育新计划。

第 22 章

儿童与体育心理学

学习完本章后，您将能：

1. 论述研究青少年运动心理的重要性；
2. 说明儿童参加和退出运动的主要原因；
3. 论述青少年运动中同伴关系的重要性；
4. 描述压力和倦怠对青少年运动员的影响；
5. 说明对青少年有效的实践指导方法；
6. 论述父母在青少年运动中扮演的角色。

在美国，参加体育运动的儿童多达 4500 万。他们参加体育运动的动机是什么？竞技运动会给他们带来太大压力吗？为什么有这么多孩子会在 12 岁后放弃体育运动？教练对他们的指导方式有什么不妥吗？这些都属于我们在本章中力求解答的一些重要问题。

在大多数人眼中，体育心理学的主要适用对象为优秀运动员。事实上，在体育参与者中，青少年人口数最多，并且，自 20 世纪 70 年代中期起，有越来越多极其敬业的体育心理学家专注于调研少年儿童在体育活动中的重要心理议题。对于给孩子制订安全而又有益心理健康的运动计划，这些体育心理学家的工作产生了重要影响。

研究青少年运动心理的重要性

单单在美国，据估算就有 4500 万未满 18 周岁的少年儿童参加学校和课外体育活动项目，这些体育活动种类繁多，从篮球到棒球，从越野滑雪到牛仔竞技，不一而足（Ewing & Seefeldt，2002）。经调查发现，体育活动在青少年参加的所有校外活动中占66%（Duffett & Johnson，2004）。很多儿童会积极参与有组织的体育活动。在为期18周的赛季中，他们平均每周用11个小时来进行自己所选的特定体育项目（Gould & Martens，1979）。体育是儿童生活中为数不多的他们可以尽情投入活动的领域，并且这些活动还将为他们自身、他们的同伴和家人以及社区带来有意义的结果（Coleman，1974；Larson，2000）。对于大多数儿童而言，体育活动的参与度在12岁左右达到巅峰（密歇根州，1976）。根据发展心理学研究显示，这一年龄段是儿童的关键时期，对于儿童的自尊和社交发展具有重大影响力。因而，青少年时期的运动经历可能会对儿童的个性和心理发展产生持续终身的重要影响。

青少年体育活动之所以如此受欢迎的一个原因是：人们觉得青少年可以通过参加这些活动来获得心理和社交收益。譬如，当有人问一些运动型家长他们希望通过体育运动来培养孩子的什么能力时，他们会将个人价值和社交价值的培养列为非常重要的一项（U.S. Anti-Doping Agencg，2011）。与普遍观念相反的是，参加有组织的体育活动并非理所当然地总是对儿童有益（Gould & Bean，2011；Martens，1978）。并非只要参加体育活动，就能奇迹般地收获性格发展、领导力、良好的运动行为和胜利。通常情况下，应由了解儿童并且了解如何组织运动可为儿童提供积极学习体验的人员担任领队人物，由其提供称职的成人监督，这样方可实现上述目标。在美国反兴奋剂管理局进行的一场全美调查（2011）中，教练被列为对青少年运动员最具重要积极影响力的人物。同时，接受此次调查的成人强调了他们对于当今青少年体育比赛过于看重胜败的忧虑。想成为一名合格的青少年体育训练领队，了解青少年参加运动和体育活动的心理是第一步，同时也是尤为重要的一步。

儿童参与和不参与体育活动的原因

儿童为何参与体育活动

有人曾针对全美范围内参加受赞助的校内和校外体育活动的约8000名青少年（男性49%，女性51%）进行了调查，请他们对自己参加体育活动的可能原因按重要性进行排列（Ewing & Seefeldt，1996）。这些参加校内和校外体育项目的男孩和女孩给出的回复都很相似（参见“青少年参加运动的动机”），并且他们的意见也和此前针对该动机进行的调查结果（Gould & Horn，1984）相一致。大多数儿童参加体育活动理由是为了玩；其他比较多的理由是做自己擅长的事、提高自己的运动能力、锻炼身体、变得健康、与朋友结伴、结识新朋友以及比赛。

在青少年参加体育活动的动机调查中，还发现了性别差异（Sirad，Pfeiffer，& Pate，2006）和文化差异（Yan & McCullagh，2004）。举例来说，在针对1602名中学生进行的一项研究中，Sirard和同事（2006）发现，男孩更易于被体育活动的竞争性所刺激，而女孩则更易于为其中的社交机会所吸引。但是，两性内部的差异比两性之间的差异更多。因此，了解自己所带领的每名青少年的独特动机对于体育从业人员来说就变得十分重要。

青少年参加运动的动机

参加校外运动的原因

男孩

1. 玩耍
2. 发挥自己的专长
3. 提高技能
4. 追求比赛中的刺激感
5. 保持体形
6. 迎接比赛的挑战
7. 得到锻炼
8. 学习新技能
9. 作为团队的一份子参与运动
10. 参加更高级别的比赛

女孩

1. 玩耍
2. 保持体形
3. 得到锻炼
4. 提高技能
5. 发挥自己的专长
6. 学习新技能
7. 追求比赛中的刺激感
8. 作为团队的一份子参与运动
9. 结交新朋友
10. 迎接比赛的挑战

参加校内运动的原因

男孩

1. 玩耍
2. 提高技能
3. 追求比赛中的刺激感
4. 发挥自己的专长
5. 保持体形
6. 迎接比赛的挑战
7. 融入团队
8. 赢得比赛
9. 参加更高级别的比赛
10. 得到锻炼

女孩

1. 玩耍
2. 保持体形
3. 得到锻炼
4. 提高技能
5. 发挥自己的专长
6. 融入团队
7. 追求比赛中的刺激感
8. 学习新技能
9. 发扬团队精神
10. 迎接比赛的挑战

儿童为何退出体育活动

10～13岁是儿童参与体育运动的高峰时期，之后他们的参与程度开始不断下降，到18岁时仅有小部分的青少年仍坚持参加有组织的体育运动（Ewing & Seefeldt，1989；密歇根州，1976）。此外，有组织的青少年体育课程的平均退出率也达到了35%，无论在哪一年均是如此（Gould & Petlichkoff，1988）。所以，在每个赛季开始前，原来参赛的每10名儿童中将有3到4人退出。

根据针对年龄为10～18岁的游泳退出者进行的深度研究结果显示，绝大多数儿童不再参加游泳运动的主要理由是“去做别的”和“兴趣变了”（Gould，Feltz，Horn，& Weiss，1982）。此次抽样调查中其他被列为重要理由（但重要性次于有其他兴趣爱好和兴趣改变）的是“没有我想的那么好”“不太好玩”“想要做其他运动”“不喜欢承担其中的压力”“无聊”“不喜欢教练”“训练太苦了”以及“不够刺激”等。尽管大多数从游泳运动中退出的青少年是因为有其他爱好而这么做的，但仍有高达28%的人将压力过大、不喜欢教练、遭遇失败、不好玩和太看重获胜等负面因素看成其决定退出的重要理由。

最近，有人对足球、冰球和篮球运动的500名退出者进行了一项研究。在这项研究中“去做别的”和“没以前刺激”这两项被列为退出运动的最重要原因（Rottensteiner，Laakso，Pihlaja，& Knottinen，2013）。被列为令青少年在运动方面半途而废的前五大原因还有：“无法与朋友作伴”“团队精神不够”和“想要进行其他运动”。研究结果还表明，教练和同队队员是两个对青少年运动员退赛决策最具影响力的群体。最有意思的是，从研究结果可看出，与男性相比，缺少团队合作、团队凝聚问题和担心缺乏能力等是令女性退赛的更重要的原因。在教导女性青少年运动员时，教练和其他青年运动训练指导员应对这些问题尤其敏感。

更深层动机：能力感、目标取向和内在动力

青少年参加和退出某项运动的原因是他们给出的表层答复，而不是一些体育心理学家所寻求的更深层、潜在动机（图 22.1）。举例来说，退赛的儿童通常感知到的自我能力的水平较低、倾向于注重结果目标、表现出较少的自主性动机并承受相当大的压力。

该领域领衔的研究员 Maureen Weiss 认为：青少年运动参与者和未参与者及退出者的**能力感**各不相同（Weiss & Ferrer-Caja，2002）。换言之，在学习和展现体育技能的过程中，感到自我能力水平较低的儿童会选择不参赛（或退赛），而坚持参赛的儿童则拥有较高的能力感。除此之外，注重结果目标、与内部因素相比更易受外部因素激励且压力感较大的青少年（特别是能力感低的青少年）也较有可能退赛。通过这些信息，你可以推断出，青少年体育训练指导员和教练的一个重要任务就是找到提升儿童能力感的方法。其中一种方法是教会孩子依据自身的进步标准而不是比赛结果（胜负）来评估自己的表现。训练指导员还必须营造以任务为导向的激励性氛围，通过使用有效的自治式教导策略来培养自主行为，并为青少年运动员减压。

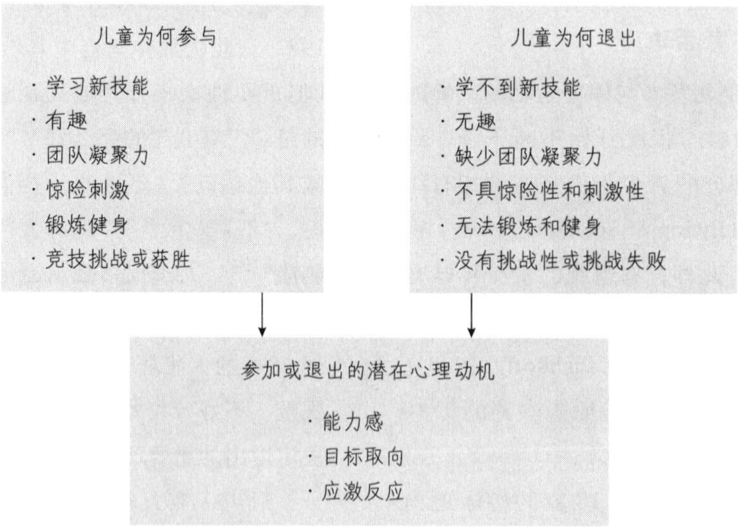

图 22.1　青少年参与和退出运动的动机模式

改编自 Gould 和 Petlichkoff，1988

要点 感到自身运动能力水平较低的儿童会选择不参赛或退赛，而拥有较高能力感的儿童则会选择参赛并坚持。

特定运动退出者与全面退出运动者

一般情况下，青少年运动训练指导员应了解儿童是从其运动项目退出并加入其他运动项目（**特定运动退出者**），还是退出了所有参与的运动项目（**全面退出运动者**）。例如，在前文的游泳运动员研究中，有 68% 的青少年退出了竞技型游泳运动，但是他们积极参与了其他运动（Gould，1982）。同样的，在针对竞技型体操退出者进行的一项研究中，退出后又参加另外运动或仍继续参加体操运动但兴趣有所下降的人占 95%（Klint & Weiss，1986）。因此，我们需要将特定运动退出者或转换者和停止参加所有运动的儿童区分开来（Gould & Petlichkoff，1988）。

青少年参与运动：实践意义

通过对儿童参与和退出运动的原因的研究，会得出很多具有普遍性的结论：

- 儿童参与运动的大部分动机（即：玩耍、学习新技能、发挥自己的长处、与朋友结伴、结交新朋友、保持健康、锻炼身体、以及体验成功）本质上均属内在动机。很显然，想要赢得比赛既不是参加运动的唯一理由，也不是最常见的理由。
- 大多数青少年运动员参加运动都有一个以上的原因，而非出于单一动机。尽管大部分儿童是因为兴趣发生了转移而退出某项运动，但是因为诸如无趣、压力太大或厌恶教练等负面原因而半途而废的儿童也不在少数。
- 造成所述退出原因（如：不好玩）的根源是儿童想要获得价值感和能力感。当青少年运动员拥有与某项活动有关的价值感和能力感时，他们往往会参加这一活动。反之，如果他们对于完成技术动作缺乏信心，则他们往往会选择退出。近期研究还表明，如果青少年的人际关系需求在运动环境中得到满足，他们就更有可能参加运动。

想想动机的交互作用模型——个人与所处环境之间的相互作用（参见第 3 章）。如果你理解儿童参与运动的原因，那么你就能通过创建更能满足他们需求的环境来提升他们的动机。阅读“创建满足青少年运动员需求的运动环境”栏目以获取建议。

重视个人目标的设定，以便孩子们将取得的运动成绩与自己的标准（自我参照）进行对比，以免只看比赛结果（Martens，2004），这样他们才能感受到自己的能力。总有 50% 的青少年运动员会输掉比赛，所以如果依据胜负来作出自我评价，那么就有 50% 的青少年会贬低自我，进而导致继续参加运动的可能性降低。青少年运动训练指导员可保留和分析青少年参加运动的统计数据，并对退出者进行“退出面试”。通过这种方法，训练指导员可对以下情况进行追踪：有多少孩子开始、继续和完成赛季，以及孩子退出后是选择参加其他运动还是退出了所有运动。训练指导员可以询问青少年运动员退出的具体原因：与其他兴趣爱好相冲突（成人训练指导员可能无法控制的情况）、教练水平低、比赛压力、不好玩（成人训练指导员能更好控制的情况），等等。

举例而言，一名高中橄榄球教练担心他的球队队员人数太少。他查看了之前所有级别橄榄球运动的参与记录，看到很多孩子参加中小学橄榄球运动，但是九年级参加橄榄球运动的则寥寥无几。这名教练与一些中学时期退出橄榄球运动的青少年进行了交谈，发现孩子们七年级和八年级时的教练采取了一些非常消极的教导行为。他与这些教练探讨了积极教导方法的优势（本章下文将作说明），接下来几年中，有更多的运动员加入了高中校队。

Petlichkoff（1996）建议：当儿童退出运动时，教练应提出如下问题：

- 这名儿童对其他运动或活动产生兴趣了吗？
- 这名儿童的退出看起来是长期的还是暂时的？
- 在作出退出的决策时，这名儿童有参与权或选择权吗？或者，她是被团队淘汰了或受伤了吗？
- 退出会对这名儿童的幸福感带来什么影响？

根据对这些问题的回复，教练可以确定该儿童的退出行为是合适的（儿童选择退出篮球运动以参加足球运动）还是不合适的（儿童因为能力感较低退出所有运动和体育活动）。如遇以下情况我们应给予关心：儿童长期退出

创建满足青少年运动员需求的运动环境

了解儿童参与运动的动机后，教练可运用一些策略来创建以技能发展、乐趣、交往、刺激、健身和获胜为特点的运动环境。

满足技能发展需求

- 贯彻有效的教学实践（如有效示范、因材施教等）；
- 培养积极的教学风格，注重儿童的正确举措；
- 了解运动的技术和策略。

满足娱乐需求

- 做出切合实际的预期，避免产生消极的指导效果和给运动员带来挫败感；
- 始终积极实践，避免排队和无所事事；
- 与孩子们打成一片。

满足交往或人际关系需求

- 为孩子们提供结交朋友的时间；
- 安排业余社交活动；
- 训练前和训练中均留出自由支配时间。

满足刺激需求

- 不过分看重训练时间，使训练项目多样化；
- 在训练项目中纳入节奏不一的活动（如游泳间歇进行的水球活动）；
- 以简短、精炼的训练项目为重点。

满足健身需求

- 教导青少年运动员对自身健康状况的监测方法；
- 精心筹划、组织专门为强身健体而设的、有目的的练习项目。

满足获胜需求

- 允许孩子们参加比赛；
- 帮助孩子们明确获胜并不单单指打败他人，还指达到自己的目标和标准。

运动（特别是在当今，很多可从运动中获益的儿童在运动方面较为怠惰）；儿童在退出决策中无选择权；退出运动给儿童的幸福感造成不良影响。

要点　应缜密分析青少年运动员退出运动的原因。

朋友在青少年体育中的作用

归属动机是儿童参加运动的一个主要动机，在此情况下，儿童会因为运动所提供的与朋友相处和结识新朋友的机会而享受运动。单独来看，人际交往确实很重要，而在体育心理学中还发现，朋友和同龄群体对青少年运动员亦存在其他重要影响。

同伴关系与儿童的心理发展

发展心理学家很久之前就已了解朋友和同伴在儿童的心理发展方面发挥着重大作用。同伴关系与儿童的被认同感、自尊和动力息息相关，所以体育心理学研究者很自然地将注意

让缺少运动资源的青少年参与运动

当今美国有数百万儿童生活在贫困之中，研究表明这些儿童通常较少参加运动和体育活动。此外，相对于具有中上层社会经济地位的同龄人而言，他们的肥胖率较高。了解这一形势后，体育及训练心理学家开始关注参与运动和体育活动的益处以及影响贫困儿童参与运动和体育活动的因素。针对参加俄亥俄州立大学青少年夏季运动发展计划的儿童的低收入父母，Riley和Anderson-Buther（2012）进行了采访。这些父母称他们的孩子参加运动后获益良多，包括促进了生理、心理和社会发展（如增进了同伴之间的交往、提升了个人社交能力），得到了更多机会（如上大学的机会、与不同同龄人交往和接触的机会、建设性利用可自由支配时间），并在认知、情感和举止方面得到改善（如自我反思、良好举止的加强）。同样地，Holt等人（2011）也对加拿大的低收入父母和青少年进行了采访，他们发现，很多个人方面（如情绪控制、自信、自律和学业表现）和社交方面（如与教练的关系、结识新朋友、团队合作和社交能力）的特质均被视为参与运动带来的好处。也就是说，低收入青少年可通过参与运动和体育活动得到种种裨益。

Dollman和Lewis（2010）对影响儿童参与运动的因素进行了审视，发现社会经济地位较高的儿童比不太富裕的同龄人更常参与运动，同时还发现这一参与率差异（特别是女孩之间的参与率差异）之所以存在，是因为具有较高经济社会地位的女孩获得的实物（如可接触较多运动器材）、交通和情感上（如允许和鼓励玩耍，有时间与父母一起游戏）的支持更多。在另一项研究中，低收入父母报告了一些与参与运动相关的挑战（Holt，Kingsley，Tink，& Scherer，2011）。与儿童最初参与运动或随着水平的进步持续参与运动所需经济成本导致的障碍一样，对父母时间和日程的需求也限制了孩子对运动的参与（父母经常不得不身兼数职）。在其他一些研究中，安全顾虑则被认为是阻碍儿童参与运动的原因（Humbert，2006）。这些研究结果表明，提高低收入儿童和青少年运动参与率，需要各方特别努力，从而为孩子们创造出支持性的整体环境。

力转向了这一重要议题。知名发展体育心理学家 Maureen Weiss 和同事一起对运动中的朋友和同伴关系进行了研究。譬如，他们对 8 至 16 岁的 38 名参与运动的青少年进行了深入访谈，以了解他们如何看待运动中产生的友谊（Weiss，Smith，& Theeboom，1996）。结果，他们同时发现了积极与消极的方面。积极方面有：

- 陪伴（一起消磨时间或玩耍）
- 愉快的游戏联盟（喜欢与朋友一起）
- 增强自尊心（朋友的言行可增强一个人的自尊心）
- 帮助和指导（朋友可提供与运动技能学习相关的帮助和其他领域帮助）
- 亲社会行为（言行均符合公序良俗，不发表消极言论、不传递消极感受）
- 亲密（彼此之间的亲密感、人际关系）
- 忠诚（互相之间的责任感）
- 共同点（共同的兴趣爱好）
- 有吸引力的个人品质（朋友拥有出色的性格或外表等正面特征）
- 精神支持（在言语和感情上彼此关怀）
- 不存在矛盾（有些人和朋友从不拌嘴、吵架或出现分歧）
- 解决矛盾（朋友可以帮助解决矛盾）

青少年运动员所报告的友谊的消极方面较少，主要包括：

- 矛盾冲突（言语侮辱、争吵和分歧）
- 缺乏吸引力的个人品质（朋友有一些不受欢迎的行为和性格特征，如自我中心）
- 背叛（作为朋友不忠诚或淡漠）
- 无法接近（缺少互动的机会）

对于运动员友谊中的精神支持，女孩比男孩更为敏感。在这些运动参与者之中，年龄较大的儿童认为亲密感最重要，而 13 岁以下的儿童则最常提及亲社会行为和忠诚。此外，年满 10 岁的参与者更常提及有吸引力的个人品质。

通过这一项研究，Weiss 和 Smith（1999）制订了《运动友谊质量量表》，用于对运动友谊的六个方面进行衡量，这六个方面分别为：增强自尊和支持、忠诚和亲密、共同点、陪伴和愉快游戏、矛盾解决以及冲突。有了这一量表，研究人员就可以对运动中的同伴关系进行更广泛的研究。

Smith（1997，1999）发现，如果儿童感觉与同伴的关系较为积极，则其对体育活动也有着较为积极的感受和较高的参与动力，并在体育方面拥有较高的自我价值感。研究发现，就青少年足球运动员而言，积极的同伴关系还有益于减少压力、提高自我决定动机和坚持运动（Ullrich-French & Smith，2006，2009）。因此，同伴关系与儿童参与体育活动的动机之间有着很大的关系，这意味着促进积极的同伴关系即可提高体育活动的参与率。

尽管该领域的研究较为晚近，但是 Weiss 和 Stuntz（2004）已为体育从业者们找到了这其中蕴藏的含义。最重要的是，体育从业者们应营造充满激励的氛围，针对比赛提升任务目标和促进合作，从而增进同伴关系。体育从业者还应安排让小型运动团队彼此互动的训练项目，借此使运动员或学生的参与程度达到最高。最后，减少社会地位的公开展示（如团队的公开选拔）将可增强同伴关系。

运动中的友谊：实践意义

同伴关系和友谊研究有着丰富的实践意义（Weiss，1996）。首先，应为儿童提供与朋友相处和结识新朋友的时间。有句谚语说："只工作不玩耍，聪明孩子也变傻。"这一说法不无道理。其次，为提高参与体育活动的青少年的自尊心，教练与家长应鼓励和积极强化同伴关系。队友之间应多使用积极言辞；不应纵容诋毁、嘲笑和负面议论。必须教导儿童尊重他人，避免言语攻击和恃强凌弱，以及学会处理与同伴之间的矛盾冲突（第 23 章中我们讨论了很多这方面的技巧）。再次，应强调团队合作和力求实现团队目标的重要性。在青少年运动中，应经常使用团队凝聚力培养技巧（参见第 8 章）和目标设定技术（参见第 5 章）。

儿童竞技体育中的压力和倦怠

压力和倦怠属于儿童竞技体育中争议最多的焦点。批评者认为竞技体育给青少年施加了太多压力，孩子们常常为此精疲力尽；支持者则辩称青少年运动员经历的比赛还不够多，通过比赛他们能学到应对策略，这些策略在他们生活中的其他方面也适用。实情究竟如何呢?

青少年的压力水平

通过在竞技比赛环境（这种环境中的压力水平最高）中进行的状态焦虑测量，人们对青少年运动员的压力水平进行了评估。评估结果表明，大多数青少年运动员在比赛中的状态焦虑水平未见偏高。例如，在快要开赛前，有一些 13 岁和 14 岁的摔跤选手接受了《儿童比赛状态焦虑量表》的调查（参见图 22.2，该图显示了 112 名摔跤选手的焦虑值分布情况），他们在赛前的状态焦虑水平平均分为 18.9 分，总分 30 分。只有 9% 的摔跤选手得分在量表上位于前 25% 分段，可以认为这已经是极高的分数了。也就是说，91% 的摔跤选手并未面临过高压力（Gould，Eklund，Petlichkoff，Peterson，& Bump，1991）。

Simon 与 Martens（1979）曾同时在训练情境和社交评估情境对 9 至 14 岁青少年的状态焦虑水平进行了测量，在此次研究中，他们将以下被测查对象之间的状态焦虑水平进行了比较：乐队表演者（既指联袂演出的乐队和独奏者，亦指乐队全体成员）；参加学术考试的学生；在上竞技体育教育课程的学生；参加棒球、篮球、橄榄球、体操、冰球、游泳和摔跤等竞技型运动的青少年。研究结果显示，参与

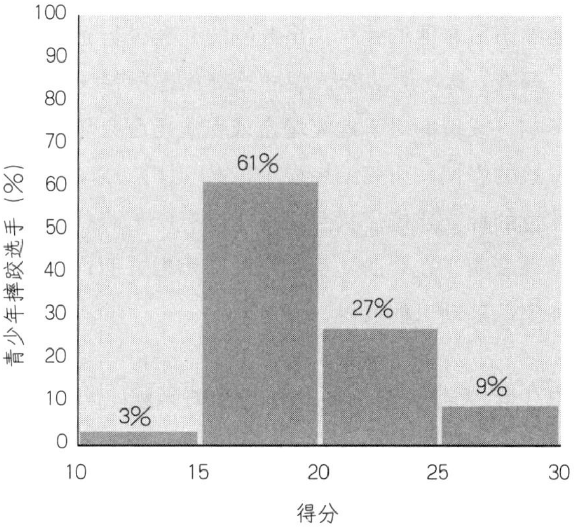

图 22.2 《儿童比赛状态焦虑量表》测得的青少年摔跤选手赛前状态焦虑水平

体育比赛的青少年的状态焦虑水平并没有显著高于参与其他活动的青少年的状态焦虑水平。与训练时相比，比赛时的状态焦虑水平有所提高，但是这一变化幅度不大。事实上，乐队独奏者的状态焦虑水平平均分最高（中位数为21.5分，总分为30分）。

> **要点**　与其他评价性活动相比，儿童在体育比赛中的状态焦虑水平并未经常表现出明显提高。

对于长期承受压力是否会对儿童的特质焦虑水平产生明显影响这一问题，上述研究并未给出答案。之后，针对参与运动对儿童特质焦虑水平的影响（假设他们认为比赛给他们带来了威胁感因此报以高度紧张的反应），有一些研究者进行了调查。结果显示，青少年运动员的特质焦虑水平顶多会出现轻微提升。同时，有一半的研究项目未发现特质焦虑水平有何不同（详细评述参见 Gould，1993）。

Dimech 和 Seiler（2011）进行了一项有趣的研究。他们针对 7 至 8 岁的儿童进行了如下调查：参与运动能否缓冲社交焦虑所带来的影响，或缓冲对于社交场合或表演场合会导致尴尬的恐惧。研究结果显示，参与团队运动的儿童的社交焦虑症状会在一年内有所下降。该结果表明，在帮助儿童克服社交焦虑方面，参加团队运动可能值得一试。

青少年状态焦虑水平上升的相关因素

尽管大多数参与运动的儿童都没有过高的状态焦虑或特质焦虑，但是在一些特殊情境中，压力对于某些儿童来说仍是一个问题。美国每 10 名参与运动的儿童中只有 1 名儿童状态焦虑或特质焦虑水平偏高，如果这一说法属实，即意味着有 450 万儿童压力增大。为此，体育心理学家在非比赛情境下实施了各种背景和人格因素测量（包括特质焦虑、自尊、团队和个人表现预期、父母逼迫运动的压力级别），借此对个人及环境因素与状态焦虑加剧之间的联系进行了调查，并对训练中、赛前和赛后的状态焦虑进行了评估。经过这一系列努力之后，他们找出了状态焦虑加剧和以下变化因素之间的联系（详细评述参见 Scanlan，1986）：

- 青少年因参加运动而产生很大压力的现象虽然比较少见，但是仍有 450 多万名儿童在特定情形下会有这方面的困扰。
- 过高的特质焦虑与青少年参与运动并无关联。

利用这些研究结果，针对比赛时易产生不利于健康水平的状态焦虑的青少年运动员，研究者专门建立了一份描述（参见“比赛时易产生更高水平状态焦虑的儿童的特点”栏目）。全面了解这些特点有助于发现面临此类风险的儿童。

在大多数研究项目中，研究对象均为 14 岁以下的儿童，而且通常为当地的比赛选手。但是，也有部分研究是着眼于高中年龄段的优秀青少年运动员进行的。例如，高中优秀长跑运动员在以下情况下会产生压力：需发挥最大能力时、需比上次成绩有进步时、参加冠军赛时、表现不佳时以及未做好心理准备时（Feltz & Albrecht，1986）。优秀的青少年摔跤运动员面临相似压力源（Gould，Horn，& Spreemann，1983）。如此看来，青少年优秀参赛选手的压力主要源自恐惧失败和信心不足。

> **要点**　青少年优秀参赛选手的压力主要是由对失败的恐惧和信心不足引起的。

环境中的压力源

所处环境也会带来更高压力，特别是面临以下环境因素时：

- 失利：与赢得比赛相比，输掉比赛会让儿童产生更高的状态焦虑。
- 赛事的重要性：比赛越受重视，参赛选手所感受的状态焦虑就越高。
- 运动类型：参加个人运动项目的儿童比参加团体运动项目的儿童状态焦虑水平更高。

因此，青少年体育训练指导员必须既了解比赛中易承受很大压力的儿童的个性，又了解最可能导致更高状态焦虑的情境。我们需要先确定特定情境将诱发的特定压力，这样我们才能帮助儿童应对过大压力。

因压力导致的倦怠

在第 21 章我们详尽讨论了与倦怠有关的问题，包括它对儿童的影响。这里我们将以压力导致青少年产生倦怠感为侧重点，在前文基础上作进一步阐述。倦怠是儿童竞技运动中日益受人关注的一项问题，以下情形即属于这种现象：儿童对很小的时候就专门参加并顶着强大压力训练数年的特定运动项目失去兴趣。有些儿童早在 4 岁就已开始参与体操、游泳和网球等运动，其中一些 10 岁出头就达到了世界级水平。当他们的运动生涯提前结束或表现水准过早下降，则有理由怀疑出现了倦怠现象。我们可以将倦怠视为导致青少年退出运动的一种特殊情况。在这种情况下，面对慢性或长期压力或动力问题，青少年运动员选择停止或减少参加运动（Gustaffsson，2011；Smith，1986）。因为运动导致的压力和儿童的动机发生变化，之前非常享受的一项运动变得不再令人感到愉悦。当然，儿童退出运动还有除倦怠之外的其他原因。

> **要点**　倦怠是导致青少年退出运动的一种特殊情况。在这种情况下，面对慢性压力，青少年运动员选择停止参加运动。

正如第 21 章所述，Coakley（1992）发现，对运动产生倦怠感的青少年一般对自我的定义都是单一维度的，他们仅将自己看作运动

比赛时易产生更高水平状态焦虑的儿童的特点

- 特质焦虑水平高
- 自信心低
- 非适应性完美主义（设立很高标准，同时又非常担心犯错，并且很在意父母评价的个性倾向）
- 对团队表现期望值低
- 对自我表现期望值低
- 经常担心失败
- 经常担心成人对自己的期望和其他人对自己的社会评价
- 未从比赛中感受到太多乐趣
- 无论输赢都对自己的表现不满意
- 感觉自己参加运动对父母来说很重要
- 为比赛结果设立目标，并以此为导向，对自身能力感知水平低

员，而忽略其他可能扮演的角色，如：学生、音乐人或学校活动领导者。而且，有倦怠感的青少年运动员对自身命运的掌控严重受他人限制，这一点无论是在体育活动中还是体育活动之外均是如此。父母和教练代为作出与他们的运动生涯有关的重要决定，而他们自己很少参与或不参与决策过程。正如第 6 章所述，当一个人的命运掌握在别人手里时，几乎总会导致内在动机下降。

青少年运动员并不具备对运动中压力的免疫力，而且易经受压力、焦虑和倦怠。

还有一些已被报道的、与倦怠相关的显著因素会导致状态焦虑水平的上升（参见“青少年运动倦怠的相关因素”栏目；Gould，1993）。与比赛前通常感受到的状态焦虑不同的是，对于正处于倦怠状态中的儿童来说，压力不但不会减轻反而还会不断增强。因此，我们最好将倦怠视为长期压力带来的最终结果。

如何对待承受压力的儿童

一旦发现受压力困扰或有很高压力风险的儿童，成年的体育训练指导员能采取什么措施来帮助他们学会化解压力呢？成人应齐心协力营造积极氛围并对错误持建设性态度，这将有助于帮助孩子建立信心。减少社会评价和降低获胜的重要性（例如，少发表一些慷慨激昂、鼓舞士气的讲话）可以减轻压力。成人减轻焦虑的技巧（渐进式肌肉放松法、呼吸调整法、心理训练法、自生训练法、系统脱敏法、生物反馈法和认知—情感应激调控法）经修改

青少年运动倦怠的相关因素

- 自我期望值以及他人对自己的期望值很高
- 不惜任何代价都要赢的心态
- 来自父母的压力
- 长期鲜有变化的重复训练
- 教练的教导前后不一致
- 因过度训练而造成的过劳损伤
- 占用过多时间
- 经常需要去外地比赛
- 别人对自己的关爱因输赢而定
- 非适应性完美主义

后可为儿童所用。例如，Terry Orilick（1992）对渐进式肌肉放松法进行改编，创建了“意大利面脚趾训练法”（参见“Orlick 的意大利面脚趾训练法”栏目）。针对以儿童为适用对象的觉醒机制和压力管理策略，Orlick 和 McCaffrey（1991）提出了如下修改建议：

Orlick 的意大利面脚趾训练法

有很多游戏是你可以和自己的身体一起玩的，让我们先从一个叫做“意大利面脚趾”的游戏开始。我想知道你有多擅长跟自己的脚趾说话。我猜肯定相当擅长。让我们来看看是不是这样吧！

对你某只脚上的脚趾说摆动。它们在摆动吗？只是一只脚上的脚趾？很好！现在，对这些脚趾说停下来；对你另一只脚上的脚趾说摆动。对它们说慢慢摆动……然后加快……再次放慢……再慢一些……停下来！你的脚趾听你的话吗？很好。如果你对身体的其他部位说话，就像刚才你和脚趾说话一样，它们一样会听你的话，特别是当你对它们说很多话时。下面我将为你示范如何通过跟身体说话来控制它。

首先，我想告诉你一些和意大利面有关的事。我喜欢意大利面，我敢打赌你也是。但是，你见过没煮熟之前的意大利面吗？它是一种冷冷的硬邦邦的面条，并且很容易折断。但煮熟后，它会变得温暖而柔软，躺下来蜷缩在餐盘上。

我想看看，你能不能通过对脚趾说话来让它们变得像煮熟后躺在餐盘上的意大利面一样柔软、温暖而困乏。为让它们知道你要它们做什么，你可能要费不少口舌，但据我所知它们未必会照做。

摆动你一只脚上的脚趾。现在，对这些脚趾说停下来；让它们像餐盘上温暖的意大利面一样柔软而困乏。现在，摆动你另一只脚上的脚趾。停止摆动。让这些脚趾变成软软的意大利面。很好。

现在，摆动一条腿。停下来；让它变得像温暖的意大利面一样柔软而困乏。现在，摆动另一条腿。停下来；让它变得柔软而困乏。摆动你的臀部，让它变得柔软而困乏。

摆动你一只手上的手指。让它们停下，看看你是否能让手指变得像躺在餐盘上的意大利面一样柔软而困乏。现在，摆动你另一只手上的手指。慢慢摆动；停下来；让这些手指感觉到暖意，让它们变得柔软而困乏。现在，摆动一只手臂。停下来；让它变得柔软而困乏。现在，摆动另一只手臂，让它变得柔软而困乏。很好。

尝试让全身变得柔软、温暖而困乏，就像餐盘上软软的意大利面一样。（暂停。）真不错，你的身体非常听话。让你的身体保持意大利面一样的状态，然后专心听我说。我要告诉你的是，意大利面脚趾在什么时候可以帮助你。

当你很担心或很害怕某件事、或受到什么伤害时，你的脚趾和你的手掌以及肌肉会变得有点硬邦邦的——就像没煮熟的硬硬的意大利面一样。在你很担心、很害怕或受到了什么伤害的情况下，如果你的手掌、脚趾和肌肉像餐盘上温暖和柔软的意大利面一样，那你就会感觉好多了，并且所受的伤害也没那么严重了。只要多练习“意大利面脚趾”，你一定会十分擅长这一技巧。然后，你可以让手掌、脚趾和肌肉变得温暖、柔软和困乏，以此给予自己帮助，即使在害怕或受到伤害的时候也能因此而得到缓解。

在你离开前，让我们尝试和你的嘴巴说说话。摆动你的嘴部，让它变得柔软而困乏。摆动你的舌头，让它变得柔软而困乏。摆动你的眉毛，让它变得柔软而困乏。让你的全身变得温暖、柔软而困乏。让你的全身感觉舒适（Orlick，1992）。

- 采用具体有形的策略（如孩子们可以将自己的忧虑放进去的小巧“压力包袱”）；
- 采用娱乐策略（如让孩子的腹部化为“软软的果冻”以消除肌肉的紧张感）；
- 采用简易策略（如想象变换电视频道来改变一个人的注意焦点）；
- 以不同方法进行同一训练；
- 个性化地对待儿童的兴趣爱好；
- 保持积极乐观的心态；
- 借助榜样的力量（如告诉孩子们著名的运动员是怎样进行积极自我对话的）。

仅凭笼统的指导（如“放松就好”或“你能行”）不足以帮助儿童应对压力，你需要制订细致的策略让这些指导具有趣味性并贴近儿童。

对少儿运动员的有效教导

你也许曾耳闻或亲见某些美国少年棒球联盟教练为力求取得成功和给人们留下深刻印象而模仿大学的一流教练或专业教练。例如，前副总统 Dan Quayle 曾自豪地称，他仿效时任印第安纳大学篮球教练的 Bobby Knight 对 12 岁儿子的篮球队进行了教导。但是 Knight 的教导风格（特别是他的惩罚、严厉批评和激动情绪）适合 12 岁儿童吗？也许答案是否定的。适合优秀成年运动员的教导常常并不适合正处于发展阶段的青少年运动员。体育心理学家发现了很多对青少年更有效的教导方法；事实上，已有人成立了名为“积极教导法联盟”（www.positivecoaching.org）的机构，旨在强调教练更积极对待青少年运动员的必要性。关于教导儿童，让我们一起来了解研究结果告诉了我们什么。

少儿教导方式研究

Ron Smith、Frank Smoll 和同事一道在华盛顿大学对儿童棒球运动中教导行为（如强化、依犯错情况而给予技术指导）与自尊感之间的关系进行了调查，并对教练是否能够学习有效的教导做法加以了考量（Smoll & Curtis，1979）。研究分为两个阶段。在第一阶段，他们利用专门制订的测量工具《教练行为评估系统》对正在执教的 52 名男性少年棒球教练进行了观察和评估。研究人员还采访了 542 名运动员，了解他们在美国少年棒球联盟的经历。结果发现，与采用笼统的交流和鼓励方式的教练相比，提供技术指导的教练得到的评价更为正面。采用更多强化手段并依据犯错情况给予技术教导（纠错教导）的教练也得到了很高评价，即使在考虑该团队输赢记录的情况下这些结果依然未变。积极的强化手段和在运动员犯错后进行鼓励对赛季后的自尊水平、对队友以及对棒球的喜爱程度均有积极影响。

> **要点**　儿童对教练的教导方式有特殊需求，这一点与成年运动员存在很大不同。

遗憾的是，第一阶段的研究结果并未表明教练行为会实际改变运动员的感知水平，仅表明这些因素之间存在相关。在第二阶段，研究人员对 32 名棒球教练进行了分组：一些教练掌控局面并向平素一样对青少年进行教导；而另一些教练则参加实验性的教练教育计划，根据第一阶段的研究结果接受培训。参加实验的一组接受了有关理想教练行为的指导，观看了对这些行为的示范并接受监测，直到他们使用鼓励性言论的频率增加了 25%。对照组未接受任何专门培训（不过他们的教导行为也并未太过消极）。正如你可能已预料的，实验组的教导方式与对照组很不一样：他们会带来更多鼓励、更多强化措施以及更少的惩罚。与对照组的运动员相比，实验组的运动员评价他们的教练是更好的教员，他们更喜欢自己的队友和教练，同时自尊感也表现出更大的积极改变。

这些研究结果明确了与儿童积极心理发展相关的教练行为，并且在近期的青少年游泳运动研究中得到进一步验证（Coatsworth & Conroy，2006)。此外，这一研究还表明教练可以学习这些积极的行为。其他研究表明，教练的言论不仅要积极还要真诚，这样才能产生效果（Horn，1985)；对好的表现适时给予反馈，对差强人意的表现既予以鼓励亦提供反馈，这样的教导与效能感、能力感和乐趣均有联系（Black & Weiss，1992)。同时，教练学习积极的教导方法还会降低运动退出率（教练接受培训的为 5%；未接受培训的为 26%)(Barnett，Smoll，& Smith，1992)。最后一点，积极的、任务取向的教练教导的运动员在赛季中的焦虑水平会下降；而由掌控型教练教导的运动员的焦虑水平则会上升（Smith，Smoll，& Cumming，2007)。

Langan、Blake 和 Longsdale（2013）回顾了对教练人际教育课程的效力进行的所有研究。最后，他们得出了这样的结论：这些课程提高了教练的人际效能，并进而改善了青少年运动员的个人和社交成果。不过，这些研究结论有时不尽一致：有些研究表明自尊水平有影响，而有些则不然；然而，焦虑和归因所显露的影响比较稳定。最重要的是，这些评论人员未发现这些干预手段有任何不良影响的证据。

> **要点** 教练的技术指导、强化手段和依犯错情况而给予鼓励与运动员的自尊感、动机和积极态度之间相互关联。

对少儿运动员的教导实践

从这些研究中，我们得到了一些现成的观察结果。以下 12 条教练准则出自 Smoll 和 Smith（1980)、Weiss（1991）以及 Conroy 与 Coatsworth（2006）的研究结果：

1. 在担任少年运动员的教练时，给少年运动员以肯定、指导、支持和自主支持的行为都是非常可取的。在教导过程中，应避免采取惩罚、敌对和掌控行为。
2. 注重捕捉孩子做对的瞬间，并给他们足够的表扬和鼓励。经常性地表扬孩子，给予拍拍他们的背、友好一笑之类的额外奖励。最好的鼓励方法是：只看孩子做对的事而不是做错的事。
3. 对孩子进行真心实意的表扬。赞扬和鼓励只有出自真心实意才能产生作用，当少年运动员自知表现不佳时你却称赞他表现不错，这意味着你只是想安慰。不真诚的言行会摧毁你作为训练指导员或教练的信誉。应以非惩罚性的具体方式（把孩子搂在怀里说：“你在赛场上很不容易”）承认其表现差强人意，但同时给予一些鼓励（“坚持下去，会成功的”）。

4. 抱持切合实际的期望。怀有与孩子年龄和能力水平相匹配的期望使教练更容易真心实意地表扬孩子。你不能对 11 岁的孩子怀有与 16 岁孩子一样的期望。

5. 对过程和成就给予同样嘉奖。当一切如愿时，我们更容易持积极肯定的态度；遗憾的是，事情不会总是一帆风顺——团队会输掉比赛，有时也会表现不佳。但是，如果孩子付出了 100% 的努力，你还能说什么呢？对于少年运动员付出的努力，请给予与成就相等甚至更多的嘉奖。

6. 重视教导技巧和训练技巧。除非青少年能在体育能力上获得进步，否则任何积极的教导技巧均谈不上有益。对训练课程进行精心设计，使之最大程度提高参与度并包含大量活动以体现训练的多样性。提供简洁明了的指导，从多个角度给予充分示范，并最大限度地利用运动器材。

7. 对技巧和活动进行调整。我们的目标之一是让孩子成功取得好的表现。对活动进行调整，使其适合孩子的发育情况，这是确保成功的一个好方法。例如，你需要确保已调低篮框、采用击球座和调整场地距离。“让活动适合儿童，而不是让儿童适合活动”（Weiss，1991）。采用适宜的能力进阶制度。在这方面，美国网球协会树立了一个很好的榜样。该协会针对 10 岁以下儿童对网球运动进行了改良，按儿童的身材比例对成人的设备、球场和得分制进行了调整，提供小型球场和适合儿童年龄的指导与运动形式。（详情参见 www.10andundertennis.com。）

8. 修改规则使动作发挥最大效果并使参与程度提至最高。为确保成功和提高积极性，也可对规则进行修改。可以修改传统的棒球或垒球规则，让教练给自己的队员投球，这样可大大增加击中率。在篮球方面，教导裁判只判罚最为明显的犯规，直至儿童的技术变得足够娴熟。儿童可以变换位置，让每个人都有机会练习动作。修改规则以提高得分和加强动作，这将导致比分接近，使比赛更刺激。

9. 对正确技术进行嘉奖，而不仅仅奖励成就。在教导儿童时，教练常犯的一个错误就是嘉奖在某项技能方面取得的成就（如在棒球或垒球运动中打出安打），即使该技能是以不正确的方式完成的（如挥棒不流畅）。从长远来看，这样做毫无益处：想要取得理想而稳定的成绩，离不开正确的姿势。无论成绩如何，请鼓励和嘉奖正确技术。

10. 纠正错误时采用第 10 章所讨论的积极的“三明治式”方法。在青少年在学习和多次犯错时，你可以如何给予赞扬？当孩子犯错时，先提她做得不错的部分（“完成的不错”），这将有助于减少她因犯错产生的挫败感；然后提供改正意见（如：“早点抱膝并且抱紧些”）；最后说些鼓励的话（“坚持——这个跳水动作有难度，但是你一定能学会），以积极乐观的方式结束此次谈话。当然，如果你的言语很真诚，三明治式方法奏效的可能性会更大。

11. 营造良好氛围，降低对尝试新技能的恐惧感。犯错是学习过程中的正常组成部分，是“成功的基石”。应提供一个充满激励的氛围，并且不允许嘲笑他人。

12. 拿出热情！儿童很容易被积极和刺激性环境感染，所以不管在游泳池、体育馆还是运动场，请努力调动他们的热情。正如 Maureen Weiss 所说，热情是会传染的。请微笑、互动并倾听。

最后，研究发现教练对自己的实际教导行为认识有限（Cushion，Ford，& Williams，2012）。对于青少年运动教练来说，了解自己的行为举止十分重要，可以通过诸如录像分析和花时间反思自己的教导行为等方法来实现。

父母的作用

近年来，人们十分关注了解和确定父母在青少年参与运动和体育活动上所起的作用，并且这种关注愈发强烈。这种现象在很大程度上是由流行媒体中对儿童参加运动可能导致的负面影响的报道引起的。例如，Joan Ryan（1995）的畅销书《漂亮盒子里的女孩》讲述了令人心碎的故事：一些年幼的女孩梦想成为奥运体操运动员和花样滑冰运动员，但是在不良而残酷的训练环境中，以及父母的过度干涉和固执推进下，她们的梦想破灭了。父母的关切并不仅限于少儿精英运动，“美国少年棒球联盟”的狂热父母强迫孩子在

通过采用正确的做法和防范消极环境的形成，父母可以对孩子的运动体验带来积极影响。

运动场或体育馆进行训练的现象在每个社区都能见到。在针对全国少儿网球教练进行的一项调查中发现，10 位父母中有 3 位会干涉孩子的发展（Gould，Lauer，Rolo，Jannes，& Pennisi，2006）。

父母对少儿运动的影响研究

为回应这些备受关注的问题，体育心理学家们开始调查父母在儿童运动中所扮演的角色。例如，Krane、Greenleaf 和 Snow（1997）对一名退役的优秀少年体操运动员进行了个案研究。研究人员发现这名运动员曾置身于一个争强好胜、自我目标取向的运动环境（由重视赢取比赛、完美表现和带着伤痛或不顾伤痛坚持完成动作的教练和父母营造的环境），这让她过分依赖社会比较、力求证明自己胜过他人，并看重外部奖励和反馈。这种不良氛围的另一产物是不利于健康的行为，如：受伤严重时仍继续训练、饮食失调、过度训练以及拒绝听取医生的建议。

比较积极的方面是，Fredricks 和 Eccles（2004）发现，父母作为儿童运动体验中的社会化推动者、榜样、供给者和解读者扮演着至关重要的角色。以 Brustad（1993）对男性和女性青少年篮球运动员及其父母进行的一项研究为例，研究发现父母享受体育活动与父母鼓励孩子参与体育活动有关，而父母的鼓励又对孩子的能力感和实际参与行为产生了影响。在 Van Yperen（1995）针对优秀青少年足球运动员进行的一项研究中，发现青少年因足球水平低于平均线而承受与压力相关的负面影响时，父母的支持可以为之带来一些缓冲。Duda 和 Hom（1993）证实儿童的目标取向与家长的目标取向存在显著相关。Wuerth、Lee 和 Alfermann（2004）则发现，青少年运动员所感知的压力与父母的指示和掌控行为相关。这些研究无一不显示了父母所营造的氛围对孩子运动体验的（积极或消极）影响。

再举一个有关父母影响力的例子，Strean（1995）对青少年运动教练进行了访谈研究，发现了父母干扰或促进孩子参加运动项目的一些实例。消极干扰包括：父母在场外给孩子的指导与正规教练的指导相矛盾，怂恿孩子与对方队员打架或说一些恶毒的话。促进行为包括：父母给孩子的积极性带来正面影响，并对孩子训练中的不良行为进行惩戒。

尽管研究积累了少儿运动员父母身上的众多发现，但对于他们为何有这样的行为未给出说明。Coakley（2006）经研究认为，近几十年来，人们对家庭生活的期望发生了巨大变化，时至今日，父母对于子女的行为担负着越来越多的责任。对子女负责这一标准渐渐成了好父母的根本；而子女的成就和成功也代表了父母的成功。因为运动提供了对成功的客观衡量，所以父母在孩子的运动方面投入大量时间和财力。这导致父母参与过度，并做出了一些有碍孩子健康发展的事情。也就是说，因为孩子的成功体现了父母的价值，所以父母在孩子的运动方面就变得过分投入。

近年来，对父母在孩子运动方面的教养行为的研究大行其道：近期文献综述的结果显示，关于该话题的研究项目已超过 100 个（Gould，Cowburn，& Pierce，2013）。这些研究项目得出的关键结论包括：

1. 父母在孩子运动方面的教养行为至关重要，它对青少年运动员体育才能培养过程中所有阶段的态度、性格、动机、情感反应和行为均有着重大影响。
2. 父母的运动教养行为的影响因素包括：父母的人格倾向、一般教养方式、期望值、态度、行为以及他们营造的氛围。
3. 父母在运动方面对孩子进行教养是一个复杂的过程，它随着孩子在生理、心理和社会方面的成熟度而变化，并且这种变化还取决于孩子所参加的运动项目和所处的体育才能发展阶段。
4. 父母的行为对儿童的运动有重要影响，并且父母在运动方面的某些管教行为会对儿童的发展产生积极或消极结果。这些道理虽然很显而易见，但是对于如何管教尚无一条明路。在运动方面，父母的管教是否有效取决于孩子、孩子所处发展阶段、父母和所处环境。因为这些可变因素不断变化，所以有效的管教做法很可能也要随之变化。
5. 大多数青少年认为父母对他们的体育经历有着积极影响。不过也有些父母很专横，他们不是经常弄糟与孩子的关系，就是给孩子长远的体育发展和个人发展制造问题。
6. 父母与孩子的看法、态度和信念越一致，孩子在运动中就越可能拥有积极体验。
7. 父母对青少年和运动的印象很刻板，如：橄榄球适合男孩而非女孩。这些刻板印象影响了父母本人的看法、态度和行为，进而又对孩子产生了同样的影响。
8. 在营造和改变青少年运动的激励氛围方面，父母拥有强大的影响力。研究发现，以任务为导向的氛围最有益于青少年的运动体验，而以自我为导向的氛围则常常与负面的行为和影响联系更紧密。
9. 父母施加的压力是青少年运动中的一个主要问题，但有些压力可能对青少年运动员有益。例如，很多优秀运动员的父母非常支持他们的孩子，并且经调查发现他们会给孩子一些挑战，让孩子鞭策自己发挥最高水平（即：高度支持/高度挑战）。但是，根据报道，压力太大始终被认为会对青少年运动员产生负面影响。遗憾的是，尽管父母逼迫程度存在最优点的观点已得到明确，但还没人完全理解应如何付诸实施。
10. 可促进孩子享受运动、加强学习和提高表现的父母运动教养行为、态度和期望包括：提供财力、后勤和社会情感支持以及运动机会；无条件地爱孩子；为支持孩子的运动作出牺牲；强调勤学苦练并保持积极态度。
11. 虽然父母在运动方面采用的适合和不适合孩子发育情况的教养行为都可能会让孩子在比赛中获胜，但是，后者往往伴随有某种负面影响，如亲子关系的破坏或运动积极性和倦怠感的波动。

研究人员还发现，父母可以对青少年的运动体验产生非常积极或非常消极的作用，因此，青少年运动领域的专业人士所面临的挑战是：准确识别父母可以给青少年运动带来积极影响的做法并鼓励父母采纳这些做法；同时，识别父母的不利行为并帮助他们努力消除这些行为。

教育父母

尽管父母在青少年运动中的不利教养行为永远无法彻底杜绝，但很多此类行为能通过教育父母，改善父母与教练及联盟组织者之间的沟通来克服。举例来说，美国体育教育学会（1994）曾制订了一门面向运动员父母的课程，提供了很多与父母职责和做法相关的好建议。此外，应在每个赛季开始时举行家长说明会，将诸如以下内容的信息传达给家长并展开讨论：运动项目的理念；教练的执教资格；教练、父母和运动员的任务；良好的运动行为；团队规则。让助理教练或某位家长负责进行联络也是保持沟通的一个好办法（Strean，1995）。

少儿体育的职业化

尽管体育无疑可为青少年带来许多益处，但其重点已逐渐从生理、社会和心理发展向获胜、名次和赢取大学体育奖学金等外部目标转移。从这层意义上来说，少儿体育正变得越来越职业化。该现象令运动管理者（如 Roberts，2011）、体育心理学家（Gould，2009）和新闻工作者（如 Farrey，2008）的担忧日益加重。少儿体育职业化还具有以下特点：过早从事体

父母在青少年运动中的责任和行为准则

责任

1. 鼓励但不逼迫孩子进行体育运动，让孩子按自己的意愿选择参加或退出。

2. 知道孩子想从运动中获得什么，并为实现这些目标提供支持性氛围。

3. 为孩子参与运动设限，确定孩子在什么情况下是已做好身心准备可参加运动的，并确保运动环境安全。

4. 确保教练有资格在运动中对你的孩子进行教导。

5. 始终以正当方式取胜，并帮助孩子做到这点。

6. 帮助孩子设定切实可行的表现目标。

7. 让孩子知道从运动中能得到宝贵教训。

8. 在孩子履行对团队和教练的责任时给予帮助。

9. 在必要时以适当方式对孩子进行管教。

10. 在训练和比赛时将孩子交给教练；不要随意干涉或站在看台上妄加指导。

11. 向教练提供与孩子的过敏或特殊病症有关的信息，并确保孩子参加比赛或训练时已服用必要的药物。

行为准则

1. 比赛过程中不离开观众席。

2. 不对教练发表关于如何指导的建议。

3. 不对教练、裁判或其他队员的父母作贬损性评论。

4. 在比赛中不对孩子妄加指导。

5. 观赛期间不得饮酒，也不得在过度饮酒的情况下前往观赛。

6. 为孩子所在团队加油打气。

7. 展现自己的关心、热情和对孩子的支持。

8. 控制自己的情绪。

9. 如教练或裁判求助，给予配合。

10. 感谢组织此次赛事的教练、裁判和其他志愿者。

Adapted, by permission, from American Sports Education Program, 1994, *SportParent* (Champaign, IL: Human Kinetics), 29, 30.

育专项训练、长年进行高强度训练以及有私人教练。新闻工作者 Tom Farrey 所著《比赛开始：让孩子成为冠军的全民竞争》（*Game on: The All-American Race to Make Champions of Our Children*）一书曾引起巨大反响。书中谈论了这样一些现象：世界青少年高尔夫锦标赛的选手仅有 6 岁甚至更小、一些父母去精子库购买优秀运动员的精子以期孕育更有运动天赋的后代、某些教练招募队员打造强队以参加美国少年棒球联盟世界大赛；这些都是少儿体育职业化的力证。

大多数运动学家都反对将少儿体育职业化，因为这样会使大部分资源仅集中在最有才能的儿童身上，从而忽略了能通过体育在生理、心理和社会方面获得发展但不会成为优秀运动员的大多数青少年。职业化建立在美国的民俗而非对运动才能培养的科学理解之上，它其实可能会阻碍运动才能的长期培养。Gould 和 Carson（2004）发现了很多青少年体育职业化中与才能培养有关的谬论。有志培养青少年体育人才的各类人员应学会识别这些谬论：

- 谬论 1：一个人能否成为体育人才在其幼年即可准确预测。因为儿童的成熟率、积极性水平和学习速度存在不同，所以很难在青春期之前准确预测出哪些儿童成年后将成为最有才能的运动员。应鼓励儿童尝试多种运动项目，广泛培养基本运动技能。
- 谬论 2：练习时间越多越好！尽管研究表明，在成为一名专业的运动员之前要花费几千个小时进行刻意练习和参加比赛，但是为防止受伤和倦怠，练习量必须适合儿童的发育情况。成人的练习量和比赛量并不适合儿童和青少年。
- 谬论 3：可以跳过一些才能培养阶段。在承受竞技运动中的大量高强度训练和比赛前，运动员必须先打好基础并热爱比赛。在所有阶段的运动才能培养中，他们都必须以适合发育情况的方式循序渐进。
- 谬论 4：通过高强度训练可以获得大学体育奖学金。只有不到 5% 的青少年运动员可获得大学体育奖学金，而能够参加专业级别比赛的就更少了。如果青少年在运动中将获得大学体育奖学金这一目标作为唯一要务，那么这完全是一场鲁莽的赌博！
- 谬论 5：提早接受专项体育训练至关重要。尽管大多数优秀运动员从很小时就开始练习他们的主练项目，但是通常情况下他们会同时进行很多运动，通过这种方式来保持动力和培养体育能力，为成为竞技运动员奠定基础。
- 谬论 6：想成为优秀运动员就不能玩乐。尽管竞技运动需要付出大量的努力和专注，但是享受运动乐趣和热爱运动是为保持动力和克服焦虑所必不可少的。设法让运动变得有趣，这在所有级别的体育才能培养方面都十分重要。
- 谬论 7：超常儿童需要有别于非超常儿童的入门课程和教导方式。在入门阶段，所有儿童均需在愉悦的氛围中培养基本体育技能，只有到了后期才需要特殊课程和特殊教导。在这里，体育心理学家并非建议不应给青少年提供体育才能培养机会，而是说所有课程必须以适合发育情况的方式进行学习；以科学根据为基础，不得强加于年龄越来越小的儿童。

关于如何以适当的方式培养人才，当今的女子网球运动给了我们一个很好的例子。20 世纪 90 年代，女子网球运动员在很小的年纪就向职业运动员转变，很多人表达了对由此产生的压力、伤痛、剥削和倦怠的担忧。为保证运动员的安全，女子网球协会巡回赛征求专家意见后制定了一条年龄资格规则，该规则对青少年选手的参赛次数进行了限制，同时增加了适龄运动员的允许参赛次数。

2004 年中，女子网球协会职业发展顾问小组对该规则确立 10 年来在保证运动员身心健康方面的效果进行了评估（Otis，2006）。在这一评估项目中，该小组进行了很多调查，采访了很多专家，并从统计学角度对运动员的职业数据进行分析。研究结果表明该规则有效：逾 600 名调查对象中有 75% 以上的人支持该规则中的原则，而有 90% 的人表示需要该规则。调查还显示：压力减轻了，运动员的职业生涯延长了（职业生涯延长了 43%），而提前退役现象变少了（在该规则实施前，21 岁退出巡回赛的运动员所占比例为 7%，而实施后只有不到 1%）。此外，以符合运动科学的方法进行才能培养，被证明能抵消青少年运动的负面影响，保护运动员的健康并巩固了比赛的职业级别。

体育专项训练指南

国际运动心理学会曾公布其对于体育专项训练所持立场（Côté，Lidor，& Hackfort，2009），提出了七条定理。这些定理均是基于该领域现有研究作出的，具体如下：

1. 早期多样化训练（尝试很多不同运动）不妨碍竞技运动的参与，而竞技运动中的巅峰表现要在身体发育成熟后才能取得。

2. 早期多样化训练（尝试）与运动生涯延长现象相关，并对长期运动有积极影响。

3. 早期多样化训练（尝试）容许在各种环境中参与运动，这会对青少年的良性发展带来最有利的影响。

4. 在尝试阶段，参加大量刻意练习，在愉快的、可提高自身调节能力的活动中为内在动力奠定坚实基础。

5. 在尝试阶段进行大量刻意练习可获得众多运动和认知体验，最终为儿童喜爱的主练项目所用。

6. 在小学毕业前后（约 13 岁），儿童可选择接受其喜爱的运动的专门训练或继续以娱乐性质参加运动。

7. 在青春期晚期（约 16 岁），青少年为全力参与某项运动高度专业化的训练所需的生理、认知、社交、情感和运动能力已得到发展。

Postulates reprinted from Côté, Lidor, and Hackfort, 2009.

体育才能培养阶段

研究者（Côté，1999；Durand-Bush & Salmela，2002；Gould，Dieffenbach，& Moffett，2002）调查了一些优秀运动员的才能培养史，发现这些冠军运动员们在参加运动的过程中都经历了如下几个阶段：

1. 入门阶段——儿童尝试各种运动，发展对日后主练项目的兴趣。此阶段的运动以乐趣和发展为重点，儿童可从重要他人处获得鼓励，可自由探索体育活动并获得成功。父母强调刻苦训练和争取良好表现的重要性，但是一般不会将取胜作为参加运动的首要目标。

2. 投入阶段——体育才能得到认可，儿童开始专攻某一运动项目。专业教练或教师提倡对个人采取长期系统化人才培养方式。能力培养以掌握技术、发展战术和力争优秀为侧重点。父母需提供广泛的后勤、时间、情感和财力支持。

3. 竞技表现优异阶段——运动员被视为真正的运动精英，每天在教练的监督下练习很长时间，目标是将训练和技术能力转化为个人的优异表现。在此阶段，每名运动员均意识到其所从事的体育活动在其生命中非常重要。父母的参与度降低，但仍然是社会支持的一个重要来源。

4. 维持优异阶段——运动员被视为杰出人物，着重于维持其已取得的优异表现。人们对此阶段的运动员寄予厚望。

在这些研究中，最有趣的发现是：大多数冠军运动员并不是因为想成为冠军或精英而开始他们的运动生涯的（他们的父母也未对他们抱有过这些愿望）。与之相反，这些冠军的生活方式很积极，接触了很多运动，得到了他人的鼓励，是为好玩和培养能力而参加运动的。他们尝试了很多运动，然后从中找到了适合自己体型和意愿的运动。只有在后来，当他们爱上了所从事的运动后，他们才产生了参加竞技运动的愿望。而且，这些运动员萌生成为优秀比赛选手的梦想之后，他们的父母和教练会为他们提供他们需要的支持，最终将梦想变成现实。因此，这项研究凸显了儿童不过早进行专项训练、早期以娱乐和培养能力为重以及拥有高度支持、非专横型父母的重要意义。

学 习 助 手

总结

1. **论述研究青少年运动心理的重要性。**

体育心理策略的运用在青少年运动中至关重要，因为少年儿童正处于他们发育期中的关键时期。为确保儿童获得有益的运动体验，具备资格的成人的引导也颇为关键。更重要的是，童年时期的运动经历可能会对儿童的个性和心理发展产生延续终身的重要影响。

2. **说明儿童参加和退出运动的主要原因。**

对于为何参加运动，儿童说出了很多理由，其中包括：好玩、提高技能和与朋友一起；对于为何退出运动，他们也有很多各不相同的理由，包括喜欢上别的活动了。这些动机背后隐藏的是儿童对于价值感和能力感的需求。能感知到自身能力的儿童会想方设法参与运动并持之以恒，而有挫败感的儿童则常常会中途退出。成人可以通过以下一系列方法来促使儿童参与运动和阻止他们退出：营造激励氛围提高儿童动力、通过专注于实现个人表现目标和淡化社会比较或结果性目标来提升自我价值感、追踪参与和退出的统计数据、进行退出面谈确定青少年放弃运动的原因。

3. **论述青少年运动中同伴关系的重要性。**

青少年运动中的同伴关系会影响儿童的被认同感、积极性和自尊感。成人教员应为儿童提供与朋友相处和结识新朋友的时间、鼓励加强积极的同伴关系、重视团队合作和对团体目标的追求、教导儿童尊重他人和避免语言攻击。

4. **描述压力和倦怠对青少年运动员的影响。**

在运动中，大多数青少年面对比赛时不会有过大压力，但也有极少数青少年会有。程度较高的特质焦虑、自卑、对自我表现期望值低、经常担心他人的评价、趣味性和满意度较低以及来自父母的压力，这些因素结合在一起会令儿童有产生过度状态焦虑的风险。比赛失利、十分重视某项赛事和个人赛是会令压力增大的情境因素。因压力导致的倦怠造成了对专项运动的退出；面对长期压力，青少年选择了退出或减少运动。了解引起倦怠的潜在因素有助于成人教会儿童克服压力。觉醒机制管理技巧可在调整后为儿童所用。

5. **说明对青少年有效的实践指导方法。**

体育心理学方面的研究结果清楚地揭示，教练的某些指导行为与儿童良性心理发展之间存在联系。有效的指导行为包括：设定符合实际的预期；运用技巧为青少年提供正面、鼓励性和真诚的反馈；对于付出的努力和正确技巧给予与比赛成就一样的嘉奖；修改技能要求和规则；积极对待错误。

6. **论述父母在青少年运动中扮演的角色。**

父母在青少年运动的经历中扮演着特别重要的角色。父母的态度和行为对于青少年的运动参与度、动机、自尊和心理健康均有着重大影响，包括积极和消极影响。对父母进行教育和使父母与教练之间保持开放畅通的交流都是很重要的方法，可确保父母为儿童的运动带来有益影响。

复习题

1. 为什么对于培养青少年运动员的人来说，了解体育心理学很重要？
2. 孩子们参加和退出运动的常见理由有哪些？儿童的运动能力感与参加和退出运动有着怎样的联系？
3. 如何区分特定运动退出者和全面退出运动者？
4. 青少年运动员的同伴关系中积极和消极的部分分别是什么？
5. 青少年运动员在运动中会承受太多压力吗？什么样的孩子在什么情况下会有很大压力？
6. 什么因素会导致青少年运动员对运动产生倦怠？
7. 怎么做可以帮助青少年运动员克服压力？
8. 说说父母是如何影响青少年运动体验的。

9. 论述关于青少年运动员培养的谬论，至少说出 4 项。

深入思考

1. 作为少儿运动教练，根据你在本章中学到的知识，你会制订怎样的计划以确保孩子们拥有积极的心理体验？
2. 你是一所中学的篮球课教练。针对为 10 至 12 岁队员的父母举行的说明会，请写一篇演讲稿。
3. 你是否会让自己的孩子接受早期的专项训练。请利用文中介绍的关于早期专项运动训练的研究论述为何要或不要让孩子接受早期专项训练。

第 23 章

运动中的攻击行为

学习完本章后，您将能：

1. 对攻击行为进行界定；
2. 找出攻击原因；
3. 理解与攻击和运动相关的特异性因素；
4. 说明攻击行为与表现之间的关系；
5. 了解如何帮助控制攻击行为。

谁会忘记曾经广受关注的 NBA 底特律活塞队与印地安纳步行者队之间的斗殴事件？该事件牵连了很多球员和球迷，导致冲上看台打捣乱的活塞队球迷的 Ron Artest 被禁赛 140 场。又有谁会忘记温哥华加拿大人队的 Todd Bertuzzi 在冰球比赛中从后用拳殴袭 Steve Moore 头部？此次暴力事件使 Moore 颈骨断裂和脑震荡，他的北美职业冰球联赛生涯也因此结束；而 Todd Bertuzzi 则被联盟禁赛，并因袭击行为被加拿大法院定罪。在另一场冰球事件中，有人撞见一名当地青年队教练在安排冰球训练，队员们两人一组，脱掉头盔和手套进行拳击搏斗，直至其中一人流血受伤，此事引发了极大的争议。比这种训练方式更让人难以置信的是，冰球界有些人认为教练的行为丝毫没错！

不幸的是，此类攻击事件正成为体育世界中再寻常不过的现象。以下状况在露天看台上、休息区和竞技场上屡见不鲜：棒球场集体斗殴、频投近身球和以球击打头部的报复性行为以及冰球手斗殴。而足球球迷在职业足球赛场的行为也变得非常暴力，以致球赛组织者不得不决定挖壕沟和加筑外围电网。还有其他一些有关激烈攻击行为的例子：“庆祝”获胜的全城骚乱现象、跟踪杀害体育明星、高中橄榄球赛场有人携带武器、一名澳大利亚的体育心理学家被心有不满的运动员持枪挟持沦为人质以及一名疯狂的球迷在中场休息期间攻击一名最受欢迎的网球明星。甚至美国少年棒球联盟教练也以拳头解决争执；而一名父亲因为儿子上场时间的问题杀害了教练。还有无数攻击行为是以裁判为目标的。例如，有 90% 以上的冰球裁判称他们受到过谩骂，46% 的人则称裁判常会被打（Ackery，Tator，& Snider，2012）。

我们都见证着学校里的暴力升级过程：以拳头互殴已够糟了，但现在有越来越多的孩子带着刀子和手枪去学校，用它们来应对可能出现的冲突。这迫使学校管理者雇用保安和使用金属探测器，让学生和教员处于恐惧之中。保安和金属探测器虽然很必要，但仅凭这些并不足够。我们必须教会孩子以非暴力方式解决冲突，而体育则有控制或抑制暴力的潜力。午夜的市中心篮球赛变得很受欢迎，人们认为这些比赛可令街头的帮派成员消失；很多人将拳击、摔跤和橄榄球运动视为可被社会接受的释放攻击性的渠道（其他人则认为这些运动以攻击性为本质）。鉴于上述例证，对于参与运动的人员来说，攻击很显然是一个主要的关注点。但是在开始检视这些问题前，我们必须先弄清什么是攻击，什么不是。

对攻击进行界定

攻击一词用于运动和训练的多个方面。我们会谈论“好的”攻击（如：争抢无主球或者在飞奔投篮时放低肩膀）和“不好的”攻击（如：足球赛中暗算其他球员的粗野行为或篮球赛中的恶意犯规）。该词似乎会自动引发人们的联想，并产生正面或负面的价值判断和情感反应（Gill，2000）。但是，运动和体育活动中的大多数攻击行为究其本身并无可取或不可取之处；相反，攻击行为是好是坏似乎取决于人们给出的解释。当两个人在观看冰球赛中激烈但规矩的阻截场面时，他们可能会对冲撞行为的好坏意见不合。如果避免简单地评判攻击是好是坏，而是从中立角度看待这个问题，那么我们对攻击行为的讨论会更易展开。

攻击界定标准

心理学家对攻击的定义如下：“任何以伤害另一个生命体为目标，而另一个生命体也主动避开的行为”。（Baron & Richardson，1994）。经审视这一定义及类似定义，我们得出了攻击的四条界定标准（Gill & Williams，2008）：

- 它是一种行为；
- 它含有某种意图；
- 它会带来伤害；
- 它指向某个生命体。

攻击是一种身体行为或言语行为，它不是一种态度或情绪。攻击会带来伤害，这种伤害是身体上的或心理上的。例如，我们都一致认为用棒球棍打人是一种攻击行为，但是故意为难他人、说一些伤人的话、有意让他人感到不满或试图恐吓他人同样也属于攻击行为。攻击是以另一个生命体为指向的行为。用拳头击打他人当然属于攻击，但是打一只挠花你的新椅子的猫也一样属于攻击。而在垒球赛中三振出局之后厌恶地扔掉头盔，这一行为虽然很不得体，但却不属于攻击。而且，攻击还是有意图的。意外伤害（如无意间将球踢到别人身上）只要并非有意为之均不属于攻击。

> **要点** 根据定义，攻击是指任何有意伤害另一个生命体的行为。

体育心理学家谈论的攻击通常是指“不好的”攻击，但是从心理学定义来看，“不好的”攻击并非全都具有攻击性。在运动领域，很多人称为好的攻击的一些范例（如网球中的上网截杀）被许多心理学家（Widmeyer，Dorsch，Bray，& McGuire，2002）贴上了“果敢行为”的标签——符合规则、激烈、带强烈感情色彩但无伤人意图。

现在，你应了解这种新的攻击判别法了。请参加“是不是攻击行为？”测试，来核实一下你对攻击行为特征标准的理解程度吧。

敌对性攻击与手段性攻击

心理学家将攻击行为分为两种（Husman & Silva，1984）：敌对性（或反应性）攻击和手段性攻击。**敌对性攻击**行为的主要目标是给他人造成身体或心理上的伤害；而**手段性攻击**行为则发生在实现非攻击性目标的过程中。例如，当一名拳击手给对手的头部重重一击时通常会使对手受伤。但是，这一行为通常为手段性攻击，因为这名拳击手的主要目标是打赢比赛，通过伤害对手（得分或击倒对手）他才能实现这一目标。如果拳击手将对手逼到了围绳上并故意惩罚性击打其头部和身体，同时有意不肯结束比赛，则该行为属于敌对性（反应性）攻击。

体育中攻击行为的好坏通常取决于个人看法。

> **要点**　敌对性攻击行为的主要目标是给他人造成身体或心理上的伤害；而手段性攻击行为则发生在实现非攻击性目标的过程中。

尽管多年来人们一直强调要区分手段性攻击行为和敌对性攻击行为，但是Anderson和Bushman（2002）提出，分别看待这两种攻击行为太过简单了。Kirker、Tenenbaum和Mattson（2000）进行的一项观察研究为一这观点提供了支持。这些研究人员称绝大部分手段性攻击行为均伴随某种反应过程。他们以对一名运动员的研究为例说明了这一点。出于策略，一名运动员意欲攻击对方运动员（手段性攻击），但是并未执行，直至对方运动员挫败和惹怒了他，他才进行了攻击（反应性攻击）。因为存在此类研究结论，Anderson和Bushman（2002）认为，我们应将敌对性攻击和反应性攻击看作连续统一体的两端，并承认攻击行为有时可能会兼具这两者的特点。

尽管存在上述论点，但体育运动中的大多数攻击行为还是更具手段性而非反应性特点，比如：

▶ 一名摔跤选手挤压对手的肋骨，令其产生

是不是攻击行为？

依据Gill的四条界定标准，说明你认为下列每种情形是攻击性行为还是非攻击性行为。

1. 一名橄榄球安全卫在未犯规的情况下撞了外接手。事后他表示他是想严厉打击这名外接手，让他下次跑到中场前三思。

2. 一名橄榄球安全卫在撞了外接手并造成犯规。

3. 一名篮球教练抗议存在争议的判罚，摔坏了椅子。

4. 曲棍球中场队员玛莎用球棍打了对手的小腿，作为以其人之道还治其人之身的报复。

5. 一名赛车手撞上了另一名赛车手在转弯处抛锚的车子，导致对方死亡。

6. 为让对方球队的球员担心和思虑决定球赛胜负的一记射门的负面影响，教练叫了暂停。

7. 巴利知道约翰在面临压力的情况下会对自己的推杆能力很敏感和在意，因此他对约翰谎称教练说如果他推杆成绩得不到提高，将会被换掉。

8. 简向兰投出快速球，击中了她的头部。

答案

1. 攻击行为（尽管冲撞是合规的，但带有伤人意图。）

2. 非攻击行为（无伤人意图。）

3. 非攻击行为（该行为未针对另一生命体。）

4. 攻击行为（尽管这名运动员认为是别人先打她的，但是她有伤人意图。）

5. 非攻击行为（尽管造成另一名赛车手死亡，但是并无伤人意图。）

6. 攻击行为（尽管很多人会认为教练的行为从战术上来说是明智之举，但是其意图是给对方造成恐惧和焦虑的心理伤害。）

7. 攻击行为（同第6题，有造成心理伤害之意图。）

8. 非攻击行为（尽管造成了伤害，但不存在伤人意图。）

Adapted from R. Martens, 1982, Kids sports: A den of iniquity or land of promise. In Children in sport, edited by R.A. Magill, M.J. Ash, and F.L. Smoll(Champaign, IL: Human Kinetics), 204-218.

不适感并摔倒。

- 一名角卫重重地撞了接球员，企图阻止他在中场传球；
- 当对方球员站在罚球线上时，篮球教练申请暂停，企图让这名球员产生心理不适感（状态焦虑水平升高），从而表现失常。

当然，敌对性攻击和手段性攻击均有伤人意图，因此常常难以区分。尽管体育中大多数攻击行为都属于手段性攻击行为，但是这不代表它们能让人接受。

一些研究人员调查了包含诸如破坏公物、性骚扰、羞辱他人、大声谩骂等行为在内的反社会行为（O'Brien，Kolt，Martens，Ruffman，Miller，& Lynott，2012）。其中有些行为可能不属于攻击行为，但是对于当事人和社会均有重大影响。

无论是研究攻击行为还是反社会行为，有一点是可以肯定的：关于什么是可接受的果敢行为、什么是不可接受的手段性攻击行为以及什么是不可接受的反社会行为，体育与训练领域的专业人士必须建立经过深思熟虑的原则。

理解攻击行为的原因

为什么有些儿童比其他儿童更具有攻击性？什么原因导致某些运动员失控？有攻击性的人是生性如此，还是环境造成的？关于攻击行为的原因，心理学家历史性地提出了四个重要理论：本能论、挫折攻击论、社会学习论和修正后的挫折攻击论。另外，Anderson 和 Bushman（2002）还提供了一个统一框架，该框架跨越不同理论并将目前与攻击行为有关的各种思想联系在一起。下面我们分别来讨论这些理论。

本能论

根据**本能论**的观点（Gill，2000），攻击性是人们与生俱来的本能，并且这种攻击性会逐渐积累，最后无可避免时就会表现出来。这种本能可以直接表现为对另一个生命体的攻击，也可以通过净化予以转移，即通过社会接受的方式（如运动）将攻击性释放掉。因而，对于本能论者来说，运动和锻炼在社会中起着极其重要的作用，因为通过运动和锻炼人们可以将自己的攻击本能以社会能接受的方式宣泄出去。遗憾的是，关于攻击行为是人们与生俱来的本能这一点从未在生物学上得到确认，尽管确实有研究表明 5- 羟色胺转运体基因的变异会对攻击性产生影响（Sysoeva，Kulikova，Malyuchenko，Tonevitskii，& Ivanitskii，2010）。此外，净化说也没有任何证据。因此，我们不会引用本能论。

挫折攻击论

挫折攻击论有时也称驱力论。该理论认为，攻击行为完全是目标受阻或失败而带来的挫折感的直接产物（Dollard，Doob，Miller，Mowrer，& Sears，1939）。这个假说起初符合心理学家的直觉，因为大多数攻击行为都是人们在遭遇挫折后犯下的。例如，当一名足球运动员认为对手阻止她是犯规行为时，她会因为挫折感而对对手挥拳相向。但是，这一观点如今几乎无人支持，因为它意味着挫折必定会导致攻击。然而，研究和经验不止一次证明，人们通常能克服他们的挫折感或以非攻击性的方式表现出来。

根据挫折攻击论的观点，攻击性反应发生时并不总是很明显，有些攻击性反应可以通过社会能接受的途径（如接触性运动项目）宣泄出去。在这方面挫折攻击论者与本能论者一样，认为净化发挥了重大作用。但是，我们在上文中已经提到，几乎没有证据支撑运动的净化说。因此，也几乎没有证据证明因受挫而产生攻击性的人参加接触性运动项目可以降低其攻击性（Gill & Williams，2008）。事实上，在某些情况下，他们的攻击性反而因此更强了（Arms，Russell，& Sandilands，1979）。尽管挫折攻击假说存在一些不足，但是该假说让人们意识到了挫折在攻击过程中所起的作用，这一点仍有价值。

社会学习论

社会学习论认为，攻击行为是人们通过观察他人，从这些特定行为的榜样处学到，然后通过展示类似动作而得到强化的行为。心理学家Albert Bandura（1973）发现，目睹成人榜样作出暴力行为（痛打一种名为“波波玩偶”的玩具）的儿童重复这些行为的概率比未接触这些攻击榜样的儿童高。如果儿童对这些行为的模仿得到强化，则成人的示范将产生特别强大的影响。

与社会学习论基本原则相一致的是，研究人员还有力证明了观看媒体暴力与攻击现象存在明确联系，这两者之间的相关性超过了家庭作业与学术成就、被动吸烟与肺癌、安全套与通过性传播的人体免疫缺损病毒之间的相关性（Bushman & Anderson，2001）。该研究表明，所有个体（特别是儿童）都会因看到媒体中的无数暴力事件学到很多攻击行为。通过媒体，很多人领悟到了在处理分歧和对抗时可以使用这类行为。尽管体育中的暴力不是本书的重点，但是我们大家都深知媒体对体育暴力的报道频率有多高，并且我们没有理由认为青少年运动员受媒体暴力影响的程度会比普通孩子低。

因为冰球运动中普遍存在着打架等犯规攻击行为，体育心理学家和体育社会学家针对该运动进行了研究。Smith（1988）发现，职业比赛中的暴力行为得到了青少年业余选手的普遍模仿。事实上，因为冰球运动很重视攻击，所以选手们很快就领悟到了保持攻击性是让个人得到认可的一种方法。很多教练、父母和队友认可这些攻击行为，并对这些攻击行为进行了强化。青少年冰球选手先是看到他们的偶像在电视上示范攻击行为，之后他们展示的类似行为得到了强化。甚至连联盟也在传达有关攻击的信号。Emery等人（2009）发现，允许身体冲撞的联盟中的青少年冰球选手对于身体冲撞更加认可，并且他们在攻击性量表上的得分也高于不允许身体冲撞的联盟中的冰球选手。

Gee和Leith（2007）针对职业冰球运动中的攻击行为进行了一项研究，发现了支撑社会学习论的证据。他们调查了北美国家冰球联盟200场比赛的处罚记录，发现在北美出生的选手所犯下的攻击行为比在欧洲出生的选手要多得多。这是一项重要发现，因为多年以来，冰球界的很多人都认为，北美选手受社会影响比欧洲选手更具攻击性。最有意思的是，研究结果表明，同为北美国家冰球联盟新秀时，欧洲选手的攻击性显著低于北美选手，但是当他们资历渐深时这种区别便消失了。这说明了随着在联盟中待的时间变长，欧洲选手与更具攻击性的北美选手的取向变得一致了。这一研究结果反驳了因冰球运动带来的内心的挫折感而导致攻击行为的说法；与之相反，这些攻击行为是从社会中学来的。

体育中的社会学习研究表明，大多数运动员并未受人教导要公然实施暴力行为，然而攻击行为会出现在每一个运动项目中。最近有证据表明，运动员在比赛中往往更具攻击性（Widmeyer，Dorsch，Bray，& McGuire，2002）。举例来说，一名花样滑冰运动员可能会为吓退对手而发表一些令其困扰的言论，如："我听裁判说今年像你这样的穿着不符合规定"。这是一例微妙的攻击，它带有伤害他人的意图。大多数父母和教练不会接受无端对他人发起的攻击，但在受他人攻击时给予还击通常会得到他们的支持。例如，教练教导青少年篮球选手不要犯规撞人，但是在篮板下会发生推挤现象的特别粗暴的比赛中，可以以牙还牙实施报复。最后，体育心理研究还表明，体育中的犯规攻击行为（如冰球运动中用冰杆打人或钩人）通常不会受到处罚。因此，运动员所获得的成功会使此类行为得到强化（Sheldon & Aimar，2001）。

总之，社会学习论有大量科学证据支撑（Bandura，1977b；Thirer，1993），该理论强调重要他人在攻击行为的发展或控制中所发挥的重要作用，因为模仿和强化是人们学习攻击行为的关键途径。

要点　社会学习论认为，攻击行为是人们通过观察他人，从这些特定行为的榜样处学到，然后通过展示类似动作而得到强化的行为。这一理论有相当多的科学证据支撑。

习得性行为的案例：充满攻击性的比利

比利今年七岁，是少儿冰球队"水牛轰炸机"的守门员。在球门附近的一场小规模战斗中，他与队友和对手纠缠在一起。在此过程中，比利被撞得眼冒金星，但搞不清是谁或什么东西撞了他。盛怒之下，他报复性地挥拳打了离他最近的对手，并因此被裁判判罚出局。教练对比利说他不应该打人，因为球队需要他，可他现在只能待在休息区什么忙也帮不上。但是，后来比利无意中听到教练对助手说："比利真厉害！"他因此变得很高兴。

在家里，比利的爸爸也为他的表现感到自豪。他告诉比利，在赛场绝不要跟别人打架，而是要直接去撞，同时要像个爷们儿一样采取防卫："冰球是一种你死我活的游戏，你不能在那被人推来推去——要知道，北美职业冰球联赛的守门员可不会说任何废话。"

现在，比利成了一名令对手恐惧的守门员，出现在球门区的任何人都可能受到他极其粗暴的对待。比利开始观察职业选手，学习如何在不被逐出比赛的情况下实现粗暴打法。

Adapted from R. Martens, 1982. Kids sports: A den of iniquity or land of promise. In Children in sport, edited by R.A. Magill, M.J. Ash, and F.L.Smoll (Champaign, IL: Human Kinetics), 204-218.

修订版挫折攻击论

修订版挫折攻击论又被当代理论家称为认知新联系理论。该理论是原有挫折攻击假说和社会学习论这两者的结合，得到了人们的普遍接受。根据其观点，尽管挫折并不一定导致攻击，但是它激发了人们的觉醒、愤怒及其他思维与情绪，从而提高了实施攻击行为的可能性（Baron & Richardson，1994；Berkowitz，1965，1969，1993）。但是，只有当从社会中得到诸如在特定情形下实施攻击是适宜的一类的提示信号时，被激发的觉醒和愤怒才会导致攻击行为发生；而如果从社会中得到的提示信号是不宜实施攻击，则攻击行为就不会发生。例如，一名橄榄球安全卫因为对手长传接球达阵而惨败受挫后可能会痛打对方，如果这名安全卫的教练之前曾纵容这一行为的话；但是，如果他得知下次比赛时再打人会被换下场，那此类攻击行为发生的可能性就大大降低了。

一般攻击模型

尽管社会学习论和修订版挫折攻击论已提高了我们对于体育中攻击行为的了解，但是当代研究人员发现，攻击行为之复杂远超过我们原先所认为的程度（Anderson & Bushman，2002；Widmeyer，Dorsch，Bray，& McGuire，2002）。例如，尽管人们已经发现所经历的挫折必定会增加实施攻击行为的可能性，但是这只是情境因素之一，影响攻击行为的还有诸多个人因素（如观念、态度等）和情境因素（如挑衅、炎热而拥挤的比赛场地、攻击性的种种诱因等）。为给有志于学习和减少攻击行为的人提供帮助和引导，Anderson 和 Bushman（2002）提出了一个统一的框架（一般攻击模型），以便于人们更好地理解攻击行为。

图 23.1 描述了一般攻击模型中的攻击行为。首先，存在某种攻击诱因。举例来说，个人因素和情境因素以及这两者之间独特的交互作用决定了个人的攻击倾向。换言之，个性（如：人们发现以自我为中心的运动员比以任务为中心的运动员更具攻击性）和情境（如：激烈的较量与更多攻击行为有关）将决定个人的攻击性。当个人受这些诱因刺激时，内部状态会出现变化。例如，当一名运动员在某方面（如输掉比赛或发挥得不好）受到挫折时，他的内部状态会发生变化，可能会认为实施攻击是处理争端的正当方法。运动员内部状态的变

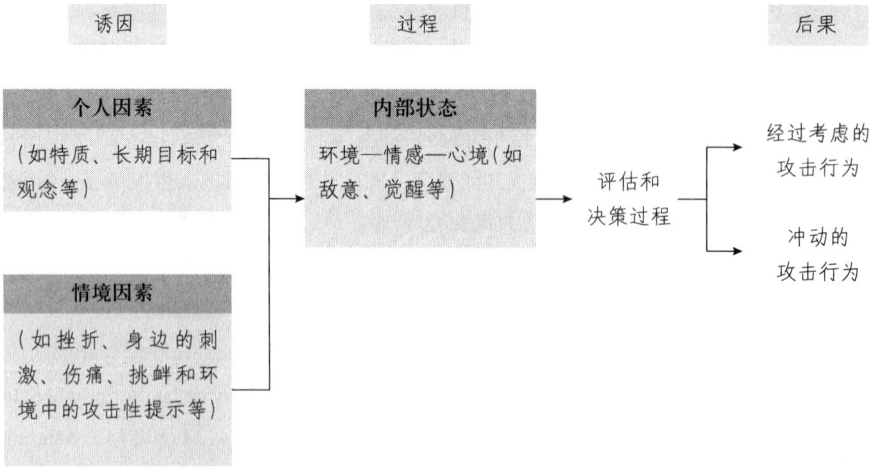

图 23.1　一般攻击模型

化包括增强的觉醒、情绪变化以及产生敌意或敌对思维。这一切形成连锁效应并最终带来某些后果：经深思熟虑后实施的攻击行为，或与之相对的冲动的攻击行为。具体属于哪种行为取决于我们如何评估诱因和这些诱因导致的内心状态。因此，攻击行为是一个复杂过程的产物，它经过了个人思维和情绪的斡旋，是诸多个人因素和情境因素相互作用造成的。

运动中的攻击行为研究

除了在体育中检验攻击行为的理论之外，体育心理学家还研究了其他重要问题，包括观众与攻击、博弈推理与攻击、道德推脱与攻击、运动损伤与攻击、运动成绩与攻击、团队道德风气与攻击、运动特有的攻击行为决定因素、性别差异与文化差异，以及酒后攻击与运动。我们将逐一进行讨论。

观众与攻击

竞技运动与其他活动的区别之处在于，竞技运动一般是在体育迷和观众面前进行的。观看比赛的体育迷通常不是被动型观众，他们会积极支持自己喜爱的团队。体育迷们在观看比赛的过程中通常举止文明并且表现出较高的支持度。但是从近期的一些实例来看，体育迷实施的暴力行为正日趋增加。出于对体育迷暴力的担忧，体育心理学家对观众的攻击行为进行了研究。

心理学家先对净化说进行了检验，以确定观看体育赛事后体育迷们的攻击性是提高还是降低了。总体来说，研究人员发现观看体育赛事没有降低观众的攻击性水平。并且，观看一些暴力的接触性运动事实上还提高了观众实施攻击的心理准备程度（Wann，Schrader，& Carlson，2000）。不过，除非有其他环境因素或与比赛相关的因素，一般情况下不会出现观众攻击行为。例如，针对冰球观众进行的一些研究表明，球迷攻击行为更容易发生在拥挤环境中比较年轻的酒后弱势男性观众身上（Cavanaugh & Silva，1980；Russell & Arms，1995）。Wann 等人（2005）发现，比赛失利更易引起观众暴力事件，特别是在观众对团队拥有很高认同感的情况下。球队之间的冲突也会引起观众暴力事件。另外，Smith（1983）还发现，赛场上的小规模攻击行为（如队员之间一次短暂的推搡或对于判罚的激烈争吵）与观众随后实施的攻击行为有关。有研究表明，校际冰球赛中的攻击会令球迷觉得很开心（DeNeui & Sachau，1996）。另一项研究得出的结论是：一些能从贬损性举止中找到乐趣的球迷会贬损其他球队，因为此举有助于公开肯定他们积极的社会认同感和团队认同感（Amiot，Sansfacon，& Louis，2013）。因此，与看到比赛中良好规矩的行为相比，球迷们可能更期待看到暴力行为，因为这能为他们带来愉悦并使他们的社会认同感得到肯定。

体育管理者和执行者应了解这些发现，以便减少暴力事件的发生概率（如禁止销售酒类，实行使人群密度降至最低的、严格的座位数规定等）。教练和队员在赛场上应始终控制好自己的情绪，确保不会触发攻击行为。此外，父母也应对孩子进行教育，让他们了解运动的宗旨，并告诉他们认为观看攻击行为取乐是不正当的。

博弈推理与攻击

研究发现表明，很多运动员认为，有些攻击行为在通常情况下是不可取的，但在运动环境中是可取的（Bredemeier & Shields，1984，1986）。例如，在特定的体育环境中斗殴会被视为可取的行为（如：一名投手故意用球击中你的头）；而任何形式的斗殴在学校乐队中均是不可接受的。这种双重标准被称为**博弈推理**。

遗憾的是，目前人们都已接受并认为在运动中可以比在其他生活场景中实施更多的攻击行为。这就带来了一个问题。首先，攻击会带来人身伤害风险。此外，运动能够也应该教会儿童在运动中和运动之余如何采取正当行为举止，而允许或赞同运动中的攻击行为恰恰向儿童传递了错误的信息。体育专家必须为正当行为给出明确界定，并清楚表示任何在社会中不被许可的攻击行为在运动中一样是不合适的。

例如，关于 Latrell Sperwell 因袭击教练而被禁赛一事，NBA 总裁大卫·斯特恩表示：“体育联盟没必要接受和原谅在任何其他社会部门中不会得到容忍的行为。”他的这番言论清楚表明了所谓博弈推理是不被容忍的。

道德推脱与攻击

越来越多研究者开始关注体育中攻击行为的道德推脱，或运动员的自律方式和为攻击行为推脱的方式（Boardley & Kavussanu，2011；Traclet，Romand，Moret，& Kavussanu，2011）。这项研究工作以 Bandura（1999）的道德思想与行为的社会认知理论为指导。该理论指出了证明个人攻击行为合理性时使用的八项社会心理机制。这些机制包括将责任转嫁给其他人（如裁判）或对暴力行为进行认知重组，等等。为确定体育中使用的道德推脱类型，Traclet 和同事（2011）让 30 名足球运动员观看比赛中出现的攻击行为和反社会行为的视频片断，然后对他们进行了访谈。结果表明，当这些运动员为所观看的每个视频片断给出两个或两个以上理由时，它们都与道德推脱有关。其中，将责任转嫁给其他人（如“职业球员这么做，所以我们也这么做了”）以及道德理由（如：“我的职责是不惜一切代价阻止对手得分”）是最常出现的答案。因此，研究道德推脱有助于我们更好地理解为什么人们在明知不对的情况下还要实施攻击行为。

运动损伤与攻击

除了道德问题，越来越多的证据证明攻击性打法与运动伤害相关。例如，Katorji 和 Cahoon（1992）曾报告了对一些运动员和教练的访谈结果，统计显示青少年乙组的冰球选手 59% 的运动损伤是由对手的攻击行为造成的。Hayes（1975）同样对北美的大学冰球运动进行了研究，结果发现在所有运动损伤中有 15% 的运动损伤与犯规相关，而这些损伤中有很多是因绊倒之类的行为造成的。最后，加拿大 16 至 20 岁的冰球运动员中有 40% 的脊椎损伤是由背后冲撞（一种攻击行为）造成的。尽管并非所有犯规均带有伤人意图，但是 Widmeyer 等人（2002）发现选手有时会故意伤人。尽管故意伤人的精确数量难以确定，但可以明确的一点是攻击行为与运动损伤的增多相关。

运动成绩与攻击

有些教练与运动员认为采取攻击可提高团队成绩或个人成绩，例如，篮球选手 Kermit Washington 表示，粗暴一些可以避免在球场上被人欺负，橄榄球安全卫 Jack Tatum 表示，如果他在每一回合都狠狠打击对手，那他的球队就更有可能获胜。可以肯定的是，攻击行为与运动成绩之间的关系很复杂，也曾发生过很多因一系列攻击行为而“赚取”好成绩的情况。例如，有时人们会让技术不太娴熟的选手攻击技术水平更高的对手，使这名优秀选手分心或卷入打架事件。

对于实施攻击行为可提高成绩这一说法，有些体育心理学家表示认同（Widmeyer，1984），而另外一些心理学家则不以为然（Gill，2000）。因为攻击行为与果敢行为无法清楚区分，所以很难通过研究来解释攻击行为与成绩之间的联系。Silva（1980）认为攻击行为不会提高运动成绩，因为此类行为提高了个人的觉醒程度，使其将注意力转向运动成绩以外的问题（如伤害对手）。最终，攻击行为与运动成绩之间的关系可能会变得不太重要。因为更核心的问题是，运动科学领域的专业人士是否将运动成绩看得高于一切，他们对运动参与者的关心程度如何，以及他们在确保攻击行为得不偿失而让行为积极获得回报方面的意愿（Widmeyer，1984）。

要点　运动科学领域的专业人士必须确定：自己是否把提高运动成绩看得高于一切？或是更重视运动对参与者的影响。

团队道德风气与攻击

研究人员发现，团队道德风气和队员的攻击行为之间存在强烈相关（Stephens，2004；Stephens & Bredemeier，1996；Stephens & Kavanagh，2003）。例如，Stephens（2004）发现，青少年篮球选手攻击倾向的主要预测指标包括他们对同一状况下队友攻击行为的感知和他们对于按教练要求伤害他人的意愿。Stephens 和 Bredemeier（1996）认为，运动员的攻击性受以下因素影响：团队攻击规范、攻击行为感知以及教练对这些规范的支持程度；而 Chow、Murray 和 Feltz（2009）也发现了从团队攻击规范可预测青少年足球运动员实施攻击行为的可能性。因此，在道德风气的营造和对运动员攻击行为的影响上，教练和队友发挥着特别重要的作用。

Doug Murray/Icon SMI

一名队员的攻击行为能使团队表现和团队士气得到提升吗？增强攻击行为值得吗？

运动特有的攻击行为决定因素

除了前面讨论过的一般攻击理论外，研究人员还对运动中特有的攻击行为作出了很多解释（Widmeyer，Bray，Dorsch，& McGuire，2001）。具体来说，运动员实施攻击性行为主要是因为以下原因：

- 有人先攻击了他们；
- 对方惹恼了他们；
- 他们非常以自我为中心并且道德发展水平低（参见第 24 章）；
- 他们想要展现自己有多厉害；
- 他们认为这是自己的职责所在；
- 他们受到了来自团队的压力，所以才进行攻击。

另一项发现是，团队之间竞技次数越频繁，队员实施攻击行为的可能性就越大（Widmeyer & McGuire，1997）。

性别差异与文化差异

体育心理学家对攻击行为中的性别差异和文化差异进行了研究。研究表明，与女性相比，男性的攻击频率更高（VaezMousavi，2005）。此外，一些研究人员还对不同文化间的攻击现象进行了比较（Maxwell，Moore，& Chow，2007；Maxwell，Visek，& Moores，2009）。Maxwell 和同事（2007）发现，中国运动员的攻击经历与西方运动员的攻击经历在很多方面都很相似，不过，中国运动员对于攻击行为作出了更多的反思，这表明集体主义文化的成员不大可能将攻击行为作为实现目标的手段来接受。尽管现在盖棺定论还为时过早，但是这项研究表明，体育从业者应努力了解有其他文化背景的运动员的经历，而不是盲目认为所有运动员都会以相同方式理解和表现攻击行为。

酒后攻击与运动

诸多研究文献（如 Nelson & Wechsler，2001；O'Brien，2012）告诉我们一个可靠的结论：与非运动员的同学相比，大学生运动员酒后的攻击与反社会行为发生概率更大；对于男性运动员来说尤其如此。研究人员发现，运动员更易酗酒并有着极高的酒类消费量，因为他们的交际时间更多、拥有饮酒的密友，并在饮酒方面受到更多来自同伴的压力。在这方面，除了酗酒会对健康产生重大影响（参见第 20 章）外，因饮酒而导致的攻击行为也常常对人身财产造成可怕影响。消除酒后攻击行为具有重要意义。研究表明：想要达到这一目的，宣传过度饮酒对运动表现的不良影响和致力于改变运动员的社交环境可能是最好的办法（Nelson & Wechsler，2001）。

将所学知识应用于专业实践

现在，让我们一起来巩固所学到的有关攻击行为的知识，并谈谈我们可以如何制订策略来控制运动和体育活动中的攻击行为。首先，我们来推究一下最可能发生攻击行为的情形；然后，我们再讨论改变攻击行为和教授正当行为的策略。

了解最可能发生攻击行为的情形

想一想会引发攻击行为的情形。运动员遭遇挫折时，可能会实施攻击。当输掉比赛、感觉裁判不公、难堪、身体疼痛或发挥不佳时，选手们通常会有受挫感。发现比赛惨败、输给水平不如自己的对手以及表现不好是特别容易产生攻击行为的情境（Widmeyer，Dorsch，Bray，& McGuire，2002）。特别热爱自己所从事的运动并感觉失败会对其身份造成威胁的运动员实施攻击行为的可能性更大（Donahue，Rip，& Vallerand，2009），因为这些运动员只在乎结果性目标。因此，对于这些令人沮丧的情境中的攻击行为，教师和教练应特别留意加以察觉和控制。

改变攻击反应

遗憾的是，我们并不是总能掌控可引起挫败感的情境。但我们可以更加密切地观察运动参与者，在他们流露初步攻击迹象时将他们从现场撤离；也可以采用更好的做法，即教会他们情绪控制和挫折应对技巧。例如，一名冰球选手常常在比赛中受挫和产生攻击反应，因而在受罚席待的时间越来越长。后来他学会了压力管理技巧（Silva，1982）。通过训练，这名选手减少了他的攻击反应，因而可以继续比赛而不是总待在受罚席上。在对400多名运动员进行的一项研究中，Maxwell和同事（2009）发现，能够控制自己怒气的个人往往攻击性较低，并且认为攻击是不合理的行为。在最近进行的一项干预性研究中，青少年冰球选手接受了认知技巧和情感技巧以及冰球场常规方面的教育，旨在减少攻击行为（Lauer & Paiement，2009）。这项研究对三名参与者采用了单被试实验设计，以对干预效果进行评估。研究结果表明，所有青少年运动员的攻击行为均出现减少，尽管有些差别不显著。报复性的严重攻击行为出现了大幅减少，这一点很

激烈而规矩的打法：冰球攻击行为干预

体育心理学家Larry Lauer和Craig Paiement（2009年）开设了一门干预课程，用来帮助青少年冰球选手更好地控制他们的情绪和降低攻击行为。

- 第1课：对攻击性（犯规）打法和果敢性（规矩）打法进行了区分，对哪些打法分别属于这两种打法进行了讨论。淡化了攻击行为意味着男子气概或很酷的观念，同时强化了对对手的共情和同情心。
- 第2课：使选手意识到情绪在冰球运动中的作用，以及个人的情绪与攻击行为有着怎样的联系。强调通过深呼吸来控制情绪的重要性。
- 第3课：传授了适用于激烈而规矩的冰球比赛的情绪控制四步法：积极应对负面情绪；找出自己的情绪“雷区”；建立对情绪雷区的新的规避方法；制订冰球场情绪控制练习策略。向选手传授了3-R（反应、放松、转移注意力）情绪管理机制。
- 第4、5、6课：传授和练习了诸如目标设定和表象之类的觉醒与压力管理技巧，并由选手进行自我监测。
- 第7、8、9课：选手练习了这些技巧，并在赛场上进行了运用。强调自律，设定了目标并对情绪进行了自我监测。仔细观看比赛视频并进行了讨论。

重要，因为这些严重的攻击行为常常造成人身伤害和停赛。鉴于此类发现，体育心理学家（如 Widmeyer，2002）建议教练向运动员教授情绪控制策略，并模拟易令人产生挫败感的情况，从而让运动员有机会在压力下练习情绪控制策略。

> **要点**　压力管理训练能帮助学生和运动员应对易令人产生挫败感的情境。

过分强调打赢比赛往往是挫败感产生的根源。争取打赢比赛这样的想法没有错，但是不应对此过分强调，这样会导致选手在比赛失利后产生攻击行为。这种程度的受挫感是一种征兆，说明应全面公正地看待胜负。运动科学领域的专业人士在道德层面有责任从激烈性和果敢性角度描述攻击行为（好的攻击行为），并给予运动参与者相应教导。

传授正当行为

一旦了解什么打法构成攻击以及什么是正当、激烈或果敢的打法之后，你就可以运用社会学习策略（示范和强化；参见第 6 章）来向运动参与者传授正当行为，并说明为什么特定行为是正当的或不正当的。（第 24 章对该话题进行了更为详细的探讨。）

建立团队规范

有一项可用于减少运动中攻击行为的策略：建立妥善的团队规范。为完成这项工作需与运动员特别是队长进行谈话，向他们说明攻击行为和果敢行为之间的区别。让队长监督队员的行为也十分重要，因为这样队员的行为才能在表露初步攻击迹象时得到讨论。此外，体育活动参与者还应了解如何用非暴力方式解决冲突和争议。马里兰州的一所中学开设了一门提供这方面训练的课程，这门课程使学校的风气得到了改善（Miller，1993）。在学校的同伴冲突处理课程中，具有良好领导能力和沟通能力的学生被挑选出来，由他们担任同伴调解人，处理其他学生之间的冲突。这些同伴领导者接受教导，学会在处理非暴力冲突时采取以下步骤：

1. 同意见面：让争论者同意与学生调解员见面（但是在碰面时不坐在相邻位置）。
2. 记录事实：每名争论者均有一次机会告诉调解员事件的缘由。调解员认真聆听，但不表明任何立场。
3. 表达感受：每名争论者表达自己对此次事件的感受，然后调解员重复争论者所说内容，确保弄清其中的含意。
4. 解决目标：每名争论者表达自己想要的冲突解决结果。调解员会强调为解决冲突所达成的一些共识。
5. 列出必要改变：争论者列出他们各方为解决冲突会采取的措施。
6. 制订行动计划：行动计划制订好后，由每名争论者签字，并写明自己对该行动计划和配合解决冲突的承诺。
7. 追踪该计划：一段时间后，调解人将向争论者询问是否还有问题。

尽管上述模式并非唯一的冲突解决模式，也不一定在所有情况下都能奏效，但是该模式展现了向儿童传授非暴力方式处理冲突的价值和意义。

区分正当与不正当的攻击行为

Tom Martinez 是奥罗拉高中橄榄球队新上任的主教练。他接管了一支以强烈攻击性闻名的球队，球队队员常恶意犯规和故意冲撞。Tom 在大学时代曾为学校主力球员，深知赢取比赛的过程非常艰辛，但是他认为故意冲撞和使对手身体受伤的打法很不可取，这是他一贯坚守的理念。他认为，要挽救处于困境中的奥罗拉高中球队，第一步是教队员区分可取的攻击行为与不可取的攻击行为。他还记得，当他因为抢攻打法而获得教练嘉奖以及他人谴责时有多困惑和沮丧。

Tom 与教练组成员进行了会谈，他们都同意在果敢行为和攻击行为的区分上保持一致。他们通过了一套准则，将这些准则对队员进行了说明，并始终如一地对良好、规矩、激烈的比赛行为的践行予以奖励，而对攻击行为立即给予处罚。准则如下：

正当行为

- 赛场上合理的强力冲撞；
- 在对手被严重撞击后帮助将其搀离球场；
- 认可对手的出色打法。

不正当行为

- 界外拦截和冲撞
- 以严厉打击对手为目的的合规行为（如：以前臂冲撞接球员头部）；
- 瞄准头部进行攻击（拦截时以头部为目标）或偷袭式阻击时以膝部为目标；
- 口哨吹响后推搡对手；
- 发表恐吓言论（如：“如果你觉得刚才那记射门力度大的话，就等着体会下一记射门吧”）；
- 在场外说坏话伤害或打击对手。

鉴于社会的暴力程度不断加剧，校园暴力不可能自动减少，体育教师和教练必须教会儿童处理争端的非暴力技巧。

控制观众的攻击行为

除了对运动员的攻击行为进行控制，体育管理者和学校管理人员还可以使用以下策略来控制观众的攻击行为：

1. 制订严格的酒类控制政策或禁止观众饮酒。大量饮酒与观众攻击行为加剧以及袭击他人、破坏公物和行为不检等赛后犯罪行为加剧存在关联（Rees & Schnepel，2009）。
2. 对观众的攻击行为立即给予处罚（如：将他们驱离现场）。应在攻击行为发生时就予以制止，并告知其他观众这样的行为是不被容忍的。
3. 聘请自己了解的、不容忍赛场攻击行为的人作为裁判。
4. 通知各教练其运动队如发生攻击是不会被容忍的。
5. 与媒体携手合作，传达不在体育报道中美化攻击行为的重要性。

国际运动心理学会撰写了一份有关运动中攻击行为的立场宣言（参见“控制运动中的攻击与暴力的建议”），该宣言中含有给所有体育从业者（管理者、教练、媒体代表和运动员）的建议（Tenenbaum、Stewart、Singer 和 Duda，1997）。

控制运动中的攻击与暴力的建议

国际运动心理学会对运动中的攻击和暴力持以下立场：

● 建议1：管理层应对基本处罚措施进行修正，使犯规行为招致的惩罚结果具有比潜在强化更高的惩罚性价值。

● 建议2：管理层必须确保教练对球队进行正确的教导，特别是初级水平球队，应重视选手之间公平竞赛行为准则。

● 建议3：管理层应禁止在体育比赛中饮用酒精饮料。

● 建议4：管理层必须确保已提供与膳宿需求相关的便利设施以及现代康乐设施。

● 建议5：媒体必须正确看待运动中发生的个别攻击事件，而不是加以“渲染”。

● 建议6：媒体应对减少运动中的暴力和敌意攻击进行宣传推广；运动员、教练、管理人员、裁判和观众也应加入这一活动并作出承诺。

● 建议7：教练、管理者、运动员、媒体、裁判和权威人士（如警察）应参加攻击与暴力研讨会，确保自身了解攻击行为这一话题、攻击行为发生的原因、为攻击行为付出的代价以及攻击行为控制方法。

● 建议8：教练、管理者、裁判和媒体应鼓励运动员参与亲社会行为并对敌对行为实施者加以惩罚。

● 建议9：运动员应参加以帮助他们降低攻击行为倾向为目的的课程。规则整肃、实施更严厉的处罚以及改变强化模式仅仅是抑制运动中攻击行为时使用的部分应对措施，最重要的是，运动员必须勇于承担责任。

学　习　助　手

总结

1. **对攻击行为进行界定。**

攻击行为是一种以伤害其他生命体为目的的行为。一项行为必须满足四个标准才会被视为攻击行为：必须是实际行为、必须造成伤害、必须指向另一生命体、必须带有意图。攻击行为与运动中的果敢行为是不同的。

2. **找出攻击原因。**

有四种理论对攻击行为的发生给出解释：本能论、挫折攻击论、社会学习论和修订版挫折攻击论。其中，本能论与最初的挫折攻击假说几乎很少得到认同；精神净化（通过能为社会接受的运动和体育活动来释放压抑的攻击性）减少攻击的说法也无人认同；而修订版挫折攻击论和社会学习论则得到了研究证据的强烈支持。挫折使人们产生了攻击倾向，当人们得知这是面对挫折时的一项正当反应时，便出现了攻击行为；模仿和强化是攻击行为的决定性因素。观众也会实施攻击行为，并且他们与运动参与者一样有时会接受其他社会情境认为不当的一些行为（博弈推理）。如今，心理学家采用一般攻击模式将这些理论联系在一起。

3. **理解与攻击和运动相关的特异性因素。**

实践证明，观看体育比赛并不会降低观

众的攻击性，在某些情形下（如拥挤状况下）某些个人（如弱势男性）更可能会发生体育迷暴力事件。经研究发现，很多运动员认为有些攻击行为在通常情况下是不可取的，但在运动环境中是可取的。这种双重标准被称为“博弈推理”。

4. **说明攻击行为与表现之间的关系。**

经研究发现，攻击行为在某些情形下可提高运动成绩，而在有些情形下则不然。教练是认为成绩高于一切还是更关注参与者，与这个问题相比，攻击与成绩之间的关系最终会显得不那么重要。最后，心理学家发现运动员的比赛道德风气与攻击行为之间存在强烈关联。

5. **了解如何帮助控制攻击行为。**

一些研究发现具有重要的实践指导意义，包括识别最有可能发生攻击行为的情形、教会运动员应对这些情形的方法、传授正当行为以及纠正不正当的攻击行为等。

复习题

1. 什么是攻击行为？它与果敢行为有什么不同？
2. 说出攻击行为的四个评定标准。
3. 有关攻击行为的四种理论是什么？说明每种理论的论点。哪种理论最受认同，原因是什么？
4. 什么是净化？它有何实践意义？
5. 什么因素与观众的攻击行为相关？
6. 什么是运动中的博弈推理？它对于专业人士来说意味着什么？
7. 说明运动员的攻击行为与成绩之间的关系。
8. 攻击行为最可能在什么情形下发生？

深入思考

1. 你已经知道了攻击行为会给他人造成身体和心理伤害。找出运动中的身体攻击例子相当容易，但是心理攻击可能更微妙更难发现。请找出你在运动和心理活动中经历或目睹过的一些心理攻击。
2. 你被提名为北美国家冰球联盟的总裁。人们越来越担忧比赛中的打架和攻击行为，你必须让情况在一年内出现好转。请论述你为控制打架和攻击行为将采取的措施。

第 24 章

品格培养与良好的体育行为

学习完本章后，您将能：

1. 定义品格培养和良好的体育行为；
2. 说明品格和良好体育行为的发展过程；
3. 描述道德推理与道德行为之间的重要联系；
4. 论述应如何培养品格和良好的体育行为；
5. 论述品格培养实践的指导方针。

体育活动可以培养品格和道德价值观，这个说法我们已经听过很多年了。足坛传奇人物 Mia Hamm 创办了一个基金会，旨在为需要进行骨髓移植的病患家属筹措资金，并提高人们在这方面的意识。橄榄球巨星 Warrick Dunn 启动了一项计划，向为拥有自有住房而奋斗的单亲父母提供援助。奥运冠军 Joey Cheek 将他作为金牌得主而获得的奖金 2.5 万美元捐给了为贫困儿童提供运动游戏机会的国际组织。然而，体育界最受追捧的却往往是一些“坏男恶女”，如：网球运动员 John McEnroe 和橄榄球运动员 Jack Tatum（绰号“刺客”）。另外，在赛场上并非只有优秀运动员才会有恶劣行为，互联网上关于这方面的例证比比皆是，例如：北达科他大学冰球选手在赛后握手时突然痛打对手；新墨西哥大学足球选手对来自杨百翰大学的对手进行人身攻击，扯着对手的头发将她拉倒在地。面对这些情况，我们真的能说参与运动能培养品格吗？数据显示，在青少年运动员中，有 13% 的人曾试图伤害对手，31% 的人与裁判发生过争吵，27% 的人在比赛失利后举止失当（Shields，LaVoi，Bredemeier，& Power，2005）。有些高中运动员还认为“小动作”是运动中必不可少的部分，并称他们有时会为赢得比赛而置道德于不顾。大学篮球迷认为，为赢得比赛而分散对手注意力或喝倒彩是正当行为（Rudd & Grdon，2009）。在本章中，我们将重点讨论体育和训练科学专业人士在青少年运动员品格培养方面产生的影响。首先，让我们先来阐明品格与良好体育行为指的是什么。

品格、公平竞争和良好体育行为的定义

对品格、公平竞争和良好的体育行为进行界定很困难。我们大家都大致知道这些词语的含义，但是很少能对它们进行清晰地界定（Martens，1982），也很少能就其含义达成一致意见。例如，网球巨星 Chris Evert 说，运动家精神（或我们所称的“良好体育行为”）意味着优雅而自重（Ross，1992）；篮球巨星 David Robinson 对良好体育行为的定义则是：全力以赴同时又尊重对手（Ross，1992）。这是两种很不同的定义，而且，尊重对手或优雅而自重的体育行为到底意味着什么？高尔夫球运动员可能会说，这意味着在打球过程中不要跟对手说话，而棒球运动员则认为可以与对方投手说话。同样，在大学生棒球比赛中，滑进二垒破坏双杀是预料之中却并无不当的行为，但是在六七岁儿童参加的软式垒球运动中我们大多数人都会阻止这种行为。

《品格培养与体育活动》是由 Shields 和 Bredemeier（1995）共同编著的，他们在该书

Dan Rowley/Colorsport/Icon SMI

拉起摔倒的选手是典型的良好体育行为。

中指出，尽管品格和良好的体育行为很难界定，但是它们都属于体育道德的大范畴。换言之，它们与我们在体育中是非和道德感方面的信念、判断和行为有关。具体来说，Shields 和 Bredemeier 认为体育道德包含三个相关概念：公平竞争、良好的体育行为和品格。

> **要点**　对于良好体育行为，暂时没有哪种定义获得了人们的普遍接受。

公平竞争

在竞技运动中，如果所有参赛选手均要有公平机会赢取胜利，则有必要进行公平竞争。**公平竞争**要求所有参赛选手不仅要了解和遵守正式比赛规则，还要了解和遵守为确保公平竞争所需的合作精神和运动潜规则（Shields & Bredemeier，1995）。例如，一个致力于最大化所有儿童参与度的青少年橄榄球联盟可能会要求每名选手参加每场比赛。但是，教练可能违背比赛规则的精神，让他人顶替选手参加比赛，使得选手在每个赛季只参加一场比赛，或者来到赛场，然后在比赛实际开始前离开。父母、教练和裁判应提早、时常和始终在参赛选手的运动生涯中发扬公平竞争精神，这一点至关重要。

良好的体育行为

良好的体育行为是体育道德的第二个组成部分。Shields 与 Bredemeier（1995）认为，良好的体育行为是“为获胜而激烈拼搏，但这种激烈程度会因恪守比赛精神而出现缓和，以致当道德标准和战略利益发生冲突时以前者为先”。换句话说，即使在可能输掉比赛的情况下，也得严守公平竞赛原则。例如，美网公开赛冠军 Patrick Rafter 在比赛中，告知裁判边线球判错了，尽管这么做意味着他会输掉比赛，这就是在向我们诠释什么是良好的体育行为。

Shields 与 Bredemeier 根据他们对文献概括对良好的体育行为进行了界定，而加拿大体育心理学家 Robert Vallerand 和同事（Vallerand，Briere，Blanchard，& Provencher，1997；Vallerand，Deshaies，Cuerrier，Briere，& Pelletier，1996）则为了解运动员们对该词语如何定义进行了一项广泛的研究。这些研究人员发起了一项体育行为调查，调查对象为 10 至 18 岁来自七个体育项目的 1056 名法国和加拿大运动员。因素分析（一种统计技巧）表明良好的体育行为由以下五个要素组成：

1. 全身心投入（在所有练习和比赛活动中均出席并努力付出；了解自身所犯错误并尽力改善）。
2. 尊重和关心规则及裁判（即使裁判似乎不称职）。
3. 尊重和关心社会习俗（比赛结束后握手；认同对手的优秀表现；输掉比赛仍保持风度）。
4. 尊重和关心对手（将自己的运动器材借给对手；即使对手晚到仍同意继续比赛；不在对手受伤的情况下趁火打劫）。
5. 避免以负面态度参与运动（避免为获胜不惜一切的作风；避免在犯错后发脾气；不以获取个人奖品和奖励为唯一比赛目的）。

因此，该研究表明，运动员给良好体育行为下的定义是“关心和尊重规则与裁判、社会习俗、对手，全身心投入，以及不以负面态度参与运动”（Vallerand et al.，1997）。

这一系列努力旨在对良好体育行为进行定义。尽管它们为引导该领域研究带来了帮助，但是从现实看来，Martens（1982）得出的结论仍然没错——对于良好的体育行为，没有哪种定义已被人们普遍接受。确切地说，良好的体育行为必须专门进行辨认；这些行为与体育运动类型、水平和运动员年龄相关。所以，尽管该词语没有通用定义，但是作为运动、体育教育和锻炼领域的专业工作人员，我们仍需逐一辨认良好的体育行为，并根据具体环境来确定该词语的定义。

最后，在探讨道德问题时，心理学家Albert Bandura（1999）表示，有两个方面很重要：采取积极的社会行为和避免消极的社会行为。因而，在运动和体育活动中，我们应关注那些展现良好体育行为同时也在克制恶劣体育行为的人。

品格

品格是体育道德中的第三个概念，指可在体育中得到培养的一些积极特征。体育有益于培养品格这一说法的拥护者认为，通过参加运动可以学会克服障碍、与队友合作、培养自制力和不屈不挠（Ewing，Seefeldt，& Brown，1996）。Shields & Bredemeier（1995）认为品格是一个全局性概念，它将公平竞争和良好的体育行为与其他两个重要美德——同情和正直——结合在一起。因此，体育中的品格含

儿童在体育中所经历的道德问题

体育心理学家Moria Stuart（2003）一度对于探究10至12岁儿童在体育活动中所经历的道德问题很感兴趣，这些儿童是这么说的：

“我的教练有一个大问题，他的女儿也在我们队上。他让她参加大部分比赛，而其他一些比她好的选手却得不到他女儿这样的待遇……他不应该偏心，因为这样我们就得不到像她那么多的参赛机会，这对我们来说是不公平的。”

“他们知道要握手，所以当我们在比赛结束后走过去和对方握手时，他们提前往手上吐了口水……这是不对的……这不是比赛后该有的表现。”

这些孩子的话和很多其他孩子的话可归纳于道德问题的三个类别，包括：

- 成人举动的公平性（如裁判不公平、教练厚此薄彼、父母强迫他们去比赛或获胜）；
- 不良比赛行为（如对手的口头恐吓、故意犯规、违反比赛精神）；
- 不良团队行为（如队友自私、不诚实、品行不良）。

在另一项研究中，Long等人（2006）采访了10名优秀少儿运动员，发现运动员是尊重还是违反比赛规则取决于他们的个人特点（如对胜利的渴望）、社会环境（如团队规范和教练施加的压力）、体育价值观和道德观（如公平竞争）以及体育回报（如媒体认可）。最有意思的是在道德推脱方面的发现：这些少儿运动员提供的犯规理由是为捍卫诸如团队精神或“打得聪明”等价值观。

有四个相互关联的美德：同情、公平、良好体育行为和正直。

现在，我们已给出了公平竞争和良好体育行为的定义，却还未对同情和正直下定义。同情与共情（接纳和体会他人情绪的一种能力）有关。因而，当我们拥有同情心时，我们会因对手的遭遇而感同身受，并尝试理解他们的情绪和观点。正直则是个人维护道德和公平的能力以及相信能够实现自己道德意图的信念。从本质上来说，正直是一名运动员或教练道德上的自我效能——相信自己能在面对道德困境时作出正确选择。总之，我们所探讨的品格是指：了解运动员应达到的行为规定和标准（良好的体育行为）；比赛时遵守规则和规则精神（公平）；富有同情心，或能够接纳他人的情绪；为人正直，或坚信自己了解什么是对的，并能够按照自己认为对的去做，即使在面临很多选择而很难这么做时。

有一点是明确的，社会日益多元化，体育和训练心理学及相关领域的专家务必要认识到这种多元化，营造开放、热情和包容的氛围，无论运动员的种族、性别或性取向是什么。

品格和良好的体育行为的发展

尽管人们对于品格和良好体育行为的发展过程见解不同，但是有三种特定的理论如今已被人们普遍接受，即：社会学习论、结构—发展论和社会—心理论。

社会学习论

攻击和品格的发展在很多方面都存在关联，可以用相似的理论进行解释。根据社会学习论（Bandura，1977b）的观点，被社会视为可取的、体育方面的特定积极态度可以通过模仿或观察学习、强化以及社会比较（图 24.1）习得，然后经内部消化用作行为准绳。此外，社会学习论也认为，人们的学习史决定了他们体育行为的好坏程度（Shields & Bredemeier，2001），尽管这一理论的最新版本也强调行为

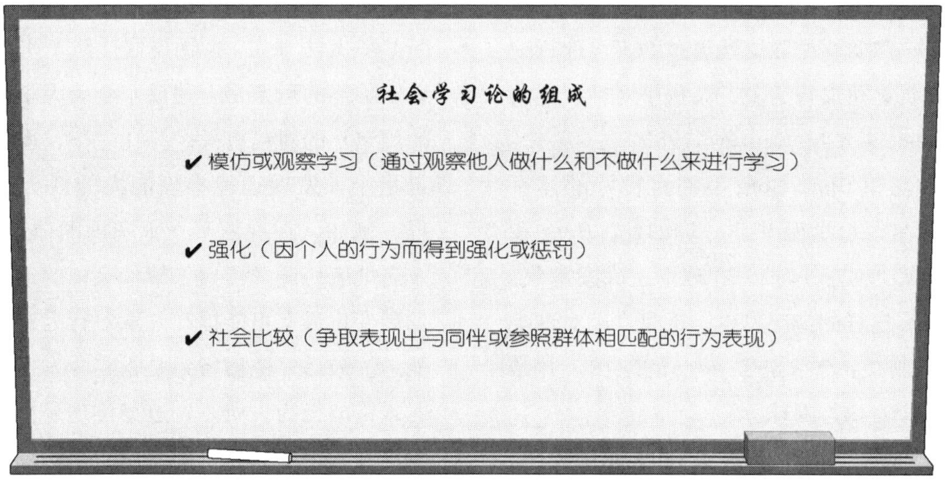

图 24.1　社会学习论的组成部分

是由个人因素与情境因素之间的相互作用决定的（Bandura，1991）。

例如，在体育课上，佐伊目睹其他孩子向老师谎报仰卧起坐成绩并受到了表扬。通过这一观察，佐伊得知在体育测验中作弊是可以被接受的行为。因为想得到老师的表扬和关注，她效仿了其他学生的这种行为，开始虚报仰卧起坐数量。体育老师根据她汇报的成绩表扬了她的进步。就这样，佐伊通过观察其他儿童进行了学习，然后，如果她谎报仰卧起坐数量，则老师的表扬又使她的学习效果得到了强化。相反，如果一名自私的儿童观察到同学因帮助他人而得到关注和表扬，那这名儿童可能会学习分享、变得有爱心。并且，随着时间的推移，当儿童模仿这些助人行为并受到表扬时，亲社会行为便得到了强化。因此，社会学习过程对积极和消极的态度与行为均有影响。在一项研究中，一些五年级男孩在运动中的行为有违体育道德，研究者安排他们对看到的正当行为进行模仿并进入强化程序（他们在体育中行为良好时可以得分，最后用积分兑换想要的奖励）。经过一段时间后，强化程序开始发挥作用——尽管在排除这些男孩的不可取行为和让他们拥有可取行为上，该程序对前者更为有效（Geibenk & McKenzie，1985）。

网球巨星 Bjorn Borg 因拥有良好的体育行为而闻名，但是他并非一贯如此。Borg 12 岁时曾厌恶地扔掉球拍，在球场上大发脾气。妈妈不允许这样的情况发生，于是立即对这类行为加以制止：她拿走了 Borg 的球拍，并禁止他在六个月内打网球。

关于社会学习论的最近一项研究表明，消极情绪效能（调节个人消极情绪的能力）或抵抗性自我效能（抵抗负面情绪反应的能力）等习得性自我调节机制共同作用，会影响人们对运动员作弊行为的接纳程度以及这种行为的发生概率。一个人的消极情绪效能越高，则其作弊或进行道德推脱（道德方面自我约束的解除）的可能性越低；而一个人的抵抗性自我效能越低，则其进行道德推脱和将作弊视为可接受现象的可能性就越高（d' Arripe-Longueville，Corrion，Scoffier，Roussel，& Chalabaev，2010）。

结构一发展论

结构一发展论不再以模仿、强化和社会比较为重点，而是强调构成儿童行为基础的思维和判断方面的心理成长及发展变化与塑造道德推理能力环境体验之间的交互作用方式（Weiss & Bredemeier，1991）。此外，体育心理学家还提出了道德推理、道德发展和道德行为的具体定义。请注意：当我们使用“道德”一词时，与宗教价值观无关。

道德推理是指个人在确定某一做法是对是错时的判断过程。因此，道德推理与个人判断某一做法（如：教练掏钱让队员坐飞机回家看望临终的母亲是否违反了全美大学体育协会的规定）的对错有关。相比之下，**道德发展**则是指个人发展道德推理能力的经历和成长过程。例如，在规划某一范围内的体育课程时，一名地区协调员需要了解什么样的经历和认知发展变化最有可能提高儿童对行为对错的判断能力。最后，**道德行为**是指实际发生的被判为对或错的行为。所以，道德推理是儿童个人体验以及心理成长与发展共同作用的结果，同时人们还认为道德推理可对道德行为起引导作用。另外，道德推理也被视为一系列一般伦理准则，这些准则构成了众多特定情境中良好体育行为的基石。

> **要点**　道德推理是个人在确定某一做法是对是错时的判断过程；道德发展是指个人发展道德推理能力的经历和成长过程；道德行为则是指实际发生的被判为对或错的行为。

结构—发展论者认为，道德推理能力的高低取决于个人的认知或心智发展水平（如：儿童的形象和抽象思维能力）。因此，如果一名形象思维能力强的 4 岁男童在幼儿园排队时被别人无意推了一下，他的反应可能是打那名挤他的儿童。因为这名男童尚未具备对他人意图的判断能力，只知道别人推了自己。但是，经过正常成长和认知发展过程后的一名 11 岁女童在排队时被别人无意推了一下，却不一定会推回去，因为她能判断别人的意图并认识到别人不是故意推她的。因而，结构—发展论者认为，诸多推理和行为在很大程度上都取决于认知发展水平。

> **要点**　道德推理和行为取决于个人的认知发展水平。

发展心理学家发现，儿童的道德发展会依次经历一些阶段。图 24.2 描述了道德发展的五个阶段，Norma Haan（Haan，Aerts，& Cooper，1985）首先区分了这五个发展阶段，之后 Maureen Weiss（1987；Weiss & Bredemeier，1991）从更为实用的体育心理学角度对这些阶段进行了说明。随着儿童的成长，她的推理能力会从第 1 阶段向第 5 阶段发展。但是，并非每个人的道德发展都能达到阶段 5；同时，人们并不会总是采用自己达到的最高阶段的道德思维。事实上，我们可能会一次采用多个不同阶段的道德思维。

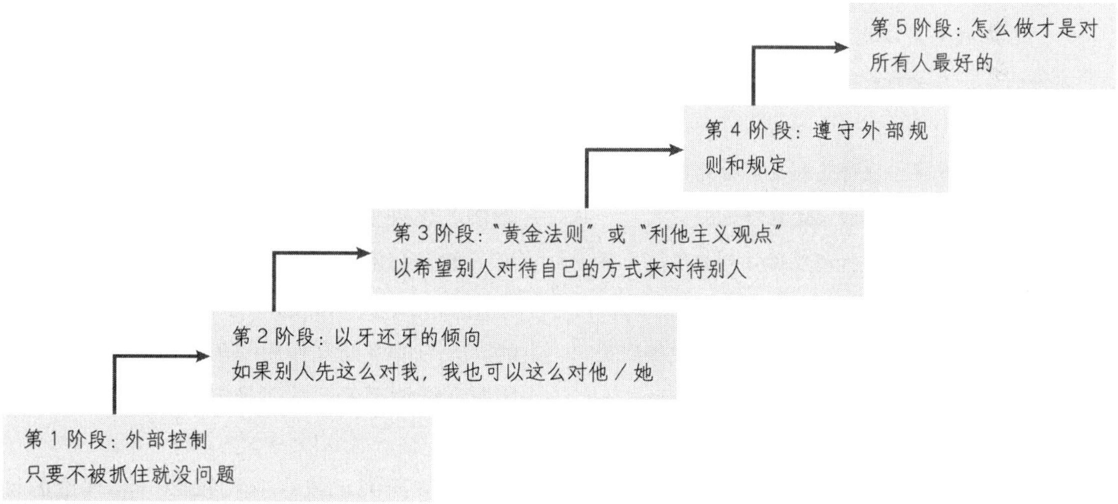

图 24.2　道德推理的发展阶段

Adapted from Weiss 1987.

- 第 1 阶段的推理行为处于外部控制阶段——“只要不被抓住就没问题”。在这一阶段，儿童根据自身利益以及(尤其是)行为结果来判断是非对错。例如，金米会根据自己能否侥幸逃脱惩罚来判断她在足球比赛中踢对手（犯规踢人而非踢球）的行为是对还是错。如果她未因此而受罚，那么她会认为这种做法是能够被他人接受的；如果她因此而受罚，她才会认为踢人是不可取的。
- 第 2 阶段仍以最大化自身利益为重，但是现在儿童不会只看重行为结果，相反，这是一个“以牙还牙”的阶段。在此阶段为使自身利益最大化，个人能够妥协和采取折衷方案。例如，金米认为违规踢其他选手是可以被接受，因为李在上半场进行到一大半时就是这样对她的。一名田径选手可能会违规服用一些能提高成绩的药物，并辩解“每个人都是这么做的”。
- 在第 3 阶段，人们会以希望别人对待自己的方式来对待别人。与前两个阶段不同的是，自身利益不再是这个阶段的唯一重点，人们开始持有帮助他人或利他主义观点。金米现在觉得违规踢其他选手很不可取，因为她不想别人这样对她。
- 第 4 阶段的道德推理以遵守外部规则为重点。至此，人们已经认识到不能相信所有人都会采取正确做法，并承认正式规则是为了共同利益而制定的。在这一阶段，金米认为违规踢对手是不可取的，因为这么做违反了规则；同时她认为每个人都必须遵守比赛规则，因为这些规则更好地维护了每个人的利益。
- 第 5 阶段道德推理的重点是：怎么做才是对大家最好的，而不再是这样做是否符合正式规则和规定。这种推理方式被视为最成熟的推理方式，因为在这一阶段个人开始通过互相协定或“道德平衡”来争取让团队利益达到最大化。金米认为踢其他选手是不可取的，这不仅仅因为此举违反了规则，还因为此举损害了双方的基本权利——在安全和健康的环境中比赛的权利。

总体来说，在道德发展过程中，推理行为是从基于自身利益向关心所有人的共同利益发展的。这一发展过程取决于个人的抽象思维能力。

社会—心理论

Vallerand 和同事（1996，1997）提出了研究体育道德的第三种方法：更为广泛的社会—心理论。它从结构—发展论角度（如个人的道德发展水平）出发，结合包括社会学习论的强化、模仿和社会比较要素在内的大量社会因素（如运动类型、运动员的竞争水平、教练施加的压力）来看待属于个人特点的道德和品格。该理论的一个重要特点是社会中介因素（如父母和教练）对良好体育行为标签或界定的见解。Vallerand 等人建议从更为复杂的、人与情境交互作用的角度来考虑各种个人因素和情境因素，从而确定什么是良好的体育行为。

很多研究已发现支持社会—心理论的证据，如 Shields 等人（2007）进行的一项研究。他们对来自美国不同地区的 600 名青少年足球运动员进行了研究，发现从教练和观众的举止、团队规范、选手对于体育精神的态度和对父母和教练标准的感知水平，可以预测出体育行为的恶劣程度。鉴于这一点，在促进品格培养和良好体育行为时，有必要考虑文化、态度、价值观、特定个人和团队的规范以及道德推理的具体阶段。所以，运用通过社会学习法和结构—发展法学到的知识，并采取社会—心理论视角可能是最佳做法。

道德发展的研究发现

根据一些全面的文献综述（Kavussanu，2008；Shields & Bredemeier，2001，2007），尽管体育道德的发展还有很多方面有待了解，但是迄今为止我们已获得了如下结论：

- 从个人特点与社会环境交互作用的角度可以很好地理解道德行为。
- 运动员态度出现职业化。随着一个人运动生涯的延长和竞争水平的提高，赢取比赛会成为主导价值。
- 出现博弈推理。很多运动员在体育活动中采用不同于日常生活的博弈推理模式。
- 有些运动项目（如接触性运动）的运动员比非运动员的道德推理水平低。
- 道德推理水平低的运动员更可能进行道德推脱和实施攻击。
- 与男性相比，女性往往采用更高级别的道德推理。
- 道德与动机倾向有关。自我取向程度高与道德发展和行为水平较低有关；任务取向程度高与道德发展和行为水平较高有关。
- 诸如团队规范和自我取向的激励氛围等由父母、观众和教练造成的社会因素，会给体育道德带来不良影响。

道德推理和道德行为的联系

Shields 和 Bredemeier（2001）发现，攻击行为与人们不太成熟的道德推理能力之间始终存在某种联系：道德推理能力较低者的行为更具攻击性。（但是，道德推理与行为的联系并非100%对应，你也不会指望存在这种联系——我们所有人曾经都有过明知不对却还是去做的情况。）

道德推理与行为之间无绝对联系的一个原因是，在将道德推理转化为道德行为时须经历数个步骤。Rest（1984）、Miller、Bredemeier和 Shields（1997）根据在这方面所做的研究，发现了道德推理与行为之间的四个阶段：

1. 对情境进行解读，认为需作出某种道德判断；
2. 确定最佳的做法；
3. 选择道德行为；
4. 作出道德反应。

例如，网球队队长布莱恩必须判断对手在赛点的发球是否出界（布莱恩认为球没有出界）。如果他说球出界了，则他和他的球队将在地区比赛中胜出；如果他说球没有出界，则他和他的球队将输掉比赛。遵循道德行为的四个步骤，布莱恩必须首先对情境进行解读，认为需作出道德抉择。在此阶段，他的同情心和对他人立场的理解能力起决定性作用。布莱恩想起了之前对手作弊作出对他不利的出界判断时自己的感受。如果布莱恩解读形势后，认为需作出道德选择，则他随后会对各种相互冲突的道德选择（给出诚实判断、撒谎或者表示分不清球有没有出界）进行权衡。换言之，他必须运用道德推理来选择某一道德做法。然后，布莱恩会经历一个以道德价值观为重还是以自身利益为重的决策过程。他会诚实地对球出界与否给出正确判断，从而输掉比赛吗？他会说球出界了，从而得到属于胜利者的奖励吗？在此阶段，他可能会受教练的领导方式和团队与是非观念有关的规范等因素影响。最后，布莱恩必须整理他的生理和心理资源，将他的道德抉择化为行动。例如，对于自己实事求是判断球没有出界而输掉比赛后队友可能会说什么，布莱恩必须确信自己能够应对这样的局面。在此阶段，他的正义感十分重要。只有在经过上述阶段后，布莱恩才会有所行动。

为理解我们所教导的对象和为实际干预措施提供指导，了解个人的道德推理过程以及推理转化为行动的过程十分重要。Miller 与同事（1997）曾基于这些道德行为过程开设了一门社会道德教育课程，授课对象为在道德上易失足的体育生。他们确定了与这些过程相关的具体心理目标，并设计和制订了以实现这些目标和影响道德行为过程为宗旨的干预策略，如合作学习（参见表 24.1）。

表 24.1　道德行为过程、社会道德教育目标和课程干预策略

	第 1 阶段	第 2 阶段	第 3 阶段	第 4 阶段
道德行为过程	感知与解读	判断与决策	选择	实施
教育目标	共情	道德推理	任务取向	自身责任
干预策略	合作学习法	道德共同体	以精通技术为目标的氛围	权力转移

Reprinted, by permission, from S. Miller, B. Bredemeier, and D. Shields, 1997, “Sociomoral education through physical education with at-risk children,” Quest49(1): 119.

运动中的欺凌

• 女球员被迫在足球场上裸奔；

• 回家路上，在大巴车后部，老队员按住新队员，用睾丸挤压他们的脸；

• 作为加入球队的一项要求，新进球员得喝一整桶啤酒；

• 作为入队仪式的一部分，新进球员必须变装和胡吃海塞各种食物，此外还需挨揍。

这些只是从最近几年报道的体育欺凌事件中列举的几个例子。欺凌是某人加入团队时将发生的活动，在该活动中新人不管愿意与否都将受到羞辱、虐待或伤害。这些活动不包括让新球员挑大梁、球队参加社区运动会或与队友聚会等，除非其中也存在羞辱、贬低、虐待或伤害意味（Hoover，1999）。自 20 世纪 80 年首次发现存在体育欺凌这一问题起，关于这方面的报道一直在稳步增加；美国很多州甚至通过立法规定体育中的欺凌行为为违法行为。这些欺凌行为并非只在

美国出现，在英国也受到了体育专家们更多的关注（Goves，Griggs，& Leflay，2012）。很显然，欺凌是当代体育中的道德问题之一。

Waldron 和 Kowalski（2009）针对与运动中欺凌有关的经历对21名运动员进行了采访，结果发现主要有三种欺凌现象：身体上、心理上和与饮酒相关的欺凌。欺凌行为的动机包括：寻找乐趣、完成入队活动、给新队员下马威以及嫉妒。根据报道，欺凌行为在接触性运动、团队运动和竞技运动中更常发生。此外，该行为还受运动员体能、体型、个人领导力和团队中的老队员影响，而运动员参与带有危害性的欺凌行为是想要遵守体育价值观和被队友接纳。

事实上，欺凌行为被视为一种通过仪式和团队传统的组成部分。但即便如此，该行为也不应为人所接受。如果一些活动使运动参与者遭受贬低、虐待或危害，即使本人愿意参与，这些活动也是不可取的。很多运动员并不认为欺凌他人的行为是危险而负面的，实际上他们在不知不觉地实施一种有违常情的过度服从——即以欺凌活动是体育传统和历史的组成部分为理由，采取在体育界之外不会被接受的行为。学者们对这一点很担忧。新进运动员的动机则是成为团队的一分子，因为接受别人的欺凌是加入团队的必经之路。

体育心理学家认为，应采取措施确保任何欺凌行为在体育领域均得不到原谅（Waldron & Kowalski，2009）。Waldron（2012）呼吁教练与运动员讨论如何预防欺凌，并概括了为运动员增权赋能以预防欺凌事件发生的五步法：

1. 注意欺凌事件；
2. 将欺凌当作问题对待；
3. 负责拿出解决方案；
4. 习得或掌握应变能力；
5. 进行干预以阻止欺凌事件发生。

教练必须为运动员设定挑战，督促他们以批判性思维看待欺凌行为的后果。积极传统与仪式可加强团队队员之间的团结和合作，而欺凌新队员的传统则会加剧对抗和敌意。因为欺凌行为可能对团队化学效应有百害而无一利，所以我们应取前者而弃后者。领导者和教育者有道义上的责任阻止欺凌行为，并教会运动员如何以积极方式进行团队建设。

品格发展和体育活动的联系

我们中的大多数人倾向于认为体育锻炼能自然而然地培养个人品格、提高道德推理能力和传授良好的体育行为，但是，几乎没有证据证明体育能够培养品格这一观点。其实，人们并不能通过参加运动和体育教育而自动成为更好或更坏的人。在运动和体育活动中，品格不是守株待兔得到的收获，而是精心教育结出的果实。进行道德推理和教授良好体育行为需要系统地应用一些策略。

> **要点** 在运动、训练和体育活动中，品格不是守株待兔得到的收获，而是精心教育结出的果实。

让我们一起看看这类策略的一个范例。Gibbons、Ebbeck 和 Weiss（1995）对四至六年级儿童的道德判断、理性和亲社会行为方面的变化进行了调查。他们将孩子随机分成了以下三组：参照组、仅在体育课活动中可公平竞争小组以及在学校所有科目的活动中均可公平竞争小组。其中所使用的“儿童公平竞争”（1990）活动以加拿大公平竞争委员会（Commission for Fair Play）编制的教学资源手册上规定的一些活动为基础。该手册中的活动均以结构—发展论和社会学习论为基础，目的是：增强对规则、裁判和对手的尊重；为所有个体提供公平的参与机会；使运动员保持自控能力（参见“儿童公平竞争活动示例”）。在一学年中的7个月内，研究人员持续对儿童进行干预，并在干预前后对他们的道德发展水平进行了测量。

结果显示，接受干预的两组儿童在所有量表上的事后测量值均有显著提高，而参照组成员的测量值却未出现明显变化。这证明“儿童公平竞争”项目能改变儿童的道德发展水平。此外，两个干预型小组之间无显著差异。这一结果证明，不管是单独致力于体育课程中的公平竞争问题还是同时致力于体育课程和其他学术课程中的公平竞争问题，效果都是一样的。

这些结论与Bredemeier等人（1986）以及Romance、Weiss和Bockoven（1986）得出的结论一致，它们证明了系统有序地传递道德发展信息可以改变孩子的品格。事实上，在回顾体育活动中的道德发展干预研究之后，体育领域著名的发展心理学家Maureen Weiss和Al Smith（2002）得出了这样的结论：“我们有很多理由可以乐观地认为体育活动是能够有效改变儿童和青少年道德发展和社会发展的富有吸引力的手段。”在适合条件下，道德推理能力是可以通过体育教育和运动进行传授的。

青少年体育对不良行为的抑止作用

声称体育可以促进品格培养和积极行为的并非只有体育教师，体育组织管理者、教练和社区训练导师也常常表示体育可以让青少年不再在街头闲逛、避免惹是生非和拉帮结派。譬如，青少年发展专家Reed Larson（2000）就曾指出，课外活动（如体育）拥有巨大潜力，可使青少年步入良好发展的轨道，原因如下：①体育可以激发很多青少年的内在动力；②体育活动参与者需在一定时间内为实现目标

儿童公平竞争活动示例

● 能解决问题的跑步鞋：这是一项解决问题的活动，儿童可从中学习处理道德冲突。张贴绘有一只巨大跑步鞋的图画，跑步鞋的不同区域分别标有问题、选择、后果和解决方案。当孩子之间发生矛盾时，指导他们去一个专门区域（“聆听区”），完成一份跑步鞋表格或采用跑步鞋步骤来解决与同伴之间的冲突。

● 即兴表演：“即兴表演卡片”上写有公平竞争困境（如：一名垒球选手因感觉判罚不公而与裁判争吵），儿童可以编排一些小品来演示如何处理卡片上概述的局面。

● 接力游戏：儿童参加接力游戏，在游戏中与队友分享他们的想法、讨论策略、学习按规则行事并展示自控能力。每次游戏结束时都有一个“一起来说吧”节目，用于讨论特定问题，如“你不得不解决什么冲突？”

Adapted from Gibbons, Ebbeck, and Weiss 1995.

不懈努力；③体育要求青少年经历挫折、作出调整以及学习克服困难。体育作为促进青少年良性发展的工具有着巨大潜力，因此，体育心理学家和社会学家开始研究以下两个具体问题：参加体育活动可以遏制青少年犯罪吗？参加体育活动可以减少帮派行为吗？

参加体育活动与青少年犯罪

有人提出，参加有组织的体育活动的青少年出现失足行为的可能性比未参加此类活动的青少年低。经研究，这一说法得到了证实（Seefeldt & Ewing，1997；Shields & Bredemeier，1995）。同时，体育活动参加率与青少年犯罪率之间呈负相关关系，这一现象在贫困地区的青少年和青少年运动员身上特别明显。但是，为何存在这一关系却尚未明确。针对参加体育活动可减少青少年犯罪行为的发现，有四个合理解释：交往分化、社会联系、贴标签和经济压力，对此我们一一进行了推究。

- 用**交往分化**来解释参与体育活动与青少年犯罪之间负相关关系的人提出，运动员与其他失足青少年之间交往的频率较低、时间较短、密集性较弱。换言之，少年儿童参加体育活动后可以避免在街头卷入是非。
- **社会联系**观点认为，参加体育活动的儿童可以与代表主流亲社会价值观的重要他人建立联系。如果一名青少年加入体育团队之中，那么他将懂得诸如团队合作、辛勤付出和成就等价值。
- **贴标签**理论认为青少年参加体育活动本身并不会促进良好价值观的形成，但会被贴上“运动员”标签从而获得特殊待遇。也就是说，一些青少年会因为他们的运动员身份而获得优待，因此这些青少年的犯罪率不会高于非运动员身份的同龄人。后者更容易被贴上“少年犯”的标签，然后随着事态不断升级陷入自我实现预言的漩涡。
- **经济压力**对体育与犯罪之间关系的解释是：因为有很多青少年出身贫困但希望像其他人一样拥有高水准生活，所以出现了违法犯罪现象；但是体育能让贫困青少年赢取尊重和地位，从而减轻他们在对更好生活的渴望和对可实现的目标的信念之间所承受的压力。

尽管这些解释可以帮助我们更好地理解为何体育活动会与青少年犯罪率的下降联系在一起，但是我们尚未从中找到确切结论（Shields & Bredemeier，1995）。体育与青少年犯罪之间的关系仍有待进一步研究。

参与体育活动与帮派行为

在郊区和农村以及很多闹市贫民区，帮派以及与帮派有关的不良行为（如犯罪、斗殴、谋杀等）是最让人关切的问题。Benedict 和 Keteyian（2011）估算美国有 100 多万名帮派成员，其中单单在洛杉矶就有 4 万多名。帮派不仅仅以不利方式影响着其成员和导致犯罪现象攀升，同时还影响了体育活动的参与率，因为他们的存在让社区变得很不安全，以至父母害怕让孩子在外玩耍或步行去健身房、游泳池和公园之类的体育活动场所（Stodolska，Acevedo & Shinew，2009）。

有人提出，参加体育活动可以取代拉帮结派现象，理由如下（Buckle & Walsh，2013；Seefeldt & Ewing，1997；Weintraub，2009）：①青少年加入帮派的部分原因是与家人和同伴关系疏远、自暴自弃以及缺少积极榜样，而所有这些不利情形都可以在体育活动中得到缓和；②孩子留在帮派中是因为帮派在某种程度上满足了他们的需要，确切地说，帮派为其成员提供了一种身份认同并发挥了家人可能会起的很多作用，而这些也正是运动团队能够提供的；③帮派成员往往居住在他们很少能接触到其他健康选项（如体育项目）的地方。根据对苏格兰一些帮派的访问调查显示，如果出现有吸引力的其他选项，比如体育，很多帮派成员会抗拒加入帮派或选择脱离帮派（Deuchar，2009）。

体育是可以取代帮派行为的一个重要选项。具体来说，体育能促进自尊心提升、赋予身份、给予社会支持并为参与者提供积极榜样，以此对未享受周全照顾的青少年（如经济贫困或父母很少监管或根本不监管）作出弥补。有人认为，来自不同区域的青少年群体之间很少相互接触并认为彼此有所不同。鉴于这种地域鸿沟的存在，将来自不同地区的青少年放在相同运动队往往有助于防止帮派暴力事件（Taylor，2012）。实际上，Ewing 和 Seefeldt（1996）观察到，将体育作为帮派活动的替代选项来推荐已成为走在前沿的青少年体育机构的一项重要招募策略。

但是，只有体育项目得到正确运营、组织和执行时，它们才能作为不良行为的替代选择。体育本身没有刻意去促成什么，但正如我们在本书中反复强调的，体育中的高质量体验可产生心理收益。

对于这一原理，Trulson（1986）进行的青少年罪犯研究给出了再好不过的证明。他对男孩们的背景和显著个性特点（如攻击性）进行了匹配，并将他们分为三个小组，每周聚会 1 个小时。第一组参加以搏斗和自卫为主的现代跆拳道课程；第二组参加以哲学思考、冥想和身体练习为重的传统跆拳道课程；第三组则作为参照组，参加足球和篮球运动。6 个月后，现代跆拳道小组的适应能力变差，并且在犯罪和攻击性量表上的得分比开始研究时的得分更高！传统跆拳道小组的成员则展现出了低于一般水平的攻击性、更轻的焦虑水平、更多的社会技能和增强的自尊心。作为参照的足球与篮球运动小组成员在性格或犯罪倾向上均未表现变化，但是自尊心和社会技能得到了提高。

Buckle 和 Walsh（2013）曾描述了以 Hellison（2011）个人责任及社会责任教育模式为指导的一门城市足球课程。一些帮派成员参加了一门为期 28 周的足球课程，在该课程中，授课人利用关怀时间（按计划成人训练导师有机会与每名学习者进行互动的时间）、体育课、大组会议、觉察谈话和常规活动进行个人责任及社会责任教育。学完该课程后，一名学习者写道：

> 我学到了五个词。无论我去哪，我会一直将它们谨记于心。这五个词语分别是：尊重、克己、领导、参与和努力。这五个词给我带来了太多帮助，我无法形容它们给我生活带来的改变。

最重要的是，这些研究显示，单单参加体育课程并不足以对负面行为产生积极影响——必须将体育活动和社会教育及心理教育融合在一起，方能取得效果。

促进品格培养的策略

社会学习论、结构—发展论和社会—心理论使我们更好地理解了什么是良好的体育行为，并对品格培养起到了促进作用。依据这些理论，心理学家制订了九项策略。我们将逐一进行讨论，就促进品格培养的方法提供一些建议。

对课程中的良好体育行为进行定义

在前文中我们已经了解到，良好的体育行为并无通用定义，因此，如果在自己的课程中不作出明确定义，那么学习者会分不清你说的正当和可接受的行为或不正当和不可接受的行为究竟是指什么。Camire 和 Trudel（2010）发现，教练只简单引用一些诸如品格和良好品行的宽泛概念并不够，因为运动员无法理解一般性定义。因此，教练应对道德价值观及其含义作出界定。表 24.2 是此类准则的一个范例，它以书面形式具体指明了体育课中积极和消极的体育行为。

> **要点**　如果不作出明确定义，人们不知道什么是能为他人接受的行为，什么是不能为他人接受的行为。

强化和鼓励良好的体育行为

强化和鼓励课程中被确定为良好体育行

表 24.2　青少年体育课良好体育行为准则

关注问题	积极的体育行为	消极的体育行为
对待裁判	以适当方式对裁判提出质疑（如：正式提出抗议；仅让指定的个人，如队长，与裁判交涉）	与裁判争吵或咒骂裁判
对待对手	始终尊重所有对手	与对手争吵 讽刺对手 攻击对手
对待队友	只给出有建设性的批评和正面鼓励	说一些负面评论或风凉话 咒骂队友或与队友争吵
对待观众	只对观众发表正面言论	说一些负面评论或咒骂观众 与观众争吵
规则遵守与违反情况	遵守联盟的所有规则	钻规则的空子（如：因为每名儿童都必须参赛，所以教练让技能不熟练的选手在重要比赛时装病）

Adapted, by permission, from D. Gould, 1981, Sportsmanship: Build character or characters. In A winning philosophy for youth sports programs, edited by Youth Sports Institute (Lansing, MI: Institute for The Study of Youth Sports).

为的那些行为和态度，对不正当的行为则采取相反态度予以惩罚和制止。在这些行为的强化和惩罚上应前后一致，这一点至关重要。请参照第 6 章的行为矫正指导方针。

模仿正当行为

很多人仰慕本领域的一些精英，支持认同他们并模仿他们的行为。因为行动胜于空谈，因此训练和运动方面的专业人士必须作出有着积极体育行为的好榜样。这说起来容易做起来难。其实，专业人士可能也会犯错（比如，他们可能会失控，并因和裁判争吵而被控技术犯规）。当他们失控时，他们应承认自己的错误，同时向选手或学生道歉。一些教练在良好体育行为方面对运动员制订有严格指导方针，他们认为与裁判争论和维护其团队是其职责所在。教练这么做的出发点可能是好的，但是他们应该认识到，通过这一不良体育行为，他们传递了含混不清的信息，此举会破坏他们为促进积极行为所作的努力。

说明为何某些行为是正当的

只有当人们将辨别是非的指导性道德原则内化后，我们才能期待他们在各种环境中始终有得体的行为举止。因此，应该对积极行为准则的各个组成部分陈述理由。所有理由都应是根据构成各阶段道德推理基础的关键要素作出的说明。这些关键要素分别为：利他主义、公平规则和基于共识的道德平衡（Weiss，1987）。最重要的是，务必定期向学习者说明这些理由。如果几名青少年在一场体育课游戏中排斥一名技能稍欠娴熟的同学，你需要确保这名儿童被大家接纳并强调作出这个决定的理由（如：“你希望别人怎么对待你，你就怎么对待别人，不能我行我素，这一点很重要”）。

> **要点**　务必经常解释判定行为是对是错的理由。

意图与行为存在重要联系。判断意图的能力大约在七八岁时开始发展（Martens，1982）。面对 10 岁左右的儿童，可以运用**角色扮演**（即：换位思考）。这样可以增加他们的同情心及在决定行为方式时设身处地为他人着想的能力（Newman & Newman，1991）。很多教练喜欢让选手在队友训练时担任裁判，这样选手可以更好地理解比赛规则，并从裁判的角度看待问题。在训练结束后如果再来一场简短的讨论，那这种角色扮演活动会成为一项更有价值的工具，能帮助选手学会共情。

讨论道德困境与选择

为确保有效进行道德教育，学习者应针对选择和道德困境进行自我对话和团体对话。**道德困境**要求学习者辨别什么从道德上讲是正确的或错误的。犯规行为、受伤运动员什么时候应该上场比赛及理由、谁应该参加比赛，这些都是很好的讨论话题（Bredemeier & Shields，1987）。对介于犯规或不犯规之间的灰色地带进行讨论将十分有帮助。例如，在比赛开始时，是否可以说一些让对手心烦意乱的话（Weiss，1987）？

在训练中设置道德困境和各种选择

教练可以在训练过程中为青少年运动员

设置一些困境（Weiss，1987）：

- 不配置足够所有运动员使用的“最好”器材。
- 设计一场练习机会不均的训练活动。例如，让某个人总是负责防守。
- 设计一场训练活动，并在活动中诱使选手说一些伤人的话（嘲笑、吼叫）。如，让某人展示自己的薄弱技能或对接力队作出不公安排。
- 设计一场尽量为粗鲁行为提供机会的训练活动。例如，“汉堡包式”篮板球训练，即让两名球员同时挡住对方球员抢篮板球。

在选手尝试解决这些困境后，继续推进有关潜在道德推理的讨论。实施这些促进品格培养和良好体育行为的政策需要花费时间、进行规划并付出努力；为达到最佳效果，还应花一段时间不断重复执行这些策略，而不是仅在赛季开始时或孩子出现问题时才进行一两次。

教授合作学习策略

在第5章，我们已对竞争和合作进行了定义和讨论。竞争与合作都是成就动机的发展所必要的，但是在西方社会，儿童之间的竞争远远多过于合作。因此，我们应对体育活动参与者进行合作学习策略方面的教育。道德发展研究人员也表示，学习如何合作对于品格培养至关重要（Miller，1997）。在学习过程中，可能需要为比赛设定一些超常目标（如在3分钟内尽可能多地传球）而非竞争目标（如比对手得分高），或进行合作型比赛。

营造以任务为取向的动机氛围并采用自主支持式教导方式

强调以任务为取向的动机氛围，能让参与者以任务而不是自我、目标（参见第3章）为中心，这样他们可以通过自身表现的进步而不是社会比较来判断自己的能力。当感知到身边以自我为取向的动机氛围后，运动员容易表现出这样的特点：道德判断水平下降，并且觉得进行人身恐吓是正当的（Kavussanu & Ntoumanis，2003；Miller，Roberts，& Ommundsen，2005）。此外，Ntoumanis 和 Standage（2009）也发现，如果运动员感觉教练支持他们的自主权并能更好满足他们的自主权、人际关系和能力需求，则这些运动员会具有更多的自主动机。研究发现，自主动机是良好体育行为的积极预测指标和反社会态度的消极预测指标。然而，控制性动机则与反社会态度存在正相关关系，与良好体育行为存在负相关关系。当社会比较和竞争被淡化，而个人进步、学习自主性和人际关系被强调时，良好体育行为的教育和品格的培养便容易多了（Miller，1997；Ntoumanis & Standage，2009）。但这不意味着不能在竞争氛围中培养品格，只是在以任务为取向和为自主权提供支持的激励氛围中着手进行品格培养存在更多益处。当参与者养成良好品格之后，竞争可以作为不错的工具，对他们的价值观进行测试。

将领导者所拥有的权力下放给参与者

如果逐步将领导者的权力下放给参与者，则这种环境可为品格培养提供最肥沃的土壤。

责任感水平

Hellison 和 Templin（1991）开设了一门体育课，侧重于帮助儿童提高责任感水平。

- 水平 0 — 无责任感：处于这一水平的学生的特点是动机不明和破坏性行为。体育教师的目标是帮助他们，使他们的行为得到控制（借此将他们的责任感提升至水平 1），或者将他们赶出课堂以免妨碍其他学生的权利。
- 水平 1 — 自我控制：处于这一水平的学生也许没有参加日常活动，但是他们能够控制自身行为，不会被赶出课堂。体育教师的目标是帮助这些学生，让他们参与到活动中来（借此将他们的责任感水平提升至级别 2），或者至少学会尊重他人的权利和感情，不会因自身的行为或态度而妨碍教学和学习。
- 水平 2 — 参与：处于水平 2 的学生开始参与体育课活动，他们的参与可以有多种形式，从走过场到设定和努力实现目标等。体育教师的目标是鼓励学生为他们自身的发展和不同意义上的成功承担更多责任。例如，学生也许会认为对一名运动员或教练员来说，努力、进步、设定目标、达到某一规范或标准，或有社会责任感，就是成功。
- 水平 3 — 自我引导：处于这一水平的学生的特点是，在个人确定需要或怀有抱负的领域内，能够通过有效和独立的训练取得个人进步。体育教师的目标是使学生能够掌握独立训练和制订现实目标所需的技能。让学生掌握相关的基础知识也十分关键，同时还应让学生逐步面对与其自身目标相关的哲学问题："我想成为怎样的人？为什么？"
- 水平 4 — 关心他人：达到这一水平时，学生对待他人时必然会尊重他人的基本权利。处于水平 4 的学生不再以自己为中心，而是被亲社会取向所推动。体育教师的目标是提供合作机会、给予支持、表示关心和帮助他人。

Reprinted, by permission, from D. Shields and B. Bredemeier, 1995, Character development and physical activity (Champaign, IL: Human Kinetics), 208.

例如，Hellison 与 Templin（1991）曾开设一门体育课，旨在帮助学生培养个人责任感和社会责任感。这门课程切合实际，首次以不负责任的儿童为重点对象，将他们赶出课堂以免扰乱其他学生。随后，针对参与、自我引导和关心他人而采取一系列措施，以此来帮助他们，使自制力得到发展（详见"责任感水平"栏目）。

品格培养实践指南

为指导实践，应思考领域内的诸多问题。这些问题包括：体育教师和教练在道德发展方面所起的作用，如何使品格发展成为一种思维方式而不是一项孤立的活动，获胜所起的作用，教授的道德行为如何泛化至运动场以外的情境，以及承认品格发展是无止境的。

教育者在品格培养中的作用

有些人认为教师和教练与青少年的道德和价值观教育不相关，他们辩称品格和道德教育是父母的职责，而不是学校（特别是私立学校）该管的。我们认为将宗教价值观融入公立学校课程不是一个妥当的做法，但是，如果因此就完全不进行基本价值观方面（如诚实、同情和争端解决）的品格培养，将是一个严重的错误。我们认为，体育教师、教练和训练指导员都在有意无意地影响着学生的价值观。如同 Shields 和 Bredemeier（1995）曾经说过的："尽管竞技运动引发了很多问题，但是它也充满了很多遭遇、学习、改变和形成道德价值观的机会。"例如，教练会对是否该与裁判争辩提出建议，体育教师会在教育学生以竞争态度还是合作态度进行比赛上选择立场，而训练指导员则会建议在什么情况下可以与受伤的运动员比赛。这些决定通常会影响参与者的态度，所以务必要培养思考这些问题的哲学思维。认清你所提倡或不提倡的道德价值观比随意影响他人的价值观要好得多。此外，认真学习本章内容也很有必要，因为最新发现表明，尽管很多教练强烈支持体育在品格培养方面存在潜力这样的说法，但是他们中的大多数却几乎未接受过可促成品格培养的价值观教育方法培训（Trudel，Lemyre，Werthner & Camire，2007）。

将品格培养作为一种思维方式

正如我们刚刚讨论过的，运动和体育活动的指导者对道德和品格培养教育作出坚定承诺，这一点很关键。但是，仅仅制订品格培养目标或偶尔实施一些品格培养策略远远不够。品格培养和良好的体育行为必须成为体育训练指导者思维的一部分，由此才能始终如一地寻找培养和促进参与者这些积极品质的机会。因为相信参加运动和体育活动有益于塑造品格，所以体育教师和教练会认为只要青少年参加运动或者偶尔向青少年传授一两个策略即可自动培养出理想的性格特点，这种现象太常见了。经借鉴道德教育文献，Arnold（2001）指出，为有效培养青少年的道德和品格，教师和教练必须进行价值观教育、作为道德讨论的开明引导者、在体育中价值观的体现方面发挥示范作用，并为很难处理道德问题的参与者提供个别辅导。很显然，道德和积极体育行为的培养需要体育教师和教练的深谋远虑和坚定不移的付出，它必须成为一种持久不变的思维方式，而不是偶尔发生的孤立活动。

培养心理弹性以降低青少年所面临的风险

尽管体育教师和教练可以采用一些策略对儿童和青少年进行品格和良好体育行为教育，但我们还是必须认识到有很多环境因素使少年儿童面临不良行为发展的风险（如吸毒、未成年少女怀孕和帮派活动）。另外，体育活动专家也不太可能根除诸如贫困、生活中父母参与的缺失、虐待和不良的行为榜样等风险因素。在花费大量时间研究未得到充分体育服务的青少年之后，Martinek 和 Hellison（1997）这两名体育教育专家认为，心理弹性是我们能够在这些儿童身上培养的最重要的生活技能之一。**心理弹性**是遭遇严重威胁或苦难之后成功振作起来的一种能力；在本质上，它是指处于挫败中的个人进行的自我调整（Martinek & Hellison，1997）。教育家和社会科学家通过对具有心理弹性的青少年进行的研究发现，他们拥有三种主要特质：社交能力、自主性和乐观与希望。

社交能力

社交能力是与他人进行社交互动的能力，利用这种能力可以建立起强大的社会支持网络。在这一重要特质的培养中，灵活性和共

建立有强大交际网的青少年运动员更能克服不理想的环境影响。

情能力起着十分关键的作用。其中特别重要的是学会谈判、对峙和处理他人挑战的方法（如学会以非暴力方式处理与同伴的冲突；参见第 23 章）。

自主性

具有心理弹性的青少年有自知之明，相信自己能够驾驭环境，并相信自己能够独立应对。从本质上来说，他们有一种自主意识——感觉自己能够自力更生。

乐观与希望

在第 3 章中，我们讨论了习得性无助，这是个人感觉尽管付出努力也不会有改变的一种状况。具有心理弹性的青少年则正相反，他们没有习得性无助感。他们感到乐观和充满希望，并坚信自己的付出会得到回报。Martinek 和 Hellison（1997）认为，想要增强未得到充分体育服务的青少年的心理弹性，最好的方法是开设体育课程。另外，笔者也对开设体育课程的具体策略进行了概述（参见“培养青少年心理弹性的策略”）。

获胜的“双刃剑”作用

在品格的培养中，获胜会产生双重作用（Martens，1982）。一方面，强调获胜会迫使一些人去作弊、犯规和实施一些他们在场外会认为不正当的行为。另一方面，当选手在获胜极受重视的情况下成功抑制作弊或实施其他不道德行为的诱惑时，他们的正直便得到了发展，得到的道德教训也变得更有意义。获胜本身对于道德发展是没有任何影响的，关键是掌握好对获胜的重视程度。

将价值观迁移至非体育环境

在健身房、游泳池或运动场上学到的教训与价值观可直接在其他环境中运用，这一说法是不真实的。如果想在其他环境中运用，则应该对这些教益进行延伸或扩充（Danish & Nellen，1997；Danish，Nellen，& Owens，1996；Danish，Petitpas，& Hale，1992）。如果想通过运动和体育活动来培养价值观，应该详述在非体育环境中运用这些价值观的方法。例如，一名教练想教会青少年运动员可同样适用于其他非体育场合的合作态度，则其可以详述在其他活动中（如学校课题研究）团队合作可起到怎样的作用以及在什么情况下可起到作用。这是结构—发展论的一个优点。社会学习论也重视促进良好体育态度和行为的培养，但往往仅适用于特定的环境；也就是说，如果教导儿童在体育课上要诚实，则这一教导行为并不适用于数学课。但是，如果你帮助学生提高了其道德推理能力，则该名学生在各种环境中的行为都会受到影响。

> **要点** 如果目标是通过运动和体育活动来培养价值观，则应该详述在非体育环境中运用这些价值观的方法。

抱持切合实际的期望

遗憾的是，通过运动和体育活动来促进良好的体育行为和品格发展并非一个十全十美的方法（Martens，1982）。我们无法始终影响着每一个人；更可能发生的现象是，我们会取得一些巨大成功，但也会遭遇一些令人沮丧的失败。承认品格培养的不完美和抱持切合实际的期望，会让我们即使遇到挫折也始终保持乐观。

培养青少年心理弹性的策略

- 关注运动员的优点而非弱点，帮助运动员建立自信心。
- 不只关注运动或体育活动，也应关注儿童情绪、社交、经济及教育的需求。
- 留意青少年的个性和文化差异，将运动员作为普通人来了解。
- 为运动员提供与课程和领导责任相关的意见，以此鼓励其独立和掌握自己的命运。
- 在课程中纳入一套强有力的价值观和明确期望。确保运动员知道你期待和看重什么。
- 帮助青少年探索他日后可能从事的职业。
- 提供一个可保证运动员身心安全的环境。
- 精简课程门数，强调长期参与的重要性。
- 建立领导机制，让课程在障碍重重的情况下也能有效开办。
- 确保课程与社区和居民们紧密挂钩。
- 为运动员与关心和支持体育的成人榜样提供高质量的接触。

Adapted from Martinek and Hellison 1997.

学　习　助　手

总结

1. **定义品格培养和良好的体育行为。**

品格培养和良好的体育行为与体育活动中的道德感有关；换言之，它们包含我们与体育活动中是非观念或伦理道德有关的看法和举动。品格包含四项美德：同情、公平、良好体育行为和正直，这些美德彼此相互关联，同时还与道德发展、道德推理和道德行为有着密切联系。

2. **说明品格和良好体育行为的发展过程。**

关于运动员品格和良好体育行为的发展过程存在三种观点。社会学习论强调模仿、强化和社会比较；结构—发展论认为道德推理与个人的认知发展水平相关，对道德推理五个阶段的分析反映了从根据自身利益来判断某一行为的对错到关心所有参与者的共同利益的逐步发展；社会—心理论将前两种理论结合在一起，认为人与情境之间复杂的相互作用决定了品格发展水平和体育行为的好坏。

3. **描述道德推理与道德行为之间的重要联系。**

一个人的道德推理和道德行为与道德行为过程有关，道德行为过程包括四个阶段：对情势进行解读，认为需作出某种道德判断；确定最佳的道德做法；选择道德行为；作出道德反应。尽管道德推理和道德行为之间始终存在某种联系，但是这种联系并不是绝对的。

4. **论述应如何培养品格和良好的体育行为。**

研究表明，体育教育和青少年参加运动可以阻止一些不良行为（如青少年犯罪和帮派）发生并促进品格培养。为实现这一积极作用，在品格培养上需要采用精心设计和实施得当的策略。依据社会学习论、结构—发展论和社会—心理论，心理学家为品格和良好体育行为的培养制订了九项策略。这些策略如下：准确地对良好体育行为进行定义；强化和鼓励良好的体育行为；模仿正当行为；说明行为的具体理由，在考虑行为意图、角色扮演、同情和共情因素的情况下解释为什么一些行为是正当的或不正当的；探讨道德困境；在训练和课堂中设置道德困境和多种选择；传授合作学习策略；营造以任务为取向的激励性氛围；将领导者所拥有的权力下放给运动员。

5. **论述品格培养实践的指导方针。**

在促进品格培养过程中，有一些实践问题有待考虑，包括：教育者在品格培养中的作用、将品格培养作为一种思维方式、培养心理弹性以降低青少年所面临的风险、获胜的“双刃剑”作用、将价值观迁移至非体育环境以及对于品格培养方法抱持切合实际的期望。

复习题

1. 对品格及其组成部分进行定义。
2. 介绍道德推理和培养方面的社会学习论、结构—发展论和社会—心理论。
3. Haan 的道德推理发展有哪五个阶段？
4. 参与运动和青少年犯罪或帮派行为之间有何关系？
5. 说明道德推理和道德行为之间的关系。这种关系对于实践指导有何意义？
6. 说出促进品格培养和良好体育行为的九项策略。
7. 在比赛中获胜对良好体育行为和道德推理的培养有何作用？
8. 为什么要将培养品格作为一种思维方式而不是一种特定的孤立活动？
9. 论述欺凌现象发生的原因以及可减少这一现象的方法。

深入思考

1. 你作为地区教育委员会的负责人，将在增强青少年道德教育的会议上发言。请写一篇发言稿，使参加会议的广大学校教师及管理者认识到体育教师在学生品格培养和良好体育行为的教导上应发挥的作用。
2. 为以下情境各设计一种道德困境，让其中的运动参与者进行选择和反思：
   - 体育课
   - 青少年运动队训练
   - 大学与高中联赛

继续你的旅程

如何将本书的知识应用于训练中?

当你读到这一页，标志着你初次探索体育与训练心理学的旅程已近终点。此次旅程从我们向你介绍这个领域所包含的内容，我们获取该领域知识的方法，以及我们如何运用这些知识帮助人们在实践中实现个人成长并达到表现目标开始。旅程的第二站，我们聚焦于运动参与者身上——什么因素使他们达到目标？他们的人格，他们的动机取向，等等。旅程的第三站，我们重点了解体育与训练的环境，并探讨了若干重要话题，如竞争、合作、反馈与强化等。

旅程的第四站让我们学到了有关团体过程的知识，并讨论了团体运作机制、营造团体凝聚力、有效的领导力策略以及沟通的最佳途径等核心问题。如何提高运动表现属于旅程第五站的内容。在这一部分，我们学会了如何设计心理技能训练，如何调节觉醒程度，如何运用表象技术改善表现或促进康复，如何变得更加自信，如何有效地设置和监测目标，以及如何增强专注力。鉴于众多国家和地区都面临肥胖流行和缺乏锻炼的风险，旅程的第六站讨论了应如何促进身心健康。主要包括体育活动在改善认知功能中的作用和帮助参与者坚持长期运动的策略等。同时，这一部分还探讨了运动伤害中的心理方面，如何预防和有效应对物质成瘾和不健康行为，以及过度训练和倦怠。最后，在第七站，我们论述了如何通过体育教育和参与运动来促进心理成长和发展。这一部分重点针对少年儿童，但同时也涉及了体育中的攻击性，以及是否可以通过体育活动来培养参与者的品格和良好体育行为。

此次旅程为你提供了一个小小的窗口，让你从中观察到提高运动表现，改善心理状态，促进个人发展的一些初步策略。这些知识有助于你选择最适合自己的方法以达到心理技能训练目标。然而，除非你将这些知识应用于实践中，否则它们不会发挥任何作用。换句话说，尽管你的体育与训练心理学探索之旅到此处已经结束，但你在这个领域里的真正旅程才刚刚开始。从你把知识运用于自身实践的过程中，你将会源源不断地获得更多教益——或许，你们中有些人甚至会成为体育心理学专家。

作为体育与训练科学的专业人士，你有责任将你所学的知识付诸实施。现在，你已经知道，体育与训练心理学应用于实践情境，将有极高的收益 - 成本比。那么，请按照我们在本书开头时所说的，积极投入到专业实践之中，去实施你在阅读过程中产生的新想法，并用你的专业经验去不断地检验它。你要对研究进展保持敏感，也要像使用你的实验室一样充分利用体育馆、游泳池和运动场。不要像你曾经对待其他课程那样，把你辛苦学到的知识“考完就扔”或“考完就忘”。当你在实践中遇到问题时，回到本书中查阅你想要的答案，甚至用你学到的方法进一步完善它。如果你看到某个人因为心理技能的进步而达到了自己的目标，那就是对你，也是对我们，最好的回报。

关 键 词 表

A

哀伤反应　grief response

案例研究　case study

B

摆动理论　pendular theory

帮助运动员远离类固醇的训练与学习　ATLAS

本能论　instinct theory

编码　encodes

变革领导力　transformational leadership

表现目标　performance goals

表现信息　performance information

表象　imagery

博弈推理　game reasoning

不适应性完美主义　maladaptive perfectionism

C

沉浸　flow

成功的激励价值　incentive value of success

成功概率　probability of success

成就动机　achievement motivation

成就目标理论　achievement goal theory

成就需求理论　need achievement theory

触觉　tactile sense

促进型焦虑　facilitative anxiety

催眠　hypnosis

挫折攻击论　frustration-aggression theory

D

倒 U 假设　inverted-U hypothesis

道德发展　moral development

道德困境　moral dilemma

道德推理　moral reasoning

道德行为　moral behavior

敌对性攻击　hostile aggression

典型反应　typical responses

动机　motivation

动机损失　motivation losses

动机型反馈　motivational feedback

动觉　kinesthetic sense

对抗　confrontation

对照组　control group

多基线案例研究　multiple-baseline case studies

多维焦虑理论　multidimensional anxiety theory

多元智商　multiple intelligences

F

发挥失常　choking
反馈　feedback
反向链　backward chaining
反应　response
反应式行为　reactive behaviors
放松反应　relaxation response
非言语沟通　nonverbal communication
浮现的领导者　emergent leaders
符号学习理论　symbolic learning theory

G

感知控制　perceived control
个人因素　personal factors
个体内部比较法　intraindividual approach
个性化最佳功能区　individualized zones of optimal
公平竞争　fair play
攻击　aggression
共情　empathy
共享公共经验　shared public experience
关联　association
关系取向的领导者　relationship–oriented leaders
观念运动原则　ideomotor principle
广泛注意力焦点　broad attentional focus
归属动机　affiliation motive
归因理论　attribution theory
规范　norming
规范　norm
过程目标　process goals
过度训练　overtraining

H

合作　cooperation
合作运动　coactive sports
和谐激情　harmonious passion
后果　consequences
呼吸控制　breath control
环境因素　environmental factors
获胜取向　win orientation

J

积极倾听　active listening
积极运动成瘾　positive addiction to exercise
计划行为理论　theory of planned behavior
技能　skills
简化论　reductionistic
间接思维过程观点　indirect thought–process view
渐进式放松　progressive relaxation
健康信念模型　health belief model
交互运动　interactive sports
交互作用法　interactional approach
交互作用激励观点　interactional view
交往分化　differential association
焦虑　anxiety
角色　role
角色扮演　role taking
角色模糊　role ambiguity
角色相关行为　role–related behavior
教育运动心理学专家　educational sport psychology specialists
结果目标　outcome goals
结果取向（行为取向）　resultant tendency（behavioral tendency）

结果型目标取向（竞争型目标取向） outcome goal orientation（competitive goal orientation）
解码 decodes
经济压力 economic strain
竞争 competition
竞争心 competitiveness
倦怠 burnout
决策风格 decision-making styles
抉择平衡表 decision balance sheet
觉醒 arousal

K

科学方法 scientific method
可控性 controllability
客观竞争情境 objective competitive situation
客观目标 objective goals
客观数据 unbiased data
控制 control
控制点 locus of control
控制方法 means control
控制感 perception of control
溃败模型 catastrophe model

L

理论 theory
临床运动心理学家 clinical sport psychologists
良好的体育行为 good sporting behavior
林格曼效应 Ringelmann effect
领导力 leadership
领导力特质 leadership traits
领导力因素 leadership factors
留意倾听 aware listening

M

模拟培训 simulation training
磨洋工 social loafing
目标 goals
目标承诺 goal commitment
目标取向 goal orientation

N

内摄调控 introjected regulation
内省 introspection
内在表象 internal imagery
内在动机 intrinsic motivation
内在干扰项 internal distracters
内在奖励 intrinsic rewards
内在效度 internal validity
内在注意力焦点 internal attentional focus
能力不变观点 entity view
能力动机理论 competence motivation theory
能力感 perceived competence
能力可增长观点 incremental focus
逆转理论 reversal theory
凝聚力 cohesion
努力程度 intensity of effort
努力方向 direction of effort

P

跑步者快感 runner’s high
配合损失 coordination losses
批判性 critical
疲惫 staleness
品格 character

Q

潜在生产力　potential productivity
强化　reinforcement
强迫性激情　obsessive passion
清晰的行为　clarity behaviors
情境意识　situation awareness
情境法　situation approach
情境激励观点　situation-centered view
情境相关的测量　situation-specific measures
情商　emotional intelligence
情绪中心应对　emotion-focused coping
驱动理论　drive theory
全面退出运动者　sport-general dropouts
权变模型　contingency model
确认行为　confirmation behaviors

R

人际沟通　interpersonal communication
人际距离学　proxemics
个人线索　person cues
认同调控　identified regulation
认知焦虑　cognitive anxiety
认知评价理论　cognitive evaluation theory
认知行为方向　cognitive–behavioral orientation
control group
认知—情感压力管理训练（SMT）　cognitive–affective stress management training（SMT）
认知状态焦虑　cognitive state anxiety
任务凝聚力　task cohesion
任务取向的领导者　task-oriented leaders
任务型目标取向（征服型目标取向）　task goal orientation（mastery goal orientation）

S

三明治方法　sandwich approach
三重编码模型　triple code model
社会联系　social bonding
社会认知理论　social cognitive theory
社会心理方向　social–psychological orientation
社会性体形焦虑　social physique anxiety
社会学习论　social learning theory
社会因素　social factors
社会促进理论　social facilitation theory
社交关系网图　sociogram
社交凝聚力　social cohesion
社交支持　social support
身体焦虑　somatic anxiety
身体状态焦虑　somatic state anxiety
神经性厌食症　anorexia nervosa
生动性　vividness
生态学模型　ecological model
生理反馈　biofeedback
生物信息论　bioinformational theory
失联　dissociation
实验　experiment
实验组　experimental group
视觉　visual sense
适应性完美主义　adaptive perfectionism
手段性攻击　instrumental aggression
思维阻断　thought stopping
塑造　shaping

T

贪食症　bulimia
特定运动退出者　sport-specific dropouts

特质法　trait approach
特质激励观点（参与者激励观点）　trait-centered view (participant-centered view)
特质焦虑　trait anxiety
提高成绩的药物　performance-enhancing drugs
提示　prompt
提示词　cue words
体贴　consideration
体育领导力的多维模型　multidimensional model of sport leadership
体育领导力量表（LSS）　Leadership Scale for Sports (LSS)
体育与训练心理学　sport and exercise psychology
替代性体验（模拟）　vicarious experiences (modeling)
贴标签　labeling
听觉　auditory sense
突变管理　contingency management
团队　team
团队建设　team building
团队因素　team factors
团体　group
团体的吸引力　attractiveness of the group
团体目标　group goals

W

外在表象　external imagery
外在干扰项　external distracters
外在奖励　extrinsic rewards
外在效度　external validity
外在注意力焦点　external attentional focus
稳定性　stability
问题中心应对　problem-focused coping
物质滥用　substance abuse

X

习得性无助　learned helplessness
系统方法　systematic approach
系统观察　systematic observation
狭窄注意力焦点　narrow attentional focus
现象法　phenomenological approach
线性理论　linear theory
削弱型焦虑　debilitative anxiety
消极竞争　decompetition
消极运动成瘾　negative addiction to exercise
心理弹性　resiliency
心理动力法　psychodynamic approach
心理干预一揽子计划　psychological intervention packages
心理核心　psychological core
心理技能训练（PST）　psychological skills training (PST)
心理坚韧性　mental toughness
心理神经肌肉理论　psychoneuromuscular theory
心理生理方向　psychophysiological orientation
心理学解释　psychological explanations
心理因素　psychological factors
心态自信　state self-confidence
信息处理方法　information-processing approach
行为矫正　behavior modification
行为训练　behavioral coaching
形成　forming
性格自信　trait self-confidence
嗅觉　olfactory sense
选择性注意力　selective attention
训练表象　exercise imagery

Y

压力　stress
压力免疫训练（SIT）　stress inoculation training（SIT）
研究　study
以经验为依据的　empirical
抑郁　depression
轶事报告　anecdotal reports
因果点　locus of causality
因果关系的方向　direction of causality
应对　coping
娱乐性药物　recreational drugs
运动坚持模型　physical activity maintenance model
运动取向调查问卷（SOQ）　Sport Orientation Questionnaire（SOQ）
运动成瘾　exercise addiction
运动员健康运动与营养替代方案　ATHENA

Z

栅格训练　grid exercise
震荡　storming
整合调控　integrated regulation
支持性倾听　supportive listening
直接机械论观点　direct mechanistic view
直觉　intuition
执行　performing
指定的领导者　prescribed leaders
指导型反馈　instructional feedback
制订结构　initiating structure
周期理论　cyclical theory
周期性训练　periodized training
主观竞争情境　subjective competitive situation
主观目标　subjective goals
主观性规范　subjective norm
注意　attention
注意力　attention
注意力焦点　attentional focus
注意力警觉性　attentional alertness
注意力觉醒设置　attention–arousal set
注意力容量　attentional capacity
专业实践知识　professional practice knowledge
专注力　concentration
转变理论模型　transtheoretical model
状态焦虑　state anxiety
卓越表现智商　superior performance intelligence
自陈式测量方法　self-report measures
自陈式量表　self-report scales
自发式行为　spontaneous behaviors
自律　self-regulation
自生训练　autogenic training
自我对话　self-talk
自我沟通　intrapersonal communication
自我监督　self-monitoring
自我决定理论（SDT）　self-determination theory（SDT）
自我实现预言　self-fulfilling prophecy
自我效能　self-efficacy
自信　self-confidence